大 学 问

始 于 问 而 终 于 明

守望学术的视界

《周官》与周制

东亚早期的疆域国家

俞江——著

广西师范大学出版社

GUANGXI NORMAL UNIVERSITY PRESS

·桂林·

《周官》与周制：东亚早期的疆域国家
ZHOUGUAN YU ZHOUZHI:DONGYA ZAOQI DE JIANGYUGUOJIA

图书在版编目（CIP）数据

《周官》与周制：东亚早期的疆域国家 / 俞江著.
桂林：广西师范大学出版社，2024.9. -- ISBN 978-7
-5598-7241-8

Ⅰ. K224.06；D691.42

中国国家版本馆 CIP 数据核字第 20242FP050 号

广西师范大学出版社出版发行

（广西桂林市五里店路 9 号　邮政编码：541004）
（网址：http://www.bbtpress.com）

出版人：黄轩庄

全国新华书店经销

广西广大印务有限责任公司印刷

（桂林市临桂区秧塘工业园西城大道北侧广西师范大学出版社
集团有限公司创意产业园内　邮政编码：541199）

开本：880 mm ×1 240 mm　1/32

印张：18.625　　　字数：550 千

2024 年 9 月第 1 版　　2024 年 9 月第 1 次印刷

定价：118.00 元

如发现印装质量问题，影响阅读，请与出版社发行部门联系调换。

序

　　癸卯第一天(公历2023年1月22日)，早晨五点刚过，手机声响把我惊醒。拿起手机一看，是俞江发来的拜年短信。十多分钟后，又接到他的短信，告诉我《〈周官〉与周制：东亚早期的疆域国家》已经杀青，正在联系出版。同时把该书的目录和前言发了过来，要我看完书稿作序。

　　看了他的微信，我很兴奋，但不惊怪。

　　不惊怪，是因为我有预感。前几年我读王夫之《读通鉴论》，读到他论西汉赵广汉说："小民之无知也，贫疾富，弱疾强，忌人之盈而乐其祸，古者谓之罢民。"据此，"罢民"应非罪人而是老百姓。但是《周礼·秋官》有"以圜土聚教罢民"。"罢民"若为老百姓，那"圜土"是什么呢，是狱吗？为此我用微信与他商讨。他在几小时之内，反复向我发来经典中的说法。因此，我就猜测他已把研究重心转向先秦。不然无法那么快回复。而且研究的应该是礼类题目。去年二月他发微信说，初稿大体已经形成，完稿还要半年到一年。一年到了，看到这样的书名，我当然不奇怪了！

　　兴奋，那就要说到本师张国华教授。他就读于西南联大，是国内公认的先秦政治法律思想史权威。从20世纪80年代中期招收博士生起,他就物色研究先秦三礼的青年才俊。未能如愿即驾鹤西去。本书杀青,本师之愿偿矣! 他代我完成本师之愿,怎么能不兴奋呢!

《周官》(又称《周礼》)自西汉起就有真伪之争。近代以来,笃信《周官》为真书者非沈家本先生莫属。俞江在本书《后记》说,他写作这本书,源起于他对沈氏《历代刑法考》的研读。这是大实话。早在十九周岁(1859年)的青年时期,沈氏写出的第一本书,就叫《周官书名考古偶纂》。稍后的《日南读书记》还有专门的读《周官》笔记。《汉律摭遗》是他死前的最后之作,他在自序中认为,李悝之法中仍存有"三代先王之法",而李悝之法到商鞅秦法再到汉法,一脉相承。"汉法亦本于李悝而参之以秦法,非取秦法而全袭之也。今试以《周官》考之:先请原于八议,决事本于八成,受狱即士师之受中,案比即司徒之大比,……其他之合于周法者,难偻指数。"可以说,他一生都在推誉《周官》。

特别是他的《历代刑官考》,在考证三代先王之制时,唐、虞、夏和殷,都只有简单的几行字。唯独周,详引《周官》,并加上好几段长长的按语。如引"大司徒"后按语说:"先王之世,以教为先,而刑其后焉者也。大司徒十二教,而刑仅居其一,必教之不从而后刑之,则民之附于刑者而少矣。不教而诛,先王所不忍也。国家设官,本以教养斯民,而后世之官,皆不识教养二字。非无贤者勤求民隐,勉作循良,而权力之所限,往往无可展布。其余则漠视斯民者居其多数。下焉者则逞其刑威,肆其贪虐,而民生可知矣。教养云乎哉?! 三复陈编,为之太息。居今日而治斯民,刑其后者也,其惟以教为先乎!"又引"山虞"后按云:"成周官制,政刑权分。……其职守不相侵越,故能各尽所长,政平讼理,风俗休美,夫岂偶然。后世政刑丛于一人之身,虽兼人之资,常有不及之势,况乎人各有能有不能。长于政教者未必能深通法律，长于治狱者未必为政事之才，一心兼营，转致两无成就。吏治之日下，固非一朝夕故也。近日欧洲制度，政刑分离，颇与周官相合。今人侈谈西政，辄谓旷古无畴，其墨守旧闻者则又极口菲薄，其亦即遗经而一考之乎！"再引"大司寇"后按云："三代以前刑官之制，周室为详。以大司寇为之长，而小司寇掌禁以副之。乡士主六乡之狱，遂士主六遂之狱，县士主县之狱，方士主四方都家之狱。此主王畿以内之官也。讶士主四方诸侯之狱讼。此主王畿以外之官也。……前人谓用刑则掌戮居后，用禁则禁杀戮居先，圣人之意，欲申禁以止杀也。至冥氏诸官，其所以保卫民生，且无所不至。观于设官之次第，其旨微矣。自秦以后，密于用刑，而疏于用禁，卫生之事，并无专官，此治之所以不古若也。方今欧洲之政，严于警察而宽于刑罚，卫生之事尤为讲求，颇与古法相合。"不但肯定《周官》是真经典，而且拿它和欧制相比较，这是他区别于过去经师之处。

陈寅恪先生在审核冯友兰先生的《中国哲学史（下册）》的报告中说："儒者在古代本为典章学术所寄托之专家。李斯受荀卿之学，佐成秦治。秦之法制实儒家一派学说之所附系。""汉承秦业，其官制、法律亦袭用前朝。遗传至晋以后，法律与礼经并称，儒家《周官》之学说悉采入法典。夫政治社会一切公私行动，莫不与法典相关，而法典为儒家学说具体之实现。故二千年来华夏民族所受儒家学说之影响，最深最巨者，实在制度法律公私生活之方面。"

我今老病交加，因之，俞江书稿发来后，断断续续读了两个多月，直至四月才读完。读完掩卷，不禁拍案叫绝。本人读书不多，对先秦经典，虽然读过一些，但是大多不求甚解。20 世纪 80 年代初，购得书目文献出版社版的林尹先生的《周礼今注今译》。即使这样的"今注今译"，当时也没有读懂。俞江之作，用"职文"和"注文"解读《周官》,还原《周官》,《周官》于是豁然开朗。一千多年来,皓首穷经的经师们谁都没有这样想过、做过。这是千年《周官》版本中的独创版。仅此创举,足使地下经师无法平静。依据这一还原本,加上考古发掘材料,作者继续对周制作了全方位描述,从而使读者对周制有了一个新认识,这就是本书的价值。

甲骨、钟鼎是中华文明源远流长的标志,但它只是单一个人或事的记录。而制度则不同,它是文明体组织的整体规划和管理规则。三代是历代文人向往的时代,是中华文明的源头。对于夏代文明,我们所知的大多是传说,考古发现甚少,无法详说。商代有大量的甲骨文字、青铜铭文。文字的出现,使中华文明有了确切的记录。但无法使我们详细了解当时社会国家的建构。周代不同,文字的成熟,加上《周官》和《左传》等著作的传世,使周代的制度有了文字留存和传递。但是由于传本《周官》难读费解,因而有真伪之争。本书对《周官》及相关经典进行了考查,用大量经现代技术鉴定的地下发掘物,与之交互论证,第一次比较完整地将周制呈现在世人面前。

姬周历时八百多年,在八百多年的岁月中,特别到春秋战国,社会巨变,制度虽然随之大变大革,但不可能完全消失。我赞同沈家本先生和陈寅恪先生的认知,《周官》遗意,一直存留于我国周以后的国家社会生活之中。俞江继先贤之后,闭关四年,筑就这一前无古人的工程,其间或有需要商讨之处,但它一定是一本值得称许的传世之作。是为序。

七八老叟李贵连

二〇二三年五月三日

前　言

一、主旨与脉络

我们研究周史与周制，不仅是发思古之幽情，而是抱着自审与自新的决心。

周史已亡，人物、事件俱成传说。近代以来，考古学昌明，又从地下挖出一些。然而，把这些加起来，对于全部的周史来说，仍像是碎缕之于衣裳，让人不禁废叹。周史不明，则华夏文明的起源、形态与特征俱不明。世人喜说文明复兴，原型不明，何来复兴?! 又不止于此，周史不明，读《左传》就有隔膜。《左传》有隔膜，虽然殚精竭虑，春秋战国史终不明。春秋战国是华夏文明的大转型时期，春秋战国史不明，则理解此次转向必有窒碍。

人类世界由两部分组成，一是有形的器物、建筑等物质世界，另一部分是无形的制度等精神世界。无形的又何止是制度。观念、德性、美感、意境，凡能够定义人的属性和人类社会，往往是无形的。但凡是有形的，不过是人的创造物或生产物，为人所定义，而不能定义人。人文社科与自然科学的根本区别，就在于自然科学的研究对象是有形的，人文社科却要同时研究有形与无形，而且无形的往往更重要。把自然科学的研究方法强加于人文社科，是自然科学家的狂妄。把自然科学的评价方式用到人文社科，是人文社科的沉沦。

制度是社会科学的主要研究对象，法学、社会学、经济学等学科，均致力于通过制度来解释世界。制度既是人创造的，又反向规定人，所以，它既不是主观的，也不是客观的。制度还有两个重要特征，一是系统性，二是稳定性。一种制度形成之后，可以数百上千年稳定运行。同时，一种制度绝不孤立，而是与其他制度组成系统，在系统中相互牵制，不允许轻易变化。一旦变化，又会引发其他制度随之改变，最终导致整个系统的转型、巨变、崩溃或重新平衡。制度的系统性，使制度史具有整全的性质。制度史之于历史就像恐龙的骨架化石。若恐龙的血肉已无存，能得到整全的骨架，岂非幸事。制度的稳定性，则使其可以记录，可以执行，可以复述，可以科学研究。利用这个特征，只要有可靠的文献，不但可以辨别史之真伪，还可以顺藤摸瓜，恢复一个时代的制度全貌。

话虽如此，难就难在什么是"可靠的文献"。顺藤固然可以摸到瓜，却要知道藤在哪里。若藤已不存，瓜也遥不可及。幸好中国是历史文献的大国，有一部专门记录周制的书保留下来，这就是《周官经》（简称《周官》，俗称《周礼》）。《周官》是"六经"之一，而且是"六经"中唯一的古文经（不算伪古文《尚书》）。古文经是西汉时期陆续发现的先秦文献，以《周官》为本，以《左传》和《尔雅》为两翼。它们与今文经的区别，只在于今文经在西汉时尚有经师讲说，而古文经已失师说。西汉以下两千余年，很多学者知道《周官》的重要，但有更多人不承认，这是莫大的遗憾。知道它重要的学者，误以为今本《周官》就是入室管钥，不知道真正的钥匙封存于其中，这是更大的遗憾。

本书的任务分两步：第一步，把封存的钥匙取出来；第二步，找到锁孔,把钥匙放进去。全书分为三编:1.序编;2.上编;3.下编。

序编专讲如何打破今本《周官》,把封存的钥匙找出来,所以它的副标题叫"《周官》复原"。全书还有一篇附录,题为《〈周官〉职文复原》。看名字就知道附录原是序编的一部分,为了查阅方便才放在末尾。我在书中会解释它的用途,阅读本书离不开它,请读者随时查对。

上编的标题叫"疆域国家"。"疆域"一词不是随便用的,它呈现了古人对国家的理解角度,下文再详。这里要说的是,疆域看上去好像归属于历史地理专业,怎么会成为本书的中心问题呢?原因很简单,国家就是制度的集合体,所有的国家问题都离不开从制度方面解锁。一个国家的疆域,首先要看它的国境线,而国境线就是制度。其次看国内的各种政治实体,而政治实体仍然无非是制度。搞不清这些制度,就无法定性各种疆界与区域。定性尚且不准,这个国家的政治地理也不可得。我很喜欢老派史家常用的"名物制度"一词,四个字道尽了历史研究的主要对象。遗憾的是,在一些人眼中,名物是名物,制度是制度,史学割裂成两个截然不相关的门类,一是名物考订,二是制度梳理。学者们可以各据一门,老死不相往来。这在当今尤其突出。然而,任何东西只要进入人眼所及的范围,就不再是自然物,而且不可避免地被人类重新定义,成为社会制度的一部分。进一步,它一旦进入国家的视野,就不可避免地被国家重新定义,成为国家制度的一部分。在此意义上,所有的自然物都被规定,甚至名字也是制度赋予的。鉴于此,我想大胆地说:山川名物,无非制度。

下编的标题叫"周制"。该编主要讨论王国的制度,诸如官制、城邑、万民等。从《周官》中得到的信息,已足以把周制从遮蔽和孤立状态中解救出来。这是因为,认识一个时代的制度,最好的方式是利用具有系统性的法典,而《周官》正是一部近似法典的文献。迄今为止,考古工作者尚未发现周的法律简牍,估计永远也不会发现了。王国维先生的"二重证据法",对于商制研究是有效的。因为没有商制的传世文献,更别说法典,研究商制只有依靠出土物。对于周制研究却不适用。《周官》的传世,使得周制研究必须以它为主心骨,考古资料只能处于辅助地位。说《周官》是解锁周制的唯一钥匙,丝毫不为过。但需申明的是,《周官》仅仅记载了官制,不及其他。先贤虽尊其为"周礼",那只是想突出它在群经中的重要性。周制的范围非常广,比如与器物有关的制度,凡宫殿、玉器、兵器、车马、符节、墓葬等,在《周官》中虽有记载,但细节不详,对它们的研究,文献与出土实物具有同等重要性。又需指出,器物制度依附于国家制度,尤其依附于等级制与礼制,犹如皮与毛的关系,皮之不存,毛将焉附。换言之,器物制度只是等级制和礼制的一部分,就像枝叶是树干的一部分,若以为器物制度可以代替国家制度,无异于本末倒置。

二、疆域国家

疆域,是上古中国的特有概念,类似今天的国家领土。

(一) 疆

疆,泛指人工设置的各种边界,通常采用封、沟、树等办法。封是堆垒大型土堆,沟是人工挖掘界沟,封和沟结合称为"沟封",通常用于国界或城池。① 树是立界石,又称树石。沟和树结合称为"沟

---

① 《大司徒职》:"而辨其邦国、都鄙之数,制其畿疆而沟封之。""凡造都鄙,制其地域而封沟之。"

树",用于较小的地域单元,如邻里、县鄙等。① 古人称周王的国土为王畿。畿是面积方千里的简称,也指国家的形体。但没有边界不成形体,《大司徒职》说"制其畿疆而沟封之",表示王畿是疆界围出来的。封疆树界的王官叫封人,他不但负责在王国边境上设置疆界,还负责为诸侯国、城池等设立疆界。也就是说,疆界不只在王国的边境线上,而是密布于王畿内外。实际上,凡是人工的建筑物,如城郭、宫殿、坟墓、田亩、道途等,皆有疆界。又凡是自然的地理地形,如原野、沼泽、山陵、河川等,也有疆界。周王命令官吏把订立疆界的事情办妥,叫"体国经野"。《周官》现存五篇《叙官》,开篇都是"惟王建国,辨方正位,体国经野"。可见体国经野是建立王国的首要任务。

体国经野是浩大的土木工程,这一工程完成之后,全国分出不同的地域层级。比如,最低层级的邑坐落在四井之中,井田是邑的次级单元。又如,最高层级是王都,周边方百里以内的城邑,均设为王都的附属单元。在每一层级中又分割出不同的地域单元,每个单元都被冠名,同时定义它们的用途,不但人工筑造的城池、宫殿、道路等如此,自然资源也不例外。河流的某段用于灌溉,某段用于渔猎;森林,或用于狩猎,或用于伐采;山脉,或用于采矿,或用于祭祀,或用于设险防御等。国土的每一部分都被规划,再分界,再根据实际情况定义用途,以便随时利用。体国经野并不仅仅是设置一条条界线,而是规划与定义全部国土。古中国以农为本,土地是农业经济发展的基础,既然每一份土地都被定义,可以想象,与这些土地捆绑在一起的人也被定义。随着进一步开疆拓土,不断纳入的土地和人口又按相同办法规划与定义。"疆域国家"的第一层含义,指国家

---

① 《遂人职》:邻、里、酂、鄙、县、遂,"皆有地域,沟树之"。

自建立之初就成了规划和定义的结果。在王国中，没有一块土地是自然的，也没有一个人是自由的，土地和人都是资源。疆界设立妥当之后，才把围出来的各种地域画在地图上，标注名称，这种地图叫做"土地之图"①。疆界和地图完成之后，国家就算造好了。在此意义上，疆域国家是统一规划和整体筑造的结果。

(二)域

域，也指边界。② 人的一切居住单元都有边界，这就是"地域"。③ 此时，域和疆界的意思相同。但是，域在古汉语中还有一种特指，即兆之域，或称兆域。④ 兆是祭神的坛位。⑤ 坟墓也是一种兆域，用于祭鬼。⑥ 周人的观念是，鬼神降临的时间通常比国家诞生时间更早，国家是人类与鬼神共同居住的地方。人类必须祭祀鬼神，并通过祷祠或祝诅等通神方法，为自己祈福或免去灾殃，当然，鬼神也可以主动赐福或降殃于人类。

安妥鬼神和察知鬼神意图是极高深的学问，由专门的官署掌握和研究，主要是春官的属官，即祝、宗、卜、史四官。在出现祥瑞或灾害时，由他们判断是何鬼神，并根据各种异象解释鬼神的意愿。他们掌握着不同鬼神的名号，在祝祈时必须正确地呼唤名号。又精通各种祭祀或祝祈仪轨，保证鬼神愿意接受人类的奉献。在定期举行

---

① 《大司徒职》:"掌建邦之土地之图","以天下土地之图,周知九州之地域、广轮之数,辨其山林、川泽、丘陵、坟衍、原隰之名物"。《遂人职》:"以土地之图经田野,造县鄙形体之法。"

② 《汉书·礼乐志》:"跻之仁寿之域。"师古曰:"域,界也。"

③ 《县师职》:"掌邦国、都鄙稍甸、郊里之地域。"《遂人职》:"五家为邻,五邻为里,四里为酂,五酂为鄙,五鄙为县,五县为遂,皆有地域。"《墓大夫职》:"掌凡邦墓之地域,为之图。"

④ 《尔雅·释言》:"兆,域也。"郭注:"兆,茔界。"《春官·典祀职》:"掌外祀之兆守,皆有域。"郑注:"域,兆表之茔域。"

⑤ 《小宗伯职》:"兆五帝于四郊。四望、四类亦如之。"郑玄注:"兆,为坛之茔域。"

⑥ 《冢人职》:"掌公墓之地,辨其兆域而为之图。""凡死于兵者,不入兆域。"

的祭祀中,比如周王主祭的天地、先王、五岳、四渎等,鬼神名号和祭仪已经为人所熟知,春官只需在一旁备询。真正由春官主持祭祀的是一些较小的鬼神,又分两种,一种有固定坛位,分散在国内,地址登记在宗伯的官署里。另一种无固定坛位,需要祷祠时,由小宗伯与肆师为其临时筑造坛位,叫做"为位"。又据《封人职》,所有的社神坛位由封人设立。封人属于地官,不是春官。由封人创建社坛,是因为规划封国、都市的职责属于地官。这意味着,社坛与封国、都市是同时创建的。社是一种按人的等级和地域加以划分的神灵,最大的社坛是"王之社墰",与天帝、先王的兆域相当,代表普天之下,莫非王土。往下则是诸侯的"社稷之墰"。再往下,凡在都邑的封域之内,一概建立社坛。都邑的都,专指大城,邑则是散落在大城外的小型聚落。总之,神与人是杂居的,兆域与人类聚居区相邻。

疆域国家的第二层含义,是世俗领土与神圣兆域的总和。周人的世界观中,人类日常生息的区域也是神灵随时降临与眷顾的。没有神灵的福佑,政治活动与日常生活均无法开展。疆域不仅与鬼神相关,而且决定了祭祀鬼神的资格。只有天神不受疆域限制,祭仪是最高等级,薄有四海的天子才有这等资格。诸侯偏居一隅,不祭国境外的鬼神,也不能祭天神。可以说,在信仰鬼神的时代,疆域与鬼神相互依存,也与政权合法性相互依存。

三、周制

"周制"是本书的标题之一。这里只解释两个问题,一是为什么不用"周礼",二是为什么不用"王制"。

(一)"制度"释义

"制",原指裁剪布匹、衣服等。做动词时,可以说"制礼""制刑""制禄位""制生死"等。在古人看来,制定礼和刑,决定禄位或赏罚,都是斟酌裁断的结果。作名词时,原指匹帛的规定尺寸。匹帛即成匹的布帛,具有货币属性。在贸易中可作计量单位,又称币帛,简称币,是货币的源头之一。纳币,是婚聘六礼之一,此币也指匹帛。后世才用金银、货币代之。据说币帛的一匹等于二丈。但朝贡用的币帛,一匹定为一丈八尺,称为制币①,表示合乎礼仪的匹帛。而拿制币裁成的衣服就叫"製"。② 为什么制币的尺寸小于市面流通的币帛?我怀疑制币以丝质为主。若是麻质,其做工之细密也远优于常品。

度,也分动词和名词。做动词时,有谋划、规划、测量的意思。③ 做名词时,度是各种长度单位的总称,周时常用的长度单位是尺、咫、寻、常、仞。后世是分、寸、尺、丈。其实古长度单位还有很多,不赘。④ 长度单位与容积、重量单位合称度量衡,度在量、衡之前,可以代表一切度量单位,进而衍生出内在标准的含义,如过度、适度的度。

制和度连用,有两层重要的指向。第一,是自然生成的规则。这是从度字衍生出来的。人们无不自觉地服从度量衡,而古人发现,度量衡不知由谁创制,无法追溯渊源,是无始无终的。这代表了制度的某些特征。第二,制度又是强制的结果,这是从制字衍生出来。比如,一匹的惯例是二丈,但可以强行规定为一丈八尺。也就是说,在一定范围内,人有权修改制度。制和度合起来,就是包含一

---

① 《内宰职》郑注:"纯谓幅广,制谓匹长。"又引已佚的《天子巡守礼》:"制币丈八尺。""制币"的考证,还可参考孙诒让《周礼正义》,中华书局,2013,第527—528页。
② 《左传》定公九年:"而衣狸制。"《左传》哀公二十七年:"成子衣制。"
③ 《尔雅·释诂》:度,"谋也"。《礼记·坊记》:"度是镐京。"《诗·大雅·皇矣》:"度其鲜原。"
④ [清]邹伯奇:《补小尔雅释度量衡三篇》,《小尔雅集释》,迟铎集释,中华书局,2008年,第388—398页。

切自然与人为的规范体系。

严复曾指出，英文的 LAW 可以翻译成："理、礼、法、制。"金敏说"制"字"能更全面地指称、覆盖中国传统法的疆域"。① 甚是。"法"字原是后起的、贬抑的、狭隘的，而"制"字起源更早，褒义，且深广。用"制"或"制度"对译 LAW 更恰当。先说广狭。吕思勉的《中国制度史》共十七题，依次是：农工商业、财产、钱币、饮食、衣服、宫室、婚姻、宗族、国体、政体、户籍、赋役、征榷、官制、选举、兵制、刑法。均省略了"制度"二字。可以加回去，比如"饮食制度""衣服制度""宫室制度"等，无不妥。但稍有常识的人都知道，不能随便加"法"字。比如，不能说"饮食法""衣服法""宫室法"，也不能说"科举法""财产法"。

再说褒贬。英文的 LAW，底层含义是规律，有秩序的、安全的感觉。法，西周时训为废。汉字毕竟是象形的底子，"法"字的底层义，像是废疾、残废、残缺、废黜等，昭示残忍的结果而不讲理由，令人恐惧。古代字书中也有"法"字贬义的证据。《尔雅·释诂》："典、彝、法、则、刑、范、矩、庸、恒、律、戛、职、秩，常也。"包括"法"的十三个字均可释为恒常。同书还列举了八个与"法"字同义的字："柯、宪、刑、范、辟、律、矩、则。"这两组字，有的取自动作，如宪是悬挂与公布。大多取自器物，比如矩取自规矩，刑取自铸造铜器的模范，律取自乐器发出的声音。它们的特点是不褒不贬，寓意中性，只能拿恒常归纳它们的共同性。而所有与制度相近的字不在其中，比如、制、度、量、衡、节、臬。我们知道，提刑按察使司俗称臬司。若说古代有指

---

① 金敏："相较于'礼'或'法'，笔者以为'制'更中性、中立，更有包容性，如杜佑《通典》食货、选举、职官、礼、乐、兵、刑、州郡等，举凡'礼乐刑政'均可称为'制'，故而'制'作为西文'法'的异译之一是没问题的。"（《雾失礼、制，"法"迷津渡——"法"的历史疆域之变迁》，《眼睛就是一切："法"的语词与源流辨析》，法律出版社，2019 年，第 91 页。）

代制度或法律的字，臬是当仁不让的。但是，《尔雅》不认为它与"法"字相近，制或度也是。难道臬、制没有恒常之义？不是。如果了解这些字的早期内涵，就知道它们都与美好的器物有关，各有美好的寓意。臬是直立的木表，表示中正。节表示节制，不淫不滥。度、量、衡是标准器，表示平准与适度。制是制币的简称，寓意不多不少，符合嘉礼。它们是吉祥的，当然不与贬义或中性的字混淆。

最后来说起源的先后。制或度起源于西周时期的标准器，此时法还训为废。《老子》说"地法天，天法道"。用法字表示效法、遵循的意思。黄老又说"道生法"，"法"字名词化，含有自然的、规律的意思。经此一番改造，"法"字在战国时期已获重生，表面意思更加偏中性。然而，影响最大的还是《说文》，许慎说"法"字取义于"平之如水"。平的义象，原取自水器和衡器。许慎肯定知道《考工记》的"立者中县，衡者中水"，知道古人用水器取平。他把法字与水器联系起来，不知何据。但经他这一联系，法就相当于度量衡了。

汉语中具有约束力和强制力的概念有很多，著名而常见的如：典、法、则、律、规、例、刑、范等。它们之间的组合，有的偏人为的、成文的，如"法典""法律""律例"等。有的偏向自然的、不成文的，如"规则""规范"等。考究起来，在汉语语境中，制度可以涵盖所有其他的概念，反之则不然。制度当然包含了成文法、法典、法律、律例等，无不属于制度，但是断不可说制度属于法典或法律。因为度量衡器最先源于约定俗成，制度包含了自然生成的规则，这也是成文法无法涵盖的。

历史不能假设。但我仍希望假设，如果当年丁韪良（William Alexander Parsons Martin）翻译的书名不是《万国公法》，而是《万国公制》，那么或许今天叫宪法为"宪制"，叫刑法为"刑事制度"，叫民法为"民事制度"，法学院都叫"制度学院"。若如此，一些中西概念之争也就不必要了。

（二）礼与制度

本书研究的对象，主要是西周春秋时期的国家制度。在这段时间里，礼就是仪，仪就是礼，礼的意思几乎与仪相当。礼与仪的分道扬镳要到春秋中晚期了。即使如此，礼仍然只是制度的一部分，适用的范围有限，可称为礼制。在语言逻辑中，修饰词的内涵和外延必定小于被修饰的词，"礼"可以修饰"制"，这已经说明一切。

实际上，历朝历代都有各种制度，如兵制、刑制、官制、赋役制度、选举制度等，断没有称它们为"兵礼""刑礼""官礼"的道理。《周官》一书原本记载的是官制，汉以后俗称"周礼"，严格说来是张冠李戴。本书依靠《周官》去研究的，不只官制，还涉及爵制、赋役制度、城邑制度、田亩制度、户籍制度等，其范围远非礼制所能涵括，这是标题不能用"周礼"的缘由。

（三）周制与王制

至于为什么不用"王制"，则有断代和等级两方面的顾虑。众所周知，战国至西汉时期有两篇《王制》保存下来，一篇在《荀子》，另一篇在《礼记》。篇名相同，指向却大不同。《荀子》那篇《王制》应该写于战国晚期，是站在周制衰微的时代回望，奉周王之制为圭臬，内容尽可能地复述周制，心里想的也是如何恢复周制。其实，荀子想说的王制就是周王之制。这就像孔子说"先王之制"就是周先王之制，是有实指的。《礼记》那篇《王制》则不然，虽然也有怀念周制的心理，却是向前看，内容也未忠实于周制，而是描述汉儒们心中的理想制度，或者说，是实现王政与王道必须推行的制度。所谓"王"，可以是任何愿意奉行王道的王者，最好是汉王，汉的诸侯王也可以。

若秦王能行王政，汉儒也许之，总之不必一定是周王。自此以后，王制的意思也就泛化了，成了抽象的概念，每个儒生都可以赞成一套自认为好的王制。而本书的宗旨是尽可能忠实地还原周王之制，故不敢用"王制"，以免读者误判成另一篇《礼记·王制》。

另外，断代也是一个障碍。以称王为标准，周可以分为三期。第一期，武王伐商以前的周先公时期。此时的周不过是商诸侯，周制尚非王制。然而制度有滞后性，这一时期的制度与后一时期很难截然分割，本书有一些章节必须讨论这一时期的制度。若书名为"王制"则不妥。第二期，武王伐商至三家分晋，是为王国时期。又以平王东迁为界，前段即西周时期，王畿基本完整。整个东亚大陆上，周王在名义和事实上都是毫无争议的王者，周制也就等于王制。后段即春秋时期，西部王畿尽丧，东部王畿遭不断蚕食。但齐、晋先后为北方诸侯的盟主，奉周王，北方尚无敢称王者，周制对于北方诸侯来说，勉强还可称为王制。第三期，三家分晋至周覆亡（公元前249年），此期大部分在战国时期，姬姜诸侯已不能结盟以奉周王。而且北方诸侯也陆续称王。王者不并立，并立皆不王。此时的东亚大陆上，无论名实，皆无王者。本书研究的周制，主要包括以上所说的第二期和第三期，也即常说的西周春秋时期和战国时期。从制度的内容看，战国时期的周制与以前相比并无大改，然而，至周覆亡前，周制施行于成周至河南王城一带的狭小区域，早已不配称为王制。王制是王国之制，周从诸侯国发展为王国，又经衰微而至于灭亡，时间跨度八百年以上，本书的研究虽以西周春秋时期的王制为重点，但很难细分，说周制则无不可，说王制则不安。

本书是一部历史著作。历史以求真为要务，本书的主要任务是辨别制度的真伪。辨别制度的真伪，不是指考订它是否存在过，而是要锁定制度与时代的关系。把一种制度放到它实际有效的时代，是存真。把它放到没有产生的时代,或者放到它已经无效的时代,就是伪制,就是错误。本书的研究方法没有越出历史研究的范畴,不过是依靠基础文献,再加一切可资利用的文献相互验证而已。若有什么特别,不过是特别重视"以经注史"四字。古文献按经、史、子、集分为四等,经排在首位。以经注史是上古史研究的基本方法,说不懂经学就不必谈上古史,似不为过。问题在于,由于研究对象的特殊性,本书把一经(《周官》)作为基础文献,而此书一直存在真伪的争议,又因真伪争议而遭谪贬,这使本书的写作存在极大风险。笔者也曾踌躇多年,思前想后,写出来总比让经籍腐烂好,遂一吐为快。其中所说,俱是我理解的《周官》,若我水平低下,理解错了,本书自然是错的,不必看。又若今本《周官》全是汉晋儒生伪托之作,无一句真,本书自然全错,也不必看了。

目　录

序编　"第六经"之谜
——《周官》复原

第一章　经文与注文

上编　疆域国家

第四章　虞人与史前疆域国家

第五章　封国与中小型疆域国家

第六章　附庸与兆域

全编小结

下编　周制

第十章　中央官制(上):官等

第十一章　中央官制（中）：公卿

第十六章　庶民（一）：民本思想

第十七章　庶民(二)：籍田制
——兼论籍田非藉田

第十八章　庶民(三)：赋役

结语　七十子丧大义乖

序编 "第六经"之谜
——《周官》复原

第一章　经文与注文

第一节　《周官》的经文

汉晋以来,《周官》在群经中享有崇高地位。《汉书·艺文志》是删修刘向、歆父子的《七略》而成,也是目前所见最早关于《周官》的目录学记载。它奉六种文献为"经",一是《易经》,二是《尚书经》,三是《诗经》,四是《礼古经》(《仪礼》),五是《周官经》,六是《春秋》。这就有了"六经"之说。其中,礼类之经两种,即《仪礼》和《周官》。《仪礼》所载不过是士礼,欲知上古王制,唯有读《周官》,故自来称《周官》为"周礼",《仪礼》不能冠以"周"字。

《周官》遭人非难已久,主要源于其中窜入大量晚出文字。廖平说:"古今疑《周礼》,删《周礼》者,不知凡几。"[1]所谓"删",指一些学者试图删去窜入的文字。廖平著有《周礼删刘》,也属此类作品。

----

[1]　廖平:《〈周礼删刘〉叙例》,《六译先生选集》,巴蜀书社,2019 年,第 299 页。

廖平还认为：一、该书记载的制度不成体系，无法施行①；二、该书与五经的记载多相矛盾，尤其与《春秋》及"三传"抵牾处甚多。② 并断定此书是刘歆根据一些残篇拼凑。廖平之说影响了近代学界对《周官》的基本判断，至今不能脱出窠臼。

一、职文与《叙官》

今本《周官》中的确有大量的窜入文字。然而，说《周官》是汉儒伪纂，无疑是中国文化史上第一大冤案！

要为《周官》正名，首先应明确，该书是否如廖平所说的没有体系？答案是肯定有体系。那就是职文！职文在今本《周官》中的气息非常微弱，似断实续，似亡实存。唯有不带成见，平心静气地研读，才能感受到。职文是什么？职文是阐述王官职事的篇章。通常，大夫官职文的首句句式是："某官之职，掌……。"③其中，"职"表示职事。"掌"字以后则解释该官的职事。据此，东汉以来，凡称引《周官》的职文，规范称引法是"官名"+"职"字。如，大宰的职文称为《大宰职》，而不能简称《大宰》。本书无论正文和注释，均采用这种称引法。士官的职文首句，通常省略"之职"二字，但既然知道那是省略，在校点士官职文的首句时，官名之后应点断为佳。现存职文的数量：天官六十三篇，地官七十八篇，春官七十篇，夏官七十篇，秋官六十六篇。共三百四十七篇。若有《冬官》，其职文当不少于六

---

① 廖平："此书如果古书，必系成典，实见行事者。即使为一人拟作私书，亦必首尾相贯，实能举行。今其书所言制度，惟其本之《王制》今礼者，尚有片段。至其专条，如封国、爵禄、职官之类，皆不完具，不能举行，又无不自相矛盾。"（《六译先生选集》，巴蜀书社，2019 年，第 272 页。）

② 廖平：《六译先生选集》，第 286—287，302 页。

③ 例如《大司寇职》的首句："大司寇之职，掌建邦之三典，以佐王刑邦国，诘四方。"

十篇。原本《周官》的职文应在四百篇以上。说《周官》中有大量窜入的文字,主要出现在职文中。

六经的文本结构各有特点,《周官》也不例外。《周官》的经文分为两部分,一是《叙官》,二是职文。二者均按六官,即天、地、春、夏、秋、冬,分为六篇。其中,《冬官》亡佚,以《考工记》代替,实际止存五篇《叙官》和五官职文。每篇《叙官》分两部分:一是简短的叙言,阐述建立官署的必要性;二是罗列官署名、官吏名、官吏员额等。通常,《叙官》载有王官的名称,后面才有职文,无官名则无职文。也有例外,《地官·叙官》有"乡老",官位是上公,但没有乡老的职文。五篇《叙官》非常干净,没有窜入外来文字。仅此一点,已可判断《周官》有完整的体系。

二、职文的特点

要辨识窜入职文的文字,必须了解职文的特点。职文的规律是:随官等而有繁简,等级越高,职文越繁;等级越低,职文越简。官等最高的是上大夫,尊称为卿。卿的职文是最完整的,分析卿的职文,可知最完整的职文必定阐述三种内容:1.王官的综合职事;2.王官的具体职事;3.王官的礼仪职事。

通常,大夫官才有综合职事。综合职事其实是由大夫官所代表,而由下级官吏配合执行。以地官之卿大司徒为例,综合职事之一是"掌建邦之土地之图与其人民之数",这一职事不是大司徒一人去完成,而是由地官序列里的许多官吏配合完成。本书介绍图籍制时,另有专论,此处不赘。再举一个容易理解的例子,《大司徒职》说:"制其畿疆而沟封之。"表示封树疆界是大司徒的职事。但是,实际执行封树疆界的是封人①，它有独立的官署，不在大司徒官署之内。按《地官·叙官》，封人，中士四人，下士八人，率领胥徒六十六人。为王国、诸侯、采邑等封树疆界，这些人手肯定不够。可见，封人也只是指导，使疆界符合制度。由此反推，所谓大司徒的封疆界之职，不过是命令和监督的职权。

具体职事是王官必须亲力亲为的事。无论职爵高低，王官必有亲为之事。大多数士官只有具体职事，无综合职事。仍以《大司徒职》为例，它的最后一句是："正岁，令于教官曰：'各共尔职，修乃事，以听王命。其有不正，则国有常刑。'"这是大司徒训诫属官的诫辞，是典型的具体职事。新年时，大司徒必须按照职文所载，召集所有属官来训诫。这段话就是戒辞。中大夫职文里也有类似戒辞，如《职方氏职》："王将巡守，则戒于四方，曰：'各修平乃守，考乃职事，无敢不敬戒，国有大刑！'"自"各修平乃守"以下是职方氏的诫辞。训诫的对象不一样，诫辞也不一样。大夫必须亲自训诫，否则是失职。

礼仪职事，指王官参与祭祀、丧纪、宾客等大礼仪上的职事，也需本官亲力亲为。大致说来，天、春二官的属官均要参与周王祭祀和丧纪。若职文中没有明示，也默认于其中。如天官的女史，职文中没有丧祭职事，但女史是王后近侍，《女史职》说"凡后之事，以礼从"。所以，凡是王后参与丧祭之事，女史一律随从服事，不必细说。但地、夏、秋三官的大夫有礼仪职事，士则没有。参与大礼仪，体现了大夫官的尊贵身份。以大司徒为例，他在大祭祀的职事是："祀五帝，奉牛牲，羞其肆。"指在祭祀五帝时，大司徒为周王传递宰好的牛牲。大司马的祭祀职事："大祭祀、享食，羞鱼牲，授其祭。"指在大祭

---

① 《封人职》："凡封国，设其社稷之壝，封其四疆。造都邑之封域者，亦如之。"

祀和享食礼上,大司马为周王传递鱼牲。二者虽有小异,均表示大夫们有资格参与大礼仪,有幸分享神祇的福佑。史载,诸侯朝觐,周王命其助祭,《左传》称为"命之宥"。宥者,佑也。是极荣耀之事,虢公、晋侯等姬姓诸侯曾与焉[1],他人不及。这与大夫官职文中记载的礼仪职事,可以相互印证。职文与五经、传、记之间相互印证之处很多,详见本书各章,不赘。

能否掌握职文的特点,决定了能否辨别窜入文字。只有把握职文的体系,理解职文的性质,熟悉职文的气息,才能辨别出窜入文字。另外,只有熟悉职文的特点,才能识别出职文的缺佚部分。如,大行人是秋官的中大夫,分析《大行人职》,发现只剩下具体职事和礼仪职事,说明综合职事已遗失。又如,职方氏是夏官的中大夫,分析《职方氏职》,发现有综合职事和具体职事,没有礼仪职事。中大夫有资格参与大礼仪,可知礼仪职事已缺失。

第二节　注文与辨别方法

廖平等经师说《周官》与其他经传相抵牾,是只看到了窜入的文字。究竟抵牾与否,在没有剥离窜入文字之前,无法定论。下面就为窜入文字定性,并介绍辨别窜入文字的方法。

一、辨别的依据

我们最终的目标,是复原《周官》的职文。复原职文与辨别窜入文字是一回事。辨别出《周官》中的窜入文字,将其剥离出来,剩下

---

[1]　《左传》庄公十八年:"春,虢公、晋侯朝王。王享醴,命之宥。"《左传》僖公二十五年:"戊午,晋侯朝王。王享醴,命之宥。"《左传》僖公二十八年:城濮之战后,献楚俘。"己酉,王享醴,命晋侯宥"。

的就是职文。实际上,从最终校出的窜入文字看,窜入文字主要是解释职文,也就是经文的注疏。只是因为失了前辈经师的讲解,后世经师不能识别经文与注文,所以在传抄中,把注文当成经文,粘抄在一起。

众所周知,印刷术流行之后,先秦经籍通常采用经注合刻的排版方式,也即注疏紧随着经文,一般不会采用页下注或尾注。由于注疏紧随着经文,为免二者粘连不辨,排版时必须把经文排成大字,注疏排成小字。凡阅读过十三经注疏影印本的学者都熟悉这种格式。这种版式也常见于古代法典,即律文用大字,疏议或律注用小字,凡阅读过这些法典影印本的学者,也无不熟悉这一格式。其实,在简牍时代就采用注疏随经的版式,印刷术普及后的经注版式只是继承了手抄经注的传统,并非新创。早期经文本没有注,全凭经师口授。口授讲经无需在经文上加注,也就避免了经注混淆。后来,早期经师的讲解也成了重要知识,为防遗忘,后代经师开始在经文上添加注释,这些注释用小字写成,以免与经文粘连。但是,终归是手写,经文和注文的字体都不规范,就产生了经注混淆的问题。所以,在手抄经籍的时代,强调跟随专攻某经的师傅读经,也即师徒亲授。明乎此,今本《周官》的形成原因也就清楚了。简单地说,《周官》原本在手抄时代已成绝学!这个"绝",不是指经文亡佚,而是指讲解此经的经师全部亡故,没有人传承其学,经与注无法分辨,粘连在一起,失去了正确的断读,最终经文湮灭于注文之间,也就等于此经失传。像《逸周书》《司马法》等上古经籍的失传,大致就是这个缘故。印刷术发明之后,刻印本用规范的大小号字体严格区分经注,经注不再混淆,这种意义上的"绝学"已经无法想象。今本《周官》等于是郑玄注本,后世学者奉郑注为圭臬,以为郑玄受马融亲传,而马融或上承杜子春、郑大夫、郑司农等人,再与刘向、刘歆等西汉经师的学统连贯,可谓传承有序。现在看来,此经很可能在东汉早期已失师说,传到杜子春、郑大夫、郑司农等人手上的就是一部经注混淆的囫囵本。郑玄再为这个囫囵本出注,形成了今本《周官》。

职文是阐述王官的职事。所以,辨别注文的主要依据,一是看是否阐述官制,二是看是否阐述王官。大量的注文并不讲制度,而是在解释职文中涉及的器物。如果明确职文的特点,断不会将其视为职文。有些注文虽然是讲重要的制度,却不是官制。如果知道《周官》只讲官制,断不会将其视为职文。还有的注文阐述诸侯及其官吏的职事,但并不是阐述王官。如果知道《周官》只讲王官,也断不会将其视为职文。从最终复原的职文看,《周官》一书只偶尔涉及诸侯,基本不阐述诸侯制度。凡大量阐述诸侯的文字,一概是注文。

值得注意的是,注文的字数远多于职文。各种迹象显示,增添注文的次数不止一次,也即注上再添注,枝蔓不断。若阅读者带有成见,一上来就认定今本《周官》是一部伪书,再被杂七杂八的注文牵引,忘了职文的主旨,也就谈不上辨别注文。须知,今本《周官》中仍然保存着一些干净的职文。一些不重要的士官,其职文多是干净的,没有注文窜入,或者有也较少。这些干净的士官职文,特点是直陈职事,文辞简约,全篇只有二三十字,绝不拖泥带水。大夫官的职文,大部分有注文窜入。越是重要的大夫官(如上大夫的职文),注文越多。但仍有一些大夫官的职文较干净,特点仍是文辞简约,通篇不过一二百字,如《州长职》《大史职》《遂大夫职》等。更少的只有数十字,如《司门职》《县正职》等,可作为校点大夫官职文的标本。由此反观,那些动辄八百字以上,甚至千余字的职文,如《大宰职》《大司徒职》《小宰职》等,必定窜入了大量注文。

以上只是总论辨别注文的依据和基本方法,下面稍加详述。

二、辨别方法之一

辨别注文的第一条方法:凡非职文,都是窜入文字。所谓"非职文",指不阐述职事。这是校出注文的第一项标准,也是最核心的标准。它是一把锋利的剃刀,90%以上的注文在它面前无可遁形。"非职文"分为:1.与官制无关,主要是阐述某种器物,如车、玉、服饰、铜器等,又或者虽然阐述某种制度,如田亩制度、乐器制度、旌旗制度等,但与官制无关;2.与周王官制无关,比如诸侯国的制度;3.与本官的职事无关。

(一)与官制无关

阐述器物的义字一概非职文。今本《周官》的职文中,掺杂了大量阐述器物的注文,它们与官署职事无关,占的篇幅比例却很大。这是职文涉及某种器物而引发了注释。下面找一个字数少的例子,分析注文如何扭曲职文。《春官·小胥职》:

> 小胥,掌学士之征令而比之,觵其不敬者,巡舞列而挞其怠慢者。正乐县之位,王宫县,诸侯轩县,卿大夫判县,士特县。辨其声。凡县钟磬,半为堵,全为肆。

现存的职文中,有两句话与小胥的职事无关。第一句是"王宫县,诸侯轩县,卿大夫判县,士特县",它是"正乐县之位"的注文。"正乐县之位"的意思是,小胥必须摆正乐器悬挂的方位。这句话是阐述小胥的职责,是职文。小胥是王官,只负责王宫内的乐器悬挂,诸侯、大夫士的乐悬,他虽然知道,但不是他的职事。第二句是"凡县钟磬,半为堵,全为肆",仍然是"正乐县之位"的注文,解释半悬称为"堵",全悬称为"肆"。第一个注释重在解释不同等级的悬钟磬制度,应该是先出的注文。第二句是出注者不知道已有注,又在末尾添注,出注时间较晚。这两句话都不阐述小胥的职事,但阐述的乐器称谓和乐悬制度是对的,所以汉儒不敢怀疑。需要强调的是,上古的乐器知识和制度,对小胥来说是常识。这些常识出现在乐器专官的职文中,可谓不伦不类。下面将这篇职文重排,把注文排为小两号字体,以便真切感受职文与旧注的关系:

小胥,掌学士之征令而比之,觵其不敬者,巡舞列而挞其怠慢者。正乐县之位,王宫县,诸侯轩县,卿大夫判县,士特县。辨其声。凡县钟磬,半为堵,全为肆。

用大号字表示经文,小号字表示注文,是印刷术普及之后才能显示的效果。而《小胥职》的原文是手抄于简牍上,一旦简牍断错,经文与注文无法分辨是很正常的。注文窜入职文之后,原义遭到极大扭曲,让人误以为小胥负责监督诸侯和卿大夫士的乐悬,其实这些事与小胥无关。由此可见,注文窜成职文后,不但会截断上下文联系,还会扭曲原义。

(二)与王官制度无关

职文绝不阐述诸侯和卿大夫礼制。《周官》的主旨是阐述王国官制,诸侯国和卿大夫的官爵、祭祀、丧制、宾客等,非此书欲道,恐也非此书所能详道。封建之初,诸侯国的制度各有所因,不尽相同。按《左传》定公四年,封卫康叔于殷虚,"皆启以商政"。封唐叔于夏虚,"启以夏政"。卫与晋皆叔,其政在初始期已有不同。其后数百年,分道扬镳,各自发展,若无诸侯国的官档,各国制度非外人能详。

但是，诸侯国制度与周制有相似处，于是注家拉来作注。比如《司裘职》："王大射，则共虎侯、熊侯、豹侯，设其鹄。诸侯则共熊侯、豹侯，皆设其鹄。卿大夫则共麋侯。"可以断言，自"诸侯"以下皆是注文。司裘是大宰属官，举行大射礼时，为周王设置皮侯是其职责。诸侯和卿大夫的皮侯等级，非该官之职。

再如，《掌次职》："凡丧，王则张帟三重。诸侯再重，孤卿大夫不重。"这句话自"三重"二字以下皆注文。用小字还原注文，应为："凡丧，王则张帟。三重。诸侯再重，孤卿大夫不重。"掌次乃大宰属官，爵止下士，是周王的低级近侍官。此官员额止四人，在诸侯、卿大夫之丧时，无力为他们服务。三重、再重、不重的张帟制度，即使真有，也不该出在此官职文里。关键是，"凡丧"的"丧"，仅指王室之丧，又包括大丧和小丧。若大丧是"三重"，小丧则必不是。对掌次及其考核官吏来说，各自应张帟几重是常识，无需写在职文里。"三重"二字显然是出注者为诸侯制度张本而作。

再以《司仪职》为例。司仪负责周王接待诸侯的"摈相之礼"。《司仪职》自"凡诸公相为宾"以下，洋洋洒洒，六百余字，详述公国之间相互朝聘时，主国应尽之礼。又述侯、伯、子、男各等，参照公国礼仪递减。又述公国的卿大夫聘问，主人应尽之礼，以及随官爵降低而礼仪递减，等等。且不论周的诸侯制度中没有上公之爵，司仪是大行人官署内的官吏，共有上士八人，中士十六人，无独立官署，不能脱离大行人官署独立行动。他们的职责是随时为周王接待诸侯。要他们奔波于诸侯国之间，帮助各国接待诸侯"相为宾"之事，绝无可能。这五百余字必是窜入的注文。

（三）与本官无关

某官的职文，不会阐述其他王官的职事。

以《占人职》为例，中有"凡卜筮，君占体，大夫占色，史占墨，卜人占坼"一句，涉及"君""大夫""史""卜人"四种身份，均与占人无关。尤其是，"君"乃诸侯国君的尊称，职文不会轻易把国君作为一种职官列入，也印证了这段话绝非职文。

又如《掌讶职》中有一段："凡宾客，诸侯有卿讶，卿有大夫讶，大夫有士讶，士皆有讶。"这是叙述诸侯来朝时，由卿出迎，以示对等。再视宾客等级，逐级递降。这都越出了掌讶的职事范围。掌讶只是中士，他的职文中不会叙述卿大夫出讶。

再举一个容易漏校的例子。《司民职》最后两句是："司寇及孟冬祀司民之日，献其数于王。王拜受之，登于天府。内史、司会、冢宰贰之，以赞王治。"司民的职文不会去叙述大司寇的职事。大司寇如何向王汇报与司民无关。内史、司会、大宰三官制作副本的事，也与司民无关。如果知道职文不会阐述其他王官的职事，看到《司民职》中出现"司寇""天府""内史、司会、冢宰"等其他王官的称谓，就会意识到是注文。

对这条原则稍稍延伸，凡解释本官与他官的关系的，也不是职文。如《司书职》中提到职币和司会，校出注文如下："以周知入出百物，以叙其财。使入于职币。凡上之用财，必考于司会。"职币是司书的同僚，与司书的职事有关联。职文的通例是不叙述官吏之间的关联事务。司会是司书的顶头上司，司书受司会监督。但接受监督并非职事，此句当是知情者添注。

三、辨别方法之二

辨别注文的第二个方法：职文不解释，解释非职文。

（一）不解释概念

有大量的注文只为解释某个概念。若不明确"职文不解释"，不能校出这些注文。比如，《大宰职》是全书的首篇职文，开篇即展开十大概念，"六典""八法""八则""八柄""八统""九职""九赋""九式""九贡""九两"，每个之后都跟有大段解释。自此，每个《周官》的读者都熟悉解释模式，再不怀疑它们是注文。这是先入为主的威力，让人误把他乡认故乡。

或许会问："职文不解释"有什么证据呢？证据就是那些有概念而没人为其出注的职文。以《天官》为例，至少漏掉了《庖人职》的"六畜""六兽""六禽"，《食医职》的"六食""六饮""六膳"，《酒正职》的"八尊"，《宫人职》的"六寝"。有的是出注者觉得太简单，不值得出注。也有无法出注的情况，比如"八尊"。在同属《天官》的《幂人职》中，"八尊"与"六彝"相对，说明"八尊"一词并非误写。未出注的原因很简单，在《春官》中，《小宗伯职》和《司尊彝职》两篇都是"六尊"。《司尊彝职》自"春祠夏禴"以下百余字，是从其他文献中截移而来的注文，内有"六尊"的称谓，分别是献尊、象尊、著尊、壶尊、大尊、山尊等，两两成对。《司尊彝职》的"六尊"注文虽已失了出处，但汉儒必知其权威性，也就没人敢为"八尊"出注。

也有夹注窜成职文的情况，很难识别。但是，夹注窜入后，破坏了原句的结构。比如，《司书职》的首句："掌邦之六典、八法、八则、九职、九正、九事邦中之版。"其中，"邦之六典八法八则九职九正九事"十四字原是夹注，窜成职文后，这句话中出现两个"邦"字，读起来不顺。用小号字标示注文如下："掌邦之六典、八法、八则、九职、九正、九事邦中之版"。

(二)不重复

重复也是一种解释。发现重复的词或句子,必定是注文。

1.词语重复

先来看词语重复的例子。《乡士职》:"听其狱讼,察其辞,辨其狱讼,异其死刑之罪而要之。"这一句话共19字,却出现了两个"狱讼"。古人用语简洁,没有"复制"和"粘贴"功能,重复用词不符合当时的书写习惯。何况职文简练,即使经过润色,也不至于重复用词。看见重复用词,需注意后一句是否重复前一句的意思,"察其辞,辨其狱讼"与"听其狱讼"是一个意思,说明后者是解释前者。用小字还原注文:"听其狱讼,<small>察其辞,辨其狱讼。</small>异其死刑之罪而要之。"

2.句义重复

词语重复较易察觉。另有一种注释并无重复的词,但意思与前一句相同,需要仔细推敲才能识别。通常,前后两句话讲同一件事或同一个意思,今天俗称为"车轱辘话"。古人造句简明,若有意义重复的两句话,不注意也校不出来。比如《讶士职》:"凡四方之有治于士者,造焉。四方有乱狱,则往而成之。"前一句中,"四方之有治于士者",就是"四方有乱狱"。"造焉",主语缺,凡职文叙述本官之事,皆省略本官之名。故"造焉"即讶士往四方造访,也即"往而成之"。可见,前后两句话是同一个意思,为什么要说两次?因为后一句是为了疏解前一句。还原为注文小字的格式:"凡四方之有治于士者,造焉。<small>四方有乱狱,则往而成之。</small>"

所谓重复,不是单纯的词字重复,而是意义重复,这是添加疏文的重要标志,为的是疏解经文。凡见到重复的两句,后一句多是疏。上引《乡士职》《讶士职》的注文,句法平实,不用排比,不矫揉造作,我推测是战国或秦时的注疏。

3. 主语重复

还有一种隐性的重复。如《职岁职》："职岁，掌邦之赋出，以贰官府、都鄙之财出赐之数，以待会计而考之。凡官府、都鄙群吏之出财用，受式法于职岁。"自"凡官府、都鄙群吏之出财用，受式法于职岁"，是解释"以贰官府、都鄙之财出赐之数"一句。因为，注文中罕见地出现了本官名，这是没有必要的。凡职文叙述本官职事，本官名默认为主语，一律省略，例见上引《讶士职》。一旦职文中出现本官名，意味着与省略的主语重复，不符合编纂者的语法。将注文用小两号字标示："职岁，掌邦之赋出，以贰官府、都鄙之财。出赐之数，以待会计而考之。凡官府、都鄙群吏之出财用，受式法于职岁。"

窜入职文中的旧注，长短不一，短的数字，长的数百字，都有极强的迷惑性。若没有简便实用的判断标准，很容易迷惑。以上两项是校出注文时掌握的基本标准。可以凭它们校出大部分注文。

四、辅助的办法

还有一些辅助辨别的办法，略述于下。

第一，排比句。职文朴质无华，少用排比句。若发现连续使用排比句，且用词浮华，多是汉儒注疏。这种例子很多，不一一列举。排比句只是参考指标，不是绝对的。职文也有少量排比句，注文不用排比的也很多。

第二，与其他传世文献对校。比如，《典瑞职》《大行人职》《小行人职》《司仪职》等，都含有《大戴礼记·朝事篇》中的段落，以前视它们为《周官》伪作的证据，其实恰恰是《周官》不伪的明证。若有人要伪造《周官》，何必用《礼记》去冒充？！当时的出注者喜欢截取其他名篇名句，放在需注的词句之下。幸好《朝事篇》保存在《大戴记》中，能够发现这批注文的出处。

第三，习惯用词。职文中的固定用词，很可能是战国时期洛阳一带的用词习惯，通常贯穿在全书之中。若发现同义而使用不同的字词，可作为重要线索。举例来说，《周官》习惯用"宪"字表示公布成文法。[①] 如果有一篇职文讲到公布成文法，却不用"宪"字。如《士师职》讲"五禁之法"，用的是"书而县于门闾"。"县"即悬，意思与"宪"字相同，但不用"宪"。又如，《周官》习惯用"诏"字表示告知。《讶士职》和《掌交职》皆用"谕"字表示告知，不用"诏"。均值得怀疑。

第四，经例用字。《周官》是古文经。汉儒把他们看到的古文一概说成是"蝌蚪文"，大约包含了战国时期的各国小篆。《周官》原书当由流行于洛阳一带的书体写成，汉儒根据原书隶定，得到的字形与当时通行的不同。前辈学者常用"经例用字"来称呼这些字。如在今本《周官》中，"征"和"徵"，"于"和"於"，均是混用。通过此次校订，发现职文用徵，注文用征。可以肯定徵是经例用字。这也是今本《周官》是经注阄閦本的又一个强有力的证据。但是，经过辗转传抄，经例用字也经历过不为人知的变化过程，不能一概而论，只能作参考。比如，"于""於"二字混用，就已经看不出规律。

第三节　旧注的渊源

按照以上方法，我将今本《周官》中的旧注校出。复按这些旧

[①] 《小宰职》"宪禁"；《胥师职》《小司寇职》"宪刑禁"；《布宪职》"宪邦之刑禁"；《小司徒职》《士师职》"宪禁令"；等等。

注,发现它们明显遵循某些法度,有规律可循。这让我对注文的渊源产生了兴趣。由于相关信息残缺,只能从文本本身进行推测。现将自己的看法提出,不作定论,仅供参考。

一、纂者注

例1:《夏官·槁人职》

《夏官·槁人职》的最后一句:"乃入功于司弓矢及缮人。凡赍财与其出入,皆在槁人,以待会而考之。亡者阙之。"

按职文不解释、不重复的标准,职文中不必出现本官名和上司官名,所以,此句必是注文。出注者想解释槁人与司弓矢、缮人的关系。司弓矢是下大夫,缮人和槁人是司弓矢的属官,一个是中士,另一个是上士。通过这个注,知道槁人还掌管着司弓矢官署的财物。寥寥两句,阐明司弓矢序列中的重要细节,表明出注者深谙周的军事后勤制度。

例2:《司勋职》

《司勋职》:"司勋,掌六乡赏地之法,以等其功。王功曰勋,国功曰功,民功曰庸,事功曰劳,治功曰力,战功曰多。凡有功者,铭书于王之大常,祭于大烝,司勋诏之。大功,司勋藏其贰。"

注文分为两层。第一层,"王功曰勋"至"战功曰多"共六句,四字排比,为"勋""功"二字出注,不及其他。第二层,自"凡有功者"至"司勋藏其贰",是"等其功"的注文,解释制度而非器物,且两次重复"司勋"官名,属于重复解释。该注紧扣"等其功"三字,把功勋分为二等。下等是"有功",奖励办法是在周王大旗上书写有功者之名,且有功者死后,有资格陪祀周王。上等称"大功",另写副本,藏在司勋之府,以备将来赏功时查询。两层注文的异同如下。首先,修辞不同。第二层注文古雅朴质,"铭""大常""贰"等词,与职文用词之例一致,显示与职文同期的特征。第一层注文则是四字排比句,既有师说在其间,又似有演绎成分,让人感觉不可深信。其次,第二层注文是解释制度,功臣铭于王之大常,讲得细。非深谙周的功勋制度,不敢说。功臣陪祀的制度,与赐胙齐侯事①,相互印证。齐侯非姬姓,周王祭祀文、武王,同时祭祀齐侯始祖姜大公,并赐胙于齐桓公。可见姜大公以功臣名义陪祀于文武庙中。第二层注文可作功臣陪祀制度的权威证据。

例 3:《士师职》

《秋官·士师职》:"掌乡合州、党、族、闾、比之联,与其民人之什伍,使之相安相受,以比追胥之事。以施刑罚庆赏。"

其中,"合州、党、族、闾、比"六个字显然是夹注,后来与职文不分,抄成"掌乡合州党族闾比之联"。这就等于是改变了句法。再后来,又有人加了"与其民人之什伍,使之相安相受"一句。为什么判断它是添注?周军制只有"卒伍",没有"什伍"。乡里编制的第一级为五家,第二级为二十五家,没有十家的一级。"什伍"出自《地官·族师职》,也是注文。"相受"制度,周是有的,出自《大司徒职》《族师职》《比长职》《邻长职》等。但它是地官的职事,与秋官无关。须知,"合州党族闾比"对"乡之联"的解释是准确的,一语道破"乡之联"是怎么回事,指出士师在"比追胥"中,可以调动六乡各级官吏。但是,"其民人之什伍,使之相安相受"一句是误注,是不懂周制的人,把地官职事硬套到秋官上。因此,从形式和内容都可断定两条注文不出于同时代。

很多迹象显示,旧注至少有两个形成期,第二期已经不能识别前期的注,于是重复出注,形成后注压前注、后注跟前注等现象。这

---

① 《左传》僖公九年:葵丘之会,"天子有事于文、武,使孔赐伯舅胙"。

说明在第二期时,《周官》已成绝学。这里关心的是,第一期注文出于何时？我认为,第一期注文就是《周官》编纂者的注。理由是,这批注文简练精准,非深谙周制者不办,而且词例、笔法等与职文相同,暗示它与《周官》编纂者是同一批人。旧注中存在纂者注,说明《周官》成书时是经与注兼备的格式。

我判断《周官》的编纂时代在战国末期,理由详下章。纂者注的形成时间也是战国末期。值得注意的是,在校出的旧注中,也有引用的文献是战国时期的,还有早至春秋时期的,这些大概是汉儒把当时尚能看到的先秦文献,截引出来作为注文。从《周官》注文的形成年代说,这些注疏晚于纂者注。《周官》的纂者注,文献价值与职文相当,远高于汉儒注疏。

二、职文原注

校出的注文中有没有比纂者注更权威的？下面选取一些例子,注文用小号字排版。

1.追师,掌王后之首服,为副、编、次、追衡、笄。(《天官·追师职》)

2.掌共王之六饮,水、浆、醴、凉、医、酏,入于酒府。共宾客之稍礼。共夫人致饮于宾客之礼:清、醴、医、酏、糗,而奉之。(《天官·浆人职》)

3.廛人,掌敛市纵布、总布、质布、罚布、廛布。而入于泉府。(《地官·廛人职》)

4.有狱讼者,则使之盟诅。凡盟诅,各以其地域之众庶,共其牲而致焉。既盟,则为司盟共祈酒脯。(《秋官·司盟职》)

先看第 3 例,它是在原词"市布"中夹注。"市布"是一个完整的词,出注者用"纵布、总布、质布、罚布、廛"共九字,夹注于二字之间。最后一个"廛"字,与职文的"布"字自然连接起来。夹注的九字本是小字,传抄者不辨,将其抄成职文。辨认它的标志,是"市纵布"三字不通，不知者以为是"市之纻布"少抄了"之"字，其实是添注的证据。只有《周官》的编纂者，才能用这种添注办法，也即预先在"市布"之间留出空白。这个夹注无疑是纂者注。但是还有另一种可能，若是职文原注，也会提前留出空白，再添注其间。

所谓职文原注，是《周官》编纂者看到官档底本时，底本中已经存在的注。职文原注与职文具有相同的法律效力。比如，《廛人职》的"市布"注，等于明确规定廛人收取的市布种类。注文含有两层意思，一是授权，承认纻、总、质、罚、廛等五种布属于市布；二是禁止，五种以外的布，不可作为市布。若如此，这个注不但是注释，而且像《唐律疏义》的"疏义"，具有法定约束力。它可能基于下面这种历史背景，最早的"市布"只是一种，后来放宽限制，扩张到注文中的五种。为免误解，又作为考核职官的依据，在职文中添加了五种"市布"名称，避免执法时产生不合法的解释。到编纂《周官》时，编纂者直接把此注抄入书中。从上下文的意思看，这种可能性非常大，但因文本外的信息丧失殆尽，我只作为假设提出来，不敢定论。可以肯定，这个注与职文无缝衔接，出注时间早，至少是纂者注。西汉儒生已不辨经文与注文，绝不能在字词之间做出如此精准的夹注，质量也达不到这种精准度。

再看第1、2例，在短句之间添注，同样精准简练，显示注者深谙周制与周的器物。这些注的特征是，它们并不局限在解释器物。比如，《追师职》注中，"副、编、次、追衡、笄"是解释王后的"首服"，但六字之前多了一个"为"字。"为"是制造的意思。加个"为"字的情况，在校出的注文中非常少见。一字之差，使这句话看上去更像命令，而不是简单的解释。《浆人职》注中，"水、浆、醴、凉、医、酏"六字是解释"王之六饮"，后面跟了"入于酒府"四字。合起来理解，是强调浆人须将饮料送至酒府备用，也有命令的意味。后文又规定"夫人致饮于宾客"的"清、醴、医、酏、糟"五种组合,比"王之六饮"的等级要低,含有不得逾制的意思。

再看第4例,司盟的职责是主持诉讼双方的盟诅,但盟誓时需要"坎牲",这是一笔不菲的开销,由谁负担?依注文,由"其地域之众庶"负责缴纳。质言之,这是明确规定由本地居民共同负担费用,不由诉讼双方承担。它们不是简单地解释职文,而是规定一种地方公共开支,相当于今天的地方税费,具有法定的强制性,是立法者深思熟虑的结论。这显然超越了注释的范畴,也超出了司盟的职权,不能明文写在职文中,于是采用注的方式写出,相当于以附注形式完善诉讼盟誓制度。

《周官》的编纂者对职文只能亦步亦趋,不会去扮演立法者的角色。上举四例,出注者胸有成竹、一锤定音。如果为所有旧注分出等级,这类旧注无疑是最高等级,可以把它们当作职文的一部分,具有相当于职文的法律效力,或者说,它们是周制的一部分。

三、汉儒注疏

分析实例时已经提到,今本《周官》中保留的旧注至少分为两期。第二期的注文中存在明显的误注,说明注释者不明周制,只能通过经传推测。这批注文定为西汉儒生所为,应无大碍。有疑问的是,有可能存在第三期或第四期吗?比如,有没有这样一种可能,从西汉至东汉早期,一直有人不断地为《周官》加注,而这些注释均已窜入今本《周官》中?这种可能性是存在的。但现在下结论还过早,以下不区分西汉和东汉,只笼统称汉儒注疏。

汉儒为《周官》出注的方法有两种,一种是自注,另一种是引注。自注,是以己之意为经文出注。典型的例子,如上文提到的用"什伍"和"相受"为《士师职》出注,是臆测,也是误注,说明出注者与职文已有隔膜。当然，并不是说汉儒注疏都是误注，精当的也不少。只是拿误注的例子更能说明是自注。引注，是汉儒引用当时尚能见到的秦以前的文献。廖平在《〈周礼〉删文》中举的例子，不少是引注。① 比如，《大司马职》的"九畿"和《职方氏职》的"九服"，虽一字之差，其中隐含着完全不同的著述年代、政治思潮或学术门派，显然是从不同的书中引出，而非仅仅相互抄袭。"王畿"和"国畿"两个概念，蕴含的政治抱负更有天壤之别。这些文字沉淀到汉代时，其中的观念差别或政治抱负已经抹平，汉儒无法分辨。但汉儒仍照录他们看到的文字，不敢擅改一字，为战汉之际的政治观念史提供了上佳标本。廖平看出了这些引文不属《周官》，但经注关系的复杂性超出了他的想象。他断定刘歆篡改经传，骂刘歆"臆撰误读""丧心病狂"。真是冤枉刘歆！刘歆若写出"国畿"一词，在那时也属于其心可诛。他绝写不出来，不是能力问题，而是时代已经过去了。"九服"和"九畿"的原著一定出自秦以前，而且形成于不同时代，很可能出自不同国家。这在王畿一章还有讨论，此处不赘。有没有人擅改经文？有。推敲过经文和注文，能察觉到某些地方有擅改痕迹。但真正有把握的只有一处，即《大宰职》的"立其监"。详论见后文。这一处偏偏还是注文，而非经文。这种情况有两种可能，一是篡改的人看到的《周官》，已经是一种经注混淆的版本，他分辨不出注文，于是把注文当经文篡改。二是此人从其他文献截引文字时，篡改了截引的文字。这个人是不是刘歆，也不敢断言。

汉儒的引注究竟牵涉哪些著述？这是值得进一步研究的，我的粗浅的看法是，引注涉及的原文献主要分为三大类：一是礼经佚文；二是"礼记"诸篇；三是《周官传》。

---

① 廖平：《六译先生选集》，第309—312页。

所谓礼经,指周大夫士忠实记录的周礼,且写作时间在春秋以前。《仪礼》就是传世的礼经。但《仪礼》是士礼,秦火之前,应该有王礼、诸侯礼和大夫礼的记录,只是没能保存下来。校出的《周官》注文中,可能有礼经的佚文。比较有把握的例子,是《大司马职》所引仲冬之田的记载,我认为原篇成书时间至少在春秋晚期,渊源或更早。详见本书第十八章论述大田礼的小节。此处不赘。

汉儒又从当时看到的"礼记"中截引了不少文字,这是毋庸置疑的。因为今本《周官》中校出了《大戴礼记·朝事篇》。相信还有一些注文出自汉儒能看到的"礼记"诸篇,只是这些篇章已经亡佚。王文锦认为,《大戴礼记》和《小戴礼记》都是贴牌产品,在西汉流传下来的"记"的删辑本上,贴上二戴的名字。① 我同意他的观点,尤其认同他说二"记"的前身不出于一个时期,作者不是一人,学派不是一家。这对认识《周官》的旧注也有启发,今本《周官》的旧注中,截引的篇章不出于一国的大夫士。比如,注文中保留五等爵制,主张二王之后为公爵,且公爵高于侯爵一等。显然不是周制。对此,本书第五章有专论,可参看。五等爵制很可能产生于春秋晚期,大概是宋国大夫士发明。入战国,那些暂时不敢称王,又不愿屈居于姬姜旧侯国之下的大国,如秦国,才会对公爵感兴趣,五等爵制才有市场。仅此一端,可见西汉礼学家继承的学说,不止源自周大夫士。另外,现在校出的旧注中,有大量解释诸侯、卿大夫礼制的文字,拿它们注王制,本来是文不对题。只不过王制已阙,不得不滥等充数。我仿照王先生的句例,总结《周官》截引的"礼记"的特点:1.形成不止于一时;2.作者不止于一国的大夫士;3.内容不止于王制。

按《艺文志》,《周官传》四篇,已佚。既然有独立的《周官传》,

---

① 王文锦:《前言》,[清]王聘珍:《大戴礼记解诂》,中华书局,1983年。

当有经传合并的版本,就像《春秋》与"三传"的关系。校出的注文中,很可能大部分属于《周官传》,甚至就以《周官传》为主体。但要分辨哪些注文属于《周官传》,已非易事。有一些线索,如《小行人职》末尾,自"若国札丧,则令赙补之"以下 150 余字。按旧说,它有一段与《朝事篇》相同,是《朝事篇》的片段窜入《周官》。此说疑点甚多。首先,《朝事篇》讲诸侯朝觐周王之礼,而这段注文不属于朝觐礼,不该出现在《朝事篇》。其次,它的气息与《周官》的职文接近,尤其是"五物"一词。职文也常用"物",较为特殊的是,实物以外的事皆可称为"物"。如《大司徒职》的"乡三物",指德、行、艺。又如《乡大夫职》的"乡射之礼五物",指仪容。此注称五事为"五物",用词习惯与职文相近。我怀疑它是《周官传》的佚篇。若如此,则其经历与以前设想的不同。原来以为是《大戴礼记》的残篇窜入《周官》,实际可能复杂得多。它是先从《周官传》中截取出来,独立成一篇"记",和其他"礼记"篇章混在一起,在一些经师中讲授流传,再在编辑《大戴礼记》时选入。可简化为:《周官传》→"记"→《大戴礼记》。这倒暗合王文锦的说法。

综上,《周官》旧注中可能含有:1.职文原注;2.纂者注;3.礼经佚篇;4."礼记"佚篇;5.《周官传》。

第四节　校出旧注的必要性

一、恢复经旨

既然知道今本《周官》是一部经注混淆的阆阄本,研究《周官》的第一步,必须先校出其中的旧注。若不把注文校出,经文的断读必误,经旨的解读必误。从现在校出的注文看,经注混淆导致的最大危害是割裂经文。一段经文割裂为两三段之后,或发生原义扭曲,或增加原来没有的意思，甚至导致经义湮灭。这样的例子很多，为免烦碎，只举一个例子。

《司市职》一段，未校出注文前："凡市伪饰之禁，在民者十有二，在商者十有二，在贾者十有二，在工者十有二。市刑，其附于刑者，归于士。小刑宪罚，中刑徇罚，大刑扑罚。"校出注文，重新断读："凡市伪饰之禁，在民者十有二，在商者十有二，在贾者十有二，在工者十有二。市刑。其附于刑者，归于士。小刑宪罚，中刑徇罚，大刑扑罚。"

原话是"凡市伪饰之禁，市刑"。只有 8 个字。经注混淆后，一句截为两段，把司市的刑罚权分成了两种职权，不但割裂经文，且湮灭经义。

《周官》依据的底本相当于当时的法律，每篇职文相当于一个法条，虽经编纂者润色，文字依然简练，修辞依旧朴质。注文一旦窜成正文，等于篡改了周制，也改变了上古国家的面貌。这样的例子很多，比如，《大行人职》关于宾客之礼的注文，《小司寇职》"八辟"的注文，等等。借助《周官》，它们成了于经有考的古制。而在尊古的学者，它们却是掺入眼中的巨沙，必灭之而后快。西汉以来，围绕《周官》的争论屡屡引发"海啸巨浪"，这是根本缘故。如今，搬开这些注文，才能平心静气地研究《周官》。

二、压扁的多层蛋糕

校出注文之后，不能一删了事。以前的学者认为，与经传抵牾的文字应该一概删除。他们以为《周官》是多国旧制的杂辑，全无体系，只需辨别真伪，保留真周制，删除伪周制即可。现在知道《周官》是经注混淆的版本，就绝不是删除那么简单。

旧注的来源相当复杂，大致说来，一是写作群体复杂。职文原注和纂者注的作者群是周大夫士。《周官传》的作者即使不是周大夫士,也是深谙周制的人。还有一批旧注出自经、记佚篇,作者是当时的名师,或是孔门嫡传,或是周与旧侯国的世家大族,其中不乏西汉诸家经师的祖师爷。二是写作时间跨度极大。职文原注和礼经佚篇,撰写时期可以上溯到西周时期,晚则成型于春秋晚期。"礼记"和《周官传》可能形成于战国至秦。再加上西汉时期的不断添注,仅计算西周晚期到西汉末年,时间跨度也在八百年上下,中经西周、春秋、战国、秦、西汉等五大时期。

《周官》记载的官制,本身就像压扁的多层蛋糕。而它的旧注也适合这个比喻。不过,同样是多层蛋糕挤压在一层,职文是统一的体系,它的多层性是由旧制度的淘汰和沉淀而形成。旧注则是历代文献的汇集,是不同时期的单个材料累积在一起。分析二者的方法也有极大区别,职文必须用体系的眼光看待,旧注则必须一条条单独对待。职文和注文又分别对应两条主线,一条是周制,另一条是非周制。所谓"非周制",一是战国时期七国的制度,如《士师职》注的"什伍",说齐制和秦制都不错,然而断不是周制。二是有的注文纯属理论,找不到现实对应的制度,大约是归纳了不同国家或不同时代的制度,如《小司寇职》注的"八议"。将它们一并辑出,可以勾勒出非周制的早期形态。凡是春秋以来产生的非周制,本应看成王制以外的异端,最初可能是单独的、个别的,当它们以注的形式汇聚到了《周官》之内,因经注混淆,被东汉以后的儒生当作经文看待,从而变成了事实上的整体。再由历代儒生为其注疏,消弭其间的内在矛盾,最终变成内在自洽的制度体系。

某种程度上,西汉以来的制度史有两条主线。一条是不断地向周制回归,另一条是非周制的逻辑自洽与自我开展。两条主线配合起来看,就是中古制度变迁的全貌。周制和非周制,各自指引了后世的制度改革,明明宗旨不同,却都打着《周官》的旗号。围绕周制和非周制的制度改革,贯穿一千三四百年的时间。所谓制度烂熟的时期,换个角度看,就是《周官》中的周制和非周制融为一体,不再排异的时期。

《周官》旧注的研究刚刚开始,若将来有"《周官》学",则旧注研究必成为独立而重要的一支。

三、《〈周官〉职文复原》

注文原就是附属于职文的,没有独立地位。在经注混淆之前,不管是从其他文献中截引的,还是专门为职文创作的注文,都处于从属于职文的地位。因此,《周官》注文不但不能删除,而且不能独立成篇,必须保留在紧随职文之后的位置。研究经文可以不看注文,但研究《周官》的注文必须先看经文。

现在,我试着校出今本《周官》中的职文和旧注,定名为《〈周官〉职文复原》,作为本书的附录。它分五个部分,按现存的天、地、春、夏、秋等五官分类。虽然称为附录,却是本书的基础。失去它,本书所有的阐述和结论都会坍塌。它采用旧刻本的经注合刻版式,大号字是职文,小号字是注文,自然都是繁体字。它一定还有许多地方需要完善,希望其中的错误可在将来不断地纠正。

庆幸的是,校出注文之后,会发现职文保存得基本完整。这得感谢郑玄,他相信当时看到的文本就是经文原貌,不敢删改。后来固然有经师说《周官》是假的,但严守郑玄读法的经师仍是大多数,断不敢轻易删改郑注本。否则,此经很可能在印刷术普及之前就看不到全本了。当然,郑注也带来一些弊病。郑注为囫囵本背书,以后的经师很少敢于往经注混淆的方向去想。此经自然万分难读,原本简短平易的句子变得冗长不通。有的虽能大致猜到意思,却错综复杂,不得其解。近代,孙诒让为郑注本疏解,成就《周礼正义》这一鸿篇巨制,被章太炎先生推崇为今古文经学之集大成者。但是,这个大部头加剧了前一个副作用,即《周官》太难读。我制作《〈周官〉职文复原》,一是为了恢复经注的旧貌,二是要借此展示《周官》并不难读。《周官》的纂定时间在战国末期,文字虽有先秦遗风,却经过刻意的浅白化。稍有古文基础,能读《史记》的高中生,阅读此经就没问题。不至于还没看就被吓死,也不会认为"经学"二字难到无法接近。

　　需要说明的是,《〈周官〉职文复原》仍是讨论稿。为慎重起见,也是为避免烦碎,本书凡引用《周官》的职文,除非特别申明,一律与今本《周官》保持一致,并不采用《〈周官〉职文复原》。至于我认为哪些是职文,哪些是注文,请读者查阅《〈周官〉职文复原》。还要说明的是,《〈周官〉职文复原》采用王文锦、陈玉霞点校的《周礼正义》(中华书局 1987 年版)为工作底本,异俗字尽可能与该版一致。但注文与职文分离之后,断读不同,标点改动很大,恕不能一一指出。

第二章 《周官》出身辨

第一节 "五经"的出身

很多人认为,"五经"在华夏经籍中地位崇高,是因为孔子删定过。还有很多人认为,《周官》的地位比"五经"低,原因是晚出。至于晚至战国还是汉代,并不重要,总之已是春秋之后。这两种看法都是错误的。经籍的地位由它们的出身决定,而非纂辑时间。"五经"之所以成为经,不是因为孔子从群书中选择了它们,而是它们本身具有高贵的身份,孔子不得不选择它们。至于《周官》的出身,则与"五经"相垺。本章专论相关问题,不是矫情,而是涉及如何认识华夏文明的源头,不得不辨。

一、"五经"与官书

前面说过,《周官》出自大宰官档,代表有周一代的王国官书。"五经"也源出周的中央官署,同样是王国官书。

《左传》定公四年载,周初封建鲁国时,赐鲁国"祝、宗、卜、史"四官。祝官负责祝诅祈祷,宗人负责丧祭朝宾,卜官负责占卜筮问,史官负责记录起居与草诏宣命,四官均兼有整理编辑图书文件的职事。而据《周官》记载,大宗伯掌春官,其下由祝、宗、卜、史四种官署组成。周的成均相当于后来的国子监,由大宗伯下的中大夫大司乐掌管。均,均和音调,顾名思义,这个机构是把贵族子弟们培养成懂音乐的人。按《大司乐职》,教师中的"有道有德者",死后在"瞽宗"内享受祭祀,奉为"乐祖",可见精通音律的教师在成均中的地位最高,是公认的学问德行最佳者。周全盛时,诸侯朝觐周王尚需演练"弓矢舞"。弓矢舞与干戚之舞属于"武舞",是手持兵器的战阵舞。那时,音乐与舞蹈不分,音乐是贵族们的必备技艺。以音乐为主的教育,对教学双方的要求极高,是真正的贵族教育。汉晋士族犹有上古遗风,嵇康善奏《广陵散》不是偶然的。周的贵族子弟还自小习武,上自周王,下至士庶子,无不熟悉射御,足以胜任戎车上的甲士之职,可谓文武兼备,并无两晋高门的萎靡清谈之风。唐以后,教育平民化,以考取功名的科举教育为主,以音乐为主的贵族教育渐渐衰微。

依旧说,成均的课程分为诗、书、礼、乐等四门,又称"立四教"。① 《诗经》原本是成均里的音乐课教材。按《大司乐职》,乐细分为乐德、乐语、乐舞、乐器和大合乐,除乐德是理论课,其余都是技能课。乐舞、乐器与大合乐在汉代已失传,只留下一些曲名或舞名,尤其是专为配合周王行止的《九夏》之歌,乃礼乐之至重,然而曲调和歌词皆无传,仅名称载于《钟师职》旧注中。诗,是乐语的一部分,到后来独立成一门课。学诗是为了懂得兴道、讽诵、言语等,胜任传

---

① 《王制》:"乐正崇四术,立四教,顺先王,诗书礼乐以造士。春秋教以《礼》《乐》,冬夏教以《诗》《书》,王大子、王子、群后之大子、卿大夫元士之嫡子、国之俊选,皆造焉。"郑注:"乐正,乐官之长,掌国子之教。"又,《文王世子》:"乐正司业。"孙诒让疏:"依郑说,《礼记》之大乐正即此大司乐。"见《周礼正义》,第 1711 页。

达诏令、出使四方等职。《诗经》中的《国风》，是王官采集各地大夫士或乐官的诗作，选其精品，由瞽矇为周王讽诵。讽诵时，乐师偶尔拨弄一两声琴瑟配合声调①，似后世的清唱。讽诵的歌词有韵，又分风、赋、兴、比。所以，《伐檀》非伐木工人所唱，《与子同袍》也非徒卒所写。庶民不识字，不可能作出隽永的风歌。至于雅、颂，是大司乐官署中的乐师专为祭祀、朝会等大礼仪而作曲填词。雅、颂一出，金鼓齐鸣，不适合讽诵。风、赋、兴、比、雅、颂，合起来就是"六诗"。② 总之，《诗经》相当于音乐课的歌词部分，因为形于文字而流传下来。乐和舞无字，早已失传。

《尚书》和《仪礼》的源头，是"四教"中的书和礼的教材。王室、贵族子弟由《尚书》而学习历代周王的诰令和重臣谏辞，由《仪礼》学习各种正式场合中的仪轨。传说《诗》《书》等是孔子自卫返鲁后删成，用以教授门徒，其实，孔子用的就是在鲁、卫等旧侯国中流行的教材，与周王室所用的版本尚有等级差距。王子弟、卿大夫嫡子和诸侯之子所用的选辑本与士庶子不同，课本的选辑时代又不同，也就有不同版本流传。其他版本未经删定，传习之人少，最终失传。《尚书》之外有《逸周书》传世，也就可以理解了。传世的《仪礼》，又称《士礼经》，是王士等级肄习的礼，也适用于士庶子，大概孔子的学生以士庶子为主。诸侯和大夫的礼仪适用面窄，没有专门为其删定教材，也随之失传。以上是《诗经》《尚书》《仪礼》等三经的来历，它们的根子在成均，是大司乐所掌的职事，而大司乐属宗官，最主要的职事是在大礼仪上率乐官奏乐歌舞。

《周易》是"三易"之一，也是教材，由卜筮官掌管，用于教授刚入

---

① 《瞽矇职》："讽诵诗。"郑玄注："谓闇读之，不依咏也。"引郑司农："讽诵诗，主诵诗以刺君过。"
② 《大师职》："教六诗：曰风，曰赋，曰比，曰兴，曰雅，曰颂。"

门者。《周易》，主要记录曾经应验过的卦辞和爻辞，便于初学者学习变爻，进而掌握爻与象的变化关系。由于无人亲授，现存其中的典故多已失传。传说《连山》《归藏》《周易》分别记载了夏、商、周三代的筮法。不确。周的卜筮官根据不同情势灵活运用三种筮法。《周易》记载的筮法是利用变爻为占。还有两种失传的筮法，一种以不变的象象为占，另一种有第七爻和第八爻，以不变的七、八爻为占，连山易和归藏易就是阐述以上两种筮法。这两种筮法是高阶筮法，更隐秘，是在筮人对易象了然于胸之后才开始学习，没有教材，或教材不成体系，只能口授。无人亲授，故而失传。总之，《周易》是卜筮官学习职业技能的入门级教材，在这一意义上，它与《诗经》《尚书》《仪礼》是相通的。不同的是，《周易》是专业教材，《诗》《书》《礼》是通识教材。

以上是"五经"中四经的来历，唯有史书不是教材，而是史官尽职的成果。本来，与四经相配的史书应是周大史所掌的周史，但周史已失。前516年（即公元前516年，本书"公元前"皆简称"前"），王子朝、召公之族等奉周之典籍奔楚，这是王室典籍最大一次散亡，据说《三坟》《五典》《八索》《九丘》从此不在周。好在鲁国在旧侯国中的礼制等级最高，周初得赐王国的祝、宗、卜、史四官，故鲁《春秋》就是周史官的笔法，可以聊补阙典。

"五经"的真正相同处是祝、宗、卜、史四官掌管的官书，若按今本《周官》的体例，也可以说是由春官掌管的官书。在这一意义上，它们是王政或王制的一部分，而且是文字部分，三代文明的精髓浓缩于此。明确"五经"的出身，就知道它们的真正作者是周初以来的历代王官，是历代王官守职的积累。其中，诗歌的采集和编辑是历代大司乐及其所属乐官的职事，掌管和利用"三易"则是祝卜官的职事，记录周王起居与国史是史官的职事。

值得注意的是，《尚书》和《仪礼》二书不是某个中大夫或下大夫官署能独立编纂。《尚书》有两大部分，一是周王诰命和重臣谏议，二是盟誓。而原始档册藏在不同官署，诰命和谏议由内史保管①，"礼书""约剂"等藏于大史官署。② 内史和大史虽皆史官，互相之间并无隶属关系。《仪礼》则必须以藏于各种官署中的"礼书"为底本，这些官署也互无隶属关系。比如，主持周王祭祀、朝觐等大礼仪的是大宗伯，相关礼制藏在大宗伯官署。③ 而大行人主持宾客之礼，相关礼书藏在大行人官署。大行人属于秋官，与大宗伯并无隶属关系。又如，邦国、宾客的"礼籍"，由小行人掌管。而记载贵族谱系和昭穆关系的"礼法"由小史保管④，相关"礼书"及历朔藏于大史官署。大史属春官，小行人属秋官，二者无隶属关系。要完成礼书的编纂，只能由一个上级官署来协调。考虑到这些官署曾有共通身份，就是周王的近侍官，所以，这个上级官署只能是大宰。实际上，祝、宗、卜、史在春秋时期仍属大宰，独立出来的时间应该在战国时期。这在下章再详，此处从略。无论如何，"五经"是依据周王官署所藏簿籍档册为底本，由大宰主持，而由一些中大夫或下大夫官署共同参与编纂的，它们不是一人一时的著作，经历的选辑删定过程也不是一代或一次，它们是不折不扣的官书，非私家所能办，其中四经是王国官书，只有《春秋》是姬姓侯国的官书。

明确"五经"的官书性质，才能理解为什么孔子如此重视"五经"的整理。孔子以一己之力删定和继述"五经"，有力地保护了周之典

---

① 《内史职》："掌叙事之法，受纳访，以诏王听治。"
② 《大史职》："凡邦国、都鄙及万民之有约剂者，藏焉，以贰六官。"大祭祀，"与群执事读礼书而协事。祭之日，执书以次常位。""大会同、朝觐，以书协礼事。及将币之日，执书以诏王。"
③ 《大宗伯职》："治其大礼，诏相王之大礼。"《小宗伯职》："凡大礼，佐大宗伯。"
④ 《小史职》："奠系世，辨昭穆。""大祭祀，读礼法，史以书叙昭穆之俎簋。"

籍,这本身是不世之功。但若说孔子"作"五经,就过头了!"作"与"为"二字,先秦时均有创制之义。孔子明确表示自己"述而不作",也深知这些经籍的创作者是谁,不敢妄称自己是"作"。孔子删定"五经"的真正意义是把官书带到了民间。明确了"五经"的官书性质,还可以澄清另一个问题,以"五经"为代表的周之典籍,是三代文明的结晶,也是中国文化的总源,绝非儒家所能独擅。诸子百家皆从周之典籍中汲取营养,本同而末异,各有偏重而已。

二、《周官》与官书

上面不厌其烦地阐述"五经"的官书性质,因为它是理解《周官》出身的重要背景。

周大宰一直以近侍官首领的身份,负责周王室典籍的编纂。近侍官是一个庞大的职官群体,现在看到的《周官》的官署,大多都有近侍官的背景,或从近侍官发展出来。保留在天官之下的官吏不必说,他们充任宫廷侍卫,负责周王日常饮食,服事内宫的起居等。整个春官,也即祝、宗、卜、史,原本在天官之下,渐渐有了独立的必要,独立并升格为一个上大夫官署。另外,夏官中有一个庞大的仆、御、右系统,平时随侍周王左右,战时则充近卫军。而秋官之下,维持外朝礼仪的朝士,主持宾客礼仪的大行人及其属官,如司仪、掌客等,无疑都曾是近侍官身份,后来随着区别内外朝才分出去。"五经"既可视为王国官书,又可视为侍奉周王的工具和成果,"三易"用于占卜周王的动静,史书记录周王起居,风歌是为周王讽诵,雅颂则是大礼仪上金奏的一部分,《尚书》和"礼书"是教育王子们的课本。当然,把近侍官一概视为内廷官,也是欠妥的。王的身份不分公私,祝、宗、卜、史等既侍奉周王,也承担公共职责,具体体现在代表周王整理和发展全国的文化事业,包括整顿礼乐,提供教育资源,发布最新的文化成果,等等,在这一意义上,《诗》《书》《仪礼》是公共职事的产物。其他的近侍官也大多如此,侍奉周王就是公务,比如,戎右在战争中保卫周王,而保卫周王本来就是战争中至高无上的公务。

周初以来,大宰是近侍官首领,侍奉周王是大宰的主要职事。一方面,大宰面对周王时是代表近侍官群体,任何属于近侍官的职事都由大宰负责,近侍官的功过皆可归之大宰。另一方面,对外时,大宰又代表王室,凡王室所出,皆可谓出自大宰。说"五经"是官书也是因为,第一,它们的底本是王国近侍官署所藏簿籍,具有资料的唯一性;第二,它们是近侍官群体通力合作编纂而成,编纂群体是王国的学问权威;第三,从《诗经》在春秋时期的修订情况看(详下节),近侍官群体会因时宜而不断修纂典籍。总之,在周之典籍的形成期,大宰一直是理所当然的总纂人。这不是因为他的个人智慧特别突出,而是由大宰作为近侍官首领的职务所决定的。由大宰任官书总纂,等于说由近侍官群体作编纂。说大宰是总纂人,既是尊重近侍官的集体劳动成果,也是承认典籍的权威性。除大宰以外,任何周人没有资格担任官书总纂的名声,也没有周人敢当此名声。

《周官》也是一部周的官书。据《大宰职》,大宰职权的前三项是掌六典、八法、八则,它们都是建立官署与治官的法典,分别对应"邦国""都鄙""官府"。邦国,就是诸侯国及其官署。都鄙,是王畿以内的城邑及其官署,相当于后世所谓地方官。官府,特指王都的官署,相当于后世所谓中央政府。大宰掌典、法、则,就是辅助周王建立和监督全国官署。小宰与宰夫则是大宰官署内的大夫官,大宰的治官职权通过他们具体执行。小宰最重的职权是"以官府之六叙正群吏"，简称"六叙"①。叙，通秩序之序。第一叙是"正其位"，旨在辨明官吏在朝堂上的位序。宰夫是大宰官署内的下大夫，通常，上大夫官署里的下大夫负有考核官吏的职责，又称考。而宰夫的职事则是考核百官，这一职责涵盖许多内容，除了官吏是否守职，还包括朝会、宾客时的站位，祭祀时是否尽职，以及各级官府的财物出入。凡敢贪墨或造成巨大损失，可以报告大宰，以官刑诛杀之，相当于后世的监察官。不过，宰夫的监察权是从属于大宰和小宰，并不独立。实际上，小宰也有考核监督的职事，称为"八成"②。八成是官署处理公务时必须填写的官文书。后世视为契约文书的"傅别""质剂"等，均属于八成，由官府填写一式两份，一份付私人保存，作为管业凭证。另一份则保存在官府，以备后验。它们归档前，要制作摘要或目录，称为"要"。到月底，各级官府向小宰呈报"要"，也即报告本月的工作。年底，群吏亲自到大宰官署，持簿汇报，接受考核，即"致事"③。总之，这些官文书本是考核官吏业绩的依据，后来经年累月地保存下来，渐渐成了独立的簿籍系统。最终，大宰官署内大约保存了两大类官吏职事簿籍。第一类以六典、八法、八则为主，是考核官吏的法典，相当于今天的机构组织法。可能还有一些历年考核中应对特殊事例而制定的零星规范，附在其下。王国一切官署和官吏的法定职事，尽在这类簿籍中。《周官》的编纂也主要依据此类簿籍。第二类则是一些次级规范，如官吏征收贡赋的考核规范称为"九职""九赋""九贡"，财政支出的考核规范称为"九式"。还有各

---

① 《小宰职》："一曰以叙正其位，二曰以叙进其治，三曰以叙作其事，四曰以叙制其事，五曰以叙受其会，六曰以叙听其情。"
② 《小宰职》"八成"："一曰听政役以比居，二曰听师田以简稽，三曰听闾里以版图，四曰听称责以傅别，五曰听禄位以礼命，六曰听取予以书契，七曰听卖买以质剂，八曰听出入以要会。"
③ 《小宰职》："月终，则以官府之叙，受群吏之要。赞冢宰受岁会。岁终，则令群吏致事。"

官署每年例行呈报的"要",以及由大宰作出的考核批语等。《周官》编纂时必须参考此类簿籍档册。《大宰职》是《周官》首篇职文,开篇就讲典、法,则是大宰的最高职权,正是开宗明义,阐明全书的编纂依据。实际上,祝、宗、卜、史分离出去后,这两类簿籍档册就成了大宰直接掌控的最大一批官书,以其为底本编纂《周官》,大宰作为总纂人是实至名归。

司马迁在《周本纪》和《鲁周公世家》中都说《周官》是周公所作。不只太史公,《周官》的历代经师多持此说。孙诒让终其一生相信《周官》乃周公旦所作。不明其中缘故者,以为妄说。其实不然。《周官》的经师们知道,周公主持编纂的传说恰与大宰是官书总纂的传统暗合,不得不从旧说。不明这一传统,简单地拒斥这一传说,既失了学术上的依归,又偏离了周的官书传统,难以服人。我认为,必须高度重视周公编纂《周官》的传说。它是口授时代的经师为后世留下的宝贵线索,我们有义务小心考察经师口授与史事之间的关联,看看两者是否存在相互印证的可能性。

那么,传说中的"周公"与大宰是什么关系?

第二节　周公遭变

一、周公与遭变

要说"周公",需要从《尚书·金縢》说起。《金縢》在今文《尚书》中列第十三,但清儒深疑它记载的史实。《金縢》中有句话:"(周)公乃为诗以贻王,名之曰《鸱鸮》。王亦未敢诮公。"孙星衍以为,《金縢》原文至此而止,下文"秋大熟"为后人所加。又怀疑"王翼日乃瘳"以下,皆史臣添加。颇有见地。《金縢》有续加文字,本不足怪。上面解释过,《尚书》是王族和贵族子弟的课本,它的主要作用是明理,而非记史。记史是史官的职事,非成均所能置喙。而成均的王官增修《金縢》,又是毫不足怪的。破解《金縢》续加文字的钥匙,就在《诗经·鸱鸮》。

《鸱鸮》在《豳风》之二。今本《国风》中,《豳风》排最末,共七首。第一首是《七月》。《七月》毛《序》:"周公遭变。故陈后稷先公风化之所由,致王业之艰难也。"这段话最关键的是"周公遭变"四字,此四字当是毛公所受师说。后面的文字则是毛公以己意解释。不解释还好,一解释反而乱了。由于"后稷先公"四字,后人顺着思路,误以为这个"周公"指第一代周公,也即周公旦。这就读歪了。其中的关键,是周公不等于周公旦。周公旦虽遭管、蔡流言,却未遭变故。后儒不信"周公旦遭变",也连带着《豳风》之旨不明。

须知,只说"周公",可以泛指任何袭周公之爵的人,并不特指周公旦。现在知道西周时期的三个周公,一是周公旦,谥周文公;二是周公旦之子君陈,谥周平公;三是"共和"时,《周本纪》提到"召公、周公二相行政"中的周公。这个厉、宣二王时期的周公,名字和谥号俱失。春秋时期的历代周公事迹,详见《左传》。《国语》也有。综合二书,分叙如下。

一是平王时的周公,可能是隐公元年《春秋经》的"宰咺",前722年出使鲁国,不久去世。谥号不详。

二是桓王时的周公,名黑肩,谥周桓公。《左传》隐公六年载,周桓公谏桓王亲善郑国,王不听。此年是前717年。《左传》桓公五年载,桓王伐郑,王为中军,虢公林父将右军,周公黑肩将左军。此是前707年,周桓公的事迹另见《国语·周语》和《左传》闵公二年。《春秋经》桓公四年载,此时的周大宰一职由渠伯纠担任,说明周公黑肩的资历尚浅。前694年,周庄王即位三年,周公黑肩欲弑庄王,辛伯告王,庄王杀周公黑肩。

三是周庄王所立的周公忌父,名孔。忌父是字。《左传》庄公十六年载,周公忌父或曾出奔虢,年月不详。这代周公已有"遭变"的事迹。前 678 年,"惠王立而复之"。《左传》僖公十年载,周公忌父、王子党会齐大夫立晋惠公,此为襄王二年(前 650 年)。《左传》僖公二十四年载,甘大叔以狄师伐周,大败周师,获周公忌父、原伯、毛伯等。此周襄王十六年(前 636 年)。不久,周公忌父去世。这一代周公早在周襄王即位(前 651 年)时已任大宰。《春秋经》僖公九年载,齐桓公葵丘之会,"宰周公孔"赴会,宣王命,赐齐侯胙。归途遇晋献公,劝其不必赴会。

四是周襄王二十二年以后,立周公阅。这一代周公经历了周襄王后期,以及顷王、匡王和定王等朝。《左传》僖公三十年载,襄王使周公阅聘鲁。鲁享,有昌歜、白黑、形盐。《春秋经》僖公三十年称周公阅为"宰周公",此是前 630 年。前 613 年,周顷王崩。周公阅与王孙苏争政,致顷王之丧未赴告诸侯。匡王即位,周公与王孙苏讼于晋,王叛王孙苏,又讼周公于晋。"赵宣子平王室而复之"。"复"就是复位。不失位,焉有复位?! 这代周公也有"遭变"之事,只是时间很短,史已失载。春秋中期以后,周王族、重臣争政之事,愈演愈烈。前 594 年,王孙苏与召氏、毛氏争政,居然杀召戴公与毛伯卫。

五是周公楚,末代周公。在周定王、简王二朝。《左传》成公十一年载:"周公楚恶惠、襄之逼也,且与伯与争政,不胜。怒而出。及阳樊,王使刘子复之,盟于鄄而入。三日,复出奔晋。"《左传》成公十二年载:"春,王使以周公之难来告。书曰:'周公出奔晋'。凡自周无出,周公自出故也。"此是周简王七年(前 579 年)。自此以后,《左传》中不再有周公事迹。《左传》襄公十年载,王叔陈生与伯舆争政,王叔大败,奔晋。此是周灵王九年(前 563 年),距周公楚失位 16 年。这个"伯舆"或跟与周公阅争政的"伯与"是同一人。王族、贵族们争权夺利,不亦乐乎,已没人去管远离政治中心的周公楚。

复,《左传》中的常用词。一指重复,二指复命,三指报复,均与我们要说的意思较远,不赘。四是指复归。《春秋经》僖公二十八年,"卫侯郑自楚复归于卫",又说"曹伯襄复归于晋",这都是复归的用法。复归的表面意思是回国,也可表示国君复国,视具体情况而定。若说某位国君"不复",肯定是失国。如《左传》桓公五年说"淳于公如曹,度其国危,遂不复"。复的第五种用法,是卿大夫失位,周王使其官复原位。若诸侯的大夫失位,则由国君复之。这也是一种固定用法,前引《左传》庄公十六年惠王复周公为一例。同年《传》还有一例,是郑大夫公父定叔出奔卫,"三年而复之"。定叔是共叔嫡嗣,故郑伯曰:"不可使共叔无后于郑。"可见,复某大夫,包含了存亡继绝之义。不复,则这位大夫尽失官爵与采邑,沦为平民,而且此人代表的先大夫宗支随即绝嗣,无人祭祀。注意,周王不复周公楚,是使周平公以下历代周公无后,不能血食。至于周公旦,另有鲁国等祭祀,不算绝嗣。这已可谓罚过其当。比照周公黑肩,虽然犯下弑王大罪,尚且罚止己身。周公楚不过是争政失位,居然累及历代周公绝嗣,是极不公平了。《左传》襄公十年载,王叔之宰骂伯舆"筚门圭窦之人",指其出身低微。伯舆的大夫瑕禽则辩称,伯舆等"七姓"扈从平王东迁,彼时平王赖其备具牲用,赐之盟,誓词曰"世世无失职"。恰恰印证了伯舆等七姓是春秋初年随平王东迁而新兴的贵族。可以说,新旧贵族争政与王室嫡子争王位,是周王室彻底衰落的两条主线。

春秋中晚期,周、召、毛等旧族不断被清洗出局。但是,周公对周人的意义超越其他旧族。《左传》昭公七年载,鲁昭公前往楚国之前,梦到鲁襄公祖道,不知吉凶。梓慎想起襄公赴楚国前,"梦周公祖而行"。于是子服惠伯判断此梦吉利,理由是:"先君未尝适楚,故周公祖以道之。襄公适楚矣,而祖以道君。"换言之,有周公祖道的鲁襄公获得好运,还会把这层好运转给鲁昭公。周公岂非有福佑之神力?!鲁襄公距周公旦已有五百年,他梦到的是哪个周公呢?值得斟酌。孔子叹自己衰老,曰:"久矣吾不复梦见周公!"(《论语·述而》)孔子的时代略晚于周公楚,他当然知道周公不复之事。后世都认为孔子梦到的是周公旦,孔子怎么知道周公旦的容貌?会不会是梦到比他稍早的周公楚?这些都是有趣的问题。无论如何,"周公遭变"是春秋中晚期的大事件,周公不复,不只是周公楚个人遭放逐,而且意味着周公旦在王官的一支绝嗣。对周人来说,周公已是文化象征,具有特殊的符号价值。周公之祀不可绝,似乎已成周礼的一部分。所以,后世听来轻轻松松的"周公遭变"四字,在当时相当沉重。两千多年后,尽管文献缺佚严重,但只要仔细体察,还能感受到弥漫于周人族群的悲伤。"周公遭变"在周的政治和文化上都是大事件,而且文化的意义远大于政治意义,不理解这一点,就无法理解周人的悲伤,也无法理解《豳风》。

二、《豳风》与周公遭变

《豳风》七诗写的是"周公遭变"后的悲伤心情。不能把《豳风》七诗拆开讲,否则就失其真味了。以下贯通解释《豳风》七诗的主旨。

《豳风》之首《七月》是一首咏大宰的诗。大宰与周公是有区别的。《左传》定公四年载:"武王之母弟八人,周公为太宰。"太宰即大宰。从春秋时期周公任大宰的情况看,周公旦的嗣孙成年之后,先继任周公,不一定马上任大宰。周的官职是有能者居之,并不世袭。

这是基本原则,大宰一职也不例外。但事实上却有"世职"的惯例。① 大宰由历代周公担任,这一惯例大约在西周时已经形成。不过,若继周公者资历过浅,不会立即出任大宰。一旦周公出任大宰,则成"宰周公",意味着他既是三公之首,又是六卿之首,唯在周王之下,而在百官之上,相当于后世的首辅。季札赞《豳风》:"其周公之东乎!"所谓"之东",就是《金縢》的"周公居东二年,则罪人斯得"。季札此语,不但明示《豳风》是赞周公旦之歌,而且暗示《豳风》的创作年代可以上溯至西周初年。现存《豳风》七首唯有《七月》的文辞最古,则季札所谓《豳风》就指《七月》。需要注意的是,季札只说《豳风》让他想到周公旦的形象,并不是说《七月》讲"周公之东"的事情。《七月》是讲一个人终年辛勤劳动,后来有人说是歌咏人民的劳动和生活。实际上,《七月》讲的是大宰率属吏为王宫用度而忙碌,需联系天官的职事才能准确理解。比如,"七月流火,九月授衣",是司裘在入冬前献良裘,并为周王准备颁赐大臣的功裘。② "馌彼南亩,田畯至喜",以及"我稼既同,上入执宫功"等句,是大宰视察甸师的农功,并督促其为王宫送去谷物瓜果。③ 到了冬月,要安排凿冰,由凌人纳冰于凌阴④,次日则要为周王大祭准备羔、韭等物品。《七月》与周公的关系如下,周公旦是第一代大宰,《七月》歌咏大宰尽心尽力地侍奉周王,一旦奏演,周人无不知是在歌咏宰周公。

《七月》在春秋中晚期是否修改过?或者说,季札听到的《七月》是否西周初年的原词?可以肯定,《七月》已非旧词,其中窜入了"周

---

① 《左传》哀公十三年载子服景伯之言:"鲁将以十月上辛有事于上帝、先王,季辛而毕,何世有职焉,自襄以来,未之改也。若不会,祝,宗将曰:'吴实然。'"子服氏世职为祝、宗之长,与周之大宗伯相当。

② 《天官·司裘职》:"中秋,献良裘,王乃行羽物。季秋,献功裘,以待颁赐"。

③ 《天官·甸师职》:"掌帅其属而耕耨王藉,以时入之。""共野果蓏之荐。"

④ 《天官·凌人职》:"岁十有二月,令斩冰,三其凌。"

公遭变"后的改词。改动的主要是"女心伤悲,殆及公子同归"等句。"公子"喻周王,这是《诗经》中常见的譬喻。原词本当类似"取彼狐狸,为公子裘",或如"载玄载黄,我朱孔阳,为公子裳",讲的是为公子劳作之事。现在看到的是改成公子抛弃了侍女,暗示"周公遭变"。又如第一章末句"无衣无褐,何以卒岁"比喻失去采邑的大夫,犹如无衣御寒之人。凡此种种寓意,与后来六首无不呼应。换言之,西周时的《七月》本是赞咏"宰周公"尽职尽责,至周公遭变后,原来的主旨不合时宜,于是有人改了原词,变为"女心伤悲,殆及公子同归"。《七月》以下六首,取譬虽不同,主旨与改后的《七月》一致。

《豳风》之二《鸱鸮》:"既取我子,无毁我室。"借周公旦之口,希望周王怜惜其子孙。"我子",周公旦的嫡子孙皆可称为"我子"。"我室",指周公这一支族。某个嗣孙废为庶民犹可,但不要让我这一族从此覆亡,劝周王复立周公。第二章以后是失位周公自道,俱是沉痛哀号,如"今此下民,或敢侮予";"予手拮据";"予未有家室";等等。

《豳风》之三《东山》:"我徂东山,慆慆不归。我来自东,零雨其蒙。我东曰归,我心西悲。""东山",当是周公楚出奔所居的地名,在洛阳的西边。我怀疑就是《左传》闵公二年晋大子申生伐"东山皋落氏"的东山。诗中称"西悲",又说思念东方,称东方为"曰归",又说"我来自东",唯恐读者不明作者的故地在东山以东。历代经师不明此诗讲周公失位,非要说是周公旦之东平定管蔡之乱,遂有各种曲解。此诗有"自我不见,于今三年",明确出奔时间已三年,与周公阅短暂失位的情况不同。又有"之子于归,皇驳其马",用新娘出嫁的盛大场面,表达光耀复位的殷切期望。此诗应是周公楚及其从臣所作。

《豳风》之四《破斧》:"既破我斧,又缺我斨。"以兵器破损起兴,比喻周公及其随从家臣曾经为王国浴血奋战。"周公东征,四国是皇"等句,是赞美周公旦平定叛乱,安定四境,有大功。全诗寓意周公旦不当绝嗣。

《豳风》之五《伐柯》,毛《序》:"美周公也。周大夫刺朝堂之不知也。"郑《笺》:"欲迎周公,而朝堂群臣犹惑于管、蔡之言。"此诗历代争议不大。伐柯需斧斤,娶妻需媒人,喻意治国需得人。大概周王欲复周公,而朝堂中有人阻挠,故周大夫写诗讽谏。

《豳风》之六《九罭》,"鳟鲂",名贵的鱼,与小鱼混杂。鸿,大鸟。"鸿飞遵渚",大鸟落在狭窄的河滩上,与小鸟杂处。衮衣,祭祀之首服,周王以下,唯公卿与侯爵可服。"我觏之子,衮衣绣裳",周公出奔在外,平时穿常服,遇祭祀之日,着衮衣走出来。从臣见此情景,不禁哀叹"是以有衮衣兮,无以我公归兮,无使我心悲兮"。这首诗第四章说"公归不复,于女信宿",断定周公不复的结局,显是周公楚的从臣所作。

《豳风》之七《狼跋》,称周公为"公孙",描述周公楚的相貌和处境。毛《传》:"老狼有胡,进则躐其胡,退则跲其尾。进退有难,然而不失其猛。"王先谦引胡承珙:"周公欲进不能,欲退不得,正跋前疐后之状。"①均值参考。此诗有盖棺定论之义。鲁襄公、孔子梦到的周公,或是此诗描述之貌。

总之,《豳风》专为周公所设,后六首都出在春秋时期,也即"周公遭变"之后。"周公遭变"四字中的周公,不指初代周公,而是周公楚,也即春秋中晚期失位的末代周公。

---

① [清]王先谦:《诗三家义集疏》,中华书局,1987 年,第 546 页。

三、《七月》与“宰周公”

《七月》与历代周公的地位大有关系，再赘数语。

《诗经》中的《国风》诸篇，均是王官采自诸侯国或大夫的采邑，无一例外。豳近宗周，是周人的发源地之一，周之旧族多自此出，其地或有先公陵墓，非普通的诸侯国可比，故《豳风》具有特殊的地位。所谓“不登大雅之堂”，指《国风》不在天地、先王等大祭祀的场合中演奏。《豳风》则不同，《春官·籥章职》说《诗经》中有《豳雅》和《豳颂》，让历代经师大惑不解。方玉润说：“唯《周礼·籥章》‘豳雅’‘豳颂’之说，一诗而分三体，无人能言。”又说：“天下岂有此文义，亦岂有此‘籥章’？无文义则无音节，无音节则不成‘籥章’。”说到这个地步，就是承认无解了。凡上古之事，无解则存疑，不必强解。但他接着说：“总以误读《周礼》之过。《周礼》伪书，本不足信。诸儒又泥其辞而不敢辩，至谓本有是诗而亡之，则无中生有，滋人以疑，谬孰甚焉？”[1]明明是不通《周官》，却批评旧说“无中生有”。《诗》之义多在《诗》外，需依周史或周制才能解。方氏不然，自己不通，却大言炎炎，随意指斥《周官》为伪书。这都是因为清儒离上古太远，又以通一经为能，不及他经。汉儒离上古近，信师说，又以通数经为常，不敢如此冒失。

我来解释为何《诗经》中原有《豳雅》和《豳颂》。雅和颂都是周王祭祀时所奏，其中又有等级差别。按《大宗伯职》，周王祭祀的神祇有大、中、小三等。大祭祀是祭昊天上帝、社稷、五祀、五岳、先王（含先公）等；中祭祀有日月星辰、山林川泽等；小祭祀则有司中、司命、风师、雨师、四方百物等。大祭祀是周王亲祭，大宰与诸卿助祭，

---

① ［清］方玉润：《诗经原始》，中华书局，1986 年，第 306 页。

奏六乐。按《大司乐职》，祭祀必奏金钟和大鼓（"令奏钟鼓"），也即"金奏"。金鼓齐鸣，盛大至极。但是，六乐对应的是大、中二等祭祀，小祭祀所奏乐歌已失载。按《春官·乐师职》："凡国之小事用乐者，令奏钟鼓。""小事"当含小祭祀，可见小祭祀仍有金奏。按《地官·舞师职》："凡小祭祀，则不兴舞。"则小祭祀无舞，无舞也就无乐。为什么两篇职文矛盾？"凡小祭祀则不兴舞"一句是注文，原本为前一句"凡野舞，则皆教之"一句出注。野外祭祀分大小，祭五岳就是大祭。出注者想说，野外大祭仪上的舞是野舞，但野外的小祭祀则不兴舞。而且，舞师是地官的属吏，负责祭祀地方神祇（山林川泽或四方百物）时兴舞，主祭者不是周王，故小祭祀不舞。乐师是春官的属吏，也即宫廷乐师，负责为周王祭祀时奏乐，故小祭祀也有金奏。宫内的小祭祀通常由大宰代替，周王并不参与。即使大、中祭祀，若周王有故，也可由大宰代祭，称为"宰祭"。①

乐舞的等级，以金奏为上，吹乐器为下。记录乐器之官主要是《磬师职》《钟师职》《笙师职》《镈师职》四篇。其中，磬、钟、镈三师皆主金奏，唯有笙师教奏吹乐，如竽、笙、埙、籥、箫等。吹乐与今天交响乐团的管乐相当，但其中的埙不是管乐器，所以不能称管乐，统称"吹乐"更合适。祭祀乐舞虽以金奏为主，其实仍有吹乐配合。宫廷舞师则排在乐器官之后，职事是在周王祭祀、宾客等仪式上兴舞，有别于地官的舞师。宫廷舞师的职文顺序，依次是《靺师职》《旄人职》《籥师职》《籥章职》四篇。靺师是大祭祀时的舞师，靺就是皮袜，靺师的字面意思是穿皮袜跳舞的舞师。郑玄以为靺师所舞是"东夷之舞"。误。其说既违旧注，也非经旨。旄人才是从四方选拔而来，

---

① 《夏官·量人职》："凡宰祭，与郁人受斝，历而皆饮之。"《春官·郁人职》："大祭祀，与量人受举斝之卒爵而饮之。"

专门在祭祀、宾客的场合上跳四方之舞，旄人之舞又称"燕乐"，是比较轻松的乐舞。籥，是一种有簧供按奏的管乐器，不同于无簧的笛、箫等。籥师的专职则是"舞羽吹籥"，又称"羽籥之舞"或"羽舞"。所谓"舞羽吹籥"，据说是一手持羽，一手持籥按簧吹奏。但我怀疑是头戴翎羽，用绳子将籥悬挂在身上，再双手持籥，边吹边舞。羽籥之舞的特点是轻盈，属于文舞的一种，与武舞有别。羽舞也出现在祭祀、燕享中，以籥奏出旋律，辅以钟磬和鼓点，适用于中、小祭祀。总之，最高等级的金奏，是磬、钟、镈三师合奏，参与的乐器有编钟、编磬、金奏之鼓与镈钟等四大类①，金奏与靺师合作的乐舞，对应庄严隆重的大祭祀。钟鼓的成分越少，等级越低。不同等级中又有细分，大约以磬鼓配合的称为"缦乐"②，以吹乐为主的又称"祴乐"（《笙师职》）。在宾客燕乐的场合，还有单为旄人舞蹈而伴奏的"散乐"或"夷乐"，或单用笙师和籥师等。

籥章则完全不同。籥章不是诗歌名，而是专职野舞的乐官的名字。《籥章职》："掌土鼓、豳籥。"也就是说，籥章的舞蹈只用土鼓与豳籥伴奏。土鼓是陶土烧制。山西襄汾陶寺遗址出土了新石器时代的土鼓原物（现藏山西博物院，通高80.4厘米，上口径25.6厘米，最大腹径41厘米），就是土鼓的祖宗。庙堂上击奏的金奏之鼓是大型鼓，不易拆卸搬动。土鼓的身上有系绳用的耳，可悬挂在乐师腰间，用于野外击奏。豳籥，形制不详，《礼记·明堂位》说伊耆氏以土鼓和苇籥为乐，苇籥的材质当是芦苇秆，其余形制与普通的籥相近。《籥章职》强调"豳籥"，是想指出其形制与常籥不同。而《明堂位》说"苇籥"与土鼓相配，也是强调苇籥与常籥不同。若常籥之外有两

---

① 《镈师职》："掌金奏之鼓。凡祭祀，鼓其金奏之乐，飨食、宾射亦如之。"
② 《磬师职》："教缦乐、燕乐之钟磬。凡祭祀，奏缦乐。"《钟师职》："掌鼙，鼓缦乐。"

种特殊形制的籥,不会一用地名,一用材质名。况且《籥章职》与《明堂位》的渊源明显不同,却一致认为土鼓与籥为祭蜡的必备乐器,所以,我判断豳籥就是苇籥。籥章与籥师分为二官,籥师只负责宫廷内舞乐的演奏,籥章则专职野舞之乐。野外舞乐,不能搬动笨重的编钟、编磬和建鼓等,土鼓与豳籥轻便,便于随身携带。籥章用豳籥吹奏旋律,用土鼓打出节奏,二者配合就能完成野舞之乐。籥章的职事又分三项,第一是在中春和中秋歌舞《豳诗》,是为了迎寒暑节气。①《豳诗》即《豳风·七月》的原诗。迎节气并非祭祀,而是周人的旧俗,当源于豳地,故《豳诗》是从豳地采风而来。第二是在王国祈年和祭祀田祖时,歌舞《豳雅》。现存的《七月》已遭改编,但有"以乐田畯""田畯至喜"等句,是从《豳雅》中截取的句子。第三是在祭蜡时,歌舞《豳颂》。② 郑玄说蜡祭在季冬十二月,现存《七月》的末章有"称彼兕觥,万寿无疆"等,是对周王的颂辞,当是从《豳颂》中截取的旧句。总之,未经删改的《豳诗》,原有《豳风》《豳雅》《豳颂》三首,《豳风》是迎节气的野舞之歌,《豳雅》是祭祀田祖的舞乐,《豳颂》是季冬祭蜡的舞乐。

按《司服职》,周王祭祀"群小祀",穿的祭服是玄冕。群小祀,就是《大宗伯职》所谓"四方百物"。《籥章职》所载的祭田祖和祭蜡,比群小祀更小。祭蜡之俗为秦所人继承,平王东迁后仍保留在关中,成为腊八节的源头。祭田祖开启了后世的祭田社。迎节气则成了节气风俗的源头之一。不赘。三者虽细,但周朝专门为其设立籥章一职,又在《诗经》中保留三首歌,予以尊重。野祭无金奏。显然,这些祭祀是大宰的专职,而非大宰代周王祭祀。又因大宰是周公的

---

① 《籥章职》:"中春,昼击土鼓,吹《豳诗》以逆暑。中秋,夜迎寒,亦如之。"

② 《籥章职》:"凡国祈年于田祖,吹《豳雅》,击土鼓,以乐田畯。国祭蜡,则吹《豳颂》,击土鼓,以息老物。"

世职,年深日久,人们一看到这三首诗,就会想到"宰周公"。这是三《豳》成为专赞周公之诗的缘由。

今本《诗经》中的《七月》,是春秋时期改编三《豳》的结果。平王东迁,豳地旧俗不行于成周一带,"宰周公"也早已不主持祭蜡和祭田祖,《豳诗》《豳雅》和《豳颂》当在春秋早期已完成删并,合为《七月》一首。季札观周乐于鲁,是周景王即位之年(前 544 年)。前一年,周灵王崩。此时鲁国乐官演奏的《国风》顺序是:《周南》《召南》《邶》《鄘》《卫》《王》《郑》《齐》《豳》《魏》《唐》《陈》。自《郐》以下无讥焉。此时,《豳风》排在第九。现在看到的《诗经》,《豳风》缀于末尾,而且在《七月》之外出现了创作于春秋时期歌咏周公失位的六首诗作,显然是纪念"周公遭变",同时为此事画上了句号。要把《豳风》移至《国风》之末,且整齐地加上《鸱鸮》以下六首诗,这不是孔子能定的。从这个迹象可以看出,一定存在一个修订《诗经》的权威机构,它只能是周的大司乐及其所属的王官。至于修订时间,应在季札观乐于鲁之年后不久,那一年距周公楚失位已 35 年,他不能复位基本确定了。

第三节　《周官》的纂定时间

前面花了许多笔墨讨论周公,都是为了锁定《周官》的编纂者和纂定时间。汉代经师与史家皆说《周官》是周公主持编纂,未必全是凭空捏造。应该先在他们划定的范围里去找,若能找到印证,即从其说。否则存疑。跳出这个范围自创新说,漫无依归,是无根之木,无源之水。通过上节发现,"周公"的历史非常复杂。中古经师熟读经史,却囿于"周公"等于"周公旦"的观念,对经传里明确记载的周公失位一事,熟视无睹。可见,历史研究中,史事的删改歪曲还在其次，最大的障碍是执念。

关于《周官》的编纂者，从来就有人说是六国国君之一。① 不可信。非不欲，而不能也。至于汉儒伪造之说，也违背基本史事。汉初因袭秦官制，全无周官制的知识。始皇称帝，系统性地销毁了周朝旧籍，历代史家对此再三叙述，毋庸置疑。《周官》面世之后，才能逐步剔除秦官制。若汉儒伪造职文，必须先掌握周的簿籍，这是秦火之后万万不能的。

那么，"宰周公"已在春秋晚期失位出奔，失位前后的周公是否编纂了《周官》？不会。若《周官》编纂于公元前6世纪中晚期，那是文化界的大事，孔子晚年删定"五经"，岂能只字不提。即或孔子偶尔遗忘，他的高足多闻广见，岂能无一语提及?! 又或消息晚出，总不至于孟子也不知此书。以博学闻名的孟子，回答周爵制时居然说"其详不可得闻"，仅"尝闻其略"，全无统系。② 孟子推崇王制，生前却无法与闻，足见《周官》一书非诸侯国出身的人所能著。世传孟子当周赧王之世，这是说他的去世时间。钱穆先生以孟子寿高85岁为限，将其生卒年框定在前390年至前305年，约周安王至赧王早期。③ 据此，《周官》成书年代在赧王中期以后，又不晚于始皇焚书。在此期间，有"周公"吗？有！按《史记·周本纪》："考王封其弟于河南，是为桓公，以续周公之官职。桓公卒，子威公代立。威公卒，子惠公代立，乃封其少子于巩以奉王，号东周惠公。"

周考王（前440—前426年）再封周公，距周公楚失位已近一个

---

① 《汉书·艺文志》："六国之君，魏文侯最为好古，孝文时得其乐人窦公，献其书，乃《周官·大宗伯》之《大司乐》章也。"

② 《孟子·万章》："北宫锜问曰：周室班爵禄也，如之何？孟子曰：其详不可得闻也。诸侯恶其害己也，而皆去其籍。然而轲也尝闻其略也。"

③ 钱穆：《先秦诸子系年》第六十三《孟子生年考》，商务印书馆，2015年，第215页。另见该书附《诸子生卒年世约数》，第695页。

半世纪。这一代周桓公不是周公旦的嫡嗣。《周本纪》并未叙述战国时期周公的职位，从"续周公之官职"，表明延续了"宰周公"的传统，重掌大宰官署。周桓公以后，经周威公，至周惠公时封少子于巩，这是东周公的由来。原居河南王城的周惠公长子，称西周公。所谓"奉王"，当以祝祈、祭祀、卜筮、记录起居等为主，祝、宗、卜、史四官从大宰分出，当在此时。至王赧（前 314—前 256 年）时，"东、西周分治。王赧徙都西周"。所谓"西周"，就是河南王城。后来东、西二周公相征伐，有人说："西周，故天子之国，多名器重宝。"可见周王官署及簿籍尽在西周公。赧王五十九年（前 256 年），秦攻西周，西周君奔秦，尽献其邑三十六，口三万。《周本纪》说："秦受其献，归其君于周。周君、王赧卒，周民遂东亡。秦取九鼎宝器，而迁西周公于𢠸狐。后七岁，秦庄襄王灭东周。东、西周皆入于秦，周既不祀。"又据《六国年表》，秦庄襄王元年（前 249 年），吕不韦相，灭东周。《括地志》说，迁东周公居阳人聚。① 阳人与𢠸狐相邻，均在河南郡南境的梁县（今临汝）附近，邻近颍川郡，但当时颍川尚未属秦，二地就是秦国的边疆。迁，流放刑，也有禁锢之义。自此，东、西二周公俱废为庶民，迁去边疆安置。按《吕不韦列传》："（吕不韦）封为文信侯，食河南洛阳十万户。"也就是说，前 249 年，成周旧地为吕不韦封地。此后，"吕不韦以秦之强，羞不如，亦招致士，厚遇之，至食客三千人"。又使客人著所闻，成二十余万言的《吕氏春秋》。秦王十年（前 237 年），免相国吕不韦，就国河南。前 235 年，吕不韦自尽。

　　吕不韦食封河南到自杀之间约十四年。我认为，《周官》就出在这十四年间。周的覆亡太突然，赧王、西周公没想到要编纂周官制。

---

① 《史记》卷四《周本纪》："后七岁，秦庄襄王灭东周。"《正义》引《括地志》："阳人故城即阳人聚也，在汝州梁县西四十里，秦迁东周君地。梁亦古梁城也，在汝州梁县西南十五里。"

周亡,九鼎宝器入咸阳。周官署簿籍废弃无用,无需搬去咸阳,秦昭王又未烧书,所以,周之旧籍就在洛阳的秦官署内,也就在文信侯的封地内。文信侯"厚遇"之人中,很可能就有成周王族。而且,编纂《吕氏春秋》在洛阳,而非咸阳,这从后来食客们窃葬吕不韦于芒砀山,已可概见。《吕氏春秋》的水平,不但远超当时秦国的文化积累,也远超六国的文化水平,为战国晚期学问集大成者。原因有二,一是编辑成员以姬周旧族为主,二是参考文献皆成周旧籍。

编辑《吕氏春秋》的同时,已经在系统整理周的官署簿籍。《吕氏春秋》以季节为主线阐述祭仪、王制等,这十二篇与《周官》以官制为主线,有异曲同工之妙。周人并无以"六"为数的传统,但《周官》分为六编,有意附和秦人的"数以六为纪"。①《周官》以大宰居百官之首,统百官,与吕不韦的地位相符。又,《冬官》亡佚,或许并非亡佚,而是吕不韦败,《冬官》未完稿。《周官》的文字中,并不说周制,若非书名冠以"周",任何王朝以此书为蓝本,建立官制,皆无不可。现存的五篇《叙官》皆称"惟王建国"等,不像回顾过去,倒像展望未来,这个"王"可以是任何王者,比如秦王或吕王。综合看来,传说中编纂《周官》的"周公",要么是遭迁刑的东、西周公已迎回,就在吕不韦的食客中;要么暗指身份地位与周公相当的吕不韦。还有一种可能是二者兼指。若如此,汉以后献书的"李氏",以及河间献王、莽、向、歆等人,异口同声咬定"周公"所作,就容易理解了。他们既没有说谎,又隐瞒了部分真相。若说出此书乃吕不韦所主,恐有人借题发挥。其实,假如吕不韦不败,也不会有周公编纂《周官》的传说,而是文信侯主持编纂的又一巨著问世。前235年,文信侯事败,周之旧籍再次没入秦官府。前213年,丞相李斯"请史官非秦记皆烧之"。

---

① 《史记》卷六《秦始皇本纪》:"数以六为纪,符、法冠皆六寸,而舆六尺。六尺为步,乘六马。"

这中间有 22 年，专门解释《周官》的《周官传》是否成于这段时间，我觉得可以讨论。至于烧书之后，即使成周旧族仍在，也无法编纂。总之，编纂者只有两个可能，一是战国以后重封的周公，二是以洛阳为封地的吕不韦。可以肯定，此书的编写群体以周大夫士为主，且有大宰官署内所藏旧档为底本，非如此不能办。

最后，交代成周旧族的下落。《秦始皇本纪》说，前 235 年，凡哭临吕不韦葬仪的秦舍人，爵在六百石以上，夺爵，迁。爵在五百石以下，本无哭临的资格，仍迁。《正义》说，迁地是房陵。房陵即湖北房县，那时还包括神农架、保康等，皆为高山地区。传说此次迁去上万家，主要是河南郡的原住户。按一家平均五口，万家就是五万口左右。前 238 年，嫪毐舍人四千家已迁房陵。此年秋赦回。而吕不韦舍人迁去，再不赦回。后来，汉武帝找了个名叫姬嘉的人，据说为卫国旁支，立为周子南君，承周祀。元帝又将其后嗣晋爵为周承休侯，封地在颍川郡。无论如何，说西汉时还能在河南、颍川二郡找到周王室贵胄，固不可信。

第三章　《周官》评价

　　《周官》一书向来有两大争议，一是真伪，二是地位。真伪不明，不足以讨论其地位，故前者为主，后者为次。现在用《〈周官〉职文复原》呈现其经注关系，真伪之争，可以歇矣！而此书的地位及其价值，牵扯仍多。不揣鄙陋，就教于方家。

第一节　"第六经"

一、"群经源本"

　　按照汉晋士大夫旧说，《周官》一直位列"六经"之一。且不论《艺文志》的排序，《汉书·景十三王传》，河间献王刘德所得书皆古文先秦旧书，《周官》位列首位。再加孔壁所得古文，从此古文经学有了依凭。朝廷立《周官》《左氏春秋》博士，为古文经学正名。到此时，未闻名为"乐经"的经籍传世，也未闻立有"乐经"博士。最多有《乐记》，所谓《乐记》，是按《周官》所载的大司乐及其属官的诸篇职文编写。① 我疑就是《周官传》的一部分。"乐经"为六经之说，不过

---

① 《宋书》卷十九《志第九·乐一》："武帝时，河间献王与毛生等共采《周官》及诸子言乐事者，以著《乐记》。"又见《通典》卷第一百四十一《乐一·历代沿革上》。

是今文经师抵制《周官》的手段。

山东诸儒多从游于河间献王，这是儒学在山东复兴的一支源头。自刘德献书，《周官》分出两个版本，一藏秘府，是古文原本，也即司马迁、王莽、刘向、刘歆等人看到的，姑且称为秘府本。秘府本肯定有传抄本，但这个抄本系列在东汉时已亡。二是献王自留了抄本，姑且称为献王抄本。献王抄本在山东诸儒间传抄，添加注疏，形成独立的版本系列。汉平帝元始四年（公元4年），征天下通《周官》等经之人，前后至者以千数。其中专研《周官》的经师此前见不到秘府本，只能研习献王抄本。由此可知，献王抄本在民间流传，有经师精研，仅凭秘府本不能独擅其学。入东汉，秘府本和献王抄本的原版俱毁，只有某种源自献王抄本的俗本流传下来，也就是今本《周官》的祖本。

秘府本和献王抄本相当于《周官》加上原注和纂者注。有种说法，太史迁见到的《周官》只剩《大司乐职》。其实，武帝封禅，群臣不懂望祀之仪，找《周官》来研究。① 太史迁在《封禅书》中略引《周官》的文字②，这些文字取材于《春官》，并非出自《大司乐职》。《春官》载有望祀的职文，主要是《大宗伯职》《小宗伯职》《大祝职》《男巫职》等四篇。③ 同时，从今本《周官》中校出的注文，出身各不同，或

---

① 《史记》卷十二《孝武本纪》："而群儒采封禅《尚书》《周官》《王制》之望祀、射牛事。"
② 《史记》卷二八《封禅书》："《周官》曰：冬日至，祀天于南郊，迎长日之至；夏日至，祭地祇。皆用乐舞，而神乃可得而礼也。天子祭天下名山大川，五岳视三公，四渎视诸侯，诸侯祭其疆内名山大川。"
③ 《大宗伯职》："国有大故，则旅上帝及四望。"旅四望与旅上帝并列，可见盛大。《大卜职》："凡旅，陈龟。"由此可知旅祭之前必用龟卜，旅四望自不例外。《大祝职》："国将有事于四望"，"则前祝"。可见祀四望前，大祝要先行祝祈。《男巫职》："望祀、望衍授号。"则四望各有名号，只是失传。又据《校人职》："凡将事于四海山川，则饰黄驹。"祭祀山川与祀四望相近，可推测望祀或有马牲。

有篡者注，或有《周官传》。① 这些注文在汉初是否已窜为职文，无法一一考订。但汉初群臣能看到它们，是可以肯定的，从中也能获得不少望祀的信息。总之，结合《周官》及其注文，约略可推知望祀礼。太史迁说汉儒据《周官》定封禅礼，不算夸大。元始五年（公元5年），西汉创立"九命之锡"制度，俗称"九锡"。九锡以《大宗伯职》"九仪之命"为原型。此时《周官》已成显学，位列"六经"之一，又称"六艺"，立有博士官。王莽和曹操各自篡位之前，皆加九锡。后世提到九锡，就会想到两位著名的篡臣，《周官》的名声跟着坏了。其实，元始五年距新建国尚有三年，王莽篡位之迹未显，仍是公认的学术权威和有德之士，借《周官》为篡逆的大旗，说明《周官》是当时公认的经籍，有资格充当这杆大旗。若此书有伪造嫌疑，王莽岂非自找麻烦?! 总之，司马迁、王莽、刘向、歆等人看到的秘府本，除了《冬官》亡佚外，基本保留了原本的状态，只是职文原注和篡者注在西汉时已不能与经文区别，然而不伤大雅。

莽新以后，就有篡改经书的传言，为《周官》增添了一层疑云。所谓篡改文字不过是西汉经师留在经文中的注文。到了东汉，整理者不辨，将这些注文抄成了经文，并非东汉经师有意作伪。问题是，后世大大低估了两汉之际的文化断裂，很多人想当然地以为，西汉与东汉之间的丧乱之日较短，可以视为一个朝代，则郑玄一系经师看到的《周官》必定与秘府本无异。事情可能复杂得多，秘府本及其

---

① 《小宗伯职》："兆五帝于四郊。四望、四类亦如之。"则四望建有神位。《大司乐职》："乃奏姑洗，歌南吕，舞《大韶》，以祀四望。"则望祀歌舞的音调、金奏、舞名，可参考此注。《舞师职》：以羽舞"舞四方之祭祀"。"四方之祭祀"与祀四望相近，则望祀或有羽舞。《牧人职》："望祀，各以其方之色牲，毛之。"则望祀所用的牺牲毛色，或依方位而定。《司服职》："祀四望、山川则毳冕。"是周王祀四望所着吉服。《邑人职》："凡山川四方用蜃。"望祀所用酒器或有蜃饰。《典瑞职》："两圭有邸以祀地、旅四望。"是祀四望的玉圭数量与形制。祭祀用玉的尺寸还可参考《考工记·玉人》。

抄本系列在东汉初年俱已毁尽,献王抄本的祖本也已不存,杜子春手中只有献王抄本的某个俗本,并无善本可资校订,又不能全文记诵《周官》,无法一一校出汉儒注文。从此,汉儒注文大量窜入《周官》,为非议留下了口实。

即便窜入了西汉经师的注文,自东汉、两晋至隋,《周官》仍是公认的"群经源本"①,常列"五经"之一。如,东晋元帝太兴初年,置八经,《周官》列第五。② 刘宋置"十经",《周官》列第五,在《仪礼》和《左传》之前。③ 唐宋以降,去古愈远,对"经"的判断标准愈加宽泛,《周官》始终在经籍之中,不必细说。随着今古文的辩争在清代进入极盛,经学风气丕变。伪古文《尚书》辨明之后,古文经的地位一落千丈,几乎与伪作相等。一些儒生站在理学的立场,对《周官》肆意诋毁。如万斯大的《周官辨非》,列举了五十条伪制,只凭一句话:圣人不会如此。意气用事,莫过于斯! 近代,又以成书年代为标准判断五经。常听学者以贬抑口吻说,今本《周易》的成书年代已入战国,或者《左传》是战国文字,似乎成书年代晚至战国已不配称为经。若按这种标准,只有《诗经》、今文《尚书》中出在西周春秋时期的篇章或段落,才配称为经。

二、何谓"经"?

只有辨明什么书有资格称为"经",才能真正理解《周官》的地位。

---

① 《梁书》卷四十八《列传第四十二·儒林·沈峻》:"凡圣贤可讲之书,必以《周官》立义。则《周官》一书,实为群经源本。此学不传,多历年世。"
② 《通典》卷第五十三《礼十三·大学》:"唯《周易》王氏,《尚书》郑氏,《古文》孔氏,《毛诗》《周官》《礼记》《论语》《孝经》郑氏,《春秋左传》杜氏、服氏,各置博士一人。"
③ 《宋书》卷三十九《志第二十九·百官上》:"《周易》《尚书》《毛诗》《礼记》《周官》《仪礼》《春秋左氏传》《公羊》《穀梁》,各为一经。《论语》《孝经》为一经。合十经。"

经，是汉晋士大夫定义的。中国的经，指那些最能再现或阐明三代文明的篇章。从再现的角度，当然是时间越早越好。《诗经》中的诗篇，代表三代文明的原貌，自然没有争议。但从阐明的角度，却是越权威越好。所以，汉晋经师把祖述周礼的《礼记》也定为经，把解释周人历史观和价值观的《公羊传》《穀梁传》等定为经。他们不知道记、传晚出吗？当然知道。他们不知记、传之间多有抵牾吗？那也是常识。然而，经非史！如果经必须符合今天史学的标准，只有《春秋》是纯粹的史书，也就只有"一经"，不必谈"六经"。实际上，《春秋》列在"六经"中，也不因为是史，而是让"乱臣贼子惧"。大致说来，"文以载道"才是评判经的核心标准。今文《尚书》是公认的经，如果按今天的学科分类，它妥妥地算文学类，里面涉及的人物和事件，只能当传说或故事看。如果非要一一证明今文《尚书》中的故事是真实的，那就掉进了经史不分的陷阱。进一步，经是文化的概念，没有著作年代的限制。比如，贴上"今文"的标签，并不保证著作年代在春秋以前。"今文"仅仅代表西汉时尚有儒生能讲，有师说可传，至于原文写在西周春秋，还是写在战国，是不能保证的。《禹贡》是今文，但著作时间必定已入战国。《金縢》是今文，但它的后半部分添加于战国。难道要在今文《尚书》中再做一番经与"非经"的区别？那是笑话！反过来说，写于西周春秋时期的著述未必有资格称为经。比如，若有一部西周的兵书传下来，班固不会把它放在"六经"中，至多放在礼类的记、传中，就像《司马法》。再如，《山海经》《水经》都自称"经"，即使它们是西周时的著作，也永远不会属于"六经"或"十三经"。

从经的定义就知道，重要的是阐述者的权威性，而非成书年代或事件真实性。当然，成书年代最好在秦火以前，否则也降低了权威性。只要成书于先秦，权威性就取决于人，而非年代。比如，孔子晚于管仲,孟子晚于商鞅,《管子》和《商君书》中或多或少地保留了管、商二人之学,然而,就算里面每个字都是管、商二人所作,这两本书也绝不会因此称为经。真正的经,有一个重要的特点,那就是没有一部是独著,全部是集体创作的结晶。《论语》和《孟子》在汉晋时只在子部,不可称为经。或许有人认为,《语》《孟》《管》《商》等在子部只是目录学意义的分类。不然!它们不能称为经,是因为个人著作毕竟带有一人或一派的创见,不一定忠实地反映了三代文明。也就是说,称为经的著作要保证忠实于三代文明。或者说,唯有忠实于三代文明或旨在解释三代文明,才有资格跻身于经之中。同时,经是优中选优的结果,以经为核心的中国文化,是知识精英群体共同创造与主导的。它崇尚知识与智能,厌弃愚昧;崇尚明智与中道,拒绝极端。经的主旨是明理,这是汉语文化圈看待经的一贯态度。所谓载道,道是贯穿于文明中的规律性。以阐述道理为主旨,为世间树立模范,为后世立法度的著作,才可称为经。看待外来文化也是如此,基督教的《圣经》,伊斯兰教的《古兰经》,皆作如是解。

又需说明的是,汉晋士族子弟研读诸经是为了恢复旧制,也可以说是为了复兴三代文明。翻看正史,《史记》以下直至新旧《唐书》,记载大夫士援引《周官》以创建、改造或增删制度的实例,目不暇接。唐以前的士族,无需为考取功名去作"八股文",有见识、有能力者迟早要出仕,学习经籍是为了在出仕之后能引经据典,匡正政事,订定本朝体制。这一时期的经,与本朝大政方针是同义词,具有极强的现实意义。宋以后,科举兴盛,平民由科举入仕,经籍看似捧得更高,其实已沦为田舍郎获取富贵的敲门砖,经籍中的道理渐渐被视为陈词滥调,地位有所下降。不过,王安石尚能依托《周官》为改革大旗,可见经在北宋士大夫中还有极大的号召力。元朝,人们经历了杀人如麻的暴政,庆幸苟全性命于乱世,对经籍所载的王道深感绝望,经籍几乎变为废纸。明朝恢复华夏,士大夫尚能议政,又稍稍重视。至清入主,忌讳深刻,兴文字狱,株连以万数,秦政达到前所未有的高峰。从此,读书人寻章摘句,以记诵为能事。经籍的地位再变,从引领改革的政治纲领,变为名物考据家的依据,古文经学几乎成了小学的代名词。用成书年代判断经籍的地位,此时也已显出端倪。兼之元、明、清三代,皇权专制变本加厉,有骨气之人尽遭屠戮。屠余之人心生畏惧,于是不敢务实,转而向内用力,渐渐以蹈虚为己任,发明出各种精致的心性之学,尽讲空疏的道德,拘束人心有余,挽救糜烂则不足。发展到最后是自我欺骗,以为凭道德文章就能救世,进而相互比赛谁的调门更高。像万斯大的《周官辨非》,满嘴圣人如何,就是此类代表。现在看来,都不过是些争宠的心机,只能诛心、杀人与误国。近代说它们是"伪道学",不可谓毫无道理!至清覆亡,经籍的地位再一变,不再是改制的依据,不再有潜心经籍的读书人群体,从此经籍与故纸无异。既如此,如果我说今人已经丧失了评判经的资格,恐怕不会有人异议吧?那么,经籍的地位,何妨存旧制,维持汉晋士大夫之说?!

值得一提的是,在"六经"之中是否还有地位高低之别?当然有!一言蔽之,"六经"的地位以出身为标准,出身越高,地位越高。具体说来,以出自周王室或王官为上,姬、姜等旧侯国次之,再往下则不入流。西周时期,王室的文化成果代表当时的最高水平,周王的礼乐是最精致和优雅的,王制是最完备先进的。这里用的"最",都是相对于诸侯、诸臣与四方而言,在当时是不争的事实,不承认就不必谈上古史。因此,《周官》在经籍中的地位与《诗》《书》《易》并列,这四经集中反映周王室的文化与制度。若比喻成一个人,《书》《易》是思考和决策的大脑,《诗》是说话的嘴,《周官》则是骨架躯干。若要系统了解三代的制度,又以《周官》为唯一门径,绝无他途。

唐以前士大夫重视制度改良,把《周官》奉为"群经源本",毫无过誉。四部之外,《仪礼》可比人的衣冠服饰,可惜士礼的等级较低。《春秋》可比人的血肉肌肤,可惜是侯国史书。

"六经"的合理排序是:1.《诗经》;2.《尚书》;3.《周易》;4.《周官》;5.《仪礼》;6.《春秋》。

第二节 《周官》与三代文明

一、尊周与尊孔之辨

在古文经学与今文经学之间,自来有两大争论:第一,尊周还是尊孔;第二,传经还是传道。先说我的看法,尊周与尊孔皆是门户之见。重提旧话,不过是为了阐述周与孔的关系。

早在春秋时期,围绕着周制的变与不变,已经分裂出两派主张,他们的共同点是尊周。不同的是,保守派坚持周制是最好的制度,凡与周制不符的,不是变乱旧制,就是以夷乱华,代表者如晋国的叔向。改良派则认为,经过两三百年的时间,早就没有多少周公旦当年创制而未变化的制度,如果有,也大多需要改革,代表人物如铸刑鼎的子产,欲去告朔之饩羊的子贡。改良派并不是反周制,而是想在传统与时局之间找到平衡。两派辩论时也能保持温雅的风度。整个春秋时期,尊周在诸夏思想界是主流。《周官》一书,显然是保守派后人为周制写的挽歌,当时抱着的心态大约是:"我们失败了,但还是要让你们看看什么是文明的制度。"须知,在简牍文字的时代,编纂一部系统著作需要耗费巨大的人力与物力,这只要看吕不韦为《吕氏春秋》悬赏改字的事就知道,若说编纂《周官》的背后没有尊周的心思,是没人相信的。

入战国,改良派中逐渐分出一群人,自以为看到了新的发展方向,认为周制落后于时代,应彻底淘汰,渐渐成为新的一派,可谓之倒周派或灭周派。尊周与倒周之间毫无讨论余地,只剩激烈攻讦,直至生死相搏。同时,在保守派眼中,倒周派的主张多与改良派相近,二者已无分别。这就等于把改良派的人也推向对立面,自己愈形孤立。所以,战国时的思想界,给人感觉只有倒周与尊周的对立,而且倒周的调门越来越高,尊周的声音日渐微弱。至于尊周派内部的区别,反而淡忘。秦并六国,标志着倒周派的全面胜利,尊周派彻底失败。到了项羽称王,周制重受重视,秦制遭人唾弃。当初,倒周派谈论周制是为了证明"周制无用",他们只知周制的皮毛,实在没入门,也没想过要入门。因此,西汉经师们只能是尊周派的门徒,至于各自的师承,开始大致是明白的。别的不说,《春秋》是鲁国史,鲁国以外的大夫士不会讲。除了《左传》重在讲史,可能是鲁国史官的著作,凡讲《春秋》而以义理为主的,如西汉时盛行的公羊、穀梁、邹、夹等四家,必是孔门再传弟子。至于其余四经之学,渊源很复杂,未必一概出于孔门,也未必一概出于王官,可能有出自三晋和齐、楚、秦的。值得注意的是,周与西汉隔了一个短命的秦,周在西汉时还有影响,所以,讲经学可以,讲尊王也可以,唯独讲尊周有忌讳,尤其不能把尊周与尊王等同起来,这是西汉经学的大背景。在这个背景下,今文经学家举起尊孔的大旗,孔子是小国的大夫,尊孔是没有忌讳的。而其他的经师,对师承讳莫如深,明知师门并非孔子,也不反驳,久而久之,就真的不可考了。

孔子,毫无疑问是春秋晚期尊周的主力军。夫子自道"吾从周",从没想过自立门户,若知道周公旦被抛到一边,自己坐在"至圣先师"的位置上,恐怕哭笑不得。孔子是尊周的保守派还是改良派呢? 综合来看,应该是保守派。孔子念兹在兹的,如忠、仁、智、勇等,都是周人的传统价值观,为周大夫士所熟知。他生前最大愿望是复兴周礼，深信"其或继周者，虽百世，可知也"。他反对拿掉告朔礼上用于祭祀的羊，理由仅仅是"吾爱其礼"。爱是没有道理可讲的。因为爱而拒绝改变，才是真正的保守派。他觉得自己的思想没有独特之处，才说"述而不作"。作，是另搞一套。述，是接着讲。接着什么讲？当然是周礼，也可以说是接着三代文明的脉络往下讲。孔子生在周制仍然有效的时代，那时的周王、姬姜诸侯及其大夫士，仍然自幼演习乐舞与仪节，记诵《风》《雅》《颂》和先王诰命。像孔子那样精通周礼而闻名当世的，虽是凤毛麟角，但也不是没有。不说远的，同时期的晋国师旷、吴国季札，都是礼乐之学的大师级人物，足与孔子并肩。孔子的特别处是以传授和实践周礼为志业。我们都知道知易行难的道理，善的观念，说说是容易的，要实践起来就难。若要终身实践，必会遇到无数险阻，这样的人，任何时代都受人尊敬。孔子受到弟子们的崇敬，并不仅靠他的学问，而是终身不变的实践，是实践让他的学问有了温度和力度。孔子也真如自己所说，一生没有著述。在他死后，弟子们为了怀念他，选辑他各个时期的言论，使其看上去有了系统性或一贯性。但这一学说的主线仍是阐述周制及其精神，并非自创一套。若真如孔子期望的，百世皆行周礼，或许后来还会出现礼学造诣深厚的人，写出系统论述周制的著作。然而，他去世不久，三家分晋，周王室顿失强援。三家分晋断为战国的起点，很有道理，不在于从此七国迭兴，而在于周王的权威不再。再往后，诸侯们筹划称王，周礼变成僭越的障碍，诸侯们无不致力于删除销毁之。这一删就两百余年，到战国晚期，周制在很多地方已消踪灭迹，仅残存于成周附近，号称大儒而未游学成周的孟子，居然搞不清周爵制的细节。

明白孔子尊周的立场，回头看尊孔与尊周的争论，实属无聊。

说"天不生仲尼,万古如长夜",本是宋代的一副对联。① 到元代渐见于一些文章中②,又出现在元杂剧中③,知道的人就多了。到了明散曲中,又变成"若天不生大哉孔圣,万古如长夜漫漫"④,影响更广泛。据说明代驿站墙壁上多有文人题咏此句⑤,已到普遍传播的程度。也在明代,冯梦龙就讥笑其为"道学语",又记载时人的嘲笑:"怪得羲皇以上圣人,尽日燃纸烛而行也!"⑥其实岂止伏羲以上,若依此话,尧、舜、禹、汤、文、武、周公都要白昼燃烛而行。孔子若泉下有知,怕不要羞愧到昏死过去!到此,本就该打住了。不料,康有为又翻出此语来鼓吹一番⑦,于是在近代的声势也浩大起来。

总之,尊孔与尊周并不冲突。本来,只要不灭周,尊孔也不必深究。今天必须重提此事,是因为尊孔论者只顾把孔子打扮成后世儒家的先师,全然不顾孔子是周大夫士的事实。众所周知,认孔子为先师,依据是韩非说孔子之后"儒分为八"。殊不知,韩非这话本不安好心。没有任何证据,可以证明孔子及其亲传的第一代弟子以"儒"自居。《论语·雍也》倒是明确记载孔子对子夏说:"女为君子儒,无为小人儒。"可见孔子只认同君子儒,不认同小人儒。到了《荀子·儒效篇》,仍然区分大儒和小儒,雅儒和俗儒。若孔、荀等人把儒的头衔戴在自己头上,岂非承认可能是小人儒或俗儒。其实,也

① "蜀道馆舍壁间题一联云:天不生仲尼,万古如长夜。不知何人诗也。"[宋]唐子西:《唐子西文录》,《历代诗话》,中华书局,2004 年,第 446 页。
② [元]邓仔:《重建明伦堂记》,《全元文》,凤凰出版社,1998 年,第 65 页。
③ 《死生交范鸡黍杂剧》第二折,[明]臧懋循编:《元曲选》,中华书局,1958 年,第 956 页。
④ 谢伯阳编纂:《全明散曲·其他·套数·南北正宫合套》"志士末遇",齐鲁书社,2016 年,第 6044 页。
⑤ [明]苏祐:《苏祐词话》,邓子勉编:《明词话全编》,凤凰出版社,2012 年,第 885 页。
⑥ [明]冯梦龙:《古今谭概·寒语部》"道学语",中华书局,2018 年,第 376 页。[明]李贽:《焚书》,中华书局,2009 年,第 130 页。
⑦ 康有为:《万木草堂口说·学术源流(六)》,中华书局,1988 年,第 92 页。

不必区分君子儒还是小人儒，"儒"字在先秦古文中自带贬义。"儒"字从"需"，在先秦小篆中，需字写作"㚡"，今俗作软。今文伪作"需"，读音仍从㚡。① 㚡，通偄、腝、愞等字，而"儒"就是"偄"。《说文·人部》：偄，"弱也"。也即畏懦软弱之义。姬姓诸侯国的大夫士就是周大夫士，稍有常识就知道，岂有周大夫士肯承认自己与"偄"有关。按周的教育传统，大夫士首先要成为武人，随时可充甲士。所谓甲士，指戎车上的射、御和戎右三职。一车之中，射为主官。若士与庶子同车，由士担任射职。若大夫在车上，由大夫任射职。为什么以射职为一车之主？当时的弓特指角弓，是强弓，其强硬度非今天常见的竹弓所能比。所谓擅射者，不仅能射准，而且力大，可以控制力度，收放自如。所以，在戎车上任射职是公认的武艺最高者，膂力软弱之人必不擅射。孔子自幼接受周大夫士的教育，也是武士的底子，而且擅射，否则不会升至大夫官。这样的人会畏懦软弱吗？他在世时，有人猜测"孔丘知礼而无勇"（《左传》定公十年），并以此为由，撺掇齐侯在夹谷之会以莱夷之兵劫持鲁侯。可惜这个印象是错误的，孔子布置军阵在旁，再以自己的勇慨逼退齐侯。勇是周大夫士的四达德之一。孔子说："见义不为，无勇也。"可见他在勇德方面要求甚高。又说："由也好勇过我，无所取材。"子路以勇名冠当世，承认子路好勇过己，等于承认自己好勇，只不及子路而已。总之，敢称自己好勇，足以说明孔子仍是周大夫士的一员。

---

① 《考工记·辀人》"马不契需"郑司农注："需读为'畏需'之需。"段玉裁改需为㚡，云："㚡，今本作需。"读作乃乱反。孙诒让："云乃乱反，则当是㚡字"又，《鲍人》"欲其柔滑而腥脂之，则需"。郑注："故书需作劀"郑司农注："劀读为'柔需'之需，谓厚脂之韦革柔需"《弓人》"薄其帤则需"郑注："需谓不充满"段玉裁校改作"㚡"；㚡，《释文》人充反，今经注《释文》皆伪'需'。此等皆唐以后转写伪乱。"孙诒让："段说是也。需、㚡二字声义并异。"又曰："注云'需谓不充满'者，需亦当作'㚡'，不充谓缩减也。《大玄经·㚡》云：'见难而缩'。"又曰："此经（《弓人》）需与坚，文相对，坚谓坚强，需亦即谓柔㚡。"

后世儒生不顾夫子自道，按他们的偏好，把孔子想象成手无缚鸡之力的文弱书生，这就把孔子与儒士混淆了。墨子、韩非等人把儒名戴在孔子头上，就是要让世人把孔子误认作儒士。战国时的儒士，暗指不是周的大夫士，荀子在《儒效篇》中说的"小儒"："小儒者，诸侯大夫士也。"这里所谓"诸侯"，已非周的姬姜旧侯国，而是包含了新兴的楚、秦、韩、赵、魏等。到战国晚期，战争形态和规模发生变化，由农民兵组成大型步兵方阵，以职业军人任将官。普通的大夫士脱离武士身份，成为国家文职官员及其后备人选，这就是儒士。他们自幼学习经籍，学问与周大夫士相近。若说区别，那就是儒士非武士，不再要求他们上阵杀敌。儒士的形象又与"师儒"重合。[①] 师儒是传授庶民知识并收取学费的人，但传授的本领中不含车战之术。因为庶民本就不习车战。且不说戎车的价值，只说习射，据说制作一把合格的角弓，周期为一年，从选材到成型必须经过两个冬天。上等角弓，光是选用的牛角就值一头牛的价格，俗称"牛戴牛"（牛的头上顶着一头牛）。这还不说车战五兵的成本。所以，庶民只充徒卒，持矛即可。实际上，战国时期，都是对立者称孔门再传弟子为儒家，并因此称孔子是儒家的创始人。韩非的态度不必说，比较著名的还有墨子所著《非儒篇》，称道尧、舜、禹、汤、文、武，而专攻孔子，说儒家为孔子所创。墨子这样说就是为了给孔子泼污水。总之，周大夫士和战国中晚期的大夫士都在先秦大夫士的范畴内，后人受战国文献的影响，往往混淆二者。这是误把孔子当成先秦儒家的重要原因。

我认为，对孔子最准确的身份定位就是一名优秀的周大夫士。在这一意义上，尊孔与尊周并无二致。严格地讲，孔子不是儒家的

---

① 《地官·大司徒职》"四曰联师儒"郑注："师儒，乡里教以道艺者。"

成员。儒家作为一个学派兴起于战国以后,春秋晚期尚无儒家,孔子本人也从未表达过要创建儒家的愿望。不但如此,孔子亲传的初代门徒,其人格与技艺尚且按周大夫士的教育传统塑造而成,能否算作儒家均有疑问。因与本书无关,不再展开。孔子被奉为儒家的先师,既是对立派别的"认定",也是他的再传弟子要拉他作大旗。而他的再传弟子就是西汉公羊学派的祖师爷。公羊学派奉孔子为儒家先师,本来也只是一家之言,后因无人反对,遂成定论。

二、传经与传道之辨

古文经是先秦大夫士所著,但已失去经师讲授,唯有文本传至汉代,代表作就是《周官》《左传》《尔雅》。今文经不但文本传至西汉,且口传不坠。就文本而言,若非后人伪仿或添加,二者本无轩轾。按说,六经皆是载道之器,只要承认某部书是经,传授它就是传道,不存在传经而未传道的矛盾。章学诚说"六经皆史",基本路数仍是如此。传经不传道的说法甚嚣尘上,原因是在今文经师的眼中,古文经实在没资格称为经,不是经也就不载道。在古文经师的眼中,今文固然是经,古文也是经,也就没有传经不传道一说。前面已经解释过《周官》在文献学上配不配称为经,不再赘述。但传经与传道之争还涉及如何理解华夏文明的源头,不可不辨。

众所周知,"五经"无一不是集体作者的成果,经历过漫长的定型过程。《诗经》是数百个作者的作品,而且作者分别出自宫廷和地方。今本《周易》显非一人能为,甚至可以说非人力所能为,至少是数代卜筮官的经验积累。《尚书》,是不同时代的诰命和谏议的合辑。《仪礼》,是不同的大夫士据实记录他们看到的礼仪。《春秋》,显然是两代以上的鲁国史官所作,不同时期的字例、笔法皆有别。《左传》同样如此,且至少有早、中、晚三期的区别,若说左丘明一人所为,断不可信。某种意义上,经之所以称为"经",在四部中享有崇高地位,就是因为它们非一人所为,而是汇集了众多先贤的智慧。它们是上古专门学问中的精华,有的经历过升华的过程。比如,《周易》是上古卜筮官群体中公认的杰作,它是专业群体的智慧结晶,又经过不同阶段某些集大成者的编辑提炼,定型为严密的体系。再如,《诗经》本不止三百篇,原是乐官群体公认的杰作,又经过精选删除,无不是精华中的精华。

除《春秋》之外,其他四经无不在孔子以前就有权威版本,并且早有人钻研。无论孔子生前还是死后,只要周王室屹立不倒,经学的最高成果就在成周,代表经学最高水平是王官中的祝、宗、卜、史四官,不在鲁国,更非孔门弟子所能独擅。先看易学。周初接受商王的卜筮官,周王室的卜筮之学可追溯到商王室,又世代相传,自成专门的学问。姬姜旧侯国当然也有卜筮官,那是周王分封时从王官中分给的,无法与周王的大卜、筮人等论高下。要说精通,周王的卜筮官说自己第二,没人敢称第一。何况孔子要到晚年才开始研究《周易》,而《周易》不过是卜筮学中的一小部分。其次看礼学。《仪礼》仅载王士仪节,是大夫士礼中的一部分,而且是低等级的一部分。诸侯国的大夫,除了由周王册命的与王国大夫相伴,其他只相当于王士。礼仪之学在周而不在诸侯,也毋庸论。再看书经。《尚书》以历代周王诰命为主,权威发布机构是大宗伯。除了王国的史官,哪个诸侯国能完整收藏历代周王的诰命。显然,《尚书》的选辑资格在王官,不在诸侯。最后看《诗经》。在孔子删定《诗经》前,《诗经》早有权威的版本,而且不止一种,大概由大司乐负责编纂,每隔几十年就会有一次小的修订。《诗经》不是单纯的诗词,而是乐舞里的歌词。乐、舞、诗是不可分割的整体,诗只是三者中的一部分。周王祭祀天地和先王时,乐官一边金奏,一边演舞,一边歌咏《雅》

《颂》诸篇。战国时，乐舞尚未失传，每个周大夫士都会记诵。若不明乐理与舞仪，在当时连学问都算不上，更别说上乘的学问。姬姓诸侯只能祭祀所出之王，没有祭天和祭祀历代先王的资格。就如鲁国，始封君为周公旦，固然可以祭祀文王，却不能祭祀文王以下历代周王。据说成王念周公旦之功，允许鲁国祭天，但可以肯定，鲁侯绝不能祭祀最高规格的天神，因为天神之大者在五岳，鲁侯连祭祀泰岳的资格都没有，遑论五岳。由此可知，诸侯国君及其大夫士记诵《诗经》是为了明理，也是为了明礼，以免在外交或重大礼仪场合失礼。至于《诗经》中祭天和祭祀先王的大乐舞，只有周王在时才演奏，在姬、姜诸侯中演奏属于非礼。那么，还有谁的《诗经》之学比周王的大司乐诸官更权威。两周经学皆是官学，战国时，经学仍在王官。所谓王官，特指周土之官，而非陆续称王的七国官府。只要周王室未亡，王官未散，尤其是春官还在，经学的最高成就仍在成周。至于齐、鲁、燕、卫等旧侯国，还有承接了晋国学脉的韩、赵、魏等，或多或少地保留了部分经学，秦、楚等国也因接受逃亡的王官和灭国的大夫士而有经学。不过，总的来说，诸侯国里流传的经学，要么一开始就不完整，要么等级不高。

辨明经学的渊源，对于认识中国文化有着特别重要的意义。比如，从经学源流看，老子的学问本于《周易》。《周易》与《老子》的关系，相当于经与传的关系，也即《周易》是经，《老子》是传。可以说，中国文化的源头就是经，而战国以后兴起的诸子百家皆是流。有人动辄说，《周官》中有法家的思想，或者说《周官》不纯粹是儒家的思想，就是颠倒了源与流的关系。以为只有儒家独擅经学，这是没搞清经学的性质，也就不知道所谓儒、墨、道、法等都不过是经学之流。或者说，战国以后，中国文化一直是周王官学的分支与合流。

我们说过，一旦跳出《春秋》，其余讲《诗》《书》《易》《礼》的西汉经师，未必皆出自孔子，甚至未必传自鲁国大夫士。这是认识西汉经学的大背景。汉武帝罢黜百家，独尊儒术，董仲舒居首功，公羊成为显学，势力大起来。自此以后，受公羊经师的影响，经学的源头才渐渐归到孔子一人身上，也才慢慢产生了儒学等同于经学的看法。这种发展的另一条线索就是经与传不分，由于《公羊》《穀梁》的政治地位高，导致它在汉晋时期的地位一直与经相当。再后来的"十三经"，《论语》《孟子》也进去了，不只是经与传不分，经与子也不分了。

重申经与传的区别，在我们的研究中有非常重要的意义。《公羊传》的特点是力陈"大义"，公羊的经师也喜欢以大义责难其他经师。其实，公羊的种种大义，只代表儒分为八以后某一支派的学说，是否一一符合《春秋》的原义，已有疑问，否则也就不会有其他几家与其并存。若把《公羊》所陈的大义放在长时间的坐标中衡量，可以清晰地看出其局限性。比如，尊卑是大义之一，在今天主张平等的时代，可断言此义不大。义者，宜也。义的前提是合乎时宜。时过境迁，义也随之变化。古之大义未必适于今，今天的价值观又未必适于古。以古例今和以今律古，都是刻舟求剑。但是，古人说，在义以外还有道。道，是规律性和至上性，超越时空，常讲常新。世界上是否真的存在着道？如果答案是肯定的，那道是唯一的还是多种？这些问题一直有争议，允许继续争议下去。这里只想强调，经和传的分类，就是基于道和义的区别。

简言之，经是载道而不言道，记、传是述义而未达道。比如，据说《诗经》是讲"周道缺"，既如此，就一定存在尽善尽美的"周道"。从形式上看，《诗经》只是诗歌选辑，每个作者不一定怀着同样的创作意图，更别说事先商量。读完整部《诗经》的人，究竟参悟出什么道也无法达成共识，甚至《诗经》讲的是不是"周道"都可以争论。唯一可以肯定的是，古人相信《诗经》中承载了某种道，《诗经》之所以称为"经"，就在于它载道。但它并不自己跳出来说这种道是什么。它的道需要读者去悟，这就叫载道而不言道。为了读懂《诗经》需要看《毛传》。《毛传》会揭示每首诗歌的讥刺之义，这就叫述义。但我们说过，每首诗的创作意图不一致，就算熟读《毛传》，搞清楚每首诗的意思，也未必悟道，这就叫述义而未达道。又如，《周易》是讲天道。什么是天道？有说盛极而衰，有说往复循环，还有说阴阳相生。每种说法都有理，又会进一步引发争论。但如果只看《周易》原文，就知道它不过记录了各种卦象和已验证过的卦辞、爻辞，从未说自己的道。再看《易传》，它只是阐发卦爻之义，对每爻每卦的解释是否准确，还存在很大的争议，别说通达天道了。以此类推，《尚书》只管收录先王先贤的诰命训诫，《大传》则阐发治国的义理。《仪礼》忠实陈述各种仪轨，《礼记》则重在阐发礼义。《春秋》只顾一年年地记史，"三传"负责解释事件的前因后果，又不时地借事陈义。最后，《周官》本来只抄录官吏职文。《周官传》已佚，但我猜测保存在今本《周官》中的注文大部分就是《周官传》的佚文。从这些注文看，它们也是以解释职文中的名物和制度为主。总之，"六经"的共同特征是忠实地记录言辞、名物或制度。正因为它们只记录事实，古人才认为它们载道。又因为它们只记录事实，所以它们绝不自言其道。《老子》说的"道可道，非常道"，正可以拿来形容"六经"。看透了这一点，于是可以说，凡看到忠实记录事实的，就是经。凡看到高陈义理的，就是记、传。明确了经与传的分野，用《公羊》之义约束《春秋》，已见不妥，更别说去约束《春秋》以外的经籍，当然，也未闻用《公羊》去约束《诗经》或《周易》的。然而，千余年来今文经师驳斥《周官》非圣贤言的那些言论，不就是以传约经吗？

《周官》还有一样与"五经"不同的是，由于始终有人质疑它的真伪，因此也就很少有人谈及《周官》是不是载道，更别说它所载之道为何。我认为，如果将来有一门"《周官》学"，那么，讨论《周官》所载之道,就是这门学问的最终目标。当然,不只《周官》如此,"六经"之学的最终目标,都是讨论它们所载之道。像我这样的无知后学,自幼已不读经,经学上的功夫远不如前辈。又兼资质鲁钝,无力参悟。现在只能说,自己已经意识到这个问题的重要性,必须在此书中提出来,要说解决这个问题,是不敢奢望的。此处也还不到讨论《周官》之道的时候,到本书结尾时,我会把一些粗浅的想法写出来,它们相当于记、传之义,必未达道,不过是抛砖引玉,供贤智批评。

第三节 《周官》学

《隋书·经籍一》说,李氏献《周官》一书给河间献王。这个李氏,连名字都不全。于是有了《周官》出自"山岩屋壁"的传说。[①] 此说断不足信!《周官》真不是哪个"民间高人"能作。从未在朝堂上站过一天的人要写此书,纯属天方夜谭!张爱玲在她的《红楼梦魇》中说:"《红楼梦》未完还不要紧,坏在狗尾续貂成了附骨之疽。"这话是否过了些,我不敢判断。但没有豪门世家的生活经验,连续写小说尚不能蒙混过关,何以有人会相信专论官制的经典,居然出自江湖高人。今文经学家说《周官》是刘歆或孔安国等人伪造。在《周官》中篡改个别文字,或许难免。说哪个人全本伪造此书,实在是过分抬高此人的才华。要我说,即便是周公旦,手边若无官方档案可资查阅,也断不能办。无论刘歆或孔安国如何大才,也无力撰出此书,除非他们得到了周大宰官署的职文簿籍。若如此,此书也就不伪!

《周官》既然称得上"六经"之一,它在华夏文明中的地位就是一

---

① [唐]贾公彦:"既出于山岩屋壁,复入于秘府。"(《周礼注疏·序周礼废兴》)又见[清]阮元:"《周礼》出山岩屋壁间。"(《周礼注疏·周礼注疏校勘记序》)

等一的。《红楼梦》虽然是一等一的伟大作品,但它在华夏文明中的地位,岂能跟上古经典相比。然而,世间有"红学",却无"《周官》学",岂不怪哉?

一、何以没有"《周官》学"?

《周官》遭冷落的主要原因,还是它的重要性未得充分说明。有人断定它全是伪书,说它不必读。有人断定它真伪参半,说它无法读。今本《周官》约五万字,就算大半是注文,如果它的珍贵程度与《周易》《尚书》比肩,或者只要与《老子》《论语》一样重要,人们断不敢不读。须知,在古文《尚书》的性质不明之前,没人因为《尚书》中有可疑文字,就敢说《尚书》不可读。现在断为今文《尚书》的篇章,如《金縢》《吕刑》等,仍有明显的后人添加文字,也没人因真伪参半,敢说无法读。所以,无法读只是不必读的借口,若文献足够重要,虽不可读,也非读不可。《周官》的重要性,体现在以下两个方面。

第一,《周官》的底子,是周大宰官署保存的官制档案。未毁之前,由深谙周官制之人依据档案编纂而成。自两汉经师至近代的周史专家,皆深知《周官》的珍贵性,但还不够。金景芳先生早年的认识,很能代表大多数学者的看法。那时他认为,《周官》中"保存不少极为珍贵的古史料"①。但他在晚年改变了看法,说:"《周礼》一书很可能是西周乱亡时,某氏得见大量官方档案所作。"②甚是!重申这一判断尤其重要。《周官》一书具有极强的体系性。某种意义上,它的体系影响以后两千多年的中国官制,明清以吏、户、礼、兵、刑、工设置六部,仍是摆脱不了《周官》的体系约束。而《周官》的体系是

---

① 金景芳:《中国奴隶社会的几个问题》,中华书局,1962 年,第 7 页。
② 金景芳:《中国奴隶社会史》,上海人民出版社,1983 年,第 132 页。

由三百多个官吏职文搭建起来的。无法想象，没有原始档册的支撑，谁能凭空臆造。且不说职文，光是臆造这三百多个官名都难。考虑到《周官》的体系性，不得不承认，该书编纂者是以较完整的官档为基础。至于它究竟编纂于何时，何人主持，这两个问题是次要的。如何回答这两个问题，不影响《周官》的根本性质。以为此书的编纂时间在战国，就将这一等一的经籍视为末流，是不通之论。可以假设，若周的官制档案完整地保存到西汉，由汉儒编纂此书，此书照样是经，地位至少在各种传、记之上。反过来说，若没有周的官制档案，就算孔子欲纂此书，也不可得。事实上，战国时期的大儒，如孟、荀等人，对周的官爵制度也只知皮毛，原因就在于周官制在战国时期已不是平常人可知。孟、荀若生前得见此书，也只有拜服的份。

今天，人们对于新发现的战国、秦汉简牍，视若珍宝，因为它们是原始档案，具有极高的史料价值。殊不知，从文化价值上说，《周官》依据的档案，其等级和珍贵程度远在新发现的简牍之上。这批档案毁于秦火，再无重见之日。

第二，《周官》是系统认识三代制度的唯一门径。《周官》与其他五经一样，是史上第一等的著作。《周官》所载是王官制度，是王制的一部分。在王制全盛时，诸侯与大夫士礼俱不足道。欲说三代礼乐，王制可代表，王制以下皆不足以代表。不知王制，不可谓知礼乐，亦不可谓知三代文明。若无《周官》，认识王制只能凭《礼记》和《荀子》中的两篇号为《王制》的记文，二者又多扞格，莫衷一是。认识到《周官》本是一等一的著作还不够，就上古制度史而言，《周官》具有皇冠一样的地位，独一无二，不可替代。这还有注文的干扰，真身未显。若擦拭干净，光彩尤为夺目。如果没有《周官》，后世只能通过《左传》等史籍，以及甲金文和考古去了解周制的零碎知识。万幸它保留了下来，让王制的系统研究成为可能。它是打开上古国家及制度文明最关键的一把钥匙，也是无法逾越的关隘。不过此关，不足以谈三代文明。

由于文献阙略，因此许多国家或民族要认识自己的上古史，只能靠考古发现的器物和文字。多亏六经传承有序，中国的上古史研究才享有文献有征的优势。怎样把文献记载与考古发现紧密结合起来，一直是上古史的重中之重。但是，根据研究对象的不同，存在着以文献记载为主，还是以考古资料为主的问题。我认为，以下原则是不言自明的，当研究对象是古代制度时，只能以文献为主，辅之以考古资料。而文献又以系统阐述者为上，零星记载辅之。当然，文献的真伪，另当别论。为什么这样说？制度的最大特征就是体系性，体系性必须通过语言加以体现，而且要求系统的、阐述的语言。要满足制度研究的体系性，不但考古发掘出来的城池、聚落、器物、墓葬等不堪胜任，连甲金文也不能。甲金文达不到呈现制度所需的体系性。从甲金文中得到的制度信息，必是详者甚详，阙者照阙，只能发挥填补和校正的作用。而在六经中，唯有《周官》系统地阐述了一种王制，鉴于其他的王制皆已失传，这就足以奠定它在上古制度史的至上地位。可以说，有《周官》在，研究上古制度时，五经和其他史籍只能屈居次席。史学家一边嫌弃《周官》真伪不明，一边又不得不到它里面去找史料，根本原因，还是在于它的体系性。或许有人认为《周官》阐述的仅是官制，不足以涵盖上古制度的方方面面。当然，上古制度不可能尽在一本书里。还好官制部分较完整地流传下来，才使我们体会到上古制度的复杂、多面和多层次。试想，若无《周官》，研究王制将失去层次、远近和深浅，则上古史将是何等浅薄。

以上两点重要性，都不是我的创见。《周官》在王室官档基础上编纂而来，是我缵绪先贤旧说。它在三代制度中享有无上地位，自西汉以来就公认。莽新之后,它在政治上有污名,但它在经籍中的排名,仍在第四、第五。贬低和埋没《周官》,不过是近百年之事。以上还只是从文化的角度,它在秦以后历朝政治、立法中的重大影响,牵涉太多,非本书重点,不再申论。

要强调的是,《周官》乏人研究,还因为它在现代学科体系没有归属。经学,原先居于古典学的顶端。只要有经学,就总有人研究《周官》。现在经学衰亡,以前的经典只能依附于现代学科体系。而在"六经"中,只有四部在现代学科体系中找到自己的位置。一是《诗经》,是中国诗歌的源头,在文学史的地位至高无上。二是《尚书》,是政治史、伦理史的必读。三是《周易》,定位为中国哲学的起源之一。四是《春秋》,既是史著,也是史学史的祖宗,有上古史研究群体支撑。唯礼类的二经,即《周官》和《仪礼》,学科归属不明。现代学科中没有制度学,只有法律学。法律学是近代从西方引进的学科,法学家认为古代的礼仪或制度与己无干,制度史不归于任何专业史,而法学以外的学者不擅规范分析方法,于是大好一部经典,居然没有关于它的研究方法,没有专属的理论框架,更不用说传承有序。

二、特殊性与研究方法

(一)解经的方法

要说清楚上古的经籍,首先需要传统的解经方法。《周官》原是经学的一部分,基本的解经方法是适用的。然而,鉴于今本《周官》是经注囫囵本,不能盲目套用"以经解经"的规则。以经解经,分为两个层次,一是"以此经解此经"。比如,要解释某一字词,而这一字词在同书中多次出现,可以分析它在同书中的不同用法,来获得它的准确含义。二是"以他经解此经"。比如,某字在书中只出现一次,却在他书多次出现,可资援引。相较而言,肯定是"以此经解此经"较可信。然而,今本《周官》中窜入了大量的注文,这些注文又写作于不同时代或不同区域,在没有把这些注文一一分辨出来之前,"以此经解此经"的规则并不当然有效。现在看来,今本《周官》号为难读,根本原因就在于经师们严格遵循"以此经解此经"的办法,却不自觉地陷入"以他经解此经"的境地,结果似是而非。当然,"以经解经"的规矩是不能坏的,否则解经就没有可信度。我的看法是,将经注分离之后,方能有效运用"以此经解此经"。若仍有疑,再参考"五经",尤其有用的是《诗经》和《左传》。分离出来的注文可视为《周官传》。若有疑或不足,再稽金文。

(二)制度史的方法

解经的方法存在极大不足,主要是不能为所有的制度断代,这就必须用到制度史的方法。

制度史的方法和理论框架,历史学家不熟悉,经学家也不熟悉。经学家看不出今本《周官》是经注阄图本,就是因为看不出职文自成体系,根本原因在于不熟悉制度分析的方法。史学家同样不擅长制度分析,纠缠于《周官》的成书年代这类问题,正是不能走入制度体系的表现。需要明确的是,制度本身具有真实性。这种真实性是无形的,不在文字中,而在文字之下的相互联系。这种真实性的保障,就在于制度的系统性。当我们辨认出一条制度是真实的,意思不是它在历史上发生过,而是说它属于它所在的时代。把战国的制度说成春秋的,这就是伪史。把秦国的制度说成是周制,也是伪史。凭什么保证这种判断是有效的?不是仅凭历史记载,因为大量的上古记载已经是模糊的传说,从汉代开始争论,迄无定论。真正的依据是制度的系统性,这种系统性内在于制度中,当一种制度可以断定是西周时期的制度,那么,另一种与它和谐的制度也是这一时期的,不可能偏离太远。如果另一种制度与它相矛盾,二者就必不是同一时期的。把两种矛盾的制度非要拉到一起,不管内在解释的不通,就是张冠李戴,指鹿为马。当然,如何看出其中的矛盾,没有固定的规则,又需要分析制度的意义和内容,用到历史学、考古学、地理学等知识。总之,方法是灵活的,知识是死的。但没有方法,就只能依违于旧说之间,或重复多种说法,而不敢判断,这是史家的大忌。

需要说明的是,制度史的分析方法其实源出于法学的规范分析方法。不过,法学家面对的是一部完整的法典,他们的任务往往是解释某个法条与其他法条如何兼容,以及法条如何兼容于整部法典。而上古制度史的学者没那么幸运,通常只有一些零碎的记载,却要从这些零碎记载中分析出它背后的制度全貌。这当然大大增加了难度。某种意义上,上古制度的分析,更像是考古学家面对一堆器物残片,必须把这些残片重新拼凑起来,还要把空白的地方,用石膏复原出形状。正因此,今本《周官》虽然是经注阙佚本,但毕竟基本保存了法典的完整性,还有什么好奢望的呢?

对于伟大的著作,文本分析是头等大事。若只是纠缠于文本的作者或写作时代,则轻重倒置。这就像我们喜欢《红楼梦》,喜欢的是它的文本。爱屋及乌,也喜欢它的作者。如果把"红学"彻底变成了"曹学",那会让人怀疑,是不是丧失了文本分析的能力。研究上古经籍同样是这个道理。传颂作者的名字,显然比整理著作要简单许多。时间过去了千数百年,文本的关联信息早已消失,历代经师仍死死抱住著作本身,将其挽救于战火之危,拔拯于蠹鱼之祸。校对、注疏,誊抄于竹简。印刷术发明后,重加版刻,使其化身千百。总之,拼尽全力挽留,不让它们消失在历史长河中。经历了时间的残酷筛选,著作顽强地保留下来,而作者、写作年代等信息却丢失了。这一结果本身就证明,经籍的内容才是无比重要的!既如此,何必非要为《周官》找一个作者,又何必为它划定确切的写作年代呢。近代以来,史学昌盛,经学式微。关于《周官》的研究,功夫多用在争论其纂定年代或作者。殊不知,不从制度史的研究角度,不可能解开此书的谜团。有趣的是,今本《周官》及郑玄注里留有大量珍贵的,甚至是唯一的上古制度史料,无法回避,必须引用。于是,在上古史论著中,常常看到大量引用《周官》的文字,却刻意回避引用文字是否可信。又有甚者,先申明《周官》不可信,只是引用的文字有一定参考价值。灭裂经书,莫此为甚!

本书的定位,是以《周官》为主线,以其他传世典籍、金文、考古资料为辅助,勾稽和整理湮灭在该书中的上古制度。再以上古制度为骨架,重新勾勒上古史。通过体系性的解读,才能真正地为《周官》一书正名,也才能为上古史正名。注意,我不是致力于恢复通常意义上的历史。在制度史的框架中,重要的不是人物和事件。如果您想在本书中看到人名、器物、战争或文献,那注定会失望。但是,制度的系统性保证了线索的有效性,我的第一任务是,在制度的系统性中,看穿那些虚构的制度,剥下它们的伪装,然后肯定那些真的制度。我的第二任务是,把那些真的制度放在它们原先所在的时代,不让它们窜乱于不该在的位置。这两项任务基本完成,这本书就可以告一段落。而且,本书并不保证面面俱到。《周官》现存三百余官,任何一官的职文扯出来,可能都可以作一篇论文。这种工作,一旦把制度的系统性说清楚了,接下来需要很多人做。如果对制度的系统性缺乏把握,那么单个的官制研究仍然半通不通,甚至可能得出荒谬的结论。我只把现存于《周官》中的制度做大致定性和定位,基本说清楚它们之间的体系性。在这一意义上,本书虽然从制度史入手,关注的却是大历史和宏观史。

从西周初期到战国,周的官制变化非常大。有的官署早已废除,如《中觯》铭文记载的"公族"①,相当于中大夫官,是西周早中期的高等级官署,职责是率领精锐部队在两军交战时陷阵,与后世的先锋官相近。此官或废除,或档册遗失,不载于《周官》。另有一些官署虽然早已废除,仍保留在旧档中,编纂者爱其遗制,一概编入《周官》。这批废官多达四十个,占现存官名的 10% 以上,是研究先周时期国家制度的重要线索。还有的官署经历过大规模的序列调整,它们的职文形成于较早的时代,至少早于《周官》成书年代,故而透露出调整的痕迹。如内史的职文,显示它本是大宰属官,成书前才调整到大宗伯之下。各种迹象显示,《周官》中的官制至少包含三期:1.前期,职文原档的形成时期;2.中期,职文原档被修改、加入、删除和重新编排等;3.后期,相当于《周官》开始编纂到纂定的年代。换言之,今本《周官》浓缩了八百余年的官制变迁史。必须把这些制度复原到它们原先所在的时代。鉴于此书的复杂性,它的研究非一人之力可以完成,需要不同知识背景,又有浓厚兴趣的人一同来下功夫;将来研究的重点,必在于文本分析。唯有把这座文献宝藏充分挖掘出来,把制度的体系性充分展现出来,"《周官》学"才能大放异彩。

---

① 《中觯》,《殷周金文集成》(以下简称《集成》)5·6514,第3863页。

上编　疆域国家

第四章 虞人与史前疆域国家

第一节 山国与虞人

一、问题的提出

2020 年 11 月,山西忻州偏关县天峰坪遗址的考古报告出来。① 遗址面积仅 3 万平方米。近年来陕晋一带动辄发现数十万乃至数百万平方米级的石城遗址,相比而言,天峰坪遗址很普通。不过,该遗址对中国制度史有石破天惊的启发。我认为,这就是陶唐氏、有虞氏和夏后氏等传说时代的虞人营寨,也是国内首次发现虞人营寨。拿它与传世文献中的虞官制度对照,虞人的形象顿时鲜活起来,以前许多让人困惑之处也迎刃而解。

天峰坪遗址三面环河邻沟,仅西北侧留一窄梁供进出,是一座孤悬于黄河东岸边的山顶小型堡寨。报告评价该堡寨"位置封闭,地势险要,具有极强的防御色彩"。建立时间不晚于 4500 年前,衰落于大约 4200 年前。和南面的兴县碧村遗址一样发现了排房,长方

---

① 张光辉:《黄河古堡,偏塞要寨——来自偏关天峰坪遗址的考古发现与启示》,"考古汇"微信公众号,2020 年 11 月 11 日。该文未发纸质刊物,转载见中国历史研究网(hrc.cass.cn)。

形,数间连为一体,内无灶址。换言之,长房是集体居住的房屋,并不用于生火做饭。发现一处长房的地面、墙面均涂抹白灰。报告者说:"这一方式同样见于碧村小玉梁排房的 F4,使我们更加确认了石砌房址内侧墙面的这一处理方式。以往发现的一些石房址,内侧墙面涂抹层多已脱落,仅见裸露的石砌墙壁,容易使人误以为该类墙面直接裸露使用,实则不然,至少部分房址内部墙面经涂泥抹灰,形成厚厚的防护层。"

这是第一次在石砌排房中找到墙面涂抹白灰的实证。报告谈到,在有圆形地面灶的房址中,灶的边缘也用白灰勾缝。1961—1962年,在沣河东面洛水村村北的西周遗址中发现过一个长方形井,井内出土大量西周建筑毁弃后填入井中的遗留物,主要是瓦片和涂抹着"白灰面"的草泥土,对这些草泥土,发掘者称其为"'白灰面'墙皮"。其中一个完整的瓦片重达 4.75 公斤,发掘者判断,"在其附近当有规模宏伟的西周建筑基址"[1]。后来又说:"无疑是王室或大贵族的宏伟建筑的遗存。"[2]沣东地区据信是镐京原址所在,距今 3000年左右,有着白灰面的墙皮是高等级建筑物的象征。比它早一千余年的房屋内,墙面、地面、灶缘等皆涂抹白灰,当然是非常考究的。碧村遗址的等级较高,尚可理解。天峰坪遗址只是一座防御型堡寨,为什么墙灶皆涂抹白灰?里面住的人是什么身份?这样久远的年代,如果没有传世文献,只能凭空遥想了。好在《周官》中关于虞人的记载,与此发现相得益彰。

一旦确认虞人制度的真实性,许多源头性的问题都得重新考虑。比如:有虞氏是否得名于虞人之虞?上古国家往往借当时的新

---

[1] 中科院考古所丰镐考古队:《1961—1962 年陕西长安沣东试掘简报》,《考古》1963 年 8 期。
[2] 胡谦盈:《丰镐考古工作三十年(1951—1981)的回顾》,《文物》1982 年 10 期,第 60 页。

事物为名。如有巢氏的巢，是用竹木搭建的干栏式房屋，其建筑手法又称"构木"或"编堇"。① 特点是下层空闲，上层住人，近似悬在树上的鸟巢，有防潮和防蛇虫两大优势。直到 20 世纪下半叶，西南地区仍然遍布干栏式建筑。重庆市的网红景点洪崖洞，曾经就是干栏式木屋的集中地。一种建筑样式能够盛行数千年，初现时一定惊艳，代表着全新的时代。若误解了巢的意思，就失去了古人留下的宝贵线索。不过，传说中的远古国族名，有太多已说不清原义，如栗陆氏、骊连氏、赫胥氏一类②，看上去更像音译。若把夏后氏算作夏王朝建立前的过渡期，那么有虞氏是进入王朝前的最后一个传说时代。有虞氏的传说，诸如祭祀、葬礼、服饰、刑罚、旌旗等，无不为后世所津津乐道。然而遍查旧籍，有虞氏的"虞"字为何义，不得要领。汉儒的说法是，舜的居住地在虞③，又或封地在虞。④ 若如此，虞是姓氏名，又或跟虢、晋、齐、鲁一样是国名。符号而已，并无特别的内涵。有没有一种可能，汉儒已失其义？若理解虞人对于史前时代的意义，很自然会把有虞氏与虞人联系在一起。本章的主要任务是重新整理《周官》中的虞人制度，结合考古发现，讨论虞人对早期疆域国家的意义。

---

① 《韩非子·五蠹》："有圣人作，构木为巢，以避群害，而民悦之，使王天下，号之曰有巢氏。"《路史·前纪二》："有巢氏之编堇。"堇，据《尔雅·释草》："椵，木堇。榇，木堇"。或指木本的槿。

② 诸家不同，暂以《古今人表》为准，太昊宓羲氏以下至炎帝神农氏，有：女娲氏、共工氏、容成氏、大庭氏、柏皇氏、中央氏、栗陆氏、骊连氏、赫胥氏、尊庐氏、沌浑氏、昊英氏、有巢氏、朱襄氏、葛天氏、阴康氏、亡怀氏、东扈氏、帝鸿氏、列山氏、归藏氏。（《汉书》，中华书局，1962 年，第 863 页。）另参考 [清] 马骕：《绎史》卷三《太古第三·太皞纪》，中华书局，2002 年，第 20 页。

③ 《汉书·律历志》引《帝系》："瞽叟生帝舜，处虞之妫汭。尧嬗以天下。火生土，故为土德。天下号曰有虞氏。"

④ 《史记·高祖本纪》，《索隐》："若舜生姚墟，以为姚姓，封之于虞，即号有虞氏是也。"

二、山国、土国与泽国

《地官·掌节职》和《秋官·小行人职》中各有一则关于玺节的分类："山国用虎节,土国用人节,泽国用龙节。"虎、人、龙,大约是节首的形状,不去管它。把国家按地形分类,让人迷惑。若这种分类真实存在过,必定在很早的年代,至少是战国以前。因为七国都是大型疆域国家,山川、原野、湖沼等各种地形在国内应有尽有,不会用其中一种地形来定义。但究竟早到什么时候?还让人困惑的是,一个国家不可能建立在山上,因为饮用水无法解决。若遇敌军来犯,将山峰包围,又会沦为丢了街亭的马谡。还有,土国是指平原国家,那么,泽国就是建立在湖泊沼泽中的国家。一提到湖沼密布,会让人想到长江以南两湖地区,诸如云梦泽等,又或吴越地区。然而,这个传说似乎在谈论一个极早的年代,听上去,三类国家的数量在那时还不少。我们知道,春秋时期云梦泽是楚王狩猎的苑囿,人迹罕至。要说在更早的时候,云梦泽里就分布着大大小小的国家,匪夷所思。

2011 年开始发掘的陕西石峁遗址,让人豁然开朗。这座城址距今 4300 年左右,坐落在今榆林神木市高家堡镇洞川沟附近的山梁上,约四百万平方米,号称迄今发现的史前最大规模的城址。接着,2015 年,距其直线距离不到 60 公里外的府谷县田家寨镇的寨山,发现一座略小的同期城址,范围约百万平方米。2016 年,又在距寨山石城不到八公里的范围内,发现了较小的寨梁石城遗址和寨峁石城遗址。据介绍,三处石城"相距仅 7.31 公里,从西至东呈不规则三角形状,镶嵌在一条流域内"①。截至 2020 年,寨山城址已得到初步

---

① 《榆林府谷发现三座远古石城遗址》,《人民日报》(海外版)2016 年 10 月 14 日第 12 版。

发掘整理,确定为石峁文化之一。可以推定,石峁遗址就是某个早期国家的首都,寨山石城则是该国的大城之一,换言之,这个早期国家已经通过两级大城控制疆域。环绕寨山石城的其他小石城,是否类似《周官》提到的"都鄙"之鄙,现在下结论为时过早,但值得讨论。

石峁、寨山等遗址在黄河西岸。把黄河东岸的发现联系起来,会更有意思。与神木隔河相望的山西兴县高家村镇碧村石城遗址于 2015 年 4 月开始发掘,初步确认遗址范围面积有 75 万平方米,并发现石峁文化的玉器。① 碧村石城选址在蔚汾河入黄河的台地上,中心的小玉梁最高台地上发现石砌排房,共四座,南北向,相间排列,白灰铺地。目前已清理两座,一座方形面积约 75.5 平方米,在目前发现的同期石砌房址中最大。另一座长方形,面积 60 平方米。房址中央设直径 2 米左右的圆形火塘。石城三面环河,唯东面以一道南北向的城墙为界,有背靠黄河向东防御的倾向。而它的东面直线距离不到 40 公里处,是兴县恶虎滩乡白崖沟遗址,总面积约 120 万平方米,遗址内未发现石峁文化的玉器。② 有意思的是,碧村遗址尽量建在山峁上,有居高防备之意。白崖沟石城建在河谷间的盆地中,重在取水方便。二者同属蔚汾河流域,同在吕梁山区,选址思路不同,是否各属"山国"与"土国",值得讨论。以河流为界,在河流对岸设置营寨作为防线,是上古国家的军事传统,至春秋时期依然如此。碧村石城与石峁遗址皆优先选址在山岗上,二者处在一条直线上,直线距离仅 50 公里,碧村石城遗址应该是后者在黄河对岸设立的桥头堡阵地,石砌排房的主人或最高领导者,应该相当于后世的

① 王晓毅、王小娟、张光辉等:《2015 年山西兴县碧村遗址发掘简报》,《考古与文物》2016 年第 4 期。
② 张光辉、贾文涛、陈泽宇等:《山西兴县白崖沟遗址调查简报》,《中国国家博物馆馆刊》2017 年 3 期。

诸侯或大夫。

石峁、寨山、碧村等，和要重点讨论的天峰坪遗址，具有一个共同属性，它们都是山国的城邑或寨堡。虞人是驻扎野外之官，除了山虞，还有驻扎于河流和沼泽的虞人。周的虞官以山虞为首，林、川二衡辖于山虞。泽虞则是后加入周的虞官，下文再详。这里只想说，联系到山虞的地位及周以陕北黄土高原为根据地，周与山国的关系已呼之欲出。

第二节　《地官》的虞人

一、文职的虞人

作为官职的虞人，在西周金文中有记载。据《同簋盖》铭文，周王策命同辅助"吴（虞）大父"，"司场、林、虞、牧，自淲东至于河，厥朔至于玄水"。① 从铭文可以清楚地知道，同的职责是掌管野外的山林和牧场。"吴大父"的吴是地名，指西周时的吴岳或岳山，也即六盘山南麓的东西两条支脉。又据《免簋》铭文，周王策命免为司土（徒），"司郑还（县）廪、眔虞、眔牧"②。廪即林。李家浩认为："铭文林、虞、牧相当于《周礼·地官》司徒的属官'林衡''山虞''泽虞'和'牧人'。林衡掌管林木，虞人掌管山泽，牧人掌管畜牧。司徒是掌管土地之官，故周王任命免为司徒，管理郑县地区的林、虞、牧诸事，与《周礼》所记司徒的职掌相符合。"③可从。《集成》认为《同簋盖》是西周中期器。《免簋》原器已佚，但同一人所作器还有《免尊》《免

---

① 《同簋盖》，《集成》4·4270，第 2601 页。
② 《免簋》，《集成》4·4626，第 3002 页。
③ 李家浩：《先秦文字中的"县"》，《文史》（第 28 辑），中华书局，1987 年，第 49—58 页。

盘》存世①，皆在西周中期晚段，约懿、孝二王时期。换言之，西周中期的虞人是司徒属官。司徒的主要职事是赋役和田土，偏文职。

到春秋晚期，齐、鲁等旧侯国还有虞人。当时的虞人有两个职责，第一是护卫君主。② 地位不高，以步战为主。第二是驻守野外，负责狩猎事宜。③ 但是，从《左传》等书看不到虞人官制的细节。必须以《周官》为本，才能恢复虞人旧制。虞官是中国历史上已知最早的官吏体系之一。古人一提到夏朝就会想到虞人，据说古帝王在野外狩猎，陪伴身边的就是虞人，又称"兽臣"。提醒帝王不要荒嬉游猎的早期箴言，名为《虞人之箴》或《虞箴》。④ 旧说，中国最早的官制产生在唐虞之世，最早的官吏数约五十个，另一说有上百个。⑤ 无论多少，虞人必定是其中之一。本节先从《地官》明确记载的虞人四官说起。

二、虞衡四官

地官有两大属性，一是掌民事，二是掌地方。所谓掌民事，地官又称"教官"，负有教民的职责。教民的教，有教化和教育两层意思，教化偏重道德，教育则包括生活和生产等，诸如改良土壤和耕种技术，鼓励婚姻，主持调解等，一概属于地官。又有一大职责，是向民

---

① 《免尊》，《集成》5·6006，第 3696 页。《免盘》，《集成》7·10161，第 5464 页。
② 《左传》定公八年："阳虎前驱，林楚御桓子，虞人以铍盾夹之，阳越殿。"
③ 《左传》昭公二十年："齐侯田于沛，招虞人以弓，不进。""皮冠以招虞人。"《左传》哀公十四年："以（麒麟）赐虞人。"
④ 《左传》襄公四年："昔周辛甲之为大史也，命百官，官箴王阙于《虞人之箴》曰：'芒芒禹迹，划为九州，经启九道。民有寝庙，兽有茂草，各有攸处，德用不扰。在帝夷羿，冒于原兽，忘其国恤，而思其麀牡。武不可重，用不恢于夏家。兽臣司原，敢告仆夫。'《虞箴》如是，可不惩乎？"又曰："而虞羿于田"旧说以为"虞"与"娱"古字通。误。
⑤ 《礼记·明堂位》："有虞氏官五十，夏后氏官百。"古文尚书《周官篇》："唐、虞稽古，建官惟百。内有百揆四岳，外有州牧侯伯。"又说"夏、商官倍"。

人征收赋税和劳役。所谓掌地方,《周官》编纂者把庞大的地方官系统置于大司徒之下,这样安排可能是为了整齐编辑体例。虞衡四官就是作为地方民事官吏的一部分放在《地官》,它们的排序是:1.山虞;2.林衡;3.川衡;4.泽虞。山虞和泽虞是中士,夹在中间的林衡和川衡则是下士。按旧说,麓从属于山,是山的一部分。① 林麓的麓指山足斜坡处的森林,特点是与平原上的森林相连。② 狩猎的苑囿多设在山麓,就是为了便于演练战车的冲锋与合围。《林衡职》说,林衡受命于山虞。林衡的排序在山虞之后,也是听命于山虞的表现。而川衡排在泽虞之前,泽虞的官阶高于川衡,可以断定川衡也是听命于山虞。为什么川衡不是听命于泽虞,是纂者疏忽或传抄误写吗? 不是。因为职文的次序与《地官·叙官》对应,不可能都错了。有一种情况可以解释这种现象,如果周的旧疆域中只有山、林和川,属于传说中的"山国",则周的虞人以山虞为主官,林衡和川虞皆其属官。后来,周吞并了一个大泽国或数个小泽国,把他们的泽虞纳入到自己的虞官体系,泽虞的职文也就附在了虞官之末。《周官》的编纂者,要么知道这层渊源,要么是依照旧档中的次序编排,不敢擅改,才有了现存的四虞排序。考虑到这种可能性,不禁要认真掂量以下两个问题,一是,被周吞并的"泽国"的数量或疆域,以及纳入版图后的地位,一定不可小视。二是,未闻周师讨伐长江以南有大胜绩,"泽国"的旧疆域应在长江以北。那么,上古传说中的"泽国"究竟是指哪一片区域? 这两个问题先放一放,到文末再讨论。

　　虞衡四官在今本《周官》里完全被当成民事地方官看待。他们

---

① 《春秋经》僖公十四年"沙鹿崩"。《穀梁传》:"林属于山为鹿。沙,山名也。"《说文·林部》: "一曰:林属于山为麓。"
② 《地官·叙官》郑注:"竹木生平地曰林,山足曰麓。"《释文·释山》:"山足曰麓。麓,陆也,言水流顺陆燥也。"

的主要职责是掌山林川泽之禁,又称"厉禁"。"厉"是遮拦的意思,厉禁就是禁止进入界线之内。也称"时禁"①,或称"四时之禁"②。"时"是按时或定时,时禁是指动植物生长期内禁止砍伐渔猎。不在其时,则不禁。也就是说,虞人的主要职责是掌管山林湖泊中砍伐猎渔的禁令。上古时还有一种"野禁"③,是有关农人从事农事的禁令。"野禁"之野与"体国经野"和"经牧其田野"的野同训。④ 虞人虽是驻扎野外之官,掌管的却非野禁,不能混淆。

虞衡四官的官阶不高,但掌管着规模极大的官署体系。甚至可以说,周的地方官分为城邑官吏与虞官两部分。试看,虞衡四官的驻地均分大、中、小三等,山有大山、中山、小山,林有大林麓、中林麓、小林麓,川有大川、中川、小川,泽有大泽薮、中泽薮、小泽薮。不同等级的驻地,驻扎的士官和胥徒数不同。通常,无论如何庞大的官署都指一个官署,虞人四官则不然,如山虞,据《地官·叙官》:"每大山,中士四人,下士八人,府二人,史四人,胥八人,徒八十人。中山下士六人,史二人,胥六人,徒六十人。小山下士二人,史一人,徒二十人。"也就是说,是一山配置一署,就像城邑官吏是一城配置一署。又,在虞衡官署中,每个大山和大泽薮需要的胥徒就高达88人。而大林和大川各需胥12人,徒120人,胥徒总数达132人之多。在《周官》中,胥徒数与官阶高低有关,又不由官阶决定,而是与事务繁

---

① 《林衡职》:"以时计林麓而赏罚之。"《川衡职》:"以时舍其守,犯禁者执而诛罚之。"
② 《吕氏春秋·上农篇》:"然后制四时之禁:山不敢伐材下木,泽人不敢灰僇,缳网罝罦不敢出于门,罛罟不敢入于渊,泽非舟虞不敢缘名,为害其时也。"
③ 《士师职》:"四曰野禁。"郑注:"野有《田律》。"又见《吕氏春秋·上农篇》:"然后制野禁,苟非同姓,农不出御,女不外嫁,以安农也。野禁有五:地未辟易不操麻,不出粪。齿年未长不敢为园囿。量力不足不敢渠地而耕,农不敢行贾,不敢为异事。为害于时也。"
④ 《天官·叙官》:"体国经野。"郑司农注:"野则九夫为井,四井为邑之属。"《遂师》:"经牧其田野。"郑注:"经牧,制田界与井也。"

简成正比。事务越繁,胥徒越多,反之越少。这是丝毫不假的。大司徒是地官的最高官署,有胥徒 132 人,与大林、大川相当,与其相同的还有师氏(中大夫)和遂人(中大夫)。牛人虽是中士,却有胥 20人,徒 200 人,共 220 人。与牛人的胥徒数相等的,现存五官里还有秋官的司隶(中士)、春官的墓大夫(下大夫)。因此,可以把胥徒132 人视为规模第二大的官署,在虞衡体系内,这样的官署至少就有两种,可见虞官的事务繁忙,有不能取消的理由。也因此,《周官》说的大山、大林、大川、大泽数对应今天的哪些山林川泽,是很值得讨论的问题,但非本书能及,暂付阙如。

值得一提的是,紧随虞衡四官的迹人(中士)、卝(矿)人(中士)、角人(下士)、羽人(下士)等四官,虽有独立官署,但也是虞人的属官。山虞职责是掌山林厉禁,大田猎时负责"莱田""弊田","植虞旗于中"和"致禽而珥"等事。迹人职责是田猎前提前厉禁,田猎时掌禁令。矿人掌矿山的厉禁,二者显然是山虞的副手。角人和羽人,职责是向"山泽之农"征收齿角羽翮。而泽虞的职责是征收特产珍玩,可见虞衡征收物产的职责随泽虞的加入而形成。角人和羽人应是泽虞的属官,后来又负责征收山农特产,才独立为官署。

第三节　《夏官》的虞人

一、虞人与防御

若依《地官》,虞衡只是民事官。不过,《左传》中的虞人持铍盾夹主车,是武官形象。又,虞人是掌管田猎之官,田猎也是军事。田猎之礼称蒐礼,属军礼。田役也属兵役。所以,虞人本该是武官才对。若说以民事为主,兼以军事,也未尝不可。为什么到了今本《周官》就变成纯粹的民事官呢?

让我们从头梳理虞的字义。《尚书·西伯戡黎》:"不虞天性"。郑玄训为度。《诗经》中也有类似用法,如《大雅·云汉》的"昊天上帝,则我不虞"。又如《鲁颂·閟宫》的"无贰无虞"。郑《笺》:"虞,度也。"又曰:"无复计度也。"意思是对上帝要虔诚,放下自己的小心思,不要筹划或算计。度的本义是制度、度量衡等,引申为平衡、制衡,虞也含有这层意思。《国语·晋语》:"敢即私利以烦司寇而乱旧法,其若不虞何?"注:"虞,度也。"《集解》引吴曾祺曰:"不虞,谓不度于理也。注非。"①其实注不误,但"度于理"也是对的。虞指按常理就该知道有所防备。比如城池迟早会遭受敌人侵犯,按常理就该准备充分的守城器械物资,若无准备,束手无策,就有不虞之患。而守城该如何准备,都是有制度的,早就该遵照制度而行。连制度规定的物资都没有准备,就叫不虞不备。守城如此,治国也如此,都要依常理和遵法度。所以,说不虞之患,看似表示遗憾,实则暗示本该遵照制度早作准备,有责备之意。由此可知,虞训为度,引申出法度、平衡,地官里的虞人体现的主要是度与衡的一面,他们负责守厉禁和征赋税,必须遵法度和秉公持正。

虞又有虑和备的意思。虑是计虑、忧虑。备是防备、守备。《左传》隐公五年:"不虞制人。"又说:"不备不虞。"虞皆训为备,指提前防备或戒备,也有预先谋划的意思。类似用法在《左传》中最多,是常用法,可检出十余例。② 也与他经相印证,如《大雅·抑》:"用戒

---

① 徐元诰撰:《国语集解》,中华书局,2002 年,第 445 页。
② 《左传》文公六年:"备豫不虞。"宣公十五年《传》:"我无迩诈,尔无我虞。"成公八年《传》:"辟陋在夷,其孰以我为虞。"襄公三年《传》:"不虞之不戒。"襄公二十二年《传》:"国家罢病,不虞荐至。"又引《诗》曰"用戒不虞。"襄公三十年《传》:"以晋国之多虞,不能由吾子,使吾子辱在泥涂久矣。"昭公四年《传》:"君苟无四方之虞。"昭公五年《传》:"以御不虞。"昭公二十三年《传》:"完其守备,以待不虞。"昭公三十年《传》:"与其备御不虞之患。"定公十年《传》:"以备不虞。"

不虞。"训为虑。《晋语》:"卫文公有邢、狄之虞。"韦昭注:"虞,备。"其实,不备不虞、不虞之患、尔虞我诈,这三个至今耳熟能详的成语,最能表现"虞"字的用法。不备不虞和不虞之患,虞字都是指防备。不虞之患就是灾患来得突如其来,事先没有准备。尔虞我诈的虞,则是算计、筹划、预谋。

进一步,防备和筹划很可能是从早期虞官的守望、瞭望、哨探等职事中衍生出来。这是因为,虞又训为望。如《左传》桓公十一年:"且日虞四邑之至也。"洪亮吉说:"言日望四邑之至也。"昭公四年《传》:"虞邻国之难。"又曰:"邻国之难,不可虞也。"是说不该盼望邻国有难。昭公六年《传》,叔向与子产书:"始吾有虞于子。"是说自己对子产曾有期望。虞为望的用法,在春秋战国时虽不常见,但还牢固地存于书面用法中。望代表一种实际行动,应该是"虞"这个字最底层的含义。循着这个轨迹反推回去,虞的字义大约经历了三个发展或衍生阶段,第一阶段是守候、瞭望,第二阶段引申出防备、忧虑、计度,最后阶段衍生出制度、平衡。

在相当于唐虞的传说时代,虞官应该是以"望"为核心职责的士官群体。他们带领军队驻扎在边境,依托山林构建防御体系,以山顶为制高点,观察敌国动向。遇敌军大举来袭,则一边抵抗,一边通知国人迎敌。这样的身份,正好与偏关县天峰坪遗址所显示的场景吻合。自唐虞至商、周时期,虞官的地位很高,又隐隐是谋臣或智计之臣的代表。《晋语》载,周文王即位之初,"询于八虞",历代注疏皆说八虞是"周八士",或称"八士贤人"。① 看上去八虞因贤良而受文王倚重,但他们的排位居然在二虢、闳夭、南宫、蔡、原、辛、尹等名臣之上,与周、邵、毕、荣诸公相提并论。联系到虞衡四官的官署规模

---

① 徐元诰撰:《国语集解》,第361页。

惊人,有没有一种可能:八虞曾是商朝的士官,也即镇守商朝西部边境的虞官?周是商的诸侯,官位比大夫,八虞在商的官吏体系中,官位仅比周文王低,故而排序在其他周臣之上。又据郑玄说,八虞是周公相成王时人。我怀疑郑玄所闻是虞官的最后辉煌时代。传说周公旦制官。商朝的虞人以士为常阶,周公把虞衡的最高官阶定在中士,表面上是维持商以来的官制,实则有意压制。虞人的地位下降,大概在周公制礼以后。总之,虞官盛极而衰的转折时期就在先周至周初这段时间。

二、武官虞人

从边境守望的角度看,可以断定一批直属大司马的官署原是虞官。夏官掌军政,大司马为夏官之卿。夏官的其他大夫官署依次是射人、司士、诸子、虎贲氏、大仆、司甲、司弓矢、戎右、校人、职方氏,共十个。其中,戎右、校人和职方氏为中大夫,其余七个是下大夫。[1] 通常,听命于某个大夫官的士官,排序紧跟大夫官署之后。所以,在大司马和射人之间的士官,是直属大司马官署的。这批士官共十二个,其中有三个上士,即司勋、掌固和候人。这十二士官署以上士为界限,再分为三组:一是司勋至司爟,可谓后勤保障官;二是掌固至掌疆,可谓防御工事官;三是候人和环人,可谓迎敌与先锋。剩一个挈壶氏是已废之官,另论。在这十二官中,有六个是旧虞官分出的,特点是驻扎山林野外,不在王城。依次是司爟、司险、掌疆、候人、环人、挈壶氏。以下略述其职责。

1.司爟。据《夏官·叙官》郑注,故书"爟"为"燋"。杜子春改为

---

[1] 另外,戎右之下的齐右(下大夫)、大驭(中大夫)、戎仆(中大夫)、齐仆(下大夫)共四官,每官二员,共八人,爵为大夫,均不配备士官,也无府史胥徒,与戎右共处一署,比较特殊。

爟。依故书，此官本名司爟。《说文·火部》："爟，所以然持火也。"然通燃。《周官》本无"爟"字，但有"爑"字，见《春官·菙氏职》。菙氏负责卜时用燃火灼烧龟甲，其职文曰："掌共爑契，以待卜事。"爑是准备用于燃火的细木或束薪。① 杜子春为什么要改"爑"为"爟"？可能跟"权火"有关。《封禅书》载，秦以冬十月上宿郊见，"通权火，拜于咸阳之旁，而衣尚白，其用如经祠云。西畤、畦畤，祠如其故，上不亲往"。《集解》引张晏曰："权火，烽火也。状若井絜皋矣。其法类称，故谓之权。欲令光明远照通祀所也。汉祠五畤于雍，五里一烽火。"《索隐》同张晏，又曰："一音爟。《周礼》有司爟。爟，火官。非也。"② 这就很清楚了，司爟就是掌烽火示警之官。又据王叔岷校出"汉祠"原为"汉祀"，"五里"本作"五十里"。③ 汉代烽火台的距离，可作参考。《司爟职》曰："四时变国火。"所谓"国火"，就是遍及国内山野的烽火台。回头看，周文王的八虞若是商朝驻扎在西部山野的虞官，则司爟首当其冲。武王渡孟津而殷纣不觉，也就好理解了。此官又"施火令"，失火或在野外"焚莱"者，皆由此官刑罚。须知山虞是掌管田猎时野外焚莱之官，也是掌山林厉禁之官。司爟掌野外焚莱的厉禁，是原属虞官的明证。《司爟职》又曰："凡祭祀，则祭爟。"旧说以为是祭灶或"先火"。皆误。"凡祭祀"三字，指周王祭祀。汉文帝在渭河北面的五帝庙行郊见礼，《封禅书》曰："权火举而祠，若光辉然属天焉。"一时空前。此礼当依秦制而远承周制，据此可遥想西周时的郊天盛况。

2.司险。在司爟和司险之间夹着掌固，专治城郭沟池的守固，并

---

① 《菙氏职》杜子春注："或曰如薪樵之樵，谓所蓺灼龟之木也。"《士丧礼》："楚焞置于燋，在龟东。"注云："燋，炬也。所以燃火也。"又，《礼记·少仪》"执烛抱燋"，注云："未蓺曰燋。"

② 《史记》卷二十八《封禅书》，中华书局，1982 年，第 1377 页。

③ 王叔岷：《史记斠证》，中华书局，2007 年，第 1184 页。

不驻扎野外。我怀疑掌固原是大司马的属官，当初拆分虞官时，因司爟负责烽火台的柴薪，算作后勤保障官，将其归司勋管辖。而司险和掌疆属防卫，于是归了掌固。司险是军事地理专家，专长是"周知其山林川泽之阻"。需要常年在野外考察，并积累深厚的经验，再以专家的眼光，在道路上设立障碍，称为"阻固"。《司险职》说："国有故，则藩塞阻路而止行者。"可见阻固并不是城墙关隘。它们就在道路上，预计敌军的必经之路，然后找出险要处，在附近准备好足够的木石，一旦敌人来犯，立刻堵塞其路，迟滞敌军，为迎敌争取时间。

3.掌疆。惜职文原阙。按《夏官·叙官》，掌疆是个不小的官署，需要大量劳役，由中士八人领衔，胥 16 人，徒 160 人。国境的封疆定界本来由地官负责，无需夏官费心。参照司险，推测掌疆的职责是在边界上找到险隘处，建立第一道军事防御线。平时守卫国界，侦察敌情，瞭望敌军动向。敌人来犯，则与司爟配合，司爟以烽火台示警，掌疆则通知司险，沿途设阻。同时上报掌固，令沿途城邑准备迎敌。

4.候人。《周官》中有两个负责接待宾客的专官，一是秋官的中大夫大行人，二是这个夏官的候人。乍一看，设置候人仿佛多余。其实不然。大行人是近侍官，主持朝中仪式，须臾不离周王。候人则驻扎国界，随时迎宾。据《国语·周语》引单襄公语，有一部"周之《秩官》"，已佚。其中规定，迎宾时有十八种官吏各司其职①，候人在其中，职事是向导或引道。从《秩官》看不出候人是武官还是文官，但提到"虞人入材，甸人积薪"，是把虞人视为守山林的地方官，和甸人一样属大司徒，说明《秩官》一书记载的是旧虞官肢解之后的

---

① 《周语》："周之《秩官》有之曰：'敌国宾至，关尹以告，行理以节逆之，候人为导，卿出郊劳，门尹除门，宗祝执祀，司里授馆，司徒具徒，司空视涂，司寇诘奸，虞人入材，甸人积薪，火师监燎，水师监濯，膳宰致飧，廪人献饩，司马陈刍，工人展车。'"

官制，那么，它提到的候人应该也是大司马的属吏。其实，候人迎宾只是客气的说法，单襄公强调"疆有寓望"是国家防御制度的重要组成部分，又说"候不在疆"是陈国的亡国之征。作为武官的候人，应随时守候在边境上，探查各国军事情报，同时阻止敌方侦察。若有外人来访，查知确是国事，则沿途护其周全，归途又护送出境。候人以上士领衔，共六人，还配有下士十二人，又有徒役120人之多，可知其职事繁杂，是一个独立的小系统。从驻扎边疆负责防御的特点看，推测在周初改革官制以前，候人原是庞大的虞官系统的一部分，后来与虞人分离，随司爟、司险等划归大司马。

5. 环人。《左传》宣公十二年载致师之事甚详。致师即偷袭敌军，捉俘祭旗。致师者必定本领高强，其中，御者要驾车高速抵近敌垒，射者随即射杀人，车右跳下车冲进敌垒，"折馘执俘"后返车。此间，战车要迅速掉头，等待车右登车后立即驶离敌营，若归途被敌军追上击杀，也不算成功。挑战则不同，是向敌将单挑。邲之战，楚将致师成功，晋将赵旃旋即去楚营挑战。楚王遂乘左广逐出，楚人惧王有失，全军列阵，由此爆发大会战。赵旃出营挑战，部分晋军将领已预料到会引来楚全军，事先列阵以待。这说明，致师与挑战是鼓舞士气的重要手段，也是大会战前的必要环节。环人的职事就有"致师"，又有"讼敌国、扬军旅"，也即赴敌营叫骂挑战。围攻敌城时，环人还要作为前锋强登城墙。平时的职事则"环四方之故，巡邦国"，也即巡逻国境线，防止渗透，遇敌国间谍则与之搏斗。可见，夏官环人必是军中精锐，相当于边防军中的特种部队。秋官也有环人，中士，归大行人管辖，职责与候人几乎重合，主要负责持路节迎送客人，使宾客进入国境后，一路通畅，不受留难，同时也有护卫安全的意思。夏官环人是候人的属吏，一般来说，下级行使公务，可以称上级的名字。比如，单襄公讲迎客十八官时，提到"司马陈刍"。

马匹之事归夏官的校人,校人是中大夫,负责草料的其实是他的下属圉人。换言之,"司马陈刍"的"司马"就是圉人。依此例,迎客十八官中,所谓"司寇诘奸"的司寇,其实是秋官的环人。至于夏官候人或环人,也有诘奸的职能,而且夏官环人在执行任务时可以代表候人或司马。简单地说,今本《周官》中的夏官环人与秋官环人,很可能曾是一官,原属于候人系统。那时的候人、虞人都是独立官署,尚不属于"三有司",所以,在已佚的《秩官》中,候人、虞人都是独立称谓。后来周官制又经过一次重大改革,许多独立官署经过整编,归入现在所知的六官中。这次整编发生在何时已不可细考,但必定在单襄公之后,自那以后,单襄公提到的《秩官》也已作废。现在看到的样子,夏官候人和环人的迎客职责,属于边疆驻军的军务。而秋官环人的迎客职责,实质是国内诘奸,并保障边境至王城之间道路通畅,属于治安。二者有军事与民事之分,区分开来是有道理的。但如果依此线索向上梳理,能隐隐看到一条总的渊源,那就是曾驻扎边境的虞官,那时的虞官是不分军事和民事的。

6.挈壶氏。《今本竹书纪年》载,周夷王兴起不时,号令无节,挈壶氏不能守职。[1] 毛序也如此说。[2] 实际上,凡《周官》官名中称"氏"的,都已失官。下节再详。挈壶氏一官的废止时间应该就在夷王朝。挈壶氏的主要职责有二,一是在军营中烧水,二是在丧礼中守着烧水壶。这两件事看似相差很远,其实都是守夜,而且不分昼夜,水壶边要一直有人看守,保证供水不能稍停。军营中巡更击柝者也是挈壶氏的徒役,闲时聚在烧水的火堆旁,后来传说挈壶氏掌管的壶是计时用的"漏水之器",可能与此有关。从现存文献可看出

---

① [清]郝懿行:《郝懿行集》(五),《竹书纪年校证》,齐鲁书社,2010 年,第 3894 页。
② 《诗·齐风·东方未明》"序":"朝廷兴居无节,号令不时,挈壶氏不能掌其职焉。"

挈壶氏与虞人的关系，《礼记·丧大记》："君丧，虞人出木、角，狄人出壶，雍人出鼎，司马悬之。"挈壶氏相当于此文中悬壶的司马。又，郑玄说"狄人"就是《祭统》之翟人，是"乐吏之贱者"。狄人是贱者，但未必属乐官。[①]《丧大记》叙述死者之复礼，曰："有林麓则虞人设阶，无林麓则狄人设阶。"这里的"虞人"与《地官》中的山虞和林衡相当，入林麓由其开道。而"无林麓"是指山麓以外的野外平原，"狄人"为之设阶，其职务与乐官无涉，应该就是服徒役的狄人。挈壶氏的职事是在军营与丧事中守夜，是管理徒役的官吏，就如隶仆、阍人、寺人等官，其下有徒役十二人，或皆长期服役的狄人。挈壶氏又称取水之官，守夜也美其名曰"以水火守之"。现在知道，在相当于有虞氏的时期，山顶上真的建有大小城邑，虞人也真的就驻扎在山顶上。那么，取水必定是非常重要的事，确有必要设立专官。西周时期，居址亲水，取水已非难事，挈壶氏遂成鸡肋。不止挈壶氏被废，下节要讲到，取火的专官司烜氏也被废，应当都是虚设无用。

第四节　《秋官》的虞人

一、《秋官》的废官

（一）称"氏"与废官

今本《周官》中保留了一大批称"氏"之官，旧说以为是"世守是

[①] 《祭统》："夫祭，有畀辉、胞、翟、阍者。"又："翟者，乐吏之贱者也。"但是，《祭统》中的贱者都是依其事而定名，如"辉者，甲吏之贱者也；胞者，肉吏之贱者也"。"阍者，守门之贱者也。"《丧大记》"狄人"与《祭统》之"翟"未必相同。孙希旦《集解》："此其事皆与乐官无与，疑冬官别有狄人。"

职",孙诒让认为不妥。① 有证据表明,春秋战国时鲁国史官的笔法,是称亡国的国族为某氏。比如楚灭舒鸠国之后,《左传》定二年称其遗民为"舒鸠氏"。鲁史官的笔法就是周史官的笔法,称亡国或失官之族为某氏,是周人沿用已久的称谓习惯。凡称有虞氏、夏后氏等,均指失国的遗民。后世的姓氏,或以先祖之国为氏,或以先祖官爵为氏,都是这个习惯的延续。《周官》称某废官为某氏,俱是因循旧俗。

还可从另一个角度印证。现存《周官》中称某氏的官,要么早已不合时宜,要么有明确记载在西周时已废。前面提到的挈壶氏是一例。又如,《地官·媒氏职》说:"中春之月,令会男女,于是时也,奔者不禁。"若说民间男女有仲春私会的习俗,不算奇怪。若说西周时的官府统一组织未婚男女淫奔,实难取信。再说官名通例,《周官》中的"正""师"等,如宫正、医师,表示正长。"职""司""典"等,表示专职某事,如职岁、司会、典丝等。二者皆中高级官吏。还有一些低级官僚,只称某人,如阍人、寺人、调人等。若违反通例,则有端倪可寻。比如大宰下有两个酒官,一名酒正,由中士领衔;一名酒人,无官阶。假设这两官已废,称为"酒正氏"和"酒氏",这就不伦不类,熟悉官名通例的人一眼就能看出。现存《周官》中称某氏的官名,大约就分为两种,一种是在原官名之后加"氏"字,如司寤氏、司烜氏、职方氏,官名本是司寤、司烜、职方,加个"氏"字,就像把酒正叫成"酒正氏",叠床架屋。另一种,原官名中有个"人",把人改为氏。如萳氏的原名该是萳人。蜡氏的原名该是蜡人,媒氏的原名就是媒人。除此之外,还有一些是在原官名之后直接加"氏"字,如夏官中的挈

---

① 《春官·叙官》"冯相氏"孙疏:"如师氏、保氏之类,既非世守之事。"(《周礼正义》,第1288页。)

壶氏、虎贲氏、旅贲氏、节服氏、方相氏等，原名应是挈壶、虎贲、旅贲、节服、方相等。以下先看《周官》中有哪些称氏之官。

1.天官：无

2.地官：师氏、保氏、媒氏

3.春官：鞮鞻氏、䔲氏、冯相氏、保章氏

4.夏官：挈壶氏、服不氏、射鸟氏、罗氏、虎贲氏、旅贲氏、节服氏、方相氏、职方氏、土方氏、怀方氏、合方氏、训方氏、形方氏

5.秋官：禁暴氏、野庐氏、蜡氏、雍氏、萍氏、司寤氏、司烜氏、条狼氏、修闾氏、冥氏、庶氏、穴氏、翨氏、柞氏、薙氏、硩蔟氏、翦氏、赤友氏、蝈氏、壶涿氏、庭氏、衔枚氏、伊耆氏

6.冬官，佚。①

现存五官中，称氏的官名共 44 个。其中，地官 3 个、春官 4 个、夏官 14 个、秋官 23 个。从废官的分布比例可反推《周官》编纂者看到旧档的详略情形。地、春二官所载废官只三四个，大约旧档较详，保留的官名和职文比较实在。夏、秋二官所录废官太多，估计旧档残缺严重，官名和职文虚实相兼。最醒目的是天官之下无一官称氏，说明天官的官署原档中看不到废官。天官是治官之属，《周官》的编纂主要依赖大宰官署档案。《天官》中无一废官，间接证明编纂者见到的大宰旧档保存较完整。

（二）废官的缘由

废官占到《周官》全部职官数的十分之一强。其中，《秋官》中的废官最多，共 23 个。虞人的废官也多在秋官，下面利用秋官的一批

---

① 《考工记》有 11 种匠人名含"氏"字：筑氏、冶氏、桃氏、凫氏、㮚氏、段氏、韦氏、裘氏、钟氏、㡛氏、磬氏。不确定是否为大司空的属官名。

废官来讨论存废原因。

秋官只有大司寇和大行人两个大夫官署，大行人序列的士官共十个，大司寇序列的士官四十二个（不计罪隶、蛮隶、闽隶、夷隶、貉隶等五隶）。《秋官》的二十三废官皆在大司寇序列之内。这批废官全是下士，占秋官的士官署近一半，若去掉他们，秋官体系会显得清简不少。二十三废官的原隶属关系已不可考，按其性质分为两组，一是虞官，下节再论。二是维持国野秩序之官，依次是禁暴氏、野庐氏、蜡氏、雍氏、萍氏、司寤氏、司烜氏、修闾氏、庭氏、衔枚氏等，共十官。两组之外，另有一个伊耆氏，两不相关，另说。

从各种迹象看，这批官署被淘汰的主要原因是不适于时代。如司烜氏，主要职责是用铜镜取火。取火作为专业技能恐怕是史前的事，西周时早就没有取火难的问题。又如庭氏，职责是持弓箭在都城内巡逻，遇不祥的"夭鸟"则射杀之。国都经常出现不明种类的大型鸟类，且多到需专人射杀的程度，说明是比西周更远的年代。西周时的两京人口稠密，城外田土尽辟，即使个别"夭鸟"迷路至此，不会每日需人持弓等待。庭氏是擅射之人，原官署虽然撤废，本领仍然有用。在夏官射人之下设有四个士官，唯有掌畜不废，职事养鸟和驯鸟。三个已废，即射兽的服不氏，射鸟的射鸟氏，还有用罗网捕鸟的罗氏，均与庭氏的职责相近，四官俱是下士一人。而射人官署内有下士员额八人，我怀疑就是这四官并入其中。再如夏官的节服氏，下士八人，专在各种仪式上纠察众臣礼服如仪。后来由秋官的朝士主纠察朝仪，大宗伯官署则纠察祭祀、丧纪等仪式。节服氏继续留在夏官已不合适，原任节服氏之人，想必已归入这两类官署。再如夏官的方相氏，员额为狂夫四人，属贱役，职责是扮成猛兽入室驱赶疫鬼，或下葬前入墓中驱赶魍魉（"方良"）。后来驱鬼的职责专属春官中的巫祝，方相氏无需留在夏官中，并入司巫、男巫等官署即可。

废官的最大特点是按事管辖，就像后世的盐铁专官，凡属盐铁事务都管。不同的是，这些废官大多因主管事务而有地域限制。比如，禁暴氏、衔枚氏、修闾氏等，职务偏重城内。修闾氏专掌国中之闾。《周官》中的闾，是指城中的基层聚居单元。按《大司徒职》，五家为比，五比为闾，一闾大约二十五家。闾的外面建有门，像后世的坊。城外聚居区则称里，不称闾，故"闾里"合称，概指城内外一切基层聚居单元。修闾氏要监督城中晚上击柝值更者，检查闾门附近兜售的商贾（"国粥"①）。发现盗贼时，则"比其追胥"，即调动闾中成年男子追捕。"比追胥"又见《士师职》，士师可调动六乡正卒和羡卒，人员多至以万数。其实士师没有这样大的权力，他是大司寇署内的下大夫，是代表大司寇行使此权。修闾氏由下士二人领衔，带领徒役十二人，在国中各闾之间巡视，显然是先周时小国寡民的情形。西周时有资格称为"国"的是宗周和成周两座大城。国中之闾，不知凡几，两个下士分两组巡逻各闾，决计不敷使用。禁暴氏、衔枚氏的情况也类似，禁暴氏禁止庶民哗聚，制止暴力斗殴，由下士六人带领胥六人，徒六十人，当是分六班巡逻。职文有"凡国聚众庶，则戮其犯禁者以徇"一句，可见巡逻范围主要在京城以内。衔枚氏则禁止在"国中"高声呼叫，又禁"行歌哭于国中之道"，由下士二人带领徒役八人。在京城不大时，这是可行的。分为两京时，这些人肯定不够。

野庐氏、雍氏、萍氏、司寤氏、蜡氏等废官，其职事原在城外。雍氏，负责巡视田间通水的"沟渎浍池"，凡是妨害农田灌溉，如上游堵

① 《修闾氏职》"国粥"郑注："谓羡卒也。"孙诒让亦以为乃正军之外的羡卒。误！"粥"读为"鬻"。如《司市职》郑司农注："贾不得粥"，郑玄引《王制》"用器不中度，不粥于市"。《巫马职》"则使其贾粥之"。郑司农注："粥，卖也。"又，《王制》："田里不粥。"郑注："粥，卖也。"

塞渠水等事，一概禁止。萍氏稽查贩酒和禁止下河游泳。司寤氏掌宵禁，查禁夜行人。这三官各由下士二人领衔，带徒役八人，可见巡视的地面不大。蜡氏，由下士四人领衔，带徒役四十人，收埋全国道路上的死者，做好标记，以便死者家属认领。野庐氏，下士六人，胥十二人，徒一百二十人，是人数庞大的官署，职责是维持野外道路秩序，禁止舟车"夹塞"，指挥庶民为持路节和有爵者让道，就像今天的交通警察。传说先周时，虞芮争田，入周，见道路相让，自愧而退。取得如此优秀的治理效果，与野庐氏关系颇大。然而，在小国寡民的时代，他们是适应的，那时出国都之门到四方边境各约五十里。古人一宿三十里，若官署设置在国野之间，巡逻一周只需一二日。西周时的王畿，传说方千里，其实不止。下士六人维持全国道途，绝无可能，以上职事当由各都鄙的官吏替代。总之，这批废官是大型疆域国家带来统治体系发生巨变的缩影。

秋官的最后一个废官伊耆氏，官名是《周官》中最特殊的。其他官名皆以职掌为名，唯有此官以姓氏为名，而且这个姓氏还是拟音字，当是上古国家或国族名的遗迹。伊耆氏的职责是执齿杖。齿杖是尊老的象征，周人以鸠敬老，故西汉齿杖仍以鸠形为杖首，又称鸠杖。可秋官是刑官，伊耆氏与刑无关。想是编纂者也不知道把此官放哪里好，又不忍舍弃，权且附在秋官废官的末尾。关于伊耆氏的传说颇多，有两个尤其需要重视，一说他们是帝尧裔族①，一说他们发明蜡这一节气，且擅长土鼓和苇籥奏乐。② 周人和秦人都有祭蜡的风俗。周人祭蜡由周公主持，配乐则是敲击土鼓和吹奏豳籥。

---

① 《易·系辞》孔疏引《帝王世纪》："帝尧，陶唐氏，伊祈氏。"《礼记·郊特牲》释文："伊耆或云即帝尧也是。"《秋官·叙官》孙疏引邓名世《古今姓氏书辨证》："伊耆亦作伊祈，帝尧号也，后因氏焉。"

② 《礼记·郊特牲》云："伊耆氏始为蜡。"《明堂位》："土鼓、蒉桴、苇籥，伊耆氏之乐也。"

《明堂位》说"苇籥"与土鼓相配,可见,豳籥就是苇籥。由此推断,祭蜡源自豳地和伊耆氏。豳是周人再迁地,并非发源地。那么,豳地原先的居民是否伊耆氏,就很值得考虑。尧都在哪里,说法不一,大致范围不出陕晋的黄河流域。以前考古学家很少考虑"山国"与"土国"的区别,石峁遗址发现后,对陶唐氏和有虞氏的国家性质,我认为首先应该考虑如何定性。若是山国,虽不见得就是石峁遗址,但只能在山梁上才找得到,则无非在渭北黄土高原或黄河东岸的吕梁山中,最远向东到太行山中麓,南至中条山区。若是土国,虽不一定就是陶寺遗址,但应该在平原上,那就无非在渭、汾、洛三大流域。无论如何,伊耆氏若是帝尧裔族,完全可能出现在豳地。看得出来,周人尊重伊耆氏,不但维持他们尊老的习惯,保留齿杖的形制,维护他们的族名,遵其祭蜡旧俗,并且对土鼓与豳籥合奏出的旋律乐此不疲。周人对伊耆氏的态度,让人不由怀疑周人有伊耆氏的血脉,当是在先周时期与伊耆氏结盟,并早已与之和平融合。这又不禁让人想到,若豳地为伊耆氏旧地,而周人敢放心地迁去,则周人与陶唐氏的渊源必极深。

二、《秋官》的虞人废官

虞人的特点有三,一是掌山林川泽,二是野外驻扎,三是狩猎。秋官的废官共二十三个,有十二个是虞人,依次是条狼氏、冥氏、庶氏、穴氏、翨氏、柞氏、薙氏、硩蔟氏、翦氏、赤友氏、蝈氏、壶涿氏。以下分别简述之。

1.条狼氏。职责与夏官的虎贲氏、旅贲氏相近,虎贲与旅贲是先导开道,此官是夹王扈从。《左传》定八年说,虞人以钺盾夹主车,与此官持鞭夹道的景象相通。依杜子春、郑玄等注，"条"字为涤，释为除。① 条狼即除狼，毋使野狼近前。可知此官为野外勤务。

2.冥氏。职事是在野外设置机关陷阱，捕捉猛兽，献兽皮等。《秋官·叙官》孙疏："冥氏者，以下至庭氏十二职，并掌攻除鸟兽、虫蛊及草木之官。"上一小节说过，庭氏在国中射夭鸟，不驻扎野外，故可排除在虞官之外。冥氏以下其余十一官当是已废虞官。

3.庶氏。《庶氏职》称其职事为"掌除毒蛊"。此毒蛊是指蜈蚣、蜘蛛、蝎子等毒虫。此官责在驱毒虫，解蛊毒。

4.穴氏。专职捕杀"蛰兽"，或用烟熏，或用食物诱出，杀之而献其皮革。蛰兽就是洞穴中的野兽，如山洞中冬眠的熊。

5.翨氏。职在抓捕猛禽，得之，献其翎羽。翨，郑司农读为翅膀的翅。

6.柞氏。柞，郑玄注："除木之名。除木者必先刊剥之。"此官负责砍伐林麓，且要剥净树皮，以免重发新枝。树桩也要清理干净。此官只有下士八人，带领徒二十人，不够建造城邑。现在发现天峰坪遗址，恍然大悟，此官职在为军营及其附近田亩平整地面。

7.薙氏。掌野外除草。除了剪除与火烧，还要用水把草沤烂，使其不再生，叫做"以水火变之"。此官的作用有二，一是整理和垦熟农田，二是清洁野外的居住环境。薙，故书或作"夷"。郑司农以"芟夷蕰崇"(《左传》隐公六年)释之。甚恰。

8.萜蔟氏。职在倾覆野外夭鸟的巢穴。萜即折。蔟，郑司农注："谓巢也。"萜蔟即折巢。

9.翦氏。郑玄注："翦，断灭之言也。"此官的职事是"掌除虫

---

① 《秋官·叙官》"条狼氏"，杜子春注："条，当为涤器之涤。"郑玄注："涤，除也。"贾疏："(狼)谓不蠲之物在道，犹今言狼藉也。"不妥。

物"。这个"虫物"指毒蛇,与《庶氏职》的"毒蛊"不同。

10.赤犮氏。值得重点介绍。《赤犮氏职》曰:"掌除墙屋。凡隙屋,除其狸虫。"依郑玄注,赤犮氏的职责是清除墙壁缝隙中的小虫。又曰:"以蜃炭攻之,以灰洒毒之。"所谓"蜃炭",是用蜃蛤等贝壳碾成粉状,也称"蜃灰"。战国时称"白盛之蜃",汉代又称"叉灰"。《考工记·匠人》注:"以蜃灰垩墙,所以饰成宫室。"即用蜃灰和水搅拌成泥状,涂抹墙壁。蜃炭中含有锋利的贝壳碎片,涂在墙上,小虫畏避,有驱虫的功能。在碧村遗址、天峰坪遗址中,房内墙面、地面皆曾涂抹白泥,当是蜃炭。没有发现这类遗址之前,赤犮氏、柞氏、薙氏等被混在野外猎兽官中,让人不明所以。现在看来,他们属于虞官的后勤官署。估计营寨附近的荒地曾经辟垦,种有粮食蔬菜,以免长途运输不便。涂抹蜃炭的营房,兼顾美观与卫生,是虞人的统一待遇。由此细节,可知早期国家曾建立保障虞人安心驻边的制度,又可知士官在史前官吏体系中的地位甚高。

11.蝈氏。《蝈氏职》:"掌去蛙黾。"蛙黾即青蛙、蟾蜍之类。《秋官·叙官》注:"蝈,今御所食蛙也。"古人认为蟾蜍有毒,与毒蛇、蛊虫等并列五毒,故需驱除。

12.壶涿氏。涿,本义是长久浸泡在水中,这里指湿地、沼泽、河滩等地形。① 此官责在驱除水中的蛇虫。办法有三,一是击打"炮土之鼓",郑玄说就是瓦鼓,也即常说的土鼓,用陶土烧制而成,又名"壶"。这是官名中"壶"字的来历。二是以烧烫的石头扔进水中,发出声响。这两种办法都是惊扰水虫。三是捆扎象牙在木棒上,呈十字状,将其沉入水中,据说能杀死水中之神。此官与蝈氏或原属泽虞。

---

① 《广雅·释诂》:涿,"渍也"。《说文·水部》:"渍,沤也。""沤,久渍也。"

第五节 虞人二十七士官

一、复原的虞官体系

目前为止,我们已爬梳了一遍《周官》中的虞官,将其从《地官》《夏官》《秋官》中分别拣出。为了呈现虞官系统,现列表重整如下。

表4-1 《周官》中的虞官

序号	官名	官署配备	出处
1	山虞	每大山中士四人,下士八人,府二人,史四人,胥八人,徒八十人。中山下士六人,史二人,胥六人,徒六十人。小山下士二人,史一人,徒二十人。	《地官》
2	林衡	每大林麓下士十有二人,史四人,胥十有二人,徒百有二十人。中林麓如中山之虞,小林麓如小山之虞。	
3	川衡	每大川下士十有二人,史四人,胥十有二人,徒百有二十人。中川下士六人,史二人,胥六人,徒六十人。小川下士二人,史一人,徒二十人。	
4	泽虞	每大泽大薮中士四人,下士八人,府二人,史四人,胥八人,徒八十人。中泽中薮如中川之衡,小泽小薮如小川之衡。	
5	迹人	中士四人,下士八人,史二人,徒四十人。	
6	矿人	中士二人,下士四人;府二人,史二人,胥四人,徒四十人。	
7	角人	下士二人,府一人,徒八人。	
8	羽人	下士二人,府一人,徒八人。	

序号	官名	官署配备	出处
9	司爟	下士二人,徒六人。	《夏官》
10	司险	中士二人,下士四人,史二人,徒四十人。	
11	掌疆	中士八人,史四人,胥十六人,徒百六十人。	
12	候人	上士六人,下士十二人;史六人,徒百二十人。	
13	环人	下士六人,史二人,徒十二人。	
14	挈壶氏	下士六人,史二人,徒十二人。	
15	条狼氏	下士六人,胥六人,徒六十人。	《秋官》
16	冥氏	下士二人,徒八人。	
17	庶氏	下士一人,徒四人。	
18	穴氏	下士一人,徒四人。	
19	翨氏	下士二人,徒八人。	
21	柞氏	下士八人,徒二十人。	
22	薙氏	下士二人,徒二十人。	
23	硩蔟氏	下士一人,徒二人。	
24	翦氏	下士一人,徒二人。	
25	赤发氏	下士一人,徒二人。	
26	蝈氏	下士一人,徒二人。	
27	壶涿氏	下士一人,徒二人。	

　　以上是《周官》中尚能查到的虞人,共二十七官。除了候人是上士,其余皆为中士或下士。在周官制中,虞人的地位只算下级官吏。唯有候人脱颖而出,不降反升。又,上表按原书的顺序排列。虞官的演变历程与《周官》的排序无关。虞人的起源当是猎人,擅长野外

生存、步战、格斗、弓矢、设伏、侦察等,纳入国家官史系统后,享有军事权力。山虞的厉禁之权,就是军事权力的遗迹。出于防御需要,国家授权他们在边境选择有利地形,随处安营。一旦选定营址,设伏和瞭望需林木掩护,机关陷阱又会伤及平民,导致附近山林必须封禁,就像现在的军事防区一样。所以,厉禁曾是虞人军事权的一部分,跟环境保护没有关系。山虞只管厉禁,不管赋税征收,也说明他在蜕化为民事官之前是纯粹的武官。泽虞不但有厉禁之权,还有征收水产的权力,说明泽虞早已民事化。不过,我们分析过,泽虞是后来加入的。用虞人征收税赋,对周人来说是一种外来制度。

二、虞人与边境防卫

透过夏官六虞,虞人的全貌渐次呈现。夏官六虞原是山虞的属下,分别掌管烽火台(司爟)、道路险阻(司险)、边境隘口(掌疆)、和平谈判(候人)、边境巡逻(环人)等。可以清晰地看到,虞人代表一种军事防御系统,有点、线、面,也有纵深,人员则文武兼备。山岗上的虞人营寨是点,这些点分布在边境线,任一点发现敌人入侵,皆可示警,这就形成横在边境上的一条防御线。烽火台也是点,而且从前线向后一直延伸到京城,是纵向的资讯传递线。必经之路的隘口,得知敌情后,按预定计划堵塞隘口,迟滞敌军前进,这是纵深。离边境最近的都邑,可提前行动,一面准备城防,一面策划增援。这样,边境、烽火台、关隘和城邑构成一张密切协作的网络。这通操作迅速完成后,虞人可从容地紧闭寨门,等敌人来攻。也可派人询问敌方来意或传递谈判条件等,以拖延时间,等待命令。又可前去单挑或接受挑战,作为先锋热热身。如果敌军不理虞人营寨,强行突破国境,虞人则自后追击,配合援军前后夹击。

秋官虞人加上夏官的挈壶氏,一共是十三废官,分为两类。一类是猎人型，依次是条狼氏、冥氏、庶氏、穴氏、翨氏、柞蔟氏、蔈氏、蝈氏、壶涿氏等，皆是野外生存能手，又各怀绝技，擅长诸如捕兽、覆巢、驱蛇、祛毒等本领。其中，条狼氏不惧狼群，敢于正面杀狼，想必动作敏捷，武艺高强，后抽调到君主身边作近卫，春秋时期仍保留在旧侯国中。另外，打猎可供肉食，驱蛇祛毒是为了军营安全，所以，这批虞官也可算野外保障系统。另一类是后勤型，负责军营日常运转与维护，如挈壶氏专职供水，柞氏负责伐木和平整地面，薙氏负责清理杂草和保持卫生，赤犮氏负责屋内装饰和清洁。建造军营不是他们的事，军营由司空官修建，建好后就撤离，并不常驻。而虞人常驻军营，他们的区别原是虞官内部的分工，是逐步发展起来的，一开始不可能如此完善，随着多年驻守野外，内部出现分工，后来发现个人擅长与团体协同的好处，逐渐把一些职事固定卜来，由专人负责，再后来由专职变成专官。

上古的士都是文武兼备。只要在军营里，即使偏文职的挈壶氏、赤犮氏等都算武官，战斗时无不可提刃拼杀。虞人的总数已不可得，但通过官制，大致可知早期疆域国家在边境常驻军的规模。地官的虞人规模大约是固守一个营寨的军力，按山林川泽的大、中、小级别，分为12士、6士、2士，共三级。假设国境为四百里，按五十里设置一处烽火台，至少需配备八个虞人营寨，又假设其中至少含有一个大山虞人，两个中山，五个小山，则一方国境需 34 士，四方共136 士。夏官和秋官之下共 73 虞士，他们可能不固守一寨，而是分散在边境的不同山寨中，代表边境常驻军所需的后勤力量。

三、泽虞与上古泽国辨

回头来谈前面遗留的问题：泽虞究竟驻守何处？又是什么时候加入到周的虞官系统？泽虞是泽国的虞人，泽国当在遍布沼泽湖泊的地区。周人在黄土高原上立国,灭商以前不可能有泽虞。我认为,传说中的上古泽国就分布在太行山东麓以东的冀中平原。这一判断有三个依据,一是从上古地理地貌看,古黄河从卫辉以下分为两支,均在今河道以北。古河道靠北的一支经今巨鹿东、武强、河间南,往东北方向夺路而去,到天津的静海以南入海。靠南的一支,初段与北支基本平行,经今濮阳至馆陶附近,向东折至高唐,再向北折,经山东德州,在河北沧州黄骅镇以东入海。两条故道在卫星遥感图中仍依稀可辨。其中,北支古河道距离高阳东的湖泊区已在百里之内。古河道证明,黄河曾在冀中平原上大幅摇摆,在低洼处留下大量湖泊沼泽,不足为怪。二是高阳东至雄县白洋淀一带,至今仍湖泊密布。白洋淀其实是由烧车淀、八大淀、石侯淀、泛鱼淀、金龙淀、范峪淀等大大小小湖泊包围,再与周边河流连接而成的水系。此处地势低洼,处于黄河和海河的冲积扇和三角洲边缘,洪水漫淹,储水即成湖泊。今天这里湖网密布的格局,本身就是上古泽国的遗迹。三是文献足征。唐宋时期,从高阳东,经雄县、霸州直达渤海湾,三百余里尽是湖泊密布的区域。北宋无燕山之险可守,早在宋太祖时期,就利用这些湖泊建立防御工事,先是在雄州瓦桥关一带的湖边,大面积种植榆树、柳树,以图阻碍辽军骑兵,效果不佳。太宗时,又利用这一地区的湖泊修建防御性的"方田",也即排成田字形的陷马坑,长宽约 1.5 米,深度大约 2 米,坑坑相连,注满水后,极大地限制了辽骑的机动性,同时方便了宋军步兵的防御。宋军在这一带只布防了一支三千多人的部队和一百艘战船,设置驿站多达 125 个。可见宋军主要意图是侦察敌情、传递军情和迟滞骑兵,以待援军,其战略与上古虞人有异曲同工之妙。方田的防御效果极佳,辽军若从此地南下,遇宋军步兵反击时,难以迅速脱身,故每次都避开此处,循雄州以西至太行山东麓之间百余里的缺口,也即高阳、保州一带南下。宋真宗时期，再次在这一带大兴塘泺工程，修建标准为"深不可度马，浅不可载舟"，并在塘边配合种植人工林，协同阻滞胡马。至仁宗明道年间（1032—1033 年）完工，前后历时三十余年。把原先二十九个淀泊与河流、泽田和海水连接①，工程从保州（今保定）以西一直往东，遍布保定军（今文安县西北）、广信军（徐水区）、安肃军（徐水区）、顺安军（高阳县东）、雄州（雄县）、霸州（信安军）、沧州等州军，与渤海相接。最长之泺达 120 里，最宽达 130—150 里，②最窄处也有 8—10 里，形成一条横贯华北的淀泊带。北宋河北边疆塘泺工程是利用已有的自然湖泊，若无现成的天然湖网，无法想象。说明古人确实可以利用湖泽作为军事防御工程。

若以上判断不误。传说中的上古泽国，大致分布在今涞水（拒马河）以南，河间以北，保定以东，渤海以西。相当于西汉涿郡南部和渤海郡北部，处于北纬 38°至 40°之间。此地西邻太行山东麓的北部山脉，越过太行山往西，依次是汾河上游区域、吕梁山区北部和黄土高原北部，相当于西汉的代郡南部、雁门郡南部和太原郡北部，以及朔方的西河郡。新发现具有山国特征的大小城址，也恰在这个纬度区间，如兴县碧村、偏关县天峰坪、神木石峁遗址、府谷寨山遗址等，大致不出西河郡的范围。这是巧合，还是一条有用的线索？若依此线索寻找传说中的土国，答案最大可能是在汾河流域。汾河流域本是夏墟所在，又在下游襄汾发现陶寺遗址。但陶寺遗址已到北纬 36°附近，与伊洛平原隔河相望。这些问题，本书无暇展开。

理解泽国的所在，泽虞在地官四虞中的孤立地位也就好理解了。上古"泽国"正处在商朝的核心控制区。商的疆域虽然跨黄河

---

① 程民生：《北宋河北塘泺的国防与经济作用》，《河北学刊》1985 年第 5 期。
② 李克武：《关于北宋河北塘泺问题》，《中州学刊》1987 年 4 期。

南北平原，但晚商定都安阳，北据燕山，旁倚太行山，说明此时的商人是以河北平原的北面和西面作为根基，把南和东作为攻略方向。此时的泽国在商人的近畿以内，北部边境无事，泽虞也蜕化为征收水产的地方官。武王灭商，泽虞随即被纳入周官制，这是泽虞在虞衡四官之末的缘故。周初在燕山以南封建燕国，今石家庄至邢台一带封建邢国，南有黎、卫。泽虞仍无边境可守，也就沿袭征收赋税的职事而已。

第六节　早期疆域国家的边境

虞人官制和营寨遗迹，是早期疆域国家横空出世的标志。但相关问题远未到结论时，以下提出一些粗浅的看法，仅供批评。

一、常备军与役制

黄河从后套往南，以接近垂直的角度拐去，奔至今潼关附近向东折。石峁和寨山遗址就在这段南北向河段的西岸，碧村遗址、天峰坪遗址分布在东岸。它们的特点都是孤悬山上，居高望下，易守难攻。四个遗址恰好构成早期疆域国家的四个关键部位。其中，石峁是四百万平方米，应是国都。后世的标准，大都约为国都的三分之一，中都为五分之一。寨山是石峁的四分之一，碧村约为石峁的六分之一。碧村出土了类石峁玉器，当是石峁的属城。白崖沟遗址中未发现类石峁玉器，归属尚需存疑。天峰坪遗址为边境堡垒提供了标准，我判断天峰坪遗址就是史前国家的虞人营寨。证据一，没有灶台的长房，显然是军营的性质，而虞人正是守卫边境的中下级武官。证据二，墙面、地面和灶缘涂抹白灰，是赤友氏的杰作。在四千年前，屋内以白灰装饰是十分考究的表现，天峰坪遗址不算城邑，不可能居住着"四岳"一类的高等级贵族,但蜃炭是虞人营寨的标配,是当时为边防军营寨提供的卫生待遇。考古发现与传世文献在此吻合。天峰坪遗址证明,《周官》记载的驻扎于山岗上的山虞不是凭空捏造。

再看有虞氏以"虞"为名,实非偶然。据《大司乐职》,周天子射礼,乐官奏《驺虞》为节。① 此礼又见于他经及旧说。② 驺虞即虞人。天子射礼的含义极为丰富,尤其指向狩猎与征伐,以《驺虞》为射礼配乐,说明虞人曾是捍卫国土、为王执干戈的代名词。我们反复申明,《周官》中的虞人,早就失去了武官的属性,所以,周天子行射礼而奏《驺虞》,必是遵循更早以前的古礼。现在看来,经、传中大量流传陶唐氏和有虞氏的讯息,都是来自周人,是周人认同二氏的表现,而非史前东亚大陆上只有这二氏。《史记·陈杞世家》曾记载一段晋太史赵的话,说陈是颛顼之后,本无姓氏,所谓妫姓,是周王赐姓,"使祀虞帝"。又说陈国的祖先,"自幕至于瞽瞍,无违命。舜重之以明德,至于遂,世世守之"。周人能够轻松地叙述虞的世系,断定胡公为虞帝之后,是否与有虞氏同在黄土高原有关,值得认真考虑。

又,为天子所奏的《驺虞》之歌,并非今本《诗·召南》的末篇《驺虞》。③ 原因有二,其一,为天子行止所配的乐歌,在颂不在风。其二,《召南·驺虞》有嗟叹不平之词,绝非颂词,不宜在大射礼上演奏。旧说以为《召南·驺虞》是邵国女子哀怨劳役逾时,男女失会而作。可以参考。天子狩猎一向等同于军事演习,田役与兵役等同,

---

① 《大司乐职》:"及射,令奏《驺虞》。"又见《乐师职》《钟师职》《射人职》。

② 《礼记·乐记》:"(武王)散军而郊射,左射《狸首》。右射《驺虞》。"《射义》:"其节:天子以《驺虞》为节。"《仪礼·乡射礼》:"司射逡,反位。乐正东面命大师曰:奏《驺虞》,间若一。大师不兴,许诺。乐正退,反位。乃奏《驺虞》。以射三耦,卒射。"

③ 王先谦引皮锡瑞:"知诸书所谓驺虞,非《诗》之《驺虞》也。"(《诗三家义集疏》,中华书局,1987 年,第 122—123 页。)

而狩猎中的主要仪式或环节,如莱草野、致禽兽等,皆属虞人职事。以"驺虞"之名作诗哀叹役使繁重,说明随虞人服役是上古差役的重要组成部分,以至于虞人是苦差使的代名词。这与虞人官署内有大量胥徒形成印证关系。山虞和泽虞的大、中、小三级官署,徒数各为80人、60人、20人。林衡和川衡的中、小两级与山虞同,而大者多达120人。前面估算过,在疆界上分布着大小不等的虞人官署,通常,地官虞人的胥徒数是士官数的5—20倍,夏、秋二官虞人的胥徒数多是士官数的2倍左右,粗略估计,有千余役夫常随虞人驻扎边境。据说周礼是三日一更役①,应是沿袭古礼。以此估算,在实施虞人制的国家,每年赴边境服役的成年男子达12万人次。据说古代雅典城邦的公民数才3万人,可见,在成年男子数有限的国家中,不可能建立虞人制度。由此反证,若实施虞人制的国家,疆域必广大,人口必众多,饶是如此,还需要成年男子尽服劳役,才能支撑其常备军制度。

二、疆域国家与四方边境

与天峰坪遗址年代相当的大型城址,附近只有石峁遗址,它最有可能就是以石峁遗址为中心的史前国家的西北角边境营寨。需要指出的是,商周时期的国家边境以方直为尚,疆域面积以方多少里计。这一制度以后还要详细解释,此处从略。不成文的制度往往具有相当稳定的延续性,不妨假定商周的封界制度在此前已延续一千多年,源头就在陶唐氏或有虞氏。若如此,我们知道了这个史前国家的首都所在,又知道它的一方边境线,就可以推算出它的四方疆界,这也是我们特别看重天峰坪遗址的缘故。下面就试着为这个史前国家划出理论上的四方边境线,以备将来的考古工作参考。

---

① 《均人职》:"丰年则公旬用三日焉。"《礼记·王制》:"用民之力,岁不过三日。"

以石峁遗址为首都的国家,其北部边境线至少与天峰坪遗址保持平行。在地图上,沿着天峰坪遗址向西画一条直线,这条直线跨过黄河,进入黄土高原,落在石峁遗址的正北面,相当于今鄂尔多斯市伊金霍洛旗纳林陶亥镇。此处与朱开沟遗址相邻,南距石峁遗址的垂直距离为 100 公里左右,约周制的 250 里。有学者指出,朱开沟遗址龙山晚期的部分陶器,与石峁遗址典型器物相似。[1] 可以推测该史前国家的首都至北境至少 250 周里,全境约达到了方五百周里(500×500 平方周里),与传说的上古大诸侯国相当。[2] 按 100 公里为准,测石峁遗址往其余三条国境线的直线距离,西境在今榆林市马合镇以西和鄂尔多斯市乌审旗以东的毛乌素沙地中,此处邻近榆溪河支流白河的上游,今建有水库,四千年前想必水量充沛。南境在绥德县薛家河镇一带,此处西邻无定河。东境在黄河以东的吕梁山中,今岢岚县大涧乡附近,将白崖沟遗址和碧村遗址俱包在内。再加上北境的纳林陶亥镇,以这四个点在地图上画出直线,就是该史前国家理论上的四方边境线。再次申明,这是在一系列假设的前提下,推出的理论疆界,供考古工作者参考,有待将来考古发现的验证。

本章小结

有虞氏得名于虞人之虞。虞人官制与早期疆域国家共同兴起,

---

[1] 张宏彦、孙周勇:《石峁遗存试析》,《考古与文物》2002 年第 1 期。
[2] 《大司徒职》:"诸公之地,封疆方五百里。"郑司农注:"然则方五百里、四百里,合于《鲁颂》《论语》之言。"周之诸侯,诸书记载疆域在四百里至七百里之间,孙诒让考之甚详,见《周礼正义》,第 728—735 页。《王制》郑玄注,以方五百里者为大国,方四百里、三百里者为次国,方二百里及百里者为小国。

兴起时间大约在传说中的陶唐氏时期,到有虞氏时进入全盛期。周边小国见虞人制而颇感新奇,以此称呼早期疆域广阔的大国。后世遂用有虞氏指称该大国。

商晚期,虞官已进入衰落期。泽虞不再是武官,主要负责征收税赋,是虞官衰落的标志。西周初期,虞人官制经历了一次大刀阔斧的改革,最终只剩下虞衡四官作为地方文官系统的一部分保留下来。凡是有武官属性的虞官,无用的一概撤废,有用的改隶司马或司寇。虞官的武官属性彻底剥离,表明虞人已不适应西周时期的战争。不过,不能说虞人营寨彻底消失了,长城及其烽火台其实就是把分布在边境山岗上零星的虞人营寨连在一起。

虞人官制不仅帮我们确认上古疆域国家的边境线,还有两方面值得重视。一方面,虞人制是东亚国家常备军和边防军制度的源头。以一个都城为中心的国家,当然也有武备与武士,但他们是否有常备军、建制如何,已不可考。从推行虞人制所需的人口基数和成本看,很可能早期的小国是没有常备军的,遇敌人来袭,才临时开武库,授兵器。① 那么,在东亚地区能追溯到的最早的常备军制度,应该就是虞人。直到晚近,在世界范围内仍不是所有国家都认同建立常备军。常备军制度的合理性、规模与可行性、成军背景及历史原因,都值得深入研究。但离本书主题太远,此不赘。这里只想强调,在4200—4500年前就建立常备军,算是文明早熟的表现之一,后来的统治者有一项共识,即兵者虽凶,终不可废。② 就是源自常备军的传统。可以说,疆域国家和常备军是中国古代政权的一项重要的传统。这里用"传统"二字是中性的态度,作为一种必须承认的事

---

① 春秋时期,郑国临战授兵,可谓一证。《左传》昭公十八年:"火之作也,子产授兵登陴。"
② 《左传》襄公二十七年,宋司城子罕评弭兵之会:"谁能去兵? 兵之设久矣,所以威不轨而昭文德也。圣人以兴,乱人以废。废兴、存亡、昏明之术,皆兵之由也。而子求去之,不亦诬乎?"

实,不涉及好坏评价。另一方面,虞人是早期大型疆域国家诞生的标志。按照上古的营国制度,虞人标志着四境之险有守,或说四境完整。这是从军人的角度看虞人。换个角度看,虞人有地方文官与军官重合的属性。它有两个特点,一是直属于君主并只效忠于君主,二是不立于朝堂,虽派驻地方却由中央垂直管理。虞人营寨就是早期大国的边境。国界、军营、堡垒、烽火台等,是地理上的有形标志。曾经驻守那里的虞人及其保障系统,是制度上的无形标志。虞人与君主的关系意味着国都与边境之间的疆域尽属中央。这种以首都、下级城市和绵长边境构成的国家,就是本编要深入讨论的疆域国家。石峁遗址和天峰坪遗址代表着早期疆域国家,商周两朝代表方千里以上的大型疆域国家。而号称据有九州,每一州即方千里的秦汉帝国,代表着超大型疆域国家。它们的疆域面积虽然有大小之别,但从疆域国家而非城市国家的角度说,性质是一脉相承的。

天峰坪遗址的最大价值,是从考古学意义上初步证明东亚大陆在史前时期已经出现大型疆域国家。大型疆域国家的主要特征是,第一,按周的里制计算,国土面积远不止方百里。实际上,国土面积是衡量疆域国家的核心条件,不同规模的国土面积,意味着控制的人口和物资存在不同数量级。不考虑君臣贤愚等因素,仅就国力和军力比较,方百里之国很难抗衡方五百里之国,方五百里又难以抗衡方千里。第二,采用两级以上城邑去统治全境。所谓两级,国都可算一级,其余大中型城邑算一级。有两级城邑,意味着这个国家已经出现地方行政机构,同时,一旦开战,这个国家有两层以上的城池防御圈。第三,以天险为边境线,如山、川、湖等,在边境上布置常备军以维护国家的领土完整。以石峁遗址为中心的史前国家,疆域面积不及商、周王畿的一半,但它比西周建国早一千余年。那时万国林立,却以城市国家居多,疆域面积多在方百里以下。相比而言,方五百里是毋庸置疑的超级大国。有把握地说，它是东亚地区疆域国家的祖型，后来的大型疆域国家由它发展而来。东亚气候宜人，水土丰美，适宜农耕，引来众多民族的激烈竞争，不同民族文化的碰撞与融合，最终产生了以夏、商、周三代为代表的华夏文明。这些文明体一概依托于大型疆域国家，以图自保或伐人。在三代时，也只有大型疆域国家才称为王国，首领则自称王或天子。一旦王国的势力削弱，则会形成多个中型疆域国家相互竞争的格局，再在竞争中产生新的大型疆域国家。在这一意义上可以说，大型疆域国家是华夏文明的政治基础。

第五章 封国与中小型疆域国家

第一节 周诸侯制辨正

一、两种旧说

周的诸侯制度,自战国以来存在如下两种对立学说。

(一)三等诸侯说

《孟子·万章下》载,北宫锜问:"周室班爵禄也,如之何?"孟子答曰:"其详不可得闻也。诸侯恶其害己也,而皆去其籍,然而轲也尝闻其略也。"孟子以博学闻名,他说周爵制不详,让人讶异,也说明他的回答很谨慎。他说:

> 天子之制,地方千里,公侯皆方百里,伯七十里,子男五十里,凡四等。不能五十里,不达于天子,附于诸侯曰附庸。

附庸的问题比较复杂,详下章。这里讨论孟子这段话的前半截。第一,周的爵位,算上天子共四等,即王、公侯、伯、子男。公与侯无别,子与男无别。仅就诸侯而言,只有三等,可称为三等诸侯制。第二,封国的疆域。最大方百里。这是孟子一贯坚持的,并且说齐、鲁二国初封时皆方百里。[①] 孟子生在秦火之前,闻见比汉儒多,其说本应重视。偏偏两汉主流均否认孟子此说,认为孟子把诸侯国的疆域说得太小。

(二)五等诸侯说

《周官》有两篇职文,一是《大司徒职》,二是《职方氏职》,都说诸侯分为公、侯、伯、子、男五等。诸侯国的疆域分五等,分别是方五百里、方四百里、方三百里、方二百里、方百里。现在知道,上述内容都是两汉时窜入《周官》的旧注,不能当职文看。《周官》只讲官制,诸侯属于封爵制,二者在周制中区别甚严。注者不明,随意掺入。所引的原文献不知出处,很可能是战国时期七国的诸侯制,这是需要小心的。两条旧注代表战国以来的经师旧说,到西汉初已有强大的影响力。比如,《礼记·王制》就采用相同学说,曰:"王者之制禄爵,公、侯、伯、子、男,凡五等。"这说明撰写《王制》的汉初儒生认同五等诸侯说。又需注意的是,《王制》所谓"王者"或"天子"是泛泛而论,可以是秦王或楚王,也可以是汉天子,不见得说的是周制,但它收在《礼记》中,后人默认是三代礼制。由于《周官》和《王制》的影响力,加上郑玄力主此说,五等诸侯遂成为牢固不破的藩篱。

有趣的是,《王制》在明面上采取五等诸侯说,暗地里又遵孟子。《王制》不希望天子的疆域太大,想把天下分成若干个面积不大的诸侯国。具体方案是,天下分为九州,天子居一州,其余八州分给诸

---

① 《孟子·告子下》:"诸侯之地方百里。不百里,不足以守宗庙之典籍。周公之封于鲁,为方百里也。地非不足,而俭于百里。太公之封于齐也,亦为方百里也,地非不足也,而俭于百里。"

侯。每州分封 210 国,方百里之国 30 个,方七十里之国 60 个,方五十里之国 120 个。八州共 1680 国。又说天子所居的州,也要封建 9 个方百里之国,21 个七十里之国,63 个五十里之国,共 93 国。可见,《王制》在主张封国面积时主张三等诸侯制。《王制》的这段话,郑玄注《大司徒职》时也引用过,并加评论说:"此盖夏时采地之数,周未闻矣。"总之,《王制》的理想是天子与诸侯"共天下",但在汉代行不通。再看《职方氏职》,也说方千里之畿可以容纳四公,或六侯,或七伯,或二十五子,或百男。由此推测,这段旧注是从一篇主张共天下的文章中截取下来,原文宗旨与《王制》相通,不同的是采用五等诸侯制,且采用了方百里至方五百里的诸侯疆域说。

窜入《周官》的旧注,引发后世更多的解释。可参考《大司徒职》和《职方氏职》孙诒让疏,此不细说。事隔两千余年,周的诸侯制度究竟如何,歧义仍多,必须作一了断。

二、三等诸侯制

周诸侯分为三等,可一言而决。周无五等诸侯制,也可一言而决。以下先说三等诸侯制。

为什么说三等诸侯制可一言而决?西周早期的《小盂鼎》《矢令方尊》《矢令方彝》等,提到西周的诸侯时均只说"侯、田、男"三等。[1] 这是周采用三等诸侯制的铁证。

又据西周早期的《大盂鼎》铭文:"唯殷边侯、田,与殷正百辟,率肆于酒。"[2]意思是商朝的诸侯与官长皆沉湎于酒。"百辟"就是百官,"正百辟"就是百官的正长。"边侯、田"则是诸侯等级名。文中

---

[1] 《小盂鼎》,《集成》2·2839,第 1522—1524 页。《矢令方尊》,《集成》5·6016,第 3705 页。《矢令方彝》,《集成》6·9901,第 5212 页。

[2] 《大盂鼎》,《集成》2·2837,第 1516—1518 页。

两处冠以"殷"字,唯恐读者不明是讲商朝的诸侯和官吏。依此铭文,商诸侯只有边侯和田两级。用此铭文与《小盂鼎》《矢令方尊》《矢令方彝》三器的铭文对照,可知西周早期增加了男。

三等诸侯制又可证之于传世文献。《尚书·酒诰》:"越在外服:侯、甸、男、卫、邦伯。"此句原本是解释"外服"。外服可以理解为广义的诸侯,或可统称为"有国有土"者。排在前面的侯、甸(田)、男三等,就是周王正式册封的诸侯国,是周王用直属城邑封建的新国,又称封国,也是狭义的诸侯。周王的直属城邑又分两种,第一种是在商朝时已建立的诸侯国,在周灭商时抵抗周师,或在周朝建立之后反叛周王。灭国以后,在其旧地上按周制重建城邑。这种城邑的性质已是周王的直属城邑,周王再将其封给诸侯。齐、鲁、霍等皆属于这种性质。第二种则是由周王创建的新式城邑,如郑国的始封地郑,在成周与宗周之间,此前未闻此地有国,故而知道是在周朝建立以后创建的。

"卫"和"邦伯",后文有专论,这里略作解释。卫,最早不是国名,也不是爵位等级,而是紧邻京师远郊的区域,相当于近畿的军事防御区。卫地必须牢牢控制在周王手中,所以,卫地的驻军是王师,而非诸侯的军队。成周在黄河以北的卫地,大约与后来卫国的核心区相重合。这一区域很可能在商朝时就已经称为"卫",因为它也紧邻殷都南郊。由于卫的特殊性,因此卫国始封君康叔的身份也很特殊,他兼有两种身份,一是镇守卫地的王官,以王官的身份统领一支精锐的王师。若黄河以北有外敌进犯,而北境诸侯尽皆失守,康叔手中的这支王师就是京师以外最重要的防线。由于这一身份,康叔领有一份大夫采邑。第二种身份则是男国的君主,这个男国在周初尚不称为卫国,更不是侯国,它很可能就是与卫地西南面紧邻的共国。康叔的子孙也分为两支,一支继承了王官身份,同时领有这一官职的采邑。另一支继承了男国的爵位及其封国。这两支后来合并，才有了卫国。至于卫国升为侯爵的事，又是另一个故事，后文再详。需要提醒的是，现在我们只知道成周以北的卫地，宗周的北面或西面可能也有一个卫地，具体情况不明。

"邦伯"的情况也较复杂，简单地说，邦伯的主体是周王的附庸国。附庸国的前身是夏商以来就存在的国家，以都市国家为主，通常以一个都市为中心，控制周边的农耕区。《左传》哀七年所谓"执玉帛者万国"，《尚书·尧典》的"协和万邦"，都是这种国家。商末时的东亚地区，相互交往的都市国家还剩千余个，其中，与周师不期而会于盟津的八百余，再加上灭商以后陆续归顺周王的，构成一个庞大的附庸国集团。邦伯有两种身份，一种是附庸国的国君，在国内享有相对独立的统治权，有独立的姓氏。他们原本就是商诸侯，入周以后虽未正式获封，但在世人眼中仍是诸侯，这也是《史记·殷本纪》和《周本纪》称他们为"诸侯"的缘故。附庸国君的第二种身份是周王的官吏，又称"社稷之臣"，其主要职事是辅助周王祭祀全国各地的大小神祇。如《穆天子传》中的"䣙邦"，其国君称"河宗子孙䣙柏（伯）絮"，掌握着祭祀黄河的专门仪轨，周王祭祀河宗时，他在一旁辅祭。由于这一身份，他们也可以视为周王的宗官，其国视为王官的采邑。邦伯与周王的关系非常亲近，几乎可算"内服"了。① 汉儒已不辨附庸制度的渊源和性质，贻误深远。认识早期东亚的国家形态，离开附庸国是不可能的，故本书另辟专章于后，此处暂略。

---

① 《尚书·酒诰》："越在内服，百僚、庶尹、惟亚、惟服、宗工。"按："内服"相当于周王的大夫士、县鄙的官长、甸师所率姬姓族人，世袭的祝宗卜史官和工官，等等。

三、伪托的公爵

周的诸侯五等说,也可一言而否决。《大司徒职》和《职方氏职》中阐述五等诸侯制的两段话,现已校出,确认属于注文,非《周官》原经。两段注文与职文的关系,详见本书附录。汉儒以下两千多年,抵制三等诸侯制主要凭这两段话,如今根基已溃。加上金文中发现三等诸侯制的证据,五等诸侯说从此可休矣!

《周官》的职文中从无"公"这一等爵位,但有三公的公。① 周的三公,指三乡老,是官位而非爵位。详见后面中央官制章。三公可以在朝实任,如单襄公;也可遥领,如齐太公。凡非姬、姜二姓的国君,未闻任三公者。旧说,公爵为前朝后嗣而设,周王待之以上宾之礼。符合这一身份的只有陈、杞、宋三国的国君,又称"三恪"。这种说法是春秋中期以后宋国大夫的主张,后一度受秦国的青睐,因为那时的秦国既不敢称王,又不愿屈尊于周的侯国之下。按《史记·陈杞世家》,陈的始封君称胡公,杞的始封君称东楼公,这等称谓不伦不类,或是祭祀时用的祀号。又按《宋微子世家》,武王克殷之后,微子肉袒面缚,武王"复其位如故"。位,指卿大夫站立在朝堂上的位置,泛称官位。从此,微子的身份转为周大夫。后来周公杀武庚禄父。"乃命微子开代殷后,奉其先祀","国于宋"。微子开卒,其弟衍称微仲。微仲卒,宋公稽继位。宋国国君称"公"自宋公稽始,或是殷人的尊称旧俗。

综合来看,五等诸侯制中所谓第一等上公,是假托三公的"公"而伪造出来的周爵。战国以后搞不清周爵制,沿为通说,贻误至今。

---

① 《宰夫职》:"掌治朝之法,以正王及三公、六卿、大夫、群吏之位。"《射人职》:"掌国之三公、孤卿大夫之位。"《大仆职》:"掌三公、孤卿之吊劳。"《小臣》:"掌三公及孤卿之复逆。"

另外，七国称王之后，一些国家推行新式诸侯制，也可能把上公作为最高爵。

四、虚构的伯爵

除了侯和男，五等诸侯说的其他三种爵名都借用了周制。子爵借用的是哪一种官阶，容后再详。这里以"伯"为例，揭示其借用的逻辑。伯爵在五等诸侯说中排第三等。从《左传》可知，伯是某类周诸侯的尊称，最典型的就是"郑伯"。然而，郑在周爵中是男。《左传》昭公十三年，子产争承时说："郑伯，男也，而使从公侯之贡，惧弗给也。"子产的意思是，郑国只能按男国的标准承担贡赋。平时尊称郑国国君为伯，正是因为男爵卑，所以故意避免称男。汉晋经师不知周爵制，硬是把男爵解释为远离王畿的"男服"。① 甚至在《国语·周语》中，把富辰说的同样一句话故意抄成"郑伯，南也"，使其不可解。所谓"男服"，出自《大司马职》和《大行人职》中窜入的两条旧注，晚出也罢了，这两条旧注的作者不懂周王畿构成法，纯属闭门造车，后文还有解释。郑伯的本爵为男，是毫不足怪的。郑桓公获封已在西周末期，他在朝中官至卿士，未闻有大的战功，是以王叔的身份获封，当然只能是男爵。其后的郑国国君只要未获加命，始封之爵就保持不变。同理，《春秋经》常常把曹伯列于郑伯、许男之下，可见自周初封建以来，曹的本爵也一直是男。《左传》定公四年载："曹，文之昭也。晋，武之穆也。曹为伯甸，非尚年也。"全句的意思是，当年曹叔的辈分比唐叔高，只获封"伯甸"，可见封建不按长幼年龄。甸，训为甸服。甸服之说出自《禹贡》，大约指京郊以外至边

---

① 洪亮吉引郑众、服虔："郑，伯爵，在男服也。"又引贾逵云："郑，伯爵，在男畿。"（《春秋左传诂》，中华书局，1987 年，第 712 页。）

境以内的区域。① 田(甸)、男二等封国的确在王畿以内,伯甸可以理解为甸内之男。另外,我怀疑此"甸"字是"男"字伪写,"男"字在春秋时期出现的一种异体,极似"甸"字。(见图 5-6-2)

通常,男国称伯从第二代国君开始。男国的始封君是某位先王之弟,封建时间在王兄死后,是以今王之叔或叔祖的身份获封。因为王叔的身份尊,故称"某叔",康叔、曹叔等皆属此类。也有以今王之弟的身份获封,这种往往是先王的嫡子,按与今王的兄弟排行称仲、叔、季等。如虢仲、虢季等,表示获封时是今王的二弟和四弟。又如,唐叔是成王之弟,在成王朝获封,唐叔称叔指兄弟排行的叔。总之,称仲、叔、季是对第一代男国国君的敬称,不是指爵位。到了第二代国君,不能再按与周王的关系称,由于第二代国君由嫡长子继承,故可一概称为伯。但侯和田的国君尊称为某侯,伯就成了第二代以后的男国国君专用。在正史中的实例,可以参考《史记·卫康叔世家》记载的历代国君祀号。所谓"封康叔为卫君",此乃始封君称叔。第二代至第七代皆称伯。② 到第八代称侯,原因是"顷侯厚赂周夷王,夷王命卫为侯"。这是男爵加命为侯的例子。此后卫国国君的谥号皆称侯。至卫武侯佐平王东迁,有功,"周平王命武公为公"。这是周王策命有功诸侯遥领三公的例子。有三公的官衔就会赐三公的采邑,此后卫国国君皆称公,说明周王不再收回卫武公领有的三公采邑,允许世袭,这部分采邑也并入卫国疆域。前 346 年(秦孝公十六年),卫国国君复又称侯。表示自此时起,卫国自贬为秦国的诸侯,在秦公面前不敢称公。又经成侯、平侯两代,再贬号为

① 《礼记·王制》:"天子之甸方千里。"又云:"千里之内曰甸服。"《周语》:"夫先王之制,五百里甸服。"
② 《史记·卫康叔世家》:"康叔卒,子康伯代立。康伯卒,子考伯立。考伯卒,子嗣伯立。嗣伯卒,子㯹伯立。㯹伯卒,子靖伯立。靖伯卒,子贞伯立。贞伯卒,子顷侯立。"

"君"。直到卫灭亡，始终对秦自称君。周的旧诸侯中，卫国灭亡最晚，正因它较早沦为秦的诸侯，是秦王装点门面的重要标志。卫的先公祀号，较完整地反映了周爵到秦爵的演变全程。而太史公能精确地记载，必是因为秦官府中的卫国祀典保存到了汉秘府中。

总的来说，五等爵制极可能是战国时期某国称王以后推行的。把伯作为一等爵位，是因为周的男国国君尊称为伯。再加上附庸国君称为"邦伯"，也简称为伯。男国与附庸的疆域相当，在周爵制不明的时代，二者容易混淆。当然也可能是故意混淆。另外，春秋时期称某男国为伯，暗示该国实际占有的疆域比较大，国力较强。《春秋经》载盟会时的位次，郑伯常在许男、曹伯之上，就有这层意思。我们已不能切实指出郑国的疆域面积，但伯在五等诸侯说中占据第三等的位置，排在子和男之上，应该有这个缘故。

五、侯伯非方伯辨

周爵无伯，已可断言。但周制中还有一种"伯"，引发更大的歧义。

《大宗伯职》的"九仪之命"，指周王的策命制度分为九等。王莽仿九命之仪而制九锡制度，可见它的影响是极大的。九命之仪成于何时，已不可考。具体指哪九种等级，也是异义丛生。只说最高等的"九命作伯"就有两种，先郑认为指方伯，后郑认为指周、召二公分掌陕以东和陕以西。二郑之说，均于周官制无征。后郑之说，事或有之。周初，周、召二公为乡老，各分领两乡，或许分别对应陕以东和陕以西。然而乡老就是三公，属于中央官制，三公以上就是王，中间没有称为伯的。至于先郑之说，方伯即《礼记·王制》所谓"八州八伯"，这是战国时期才兴起的学说，是指把天下分为九州，每州方千里，天子居中一州，其余八州各设一个诸侯长，称为方伯。此说在汉代极盛,故称州牧为方伯。用此说与周制相证,凿枘不入。周有州,州长为中大夫。详见本书专章。中大夫距离九命还有很大距离。

考周史,周王确实策命过诸侯之长,身份极尊,称为侯伯。《左传》僖公二十八年:"(襄王)策命晋侯为侯伯。"此"侯伯"二字中间不能点断。伯即长。侯伯指众侯之长,也即俗称的霸主。《掌客职》:"诸侯长十有再献。"可见诸侯之长在周制中的地位独尊。侯伯可简称伯,证之《典命职》:"上公九命为伯。"此伯高于上公,策命之仪为第九等,唯有侯伯可以当之。又按《左传》成公二年载,前589年,晋景公使巩朔献齐捷于周,周定王"礼之如侯伯克敌使大夫告庆之礼,降于卿礼一等"。此年距襄王策命晋侯之年(前632年)已四十多年,从晋文公至晋景公,中经襄、灵、成三代,周王仍然承认晋侯为侯伯,可以认为侯伯的身份是世袭的。

春秋时期,周王正式策命为侯伯的只有齐桓和晋文二人,且都在襄王一朝。前659年,也是周惠王十八年,齐侯率诸侯救邢,又助邢迁夷仪。《左传》僖公元年评价:"凡侯伯,救患、分灾、讨罪,礼也。"鲁史官明确指出齐桓为侯伯,然而这是追记,此时齐侯尚未获命。前652年春,周襄王定位。前651年夏葵丘之会,王使宰孔策命齐桓公为侯伯。《左传》僖公九年只说"以伯舅耋老,加劳赐一级"。意思是在齐侯原官爵上再加一级。为什么鲁史要明说策命晋侯为侯伯,而策命齐侯只需说加一级?原因也很简单,齐侯为边侯,而晋侯为田,也即俗称的甸侯。边侯在周爵中已是最高,再升一级只能是诸侯之长。晋侯则是从甸侯越过边侯,跃升为诸侯之长。

第二节　田爵辨义

下面讨论周爵名的含义,分为两节,本节讨论田的含义,下节是男。

一、侯的本义

作为爵名,侯的意思很清楚,不必设专节。不过,田也算侯爵,全称为田侯或甸侯,相当于秦汉爵的关内侯。在讨论田之前,先略述侯的本义。

侯,原指射礼上的箭靶,又称射侯,按质地分为皮侯和布侯。诸侯朝觐,周王举行射礼,含有考校诸侯的意思。《说文·矢部》引用已佚的古射礼祝词:"毋若不宁侯,不朝于王所,故伉而射汝也。"①可见古人常借射侯来比喻诸侯。按《考工记·梓人》,树立射侯又叫张侯。先用竹木撑起方十尺的一张大布,用绳子固定,这就是"侯"。侯的中央钉一块方四尺的兽皮,以示靶心,这张兽皮叫"鹄"。在鹄的正中涂色,方二尺,叫做"正"。正的中心涂色,方四寸,叫做"质"。②金文的"侯"字,是矢在厂形符号下(图5-1)。厂形符代表射侯。许慎知道这一点,所以《说文》说:"春飨所射,侯也。从人从厂,象张布,矢在其下。"但许慎把"侯"字放在《矢部》,不放在《厂部》。因为厂(hǎn)旁表示"山石之厓岩",已与射侯形状无关。从侯的字面意思可知,侯必擅射。上古的弓是强弓,能开弓者膂力必大,武人皆以擅射为上。故侯爵是军功爵,无军功者不必奢望。田是侯

---

① 此祝词当转引自《考工记·梓人》,文稍异,曰:"毋宁若女不宁侯,不属于王所,故抗而射女。"
② 此说从《司裘职》二郑注。贾逵注、《尔雅》等说不同,详见孙诒让疏:《周礼正义》,第504页。

爵的第二等，当然也要凭军功才能获封，这是我们理解田爵的前提。

1.《康侯鬲》
《集成》1·464

2.《匽侯旨作父辛鼎》
《集成》2·2269

3.《蔡侯鼎》
《集成》2·2441

图 5-1　西周金文中的"侯"字

二、甸侯示例：晋

《左传》僖公二十四年，富辰曰："管、蔡、郕、霍、鲁、卫、聃、郜、雍、曹、滕、毕、原、丰、郇，文之昭也。邢、晋、应、韩，武之穆也。凡、蒋、邢、茅、胙、祭，周公之胤也。"以上二十五国皆是封国名，能够确认为侯爵的，只有管、蔡、霍、鲁、卫、晋、邢、应、韩、蒋等十个，其余十五国，究竟是侯国还是男国，尚需斟酌。在十个侯国中，可以确认为边侯的五个，即霍、鲁、邢、韩、蒋。另有三个是田侯，即晋、应、卫。管、蔡存疑。分辨边侯与田侯，必须结合侯国的地理位置，下一章再详。其中，传世文献记载为田侯的，唯有晋国。

按《史记·晋世家》，成王封叔虞于唐，史称唐叔虞。称"叔"，说明死时仍是男爵。又载："唐叔子燮，是为晋侯。"第二代国君燮当有大军功，加封为侯，封地也有增益，不限于唐地，故改国名为晋。汉儒不知周侯分两等，这一记载如此精确，必有所本。周宣王时，晋穆侯生次子成师。前 745 年，封成师于曲沃。当时晋国大臣师服评论此事，载在《左传》桓公二年："今晋，甸侯也。而建国，本既弱矣，其能久乎？"田、甸字通。① 甸侯即田侯。据此可知，自第二代国君至春

① 《春官·叙官》"甸祝"郑注："甸之言田也。"《小宗伯职》郑注："甸，读曰田。"

秋早期,晋一直是田。前 705 年,曲沃伯诱杀晋小子侯。《左传》庄公十六年载:"王使虢公命曲沃伯以一军为晋侯。"这是前 678 年。按周制,小国制一军,军将相当于周王之卿。① 由此可知,周王策命晋武公的正式爵位也是田。据《左传》定公四年所载卫国祝佗所言,以前学界往往认为鲁、卫、晋三国在周初始封时为侯。前文已述,卫国加命为侯在夷王朝。西周早期,鲁为边侯,晋为甸侯,卫不过是男。显然,卫佗是用晋、鲁二侯陪衬卫国。

三、"田"与"苗"

在可确定为殷至西周早期的金文中,存有大量关于田的讯息。首先,有的器物上只铸一"田"字,较著名的如浚县辛村出土的一件当庐。② 这与某器只刻一"侯"字同例,表示此器的身份与归属。其次,有自称"田某"的铜器传世,如"田农""田免"等。③ 再次,有自称为"田"而为其父祖所作的铜器传世。④ 或者称其父祖为田的。⑤ 最后,有一个"田告"家族,其铜器从殷商到西周早期较为完整地保留下来,既有自称"田告"或"告田"的⑥;又有为其父祖或母作器,如

---

① 《夏官・叙官》:"凡制军,万有二千五百人为军。王六军,大国三军,次国二军,小国一军。军将皆命卿。"
② 《田当庐》,《集成》8・12074,第 6583 页。《田爵》,《集成》5・7700,第 4197 页。《田戈》,《集成》7・10738—10740,第 5721 页。《田钺》,《集成》8・11735,第 6450 页。
③ 《田(农)鼎》,《集成》2・2174,第 1133 页。《田农簋》,《集成》3・3576,第 1897 页。《田免瓢》,《集成》5・7012,第 3998 页。
④ 《田作父己器》,《集成》7・10573,第 5657 页。
⑤ 《田父甲簋》,《集成》3・3142,第 1748 页。《甲父田卣》,《集成》4・4903,第 3137 页。《田父甲爵》,《集成》6・8368,第 4585 页。《田父甲斝》,《集成》6・9205,第 4870 页。《田父甲罍》,《集成》6・9785,第 5160 页。
⑥ 《田告甌》,《集成》1・889,第 730 页。《田告瓢》,《集成》5・7013,第 3998 页。《田告罍》,《集成》6・9777,第 5157 页。《告田鼎》,《集成》2・1482,第 941 页。《告田觯》,《集成》5・6191—6192,第 3755—3756 页。《告田觥》,《集成》6・9257,第 4886 页。《且乙告田簋》,《集成》3・3711,第 1967 页。

"田告父某""田告母某"。① 这是殷田侯归顺周王在西周早期仍然自称田侯的实例。

田作为爵名,究竟是什么意思? 旧说有二。第一说,田通佃②,意即开垦、耕种。若依此说,田侯的意思是为天子开发土地,缴纳贡赋。但封侯主要凭军功,不当凭农耕佃种。周金文中的"佃"字从人从田,出现在赐予土田的铭文中。③ 据《扬簋》铭文,周王册命扬为司空,"官司量田佃"。④ 说明田、佃二字有别,不能随便通借。第二说,田通甸。田、甸皆指田猎。⑤ 蒐田礼是军礼的一部分,可以命将、布阵、取军实,等等。以田、甸命名第二等侯爵,仍不失武备之义。《左传》桓公二年也写成"甸侯"。此说当更接近田爵的本义。

需要指出的是,在殷周金文中,爵名的"田"字与田土的田是两个字。殷至西周早期的爵名之"田"⑥四边通常呈直角相交(图5-2-1)。田土的田,四边角则呈圆弧状。不过,《大盂鼎》提到诸侯的"田"字,四边也呈圆弧状,说明爵名之"田"与田土的田在西周早期已经容易混淆,汉儒分不清也很正常。爵名之"田"所象的原物,可

---

① 《田告父丁鼎》,《集成》2·1849,第1041页。《田告父丁卣》,《集成》4·5273,第3300页。《田告父丁爵》,《集成》6·8903,第4763页。《田告父丁器》,《集成》7·10536,第5648页。《田告父乙卣》,《集成》4·5056,第3200页。《父乙告田卣》,《集成》4·5347,第3335页。《父丁告田觯》,《集成》5·6391,第3817页。《田告母辛方鼎》,《集成》2·2145,第1125页。

② 《职方氏职》"甸服"郑注:"甸,田也,治田入谷也。"

③ 《格伯簋》,《集成》4·4262—4265,第2590—2595页。

④ 《扬簋》,《集成》4·4294,第2640页。

⑤ 《肆师职》"凡师甸"贾疏:"师谓出师征伐,甸谓四时田猎。"《甸祝职》"甸祝"郑注:"甸以讲武治兵,故有兵祭祀。"又,《甸祝职》"师甸"郑注:"师田,谓起大众以田也。"《司几筵职》的"甸役",即田役,贾疏:"甸役即天子四时田猎。"

⑥ 《告田鼎》,《集成》2·1483,第941页。《田父甲簋》,《集成》3·3142,第1748页。《甲父田卣》,《集成》4·4903,第3137页。《田爵》,《集成》5·7700,第4197页。《田告父丁鼎》(周早),《集成》2·1849,第1041页。《田告母辛方鼎》,《集成》2·2145,第1125页。《且乙告田簋》,《集成》3·3711,第1967页。《父丁告田觯》,《集成》5·6391,第3817页。

以参考两件"田农"铭文器。其中一件仅存拓片①,它的"田"字上下两横从右边出头(图5-2-2)。另一件铜甗②,藏于美国米里阿波里斯美术馆,"田"字中间一横向右出头,再向下方弯折(图5-2-3)。这两个"田"字,无论如何无法用田土的田解释。其实,四边直角的"田"字是革车车厢(舆)的象形。两件田农器中的"田"则是车舆更早的象形,它们的共同点都是车头向右,车尾向左。中间一竖代表车厢下的轮轴。中间一横代表贯穿车厢下面的辀。一横出头且向下弯曲,代表辀从厢底穿出再向上弯曲的弧形。③ 还有一件殷兵器上铸的"田"字(图5-2-4),字的两边有长兵器的简化纹④,是长兵器插在戎车上的形象。⑤ 我们知道,《考工记》把制作革车的工匠分为三种,一是轮人,二是舆人,三是辀人。在古人看来,轮、舆和辀是各自独立的,其中最能代表革车形象的当然是舆。又因为革车的辀是弧形,牛车的辕是直的,辀是革车区别于牛车的重要特征,此字的早期字形中尚留有弧形的辀,显然,此字脱胎于革车的舆。其字古音已失,由于字形与田字相似,在流传中渐渐被田字夺其音形。

---

① 《田农簋》,《集成》3·3576,第1897页。

② 《田甗》,《集成》1·890,第730页。

③ 《考工记·辀人》:"凡揉辀,欲其孙而无弧深。""辀欲弧而无折。"

④ 《田钺》,《集成》8·11735,第6450页。

⑤ 《考工记·叙言》:"车有六等之数。""戈柲六尺有六寸,既建而迤,崇于轸四尺,谓之二等。""殳长寻有四尺,崇于人四尺,谓之四等。车戟常,崇于殳四尺,谓之五等。酋矛常有四尺,崇于戟四尺,谓之六等。"

1.《告田鼎》　　2.《田农簋》　　3.《田（农）觚》　　4.《田钺》
《集成》1·1483　《集成》3·3576　《集成》1·890　　《集成》8·11735

图 5-2　田侯器中的"田"字

　　还有一项重要的证据，可以说明爵名的"田"字脱胎于革车。西周早期的《中觯》铭文说：周王在庚地检阅公族部队，举行振旅仪式，王赐良马给南宫中，又赐🔲侯以下每人四匹骓马（"自🔲侯四騳"），鼓励他们"用先"。① 公族是用于陷阵的精锐车兵，此次立了大功。周王赏功，南宫中是主将，已赏良马。主将之下的副将不可能只有一人，所以，"🔲侯"不会是某个侯国名，而是代表某一等侯。🔲字，左边偏旁有三节，可能表示车上插的长兵器、符节或旌旗的幅，也可能代表古车的衡轭（图 5-4）。可省。右边是插有三叉形长兵器的三辆兵车鱼贯而行，《集成》将其隶作"万"字。不确。在殷金文中，还能查到一些"车"字，它们的车轮和车厢尚未简化为"田"形（图 5-3）。

1.《买车尊》（殷）　　2.《亦车瓿》（殷）　　3.《车瓶》（殷）
《集成》5·5590　　《集成》5·7042　　《集成》6·9944

图 5-3　早期未简化为"田"形的车字

　　商周之际，"车"字才开始简化出"田"形，同时出现分化，一些车

---

① 《中觯》，《集成》5·6514，第 3863 页。

字强调硕大的车轮。在车轮之间画上轴和辖,配以衡轭,就足以代表一辆车,车厢的形象在这类"车"字中完全看不到(图5-4)。反之,在另一些"车"字中,车轮省略,硕大的车厢占据了显眼的位置(图5-5,1—2)。而另外一些"车"字,车厢和车轮都采用简化的"田"字符,区别仅在于车厢的"田"形比车轮略大(图5-5,3—6)。

1.《车盘》(殷)　　　2.《师同鼎》　　　3.《克钟》
《集成》7·10009　　《集成》2·2779　　《集成》1·204

图5-4　殷周金文中的车字:车轮为"田"形

由此可见,定型后的"车"字,它的上下两横既可以说代表车轮两旁的车辖(图5-5-2),也可以说是两个车轮简化成了一个(图5-4-2)。而中间的"田"形,既可以说是两个车轮合并简化而来,也可以说是省去车轮只剩车厢的结果。

1.《贝车爵》(殷)　　　2.《献簋》　　　3.《作车簋》
《集成》5·8252　　《集成》3·4205　　《集成》3·3454

4.《车鼎》　　　5.《大盂鼎》　　　6.《作父丁卣》
《集成》2·1149　　《集成》2·2837　　《集成》4·5272

图5-5　殷周金文中的车字:车厢为"田"形

总之，省略了衡轭符号之后，一个"田"形足以表示一辆车。𤰔字的右边就属于这种情况，重叠的三个"田"大约代表排成三行的车阵。插在车上的三叉形兵器，在六国篆字中变化为艹头。我认为，这个字就是传世文献中表示狩猎的"苗"字的原型。《左传》隐公五年："故春蒐、夏苗、秋狝、冬狩。"《乡师职》统称为"四时之田"。狝、狩两字都是用犬旁表示田猎。蒐，旧说以为通獀、搜，原字也是犬旁或手旁。① 其实，蒐和苗的艹头都是从三叉形兵器简化而来。战国时期表示狩猎的"苗"字，"田"形的中间一竖还是向下出头。② 这与西周早期表示狩猎的"兽"字③，其"田"形的中间一竖向下出头是一样的，它们的"田"形都代表戎车。从《大司马职》可知，四时田礼皆用车，但是，春蒐以"火弊"，秋狝以"罗弊"。弊，训为止，是结束田礼的仪式。冬狩的规模最大，以"军鼓弊"。唯有夏苗以"车弊"。这应该是夏田名为苗的缘故。

四、田侯辨义

综上，《中觯》的"𤰔侯"就是"苗"侯，也就是田侯的别称。这进一步证明田侯的田取义于蒐狩之礼。从《大盂鼎》可知，侯是"边侯"的简称，边指边疆，边侯的封地在王国边境，负有捍卫国境的责任。在只有两等诸侯制的时期，田侯是相对于边侯而言的，表示封国距京师较近，其国邻近周王狩猎的某个园囿，有义务追随周王田猎。秦汉爵制把侯分为彻侯与关内侯，是直接继承商周的侯、田两等制。

旧说，甸又是"甸服"（《左传》昭公十三年）的简称，据说四郊各

---

① ［清］郝懿行："盖獀即搜也，隶书手旁、犬旁形近易淆，俗师不晓，因致斯伪。"（《尔雅义疏》，齐鲁书社，2010 年，第 2774 页。）
② 《䢅盉壶》，《集成》6·9734，第 5132 页。
③ 《启卣》，《集成》4·5410，第 3380 页。

距京师百里,甸服在四郊之外,大约在距离京师二百里至三百里之间①,或说介于牧与野之间。② 郑玄又说,野包含四种城邑:1.甸;2.稍;3.县;4.都。③ 其说来历,已不可详。其中三种是明确的。一是县,直辖于遂。遂是直属周王的郊外行政区域。按《地官·叙官》,遂以下的城邑单元,依次是:县、鄙、酂、里、邻。县正是下大夫。二是稍,大夫的家邑,又称家稍。三是都,包含大都和小都,郑玄说小都是卿的采邑,大都是公的采邑和王子弟的食邑。现在知道,其实是公卿的采邑和男国。问题是甸是何意。郑玄以为是甸师驻扎的城邑。甸师,天官的属吏,职事是率王族垦种,官阶为下士。虽说王畿内四处分布着甸师的城邑,但这些城邑的等级很低,无法与稍、县、都三者并列。其实,甸就指田侯。两汉经师不知道甸(田)代表第二等诸侯国,把甸服与甸师混淆了。但郑玄承受的师说,把甸列为郊外城邑的第一等,证明其说渊源颇深,最先阐述此说的人,应当还知道周的诸侯制中有田这一等。

第三节　男

从传世文献可知,周的封国有一种分类,即"成国"与"未成国"。④ 成国至少领一军,至多三军,而甸侯享有领一军的资

---

① 《天官·叙官》"甸师"注:"郊外曰甸。""郊"指远郊。又,《甸师职》注:"郊外曰野。"《县士职》"掌野"注同。《司会职》"郊野"注:"郊,四郊,去国百里。野,甸、稍也。甸去国二百里。"

② 《尔雅·释地》:"郊外谓之牧,牧外谓之野。"

③ 《遂人职》"掌邦之野"郑注:"郊外曰野。此野谓甸、稍、县、都。"

④ 《大宗伯职》"五命赐则"郑注:"则,地未成国之名。王之下大夫四命,出封加一等,五命,赐之以方百里、二百里之地者,方三百里以上为成国。""七命赐国"郑司农注:"出就侯伯之国。"孙疏:"以侯伯始为成国,对上'五命赐则'为出就子男未成国也。"

格。① 换言之，甸侯算成国，男国算未成国。

一、男是王子弟？

作为周爵的一等，男是什么意思？以郑玄为代表的历代经师一致以为，男指王子弟，也即周王之子。但在周金文中，"男"字往往写成"田"字被一种弯曲的三叉形工具半包围（图5-6-1）。再慢慢变成左右结构，田在右边，工具在左（图5-6-3），已经接近后来的上下结构。从字的形义说，"男"是有能力开垦土地的男子，相当于后世所谓成丁。《白虎通》训"男"为任。② "任"字常见于《周官》中，如《大司徒职》"以任土事"。《大宰职》郑注："任，犹倳也。"倳又训为立。③ 也可证明"男"字不一定训为儿子。男爵的男，至少有一层意思是指垦辟土地。

已知的实例中，也有并非周王的亲子而获封男国的，这就是曲沃伯。成师是晋穆侯的嫡次子，只能算晋国的旁支，但他获得了周王的正式册封，史称"曲沃伯"。在周制中，曲沃伯的本爵就是男。称"伯"而不称男，一是因为封建时间较晚，西周以来已经形成称男国国君为伯的惯例。二是因为曲沃城是从晋国领土分割出去的大城，其城池、宫室和封地面积可能不符合男国的定制。所以用"伯"作为敬称，囵囵称呼这类国君。

---

① 《左传》襄公十四年："成国不过半天子之军。"《夏官·叙官》："大国三军，次国二军，小国一军。"可知一军是成国的标志。《左传》庄公十六年载，周王加封曲沃伯为甸侯，领一军。

② 《论制爵五等三等之异》："男者，任也。人皆五十里。"（《白虎通疏证》，中华书局，1994年，第10页。）

③ 《释名·释言语》："事，倳也。倳，立也。凡所立之功也。"《大宰职》孙诒让疏："倳有立义。此经（《周官》）凡作官民以立其职事，治土地以立其材产，并谓之任。"

1.《叔父男匜》，西周晚，　　　2.《鄢公簠盖》，春秋早，　　　3.《叔尸钟》，春秋晚，
《集成》7·10270　　　　　　　　《集成》4·4569　　　　　　　　《集成》1·278

图 5-6　周金文中的"男"字

两汉经师又发明"王子弟所食邑"①，以此掩盖男国的存在。须知，大夫的采邑也有"食邑"的说法。比如，《国语·鲁语》说："大夫食邑，士食田。"这两个"食"字作动词，是自食其力的食。有周一代，官位统称大夫士。官与爵是两回事。这句话的意思是，大夫士通过担任官职和获取俸禄来养活自己。《汉书·刑法志》颜注："采，官也。因官食地，故曰采地。"士是中下级官吏，采地较小，通常是数百亩田，田亩中间没有城邑，故称禄田。有的士族因军功而受赏田亩，又称赏田。禄田和赏田合称士田。大夫的采地面积较广大，田亩中有小型聚居区，甚至有小型的城，它们一概称为邑，故大夫的采地又称采邑。② 据说，士田分布在近郊，即以京师为中心方圆五十里以内的区域。③ 采邑较大，近郊容不下，分布在远郊以外。④ 无论如何，采邑和士田是官禄，不是封国。按周制，无官不受禄，大夫士一旦去世，其子不任官，应立即退还采邑。⑤ 可以说，采邑和男国在制度上的最大区别，就是男国由子孙世袭，采邑不能世袭。把男国称为食邑，混淆了封国与采邑。究其缘故，可能与男国的成因不正有关。

---

① 《大宰职》郑注："都鄙，公卿大夫之采邑，王子弟所食邑。"《载师职》郑注："大都，公之采地，王子弟所食邑也。"《春官·叙官》"都宗人"郑注："都，谓王子弟所封及公卿所食邑。"
② 孙诒让疏：《周礼正义》，第 68—70 页。
③ 《载师职》："以宅田、士田、贾田任近郊之地。"
④ 《载师职》："以家邑之田任稍地，以小都之田任县地，以大都之田任畺地。"
⑤ 《左传》哀公十四年："司马牛致其邑与珪焉而适齐。"又："司马牛又致其邑焉，而适吴。"

前面说过,侯是军功爵,无军功不得封侯。武王封建以严格著称,虽然是姬姓子弟,封侯凭的仍是战功,并非仅凭王子弟的身份。成王突破旧制,用男爵封建王子弟,等于创建一种凭借出身获取爵位的新制度。若按旧制的精神,封建男国属于以私害公,但当时考虑的是政治利益,未顾及其他。据说,商朝"九世之乱"的根源是兄终弟及的王位继承制。封建男国是以封国为代价,尽早把王子弟赶出王宫,有力地终结了兄终弟及制,利于王朝中枢的长期稳定。

二、男国的大小

前文说到男国的都城大小、封地面积、宫室等皆有定制,现在来看定制究竟为何。先来看封地面积,有两种说法,一是方五十里,此说出自《王制》。① 二是方百里,此说出自窜入《大司徒职》中的旧注。二者相较,《王制》采用三等诸侯说,《大司徒职》的旧注采用五等诸侯说,故而《王制》的说法更接近西周时期男国的实际面积。

再用许男的封地证之。现在已经不能划出许国的实际疆界,但还知道它夹在今许昌与鄢陵之间,东西距离不及 30 公里。北不及今长葛,南不及今临颍,南北大约 30 公里。需要指出的是,传世文献称西周封国皆曰"方多少里",这个"方"字不是随便说的,它意味着在封建之前勘察地形,再按照正方形定界。② 不但四境是正方形,国君居住的宫殿也会选择国境中央的上佳地面,筑造成正方形。国都的四面城墙不可能完全做成正方形,但也要尽量筑成方形。若国都也能做成正方形,则此城可以自豪地称为"方城"。韩侯的国都叫方城,表明其四方城墙几近正方形。所谓"国家",是国和家的总和。

---

① 《礼记·王制》:"公侯田方百里,伯七十里,子男五十里。"
② 《大司徒职》郑司农注:"土其地,但为正四方耳。"《典命职》郑玄注:"国家,国之所居,谓城方也。"

国指封国,家指大夫的采邑。封国为方形,方形代表完整。大夫的采邑皆是方形有缺,意味着不完整,不成国,故而称为稍或家稍。关于上古封国为何以正方形为尚,在为田制度的章节还有解释,此处从略。总之,许国的四境应是正方形,在已知的许国四境内,可以规划出方五十里。规划方七十里比较勉强,规划方百里则不能。

《典命职》郑注还说:"公之城盖方九里,宫方九百步。侯伯之城盖方七里,宫方七百步。子男之城盖方五里,宫方五百步。"郑玄是主张五等诸侯说的,此注采用的爵名不符合周制,但毕竟采用的是三等诸侯说,或有先秦师说为本。结合《王制》与郑注,男国的国都方五里,宫城方五百步。《春秋经》中只剩下"许男",正因为到春秋时,只剩下许国仍然符合男国的旧制。郑国也是男爵,但郑国在春秋初期大肆扩张,吞并了洧、颍流域的虢、郐等,国内有三个以上大城,疆域骤增,规模远超男国。在后来的五等诸侯制中,伯国为方三百里,或许就是参考郑国全盛时的领土面积。至于曲沃伯,原先的身份与郑国的段大叔相当,只能算诸侯的附庸,经周王册命,才算正式的周诸侯,但曲沃的城池规模可能大于方五里,而国境可能不足方五十里,这是称其为伯而不直称男的重要缘故。

本章小结

商周时期的诸侯,有广义和狭义两种。狭义的诸侯,是《大盂鼎》《小盂鼎》的用法,特指侯、田、男三等封国。广义的诸侯相当于《酒诰》中的"外服",在封国之外还有卫和邦伯。在商朝和西周初年,只有两等诸侯,即侯和田。成王封建,创立男爵。至周覆亡,始终维持三等诸侯制,未闻改制。周有五等诸侯是战国以后的伪说。但是,不能说五等诸侯制不是历史事实,只不是周制。因为在七国称王之后，很可能某些国家施行过五等诸侯制。蔡邕的《独断》说，汉代的诸侯王相当于周的诸侯。此说贻误深远。汉代的彻侯相当于周的边侯，关内侯相当于周的田。楚、汉封王，在西周是没有的。周只承认一个王，那就是周王。秦始皇称皇帝，王号降一格，才变成了封爵，故汉的诸侯王与周侯没有可比性。关于周诸侯制还有很多伪说，都是依托五等诸侯制。只要看透五等诸侯并非周制，则一目了然。如，汉儒动辄斥某种诸侯制度为夏制或商制，因为他们心中的周诸侯是战国的七个大国和汉朝的诸侯王，国土广大，城池和宫室奢侈，周的三等诸侯相比起来寒酸很多。又如，五等诸侯的"子"国，是一种男国与采邑的组合形式。把采邑视为国，实质是周制崩坏的结果。为避免混淆，本章刻意回避"子"国的问题，相关内容放到下一编。

本章题为"封国与中小型疆域国家"，但大多数内容都在澄清周的诸侯制，与疆域国家有何关系呢？在周的正式封国中，男是小国的标准，它以一个大都为政治中心，控制周边的田亩、河流或山脉等。看上去，男国虽很像古希腊的城邦国家，但性质完全不同，城邦国家是主权国家，男国没有完整的主权，它几乎可以看成是周王赐给王子弟的私人地产。男国有军队，按当时的编制，一座大都可征一师的士卒。一师不足以伐人，但足以守城自保。实际上，男国的军队主要是用来与其他军队集结成军。在周的全盛时期，男国毫无边境之患，王畿的边疆远在千里之外。封建这些男国的时候，国界一概硬生生地设为正方形，不按自然地理划定，也说明它们无需凭险自守。

田国也在王畿以内，这一点和男国相同。只有边侯的边界，至少有一面是与蛮夷接壤的。三者不同的是，男国只有一座大城有资格称为都，那就是国都。而田侯和边侯的大城不止一个。田的例子可参考晋国,在国都之外,至少还有一座大都,即曲沃城。边侯的例子可参考鲁国,直至春秋早中期,鲁国一直保持一军的规模,这不是它没有实力扩军,而是守周制。按周军制,一军五个师,足以伐人。按当时的赋役制,一师的军力和物资由一座大城支撑,由此可知,除了国都以外,鲁国至少还有四个大都,每一都可征一师。总之,西周时期的田国有两个以上大都,而侯国的大都在五个以上。

理论上,封国的疆域、城池和宫殿均要规划成正方形。所谓方某里,数字放大一倍,疆域面积就放大四倍。比如,男国方五十里,边侯方百里,则一个边侯国可容纳 4 个男国。以此类推,方二百里可以容纳 4 个边侯,方四百里可容纳 16 个,方八百里可容纳 64 个。周的王畿无疑在方千里以上,因此,在王国的全盛期,一个边侯在周王面前是名副其实的弹丸小国,更不要说田、男。按现代国家的标准,封国算不上主权国家,只能算有一定独立性的政治实体,尤其田和男在王畿腹内,是王国疆域的组成部分。又,男国的形态很像古希腊的城邦国家,侯、田则不然,他们是包含多个大城的国家。而且,田、侯二爵在商朝就有,他们才是封国的原型。实际上,男更像下一章要讲的附庸。无论如何,封国的实质是与爵位相配的赏地,与现代的主权国家不同。

但可以说封国是疆域国家。它们的疆域无不在建国之初就封定、绘图和登记。在今天看来,"疆"特指国家的边境,主权国家的疆界是通过与邻国协商确定的,服从国际法和国际条约。在周人看来,私人地产的边界线就是疆,而封国有一半的属性是私人地产。西周时期的封国,就像一些动辄达到数十平方公里的大型私人地产,它们的疆界是按照国内法确定的,只有边侯国邻近蛮夷方的疆界存在国际争议问题。

第六章　附庸与兆域

　　附庸制是理解上古史的一条主线。汉晋以来,学界对附庸制存在严重误解,主要表现在低估附庸的地位,尤其是不知道附庸即诸侯的主体,而封国在诸侯中只占极小的比例。

　　本章只讨论周王的附庸,包括周王赏赐给封国的附庸。附庸国君就是《酒诰》中的"邦伯",是广义的诸侯。附庸虽小,但数量众多,是不可小觑的政治和军事势力。通常,周王的附庸不在三等封爵之内,不能称为封国。极少数附庸是周王新建的,如杞、陈、宋等,视同封国。依旧说,大多数附庸国在商朝或更早以前就立国,部分则是商王封建的侯国。[①] 还有一种侯国的附庸,即周侯把国内的一座大都赐给嫡子作食邑,其国君也尊称为伯,如曲沃伯。把侯国附庸也算上,附庸问题更复杂。为免淆乱,暂付阙如。

　　据说秦国在西周时已是附庸,但是真伪待定。若秦是附庸,赵与秦相近,为何不自称附庸? 又,田齐出于妫陈,而妫陈是周王的附庸。战国时期的七个大国,至少三个与附庸相关。孟子说,七国一

---

① 附庸的来源有二说:一说,附庸是上古诸侯的采地,出自《尚书大传》《韩诗外传》;二说,王者封有德之士,出自《白虎通·考黜篇》《潜夫论·班禄篇》等。详见[清]苏舆:《春秋繁露义证》,中华书局,1992年,第235页。

直在销毁周爵制的文献,要理解他们为何这样干,必须理解他们的出身。须知,掩盖自己的身份容易,掩盖一种身份制度则非常难。制度不是孤立的,可以运用制度史的方法,综合各种证据,在系统中予以锁定。事实上,很多学者一直在自觉或不自觉地运用制度史的方法,最常见的,就是史学家利用制度变革来为历史分期,还有考古学家利用器物等级来判断死者身份,但这些研究尚未发挥制度史的全部功效。某种意义上,制度史是一门方法论,在判断历史分期和人物身份方面可作为标准证明法,具有相当高的有效性。本章就先讨论什么是附庸。下章再详议秦、赵的身份。

第一节　附庸辨正

一、《大司徒职》及先郑注

　　周王附庸的史实极其隐晦,相关文献在战国至秦之间遭系统删除。"六经"中,"附庸"一词几乎不见。唯一剩下的是《诗·鲁颂·閟宫》:"乃命鲁公,俾侯于东。锡之山川,土田附庸。"旧说认为此"庸"字通墉。墉即城垣,一城四墉。① 即使《閟宫》讲的是附庸国,也是鲁国的附庸,那么这句诗也成了诸侯有附庸,而周王无附庸的依据。附庸属于诸侯的说法出自孟子。② 《王制》、郑玄承其说。③ 后儒多不敢有异议。为什么周王没有附庸?《白虎通·爵篇》的解释是:"小者不满为附庸。"意思是附庸太小,没有直接朝觐天子的资格。然而《秦本纪》说,周孝王以秦为附庸。若属实,周王当然

① 《左传》襄公九年:"祝宗用马于四墉。"《大雅·韩奕》"实墉实壑。"
② 《孟子·万章下》:"不能五十里,不达于天子,附于诸侯,曰附庸。"
③ 《礼记·王制》:"不能五十里者,不合于天子,附于诸侯曰附庸。"《王制》郑注:"小城曰附庸。附庸者,以国事附于大国。"

有附庸。问题是,若孟子有误,当以何说为依归。仔细检查汉以来旧说,关于附庸制的权威学说还有一条,即《大司徒职》先郑注。这条注含两段引文,一段即《閟宫》,不赘。二是引自《论语·季氏》,下文再详。省略引文,此注分两截,第一截曰:"公所食租税得其半耳,其半皆附庸小国也,属天子。'参(三)之一'者亦然。"

《大司徒职》是阐述五等诸侯制①,显然晚出。但即使晚出,也在战国至秦之间。《大司徒职》说,公国的疆域方五百里,也就是 25 个方百里。又说"其食者半"。意思是公国直接统治的疆域只有 12.5 个方百里,另有 12.5 个方百里属于附庸国。这是很难曲解的。又说侯、伯的疆域是方四百里和方三百里,"其食者参之一"。子、男的疆域是方二百里和方百里,"其食者四之一"。剩下的一半、三分之二、四分之三是谁的?这是汉儒争议最大的地方。能否正确解读附庸制,也要看怎么解释这段话。郑玄的注文很长,为免烦碎,不展开辨析。我的基本判断是,郑玄注迂曲,不为信谳。② 先郑注则简洁明了,符合《大司徒职》的原义。按先郑注,公国境内的另一半是附庸国,他们直属天子。又说:"'参之一'者亦然。"意思是侯国境内的情况与公国一致。这意味着,侯国直接统治的疆域只有方四百里的 1/3。方四百里共有 16 个方百里,1/3 即 5.33 个方百里。其余 10.66 个方百里都是附庸国,这些附庸也直属天子。以此类推,伯国的疆域是方三百里的 1/3,也即 3 个方百里。其余 6 个方百里是附庸国。

---

① 《大司徒职》:"诸公之地,封疆方五百里,其食者半。诸侯之地,封疆方四百里,其食者参之一。诸伯之地,封疆方三百里,其食者参之一。诸子之地,封疆方二百里,其食者四之一。诸男之地,封疆方百里,其食者四之一。"

② 例如:"玄谓其食者半、参之一、四之一者,土均均邦国地贡轻重之等。其率之也,公之地以一易,侯伯之地以再易,子男之地以三易,必足其国礼俗、丧纪、祭祀之用,乃贡其余。"一易、再易、三易是休耕之田的概念,授田于民时才用到。郑玄知道授田制,牵扯授田制来解释封国制,可谓不经。

子国的疆域是方二百里的 1/4，也即方百里，其余 3 个方百里是附庸国。男国的疆域是方百里的 1/4，也即方五十里，剩下 3 个方五十里都是附庸国。若如此，则五等诸侯说与三等诸侯说也可调和了。因为，二说最大的不同就是疆域面积。在五等说中，侯国方四百里，最低等级的男国方百里。而孟子说齐、鲁初封时不过方百里。二者相差悬远。《白虎通·封公侯篇》也说"诸侯封不过百里"，又说"七十、五十里，差功德也"。所谓方百里、方七十里和方五十里，是三等诸侯说一直主张的封疆面积，郑玄等人斥其非周制，是夏、商的诸侯制度。若遵郑司农注，公、侯、伯、子、男的实际疆域并不大，而且可以肯定，附庸国的总数和疆域总面积远超封国！又按郑司农注，侯国约方二百三十三里，与孟子说的方百里接近。据《礼记·王制》和《汉书·刑法志》，方百里之内，1/3 的土地无法耕种，其中一部分是山川、河流、沼泽、盐碱地等，另一部分用于修建城市、道路等。为田的面积只占 2/3。[1] 若侯国方二百三十三里，则为田面积约 3.6 个方百里，再加上国都和大小城邑的占地，大约是 4 个方百里。看上去悬殊巨大的疆域面积，区别仅在于是按为田面积计算，还是加上了不能为田的占地面积和附庸国。

尤需提醒的是，郑司农自创此说的可能性不大。"属天子"三字斩钉截铁，透露出有可信的前辈经师为凭。由此注可见，西汉以前曾有一派经师认为附庸属天子，不属诸侯。依这一派的观点，《閟宫》说"赐之"，不过是说天子把自己的附庸赐给鲁侯。那么，正常的

---

[1] 《礼记·王制》："山陵、川泽、沟渎、城郭、宫室、涂巷等，三分去一。"《汉书·刑法志》："一同百里，提封万井，除山川、沈斥、城池、邑居、园囿、术路，三千六百井，定出赋六千四百井。天子畿方千里，提封百万井，定出赋六十万井。"《小司徒职》孙诒让疏引《商君书·徕民篇》《春秋繁露·爵国篇》等证之："商君以恶田、良田共处十分之六，亦与三分之一之率相近。盖古人计地垦田，法皆如是。惟井田与不井之田算率少异。"

理解是,赐给鲁公的算鲁国的附庸,没赐的仍属于周王。反观郑玄在这个问题上,可谓支离破碎,自相矛盾。他说"凡诸侯为牧正、帅长及有德者,乃有附庸","侯附庸九同,伯附庸七同,子附庸五同,男附庸三同"。又说"公无附庸","鲁于周法不得有附庸"。试想,侯、伯、子、男皆有附庸,唯独公没有,而公国是五等诸侯制中的最高等级,岂非矛盾?!

治经学的规矩,若无甲金文一类铁证,必须依托某一旧说,否则难以自立。以上解释先郑注,不嫌烦琐,只想证明一点,战汉之间有旧说认为,附庸属天子,诸侯的附庸是天子赐给。本人在附庸问题上并无新观点,谨依《大司徒职》先郑注而已。

二、诸夏与蛮夷

先郑注的重要性还在于,他指出了附庸国的实例。先郑注的第二截曰:"此(指《论语》中提到的蒙山)非七十里所能容。然则方五百里、四百里,合于《鲁颂》《论语》之言。"这截注文之前,郑司农引用了《论语·季氏》"季氏将伐颛臾"条,等于明确指出颛臾国是鲁国附庸,为研究周的附庸制留下一条珍贵线索。须知,《閟宫》只提到鲁有附庸,并未具体指明附庸国名。《论语》只说"季氏将伐颛臾",并未明说颛臾是鲁国附庸。若非郑司农引用此条,没人敢说颛臾=鲁国附庸。孔子为何要为颛臾发那一番感叹,后人也就摸不着头脑。再加上无论周王还是周的封国,他们的附庸是哪些,一概是不明确的。因此,搞清楚鲁国的附庸是谁,成了研究西周附庸制度的唯一门径。

按《季氏》载孔子言,先王以颛臾为东蒙主。孔子口中的"先王"就是周先王。又说"且在邦域之中矣,是社稷之臣也"。颛臾是城名,即汉泰山郡蒙阴县,实处沂水以西的蒙山中。"社稷之臣"指颛臾国君的职事是祭祀蒙山。《王制》："天子祭天地,诸侯祭社稷。""天地"的地,《大宗伯职》称为"地示",指大地、山川的神灵。《王制》又说："诸侯祭名山大川之在其地者。"可见诸侯祭祀的山川俱在本国,主要是为安妥境内神祇。自古以来,蒙山由颛臾之君祭祀,入周,仍由其负责专祭蒙山,等于分担了鲁侯祭祀境内山川的职责,这是孔子称颛臾国君为"社稷之臣"的缘由。"臣"是官吏的别名,负责祭祀的官吏是祝、宗、卜、史等,尤以祝、宗为主。附庸国君的另一种身份就是天子或诸侯的祝官或宗官。

又据《左传》僖公二十一年："任、宿、须句、颛臾,风姓也,实司大皞与有济之祀,以服事诸夏。"这里提到颛臾的身份又与《季氏》相印证。其中,任、宿、须句三城,皆在汉东平国,具体地理位置可参考谭其骧图《西汉时期·兖州刺史部》。先说任、宿二城。任,即汉任城县,在泗水支脉的西岸。这一段泗水向南注入古荷水,二水汇合后再向南入淮水。任城夹在泗水与荷水之间的三角地带。古荷水是在定陶东北分古济水而东流,古人将其视为泗水的上游,而视泗水与荷水为济水的支流。宿,谭图也将其标注为"泗水",并用括号在旁标注为"荷水"。甚是。即后来齐国的无盐城,处于汶水北岸。汶水出莱芜原山,过无盐不久即入济水,也属于济水的支流。前639年,宿在鲁国手中。[1] 泗水也在鲁国境内。汶、泗皆属于"名山大川之在其地者"。因此,宿、任也是鲁国的附庸。

关键是须句的身份。须句后来属鲁。但此时归谁,不无疑问。如果属鲁,《左传》只需说这四城"以服事鲁",不必说"以服事诸夏"。须句,又名须朐,即汉须昌县,紧邻济水东岸。须句祭祀济水,而非济水的支流。任、宿祭祀济水支流,颛臾祭祀蒙山,再加上四国

---

[1] 《左传》定公十年："驷赤先如宿。"此是前500年,宿尚属鲁。

同姓,俱以大皞为祖,均有资格祭祀大皞,所以说这四国"实司大皞与有济之祀"。《左传》接着说:"邾灭须句,须句子来奔,因成风也。"须句国君来鲁国,需要通过成风引荐,足以证明须句国不是鲁的附庸,否则按朝觐制度,鲁国的附庸有朝见鲁公的旧制,无需引荐。又,《左传》称须句为"子",这是称附庸为子的明证。说明《左传》称为子的国家,并非一概是蛮夷国。后世不辨,把附庸国归入蛮夷的范畴,是对《左传》的严重误读。

灭须句的邾,《春秋经》例称为子。《世本》说邾是曹姓,颛顼之后,周武王封为附庸,沿为通说。然而据《左传》,成风告鲁侯曰:"蛮夷猾夏,周祸也。若封须句,是崇皞、济而修祀纾祸也。"所谓"崇皞、济而修祀纾祸",意指恢复大皞与济水的祭祀,而解除了蛮夷猾夏之祸。再次证明附庸国的主要职事是祭祀境内鬼神,也证明附庸在周人眼中属于华夏。则邾无疑是蛮夷。《世本》说周武王封邾为附庸,又说是颛顼之后,说明《世本》不知附庸就是华夏,显是附会。后儒从《世本》,自然受骗。

附庸是蛮夷与华夏的一条分水岭,可不慎乎!

三、"祭不越望"

接下来只剩一个问题:须句究竟是谁的附庸?《左传》文公七年载,鲁伐邾,"取须句,置文公子焉。非礼也"。须句城址近齐,若是齐的附庸,谅鲁、邾不敢染指,须句子也不用舍近求远找鲁侯复国。其实,只要知道济水神的地位,须句的身份迎刃而解。

按《大宗伯职》,上古中国流行多神信仰,神祇分为三大类:1.天神;2.人鬼;3.地示。其中,地示皆名山大川之神,名山大川称为望。

望的意思是导天地之气,望附近设有固定的祭坛①,供每年定期祭祀,称为望祭。周王奄有海内,只有周王可以祭祀四方之望,故周王的望祭又称四方之祭祀。② 诸侯国小,望祭按国内的实际情况设置,绝不可能有四望。周的四望包含哪些,小有争议。有说五岳、四渎,也有说五岳、四镇、四渎、海。无论如何都有四渎。四渎又称四窦。③《尔雅·释水》:"江、河、淮、济为四渎。"这是济水为四渎之一的证据。

周制,祭不越望。诸侯不祭祀他国之望,更不敢祭祀天子的四望。《左传》哀公六年,楚昭王有疾,有人说是河神作祟,请求祭祀。楚王曰:"三代命祀,祭不越望。"遂不祭。孔子闻后,赞楚王"知大道"。有人以为楚不祭河是因楚的疆域未及黄河,这就错了。西周时期,紧邻黄河的诸侯国很多。春秋时期,晋国疆域已经包括黄河在内。然而均不得祭河。"祭不越望"的越,是僭越的越。《王制》说:"名山大泽不以封。"也是阐述这一制度,但角度不同,意思是:不会用五岳四渎建立封国。今天已经看不到藏于大司徒官署里的土地之图,当时的土地之图上,天子四望及其兆域一定有专门的名称,并设有疆界与诸侯国隔开。

既然济水归天子专祭,负责祭祀济水的附庸当然不在鲁侯境内,须句无疑是周王的附庸。邾灭须句,须句子知道周王远水不解近渴,才求助鲁国。不料鲁国虽夺回须句,却借机侵占,转封须句给鲁文公之子,等于把须句变成鲁国的附庸,当然违反周礼。鲁一向自命严守周礼,居然见利忘义,夺周王的附庸,由此可知春秋时期的

---

① 《小宗伯职》:"兆五帝于四郊。四望、四类亦如之。"郑司农云:"四望,道气出入。"道即导。
② 《地官·舞师》郑注:"四方之祭祀,谓四望也。"
③ 《大宗伯职》载周王专祀地示中的大神,有五岳。郑玄注:"不见四窦者。四窦,五岳之匹。或省文。"

诸侯们无不放肆侵占王畿,又可知为何流传下来的学说大多咬定附庸属诸侯而不属周王。

综上,附庸国有以下特征。第一,周以前就有的国族,疆域不大,依托一城为中心,有独立的姓,与姬姜等周人之姓不同,却非蛮夷。周人承认他们是华夏的一部分。把《左传》的子国一概说成蛮夷,是把附庸等同于蛮夷。这是周史研究中的系统性错误之一。第二,附庸国又称"社稷之臣"或"社稷之守"。四望非诸侯能祭,其兆域虽与诸侯国相邻,但不属诸侯国境内。祭祀四望的附庸国属于王国。第三,附庸本来都是周王的,封建诸侯时,周王将一些不重要的附庸赐予诸侯,由他们辅助诸侯祭祀"名山大川之在其地者"。如任、宿、颛臾等,辅助鲁国祭祀蒙山、泗水、汶水。以上三点,均依赖须句身份的考订。历代经师熟读《论语》《左传》,均知颛臾等为鲁国附庸,为何不能揭示须句的身份呢?无他,过于相信周王无附庸的说法。否则顺藤摸瓜,周王的附庸早就不是麻烦。

需要补充说明的是,只有周王有资格祭祀天神。天神没有地方性,是超越地域限制的。在西周时的东亚大陆上,唯有王畿极其广袤,能够对应天上的神灵,也就只有周王能够作为人类的总代表向天神献祭。天神之大者,如五帝,由周王专祭。小一点的天神称为"四类"①,可以由附庸辅祭。下一章再详。春秋时期,诸侯争夺祭祀天神的资格,渐渐打破了周王的垄断。《左传》昭公元年载,晋平公有疾,卜人占得是实沈、台骀作祟,子产说晋侯可以祭祀二神。实沈就是参星之神。据说参星是晋地的分星,分星是一种小天神,它虽然小,对应地上的疆域却达到方千里。② 西周时期的封国,大也不过

① 《小宗伯职》"四类"郑注:"四类,日月星辰,运行无常,以气类为之位。"
② 《保章氏职》:"以星土辨九州之地,所封封域,皆有分星。"

在方百里上下，远不及分星对应的地域，当然没有资格祭祀分星。此时晋国的疆域近方千里，便产生了祭祀分星的想法。子产的说法，等于为诸侯国祭祀天神打开了方便之门。

第二节　祭鬼的附庸

一、灭族与灭姓

有一部分附庸拥有特殊身份：亡国之余。前 638 年，泓之战，宋公不愿半渡而击，自表曰："寡人虽亡国之余。"前 543 年，子产与陈国盟誓，归国后私下说："陈，亡国也，不可与也。"余，是残余、剩余的意思。上古庶民无姓，亡国之余与庶民相当，无姓也无地。周王封亡国之余为附庸，重新赐姓，才完成无姓到有姓的过程。但是，汉儒往往称他们为亡国之"后"，仿佛这些附庸保留了古帝王之姓。比如，班固《地理志》说："而太昊、黄帝之后，唐、虞侯伯犹存，帝王图籍相踵而可知。"仿佛古帝王之后仍然活跃于商周时期。又如，《史记·宋微子开世家》说"命微子开代殷后"。似乎商纣王有后。这是不得不辨的。

立后，是上古国家与社会的核心制度。正常情况下，小宗之后由族长自立。① 若族长犯罪被诛或暴毙，由大宗宗子视情况决定是否为其立后。成季命僖叔饮鸩自杀，就是用不立后威胁。② 大宗遭诛杀，谓之族灭，无后可言。《左传》哀公十七年载子产语："怙乱灭国者无后。"看上去把无后归结为暴君的下场。其实，"怙乱"二字是主观评价，可以不管它，凡是灭国者，一概族灭无后。《左传》宣公十

---

① 《左传》定公六年，宋乐祈之宰陈寅曰："子立后而行，吾室亦不亡。"《左传》哀公十三年载，子服景伯告吴人："何也立后于鲁矣。"

② 《左传》庄公三十二年："饮此，则有后于鲁国。不然，死且无后。"于是鲁国为其"立叔孙氏"。

二年载:"纣之百克而卒无后。"可见纣王绝后无祀在当时是常识。纣王是商王族的大宗宗子,纣王绝后就是商王族族灭。宋人始终自称是成汤之后,不称自己是纣之后,就很能说明问题。在宋国,成汤有庙,微子开也有庙。但宋国的宗庙只有一庙,即始祖微子开庙。历代商先公先王,在宋国俱无庙。至于成汤之庙,并非祖庙,而是祭祀人鬼的庙,也即作为附庸替周王祭祀的大鬼。

又需指出的是,族灭与灭姓同义。《逸周书·大子晋解》:"自大皞以至于尧、舜、禹,未有一姓而再有天下者。"《国语·周语》载叔向引古谚曰:"一姓不再兴。"这些都是陈述史前以来的一种事实。其实,王族之姓不能复兴是人为的结果。灭国以后,有一套专门而系统的仪式:迁走其大社、彝器和人民,将城邑平夷为废墟,再施诅祝。这是长期找不到夏墟、殷墟的缘故。灭国仪式就是不给王族留任何机会。王族之姓不详,也是族灭的旁证。在任何周以后的文献中都看不到商王族的姓。传说商王和宋国君主是子姓。有一点可以肯定,商、宋绝非一姓,若宋是子姓,则商王族非子姓。反之亦然。商王族之姓不明,是其族灭的重要证据。商王族尚且湮灭,更不用说大皞、少皞以及尧、舜、禹、夏。《左传》载郯子道祖先事,不敢言大皞、少皞之姓。大皞余族姓风,并非大皞王族姓风。传说大皞号庖羲氏,少皞号金天氏,这是国号。国号非姓,就像周是国号,姬才是姓。

二、人鬼与附庸

祭祀不同的神祇有不同的规则,这里只说祭祀人鬼。古人相信,鬼像人一样需要饮食,只是不吃实物,而是吃酒食的香气。祭祀鬼神就是提供香气,后世也称供奉。祭祀人鬼的规则是,祭祀者的体内必须流淌着死者的血液。没有血脉关系的人祭祀,鬼是不接受的。若无合适的人祭祀，鬼就变成野鬼，四处觅食，又难免向生人泄愤。长期得不到祭祀的鬼，会因冻馁而消散，俗称魂飞魄散，不能再作祟。灭国以后的施法诅祝，大约就是把鬼的能力限制在废墟之内，无法外出作祟，任其自行消散。

在周人的眼中，附庸是有区别的。如果他们的祖先比境内山川更有名，这些附庸的主要职责就是祭祀他们的祖先。比如，《左传》文公五年载，臧文仲听说楚灭了六国与蓼国，立刻想起二者是前朝贤臣皋陶、庭坚的子孙，灭国导致"皋陶、庭坚不祀"。六、蓼国君肯定也祭祀当地的山川神，但南方的山川不如济、汾闻名，臧文仲是北方人，不识而已。实际上，古人相信一些生前做出大功业的人，死后魂魄坚凝，永不消散。禹、汤就属于这种大鬼。有的大鬼又成了山川神，前面提到实沈、台骀作祟，台骀是少暤水官，治理汾、洮二河有功，死后成为河神，这是人鬼与山川神合二为一。负责祭祀台骀的沈、姒、蓐、黄等四国，都是台骀的子孙，也是附庸国。至于是周王的附庸还是某侯国的附庸已经不详，但肯定不是晋国的附庸。晋国封建于涑水流域，汾河不在其境内。子产说"今晋主汾而灭之矣"，说明晋国刚灭了此四国。而且，这四国也像"有济之祀"的四国。他们有的祭汾河，有的祭汾河支流，究竟如何分工，均已不详。

还有一种特别的鬼，生前没有大功业，但死于非命，怨念颇深，人们相信他们死后魂魄不散，一直游荡在人间，是谓厉鬼。后世认为厉鬼需要做特别的法事才能超度，正源于此。《左传》昭公七年，晋平公又疾，梦黄能(熊)入寝。臣僚祭祀"群望"无果。韩宣子问子产："其何厉鬼也？"子产说："以君之明，子为大政，其何厉之有？昔尧殛鲧于羽渊，其神化为黄能，以入于羽渊，实为夏郊，三代祀之。"其实，鲧受刑而死，正是厉鬼。子产是多么聪明的人，知道不详，赶紧安慰韩宣子说，鲧在夏朝郊祭的祀典中。郊祭是祭祀天帝，祭祀

时,拿本朝的先公先王陪祀。鲧作为夏朝的先公固然在夏郊的陪祀
名单中,但夏朝的先公先王很多,为什么不出来作祟,偏偏是鲧来作
祟?正因为鲧是厉鬼。此时,随着晋国的扩张,传说中的夏墟已经
在其境内。[①] 夏的先公先王在灭国之后,早已魂飞魄散,唯独鲧凭着
一股怨气在人间游荡。中国人的厉鬼信仰可以单独写一本书。此
处不赘。

三、"三恪"

鬼神观及其祭祀规则早已有之。周王不可以改变,也没哪个周
王想到主动去改。即使想改,也不知如何改。周初面临的问题是安
抚新占领地的人心,必须马上安妥各地的鬼神。其中,远古之鬼如
大皞、少皞、台骀等,自有当地的附庸祭祀。需要安抚的主要是灭国
时间较晚的大鬼,如陶唐氏、有虞氏等,以及建立过王朝的夏、商。
从很多迹象看,周与陶唐氏的渊源颇深,自己有资格祭祀陶唐氏。
这是周初寻找虞、夏、商三朝余脉的大背景。

(一)附庸无谥

在封国一章里,我们曾谈到"三恪"非封国。他们究竟是何身份
当时留了个悬念。现在可以说,他们均为亡国之余,均为周王的附
庸。建立附庸国当然可用"封"字,只是并非封爵,而是封疆界。其
他的附庸国继承原来的疆域,虞、夏、商均已失国,没有疆土,是周王
为其新选国址和划定疆界,这就和建立封国一样。这三国的职事是
专祭大鬼,也符合附庸的特征。更重要的证据是,《史记》中留下了

---

① 《左传》定公四年说晋国初封于"夏虚",实乃伪托之词。晋国初封离夏墟甚远,顾炎武辨之
已详。参考《日知录集释》,中华书局,2020 年,第 1586 页。

这三国历代国君的祀名。

先看宋国。按《宋微子世家》，武王封纣子武庚禄父"以续殷祀"。所谓"续殷祀"，是祭祀殷鬼。宋显然是周王附庸。后来周公杀武庚禄父，命微子开代之，代的仍是附庸身份。《史记》载宋国祀典，始封君称微子，其弟称微仲。子是附庸或大夫的尊称，说明微子开的祀名用周大夫和周王附庸的身份。仲是兄弟排行，说明微仲不任周的大夫官。二人的祀名用的都是生称，非周谥。微仲之子称宋公稽，稽是人名，仍非周谥。自第三代起，一律称公，此时尚在西周早期，未闻宋国国君任周三公。其子丁公申，丁是日名，申是人名，皆非周谥。自丁公以下，愍、炀、厉、僖等似周谥。

再看杞国。按《陈杞世家》，武王求禹之后，得东楼公，封之于杞，"以奉夏后氏祀"。东楼公可能有夏王族血脉，但他原本无国是可以肯定的，所以，东楼公就是亡国之余，而非夏后之后。杞国国君的祀名，如题公、谋娶公等等，皆不伦不类，绝非周谥，或是尊称。谋娶公当周厉王时，以下有武公、靖公、共公、德公等名，或是仿周谥。

最后看陈国。按《左传》襄公二十五年载子产语："昔虞阏父为周陶正，以服事我先王。"先周时的"周陶正"，不过是宰官下的家臣而已，官位不会高于商的士。用"服事"二字，也与《左传》说大皞余族"服事诸夏"的表述相同。说明虞阏父本是周的官吏，伐商战争中无战功，未获封爵。《左传》昭公八年载史赵答晋侯语："及胡公不淫，故周赐之姓，使祀虞帝。"指出陈的始封君专祭虞帝，显然陈也是周王附庸。妫，周王赐姓，并非帝舜族姓。旧说帝舜姓姚，不知真假，总之不姓妫。胡公之子称申公犀侯，其弟相公皋羊。胡、申、相等皆非周谥。相公之后，立申公子突，是为孝公，孝应是谥。孝公之下，慎、幽、僖、武、夷、平、文等，皆是仿周人惯用的谥。

《白虎通》说有爵才有谥,附庸卑微无爵,死后无谥。[1] 后来王莽把关内侯比作附庸,称附城。[2] 其实,关内侯相当于商周的田,是第二等封爵。有爵则有谥。王莽误。西周早期,制度甚严,"三恪"的早期君主死后无谥,正符附庸无爵而无谥的制度。

(二)"三恪"的地位

"三恪"的君主后来皆有谥,不排除多种可能,无法悬揣。但他们在王国中的待遇各不相同,这是无疑的。虞、夏的亡国与周无关,王族早已族灭,未曾对抗过周。在周人眼中,陈、杞与其他附庸并无不同。陈又不同,原是周臣,娶了大姬,与周为姻亲。后来又与周王世代通婚,仅此已是杞、宋不可企及。杞女在春秋时偶为晋侯之母,身份大贵,已算难得的际遇。西周中晚期的陈国铜器已自铭"陈侯"。《春秋经》也称其为"陈侯"。侯是爵称,估计陈在西周时有大战功,曾获增封,正式的爵位或是田。宋的君主,《春秋经》称其为"宋公",是尊称,非爵称。说明宋始终未获周王增封。杞,《春秋经》的正常称呼为"杞伯"。说明鲁国史官视杞国如男国。

揭示了"三恪"的身份,就知后世对亡国之余多有误解。"三恪"的疆域均在东部王畿,未遭幽王之乱,实为万幸,否则春秋时不会有出镜机会。宋国一度坐大,当然喜欢五等爵的说法,因为五等爵的公国高于侯国。看穿了周爵制中无公,就知道"三恪"是宋国抬高自己而编造的伪说。《论语·尧曰》:"兴灭国,继绝世。"这话是赞美尧的功绩,顺便抬举周王。但是,尧、舜和禹、夏是两个不同的时代。尧和舜兴灭国是可能的,但夏朝必不容虞之后,商朝也必不容夏王

---

[1] 《白虎通》卷二《谥·论无爵无谥》:"附庸所以无谥何? 卑小无爵也。《王制》曰:'古者之制禄爵,凡五等。'附庸不在其中,明附庸无爵也。"(《白虎通疏证》,第76页。)

[2] 《汉书·王莽传》:"当赐爵为关内侯者,更名曰附城。"

之后。虞、夏在周初无国，就是明证。后世儒生不愿相信其中的残毒酷烈，以周初封建三恪为证，演绎出"天子不灭姓"的说法，认为王者必须善待古帝王之后，实是误解。"天子不灭姓"，出自《淮南子·本经训》高诱注，是辗转引用而出错的句子。《本经训》的原文讲天子诛杀不庭之诸侯，择其子孙以代之。高诱注的原文是："天子不灭国，诸侯不灭姓，古之政也。"陶方琦引《群书治要》的注，解释得很清楚："天子不灭同姓。"①也就是说，同姓诸侯有大罪，天子戮其国君，不灭国。同理，诸侯国内的小宗有罪，戮其人，不灭其族。无论《本经训》还是高诱注，都是劝告天子不灭同姓诸侯，他们是王国的枝叶，芟夷枝叶会伤及本根。丝毫没有劝天子不灭异姓王和异姓诸侯的意思。反而说明，古帝王动辄灭同姓诸侯国，灭前朝王族与异姓诸侯更是毫无心理障碍的。

第三节　附庸制与上古国家

宫崎市定把"都市国家"作为上古东亚国家的起源②，是有道理的。但他认为时间段是春秋时期，这就有问题了。春秋时期，小国正在面临集体屠灭的大结局。本章开篇说过，附庸制是认识上古中国的主线之一。下面就从两个方面总结其重要性。

一、多神信仰与人神杂居

除了三恪，绝大多数附庸国的疆域并无统一规格，但无不分为两部分，一是人类生息和劳动的区域，包括城邑、田亩等。二是神灵

① 〔汉〕刘安：《淮南子集释》，中华书局，1998年，第603页。
② 〔日〕宫崎市定：《中国史》，邱添生译，（台北）华世出版社，1980年，第36、97页。

活动的兆域,中有庙或祭坛,是定期迎神和祭神的场所。本书前言里提到过,疆域的字面意思包含两个层面,一是世俗的疆界,二是神的兆域。附庸国是最小的疆域国家,同时也是疆域国家的自然的、原生的形态。封国则是疆域国家的规整版和放大版。至于王国,包含若干封国和附庸国,又包含五岳四渎等大兆域,是当时东亚大陆上最大的疆域国家。从附庸国的角度看,人和神是邻居。从王国的角度看,无数个兆域错落设置于境内,人神不但相邻,而且杂居。

多神信仰是附庸国享有政治合法性的来源之一,又是史前东亚政治格局的产物。这样说很奇怪,但信仰的事本就不合逻辑。先来看史前东亚的政治格局。前 21 世纪以前的数百年里,东亚大陆上小国众多,每个虽不大,但"城小而坚"。彼时攻城技术落后,大国很难一口吃掉所有的小国,若逐个击破,又会引起小国们的联合抗争。让我们简单估算一下小国联合的力量。旧说,附庸不超过方五十里,保守地按方二十五里计算,则 16 个附庸国等于 1 个方百里的边侯国。乍一看很小,但架不住数量大。800 个附庸国相当于 50 个边侯国,而周王封建的边侯国不过十来个。就算每个附庸国出兵一百人,800 个加起来是一支 8 万人的军队。传说伐商时的周军才三万人,晋国全盛时也就十二万人。所以,附庸虽小,联合起来却可以掀翻王国。下文会讲到,这也是三代必行王政的缘由。

大邦和小国长期共存,成就了多神信仰的政治基础。原本每个国族只信本地神,只祭祀自己的祖先,没有同一信仰,无所谓多神信仰。但与他国共存时间太久,各国的鬼神获得了知名度,也获得了他国的敬畏。可以说,敬畏对方的鬼神,正是俗世的尊重反射到精神世界。或者说,多神信仰是各国之间交换信仰的结果,而必要条件是漫长的共存时间。否则,能轻松地灭他人之国,就断不会敬畏他国的鬼神。当取得这个结果之后,也就反向地强化了所有邦国必须共存的政治现实。信仰虽是主观的，但多神信仰是一种客观事实，它是万邦曾经长期共存的证据。因此，承认传说中的尧、舜、禹时代，并将其与后面的王朝时代分为两期，也是必要的。

多神信仰一旦形成，反映出极强的地方性。具体表现为，每个地方都有专属本地的鬼神。一般情况下，地方神由地示和人鬼组成。地示们只在自己地盘上作威作福。至于鬼，不是任何死人都成大鬼，禹以下历代夏王和汤以下历代商王，周人不祭，说明周人不怕他们。周人怕的是大皞、少皞、颛顼、禹、汤等大鬼。地方神和大鬼加起来，数不胜数，很多只有当地人才信，也只有当地人才祭祀。少数的被纳入祀典，由官吏负责定期祭祀。但是，一旦某地发生天灾，官府应该尽可能祭祀当地所有的鬼神，以探查究竟是谁发怒，或者谁愿意平息天灾。祭祀某位鬼神之后出现祈祷的结果，叫做显灵。比如，大旱祈雨，祭祀某位神祇后立即大雨瓢泼，说明这位鬼神有大神力，又对本朝友好，愿意出手相助。如果他不在祀典中，应立即上报朝廷，纳入祀典。如果在祀典中，也应增封名号或提高祭祀等级。这套信仰和祭祀制度一直延续到明、清时期，贯穿时间在四千年以上，是值得重视的信仰和制度传统。实际上，无论后来有多少外来宗教进入中土，始终都没改变多神信仰的底色，外来的宗教越多，越是强化这一特质。但这已与本章无关，不展开。

二、上古的分期

苏秉琦先生用"满天星斗"来形容史前东亚地区①，这就和《尧典》的"万邦"衔接起来。传说大禹时代的东亚大陆尚有万国之多，

---

① 苏秉琦：《中国文明起源新探》，生活·读书·新知三联书店，1999年，第101页。

这些国是什么性质?《尧典》称其为"邦",《左传》称"诸侯",又称"国"。① 看上去没区别,其实差异很大。《大宰职》郑注:"大曰邦,小曰国。邦之所居亦曰国。"若依《尧典》,"万邦"是相互独立的国家。若依《左传》,万国是诸侯国,是禹的臣属。对这个时代的定名,应该依照《尧典》而非《左传》,称为万邦时代更合适。万邦时代是东亚国家的起源期,宫崎市定的"都市国家"只能限制在这一时期。此后,夏、商、周三个王国崛起,一个比一个大,东亚进入王国主宰的时代,可称王国时代。在这一时期,旧邦国持续遭灭国,相信主要是王国所为。到周武王时,"侯伯尚千余人",意味着万邦只剩 10% 左右,他们在周制中的正式称谓就是附庸。附庸,是史前的满天星斗留在东亚大地上的最后星光。

从万邦时代过渡到王国时代,分水岭就是夏后氏。《国语·鲁语》载孔子语:"昔禹致群神于会稽之山,防风后至,禹杀而戮之。"致,会集的意思。禹会拢天下群神,要由他主祭。大禹和诸侯的关系是周王与附庸们的雏形。孔子还说防风的职事是守护封、嵎之山,祭祀山神,身份与周的附庸相同。仅仅迟到就遭诛杀,防风已非独立国家的国君,而是刑赏由人,这也是让旁观诸侯心头震惊的。以此为标志,说明两个变化:一是"万邦"自此降为禹的诸侯;二是群神祭祀权收到禹的手中。

在万邦时代和王国时代之间,还有一个小分期,算是过渡阶段,可称为藩国时期。陶唐氏、有虞氏、夏后氏是万邦中的大国,周边的"五岳"也不小,联合起来足以与之抗衡。会稽之会说明,夏后氏已经独大,"五岳"或遭灭国。随后,夏启称王,但夏的疆域还不大,许

---

① 《尚书·尧典》:"协和万邦。"《左传》哀公七年:"禹合诸侯于涂山,执玉帛者万国。"

多小国在其疆界以外,他们就是后世所谓藩国①,藩是藩篱、藩屏的意思。藩国的主要义务是朝贡。那时交通不便,长途转运损耗巨大,所以,进贡不是象征性的,而是服从的表现,可比之后世的地方向中央上缴赋税。商至周,又有大规模兼并,王国大幅扩张,一消一长之间,藩国渐稀。现在知道西周初年的藩国名,主要记载于《逸周书·王会篇》。这些藩国偏僻遥远,周王对他们没有兴趣,更愿意与他们保持朝贡关系。所以,此后藩国灭国不再是王国所为。比如肃慎,春秋时已灭国,但非周王所为。从什么时候起,大部分藩国变成了附庸,已不得而知,但数量如此巨大,应该花了很长时间才消化。又是通过什么制度有效地把他们变为附庸,也不可考,但很可能是委质制度。②

最后谈一下附庸的衰落与消亡。由于附庸国众多,周王把祭祀重要神祇的附庸留下,把不重要的赏赐给封国。赏赐附庸的制度有效瓦解了附庸之间的联络,降低了他们联合起来对抗王国的可能性,并重构了东亚地区的等级秩序。从此,附庸分为两等,一部分是周王的附庸,视为诸侯。另一部分降为封国的附庸,难与封国平起平坐。同时,赏赐附庸制度也重构了政治秩序。附庸与家臣相当,他们与主君的亲近程度超过一般的族人。周王的附庸只效忠周王,封国的附庸也只效忠诸侯,周王不能随便调动。季氏非要灭颛臾,既是贪图土地,还因为颛臾是鲁侯附庸,非如此不能剪除鲁侯的势力。总之,赏赐附庸制度造成附庸势力的分裂,附庸至此而式微。

---

① 《大行人职》:"九州之外谓之蕃国,世一见,各以其所贵宝为挚。"《大司马职》作"蕃畿"。《职方氏职》作"藩服"。孙诒让:"蕃为屏蔽之义,则当以藩为正。此经(《大司马职》)及《大行人》'蕃国'并作'蕃'者,假借字也。"

② 《管子·揆度篇》:"今诸侯之子将委质者,皆以双武之皮。"《左传》僖公二十三年:"策名委质,贰乃辟也。"

春秋时期，绝大多数附庸国遭灭顶之灾，附庸制事实上已经崩解。入战国，附庸国消失殆尽，个别坐大的称王，彻底摆脱了附庸身份的束缚。这个坐大的附庸国，下章再详。这里要说的是，为了掩盖附庸的身份，周爵制的相关文献遭系统删毁，致汉儒不明附庸制。太史公以下，多数史家把三恪视为封国，又不明其封爵。《陈杞世家》最后写道："周武王时，侯伯尚千余人。及幽、厉之后，诸侯力攻相并。江、黄、胡、沈之属，不可胜数，故弗采著于传。"商朝的千余诸侯，凡幸存至西周初年，早就降为附庸，称"伯"可以，不敢称"侯"。所谓"江、黄、胡、沈之属"，江、黄连附庸都不是，不能算诸侯。下章再详。太史迁尚且混淆诸侯、封国和附庸，其余更无论矣。

总之，周制不明，上古史存在一些系统性的认识错误。第一个错误就是附庸制不明，导致不识周王的附庸，不知附庸与封国有别，又不知附庸与蛮夷等有别。

三、王政与附庸

理解附庸制度，才能明确王政与帝制的区别，进而便于理解上古与中古的分期。三代王政与附庸相始终，王与附庸是一体之两面。可以说，王政的核心之一就是王国容纳附庸。甚至可以说，王必须有附庸，没有附庸不好意思称王。为什么？因为附庸皆异姓。王者无私[1]，能容人是王政的基本要求。进而才要求不恃强凌弱，更高的要求则是扶弱抑强。上古庶民无姓，有国方有姓，王者能容小国而存异姓，是与天下之人共天下的意思，是谓公天下。秦以后的皇权帝制，无一朝能做到这一点，不能容异姓而存小国，则天下只一姓，是谓家天下。这是王政与帝制的根本区别。

---

[1] 《汉书·文帝纪》："宋昌曰：所言公，公言之。所言私，王者无私。"

公天下与家天下的道理,黄宗羲论之甚详,学界无不拜服。但是,黄宗羲说公天下是上古王政的特点,人多不信,以为把尧舜禹说成理想社会,是美化上古,没有史实的依据。近代以来,秦以前与以后的社会性质引发巨大争议,主流学界少有跟随黄宗羲的思路,而是把目光集中在封建制上,其实不过是拿西欧的历史硬套到中国,又不得要领。因为汉晋采用封建制,且是实封。若把封建制当作三代的核心制度,则汉晋与三代的区别何在?我认为,黄宗羲的判断有事实与制度的依据!前文已述,王国之内有两类诸侯:一是本朝新建的封国,以功臣和王子弟为国君;二是无封爵的附庸,主要是本朝以前已有之国,既非功臣,又非同姓。王政必容异姓国,这个道理至战国末年仍是清楚的。证据就是嬴政最后才灭卫国。卫早就臣服于秦,秦国称王以后,视卫为最主要的异姓附庸,以装点王的身份。嬴政灭卫,称皇帝。一般人以为他不满足于王号,其实是秦王自知名不符实,必须发明一套新制。此后,上古的有国有姓制度彻底瓦解,姓氏制度巨变,庶民也有姓,谓之庶姓。但此姓已非彼姓。西汉恢复封国,看似与上古相同,然而从王政的高度看,封国只是功臣与同姓之国,即使与上古诸侯有相同处,也只是部分的相同,不足以说明全部的异同。

本章小结

按附庸的归属和祭祀对象,可大别为两类,第一类是周王的附庸,职在辅助周王祭祀五岳、四渎等天下的名山大河,以及上古著名的帝王。第二类是周王赏赐诸侯的附庸,职在辅助诸侯祭祀国内的山川,也可祭祀各自的祖先。因为职在祭祀,所以也称"社稷之臣"。

按附庸的来源或出身,又可分为两类,第一类自史前以来立国,

《尚书》《左传》中提到的"万邦"或"万国",就指他们。周初归附周王,国址不变。这些古国均以一座城邑为国都,疆域不大,多在方五十里以下。春秋时期,遭兼并殆尽。第二类是武王克殷之后,寻亡国之余封为附庸,命其祭祀先祖,视同封国,如陈、杞、宋等。

第七章　仆、庸与裔民

——兼论混淆附庸的身份

第一节　仆与庸

仆字的音、义,与附字近。佣与庸通。仆、庸二字连用时,最易与附庸混淆。西周春秋时期,仆是一种身份,庸是另一种身份。《左传》中找不到"仆庸"。[①]《逆钟》铭文:"仆、庸、臣、妾、小子室家。"[②]陈汉平、王人聪等认为,此"仆"读如本字,此"庸"原篆构形从庚,西周时的仆和庸是两种身份,反对把"附庸"与"仆、庸"混同。[③] 说极允洽。《逆钟》的仆、庸二字必须点断。而且,附庸的庸,原篆也不从庚。《五年琱生簋》铭文有"仆亭",孙诒让指出它就是附庸,"仆"的本字是"附"。[④] "亭"象城上望楼,在《说文·亯部》。

---

① 《左传》襄公二十七年:"(申鲜虞)仆赁于野,以丧庄公。"《说文·贝部》:"赁,庸也。"则"仆赁"勉强可以解为"仆庸",不过此"庸"乃雇佣的意思,并非单独的社会身份。

② 《逆钟》,《集成》1·62,第 51 页。

③ 陈汉平:《仆亭非仆庸辨》,《古文字论集》(一),考古与文物编辑部,1983 年,第 50—53 页。王人聪:《琱生簋铭"仆墉土田"辨析》,《考古》1994 年 5 期。

④ 《大雅·既醉》:"景命有仆。"《毛传》:"仆,附也。"

《集成》把"亯"隶为"墉"①,采纳了孙说。我认为,附庸的职事是祭祀鬼神。"亯"字从亯,亯即享。此字是附庸的庸的本字。《说文·亯部》收有"臺"字,读若庸,表示自己祭祀。② 音义皆洽。

一、仆非贱籍辨

仆,今人多以为贱籍。证据是《左传》昭七年的"僚臣仆,仆臣台"。其实,此说出自楚国芋尹。楚制不可用来解释周制。何况,仆的事迹在《左传》中出现二十次③,芋尹的说法仅此一次。以芋尹之说为准,无异于以偏概全。

仆,主要指驾车的驭手④,又称"羁绁之仆"。《左传》僖公二十四年,子犯自称"臣负羁绁",自比晋文公的驭手。同年《传》载重耳旧仆头须是"守藏者",又是"晋侯之竖"。头须要谒见晋侯,由时任晋侯之仆转告。头须自称:"居者为社稷之守,行者为羁绁之仆。"可见,驭车只是仆的职事之一。平时,仆的职事是守卫宫庙,负责内外传达。

晋文公流亡前的身份是公子,他的仆身份不高,故称"竖"。周王与诸侯的仆则不同。《左传》成公六年载,韩献子将新军,兼任仆

---

① 《五年召伯虎簋(琱生)》:"余老止,公仆庸土田多谏。"见《集成》4·4292,第2636页。
② 《说文·亯部》:臺,"用也,从亯从自。自知臭香所食也。读若庸"。
③ 1.《左传》僖公十年:"大子使登仆(车)。"2.僖公二十四年"行者为羁绁之仆"。3.僖公三十三年"外仆髡屯禽之以献"。4.文公十年"无畏挟其仆以徇"。5.文公十八年"而使歜仆"。6.宣公十五年"申叔时仆"。7.成公二年"告其仆曰吾以分谤也"。8.成公六年"(韩献子)且为仆大夫"。9.襄公三年"魏绛戮其仆"。10.襄公四年"兽臣司原,敢告仆夫"。11.襄公二十三年"仆请鞅"。12.襄公二十八年"外仆"请子产为坛。13.昭公十三年"子产命外仆速张于除"。14.襄公三十一年"仆人巡宫"。15.昭公十三年"(蔡公)因正仆人杀大子禄及公子罢敌"。16.哀公二年"子男仆(卫侯)"。17.哀公十一年"使其女仆而田"。18.哀公二十一年"为仆人之未次","敢勤仆人"。19.哀公二十五年"郭重仆"。
④ 《春秋左传正义》文公十八年杜预注"仆,御也"。《诗·小雅·出车》:"召彼仆夫。"毛《传》:"仆夫,御夫也。"《孟子·离娄下》载子濯孺子问其仆。赵岐注:"仆,御也。"

大夫,这个职位相当于周王的大仆。大仆是下大夫。按《大仆职》,除了丧祭中的礼仪职事,主要职务有三:一是出入王命;二是率领王车左面的仆从车队和前驱车;三是监察诸侯和诸臣在朝会、祭祀等如仪。这些与《左传》所载晋侯之仆恰成印证。《周官》中的大仆是隶属大司马的武官,但他曾是最接近周王的近侍官,这可以从他的属官隶仆得到证明。隶仆由下士二人领衔,官阶极低,官署却设在王宫内,不在大仆官署中,因为隶仆需督促徒役在宫中服事,如除粪洒扫,祭祀前修饰庙寝,周王出行则清洗上马石(乘石),等等。这些宫中杂役,决定了隶仆必须常驻王宫内。

大仆负责周王的仆从车队,并不驾驭王车。驾驭王的主车和副车的是大驭和戎仆,各由中大夫二人担任,比大仆的官位还高。又有齐仆,由下大夫二人担任,与大仆相当,当是率领王车右边的仆从车队。按《左传》成公二年,鞌之战,"郑周父御左车",载齐侯以免。"左车"与周王戎路的副车相当,而郑周父与周王的戎仆相当。至于齐侯之仆逢丑父,则与周王的大驭相当。逢丑父被俘,齐侯"求丑父,三入三出"。流露出君主与仆的真挚感情。周王的仆官中还有道仆和田仆各十二人,皆上士。又有驭夫,分别是中士二十人和下士四十人。他们都是仆从车和其他扈从车的驭者。有意思的是,如此高规格的官吏群,却没有独立的官署,因为他们每日皆需入王宫守候,随时伴王左右,无需独立的官署。战车上的大夫士都是武官,御、射、右只是分工不同。出任周王或诸侯的仆,说明他们是国内最优秀的驭手,并不是说他们只会驭马。作为武官,仆还会受君主之命,负责临时维持治安。《左传》襄公三十一年,子产回忆晋文公时,"诸侯宾至,甸设庭燎,仆人巡宫"。这些负责巡逻保卫的"仆人",就是晋仆大夫署内的官吏。由此可知,仆人皆武艺高强。楚国也有类似大仆或仆大夫的官职。《左传》昭公十三年载楚国有"正仆人"。

正即长。正仆人即仆人之长,当是楚国的大夫官。总的来说,西周春秋时的仆,概指以驭车为主要职责的侍从官及其属官、徒役等。无论在王国还是诸侯国中,他们都是庞大的官吏群体,包含三个阶层,第一阶是大夫官,第二阶是士官,第三阶才是隶仆所率的徒役群体。楚芊尹说的低微的仆,只相当于第三阶层。

仆的地位如何,要看他的主人是谁。王之仆是中大夫,晋侯之仆是下大夫。公子重耳之仆虽称竖,究其身份,至少也是不命之士,周人统称这种身份为士庶子。驭为六艺之一,非士无从习得。又可参考《禹鼎》的"厮驭"。① 厮是役使之义,"厮驭二百"紧接在"戎车百乘"之下,显然是战车之驭,也是士庶子,绝非贱籍。只有在隶仆督促下从事杂役的仆,身份才低于士。这类徒是应役的庶民,也非贱籍。

二、庸与四夷

庸,即"徒庸"之庸。《左传》昭公三十二年,修筑城垣需要"量事期,计徒庸"。事期即施工所需程日。徒庸即徒役,也就是周的庶民。庸,用也。庸命即用命。② 用命则有劳,有劳则有功,故庸可以训为功。③ 民有劳有功则可获禄。④ 禄,通常指官的俸禄,但稍食也算禄。既然民可以获禄,必不是贱籍。庸又训常。⑤ 常即恒常。古

---

① 《禹鼎》,《集成》2・2833,第 1508 页。
② 《尧典》:"畴咨若时登庸?"登即升,庸即用。又曰:"汝能庸命。"《说文・用部》:"庸,用也。从用从庚。庚,更事也。"《易》曰:'先庚三日。'"郝懿行认为更迭用事,也是取其常义。未必。《说文》的主旨仍是以用命解释"庸"。《巽卦》的"先庚三日",庚是申命之义。"更事"则指受命而更事。《说文》解释庸从庚,不得不牵扯《巽卦》之庚,较迂曲。是否妥当需另说。
③ 《尧典》:"有能奋庸熙帝之载。"马融云:"庸,功也。"八议有功、贵、勤、宾。《大宰职》:"五曰保庸,六曰尊贵,七曰达吏,八曰礼宾。"郑玄注:"保庸,安有功也。"保庸即保功。
④ 《司勋职》曰:"民功曰庸。"又,《大司徒职》云:"以庸制禄,则民兴功。"
⑤ 《尔雅・释诂》:"典、彝、法、则、刑、范、矩、庸、恒、律、戛、职、秩,常也。"

人认为，人间具有恒常价值的唯有法典、规矩、秩序等，庸与之同俦，本无贬义。中庸，可以理解为用中方能长久。据说《中庸》是子思所作，"庸"得以配"中"，说明此字在战国中期仍非贬义。

大约战国至汉代，庸、甬、通、佣等字渐渐混淆。"通"与"墉"混淆，是因为"通"与"甬"通。甬是草木生长茂盛的意思，训为常。① 《广雅·释诂》又释甬、庸二字为使，与厮、徒、牧、侍、御、仆、从、扈、任、保、役等字混在一起。此"庸"已非本字，而是雇佣之佣，当从用命之义引申而来。在民间，甬是贱籍的代称。《方言》云："臧、甬、侮、获，奴婢贱称也。"或是战汉之际的情形。庸、甬、佣不分，连带庸也成了贱役。《方言》说："自关而东，陈、魏、宋、楚之间，保庸谓之甬。"保庸之庸是佣，赁雇之义。

西周春秋时期的庸不是贱籍，但是，徒庸中有一部分人是亡人和四夷。《逸周书·酆保解》："亡人惟庸。"② 所谓"亡人"，是从商逃亡到周的人，这些人中既有商人，也有商王版图中的蛮夷，归附周王之后，用命于周，也称"庸"。克殷之后，随着更多的商人与蛮夷部落归顺，这个群体的数量急遽增长，使得"庸"的内涵在周初悄然发生变化。《逸周书·祭公解》载，周王与祭公的对话中提到"用夷居之大商之众"，说明当时有一种贬低"大商之众"的态度，也说明安置归附人口是西周早期的一项大工程。这些归附人口中，商人多迁居雒邑，蛮夷则迁往各州，他们虽与周人一样服役，但在很长一段时间里，他们在周人眼中是"四夷"。四夷的四不表示数字，而表示多。四方即多方，四望即多方之望。西周晚期的《匋簋》铭文：

① 《广雅·释诂》："商、甬、经、长，常也。"
② 《酆保解》："商为无道，弃德刑范，欺侮群臣，辛苦百姓，忍辱诸侯，莫大之纲福其亡，亡人惟庸。"黄怀信指出："按'亡人惟庸'四字当在'莫大'句前，今错倒。"

今余令汝啻官司：邑人。先虎臣后庸：西门夷、秦夷、京夷、
□夷。师笭侧新造：□□夷、□□夷、□夷。成周走亚戍：□人、
降人、服夷。①

谷霁光认为："此段文字应该分为四部分：即邑人、先虎臣后庸、
师笭侧新造、成周走亚戍。四部分中除邑人外，分别有夷或'人'，并
非'先虎臣后庸'概括着以下的夷、'人'。"②此说甚洽。"师笭侧新
造"指某个新组建的师。"成周走亚戍"，亚是独立的城邑单位，详后
文。"走亚戍"即亚走戍，指从各城邑抽调戍卫成周的部队。"邑人"
之邑，是大邑周或周邑的省称，特指宗周和成周。周邑在周王的策
命中只需称"邑"，无需称名。又，宗周和成周是王都，周人称为
"国"。此铭的"邑人"就是史书中的"国人"。

为什么"先虎臣后庸"在国人之后，而在各地方的军队之前？又
为什么二者居然由四夷之人组成？说来话长，后面介绍州城时再
详。简单地说，周初人口有限，派往各州的官吏和士庶子是周人。
但迁居各州开垦土地的多是四夷。庸是从四夷中征发的徒卒，而虎
贲是其中的精锐。虎贲又称虎臣。③ 周初，虎贲是陷阵的精锐步兵，
是周王心腹。《孟子·尽心章下》："武王之伐殷也，革车三百辆，虎
贲三千人。"三千虎贲和三百戎车均是陷阵之师。《中觯》铭文提到
"用先"的公族，就是陷阵的战车部队，相当于武王伐殷的三百革车。
自周以下，陷阵之师不绝于史书，贵精不贵多。如曹纯的虎豹骑，属

---

① 《匋篡》，《集成》4·4321，第 2696 页。标点从谷霁光文。
② 谷霁光：《论西周的彻和庸：西周生产关系、阶级关系问题商兑之一》，《历史研究》1962 年 4 期。
③ 《毛公鼎》："粤三有司、师氏、小子、虎臣。"《尚书·顾命》："师氏、虎臣、百尹、御事。"又曰：
　"虎贲百人逆子钊于南门之外。"《鲁颂·泮水》："矫矫虎臣，在泮献馘。"

于陷阵骑兵,多时不过一两千人。① 李嗣业率持陌刀、长柯斧的步卒,只两千人。② 三百车和三千步卒陷阵,已非小数。周初,虎贲是周王近卫。《顾命》中的群臣顺序是:师氏、虎臣、百尹、御事。师氏是中大夫,虎贲是下大夫。百官中肯定也有中、下大夫,但成王不虞,虎贲把百官隔在外圈。平时,虎贲守路门,即路寝之外的宫门,在内外朝之间。路门别称虎门③,一说因虎贲得名。④ 由于虎贲是周王近卫,因此人多不信他们是由夷人充当。按《师氏职》:"使其属帅四夷之隶,各以其兵服守王之门外,且跸。朝在野外,则守内列。"可见四夷充近卫军一事不假。前 632 年,襄王赏赐晋文公"虎贲三百人"。虎贲遭废时间至少在此之后。虎贲遭废,很可能是因为四夷的兵源枯竭,从侧面反映了周王对州城失去控制力。

三、州庸之师

按《地官·叙官》,州长是中大夫,州辖于乡,是直属周王的中型城邑。又按《大司徒职》:"五党为州。"一党五族,一族四闾,一闾五比,一比五家。故一州之内登记在籍的共二千五百家,这是周初定制。周人聚族而居,无分家习惯,经过一二百年,人口滋生,周初的一家到西周晚期已人口众多,而征发徒役的旧制不改。应役的成年男子就是庸,也即用命于周王的庶民。后来成了徒役的代名词。"租庸调"的庸,也是沿袭西周的庸而来。

按《小司徒职》,每家必须出一个成年男子应役,俗称正夫或正

---

① 《三国志》卷九《魏书九·诸夏侯曹传·曹纯》,第 276—277 页。

② 《新唐书》卷一百三十八《李嗣业》,第 4617 页。另参《旧唐书》卷一百九《李嗣业》,第 3299 页。

③ 《师氏职》"居虎门之左"郑注:"虎门,路寝门也,画虎焉以明勇猛。"《左传》昭公十年,陈、鲍二氏伐栾、高,"遂伐虎门"。晏平仲端委立于虎门之外"。

④ 孙诒让引刘敞:"虎贲氏守王宫,盖居此门,指虎贲而言,故称虎门。"(《周礼正义》,第 1004 页。)

卒。家内其余成年男子称为"羡",俗称余子或余夫。通常,征役只征正夫,不征余子。这一征役制度适用国人与州民,并无差别。一州尽征,平时作为徒役是二千五百人,战时作为徒卒就是一师。《管子·轻重丁篇》有"州通之师"。旧说,"通,当作甬"。马非百、黎翔凤等从之,然不详何义。其实,"州庸之师"是西周以来的成语。"州通之师"是"州庸之师"的抄写之误,此"通"不当作"甬"。师,长也。《周官》有甸师、乡师、士师等,此处特指州长。《轻重丁篇》是讲州长们向齐侯请示战后抚恤办法。周时文武不分,州长平时治民,战时领军,既然讲军事,用"州庸之师"很恰当。州、师之义湮灭已久,遂使后世不明"州通之师"为何。

又按《小司徒职》,在两种情况下尽征余子。一是田役与追捕盗贼。田役是狩猎和军阵演练,征发余子是为了让所有男子都保持相当的军事素质,随时替补正卒。追捕盗贼指本州境内有匪患,本州兵力不够,外州援兵迟缓,故而尽征余卒。第二种情况是"大故",多指战败丧师。[1]《左传》僖公十五年载"晋于是乎作州兵"。历来众说纷纭。晋惠公被俘,晋国大丧师,国内恐惧。吕甥提出"甲兵益多",也即全国进入战备警戒状态。但州是直属君主的城邑,只有君主才能征发。未经晋侯允许"作州兵",违反常制。相当于后世"擅兴"之罪。此次属于临时从权,史官认为合礼。总之,"作州兵"并非役制改革。又按《国语·周语》,宣王丧南国之师,乃料民于大原,也即登记成年男子的实际人数。到宣王朝,周初在籍的一家必有数个至数十成年男子。依旧制,丧师之后征发余子,仍是一家出一夫。登记全部成年男子数,今后按实际男子数征兵,属于改

---

[1] 《小司徒职》:"凡国之大事,致民。大故,致余子。"郑注:"大事谓戎事也,大故谓灾寇也。"按:大事是戎事,不错。大故是寇,不确。上文"以比追胥"郑注:"追,逐寇也。""胥,伺捕盗贼也。"

变旧制。

西周晚期,迁居各州的四夷仍然很容易与周人分别。因为四夷不习御和射,战争中只充徒卒。徒卒即徒庸,所以,他们与充徒卒的周人拥有一个共同的法定身份,就是庸。《訇簋》记载的庸多由各地夷人组成,也是这个缘故。大约在宣王料民之后,庸的含义再次发生转变,渐渐与周初登记的家脱钩,而与单个的成年男子挂钩。春秋时期,开始流行"役夫"一词。《左传》文公元年载,江芈骂大子为"役夫",隐含废为庶民之义,故大子弑楚王。不过,齐、鲁、晋等旧侯国,未必随宣王料民而改制。如鲁史官仍在用"徒庸",《管子》也显示齐国有州庸之师。《管子·轻重己篇》还说,不服之民"处里为下陈,处师为下通,谓之役夫"。里,是州内的基本建制,合称"州里"。① 陈,行列。下陈指资产与赋役列在下等。下通即下庸,指军事技能不佳的徒卒。原文的意思是,不服之民在里中的资产列下等,在军中则滥竽充数。成语"愿充下陈"表示任凭驱策。② 下庸不常用,或以为"下通"是奴婢。误。从《轻重己篇》可知,齐国的庸在登记时区分等级,否则不能认出下庸。这是宣王改革的结果,还是管仲所致? 均乏材料。总之,"役夫"一词兴起,庸于是渐渐弃用。

第二节　再论仆、庸

一、厮驭与王臣

仆、庸是不同的身份,已如上述。接下来进一步解释他们的区

---

① 《乡师职》:"既役,则受州里之役要,以考司空之辟,以逆其役事。"又曰:"凡四时之田,前期,出田法于州里。"

② 《晏子春秋》:"愿得充数乎下陈。"《史记·李斯传》:"所以饰后宫,充下陈。"《索隐》:"下陈,犹后列也。"《班婕妤赋》:"充下陈于后庭。"

别与联系。

先来看二者在军队中的区别。通常说一师二千五百人，一旅五百人，都是指徒卒，未计甲士在内。仆是士庶子，属于甲士。最佳的证据就是《禹鼎》铭文，禹带领的援军，"戎车百乘，厮驭二百，徒千"。所谓"徒千"，就是徒卒两旅。"厮驭"则是每乘戎车常备的车右和仆驭，二者可以互换，由庶子担任。射由士担任，不计在厮驭之内。根据禹率领的这支军队，可知一旅的基本配置：车 50 乘，士（射）50 人，庶子（含驭、右）100 人，徒卒 500 人，共计 650 人。一师五旅，一师的基本配置是车 250 乘，士（射）250 人，庶子 500 人，徒卒 2500 人，共计 3250 人。《禹鼎》中的徒就是徒卒，也即《旬簋》中的庸。御是"六艺"之一，庶人没有条件学习，四夷也如此。虎贲由四夷组成，正因为夷人不懂驭，只能以徒卒身份加入军队。总之，在周的军队中，仆和庸分属不同的编制。

平时的情况同样泾渭分明，只是称谓稍异。《大盂鼎》铭文曰："赐汝邦司四伯，人鬲自驭至于庶人六百又五十又九夫。赐夷司王臣十又三伯，人鬲千又五十夫。"伯，长也，此处指一族之长，说明赏赐是按姓氏为单位，庶人无姓，均归于有姓之族。司，主也。"邦司四伯"就是周人四族的族长，率领的"人鬲"有驭和庶人，驭是仆，庶人是庸。仆在上，庶人在下，仆的身份高于庸。"夷司王臣十又三伯"就是夷人十三族的族长，率领的人鬲不含驭，只有庶人。西周时当然有奴婢，《逆钟》里的"臣妾"，比庸的身份又低一等，大约是贱籍。但《大盂鼎》交代得很清楚，"人鬲"中的最低身份是庶人，绝非奴婢。

值得注意的是，"夷司"之后有"王臣"二字，"邦司"之后没有。来看《宜侯夨簋》铭文。西周早期，周王迁封虞（吴）侯至刚攻占不久的宜地。铭文说："赐在宜王人十又七姓，赐奠七伯，厥卢□又五十夫,赐宜庶人六百又□六夫。"①奠即甸,是甸人的省称。甸人与周王同姓,"奠七伯"就是王族的七个支族,与《大盂鼎》的"邦司四伯"相当。"在宜王人十又七姓"就是王臣十七族,以归附的殷遗民为主。"卢□",疑指庐戎。"宜庶人"则是本地土著。"在宜"二字尤其关键,说明周王夺得宜地之后,早已撤回大军,留下十七族王臣开发当地,再转赐宜侯。归附周王的异姓,除了附庸,主要是殷遗民和夷人。他们原先的身份不重要,重要的是通过委质为臣,拥有一个共同的新身份:王臣。至于甸人或"邦司",本是周人的一部分,反而无需冠以"王臣"或"王人"之名。

金文中的身份也可在传世文献中找到。《左传》定公四年载,周王封建鲁侯,分给"殷民六族",又"因商奄之民"。殷民即殷的旧贵族,相当于"在宜王人"。商奄之民是灭国的遗民,无姓无族,本是周王的庸,分封时赐给鲁侯,相当于"宜庶人"。类似身份如周王封申伯于谢地,当地土著也转为申伯之庸。② 又,周初分给晋国"怀姓九宗,职官五正",《左传》隐公六年称其为"翼九宗五正"。前717年,九宗五正支持晋侯,暂时遏阻了曲沃伯的攻势。③ 可见,怀姓九宗自周初占据五个大夫官职,经三百年的发展,已成晋国的强宗大族,足以影响政局。怀即隗,直到春秋早期,盘踞在太行山中的赤狄诸部仍为隗姓。追溯其最初的身份,怀姓九宗就是狄族分支,商末周初委质为王臣,相当于"夷司王臣"。总之,周王把直属城邑用于封建诸侯,赏赐人口有三大类,一是周人,包含王族;二是当地土著,也即史书中的"诸夏";三是王臣,包含商遗族和夷人。这三类人口包含三个等级,一是贵族,或称"伯",或称"职官"。二是士庶子。三是庶

---

① 《宜侯夨簋》,《集成》4·4320,第2695页。

② 《大雅·崧高》:"王命申伯,式是南邦。因是谢人,以作尔庸。"

③ 《左传》隐公六年:"翼九宗五正顷父之子嘉父逆晋侯于随,纳诸鄂,晋人谓之鄂侯。"

人,也即庸。赏赐人口中有没有贱籍?有,但不是这三类人,而是这三类人的奴婢。

综上,周初以来,王畿以内始终是华夷杂居。夷夏的区别反映在两方面,一方面是文化的不同,包括服饰、语言、风俗等,但主要是文明程度的高低,具体体现在夷人不习"六艺"。另一方面,真正决定夷人地位的是他们的政治身份。克殷之后,周人称为"夷"的有两种,一是委质为王臣的夷人,二是长期未臣服的夷人,如淮夷。王臣之夷与周人、诸夏无异,没人轻视。他们中的庶民就是周王或诸侯的徒庸,其精锐组成虎贲。一些夷人部族归附周王较早,或有战功,周初已任大夫士,如怀姓九宗,政治地位与周的大夫士相同。

华夷关系自来是中国史上的大问题。三代皆以夏变夷为后世模范。在古人眼中,以夷乱华就是亡国,以夷变夏则几乎等于亡天下。那么,夷变夏和夏变夷的区别何在?解释起来太复杂,不便展开。简言之,不是看当政者的身份,而是以文明与野蛮为分界线。

二、仆、庸的公私身份

那些称"伯"的氏族之长,非本节重点,但与仆、庸的关系极为密切,不得不赘述几句。

"奠七伯"是甸人中的七个氏族首领。甸人是周王的疏族,其长为甸师,下士,无爵。作为周王的直属力量,被派往各地驻扎和开发,只听从王命。《左传》僖公二十五年载,周王赐阳樊给晋侯,阳樊不服。晋军围之。仓葛呼曰:"谁非王之亲姻。"透露出驻扎阳樊的以甸人为主,仓葛就是甸师。至于"邦司四伯",可能包含了周王的姻族,也即"王之亲姻"的"姻",如姜、姒等姓族,暂不定论。

每次封建诸侯,周王都要赏赐一部分甸人、王臣等,但用于赏赐的不过是沧海一粟,周王名下仍然还有很多甸人和王臣。后来,就像晋的九宗五正一样，无论在王国还是封国，甸人和王臣都是本国极其强大的政治势力，我暂时把他们称为中大夫集团。以晋国为例，《左传》僖公四年载，晋献公将立奚齐，而欲废大子申生，"既与中大夫成谋"。《左传》僖公十五，"（晋惠公）许赂中大夫，既而皆背之"。献、惠二朝时，晋国尚且保持甸侯的旧制。晋献公扩充到两军，但由国君与大子各将一军，说明此时的晋国无卿。晋侯欲行大事，须取得中大夫的支持，否则不能成，可见中大夫集团是公室之外的实力集团。

同样，王国也存在以中大夫为首的政治集团。《左传》襄公十年载，伯舆与王叔陈生争政，获得周王的支持，最终逼走王叔。伯舆非卿，却有抗衡王叔的权势，必是中大夫。王叔之宰骂伯舆等人是"筚门圭窦之人"，意指其出身低微。出身低微为何受周王依赖？伯舆之宰瑕禽辩称："昔平王东迁，吾七姓从王，牲用备具。王赖之，而赐之骍旄之盟，曰：世世无失职。"既然称"七姓"，说明他们不是甸人。因为甸人是姬姓，那就只能是王臣。伯舆七姓与"夷司王臣""在宜王人""怀姓九宗""殷民六族"等同属一种身份，只是伯舆七姓始终服事周王，其余的分出去转为诸侯之臣。

中大夫职的实际瓜分情况已不可详，当然不会全部由王臣家族占据。可以通过王国官制去评估中大夫的实力。第一类是六卿官署里的中大夫职，也即小宰、小司徒、小宗伯、小司马、小司寇和小司空，他们负责中央行政的正常运行。拿明朝的官制打个比方，卿相当于内阁大臣，这六个中大夫职相当于六部尚书。六卿是名义的六官之长，兼着六乡大夫和六军之将。显然，周的决策机制是周王加六卿，六官的日常政务只能由官署内的中大夫负责。第二类是六卿官署以外的中大夫职，如司会、大司乐、内史、大行人等，无不是专业部门，供周王随时咨询，对决策发挥着重要影响。另外，地官的师氏，夏官的戎右、大驭、戎仆、校人等，都是军中实力人物，要么领近卫军，要么掌握车、马等军需后勤。第三类是地方各城邑的中大夫，主要是各州州长和六遂大夫，是都邑的最高行政长官，战时各领一师。可以说，中大夫是维持王国运转的基本盘，任何一个中大夫职，无论中央还是地方，只要长期由某些家族占据，都是不可小觑的政治力量。

综上，那些称"伯"的，无论姬姓还是王臣，都有公共和私人两种身份，私人身份是姓族或氏族之长，公共身份则是大夫士。同样，庶子和徒庸也指国家里的公共身份。周人称庶民为"家人"，这才是他们的私人身份，也即王臣或卿大夫的家人。公共身份与私人身份的关系，可以归纳为以官庇族①，也即靠大夫士的官位来保护全族。大夫士与仆、庸既有身份等级的差别，又是共生和依存的。

第三节　赵、秦身份辨

欲辨秦、赵二国的身份真伪，必须先知道国族史的保存制度。按《左传》昭公十七年郯子朝鲁，言其祖少皞挚之事。孔子闻而求学，说"天子失官，学在四夷"。郯子是辅助周王祭祀少皞的附庸。附庸保有一国，置有史官，故本族史仍详。春秋战国时期，附庸国渐亡，族史湮灭。但有部分余族仍任他国大夫士，如逃到晋国的范氏，由此得以保留族史。不过，商末周初的东亚地区曾有千余姓族，一两个本族记忆远不足以复原上古的国族史。

王国的史官也负责保存国族史，这是因为周王要对附庸、四夷发布诏令，这类诏令由外史书写。外史是内史的属官，专掌"四方之

---

① 《左传》文公十六年，公孙寿云："弃官，则族无所庇。""虽亡子，犹不亡族。"

志"和"三皇五帝之书"。前530年,楚灵王赞左史倚相,"能读三坟、五典、八索、九丘"。所谓"三坟五典"就是"三皇五帝之书"。倚相又吟诵了当时无人能诵的《祈招》。他如此熟悉周史与周诗,很可能是失官的周外史。前525年,孔子说"天子失官,学在四夷"。可见在此之前,周王史官逃亡列国的现象已经闻名。前516年,召、毛、尹、南宫等四大旧族随王子朝,"奉周之典籍以奔楚",王室旧典散亡殆尽,已经不止外史所掌了。

综上,只有三种情况,本族史会较准确地被记下来。第一,周王和诸侯(含附庸),他们有条件设置史官,记录本国和他国史。第二,王国的史官。第三,在王国或诸侯国任大夫士的姓族,如晋国的怀姓、范氏等,他们有采邑和赏田,有条件记录本族史。春秋战国时期,从这些人口中讲出来的族史还算可信。若是徒庸或内附的夷人,尽管自陈祖先,仍无可信之理。

一、赵的身份

按《史记·赵世家》,赵的先祖中衍为太戊之御。也即商王之仆。周成王时,其先祖孟增被安置在皋狼,曰"宅皋狼"。至造父,"取骥之乘匹,与桃林盗骊、骅骝、绿耳,献之缪王"。所谓"乘匹",就是《校人职》的"乘马"。周人称良马为乘马,可以驾战车,否则是驽马。桃林即桃林塞,今潼关至函谷关一带。造父在此地放牧,又培养出上品良马,"穆王使造父御"。造父此时才升为周王的驭手。按《夏官·叙官》,驭夫分两等,第一等为中士,共二十人。第二等为下士,共四十人。造父位列何等不详,但哪怕是下士,正式身份已为王仆,而此前不过是养马的徒庸。穆王大破徐偃王,随驾之仆皆有战功,"乃赐造父以赵城",后世子孙遂以城为氏。造父不是大夫,焉有资格获城池之赏。所谓受赏,不过是"赏田"。按《载师职》,士田较小，是士的俸禄，在近郊。赏田较大，在远郊以外，有功勋才能得。赏田又见《司勋职》，称为"赏地"，包括了大夫采邑在内。又据《载师职》，采邑的贡赋率为 20%，赏田的贡赋率应该与采邑相当。据说贡赋的三分之二归大夫士，三分之一上缴周王。赏地的大小视战功的大小，造父不过是随驾之功，赏田不会太大。赵史说赏一座城，我怀疑是吹牛。但赏田所在地可能名赵，故以赵为氏。后来宣王千亩之战，"奄父脱宣王"，即驾车带宣王逃离战场。俗话说，功莫大于救驾。此次赵氏必受上赏，赏地的规模遽增，中心有小城是可能的，赵氏拥有"赵城"当在此之后。同时说明，自穆王，赵氏世代为周王之仆。至幽王乱，赵氏失地，逃到晋国，顺势出仕晋国。

《史记正义》说"赵城"即晋州赵城县。误。赵城县在洪洞县以北，西周时属霍侯，王官的赏田不会在诸侯国中。洪洞县的"赵城"应该是春秋时期赵氏在晋国的采邑。我以为，造父的赏田就在皋狼县。《地理志》说皋狼县在汉西河郡，此处在黄河东岸的吕梁山中，今离石西北。西周时，这里是王畿北境的边缘，符合赏田在远郊的制度。赵氏祖先孟增是徒庸，无史。所谓"幸于周成王"，虚饰而已。"宅皋狼"，宅即定宅。定宅至少封界。徒庸居住于窟穴之中，哪里用得上"宅"字，又哪里用得着封界。何况，造父升任王仆之前，天天要在今潼关一带为周王牧马，距离皋狼千里之遥，也没有定宅的资格。但是，造父受赏田，不敢称"封"，称为"宅"恰合适。把"宅皋狼"提前到孟增身上，再把奄父受赵城的事提前到造父身上，这些都是赵国史官所为，目的是掩饰周初先祖的徒庸身份。

自造父获赏邑，赵氏已有能力记录本族史。此时距武王灭商不远，赵氏的记忆可能有误，但大体可靠，不会误认祖宗，所以能说出商先祖的祀名。夸张的部分只有为穆王驭车而日驰千里一事。前面说过，为周王驾车的大驭或戎仆皆中大夫，造父不过是众多驭夫中的一位。当然,这足可在子孙面前夸耀。后世传穆天子出游事,也是依附赵氏记忆保留下来。

二、秦的身份

秦人自称在孝王时为附庸,又自称平王时获封诸侯。真欺后世不明周制!

按《史记·秦本纪》,秦文公十三年(前753年),"初有史以纪事"。秦襄公立为诸侯在平王东迁以后,具体时间不详,但必然在襄公死之前,也即前766年之前。秦国设立史官的时间在秦国成为诸侯之后不过十余年,秦史官却不敢明说秦的爵位,只说"平王封襄公为诸侯",又说"封爵之",不说何等爵,可见无爵。《秦本纪》又说:"襄公于是始国,与诸侯通使聘享之礼。乃用骝驹、黄牛、羝羊各三,祠上帝西畤。"

附庸亦可称国。无爵而称国,只有附庸如此,若明附庸制,从这句话已知秦国的身份。接着又说"祠上帝西畤"五字,秦是附庸无疑!须知,司马迁必是见到秦史,又不明秦为周王的附庸,且误以为诸侯可以祭祀上帝,才照录秦史中"祠上帝西畤"一句,这就让千古以下皆以为秦襄公有祭祀上帝的资格。其实,西畤是周王专祭四类的兆域之一。《史记·礼书》:"郊、畤乎天子,社至乎诸侯。"《索隐》:"畤,类也。"畤即时。畤祭即类祭。这段话的意思是,社是地示,诸侯可祭。郊祀是祭上帝,畤祭与郊祀一样,也是专属于天子的天神祭仪,均非诸侯可与。《小宗伯职》:"兆五帝于四郊。四望、四类亦如之。"四类的四,仍是四方的意思。郑司农注:"四类:三皇、五帝、九皇、六十四民,咸祀之。"三皇五帝是上古已灭姓的大国君主。六十四民是上古已灭之国的著名君主,称"民",是因为这些国族的子孙已夷为庶民,无姓无国。前面讲过,天子祭祀历史上的著名君主,既为了妥鬼神,也是安抚民众。四类又非常特殊,它的等级在四望之下,但四望算地示,四类不是地示。《大祝职》说六祝之法:"一曰类,二曰造。"《肆师职》说"类、造上帝",也证明类祭是向天神祝祈。换言之,四类所祭的上古君主死后升格为天神,是人鬼和天神合二为一。我们说过,天神不分大小,唯天子可祭。唯有天子是天神之子,非天神之子祭天,天神不受祭。其中的逻辑,就像人鬼不受非子孙的祭祀。《秦本纪》说得很清楚,西畤用于"祠上帝",故西畤必是周王祭祀天神的兆域之一。

从秦人祭祀西畤的时间,也可知此兆域非秦人所立。前766年,秦人伐戎而至岐山,"祠上帝西畤"还在之前。平王赐岐以西的周土给秦人,只是张空头支票。更别说当时的岐以东还有亳王盘踞。若说此时秦人想借祭祀天神以僭天子之命,断不可信。合理的解释只有一种,西畤本是周天子祭祀四类的兆域之一,所谓"平王封襄公为诸侯",就是赐秦人为周王附庸,职事为辅助周王祭祀四类。《秦本纪》后来的记载,也透露了西畤非秦所有。前756年,秦文公"初为鄜畤"。若西畤是秦人之畤,鄜畤不当言"初"。前677年,"以牺三百牢祠鄜畤"。以前西畤、鄜畤的祭祀皆只三牢,说明秦人自此重鄜畤而轻西畤。又,四类皆有固定兆域,归小宗伯管理。按《封禅书》,秦作鄜畤之前,雍的附近就有武畤、好畤,这些都是西周时期的四类兆域,早已废圮。《正义》引《括地志》说汉有五畤,引汉高祖曰:"天有五帝,今四(畤),何也? 待我而具五。"于是作北畤祀黑帝。这也证明汉初所见秦只有雍四畤。秦作为周王的附庸,约略听说旧礼有祭祀四类的四畤。四畤是祭祀四方天神,无五畤之说。汉初礼臣居然不明四类的含义,创造出五畤的名目,可见周制至西汉已不明之甚。

第四节 嬴姓与裔民

秦自称周孝王时升为附庸，此说已不攻自破。那么，西周时的秦人究竟是什么身份？

一、西周时的秦人

按《秦本纪》："孝王召使主马于汧渭之间。"透露秦人的真实身份。汧，即汧水。出六盘山南麓，注入渭水。后来秦文公进兵至"汧渭之会"，即汧水入渭河处，今属宝鸡渭滨区。鄜畤设在汧渭之会，也是纪念秦人的发祥地。秦人在此为周王放牧之事基本可靠。汧渭之会的西面，六盘山南来与秦岭合龙。渭水是两山的分界线，溯渭水而上，出山就到甘肃天水。按《载师职》，牧田在远郊。宗周的西郊很可能就在岐山，在那祭祀周先公。周制，郊以内不设王官采邑，周、召、毕等采邑均在岐以西或以北，也证明岐至镐京之间属郊内。而"汧渭之间"正在岐至镐京之间，一马平川，关中沃野，西周时必定牢牢掌握在周王手中。

牧师是校人的属官，掌牧地，下士四人，胥四人，徒四十人。造父放牧的桃林一带，在华山脚下。秦人牧马的"汧渭之间"在六盘山下。一东一西，皆是周王牧地。显然，赵、秦皆是为王室牧马的徒庸。不同的是，造父培育出名马，升为仆。秦人使马大蕃息，孝王赐姓嬴，迁居秦邑，号秦嬴。秦人姓嬴始于此时。

值得注意的是，《赵世家》无一句提到赵氏曾有赐姓为嬴的经历。赵氏姓嬴的说法，全部出自《秦本纪》。《赵世家》只有第一句"赵氏之先，与秦共祖"可以勉强用来佐证。须知，嬴是周王赐姓，即使赵与秦在商朝以前是同一个祖先，也不必姓嬴。何况，秦人在西周时期尚无记史条件,周以前的秦史无法看。至于舜赐伯翳为嬴姓云云,只能笑笑了。秦人要把附庸的时间提到西周掩盖庶民的身份,这好理解。但为什么一定要说嬴是舜帝所赐,孝王只是复其姓,为此不惜认赵氏祖先蜚廉为自己的祖先?赵是殷遗民充作徒庸,对此从不遮掩。原因很简单,殷人就是华夏。难道,秦人真正想掩盖的是夷人身份?

二、嬴的含义

嬴的含义,有必要从齐鲁之间的一座城邑说起。前 709 年,也即周桓王十一年,还算春秋早期,鲁公与齐侯会于嬴。此事载在《春秋经》桓三年,此城是春秋时期唯一见到以嬴为名的城邑。我们的问题是,此时的嬴城归谁所有?[①] 按《地理志》,嬴县在泰山郡,今莱芜西北,城东有河,今称瀛汶河,古称嬴汶水。[②] 嬴汶水从原山的西坡流入山谷,再折向南流出,这段南北向河段就成了泰山和原山的自然分界线。嬴城就在这段山谷中,且处于嬴汶水西岸,背靠泰山,面向嬴汶水。嬴汶水出山谷之后折向西南,流入莱芜盆地,在泰山主峰的东南面入牟汶河。整体地看,嬴汶水从东、南两方包围泰山,周人有以河封界的习惯,嬴汶水必定是岱岳兆域的东界和一部分南界。"名山大川不以封",岱岳非诸侯所当有。所以,西周至春秋早期,此城必属周王。嬴之会,与《左传》僖公二十四年"晋侯潜会秦伯于王城"之例相同,是诸侯选择周王之城为会盟地,这也是诸侯会盟的惯例。在周城会盟,安全有保障,又有王官参与,以免背王私

---

① 春秋时期,此城几易手,曾属鲁,又属齐,春秋晚期又归鲁。《左传》哀公十五年,前 480 年,陈成子归成于鲁,"公孙宿以其兵甲入于嬴"。

② [宋]王存撰:《元丰九域志》,王文楚、魏嵩山点校,中华书局,1984 年,第 17 页。又见附录《〈新定九域志(古迹)索引〉》"嬴"条之下收"嬴汶水"和"嬴州",第 3 页。

会的嫌疑。

容易忽略的是,周初以来,泰山的嬴邑是周王控制王畿东疆的战略重镇。泰山不但处于齐、鲁的交界处,也是周与东夷的交界处,泰山的东南是沂水,东北是淄水,两条河分别向东南和东北方向延伸,像是展开的扇面。西周初期,这两条河分别是齐、鲁二国的界河,中间是周王控制的泰山和嬴邑,利用嬴邑可以随时集结王师,与齐、鲁共进退。否则,当时东夷势大,仅凭齐、鲁二侯之力,不足以守住东疆。直到春秋时期,沂水仍是鲁与莒的界河,但鲁国占领汶阳之后,将沂水上游包入,以沭水上游与莒分界。齐国更强,势力向东达到潍水,把莱夷挤压到胶东半岛里。泰山才失去了边疆防卫功能。

关键是,周王的四疆边邑均称为嬴。春秋早期的周边疆,西、北、南三面俱已残破,唯有东面完好。泰山的嬴邑是三疆残破之后的唯一遗迹。嬴,本义是长成的果实。《尔雅·释天》:“春为发生,夏为长嬴,秋为收成。”果实在枝条之外,有袒露、边缘等义。[1] 引申为王国最远的边邑。据《国语·周语》,周乐官伶州鸠回忆周武王灭商:“反及嬴内。以无射之上宫,布宪、施舍于百姓,故谓之嬴乱。所以优柔容民也。”

旧说以为“嬴内”是地名。误。嬴内即四嬴之内。伶州鸠先讲“布令于商”,那时武王尚在殷。自殷回国就是“反(返)及嬴内”。由此可知,殷与周的边界上原来也有边邑名为嬴。嬴内就是后世所谓境内。这种表述方式,春秋时已不为人所熟知。伶州鸠是周乐官,周乐官都是当时的大学者,回复周王时采用雅言。而且,也必须如此说,才能呼应下文的“嬴乱”一词。乱训为治。嬴乱即嬴内大

---

[1] 《说文·女部》:“嬴,袒也。”《方言》(第九):“凡箭镞胡合嬴者。”郭注:“嬴,边也。”

治,紧跟上句的布宪和施舍。布宪之宪,本义是表。上古时把法律悬于木柱之上,这个动作称为宪,也可称为表或县(悬)。只有公布重大的刑事禁令时,才称为布宪,故而布宪又是秋官的官吏名。① 刘邦入关而约法三章,每章都明示重刑,就是周王布宪的传统。施舍即弛舍,指豁免劳役。② 弛舍是施恩,布宪是刑威,二者连用是周人的习惯用法③,表示恩威并施。嬴内大治即恩威并施的结果。

综上,周初设边邑于四疆,邑名均为嬴。嬴是边邑的代名词,四境之内称为嬴内,境内大治称为嬴乱。

三、裔民

凡周王赐姓为嬴的族群,表示安置于四境,职在守边。他们又有另一个共同的称谓:裔民。裔是边、末的意思④,四裔即四边。古人称树干为本,枝叶为末,末仍然是树木的一部分。所以,裔指在边境以内,而非边境以外。

裔民,是四裔之民的省称,原是由归附周王的夷人组成,故常与四夷或夷人混淆。《国语·周语》载晋文公取阳樊,仓葛不服曰:“且夫阳,岂有裔民哉?”此事又见《左传》僖公二十五年。但《左传》不用“裔民”一词,而是说“德以柔中国,刑以威四夷”。那么,哪一个用词更准确?都不错!《左传》说用刑罚待四夷,是指未归附的夷人。

---

① 《布宪职》:“布宪,掌宪邦之刑禁。”此“宪”表示公布、表悬。“刑禁”是带刑罚的禁令。或说《士师职》“五禁之法”即周王的“刑禁”。但“五禁之法”相当完备,武王布宪之刑禁不至于此。

② 《小司徒职》:“凡征役之施舍。”郑注:“施,当为弛。”《遂人职》郑注:“施,读为弛。”《乡师职》郑注:“施舍,谓应复免,不给徭役。”

③ 《土均职》:“以和邦国、都鄙之政令,刑禁与其施舍。”

④ 《小尔雅·广言》:“裔,蔑,末也。”《说文·衣部》:裔,“衣裾也”。徐锴《说文解字系传》:“裾,衣边也,故谓四裔。”

我们说过,四夷分为归附和未归附两种。归附的夷人是王臣,周王视为腹心,或随侍身边,或守卫宫门,有战功则升任大夫。但是,归附的夷人并无特别称谓,仍然称为"四夷"。比如,《周官》称虎贲为"四夷之隶",称鞮鞻氏掌"四夷之乐"。又如,《职方氏职》说"辨其邦国、都鄙、四夷之人民",把四夷的庶民称为人民,显然指归附的夷人。换言之,四夷一词只有在具体语境中才知道褒贬。

裔民也有褒贬两种指向。守边的夷人称为裔民,当是取褒义,因为裔有相的意思①,相是辅助。裔又与旅同义,旅有子弟、师旅之义,相当于下士。② 称裔民表示一种官方身份,他们由周王正式调动到四境,被视为王师的一部分。他们的身份接近下士,但需要有战功才能策命。在策命之前,裔民是一种敬称。那么,裔民为何与未归附的四夷容易混淆呢?因为"四裔"又是地理概念,传说用来安置凶恶之徒。《左传》文公十八年载季文子曰:"舜臣尧,宾于四门,流四凶族,浑敦、穷奇、梼杌、饕餮投诸四裔,以御魑魅。"据说这四凶族出自诸夏,投诸四裔等于处以流刑。"以御魑魅"是让他们在四境抵御入侵的戎狄,也是刑罚的一部分。《左传》昭公九年,詹桓伯使于晋,曰:"先王居梼杌于四裔,以御魑魅。"流放四裔的凶徒也可以称为裔民。

四、小结

按《秦本纪》,孝王把西部边境上的一座小邑秦交给非子,赐嬴姓,从此非子号秦嬴。此时,非子才正式编入周王的边防军。在当时西部边界线,与秦邑相当的小边邑还有很多,最大的边邑当是嬴

---

① 《方言》:"裔、历,相也。"《尔雅·释诂》:艾、历,相也。又曰:"历,傅也。"
② 《方言》:"裔、旅,末也。"《周颂·载芟》:"侯亚侯旅。"《毛传》:"旅,子弟也。"《天官·叙官》"旅下士"郑注:"旅,众也。"《宰夫职》郑注:"旅,辟下士也。"

邑。秦嬴不过是守边王人中的低级官吏,而《秦本纪》居然说孝王"分土为附庸",显系伪托。这是其一。其二,非子是归附的夷人。非子深得孝王欢心,"孝王欲以为大骆适嗣"。适嗣即嫡嗣。能继承大骆之位,至少是其族人。由于申侯之女嫁给大骆,已生有子,此事方才作罢,周王立申、骆联姻之子为嫡嗣,"以和西戎"。说明大骆原是西戎的一支,而犬丘是大骆的根据地。周厉王时,西戎反王室,灭犬丘大骆之族,又杀秦仲,秦人才与西戎为仇。其三,非子为孝王牧马时还是徒庸,成为裔民之后,身份提高,相当于士庶子。按《秦本纪》,宣王以秦仲为大夫,攻西戎。后来秦庄公破西戎,有功,宣王命其为西垂大夫。这证明秦仲之前的秦嬴、秦侯、公伯等三代皆为士庶子。否则,若秦嬴已是附庸,附庸虽无爵,毕竟是诸侯,岂有诸侯任士庶子的道理?!

第五节　裔民与边邑

一、春秋时期的裔民

本编主旨是研究疆域国家,而王国是最大的疆域国家,研究嬴姓裔民,不仅是为了辨别赵、秦身份,最重要的是确认西周时王畿的边境线,为后面复原王畿做准备。周史已亡,西周时的嬴姓裔民已经无法复原,但春秋时期剩下的嬴姓裔民,对我们找到王国的边境线有重大帮助。入春秋,裔民的境遇各不相同,大致分为三类,一是遭兼并而消失。二是尚能保存旧城,个别的尚有扩张。三是有奖于王室,被策命为附庸,遂搬离旧城,重立国都。需要提醒的是,裔民守卫之邑直属周王,不能称为国。《春秋经》对这些城只称城名,称裔民为某人,原本是准确的。比如,江、黄为嬴姓,称为"江人""黄人"。汉晋经师不明其故,把裔民称为国,沿袭下来,等于把周王城邑一概算成诸侯国。周史中的系统性错误,这是第二个。

　　幽王之乱,周的西疆和北疆西段俱告毁坏。南疆又因楚人壮大而不整。王国边境原本依山阻河,连成一片,如今残缺,各种势力趁势争夺,守边裔民渐遭吞并。太史公在《秦本纪》中列举他知道的嬴姓,共十三个:徐、郯、莒、终黎、运奄、菟裘、将梁、黄、江、修鱼、白冥、蜚廉、秦。然而虽知其名,详情却多已遗失。又遗漏了葛嬴,加上则十四个。另外,《左传》文公六年载晋襄公之子公子乐为辰嬴所生。赵孟说"辰嬴贱"。此辰嬴未必是秦嬴。[1] 是否为已佚的裔民,存疑。依顾栋高,在《春秋经》开始记载的年代,可考的嬴姓存六个。[2] 其余传说是嬴姓而不确的有六城,又分三种情况。一、"春秋时无存"的,如奄。二是没有实据可凭的,如谷、谭、沈。三是后人误认的,如弦、麋等。均极允恰。太史公说的"运奄"就是奄。顾氏并未否定奄为嬴姓,而是将奄定为嬴姓"古国",亡灭时间不详。其实,成王践奄之后,周与淮夷曾一度以奄为界。成王调驻裔民守奄,这是奄嬴的由来。穆王灭徐之后,奄已属周之腹内。此地的嬴姓当迁往徐,这就是春秋时看到徐为嬴姓的缘由。顾栋高又认为,《史记》称莒、郯二国为嬴姓,其实皆己姓。不确。莒无疑是己姓,文公七年《传》穆伯娶于莒,曰戴己。其娣又名声己。均是铁证。但是,郯为己姓,顾氏的根据是杜预说少皞为己姓,未免不安。上古帝王俱已灭姓,郯子不敢说少皞之姓,杜预晚了七百年,从何而知。前525年,《左传》说郯子是第一次朝鲁,说明此前郯不朝鲁,又属诸夏,综合看来,郯子

---

① 一说是秦穆公之女文嬴。《国语·晋语》:"元年春,公及夫人嬴氏至自王城。"文嬴即此"夫人嬴氏",在晋国地位甚高,谁敢贱视?! 二说见《史记集解》引服虔:"辰嬴,怀嬴。"据说是怀公之妾。怀公即惠公。如此则年纪必长,乃为襄公生子。更不可信。存疑较妥。

② [清]顾栋高:《春秋大事表》卷十一《春秋列国姓氏表》,中华书局,1993年,第1153页。另参卷五《春秋列国爵姓及存灭表》,第567—608页。

是周王附庸,职在祭祀少皞。其姓不详,然而必不姓嬴。总之,经顾栋高定为嬴姓的六个是:1.秦;2.梁;3.黄;4.江;5.徐;6.葛。再加近年考古发掘的一个:7.钟离。以下逐一评述。

二、裔民与四境

(一)王畿西部边境的残迹

秦,考古所见秦早期都城在今甘肃礼县境内,处西礼盆地中,四面环山,易守难攻,使秦人免于幽王之乱。然而此地是秦庄公任西垂大夫的驻地,也即西犬丘,不是孝王命非子"邑之秦"的边邑秦。不过,边邑秦是小城,应当在西犬丘之西不远。可以认为,今礼县一带就是西周时王国西部边境线的南端。

梁,《地理志》指其旧址在左冯翊的夏阳,即今韩城市。此地在黄土高原东南部山区中。境内以山岭与丘陵为主,西部多梁状山岭,古称梁山。梁紧贴黄河的狭窄地面,地势稍低。传说曾封韩侯在此。周王不会取如此逼仄贫瘠之地封侯,但韩侯灭国之后,寓居此地是可能的。此地过河就是汾河下游,《左传》桓公九年载梁伯随虢仲、芮伯、荀侯等伐曲沃伯,正因这几地相邻。僖公十七年《传》载,晋惠公逃亡在梁,自晋国往西北渡河即到此地。后梁嬴为惠公生一男一女,这是梁为嬴姓的实据。前641年,梁遭秦灭。梁国史无传,出身如何,已失线索。从地图上看,韩城市与平凉、庆阳等基本在一条线,而西周时的王畿北境就在这条线,此地属于四裔的范畴是无疑的。西周时,梁嬴驻扎的城邑应该还在韩城以北。《左传》多称梁国君主为"伯",梁嬴当与秦嬴相当,曾在春秋初年拥立平王,获封附庸。另外,《左传》庄公九年称秦君和梁君为"秦子、梁子"。前文说过,附庸称子,已有须句子为例。子又是周大夫的尊称,秦嬴称为子,因附庸的身份,也是因为西垂大夫的官职。据此推测,梁嬴也有大夫官职,官名已不可考。总之,梁国旧址可以作为王畿北境线的中间点,向西至平凉、庆阳等地是北境线的西段。向东越过黄河进入吕梁山,再越太行入河北平原,构成北境线的东段。

(二)淮河流域

徐、江、黄、钟离等四嬴在淮河流域,皆嬴姓,同属南疆裔民,一并叙述。徐嬴,在淮河下游的北岸,今泗洪县南。《春秋经》昭四年称"徐子",与楚子等会于申,说明徐嬴很可能与秦嬴、梁嬴一样,早已升为附庸,或有大夫官职。江嬴,在淮河上游北岸,故址约在汉汝南郡安阳县,今息县以西。① 黄嬴,在淮河上游的南岸。《春秋经》僖公二年称"江人""黄人",说明二嬴不是附庸,也无大夫官职。《世本》称江、黄为"淮夷"。误。又,江、黄与弦是邻国,历来又与徐一起被指为淮夷。皆误。弦虽在淮河南岸,但处在今罗山与潢川之间,从黄嬴的考古情况看,弦三面包裹在黄嬴之中。《春秋经》僖公五年称"弦子",弦当是周的附庸,也有大夫官职。黄嬴非淮夷是可以定论的。1983 年河南光山县宝相寺出土一批春秋早期黄嬴器,铭文显示,自作器称"黄君"②,为他人所作器称"黄子"③。表明黄嬴只笼统地自称主君或国君,不敢以子自居。有一组"黄孟姬"器显示,黄嬴与姬姓诸侯通婚,黄孟姬即姬姓诸侯之女,又称"黄夫人",其子继任

---

① 徐少华:"从今地图对照,位于今息县西南、正阳县(清真阳县)东南、淮水以北、溮水口西之古江国、汉晋安阳故城,当不出今正阳陡沟以东、潘店以西、皮店以南范围。"《江国铜器及其历史地理考辨》,《中原文物》1994 年 3 期。
② 《黄君孟鼎》:"黄君孟自作行器。"《集成》2497。又见《集成》624、687、2497、9663。
③ 《黄子罐》:"黄子作黄孟姬行器。"《集成》9987。又见《集成》4686、4687、9445、9636 等。

君位。① 表明黄嬴重视与周人的关系。黄的故城在潢川县西北的隆古乡,他的一支傫氏向西发展,越过罗山县到达信阳。② 有学者认为,黄嬴的势力向东已至今商城县大部,向西到鄂东北边缘地带。③ 这意味着,淮河上游南岸至大别山之间的三角区大部分属黄嬴。把淮河南岸的城邑视为淮夷所有,显系有误。《史记·赵世家》说得很清楚,周穆王已大破徐偃王。自此以后,淮河两岸早就没有淮夷踪影。春秋时期的偃姓群舒,才是穆王破徐之后的淮夷残余,也即周金文中的"南淮夷",势力范围大致局限于汉庐江郡以内,而且也在西周时期归附周王。淮河两岸尽属周的证据,还有淮河南岸的六、蓼,他们是专祭皋陶、庭坚的附庸。六的位置已近庐江郡,远离淮河。实际上,春秋时期的淮河南岸,上游有黄,中游有钟离,在今蚌埠双墩和凤阳卞庄。④ 钟离即司马迁说的终黎,也是嬴姓裔民。周王以江、河、淮、济为四渎。渎,沟也。四渎曾是周的四大界沟。但是,以淮为界是周早期的事,破淮夷之后,淮河以南内附。后来楚灭江、黄、弦、钟离等,吴灭徐,都是夺周王城邑。

(三)河北

葛,嬴姓,是唯一可知的北疆裔民。葛嬴⑤旧址,郦道元考之已

---

① 欧潭生:《春秋早期黄君孟夫妇墓发掘报告》,《考古》1984 年 4 期。如《黄子器座》铭文"黄子作黄夫人孟姬器",《集成》10355。又如《黄子鬲》铭文"黄子乍黄甫人孟母器",《集成》624。
② 欧潭生:《春秋早期黄君孟夫妇墓发掘报告》,《考古》1984 年 4 期。
③ 金荣权:《古黄国历史变迁与文化特征综论》,《中州学刊》2009 年 1 期。
④ 阚绪杭、周群、钱仁发、唐更生:《春秋钟离国墓的发掘收获》,《东南文化》2009 年 1 期。
⑤ 《春秋经》桓公十五年:"邾人、牟人、葛人来朝。"《左传》僖公十七年载"葛嬴"。

详①,在滱水入易水处。②《括地志》说在徐水入滱水处。③ 皆不误。可参考谭其骧地图《东汉·冀州刺史部》。④ 按《史记·燕世家》,燕庄公二十七年(前 664 年),山戎侵燕,齐桓公伐山戎而还,燕君送出境,并说"桓公因割燕所至地予燕"。太史迁实有不察。桓公所割的"燕留城"即今安平,在虖池河(今滹沱河)北岸。春秋早中期,齐国的疆域岂能越过河间地到达古黄河北支以北,进而到达虖池河北岸?! 所谓"桓公因割",其实是请示周王以后,把安平以北至临易的王土作为燕侯新宅,相当于周王重封燕侯。此时燕已亡国,新都临易非燕国故土。葛城当在此后归燕。又按《赵世家》,赵孝成王十九年(前 247 年),燕、赵易土,葛城归赵。《正义》引《括地志》云:"故葛城一名依城,又名西河城,在瀛州高阳县西北五十里。"此"西河"实为"西阿"之误。葛城又名西阿,"阿"是河曲之义。《括地志》解释说,阿城得名于它在滱水的大拐折处。秦时,此城属巨鹿郡。西汉属幽州涿郡。东汉属冀州河间国。北魏太和十一年(487 年)置瀛州,此地属之。瀛州即嬴州。⑤ 以瀛为名,正因葛嬴旧址。葛嬴是判断王畿北界东段的重要依据。后面王畿一章中再详。这里先对葛城的变迁略作阐述,以免误会。葛城在东汉时从涿郡划归河间国,

---

① 传说旧址在汉陈留郡宁陵县。误。宁陵之葛,是《孟子》所说与商汤为邻的古国,早已为汤所灭。《水经注》卷二十三《汳水》。

② 《后汉书·郡国志》"河间国":"高阳故属涿。有葛城。"又见《水经注》卷十一《滱水》:滱水下游入易水处的依城即葛城。

③ 《史记·赵世家》:赵成侯十九年(前 356 年),"与燕会阿"。《正义》引《括地志》云:"故葛城一名依城,又名西阿城,在瀛州高阳县西北五十里。以徐、滱二水并过其西,又徂经其北。曲曰阿,以齐有东阿,故曰西阿城。"

④ 另参考《中国历史地图集·战国·燕》,在高阳与鄚之间有"阿",括号内标注有"安、葛"。此图无滱水。又参考《中国历史地图集·西汉·幽州刺史部》,此图只标注有"阿陵"。

⑤ 《隋书·地理志》"河间郡":"旧置瀛州。"据《校勘记》,原作"嬴州"。钱大昕也引作嬴州,参考[清]钱大昕:《廿二史考异》卷三十三《隋书一·地理志中》。

北魏置瀛州包含此城与河间。隋置河间郡，周边的高阳、平舒等皆属之，但此城已废。再后来瀛州成了河间的别名。让人误以为此城在上古时属于河间地。然而，西周春秋时期，葛城远在古黄河北支以北，绝不会在河间地。可参谭图《春秋时期·北燕》。战国时期黄河北支曾向北大幅改道，夺滱、易二水的下游河道入海，此城遭遇过淹没与重建。也是此时改名为阿。"阿"指它在黄河河道的大拐弯处，即河之阿。若是在滱水之阿，岂足道哉?! 对于它在河间的形势，又可参考谭图《战国时期·燕》。总之，战国时期，此城一度属河间地。此后黄河再度改道，西阿城又毁。于是在旧址旁边重建一城，名曰依城，城旁的河道一度暂名为依城河。后又重建阿城，称阿陵。① 陵，丘也。丘，墟也。废址曰丘或墟。以上是此城进出河间地的经过，其中详情已不能细考。东汉以下把此地归入河间，都是这个原因。不过，西周春秋时期的人，只知它在黄河以北，绝不会认为它在河间。须知，西周时期的河间地被视为黄河(北支)以南地区，属于王畿。黄河以北之地用于封侯。但是，黄河以北是否还有直属周王的城邑? 不无疑问。葛嬴的位置，等于告诉我们，周王在黄河以北驻扎嬴姓裔民，则王畿北部边境线的东段至少包黄河北支在内。葛城的位置还有一个特点，此地就在今天的白洋淀中，至今仍是河北平原上最低处，上古是一片泽国。由于地势低洼卑湿，不利于生活和农耕，因此不是封建诸侯的美地。燕、韩二侯的都城选在河北平原西部的督亢地，靠近太行山脉，既有战略防御的考虑，也是因为西部地势高亢干燥，利于人居。燕侯迁都临易，实属无奈，彼时遭山戎击破，已尽失国土，逃命之人没得选择。

---

① 《水经注》卷十一《滱水》："滱水又东北迳依城北，世谓之依城河。《地说》无'依城'之名，即古葛城也。"又说："滱水又东北迳阿陵县故城东。"

本章小结

　　秦人先祖非子,原是归附周王的大骆族人,大骆是西戎的一支。非子为周王牧马时,身份是徒庸。有功,孝王调其驻扎六盘山以外的边邑秦,是为裔民,相当于士庶子。幽王之乱,秦地险要,得以幸免。因战功,平王升为附庸,职在祭祀西畤,始与诸侯通。《秦本纪》所载秦人先祖历史,除西周以前的族史是拼凑的,最重要的改动是将附庸时间提前到西周孝王朝。再将平王封秦为附庸,囫囵称为封建诸侯。

　　《左传》称附庸为子,子又是周大夫的敬称。秦、梁、徐、弦等赢姓国君称子,均是裔民升附庸,且身兼周大夫。又由这些例子,大致可知楚王的出身。以前把《左传》称子的国家视为蛮夷国家,是两周史中系统性的错误之二。这个错误的直接后果,是把周王之城排除在王畿之外,导致周的疆域大大缩小。

　　从身份等级看,裔民相当于士庶子,附庸相当于诸侯或大夫,裔民无疑是低于附庸的。但是,裔民介于边关和藩国之间,归附周王的裔民才有士庶子的身份,未归附的就是四夷的一部分。从身份的分类看,它可以视为单独一类。在本书第十五章的《天下结构图》(图15-1)中,我把裔民暂时放在藩国之下。

第八章 王畿(上)：王畿非王土辨

第一节 王畿与四方

一、"王畿"释义

畿,原义是地域、区域。神祇的兆域也可称为畿。① 疆域则称"畿疆"②。但是,到了汉儒那里,畿的含义发生了变化,变成特指方千里的疆域,并说周时的东亚大陆分为九畿,也就是九个方千里。王畿在中央,占九分之一。诸侯们在周边,占八个方千里。③ 前文提到过,《礼记·王制》的九州也是如此主张。九州从来不是地理知识,而是不折不扣的政治理论。汉儒主张九州,不能空口白牙地讲,要找经籍为依凭,这部经籍就是《周官》。《周官》有两篇职文详述了九州,一是《大司马职》"九畿之籍"节,内有"方千里曰国畿"。二是《职方氏职》"辨九服"节,内有"王畿"一词。这两节都是窜入的注

---

① 《封人职》:"掌设王之社壝,为畿,封而树之。"
② 《大司徒职》:"制其畿疆而沟封之。"《小司徒职》"正其畿疆之封"贾疏:"其邦国、都鄙亦皆有畿界也。"
③ 《小司徒职》郑注:"畿,九畿。"《大司徒职》郑注:"千里曰畿,疆犹界也。"《说文·田部》:畿,"天子千里地。以逮近言之,则言畿"。

文,详参附录。若不计以上两条,无论"王畿"或"国畿",均不见于"五经"。《国语·楚语》倒是有一条"畿田"①,此畿特指方千里,晚出无疑。综上,王畿一词晚出,产生时间大约在战国。发明它有特定的历史背景,战国时期,周王的势力逐渐缩小,最终局限在成周附近。当时的经师讲解春秋以前的历史,需要解释周王与诸侯各有专属的疆域,这就产生了王畿的说法。特指方千里则更晚,大约已是战国末期。王畿和国畿,乍一看相同,其实内涵大不一样。王畿,表面意思是周王的直属疆域为方千里,真正的意思是说王畿非常广大,且占据中央的膏腴之地。诸侯呢?微不足道,只在边角占一小块地方。国畿,表面意思是天下有九个方千里,真正的意思是说王畿只占九分之一,其余九分之八是诸侯的,东亚大陆是王与诸侯共享。考虑到战国时期七国称王的史迹,大约能猜到发明"国畿"一词的时间。再联系西汉早期封王的背景,能理解在西汉流行的原因。郑玄一概用王畿,可见"国畿"在东汉时已不合时宜。

明知王畿一词晚出,本书为何要用它作为周王直属疆域的代名词呢?这是无可奈何的事,两千多年来约定俗成,找不到更好的概念来替代它,非如此无法沟通。《诗经》中的"王土",大约是西周春秋时期的概念。王土的意思很宽泛,边侯国和藩国都属于王土。本章专讲周王的直属疆域,尤其不含边侯国和藩国。同时,本章的重要任务是,考察全盛时的周王畿是否方千里,用王土也不便。

二、四方非方国辨

王畿与四方相对。方即旁。《周官》单独说到"四方"时,有两种意思,一是特指四方神明。如《大宗伯职》的"以玉作六器,以礼天

---

① 《国语·楚语上》载白公子张谏灵王:齐桓、晋文,"是以其入也,四封不备一同,而至于有畿田"。

地、四方",《典同职》的"以辨天地、四方阴阳之声"。两处皆是天地与四方并列。鬼神分为天神、人鬼和地示。所谓"天地、四方",天对应天神,地对应地示。"四方"既然两不属,又与二者并列,我以为表示人鬼。当然也有其他学说。① 总之,这种"四方"表示神灵。

四方的第二个意思是外宾,大约包含藩国或归附的蛮夷之国,总之不在国内。他们来朝觐时,周王待之以宾客之礼,故而又称"四方之宾客"。为什么肯定"四方"不在国内?第一,《司关职》"叩关"郑司农引《国语》:"周之《秩官》有之曰:'敌国宾至,关尹以告。'"司关掌管的关城有边关。"四方之宾客"要朝觐周王,须过"国门",又需"叩关"。② 可见其远在国门之外。第二,旄人的职事为"舞夷乐"。《旄人职》:"凡四方之以舞仕者属焉。"可知从四方选拔而来。第三,《占梦职》说:"乃舍萌于四方,以赠恶梦,遂令始难驱疫。"周人把恶梦视同瘟疫,将其驱逐至四方。可见此"四方"绝非诸侯,否则就成了楚王所谓"除腹心之病,而置诸股肱"(《左传》哀公六年)。第四,夏官环人平时巡逻边境,战时致师和率先攻城。《环人职》:"环四方之故。"可见"四方"乃潜在的敌人。第五,周王派遣使者往蛮夷之国,称为"适四方使",配备的护卫是虎贲之士。③ 说明出使四方有危险,与出使诸侯国不可比。

四方不等于诸侯,还可以职方氏的方为证。职方氏的方,指四方或远方,这从他的五个属官可以看出。五个属官依次是土方氏、怀方氏、合方氏、训方氏、形方氏等。其中,合方氏掌道路和贸易,不

---

① 《大宗伯职》:"以血祭祭社稷、五祀、五岳,以狸沈祭山林川泽,以疈辜祭四方百物。"若依此说,"四方"和"百物"属于地示的第三等级。也有人认为"四方百物"应该连读,认为"四方百物"是"四方之小神"。见《周礼正义》,第 1329 页。
② 《司关职》:"凡四方之宾客叩关,则为之告。"《司门职》:"凡四方之宾客造焉,则以告。"
③ 《虎贲氏职》:"适四方使,则从士大夫。若道路不通,有征事,则奉书以使于四方。"

分邦国与四方。其余四官分为两组，一组是土方氏和形方氏，掌诸侯国的地域、封疆、土宜、任地等事。由其职文可知，诸侯国的疆域原是周王的。另一组是怀方氏和训方氏，二官负责与四方交往，没有相宅、封疆等事。其中，训方氏下达周王的旨意，上传四方的动态。而《怀方氏职》说："掌来远方之民，致方贡，致远物。"来，即招徕，与《商君书·徕民篇》的"徕"字通。"方贡"是四方的朝贡之物。"远物"指远方珍异，但产地与周朝并无朝贡关系，只能通过长途贸易得到。这是《怀方氏职》用"远方"而不用"四方"的原因。

明白了四方的特殊含义，再来看《外史职》："掌四方之志，掌三皇五帝之书，掌达书名于四方。"所谓"四方之志"，就是周疆以外各种国族的志书。"掌三皇五帝之书"一句原是"掌四方之志"的注文，"三皇五帝之书"等于"四方之志"，他们的事迹与周人无关。后世把三皇五帝排在周之前，形成连贯的历史顺序，等于是把四方蛮夷的历史压在周史之上，严重违背周史官的书史传统。

总之，《周官》中的四方与邦国是两个截然不同的概念。四方是诸侯国以外的蛮夷之国。后来二者渐渐混淆，把周的诸侯国称为"方国"，又把独霸一方的大诸侯称为"方伯"，皆与周人的称谓习惯相悖，且可看出夹杂了后起的九州学说。《职方氏职》也是让汉儒误解的原因。《职方氏职》曰："辨其邦国、都鄙、四夷、八蛮、七闽、九貉、五戎、六狄之人民。"其中，邦国是周王封建的诸侯国，都鄙是周王的都邑。"四夷"以下相当于四方。"四夷"又见《师氏职》《鞮鞻氏职》两篇。而"八蛮"以下五种蛮夷仅见于此篇，原本是"四夷"的注文，后窜成职文。此大夫官的职事是熟知诸侯国和四方之事，以方为名，容易让人误解为四方包括诸侯国。其实是周人取名简略，因为四方较远，所以既知四方，就知道诸侯国的情况，以方为名，乃以远包近的意思。

第二节 从听审看"四方"

《讶士职》:"掌四方之狱讼。凡四方之有治于士者,造焉。"讶士隶属于大司寇,与乡士、遂士、县士、方士、朝士并称"六士"。乍一看,讶士似乎享有处置四方狱讼的权力。实则不然。

一、五士的听审权

六士虽然并列,权力各不相同。先看朝士。《朝士职》:"凡士之治,有期日。"朝士的职责是裁决士与士之间的讼案,不问庶民之间的狱讼。用今天的话说是属人管辖。

再看乡士、遂士和县士。乡士,是大司寇官署内的上士,共8人,负责受理京城和六乡的庶民讼案。估计由两人分管京城内的案件,另六人各管一乡。大司寇署内另有中士16人,旅下士32人,若案件繁多,尚可辅助。遂士,共有中士12人,负责受理各遂庶民的讼案。遂士的特别之处在于,他既"掌四郊",又掌"其遂"。遂指六乡以外的区域,《遂士职》所谓"各掌其遂",特指每一遂的中心大城,也即遂大夫驻扎的城,不包括下辖的县。郊是乡与遂边界上的关城,又称郊关。郊关是大城,是周王祭天之地,不在遂大夫的管辖范围。遂城之民若有讼案,需赴邻近的郊关向遂士呈控。县士,此"县"专指六遂之下的县城。县士的官署驻扎于六个遂城,六遂以下各县庶民若有讼案,需赴遂城向县士呈控。用今天的话说,乡士、遂士和县士均按属地管辖。

值得注意的是,三士皆避免驻扎在管辖区内。其中,乡士就在大司寇官署内。须知,大司寇官署的一切事务由小司寇主持,而小司寇又是掌外朝之官,所以,乡士就在外朝,也即在周王的眼皮底下审理京城和六乡案件。若六乡大夫及其属官试图干预案件,需要掂量后果。遂士官署在四郊,郊关属六乡,又是乡遂之界,若遂大夫进入郊关拜访遂士,必定显眼。而县士的官署在遂城,若县鄙的官吏赴遂城关说,也需小心遂大夫发现其行踪。由此可见,三士的驻地是精心考虑的结果,虽不能完全制止关说请托,但至少不方便地方官干预司法。

再看方士。方士,共中士 16 人。方士"掌都家",又"各掌其方之禁令"。这里的"方"是什么意思?郑注:"四人而主一方也。"也即管辖区域分为四个方位。郑玄知道"四方"有特定含义,且与《讶士职》的"四方"相冲突,故而注中不敢用"四方"一词。他的意思是诸侯国与采邑按方位划分了司法管辖区,这就掺杂了"方伯"的观念,是后起的学说。按《方士职》:"凡都家之士所上治,则主之。"《都士职》和《家士职》均佚,二官的职事不详。据《秋官·叙官》,都士按每都配置中士二人和下士四人。"家士亦如之"。二者加起来数量不少。方士不驻扎在各都家,而是受理都士和家士不敢擅断的重大疑难案件。按今天的话说,方士不负责案件的初审,只负责上诉审。各诸侯国和采邑的上诉案件数量不一,按方位分配必有多寡不均的弊病。所以,方士应该不是机械地按方位管辖。就像清代的刑部也负责上诉审,刑部各司是按省命名,受理案件则按各省案件的多寡搭配,每司受理一省或数省的案件。① 这虽是后世之事,但原理与经验是一致的。我认为,"各掌其方"的方,指诸侯国的疆域形状,也即"方百里"之方,是大小之方,而非方位之方。一方即一国,有多少个诸侯国,就有多少个方。采邑则参照诸侯国之例。

---

① 那思陆:《清代中央司法审判制度》,(台北)文史哲出版社,1992 年,第 86—89 页。

二、讶士的职事

最后看讶士的职文，与五士的差异更大。五士的职文一概用"听其狱讼"。听就是审理，后世又称听审。从字面上看，"听"似乎是被动接受，但古人称审理案件为"五听"，指五种推敲案情的手段。[①] 因此，"听"只是审理权的谦称。《讶士职》不用"听"字，而是用"造焉"。"造"是造访之义，指讶士前往当地。说明讶士的官署本在京师。紧接的一句是"四方有乱狱，则往而成之"。此句与前句是一个意思，属于同义反复，是为前句出注，后来注文窜成职文，但有参考价值。成即平，调停纠纷获得成功曰平。[②] "乱狱"，历代经师皆举《周本纪》所载文王调停虞、芮之讼为例。郑玄注为"君臣宣淫，上下相虐"，贾公彦以《左传》宣公九年载夏征舒射杀陈灵公，后楚王讨陈并杀征舒之事为例。惠士奇又举《左传》成公四年郑伯与许男讼，子反曰"侧不足以知二国之成"为例。孙诒让肯定以上观点，并说"乱狱"特指"狱之尤重，大不易平断者也"[③]。总之，肯定不是庶民之间的小纠纷。而且，"四方之有治于士者"的口气表明，是蛮夷之国主动邀请周王出面调停，才会派讶士前往，是被动的义务，而非对蛮夷之国享有司法管辖权，这是《讶士职》不用"听"字的原因。

六士的听审权，呈现出周人的国家观和世界观。在周人眼中，当时的世界由周和四方组成。周分为三部分，第一是王都及其六乡（含四郊），第二是六遂及其县鄙，第三是诸侯国与采邑。周以外则

---

① 《小司寇职》："以五刑听万民之狱讼。""以五声听狱讼，求民情。一曰辞听，二曰色听，三曰气听，四曰耳听，五曰目听。"
② 《调人职》："凡过而杀伤人者，以民成之。"郑注："成，平也。"郑司农云："以乡里之民共和解之。"又引《左传》文公七年"惠伯成之"为证。
③ 孙诒让：《周礼正义》，第2814页。

是四方或远方。四方不属周,周王从没有封建过"方国"。"方国"也不是周对诸侯国的称谓。诸侯国的正式称谓是邦国。四方之国愿意前来朝贡,周人待以宾客之礼。远方的国家若不朝贡,则以长途贸易保持联系。若无交往,则视同潜在的敌国,随时提防。若四方之国的国内发生大事,或者两国之间发生冲突,邀请周王出面调停,周王有义务主持调停;若不邀请,则周王只需等待冲突结果。结合文王调停虞芮之事,王者的调停义务应是东亚大陆上绵延已久的惯例。纠纷双方共同服从调停者的建议,代表对王者身份的承认。若放弃调停义务,或者调停结果不公平,等于承认自己不是王者。

第三节 "王土"释义

春秋时期,周人还在用"王土"表示周王的疆域。王土与王畿是什么关系?

《诗·小雅·北山》说:"溥天之下,莫非王土。"把王土等同于天覆盖之处。诗中有"经营四方"一句,又说"或不已于行"。描述一个任职于行人的王官,常年出使于诸侯国或四方。然而,周王的疆域有边界,天覆盖之处没有边界,二者不可以道里计。通过对四方的分析,我们知道在周人的严谨表述中,四方不在周王的疆域以内,所以,《北山》的"王土"只能被看成夸张的艺术表达。把艺术表达当史实,或者当作理想,都会出问题。

《左传》昭公九年载,前533年,周王派詹桓伯出使晋国,提出:"我自夏以后稷、魏、骀、芮、岐、毕,吾西土也。及武王克商,蒲姑、商奄,吾东土也。巴、濮、楚、邓,吾南土也。肃慎、燕、亳,吾北土也。吾何迩封之有?"推敲最后一句"吾何迩封之有?"它是反问句。"迩",近。意思是"周王封建母弟,何曾仅在近处?"这是以质问的口吻驳斥某个晋大夫的观点。晋大夫的原话已缺，还原其大意是：周王只在王都的附近封建过诸侯。言下之意，周王的疆域仅限于王都附近，晋国的疆土全凭自己开拓。詹桓伯的意思有两层，表面上是驳斥"迻封"之说，实际是说晋国的始封地及其开拓之地曾属周王。更深层的意思，周、晋一家，岂能为土地打起来?! 叔向是聪明人，听懂这层意思，立即放弃争论。

詹桓伯的"四土"说，完整反映了周人真正的"王土"观念，是写实的，却长期以来被人误解，因为其中含有楚、肃慎等地，这些地方似乎未曾纳入过周的版图。先需申明的是，下文讨论"四土"中的各个地名，仅限于西周时期，不涉及源流与迁徙。即使如此，仍有不少争议。笔者的判断标准，一是以汉晋以来旧说为本。凡旧说合理，或尚难推翻的，不再引述新说。二是旧说明显错误的，则择取符合周人眼光的新说。不采之说尽量不引述，以免繁芜破碎。三是若古地名能与今天的市县对照的，尽量指出。不能确切指出的，以山川名指出大概，以待深究。

一、西土

魏，前660年，晋献公灭之。按《汉书·地理志》，河东郡："河北，《诗》魏国。"又说"在晋之南，河曲"。河曲一带，河以南是今潼关，河以西则是芮国。所谓河北，是指河曲一带的北岸，即风陵渡以北。此处是中条山区，魏国国境纵跨中条山南北麓，西至黄河，东境与虞国接邻。魏都蒲阪在北麓，属今永济市。今芮城县也属魏，在中条山南麓。周初封建的诸侯，国都皆选在黄河一、二级支流的入河口及其冲积平原，无不是膏腴肥美之地。魏国的封地看似在山区,又不属汾河流域。① 其实,它占据的是黄河一级支流涑水下游。此河较小,出自闻喜,仅两百公里左右。晋国在其上游。

骀,旧说以为通"邰"字,指西汉右扶风的斄县。② 误。此骀夹在魏、芮之间,显然离二地不远。斄县与"岐"近,不当在此。此"骀"即《左传》昭公元年所载"台骀"的简称。据叔向说台骀是汾河之神,旧封在"汾川",后裔有沈、姒、蓐、黄四姓。我们考订过,此四国俱是附庸国。台骀有治水之功,兴修了贯通汾、洮二水的工程。郦道元认为此洮即涑水,在闻喜县附近。③ 也即晋旧都冀城的南面,揆之地望,差可当之。

芮,在河曲以西,与魏地隔河相望。旧说在大荔县附近(汉左冯翊临晋)。今在北面的韩城梁带村、澄城刘家洼相继发现芮国旧墓,其说可凭。

以上三地是一组,指汾河下游地区(骀)至河曲一带的东西两岸(魏、芮)。

岐,既是山名,又是水名。先周时的周城在岐山的东面和南面。旧岐水早已消失,据说岐水从岐山以西来,从周城的南面流过。④ 周人称山南水北为阳,周城在岐山之南,岐水之北,故称岐阳。所谓西土之岐,则指岐山以西。

毕,杜预说在汉京兆长安县西北。误。毕是封国名,而非采邑名。毕公高死后,子孙称毕伯。这与单伯的封地为单氏同例,毕公与单子都是以男爵入朝为官,未任公卿之前称伯。毕公死后,周王

---

① [清]王先谦:《诗三家义集疏》卷七《汾沮洳》疏引朱右曾、陈奂等语,皆曰"魏境不得逾汾","其实魏无汾也",第 401 页。

② [清]洪亮吉:《春秋左传诂》,第 688 页。

③ 《水经注》卷六《涑水》。

④ 郦道元引《汉书音义》:"岐,水名也。"又说岐水"迳岐山西,又屈迳周城南,城在岐山之阳而近西,所谓居岐之阳也,非直因山致名,亦指水取称矣"。见《水经注》卷十八《渭水》。

收回三公的采邑，子孙仍世袭男爵，故称毕伯。周制，采邑与封国皆在远郊以外。但郑玄在《诗谱·周南召南谱》中说，周公和召公的采邑在岐周，这是很著名的说法，同时也对后世造成很大的混乱。周原遗址发掘以来，证明这种说法"显然与西周金文资料和周原地区发现的考古资料相悖"①。学者论证已详，不赘。其实不但与金文与考古资料相悖，也与传世文献中记载的封国与赏邑制度相悖。据周制可断言，汉京兆尹以内不会有周的封国。又，《魏世家》说毕公之后绝封。据学者考证，梁带村出土毕伯鼎铭文中的"毕伯克"，或在厉、宣时期，并认为此鼎在毕伯失国之后被带到芮国。② 换言之，毕公子孙失国在西周末年，其后嗣逃到了芮。若如此，毕万后来渡河而仕于晋，也就顺理成章。综上，毕在岐水以西。杜预说周公的采邑在汉右扶风雍县东北，召在雍县东南邵亭。此说可采。雍在今凤翔区，则周、召二公的采邑皆在岐山以西。毕又在周、召以西。詹桓伯把岐、毕作为西土的第二组，用来概指岐水以西的地区。

即使毕地不明，从已知的魏、骀、芮、岐等四地，也能推知詹桓伯的意思。他是以成周为中心向西望。他说的西土，指西至岐水以西，东至汾河下游区域和涑水流域。时间是武王克商以前。在地图上以今岐山以西的千阳县为西端，以今山西闻喜县为东端，测出直线距离约 380 公里，周里统一按今里的 3/4 计算（依据详后），约 1000 里。换言之，武王克商之前，周的疆域东西宽度已约千里。这还是毕地不明的保守估算。周在商末绝对是数一数二的大诸侯。把魏、骀、芮三地放在前面，也是提醒晋大夫，晋地曾是不折不扣的周地。非但如此，晋国吞并的河曲两岸的魏、骀、芮等地，也是不折

---

① 卢连成：《论商代、西周都城形态（续篇）》，《中国历史地理论丛》1991 年 1 期。
② 陈颖飞：《清华简毕公高、毕桓与西周毕氏》，《中国国家博物馆馆刊》2012 年 6 期。

不扣的周地。

二、东土

蒲姑,《尚书·书序》:"成王既践奄,将迁其君于蒲姑。"马融、郑玄、杜预、服虔等只说蒲姑属齐。《后汉书·郡国志》说乐安博昌县北有薄姑城,在今博兴县东北十五里。[①] 谭图的《春秋时期·齐》把薄姑标注于齐都临淄的西北边,在古济水和时水之间。按《地理志》:"至周成王时,薄姑氏与四国共作乱,成王灭之,以封师尚父。"《书序》以蒲姑为城。《地理志》则不明,称"氏",似乎以薄姑为国。周人的习惯是称灭国之族为氏。"薄姑氏"的说法暗示,薄姑原本是一个国族,从地理位置看,也很可能是祭祀济水或时水的附庸国。迁,即迁刑,是把犯人迁至边邑禁锢。《书序》的意思是,成王把奄君迁至周的边邑蒲姑城中禁锢。证之詹桓伯的陈述,我怀疑《书序》与《地理志》讲的是两件事,均发生在成王朝。后世误为一事。首先,蒲姑在武王克商之后臣服于周,为周王的附庸。成王践奄后,迁奄君至蒲姑城内禁锢。其次,《地理志》所谓"薄姑氏与四国",指以薄姑国君为首,联合四个诸侯反叛。最后,齐侯在平定薄姑之乱中有功,成王遂以薄姑增封齐侯。值得注意的是,即使《地理志》与《书序》记载的是同一事,薄姑也是到了成王朝才被划给齐国,则此前的周齐之界当在薄姑以南,此后则至济水为界。齐鲁到春秋晚期夹谷之会时,仍以今莱芜一线的山区为界,也就是说,莱芜一线是齐国的南界和鲁国的北界。从莱芜到博兴,直线距离百公里左右,约合周制的 260 里,这是齐国增封之后,初封时应少于此数。孟子说齐、鲁

---

① ［清］顾栋高:《春秋大事表》卷五《春秋列国爵姓及存灭表》。又见卷六《春秋列国地形犬牙相错表·青州府》和卷七《春秋列国都邑表·齐》。

二侯初封时只有方百里，并非凭空捏造。

奄，杜预已不知其所在。旧说以曲阜当之。不确。又，"商奄"二字应该连读还是点断，颇值推敲。《尚书·多士》说"昔朕来自奄"。《多方》说"王来自奄"。《大传》说周公"二年克殷，三年践奄"。均把奄作为独立的地名或城名。《诗·豳风·破斧》"周公东征，四国是皇"，《毛传》"四国，管、蔡、商、奄也"，明确把商和奄分为两国。《左传》中有两处"商奄"，其中一处是定公四年《传》载，分封鲁国"因商、奄之民"，可见鲁地原是商民和奄民杂居之处。《书序》说"成王东伐淮夷，遂践奄"。循绎其义，淮夷之乱以奄为中心，奄是周初淮夷中最强大的。践奄之后，淮夷失了头领，叛乱遂平。《左传》昭公元年列举三代反叛之国，说"周有徐、奄"。奄叛在成王时，徐叛在穆王时，而徐在奄前，说明徐的叛乱规模大于奄。徐即舒。徐中舒认为徐与奄俱是淮夷。① 甚是。徐与群舒或即周初所谓"东夷八国"或"九夷"的后代②，践奄之后，淮夷余众向南逃窜，周人既已平叛，也未穷追。淮夷后以徐为大。据郑玄注"奄国在淮夷之北"，此淮夷指徐。徐在今泗洪县境内，群舒则在更南边的今六安、舒城一带。周初所灭之奄，必在泗洪以北，也即今徐州附近。商，指宋都商丘一带。所谓"商、奄"，表示东土的南界在商丘至徐州一线，也即成王践奄之后，周人与淮夷的疆界。

在地图上测东土的宽度，暂以今徐州为南端，以今博兴县为北端，测得两地直线距离 350 公里左右，约合周制 930 里。这不是东土的最大宽度。可见詹桓伯说商、奄和蒲姑，是说东土的南北宽度超过千里。

---

① 徐中舒：《蒲姑、徐奄、淮夷、群舒考》，《四川大学学报（哲学社会科学版）》1998 年 3 期。
② 《吕氏春秋·察微篇》："犹尚有管叔、蔡叔之事，与东夷八国不听之谋。"《韩非子·说林》："（周公旦）乃攻九夷，而商、盖服矣。"

三、南土

巴，是周王的州，属"谢西之九州"之一。详见下编。汉晋以来旧说，巴在巴郡江州（今重庆巴县）。① 又或以传说的廪君为巴国之君②，以其所在的清江地区当之。③ 均误。廪君是巴人共举之君，非周王策命。清江在今湖北长阳县境内，处长江以南。重庆则在长江上游，均非周时的巴。巴州若远在长江流域，对周王无多意义，不会排在南土之首。西周时的巴州城址，当在大巴山中某个汉水支流的开阔处。有学者认为，"初位于汉水上游陕东南地区与大巴山之间"④。甚是。秦、巴与楚联合灭庸是前 611 年。此后或得楚王默认，巴越过庸地向东发展，后自立为国，在一百多年后的春秋晚期达到极盛。前 477 年，巴人伐楚，围鄾。鄾即《左传》桓公九年的"邓南鄾"。此时邓已为楚所灭，邓、鄾皆属楚。围鄾意味着襄阳以西的汉水上游山区皆在巴国控制中，开始觊觎汉水中游平原。一旦夺取了鄾，北可攻略南阳盆地，南可震慑楚郢。围鄾是大城攻坚战，巴国肯定倾尽国力，此战败后，一蹶不振，巴、楚成世仇。入战国，为避楚国打击，巴人向西南山区转移，才进入阆中、重庆、涪陵等地。

---

① 《水经》卷三十三《江水》"巴郡江州县"，郦注："江州县，故巴子之都也。《春秋》桓公九年，巴子使韩服告楚，请与邓好是也。"此前 703 年，郦氏显然将重庆视为春秋早期的巴国都城。误。

② 《后汉书》卷八十六《南蛮西南夷列传》。又见《世本八种·王谟辑本·春秋列国公侯世袭》等。

③ 《通典》卷第一百八十三《州郡十三·古荆州·清江郡》"清江"条注："汉巫县地。今县西有都亭，夷水所出，一名清江，廪君乘土船于此。"又，同卷《夷陵郡》"巴山"条注："武乐中山有石穴，即廪君拂剑处。又有夷水，即廪君乘土船所也。"又见《通典》卷一百八十七《边防三·南蛮上·廪君种》。又见《文献通考》卷三百二十八《四裔考五·廪君种》。又见《水经注》卷三十七《夷水》。

④ 段渝：《巴人来源的传说与史实》，《历史研究》2006 年 6 期。

濮,指百濮的聚集地。百濮无国,周王设麋州于百濮的聚居地。故址在今白河县境内。周州的制度,均详见下编。

楚,也即楚人占领的荆州。荆为周王的州,仍详下编。《左传》哀公六年:"江、汉、睢、漳,楚之望也。"望即地望。睢即沮。[①] 沮在西,漳在东,二水皆源于今保康境内的大荆山中,在今当阳市南的两河镇汇合。[②] 汇合以下的河段称沮漳河,在今荆州市以西汇入长江。周初的荆州城址或在沮、漳之间,也即保康至当阳之间的山区中。此处是汉代的南郡,属于长江流域,已不属"谢西之九州"的范畴。詹桓伯举濮、楚两地,显然是依南北关系排列。

邓,曼姓,在今襄樊。《左传》桓公七年说:"谷伯、邓侯来朝。名,贱之也。"后世遂误以为邓曼是蛮夷。《春秋经》称谷伯之名,而谷伯显然是姬姓诸侯。服虔说,贱而称名的原因是谷、邓二国亲楚,并非二国为蛮夷。周初未封姬姜以外为侯爵。又,邓国在南阳盆地的边缘,不但是汉水中游的膏腴之地,且是战略重镇。西周时,周的疆域已达襄阳以南,并在南下的两条重要通道中建立了两个侯国,即随枣走廊上的随(曾)国和荆襄走廊上的鄂国,这种布局就像东部封建的齐、鲁二侯。厉王灭鄂,荆襄走廊不会不设防,邓国所在位置表明它代替了鄂侯。《左传》桓公十一年载郑庄公娶邓曼,生昭公。郑庄公在位时(前743年—前700年),郑国称小霸,娶邓曼为夫人,说明春秋早期的邓国势力熏天。综合这些迹象,邓称侯当与陈相同,大约曾有邓女为王后。推测邓在周初的地位与陈相当,都是周王的附庸。后来邓侯亲楚,为周史所弃,其事遂湮灭。

综上,南土排序按"巴、濮、楚、邓",大方向是由西向东,巴在最

---

① 《左传》定公四年载楚子涉睢。杜注:"睢水出新城昌魏县,东南至枝江县入江。"
② 《左传》宣公四年"漳澨",杜注:"漳水出新城沶乡县南,至当阳县入沮。"

西,邓在最东,中间夹着秦岭山脉,濮、楚在中间,又分南北,他们共同构成宗周的南面屏障。今暂以大巴山北的石泉县为西端,以襄阳市为东端,测得二者直线距离约为380公里,约合周制1000里。值得注意的是,詹桓伯所谓"南土"是从宗周向南望,未涉及东南的淮河流域。这表明很可能沿用了先周以来的某种旧说。

四、北土

肃慎,郑玄说是东北夷。《国语·鲁语》载仲尼语,武王克商之后,通九夷百蛮,于是肃慎来贡。《书序》:"成王既伐东夷,肃慎来贺。王俾荣伯作《贿肃慎之命》。"贿即赐财,命即策命。肃慎之君接受过成王的策命,但策命的性质不详。《后汉书·东夷传》:"康王之时,肃慎复至。"这是肃慎与中国交通的最后消息。周人称亡国之族为氏,孔子称其为"肃慎氏",其国当在孔子以前已亡。西周初期的肃慎国在何处?有学者根据《逸周书·王会篇》,指出肃慎至白民是今环渤海地区的原始民族,又据《尔雅·释地》与《逸周书·职方解》所述最东北地方到医巫闾山,认为肃慎在今辽宁西部、内蒙古东部靠近燕山山脉地区。[①]《左传》昭公二十三年载楚国名臣沈尹戍说:"古者,天子守在四夷。天子卑,守在诸侯。"肃慎受过周王策命,是所谓"天子守",实质是藩国。无疑,燕山北麓可算王土北疆。

燕,琉璃河遗址发掘以来,相继发现西周早期城址、墓葬和器物[②],证明西周早期的燕地以房山琉璃河董家林地区为中心。附近

---

① 范恩实:《肃慎起源及迁徙地域略考》,《民族研究》2002年3期。
② 北京市文物研究所编:《琉璃河西周燕国墓地(1973—1977)》,文物出版社,1995年。又,赵福生、王鑫、雷兴山:《1995年琉璃河遗址墓葬区发掘简报》,《文物》1996年6期。

发现殷商旧址、遗址中的殷遗民器物等①,可看出殷人曾深耕燕地。詹桓伯提肃慎和燕,其实是概指今燕山南北。

亳,历来争议颇多。参照其余三土,每一土用某地至某地,划出东西或南北范围。北土还有一项标准是指黄河以北,而且绝不能在成周的西面和南面,甚至不能与成周处于平行的位置。以此为准,只有内黄县符合。② 商周时期的黄河在今滑县西南方分为两支,两支的大方向都是自南向北,大致平行,南支在今馆陶以北折向东,稍稍与北支拉开距离。馆陶以南就成了两支之间最狭窄的一段区域,平均距离40公里上下。两支后又渐近,南支在沧州西南再次折向东,在沧州黄骅东入海,北支则在天津静海以南入海。广义的河间地,就指黄河两支夹出的区域。而沧州以南的河间地,由北向南依次是西汉的河间国、信都郡、巨鹿郡、清河郡、魏郡等。其中,魏郡的大部处于馆陶以南最狭处,内黄又在魏郡的南部。③ 从成周的方向看,此处在黄河南支以北,可谓河以北。但安阳在黄河北支以西,故亳在殷人的眼中可谓河以东。《国语·楚语》载武丁"以入于河,自河徂亳"。此"河"指黄河北支,不能据此误以为商周时的亳在黄河以南。有学者指出,"甲骨文中只有唯一的一个亳",又说这个亳就是"成汤灭夏前所居之亳"。④ 甚是。不仅如此,在周人眼中,商亳也是唯一的。上古的习俗,战胜国将所灭之国的社土搬回本国,分裂后颁给诸侯,谓之裂土。王国和诸侯国再为前朝社土立社。此社有

---

① 李华:《北京房山琉璃河遗址发现的商代遗迹》,《文物》1997年4期;印群:《论琉璃河遗址殷遗民墓的陶簋——兼谈该遗址殷遗民文化因素之消长》,《考古学集刊》2010年2期。
② 岑仲勉:《黄河变迁史》,人民出版社,1957年,第95—102页。王震中:《甲骨文亳邑新探》,《历史研究》2004年5期。
③ 《中国历史地图集·春秋战国·卫》《西汉·冀州刺史部》。
④ 王震中:《甲骨文亳邑新探》,《历史研究》2004年5期。

警示后代子孙之义,故称戒社。① 选址在路门外的东边,下垫木栈,上有掩盖,四面围墙,与天地相绝。只留一道向北开的小门。② 此社在宗庙以南,宗庙之门向南开,祭祀者出宗庙看见此社,俗称此社为庙屏。又因本朝大社在路门外的西边,与戒社左右相对,而正卿的办公地在路门外,故《左传》闵公二年称季友"间于两社"。戒社放的是亡国之土,故称亡国之社或丧国之社。③ 因灭国又称胜国,故曰胜国之社。④ 周人的亡国之社一概称"亳社",证明其社土均从亳地迁来。可见周时的亳仍是成汤之亳,并无二亳。

肃慎国址已无法确指,今暂以紧邻燕山北麓的喀左县为北端。再以内黄县为南端。测得两地直线距离为 710 公里,约合周制的 1900 里。

本章小结

詹桓伯是王国的大夫官,很可能还是大行人(中大夫)。他随口说的四土,在当时是相当权威的。根据他的阐述,第一,四土指京师以外的广大区域。四土之内,有的用于封建诸侯,有的是周王的都邑。第二,他说:"先王居梼杌于四裔,以御魑魅。"四裔即四边,是王国与魑魅的缓冲带,也即最靠近边境线的地方。显然,四土不能等同于四裔。

詹桓伯向人展示了周人的世界观,我们把它补足,分为四部分:

---

① 孙诒让:《周礼正义》,第 1051—1052 页。
② 《丧祝职》郑注:"胜国邑,所诛讨者。社稷者,若亳社是矣。存之者,重神也。盖奄其上而栈其下,为北牖。"《穀梁传》哀公四年:"亡国之社以为庙屏。"
③ 孙诒让:《周礼正义》,第 2053—2055 页。
④ 《左传》文公十五年:"凡胜国曰'灭之'。"

第一，以宗周和成周为中心的京师及其六乡，称为王国。这是周人的中心。第二，站在两京往四方遥望，是辽阔的王土。王土之中分布着周王的城邑、周大夫的采邑、封国和附庸国。第三是四裔，也即紧贴边境线的关城，以及附属关城的边邑，构成王土的边防线。第四是边境线以外的四方。他们有的向周王纳贡，有的与周通商，还有的居心叵测，是为魑魅。王国—王土—四裔—四方，像同心圆，逐层向外。这个世界观可以和《周官》"六土"职文呈现的世界观相互参看。二者最大的不同是，"六土"呈现的是统治关系，周王对四方没有统治权，这是一种事实，不褒也无贬。而王土呈现的是善恶对立关系，带有道德评价。它的潜台词是，良善之人居王土以内，凶奸之徒散布四周，王土可以看成"王道乐土"的简称。理论上，王土可以无限扩大，直到实现"溥天之下，莫非王土"的一天。领土是强调事实，重点是区分"你的"还是"我的"，土地归谁，就是谁的领土。王土则不然，它包含了好坏和利益评价，二者又纠缠在一起，立场和我一致的是好人，立场不一致是魑魅。肃慎是藩国，只因朝贡过两次，接受周王的策命，也算在王土之内。可见，王土的定义与领土不同，大致是随立场变化而变化，哪里归附我，王土就延伸到哪里。

我们说过，王畿是后起的学说，反映战国时期的国家观。而王土代表西周春秋时期的国家观。若不能深入理解王土，便不能理解后起的王畿概念。王畿强调直接支配或有效统治，与领土概念接近。按王畿的定义，只有王的都邑、大夫的采邑和士田属于王畿。它和王土的最大区别，就是把诸侯和藩国排除在外。

是不是与后世的概念更接近，就代表着进步呢？恐怕没这么简单。王土代表的国家观里，王是最高荣誉的象征，他具有以下权力和责任：第一，驱逐或惩罚奸人凶徒，维护国内的正义和秩序；第二，抵御魑魅魍魉的入侵,维持国内和平;第三,调停国际纠纷,制止国家之间的相互攻击,维护世界的和平与公正。若没有能力做到以上三点,将直接削弱称王的正当性。这是一种伦理性的国家观,恐怕不是用落后或进步能够评价的。相较而言,王畿代表的国家观,隐含着放弃王者的责任,没有荣誉性,只要地盘大就可以称王。按照王畿的逻辑,若出现八个大诸侯国,领土均达到方千里,和周王一起瓜分当时的东亚大陆,那就有九个国畿,无所谓王畿。国畿其实是王畿概念的逻辑结果,二者均为剥离了荣誉感和道德性的国家观,实质是胜者为王。国畿一词在东汉已不为人所熟知,但王畿观已成事实,而王土观早已废弃。从此以后,王不再是最高荣誉的象征,而是作为第一等爵位,或称诸侯王,或称藩王,授予皇帝的子孙,也就是可以私相授受。

王土与王畿的分野,是划分上古与中古的内在标准。

第九章 王畿(下):周天子的疆域

引言:王畿的判断标准

我们再三申明,王畿是后起的概念,用它讨论西周时的王土是不得已。王畿与王土最矛盾的地方,是王畿把诸侯国排除在外,仿佛西周时期有一块周王占据的核心领地,这块领地之外都是诸侯国,不在周王的控制之下。遗憾的是,这是战国时期周王与七国关系的写实,把它套在西周时期,甚至套在春秋时期,无异于虚构的想象。然而,就是这种虚构的想象,深深误导了两千余年对周王朝的认识,也误导西周时期中国地图的绘制。要知道,西周时期的田、男二等封国和周王的附庸国,无不处于王土的腹内。这些封国和附庸国固然有自己的疆界,但他们与周王的都邑、卿大夫采邑和土田等错杂相邻,更像是私人领地的边界。比如晋国,西周时期还是涑水上游的甸侯,北面有杨、霍等侯国和周王的都邑,西面有周王的附庸,不能从王土中割裂出去。

王畿把诸侯国排除在外,也不能说完全没有道理。勉强说来,边侯国既是王土的一部分,又一定在王土的边疆区域①,所以,确认边侯是判断王畿的重要标志。另一个重要标志是嬴姓裔民,找到裔民就找到四裔,王土与四方的边界就在附近。此外,需要增加一项参考标准,也即诸侯国的疆域大小。周王封建的诸侯,选址多在平原和水边,按一国四鄙的制度建造。《小司徒职》中隐藏了大小县的面积,对应着封国面积。我们将计算办法简述如下。

1.“九夫为井”。一井是纵横三百步。周制,三百步为一里,一井即方一里。本文采取的周里与今里的换算关系是,周里≈今里×75%。

说明:周制,六尺为步。但周尺无可靠实物,估值在19—22厘米之间。② 一步约114—132厘米。一里约342—396米,相当于今里68%—79%。丈量长达数百里的国境线不必精确。③ 学界多用今里的80%作为估算概率。本文取中间值375米,故估算概率为75%或3/4。

2.“四井为邑”,一邑即方二里。以此类推,“四邑为丘”,一丘即方四里。“四丘为甸”,一甸即方八里。“四甸为县”,小县方十六里。“四县为都”,大县方三十二里。

---

① 《地官·载师》:远郊以外,“以公邑之田任甸地,以家邑之田任稍地,以小都之田任县地,以大都之田任畺地”。畺即疆。郑注:“家邑,大夫之采地。小都,卿之采地。大都,公之采地,王子弟所食邑。”然而郑玄不明周爵制,公卿即王官,家邑当是公卿大夫的采地。依此类推,大都当指边侯国之都。

② 李有芳、赵石刚的《中华古尺与今尺换算关系对照表》列举了周尺的两种换算办法是18.66厘米和19.19厘米,该文建议采用19.9厘米。见《古尺今研》,《古建园林技术》2012年1期。战国尺的实物,最小值为22.7厘米,通说认为应小于这个数值。参考曾武秀:《中国历代尺度概述》,《历史研究》1964年3期。黄盛璋:《历代度量衡里亩制度的演变和数值换算》,《历史教学》1983年1期。

③ 曾武秀:“事实上,0.5厘米以下的出入在古代就是难以划一的。”(《中国历代尺度概述》,《历史研究》1964年3期。)

说明:一邑周边的田亩,是四个井田重叠,面积是方一里的四倍。以下的倍数关系皆如此,如,方四里＝方二里×4;方八里＝方四里×4。以上所说的方某里,仅指为田的面积。实际地形不允许连续为田,必有山川、沼泽、道路、城邑等隔断。战汉以来通说,为田面积是一县面积的2/3。换言之,为田十六里的小县,疆域面积约方二十里。为田方三十二里的大县,疆域面积约方四十里。孟子说齐、鲁初封时方百里。确切地说,齐、鲁初封时,国都当是一座大县,周围四鄙即四座小县,为田面积是方九十六里,疆域面积近方一百二十里。这是边侯的初封规模,不计以后陆续增封的面积。甸侯的初封规模则以一座小县为国都,设四鄙,为田面积方四十八里,疆域面积近方六十里。

每个封国在初封以后会发生很多事,导致疆域面积发生变化,无法划一。大变化的原因主要有三,一是周王赐给诸侯的附庸国不等;二是诸侯因功增封,增封的面积不等;三是诸侯在朝中任官,官位升迁不等,得到的采邑等级也不同。采邑与封国合并,也会增加面积。不过,即使考虑到以上因素,西周时的诸侯国面积仍然有限。以齐国增封薄姑以后的情形为例,大致西面以古济水与王国为界,北至海湾,南至莱芜一线,东至潍水。疆域近似三角形,东西和南北的最大距离在100公里以上,换算成周制不超过方二百里。参考齐国的情况,如果文献记载称为侯国,而占地在方百里以上或近方二百里,那么可能是边侯。如果疆域远不及方百里,则可能是甸侯。当然,这只是参考标准,主要看国址是否在边疆。

第一节 北境西段与中段

一、北界西段

幽王之乱后,陕以西的都邑和封国遭到破坏,已难复原,只能结合制度、史载与考古发现,推测王畿西部的北界。

先看王畿的西界。秦是嬴姓裔民。秦庄公升任西垂大夫,从官名可知,职在镇守西疆。西犬丘是西垂大夫治所,秦邑离西犬丘不远。无疑,王畿的西界在西犬丘附近,但这只是西界南端的城邑。观察礼县的地形,可知此处是用于控制六盘山和秦岭之间的渭河河谷入口。渭河穿过六盘山进入关中平原,故渭河河谷的入口处必守。同时,六盘山由北而来,是关中平原的西部屏障。西犬丘又在六盘山以西,说明西周时的王畿边界也在六盘山以西,而非六盘山。我推测周王在六盘山以西至少建有两个以上边侯,西申就是其中之一。周王的封国在六盘山外构成第一道防线。

六盘山中还有关隘,守住山中通道。尤其是北边的开口处在今宁夏固原,有一条泾河的支流顺山谷往南,汉代称乌水,今名清水河,顺河谷沿岸可达泾河上游,再循山谷南部的汧水,经汉代的汧县(今陇县),到达出口,出口就在今陕西千阳、凤翔,也就到了渭北平原的西缘。毕公的封地,大约在凤翔西北,也即千阳县附近。周王的关城还在毕地以北,也即固原至今泾源县之间,大约在汉萧关的附近。《国语·周语》载"宣王料民于大原",顾炎武以为大原即汉安定郡泾阳县[1],萧关就在大原的西北。这里是周王畿的西北角,它既

---

[1] 《诗·六月》:"薄伐玁狁,至于大原。"王先谦采顾炎武说,在西汉的泾阳县。此泾阳县在泾河上游,今平凉市西北,非泾河下游的今陕西省泾阳县。(《诗三家义集疏》,第612页。)《国语集解》引戴震说,大原在平凉府固原州。

是王畿北界的西起点，也是西界的北起点。幽王之乱，秦襄公将兵救周。秦人的兵力保存完好，间接说明敌人未走渭河河谷，那就只能是破了六盘山北面的边关进去。2017年，此地东北面彭阳县姚河原村发现西周早期的诸侯大墓。① 周初在黄土高原的北面封有侯国，已成铁案。揆其地址，无疑是边侯。这个侯国的南界，可以视为王畿的北界。因此，虽不敢说周关旧址与汉萧关重合，但说周的北界在彭阳县以南和汉萧关以北，当无大碍。

王畿北界的西段，大致从汉萧关往东，沿泾水上游直至洛水上游。为防戎狄南侵，只守六盘山口的萧关一带是不够的。萧关东边的庆阳（汉北地郡郁郅）也需设关。两周时的黄土高原上森林密布，地形复杂，大队骑兵难以翻越。但有一条泾河的支流，汉代称泥水，今名马莲河，河谷之内地势缓平，敌骑由河谷到达泾河上游，再顺泾水河谷南下，出口就在富庶的渭北平原中心地带（今泾阳县）。这里距镐京不足百里，若敌骑到此，京师震动。今庆阳市环县就在此河上游，秦萧关则在环县境内。战国时，秦与义渠主要也是争夺此地。萧关是北境防御体系的总称，无论设在何处，另一处仍须设防，周人不会不知道。若在地图上连接秦汉萧关，则可见东端（环县）已接近洛水发源地（汉北地郡归德），洛水蜿蜒穿过黄土高原东部，东南流入渭河，出口在今蒲城县境内，故洛河上游必有周关，只是关址、名称等俱已失考。周的边境设在洛河上游的北岸，还有一个证据，就是梁嬴。前641年，秦灭梁以后，关中是秦国独大。我们说过，梁嬴未升附庸之前，驻地尚在韩城以北的山区，那里才是王畿在黄土高原东北部的边境。总之，黄土高原经历代周先公深耕，又涉及宗周的安全，卧榻之侧，岂容他人鼾睡?! 武王伐商后又尽扫此地。王畿

---

① 《宁夏彭阳姚河塬遗址发现西周早期诸侯级大墓》，《光明日报》2017年12月3日，第四版。

西部北界在汉萧关往东一线,应无疑问。

值得提醒的是,在彭阳县东面,很可能还有未发现的边侯故址。从萧关往东到吕梁山中的黄河河段大约 370 公里,换算成周制近千里。这之间除了吕梁山区就是黄土高原,从游牧民族南下的角度看,这是较易突破的豁口。反过来,从周王的角度看,这个大豁口必须建立边关,同时建置边侯,犄角互援。彭阳县在王畿北界的最西端,它的东边至少还有一个边侯,如此以符东部边疆设齐、鲁二侯之例。

二、北界中段: 河东诸侯

王畿北界往东穿过吕梁山,在今陕西韩城北部过黄河,进入河汾地区。汉时,这一区域属河东郡,它的南部是河曲的北岸,也称河北。下面从河曲一带依次往北梳理。

魏国,紧邻河曲,纵跨中条山南北。当是男国。上章已述,不赘。

虞,魏的东邻,在今平陆县境内,同是跨中条山南北。

虢,又在虞东,今平陆境内有一块地,另一部分在黄河以南。《左传》称虞、虢二君为“公”。二国当是男国封地和三公采邑的总和。既然是采邑,那么虞、虢均在王畿腹内。

晋,初封时为男,后增封为甸侯。初封时大约局限在稷王山与太行山三面合围的小盆地中。增封以后,南界扩张到虞,晋、虞的界线大致在今运城市北。它的北界,可参考今襄汾县北贾村。贾,就是《左传》桓公九年所载贾伯。[1] 贾伯与曲沃伯的情况相同,都是晋侯之子,取晋国的北鄙为封地。晋是甸侯,也在王畿腹内,四面无敌

---

[1] 《郡国志》“河东郡”,刘昭引《博物记》曰:“有贾乡,贾伯邑。”

人。他的东南部包含了后来轵关陉(济源—侯马)的西段,即绛县至侯马段。西周时,太行八陉尚未形成,太行山中盘踞着赤狄诸部,又称"丽土之狄"①。而占据轵关陉的是赤狄的东山皋落部。旧说以为赤狄是未归附的戎狄,则晋的东南部有敌人。其实,赤狄隗姓,在武王伐商时已归附,东山有周王设立在赤狄聚居区的州城。我疑末代周公出奔地的东山即此东山。

荀,据《左传》桓公九年说是侯国。荀在魏以北,疆域东西短而南北稍长,呈长方形或矩形。境内中部是山地(今称孤山),山北就是汾河下游平原,实属膏腴。它的西北部是耿②,爵位不详,但地处偏僻山区,不像周王的封国,应该是荀侯的附庸,大约相当于晋的贾伯、曲沃伯等。王畿北界从黄河过来,或在耿的境内,即今山西省河津市北部的山区。

杨,侯国,都城在今洪洞县境。③ 杨国夹在荀、霍二侯之间。西界若至黄河,则包吕梁山区在内。疆域呈长方形,东西长而南部狭,可能与封建时间较晚有关。④ 杨当是甸侯。《左传》说祭祀汾河的有沈、姒、蓐、黄四国,它们或许是杨侯和荀侯的附庸。

霍,侯国,在今霍州市。霍州紧邻太行山西麓的一脉,又称霍山。武王伐纣之前,此地尚在商王控制中。据《逸周书·世俘解》,

---

① 沈长云:《骊戎考》,《中国史研究》2000 年 3 期。
② 《左传》闵公元年:晋侯作二军,"以灭耿、灭霍、灭魏""赐赵夙耿"。《地理志》"河东郡":"皮氏。耿乡,故耿国。晋献公灭之。"
③ 《地理志》"河东郡""杨县",应劭注:"杨,侯国。"叔向又称杨肸(《左传》昭公五年),盖以采邑为氏。
④ 一说晚至幽王朝,《世本》卷七《氏姓篇》:"杨氏,本自周宣王子尚父。幽王邑诸杨,号曰杨侯。"另一说时间不详,《元和姓纂》卷五《下平声·十阳》:"至晋出公逊于齐,生伯侨,归周,天子封为杨侯。"

武王克殷之后,兵锋四出,陆续平定未归顺的诸侯,并生擒殷的霍侯。① 此后以其地封文王之子。古文《蔡仲之命》说,管、蔡乱后,"降霍叔于庶人,三年不齿"。说明霍叔因偏向管、蔡而受罚。《毕命》孔颖达疏引郑玄云:"今其逸篇有册命霍侯之事。"但郑玄所见册命霍侯之文已失传,不知封侯在哪一朝。又据《穆天子传》,穆王时的霍侯名旧。② 郦道元听说,末代霍侯名求,晋献公灭霍,霍侯求逃到齐国。晋国大旱,卜官称霍太山为祟,晋侯使赵夙召霍侯奉祀,晋复穰。③

从霍侯往北,未闻西周时期还有封国。所以,霍侯对于确认王畿中段的边境线非常重要,需要重点分析。霍侯处在吕梁山东坡与霍太山西坡交会的高地上,南面是临汾盆地,北面是太原盆地。若敌人由北南下,必须仰攻此地,地势利于南而不利于北,是设关固守的佳地。从地图上测这片高地,南北宽约 70 公里,从霍太山西坡到黄河东岸约 140 公里,合周里相当于两个方二百里(180 周里×370 周里)。霍侯必不能尽有此地!狭义的霍太山,仅指霍州东面的霍山。依《大司乐职》"四镇五岳"郑注:"四镇,山之重大者。"霍山即四镇之一。《职方氏职》又把霍山定为冀州山镇,与九州的山镇并列。不过,九镇、四镇五岳等均是晚至春秋战国的说法。西周时,只有四岳,没有五岳。四岳指四方之岳,可以不止四个。但如果只有四个,那一定是吴岳、大岳、嵩岳、岱岳。吴岳在六盘山南麓,也即《禹贡》和《地理志》所谓汧山。吴岳与周人最亲,故周人称其为岳或

---

① 《逸周书·世俘解》:"乙巳,陈本命新荒蜀、磨至,告禽霍侯。俘艾佚侯小臣四十有六,禽御八百有三百两,告以馘、俘。""俘艾佚侯"又作"俘文佚侯"。于鬯以为是"禽霍侯、艾侯,俘佚侯"之误。见《香草校书》卷九《周书一》"禽御八百有三百两"条。

② 《穆天子传》卷五:"霍侯旧告薨。"《今本竹书纪年》:"(穆王)十六年,霍侯旧薨。"

③ 《水经注校证》卷六《汾水》,中华书局,2007 年,第 161 页。

岳山。大岳即霍太山，也称太岳，周人视为太行山主峰所在。《逸周书·度邑解》载，武王说"我北望过于有岳"，即指大岳。如果周的四岳有五座山，可以加上华岳。无论如何，衡、恒二山绝不在周的四岳中。综合各种迹象来看，春秋时期的秦、晋二国已在极力销毁周的四岳文献，秦是为了掩盖吴岳为周王专祭的制度，晋则是为了掩盖他吞并周王大岳的事实。汉儒承秦火之后，对四岳制度了解已不详。清儒用力颇深，才稍稍恢复了吴岳和大岳的地位。[①] 为免枝蔓，此处不展开论证。即使如汉儒所说，霍山为四镇之一，也足以证明此山有周王专祭的兆域，非霍侯所能染指。又依岱岳周边的遗制，可知霍山脚下也有周王的都邑，以便王师集结，与霍侯共同抵御北面之敌。

大岳的兆域与霍国相邻，周王前来祭祀时，霍侯有助祭的职责。所以，历代霍侯肯定是谙熟大岳祭仪之人，《肆师职》说："与祝侯禳于疆及郊。"其中的"侯"字，通说以为是祈禳的一种特殊方式。我觉得断读成"与祝、侯禳于疆及郊"，也通。若如此，肆师代表周王前来祭祀太岳时，霍侯也要陪同祭祀。但说末代霍侯回去充当晋国祝官的传说，仍难全信。郦道元听说霍太山不接受晋侯的祭祀，大概是霍国旧族的传言吧。

从地理位置看，霍州的位置较固原、彭阳等地更北。大岳的兆域方二百里，霍侯的疆域仍达到方二百里，无疑是属边侯。显然，霍太山一带就是河汾地区的王畿北境。

[①] 《大司乐职》"四镇五岳崩"，孙诒让疏：《周礼正义》，第 1786—1789 页。又参《职方氏职》"冀州"孙诒让疏，第 2674—2675 页。

第二节　北境东段

一、卫侯非边侯辨

太行山南麓(王屋山)与孟津以下黄河段夹出的平原,今济源至淇县一带,古称南阳。从晋国出发,穿过轵关陉就进入南阳。西周时,南阳在王畿腹内。到了春秋时期,南阳东部的卫国成了成周以北的屏障,再加上"卫"有防卫边境的意思,所以,很容易把卫国误认为是西周时期的王畿北境。但只要了解卫的爵位,此说不攻自破。故以下略述卫的封建。

《左传》隐公十一年载"苏忿生之田"十二处,原是苏子的采邑或赏田,主要分布在南阳。此地密布王官采邑,已足可证明西周时属王畿。何况,邻近淇县的辉县,两汉时称共县,曾是共伯的封地。共伯即传说摄王位的共伯和。按《史记·卫康叔世家》,共伯袭卫伯之位,后不再闻。春秋时,此地又出现一个男国,称凡国。① 周王不会在边疆封建男国。

辉县往东就是淇县,也就进入卫国。卫国是否在王畿内?有两说,《卫康叔世家》只称康叔为"卫君"。但西周早期铭文尊称为"康侯"。② 有学者认为,周早期有"康侯"而无"卫侯"。③ 甚是。卫,原

---

① 《春秋经》:"冬,天王使凡伯来聘。"《郡国志》"河内郡":"共,有汎亭。"刘昭注:"凡伯邑。"
② 如《康侯鬲》(《集成》464)、《康侯丰鼎》(《集成》2153)、《康侯觯》(《集成》6137)、《康侯爵》(《集成》8310)。
③ 王祁:《浚县辛村墓地性质新论》,《中国社会科学报》2018年9月4日,第6版。

指殷的近畿防卫区。① 周初,这片区域反过来成为成周的北面防卫区,由康叔领一支精锐王师驻扎。康叔大约在成王朝时获封男爵,后官至司寇,位上大夫。称其为康侯,是因为男国加卿的采邑,再加卫地,视为侯。康叔死后,卫国国君皆称伯,与召伯、毕伯等例相同,说明未世袭上大夫采邑。但是,西汉以来说卫国,多以《左传》定公四年所载祝佗之说为准,不信太史公。殊不知,祝佗以鲁、晋比卫,显是自夸。《史记索隐》又把康叔之子康伯的伯,附会为"方伯之伯",更是不明周爵制。祝佗列举的卫国分物中,没有象征侯爵军权的旗鼓、军器等,已暴露卫在周初非侯。祝佗又说:"文、武、成、康之伯犹多,而不获是分也。"更不足信。《左传》昭公十五年载籍谈在景王面前承认:"诸侯之封也,皆受明器于王室,以镇抚其社稷。"岂有周王封建而不颁分物之理?! 周的旧侯国中,卫最后亡,祀典保存在秦官府,再入汉秘府。太史公称康叔以下为伯,必有卫国祀典可依。

按《卫康叔世家》,卫顷侯厚赂夷王,"夷王命卫为侯"。可知卫增封为侯在周夷王时。增封之后,卫不过是甸侯,国址在黄河以北,不至于越过古濮水,抵达古济水北岸。而祝佗说:"自武父以南,及圃田之北竟。"武父城,周王的都邑,今在兰考县东北,汉属陈留郡济阳县。② 此城在当时的黄河南支以南,今天或已没入河道。"武父以南"指武父城南的古济水。周人称江、河、淮、济为四渎,凡以四渎为界,默认为众所周知,无需明示。所以,"武父以南"指卫的东南边界

---

① 《职方氏职》的"九服",以王畿为中心,外五百里为一服,依次是侯、甸、男、采、卫。卫服列第五。再往外是蛮、夷、镇、藩。《大司马职》的"九畿",以国畿为中心,外五百里为一畿,依次仍是侯、甸、男、采、卫。卫畿列第五。其外为蛮、夷、镇、蕃等四畿。甸、采是王畿内的单位名,侯、男是爵名,卫与四者并列,可断定非地名。

② 《水经》卷七《济水》:"又东过卫武县南。"郦注:"济水又东迳济阳县故城南,故武父城也。城在济水之阳,故以为名。"《左传》桓公十二年:鲁、郑二国"盟于武父"。

至武父以南的济水为止。圃田,豫州大泽,又称原圃泽,今中牟县北,古渠水注之。① "圃田之北竟",指卫国的南境到达圃田泽的东北。为什么祝佗要这么说?这样才显得卫国疆域广大,看起来像个边侯。按祝佗所说,以兰考东北至中牟为卫国东西长度,以淇县至中牟为南北长度,垂直距离皆在 75 公里左右,合周制方二百里左右。其实,依《左传》隐公二年载,前 660 年,狄人"灭卫",卫遗民仅存男女七百三十人。又载,前 658 年,"封卫于楚丘"。所谓"封卫",指周王以周城重封卫国。楚丘,在古黄河南支的南岸。由此可知,卫在丢了南阳故地之后,重封才有黄河以南地。后来卫国收复黄河以北,才形成祝佗所说的疆域。

综上,西周中晚期的卫国,周爵为甸侯,国址限于南阳。王畿北境不会在卫国附近。

二、东阳四侯之一:黎侯

出太行山往东进入冀中平原,古称东阳。殷都安阳就在东阳南部,镇守古黄河与太行山之间的狭窄通道。黎在安阳以南,是商王狩猎的苑囿。纣王在此举行大蒐礼,史称"黎之蒐"或"黎山之会"。大蒐是王者接见诸侯与外宾的正式场合,纣王骄奢傲慢,引发东夷大叛乱,黎蒐成了盟会失败的著名案例。② 黎再往南就是卫。按百里为郊的制度,今浚县黎阳镇一带至安阳约 40 公里,合周制百里,相当于殷都南郊。武王伐商,渡河向东到卫地,拐向北即入黎。远郊

---

① 《地理志》"河南郡":"中牟,圃田泽在西,豫州薮。"《水经》卷二十二《渠》:"渠出荥阳北河,东南过中牟县之北。"郦注:"渠水自河与济乱流,东迳荥泽北,东南分济,历中牟县之圃田泽,北与阳武分水。"

② 《左传》昭公四年:"夏桀为仍之会,有缗叛之。商纣为黎之蒐,东夷叛之。"《韩非子·十过》:"纣为黎丘之蒐而戎狄叛之,由无礼也。"

曰牧,郊外曰野,两军分布在牧与野之间,故称牧野之战。大战时,纣王北来,右依山,左凭河,展开军队塞满此地,占尽地利。武王则不利,黄河在右后方,稍后退就会挤入河中,只能奋力向前。灭商以后,东阳的战略位置为之一变。镐京在黄河以西,周王坐西向东,视角也不同。太行山在周王的左手,秦岭在右手,两大山脉就像打开的两扇门。南阳在门内,东阳却在大门外,需要重点布防。西周时,此地由南向北依次封建黎、邢、韩、燕四侯。下面来看东阳四侯与王畿的关系。

传说西伯戡黎,祖伊恐,预言商朝即将灭亡。[①] 故历代学者都知道黎地与殷都甚近,但究竟在何处,始终有三说,一说在上党(今长治市)地区,二说在东夷之国[②],三是《水经注》认为在汉晋的黎阳(今浚县黎阳镇)。[③] 2006 年,黎城县西周墓地发现"楷侯"铭文的青铜器后,学界意识到楷侯即黎侯的册封之名,不再有人提旧说。但是,侯国都城不可能建在山中,黎城县只是陵区,黎国都城只能建在东阳。而当时的东阳南部受古黄河北支河道的限制,呈狭长的三角形,越往南越窄,逼仄处仅约 10 公里,殷都就在三角形的南部。周人灭商之后,殷都成为丘墟,或许施用过"诅祝"一类法术,不许人靠近。同时,周虽灭商,却有责任祭祀古帝王,与安阳相邻的河间地即亳,亳有祭祀成汤的兆域。换言之,安阳一带及其相邻的河间地均属周王。黎国都城只能在安阳以北的漳河流域,约今磁县至临漳一线。

太行山中,南部的上党地区是赤狄"潞子",旧说是蛮夷子国,其

<hr>

① 《尚书·西伯戡黎》:"殷之即丧,指乃功,不无戮于尔邦。"又见《史记·殷本纪》。
② [清]孙星衍:《尚书今古文注疏》卷八《西伯戡黎》"西伯既戡黎",中华书局,1986 年,第 249 页。
③ 《水经》卷五《河水》:"沁水从西北来注之。""又东北过黎阳县南。"郦注:"黎,侯国也。《式微》'黎侯寓于卫'是也。"黎阳在汉晋皆属魏郡。

实是周王设在赤狄聚居区的州城。中部,今榆社县至襄垣县一带,现在知之甚少,但西周时应该掌握在周王手中。再往北的山区就不好说了。黎城县在太行八陉的滏口陉(今磁山镇至涉县)以西,西周时,滏口陉无关城。潞子与黎侯冲突,从山中东出即可袭取黎都。黎侯无处安身,只好南逃到卫国当寓公,一个侯国国君沦落至此,成了《邶风·式微》吟咏的话题。安阳以北即邶地,吟咏黎侯的诗放在《邶风》,也说明黎都在此。后来卫伯增封为侯,厚赂夷王固然有用,但黎侯失国,由卫国防御东阳南部才是明面上的理由。前594年,晋景公姐姐为潞子权臣酆舒所杀,晋灭潞,找黎侯子孙重建黎国。① 此地汉代名黎亭,在今长治壶关县境内。② 这是后来传说黎国在上党境内的缘故。但此黎不过乡亭大小,与西周时的黎侯不可同日而语。

综上,西周时的黎国都城在漳河流域,即邶地。当时的黄河河道比今天更靠西,河岸在今魏县附近,虽不好测距离,但东西平均宽度不及百里,是可以肯定的。黎侯限于东阳南部的狭窄平原,南不到安阳,向北大约到邯郸,南北30公里上下,合周制约80里。疆域总面积不及方百里,黎侯应是甸侯。黎国所在地仍属王畿。

三、东阳四侯之二:邢侯

邢,在黎国以北。第一代邢侯是周公旦之子③,《王莽传》说他是庶子,封于成王时。能在西周早期封侯,必有过人战功,非仅凭王子

---

① 《左传》宣公十五年:"(潞子)弃仲章而夺黎氏地。"又云:"以略狄土,立黎侯而还。"
② 《水经》卷十《浊漳水》:"又东过壶关县北。"郦注:"(漳水)迳壶关县故城西,又屈迳其城北,故黎国也。有黎亭。"
③ 《左传》僖公二十四年:"凡、蒋、邢、茅、胙、祭,周公之胤也。"《左传》襄公十二年:"为邢、凡、蒋、茅、胙、祭,临于周公之庙。"

弟的身份可得。《地理志》说邢都在今邢台(汉襄国县),是可信的。1991 年以来,随着南小汪等遗址相继发掘①,证明邢台原是商人聚居地。"西周早期偏晚阶段,大量具有周文化特色的文化因素突然降临邢台地区。"②与成王封邢侯的传说相符。今元氏县西张村出土了西周中期的臣谏簋,铭文记载邢侯命臣谏率"亚旅"至軧地阻击戎狄。③ 有学者认为軧地在元氏县以南,相当于今赞皇至宁晋一带。④ 有理。若如此,敌人并非自北而来,而是从太行山中东出,说明西周时的太行山北部山区(今盂县以北)非周王所有。邢国的北界大约就在元氏县,太行八陉中著名的井陉(今井陉县至阳泉市)也在元氏县西北,井陉之名当得名于邢国之"井"。西周时,井陉应当已设有关塞,作为邢国的西北界。后面会谈到,春秋早期的燕国以滹沱河北岸的燕留城为界,燕留城是周王的都邑,则邢国北界就在滹沱河。邢国的东界在哪里?我认为大约就在鼓(今晋州市)。前530 年,晋灭肥,肥即今石家庄藁城区。前 527 年,荀吴克鼓。⑤ 鼓成了晋国控制东阳北部的重镇,也是晋、燕、齐三国交界处。鼓与肥(今石家庄市藁城区)均在滹沱河南岸,又在邢台的东面,邢国灭亡之前,此地要么属邢,要么是王畿,总之不该属鲜虞。而黄河北支故道就在鼓的东南面向东拐去,邢国与王畿以黄河北支故道为界,北支故道以南以东的河间地俱属王畿,这是无疑的。所以,邢国灭亡

① 石从枝、李军:《河北邢台市南小汪发现西周墓》,《考古》2003 年 12 期;段宏振、张渭莲、任涛:《河北邢台南小汪周代遗址发掘简报》,《文物》2012 年 1 期。
② 张渭莲、段宏振:《邢台西周考古与西周邢国》,《文物》2012 年 1 期。
③ 《集成》3·4237,第 2451 页。《臣谏簋》释文:"唯戎大出于軧,邢侯搏戎,诞令臣谏□□亚旅处于軧。"又唐云明:《河北元氏县西张村的西周遗址和墓葬》,《考古》1979 年 1 期。
④ 李学勤、唐云明:《元氏铜器与西周的邢国》,《考古》1979 年 1 期。杨文山:《青铜器叔趯父卣与邢、軧关系:两周邢国历史综合研究之六》,《文物春秋》2007 年 5 期。
⑤ 《春秋经》昭公十二年和昭公十五年称晋伐"鲜虞"。《左传》昭公十二年和昭公十五年称"肥子"和"鼓子"。

前，鼓属邢的可能性较大。前 662 年，邢侯失国，肥、鼓当在此时陷落。前 659 年，在齐桓公的帮助下，周王重封邢侯于夷仪。依《后汉书·郡国志》，夷仪即聊城。① 前 642 年，邢人试图恢复故土，联合狄人伐卫，与卫结下深仇。② 前 635 年，卫侯灭邢。

值得注意的是，西周春秋时的聊城夹在黄河南支故道与古济水之间，这一区域未见封国的记载。我们多次说过，齐国在古济水以东。济水及以西区域均属于王畿，不属齐国。前 658 年，卫迁楚丘，此地也在黄河南支以南，濮水以北。濮水更在济水以北，同样属王畿，不属齐国。邢、卫二国迁都至黄河南支以南，均已彻底丧失国土，躲到王畿以内。《左传》闵公二年评论道："邢迁如归，卫国忘亡。"如归是不在自己家中，忘亡就是原本已亡。因齐桓公帮助二国迁都，后世误以为邢、卫二国迁都在齐地。其实，齐桓公只是率诸侯执行王命。《左传》闵公二年说"封卫于楚丘"，《左传》僖公二年说"诸侯城楚丘而封卫焉"。只有周王才有资格重新封建卫国。《左传》僖公元年说"邢迁于夷仪，诸侯城之"，这句话与"诸侯城楚丘"同例，只是省略了"封邢"二字。可见，此前的夷仪当然是周王的都邑。

西周时的邢国，疆域几乎呈正方形。当时东边的黄河故道在今巨鹿至晋州一线，邢台距河岸约 60 公里，加上向西进入太行山中关城的距离，东西宽度 90 公里—100 公里。北部若以滹沱河南岸槁城

---

① 《汉书·地理志》"河内郡"应劭注，平皋（今温县东）号邢丘，当是邢迁之夷仪。臣瓒以为夷仪在邢台（汉襄国）西北的夷仪城（今浆水镇）。均误。查浆水镇在太行山中，近山脊，侯国都城不至此，当是扼守山中通道的邢国边邑之一。邢丘之"丘"即丘墟之丘，当是卫灭邢后，邢侯后裔亡晋的寄居地。

② 《春秋经》僖公十八年："冬，邢人、狄人伐卫。"《经》僖公十九年："卫人伐邢。"《经》二十年："秋，齐人、狄人盟于邢。"《左传》僖公二十年："秋，齐、狄盟于邢，为邢谋卫难也。于是卫方病邢。"

起算,南到邢台,约 100 公里。估算总面积超过方二百里,无疑是边侯。周王在此封建边侯,不是防北边,而是抵御西边从太行山中出来的敌人。

四、东阳四侯之三：韩侯

韩,《大雅·韩奕》说韩侯"奄受北国",可知在周之北境。又说其城"燕师所完"。离燕国必近。还说韩国都城近梁山①,毛《序》、郑《笺》皆认为梁山在左冯翊夏阳西北。误。夏阳即今陕西韩城市,在王畿以内,难称"北国",当是韩侯失国以后的寓居地。查《水经注》,梁山不止一处。《韩奕》所谓"梁山",指以石景山为代表的燕山南麓的余脉。②《水经注》引王肃说,韩侯城在涿郡方城县③,方城即今固安县。清儒从之。④ 第一代韩侯是武王之子⑤,分封时间当在成王朝。《韩奕》写的则是宣王时的韩侯,战功卓著,与召公齐名。⑥ 这说明韩在宣王朝时遭外敌攻击,大约在西周晚期亡国。

韩的亡国时间较早,疆界不好判断。南北疆界较易确定。北界就在今固安,因为固安与燕都同属于圣水(今人石河,也称琉璃河)流域,燕都在北岸,韩都在南岸,呈掎角之势,直线距离约 30 公里。

---

① 《水经注》卷十三《漯水》:"漯水又东南迳良乡县之北界,历梁山南,高梁水出焉。"《水经注》卷十四《鲍丘水》:"(潞河)水首受漯水于屒陵堰,水北有梁山。""水自堰枝分,东迳梁山南。"

② 吴文涛:"当时的'梁山'其实是指包含今'四平山'、'黑头山'在内,位于永定河东岸与石景山对峙的这座山岭的整体。"(《从〈水经注〉看古代北京地区水系原貌》,《北京历史文化研究》2012 年 12 期。)

③ 《水经注》卷十二《圣水》:"王肃曰:今涿郡方城县有韩侯城。世谓之寒号城,非也。"

④ [清]王先谦:《诗三家义集疏》,第 974 页。[清]马瑞辰:《毛诗传笺通释》,中华书局,1989年,第 1005 页。

⑤ 《左传》僖公二十四年:"邢、应、晋、韩,武之穆也。"

⑥ [东汉]王符:"昔周宣王亦有韩侯,其国也近燕。"又云:"其有韩侯、邵虎之德,上有功于天子,下有益于百姓,则稍迁位益土,以彰有德。"

既然韩、燕以圣水为界,固安或圣水就是韩的北界。南界则到虖池水北岸,与邢侯划河而治。不好判断的是它的东界和西界。东界有一个参考点,前文说过,葛赢是王畿北部的裔民,而葛在今安新县西南,今天此地仍处于白洋淀的包围中,自此经雄县至海滨,上古时一片泽国,周王不会把这片区域划给韩侯。我估计韩侯的东界,是从固安向西南方向划一条斜线,绕开安新县,落在虖池水北岸,隔河与石家庄至藁城一线相望。韩侯的西界则在太行山中,可参考太行八陉中的飞狐陉(易县—蔚县)和蒲阴陉(顺平—灵丘)。周王封建韩侯的战略意图,仍是堵住太行山的东出通道,减轻燕、邢二侯的压力。综合来看,韩侯的疆域可以看成西南向摆放的狭长方形,从固安到太行山中的距离在 50 公里—80 公里,南北斜边则长近 200 公里,总面积肯定在方百里以上,是边侯的规模。

邢、韩、燕三侯的都城均选在冀中平原的西部,贴近太行山脉,一方面是便于强化太行山中的防御,另一方面也由西高东低的地势决定。安新以东,地势卑下,东面的雄县至今仍是河北平原上的最低处。上古黄河在此多次改道,湖泊和沼泽面积比现在还广阔。骑兵最怕陷在沼泽中,北方游牧民族若欲南下,均避开此地。所以安新的东边几乎无需防守,只需迁裔民去警戒即可。而固安以西至涞水之间,地势高亢干爽,是当时著名的美地,战国晚期,燕太子丹派荆轲献秦王的督亢地,就指这一带。

五、东阳四侯之四:燕侯

燕,初封时都城在今房山琉璃河董家林遗址。经过考古发掘和分析,"这里当是一片渺无人烟的原野,周初燕国城垣的兴建第一次给这里带来繁荣"①。周初燕都的发现,为分析西周时的燕国疆域提供了重要支撑。燕的南界,在圣水与拒马河之间,与韩侯相望。北界,当在燕山南麓山中。现在昌平白浮村遗址已揭示为周人据点。② 燕山北麓就进入老哈河流域,老哈河至大凌河流域是夏家店上层文化的密集分布区,我疑是肃慎国所在。燕国的西界在怀延盆地。太行八陉最北面的军都陉,是从昌平南口过居庸关,到达怀延盆地,再北出宣化。军都本是燕国的都邑名,旧址在昌平区土城附近,在秦汉时仍称军都县,属上谷郡。③ 横穿延庆区注入官厅水库的河流名为妫水,只有周人才会用此名。1979 年在延庆县西拨子村发现的窖藏铜器,年代约在西周晚期至春秋早期,其中有十一个薄皮铜鼎和一些具有夏家店上层文化风格的器具。④ 此地正在八达岭下,三面环山,地形与秦的西犬丘极为相似,器物特征与春秋早期燕侯失国的史载相合,当是临难时将这批铜器埋藏。从器物等级判断,边关守将的身份是士庶子。也可能是裔民,即归附的夷人。燕国的东界在何处仍需斟酌。在今唐山市迁安马哨村、小山东村发现的铜器、墓葬,与蓟县(今天津市蓟州区)张家园遗址同属于西周早期的周人文化⑤,而马哨村和小山东村恰在滦河东岸,说明周的势力在西周早期已到达滦河。但西周时的燕国东界不大可能越过蓟县,我怀疑这些遗址是裔民或附庸留下的。

---

① 刘绪、赵福生:《琉璃河遗址西周燕文化的新认识》,《文物》1997 年 4 期。

② 李维明:《北京昌平白浮墓地分析》,《北京文博》2000 年 3 期;韩建业:《略论北京昌平白浮M2 墓主人身份》,《中原文物》2011 年 4 期。

③ 张传玺认为,《史记·绛侯周勃列传》的"(周勃)屠浑都……定上谷十一县","浑都"即军都,见《秦汉问题研究》,北京大学出版社,1985 年,第 278 页。

④ 齐心:《北京市延庆县西拨子村窖藏铜器》,《考古》1979 年 3 期。

⑤ 蒋刚、赵明星、李媛:《京津唐地区晚商西周时期墓葬遗存的再认识》,《华夏考古》2012 年 3 期。韩嘉谷、纪烈敏:《蓟县张家园遗址青铜文化遗存综述》,《考古》1993 年 4 期;梁宝玲:《论张家园墓地的年代和文化属性》,《北方文物》2001 年 2 期。

春秋早期，燕国遭山戎击破，燕桓侯避至临易。临易在西汉幽州易县，今雄县附近，处于安新县以东。换言之，燕侯也丧失了全部国土，逃到了王畿内才得以残喘。按《燕召公世家》，齐侯击破山戎回国，燕侯远送其至境外，齐侯遂割燕留城（今安平县）给燕侯。此年是前663年。汉晋以前的安平城在滹池水北岸，隋以后才迁至南岸。此地远在黄河北支故道以北，西周时绝不属齐，显然是周王的城邑。我们看《洹子孟姜壶》的铭文，就知道春秋中晚期的齐侯，大小事仍向周王汇报。赐地给燕侯，这等大事不可能隐瞒周王。《燕召公世家》说："使燕共贡天子，如成周时职，使燕复修召公之法。"也说明是周王重封燕侯。所谓齐桓公割地给燕侯，不过是齐人美化之说，大约齐桓曾为燕侯向周王求情吧。

六、小结

西周早期，周王在东阳由北向南封建四个侯国，北边的邢、韩、燕是边侯，最南的黎是甸侯。这种南北排列的建置，与东土并排齐、鲁二侯的情形相同，说明西周早期已预判此地的防御任务非常严峻。然而，这三侯无不在西周晚期至春秋早期遭受灭国。韩侯夹在邢、燕之间，灭国最早，且无力复国，证明强敌确从太行山中来。燕、邢灭国稍晚，二侯逃到王畿内，经周王重封，得以苟存。

需要明确的是，东阳四侯并未占据整个冀中平原，也不是仅凭他们去抵御外敌，在他们身后，广大的平原东部均属王畿。而且，侯国的边界并不相连，其间就有周王的都邑，如葛嬴、燕留城等。邢、燕二侯幸存下来，也说明周王的都邑挡住了攻击。大致说来，王畿从南阳延伸到东阳，包卫、黎二国与河间地。今滑县在当时河间地的最南端，可以看成王畿在东阳地区的南端。往北，黄河北支故道可看成王畿与邢侯的边界。再往北，黄河北支故道在今巨鹿以北向东拐去,不再作为王畿的边界。王畿仍一直延伸到滹沱河以北,包白洋淀至海滨的区域,以今安新县(葛嬴)一线为界,与韩侯相邻。再往北延伸至燕山南麓脚下,大约以蓟县为界,与燕侯相邻,此线以东至海滨均属王畿。

由此可以看出西周时期王畿北界的全貌。从西北边六盘山北麓山谷中的汉萧关起,向东延伸至今山西霍州,穿过太行山区中部,在黎国的西北部(今黎城县)进入东阳,到达黄河北支故道,往东北方向延伸,到燕山南麓为止,向东抵大海。值得一提的是,古黄河在卫国的东面分为两支以后,夹出的河间地均属王畿。詹桓伯提到亳是北土的最南面,亳确已在古河间地的南端,与此处王畿的南端基本吻合。当时黄河南北故道的入海口,皆在王畿以内,东部王畿与齐国的边界是古济水,古济水在今山东博兴县东北处入海。也就是说,王畿的沿海线包括了整个渤海湾。保守估计,王畿东西长 1000公里,合周制 2600 里余。

第三节　南境西段:汉水

一、谢西九州

嬴秦驻扎的西垂,可以看成王畿西界的南端,也可看成王畿南界的起点。王畿南界的西段,已不可细说,大约从今甘肃礼县往东南方向,经大巴山,包汉水上游,至南阳盆地为止。其中可注意的有两点。

一是秦岭山中的王畿南界偏西一段在大巴山,而不在汉中盆地南缘。汉中盆地是秦岭山中唯一的大盆地,汉水流过,土地富饶。

西周时有姒姓的褒国。① 幽王之后是申姜,幽王宠褒姒而立其子,既是废嫡立庶,也是废贵立贱,大违礼制,才有申侯之怒,引犬戎入关。文献中找不到姒姓封侯之事。我疑褒是周王的附庸。褒非边侯,汉中也就不是王畿的南界。汉中盆地的南面就是大巴山,是巴蛮聚居处,周王曾在此设州。州是周王设在蛮夷聚居地的都邑,派周人任州长,州长为中大夫。巴是设在巴蛮聚居区的州,其州长为姬姓,故称巴姬。巴州故址已不可考,然而巴姬是大巴山属王畿的证据。

二是大巴山往东的秦岭山中,王畿南界至少在汉水以南。汉水上游及其南北支流穿行于秦岭山脉中,周王利用河岸边的宽阔处建立了九个州城,也即"谢西之九州",巴州只是谢西九州之一。已知今竹山县是庸州所在,而竹山县依托汉水支流堵河而建,堵河由南向东北汇入汉水,竹山县尚在汉水以南60多公里。竹山的东南至南阳盆地,依次还有今房县、保康县和南漳县,南漳已在荆襄走廊的西缘,与鄂侯的国境相接。秦岭山中偏东一段的王畿南界,是否沿着竹山至南漳? 可以考虑。

二、汉川诸姬

毋庸置疑,今南阳盆地皆在王畿腹内。汉水流出秦岭,进入南阳盆地,沿盆地西南缘到达襄阳。从襄阳往南,汉水穿过巴山与大洪山之间进入江汉平原,这条河谷今称荆襄走廊。在它的东面还有一条东南向的通道,起点在今枣阳,穿过大洪山与桐柏山夹出的谷地,经随州到达江汉平原的安陆、孝感,称为随枣走廊。《春秋经》从鲁隐公元年(前722年)纪年,距平王东迁已过了近半个世纪,此时的景象是,楚国已控制荆襄走廊,占领了南阳盆地的东部,打通了北

---

① 《左传》昭公元年引佚《诗》:"赫赫宗周,褒姒灭之。"

出盆地进入中原的通道。前 632 年,城濮之战前,栾贞子对晋文说:"汉阳诸姬,楚实尽之。"所谓"汉阳",指汉水北面或东面,那就只能在江汉平原和南阳盆地中找。遗憾的是,"汉阳诸姬"俱已无考。① 他们的灭国时间在幽王之乱至前 722 年间。

值得注意的是,至前 722 年,楚国尚未占领南阳盆地的西部,江汉平原上的周王都邑也并未全部陷落。先看盆地里的情况,有一条汉水的支流,今名白河,西汉时名育水,由北向南纵贯盆地,在襄阳注入汉水。以白河为界,盆地分为东西两部,楚国的战略是沿着白河东岸一直往北,消灭盆地东部的诸侯,直到打通盆地北部进入中原,再掉头去吃白河以西的诸侯。栾贞子说的"汉阳诸姬"指盆地东部的诸侯为主。前 597 年,郑国战败,郑伯表示愿"夷于九县"。九县具体何指,也已失考。② 前 506 年,吴军入郢,楚昭王逃入随国。吴人劝随侯交出楚王。《左传》定公四年载吴使者说:"周之子孙在汉川者,楚实尽之。"汉川,指夹汉水两岸的地方。城濮之战后的一百多年里,楚国吞灭的汉水南岸或西岸的姬姓国,只有盆地西南缘的谷国。《经》《传》皆称谷的国君为"伯"。通说认为谷是嬴姓,其实姬姓。③ 谷的国址实为膏腴。汉水刚进入南阳盆地,便有一条支流由西注入,今称南河,春秋时称彭水,汉代叫筑水。谷就在筑水北岸,所以汉代称筑阳。周的封国,选址考究,择大河二级支流的下游冲积平原,土壤肥美,利于取水,又无水患之忧。依河筑防,易守难

---

① [清]顾栋高:"盖楚所吞灭姬姓国甚多,皆不见于《经》《传》也。"(《春秋大事表》,第 841 页。)
② 《左传》宣公十二年《正义》列举的九县是:息(前 680 年)、邓(前 678 年)、弦(前 655 年)、黄(前 648 年)、夔(前 634 年)、江(前 623 年)、六(皋陶,前 622 年)、蓼(庭坚,前 622 年)、庸(前 611 年)。再加权、申(前 688 年)。故曰"此十一国,不知何以言九"。不止。楚武王(前 740 年—前 690 年)灭权,还灭州、蓼。前 631 年之后灭榖。前 601 年,灭舒庸。共十五城。
③ [清]顾栋高引高士奇:"夷考姬姓国之近楚者,曰随,曰息,曰蓼,曰榖。"(《春秋大事表》,第 1002 页。)

攻。成周的选址就按这一原则。谷的缺点是靠山近，平地狭小，难以扩张为大城，但对男国再好不过。谷的灭国时间较晚，得益于它在南阳盆地西南缘，背靠大山，无法从南面攻打。楚国必须灭掉东面的邓，才能抵近它。前632年，城濮之战前，楚王派令尹子玉围宋，派申叔攻谷。换言之，城濮之战有两个战场，谷以城防战拖住了部分楚军，使"申、息之师"的申师不在主战场。若楚国以全军击晋，城濮一战的结果实难预料。《左传》僖公二十七年："（晋文公）出谷戍，释宋围，一战而霸。"说得很清楚，城濮之战的成果，是解了谷、宋二国之围。可见子玉战败之后，申叔也撤了谷城之围。

由于南阳盆地里的封国建制早已残破，谷国是周王全有南阳盆地的遗迹，对理解王畿南界有重要帮助。谷是姬姓男国，西周时的王畿南界必在南阳盆地以南。但是，它究竟以鄂、随二侯为界，还是在更南面的江汉平原上？还需两说。

三、江汉平原

汉水出荆襄走廊后向南流，在江汉平原上大拐弯，向东流汇入长江。这段东流的汉水在江汉平原上形成了一道阻挡南方敌人的天然屏障。汉水汇入长江前，又接受从随枣走廊中流出的清发水（今称府河），清发水下游与汉水夹出的地带是连绵大湖，等于在江汉平原上形成第二道天然防线。春秋早期的荆襄走廊中，南有罗州，北有邓侯。前699年，罗师大败楚师，莫敖自缢，这是周师仍然保卫着汉水下游的明证。而在清发水的上游有随侯，中下游有郧（今安陆）、轸（今应城）等州。这一防御格局显然在西周早期已布置好。

在昭王以前，王畿南界到达长江。荆州就是证据，荆是设在楚蛮聚居地的周州。考订详见下编。昭王南征丧师，未能讨平反叛的楚人，不再全有江汉平原。但是，昭王以后，楚的势力并未渡过汉水。到春秋早期，江汉平原上仍然分布着周王的都邑。比如，前701年，参与蒲骚之战的郧州，即今安陆，就在江汉平原的北部。而此次战役的起因是楚人将与贰、轸结盟。贰、轸本是周州，此时却倒向楚人。其中，轸即今应城，尚在安陆以南，距离汉水入江处已近。这些都是楚人在西周时期未能越过汉水的明证。

旧说熊渠领军到达南阳盆地北部的鄂地。① 绝无可能。厉王之前，荆襄走廊上有鄂侯镇守。鄂侯都城的位置在襄阳以南。②《禹鼎》铭文说厉王以"西六师、殷八师"伐鄂，尚且无法攻下鄂都。依楚师当时的实力，走荆襄走廊进入南阳盆地，恐遭鄂侯全歼。《楚世家》说熊渠称王，见周厉王暴虐，惧其伐楚，自去王号。《禹鼎》铭文显示，厉王的伐鄂令有"勿遗寿幼"四字，可以想象熊渠在旁围观鄂灭国的恐惧心情。

到公元前7世纪早期，楚人才渐渐突破汉水防线。结合周人以大河为界的传统，可以断言，周昭王以后，江汉平原上至少以汉水为界，汉水以北尽属王畿。这种格局一直维持到春秋早期，当时汉水以东和以北的周王都邑仍大致完好。也就是说，西周至春秋早期，汉水全流域都掌握在周王手中，也可以说，王畿南境的西段主要是依托汉水及其支流构筑的。

---

① 《史记·楚世家》，熊渠"兴兵伐庸、杨粤，至于鄂"。《史记正义》引《括地志》："邓州向城县南二十里西鄂故城，是楚西鄂。"唐的邓州向城县在今南阳市东北，已近方城。

② 《中甗》铭文：中承王命巡省南国，先到"方、登"，"登"即邓（今襄阳），再"在鄂师次"。（《集成》1·949，第754页。）另参（1）《（登）□仲方鼎》，《集成》2·2528，第1274页。（2）《盂爵》铭文"王令盂宁登（邓）伯"，《集成》6·9104，第4839页。（3）《邓孟壶盖》，《集成》6·9622，第5033页。

第四节　南境东段：淮河

西周时期,周王巡视江汉平原可以走商洛道进入南阳盆地,经荆襄走廊到江汉平原,往东至清发水流域。今武汉周边及往东的长江北岸地区是一片湖泽,不能再前,只能折向北,经随枣走廊回南阳盆地,再回豫中平原。豫中平原的核心在黄、淮之间,此处封国甚多,难以细述。我们关注的是王畿南界,只需盯住淮河流域。

一、淮河以南的封国：蒋

蒋侯,始封君为周公旦之子,封建时间在西周早期。郦道元以期思为蒋国故址,并说淮水流经故城北。现在辨认期思古城在今淮滨县城东南三十里处。① 这是已知周封国中唯一在淮河以南的。《左传》没有记录蒋侯的活动。估计淮夷发难时遭灭国。周穆王平定淮夷之后,期思城的安排不详。前617年,楚王田于孟诸,"期思公复遂为右司马"。这个期思公是楚的县公,则期思在前617以前成为楚县。须知,楚必须依次灭掉西边的息、弦、黄等,才能兵临期思。灭黄在前648年,灭期思以东的蓼(庭坚)在前622年,攻占期思应在此之间。西周晚期的《驹父盨盖》铭文说,巡察南淮夷后回到蔡,就算回国了。② 说明蔡的南境邻近淮河,但蔡的都城远在淮河北岸二百里外。若依旧说,自周穆王至春秋早期,贴近淮河北岸的只剩一个息侯(今息县附近),守卫着上游一小段防线,而它的东、西、南三面皆是蛮夷,可谓强敌环伺。从王畿的北、东两面可知,周王为

---

① 陈隆文:《蒋国历史地理考辨》,《郑州大学学报(哲学社会科学版)》2007年3期。
② 《驹父盨盖》,《集成》4·4464,第2865页。

安全起见,至少建立两个边侯,以便相互策应。淮夷自周初以来号
称强悍,一个小小的息侯,如何能活到春秋中期。这是旧说不通之
处。其实,淮河附近仅剩一侯已是淮夷叛乱之后的景象。西周早
期,必定在淮河上中游的南岸并排建立过两至三个边侯,而在北岸
并排建立过多个甸侯。叛乱时,这些侯国最先遭到攻击,俱遭灭国。
仅北岸上游的息侯幸免于难。穆王荡平徐偃王之乱,淮河全流域尽
属周,但周人仍不敢轻易在此封侯,于是此地仅一侯的局面就一直
延续到春秋时期。

二、淮河以南的附庸与裔民

王畿东部的南境是依托淮河流域构筑的,淮河的地位与西边的
六盘山相当,二者都不是边界。六盘山以西才是王畿的西裔,王畿
的西界在西裔的边上。而淮河以南是南裔,南界尚远在淮河以南百
里外。

先来看淮河上游的情况,息侯的西面是江嬴,对岸是黄嬴,都是
周王派去驻守边疆的裔民。嬴是周王赐姓,裔民之间没有血缘关
系。《左传》文公四年载,楚人灭江,秦伯举哀,称江为"同盟",不称
同族或同宗。在今天淮河南面,东起潢川县,向西经光山县至罗山
县,均发现春秋时期黄嬴的都邑,证明淮河上游南岸已没有淮夷。

黄的东面是蓼。蓼的南面是六。六在今六安市境内。我们说
过,二国是附庸,周的社稷之臣,职在祭祀皋陶和庭坚。再多说两
句,《左传》未说蓼、六的姓。《史记·夏本纪》和《陈杞世家》都说皋
陶死后,禹封其后裔在英、六。英即蓼,也未说姓。《汉书·地理志》
却称蓼、六皆偃姓。班史一时失察。偃即徐偃王的偃,是淮夷的姓。
皋陶是夏后氏的著名贤臣,其子孙无疑是华夏。按《左传》文公十八
年,高阳氏有才子八人,天下称为"八恺",庭坚是其一,可见庭坚是

高阳氏的贤臣,其子孙也属华夏。说蓼、六是偃姓,等于说他们是淮夷。总之,蓼、六的位置证明,淮夷遭穆王重创,早已远离淮河南岸。

周王在淮河中下游的布置,可参考钟离的位置。钟离故城在淮河南岸的凤阳县临淮关镇东,城址保存较完整,曾出土汉代封泥"钟离丞印"。钟离控制的区域,在今安徽蚌埠至凤阳一带。2008 年在蚌埠双墩发掘了春秋中晚期的钟离君柏墓①,2007 年在凤阳板桥卞庄发掘了其子季子康的墓。②《水经注·淮水》引《世本》:"钟离,嬴姓也。"《秦本纪》也称"终黎"为嬴姓。《春秋经》成公十五年载,前576 年,晋、鲁、齐、宋、卫、郑等大夫与吴国会于钟离,杜注钟离是楚邑。误。钟离之会是诸侯在周王城池盟会。当时的淮河入海口在今阜宁县,阜宁以东约 60 公里都在海中。因此,钟离已算是淮河下游城池。淮河下游北岸还有徐嬴。徐嬴的南面是横跨淮河的洪泽大湖,洪泽以南是高邮湖等,仍是连片湖泽。再往南就是长江流域的今扬州、镇江等地,往东则近海滩。钟离与徐相距约 80 公里,钟离前突至淮河以南,徐作为战略纵深,如此布局,足以控制淮河下游。

三、"南淮夷"

淮夷在西周中晚期金文中称为"南淮夷",在周人眼中是归顺的四方藩国。周穆王讨平徐偃王后,剩余的淮夷龟缩在今舒城至巢湖一线及以南区域,大致范围不出汉庐江郡的范围,距淮河南岸约百公里。这在金文中也得到验证。按传世器《兮甲盘》的铭文,兮甲是周王派往淮河流域的使臣,向"诸侯、百生(姓)"收取贡品。他说自己最远到达"南淮夷",没有敢违抗命令,服服帖帖地向周王缴纳贡

---

① 周群、钱仁发、王元宏等:《安徽蚌埠双墩一号春秋墓发掘简报》,《文物》2010 年 3 期。
② 阚绪杭、周群、唐更生:《安徽凤阳卞庄一号春秋墓发掘简报》,《文物》2009 年 8 期。

赋。① 说明淮夷向周王纳贡。1974 年出土的西周晚期器《驹父盨盖》铭文,大意是驹父受命于"南仲邦父",到淮河以南巡视,并征收贡赋,历时四月,顺利完成任务。铭文中最显眼的是"南诸侯""南淮夷"和"淮小大邦"三个词并举。② "南仲邦父"当是《大盂鼎》铭文中"南公"的后裔,也即南宫氏在王朝任官的一支。掌管四方贡赋的是职方氏,中大夫 4 人。官署内还有下大夫 8 人,中士 16 人。周王派遣到蛮夷之国的使者称作"适四方使",通常由大夫官担任。③ 驹父炫耀自己到达南淮夷后能"堇(谨)夷俗",说明他谙熟南淮夷风俗,很可能是职方氏署内的下大夫。《驹父盨盖》称淮河流域有"南诸侯""南淮夷"和"淮小大邦"三种建制,绝非笔误。"南诸侯"指淮河流域的封国和附庸,封国如息侯,附庸如蓼、六等。"淮大小邦"指驻守边邑的嬴姓裔民。"南淮夷"指偃姓群舒。

综上,西周时期淮河流域的态势大致分为两期。第一期在穆王以前,下游尚在淮夷手中。上中游虽在周王手中,但淮夷未远遁。第二期始于平徐偃王之乱,周王全有淮河流域。南淮夷向周王纳贡称臣,已为藩国。汲取蒋侯灭国的教训,淮河南岸再未封建诸侯,交给裔民开发和防御。至公元前 7 世纪中期,楚王攻略淮河流域,周的南境残破。

---

① 《兮甲盘》,《集成》7·10174,第 5482 页。
② 《驹父盨盖》铭文:"唯王十又八年正月,南仲邦父命驹父即南诸侯,逹高父见南淮夷,厥取厥服。"又说:"我乃至于淮小大邦。"(《集成》4·4464,第 2865 页。)
③ 《司士职》:"作士适四方使为介。"介,副手。以士为副手,可见正使为大夫官。

全编小结

一、周王疆域方千里？

估算周全盛时的疆域总面积。首先测东西长度。东端在六盘山以外，选择与礼县相当的会宁县为东端，以曲阜为西端，约1100公里。按周里＝今里×0.75的标准，省略百里以下的小数，合周里2900里余。再测南北宽度，选取三段。第一段王畿西部的宽度，以今竹山县为南端，暂以韩城市西北的宜川县为北端，垂直距离约420公里，合周里1100里余。第二段王畿中部，以汉水在江汉平原上的拐弯处为南端，以霍太山为北端，约720公里，合周里1800里余。第三段王畿东部，暂以淮河南岸的凤阳县为南端，以燕山南麓的蓟县为北端，约800公里，合周里2100里余。截长补短，粗略估算，总面积大于方两千里。汉儒传说王畿方千里，大大低估！因为方两千里可以容纳四个方千里。

以上估算完全忽略了长江流域。昭王以前的荆州，可以看成周的最强盛时触及到长江中游南岸的个别地区，但整个长江流域未稳定纳入王畿。《宜侯夨簋》在江苏丹徒发现后，学界多以为出土地附近就是西周早期改封吴侯的国址。然而有学者指出，吴的改封地在

"东国"的范围内,即沭水流域的租地,不会远至长江流域。① 有理。当时淮夷势力在淮河北岸尚强,若在长江南岸建立侯国,不但土田不美,且随时有覆巢之危。若建在沭水中下游西岸,则与齐、鲁相连,形成东土并建三侯的格局。但仍离徐偃太近。吴侯究竟是遭徐偃王之乱而灭国,还是有庶幼夺嫡篡位之事,尚待斟酌。总之,王畿东段的南界不宜放在长江流域。

通常说来,疆域与实力成正比,疆域越广,资源和人力越多,实力越强。整个西周时期,四疆完整,周王的实力远远凌驾于诸侯和周边藩国之上。入春秋,虽然失去了西部王畿,东部王畿尚且完整。单独测王畿西部的东西端,大约从会宁县至韩城市东的黄河岸边,约 500 公里,合周里 1300 里。则王畿西部的面积为方千里略多些。换言之,即使丢掉西部王畿,周的疆域仍然有三个方千里。春秋初期,齐国不过方二百里,晋国方百里,远不及王畿的十分之一。楚以一个州城起家,算上四处侵吞的地盘,至多不过方百里。秦是附庸,最初不足方五十里。齐、晋、楚、秦相继崛起,到春秋晚期扩张到方千里以上,而东部王畿却持续萎缩,最终只剩成周附近方百里。如果说其中有什么道理,那就是疆域再大也不足恃。

我们不惜浓墨重彩地描述周王的疆域,仅仅试图恢复史实。可以清楚地看到,春秋时期,无论是称王的楚,还是以诸侯自居的齐、晋、鲁、郑、秦等,无不在侵吞周王都邑以自肥。入战国,七国更肆无忌惮,而且利用九州、国畿等概念,或为扩张造势,或论证称王的正当性。嬴秦兼并六国之后,更是明目张胆地烧书灭史,无非要掩盖他蛮夷的身份,以及以附庸犯主的劣迹。既如此,若周王的疆域不明,岂非让灭史者得逞,而使道理不明。

---

① 王晖:《西周春秋吴都迁徙考》,《历史研究》2000 年 5 期。

二、疆域国家的分类与分期

(一)疆域国家的分类

如果以方千里为大型疆域国家的入门标准,公元前 11 世纪中期至前 8 世纪早期,东亚大陆只有一个,那就是周。夏朝的疆域不明。商王占领河南和河北两大平原,粗略估算不止方千里。如果说从商代开始,东亚大陆已进入由大型疆域国家主导的时代,应无大谬。

西周时的中型疆域国家以方百里为准,包括边侯和甸侯两种封国。边侯的初封面积约方百里,多有增封至方两百里的。甸侯的初封面积可能在方七十里左右,加上增封则多在方百里。甸侯的疆域内,通常规划一座国都和四座大都,每都可征发徒卒两千五百人,按周军制为一师,全国即一万二千五百人,为一军。边侯有三到四个甸侯大小,足可维持三军。

小型疆域国家在方百里以下,包括男国和附庸国。男国的初封疆域,传说是方五十里,以一座大城为国都,可征徒卒二千五百人,为一师,不成军。附庸无爵,也非封国,大多从前朝保留下来,传说疆域小于方五十里,具体多少没有定数。陈、杞、宋是例外,疆域由周王建立并封界,仍无爵。

附庸是疆域国家的原始状态。原野与河流是上古国家必备的两种自然地形,即使最小的附庸国也有。原野为耕种粮食提供农地。上古交通不便,若城池周围不产粮食,城市人口无法独活。河流为农业提供灌溉,没有河流,上古时不可能规划田亩。有的附庸国境内有山脉,则可提供木材、野兽、矿产等,还可建立关塞,布置瞭望岗。平原上的国家则不同,通常在国都的四方设立四座附城。若敌人攻击其中一座附城,国都发兵支持,攻击国都则四座附城从后面截断包围。后来称这种制度为一国四鄙。依照这种制度在平原上建立大城,叫一都四鄙。由此可见,山脉对于上古国家不是必备的,但把上古小国称为都市国家也有未安。

附庸国大多在史前已经立国,一直祭祀祖先(上古帝王或贤臣)和当地的山川神。归附周王之后,他们的主要职事是辅助周王祭祀神灵,也称社稷之臣。附庸又分两种,一种是周王的,另一种是周王赐予封国的。赐予的规则是看神灵的重要性,所有的天神、大地示(四岳四渎)和上古帝王(四类)均由周王专祭,辅祭这些神灵的附庸一定是周王的,不会赐给封国。周初的东亚大陆上尚有八百多附庸国,也就至少有八百多个神灵的兆域。封国仿附庸国,国内同样设有祖先的宗庙和神灵的兆域。附庸国和封国错杂相邻,散布于东亚大陆,如果有一张当时的全国地图流传下来,上面显示的一定是人神杂居。

(二)疆域国家的分期

1.万邦时代

通过分析龙山晚期的石峁遗址与周边城池、虞人营寨等,可知史前的东亚大陆上已经出现方数百里的中大型疆域国家。现在不清楚当时有多少个大国并存。如果《尧典》的记载属实,则“四岳”代表四个大国,再加尧,至少五个。小国则满天星斗,各地都有考古发现,数不胜数,可称为万邦时代。万邦时代结束于公元前 21 世纪。开始于何时,需等待更多小国城址的发掘来证实。石峁遗址和偏关峰遗址大约在距今 4200—4600 年前,它们代表的是“四岳”一类的大国。参考它们的兴盛时间,万邦时代至少有 400 年。

2.王国时代

公元前 21 世纪,以大禹归总祭祀一切神灵为标志,东亚大陆进入王国主导的时代。王又自称天子,宣称天神只接受他的祭祀,以此垄断天人沟通。王国时代的主要特征是一大包众小。归顺的小国保留国土、城池和祭祀,视同诸侯,平时称臣纳贡,战时随王征伐。王国时代结束于公元前 7 世纪,前后长达 1300 年。中间有一个过渡期,大约对应史籍中的夏朝和商朝前中期,也即公元前 14 世纪以前,大约 700 年的时间。在此过渡期内,王国疆域或许未到方千里,周边有大量的藩国,时叛时服。这个过渡期的主要特征也就表现为王国与藩国的冲突。汉儒传说,王每隔数年必须领兵征伐一次,大概就是这个时期留下来的传统。最后,藩国要么变成附庸,要么灭国,剩下的散在远僻之地。

随着讨灭藩国的进程,东亚大陆的地理格局不断改变。尤其是核心区和边缘区的定义不断改变,又集中体现在认定四岳的资格上。岳是疏导天地之气的。不祭四岳,天地无法畅通。疆域扩张之后,四岳的定义就会发生改变,最终到汉代稳定下来,也即今天常说的五岳。但是,四岳代表的宗教和政治观念早已成熟,也即:第一,中国的核心区必须包含四岳在内;第二,谁有资格祭祀四岳,他就可以在东亚称王,否则他的王者身份就会遭到质疑。

3.大国时代

公元前 7 世纪中期,楚国崛起,疆域迅速达到方千里。齐、晋也在稍后达到方千里。[①] 一些小国未达到方千里,也大大超过边侯的规模,如郑国在洧、颍流域发展,兼并虢、郐等,在春秋早期估计已达到方二百里至方四百里。类似还有鲁、宋、卫、燕等。此时,若不能扩张成中大型疆域国家,立即就有灭亡的危险。到春秋晚期,男国

---

① 《国语·楚语上》:"是以其人也,四封不备一同,而至于有畿田,以属诸侯,至于今为令君,桓、文皆然。"

和附庸国几乎绝灭,小型疆域国家退出历史舞台。周的爵位制度随之失去意义,诸侯的评价标准只论疆域大小,方千里的是大国,否则都是小国。入战国,兼并战争愈加激烈,除了少数小国如卫、周等苟存至战国晚期,主要是七个大型疆域国家对峙。大国对峙的时代长达 400 年,到战国晚期,多数人认定大国对峙格局不可能打破,并提出各种学说,论证多国分割东亚大陆的正当性。这 400 多年可称为大国时代。

下编　周制

第十章　中央官制（上）：官等

官，泛指衙署及其职事。① 《周官》里的"六官"指六个最高等级的官署。六官的主事为上大夫，又名卿。周的大夫与士有尊卑之别，但部分礼制相同，可统称为官。② 大夫士皆习御射，战时充任车上甲士。后世官制则文武殊途，这是与周官制的最大区别。

第一节　士庶子与国子

要了解周官制，需先了解哪些人可以当官，也即选官制度。当时建立了一套完备的官员登记制度，候选官员登记在册。

一、士庶子

士庶子是一种身份，不是官职。士之子，不分嫡庶，在尚未成为

---

① 《尔雅·释诂》："寀、寮，官也。"《乐记》注："官，犹事也。"《说文·自部》："官，吏事君也。"
② 《司常职》："大夫士建物。"《礼记·杂记》："大夫士死于道，以其绥复。"

命士之前，一概称为庶子。① 也称不命之士。② 士，是命士的简称。庶子受命具体的官职之后，就是命士。凡登记在册的庶子，均可在官署中任府、史、贾、胥等吏职，负责书写官文书、记账、府库、组织徒庸等。官和吏的共同点是食君之禄，只是等级不同。官食田土，又分大夫采邑和士田。士田又称禄田。吏则稍食，是按月颁给米谷。稍食又称禄禀。③

士庶子又大别为两类。一类是宫内的士庶子。王宫内有一支独立的宿卫部队，由宫士及其庶子组成，他们的登记簿册泛称为"版"，由宫伯掌管，宫伯属天官大宰，这支内卫部队只能由周王或大宰调动。另一类是王宫以外的士庶子，统一由司士登记，登记簿册称"群臣之版"，其上至少填写有年龄、身份等项目，并需每年核对死亡和新增人数。司士属夏官司马，有征调军队、纪律赏罚等职。凡在群臣之版上的士庶子，战时均可征调为甲士。其中又有王士与都家之士的区别，都家之士别隶于诸侯国或采邑，版籍虽由司士掌管，实际听从家司马或都司马调遣。④ 若与王师会合，指挥权统一移交王官。⑤ 大夫也登记在群臣之版，大夫士与庶子之和，就是官和吏的总和。

---

① 《夏官·都司马职》郑注："庶子，卿大夫、士之子。"不确。卿大夫之子为国子。《宫伯职》先郑注："庶子，宿卫之官。"误。郑玄注："王宫之士，谓王宫中诸吏之嫡子也。庶子，其支庶也。"亦误。孙诒让引金榜："未命者谓之庶子"甚是。孙氏又曰："盖郑（玄）本无定解。以经考之，士庶子不当分嫡庶，此注义非也。"此外另有考辨，当从孙氏。详见《周礼正义》，第230页。

② 《仪礼·士丧礼》："为铭各以其物，亡则以缁。"郑注："亡，无也。无旌，不命之士也。"《礼记·丧大记》"士去琴瑟"，郑注："去琴瑟者，不命之士。"

③ 禄田又称圭田。《载师职》郑注："仕者亦受田，所谓圭田也。"稍食又称禄禀。《内宰职》"均其稍食"，郑注："稍食，吏禄禀也。"《宫正职》《廪人职》《掌固职》郑注略同。又详《周礼正义》，第220页。

④ 《都司马职》："掌都之士庶子及其众庶、车马、兵甲之戒令。"

⑤ 《掌固职》："掌修城郭沟池树渠之固，颁其士庶子及其众庶之守。"

郑玄常说吏是"庶人在官者"①,这就混淆了庶子与庶人。士庶子与庶民分属两个不同的阶层。庶人靠生产劳动维生,不识字,不会射御,平时只充徒役,战时充徒卒。庶子识字,会射御,有充任吏职的资格。不充任吏职的,也以种田为生。他们的称谓中都有"庶"字,容易搞混,其实区别很明显。按《都司马职》和《掌固职》,"士庶子"和"众庶"并列,"众庶"才指庶人。按《大司马职》,战后,周王有吊劳士庶子之礼。按《酒正职》,非战时,周王每年宴飨士庶子、耆老和孤子。孤子指阵亡将士的遗孤,把士庶子与孤子并列,仍有纪念战功之意。吊劳与宴飨二礼皆止于士庶子,不及庶人。

按《载师职》,士田分布在近郊,采邑在郊外。因为士田的面积小,而采邑的规模较大,近郊内田土有限,不能容纳过多的采邑。《载师职》先郑注:"士田者,士大夫之子得而耕之田也。"二郑均认为士庶子包括大夫之子,平时耕田务农。误。大夫之子称国子,详下文。但他们说士的子孙平时以务农维生,这是对的。士的子孙若不在官署任吏职,身份就是农民,他们的下一代就是庶人。

周制中的官与吏,命士与不命之士,自汉儒以来就混淆。比如,有一种说法是命士与不命之士只能称为吏,大夫才称为官。② 这就混淆了官职与身份。官职需要策命,身份不需要。可以说,掌握了射御,能上战车,就是士庶子。一旦上了战车,士和庶子可统称甲士。所有的庶子都有资格获得官职,成为命士。但能否获得正式任

---

① 《礼记·王制》"庶人在官者,其禄以是为差也"郑注:"庶人在官,谓府、史之属,官长所除,不命于天子。"《仪礼·燕礼》郑注:"士众食,谓未得正禄,所谓庶人在官者也。"

② 《大宗伯职》"一命受职"郑注:"始见命为正吏,谓列国之士,于子、男为大夫,王之下士亦一命。"称初次接受策命的官为"正吏",与他在别的注释中说吏是庶人在官者不同。据此,孙诒让认为:"命士与不命之士并得称吏。"并说吏分为正吏和小吏。又说:"若《大宰》'达吏'注云'小吏',则通命士及不命之士言之,不尽正吏也。"

命,要看他们的战功或能力。

二、国子

诸子是官职名,属夏官司马。诸子的职权是掌"国子之卒"[1],也即国子们组成的军队。发生大事时,这支军队由诸子集结到大子麾下,听凭大子指挥。国子究竟由哪些人组成?《诸子职》先郑注:"谓诸侯、卿大夫、士之子。"郑玄注:"是公卿、大夫、士之副贰。"此注有阙文,原文当是"国子者,是公卿大夫士之子,大子之副贰"。传抄时漏掉了"之子大子"四字,但尚可推知。无论如何,二郑皆误。

士之子即士庶子,士庶子掌于司士。司士和诸子均为大司马属官,士庶子已登记于群臣之版,不可能又在国子之版。也不可能在国有大事时,把所有的士庶子交给大子。诸子掌国子之卒是特殊安排,国子必不是士之子,只能是卿大夫之子。至于是否包括诸侯之子,《师氏职》言:"以教国子弟,凡国之贵游子弟学焉。"这句话其实是"国子"的注释。其中,"国子弟"指王国的国子,"国之贵游子弟"指来王国游学的诸侯国子弟,应该包括诸侯之子。

国子也是一种身份,并非官职。按《诸子职》,国子们未仕之前,悠游于大学和射宫,学习乐、射、《诗》《书》。按《大司乐职》《乐师职》《籥师职》等,在成均里学习的主要是国子,他们跟随乐官习歌舞、乐律、乐器、乐仪、讽诵、言语等。周王祭祀时,除了宫廷舞师配舞,国子也有舞。又按《大胥职》,可知学士与国子的身份基本相同,在学宫中,国子们听从大胥的指挥,称为学士。出了学宫则交由诸子率领,组成军队,此时称为国子。

---

[1] 《诸子职》"掌国子之倅",郑司农注:"倅,读如物有副倅之倅。国子,谓诸侯、卿大夫士之子也。"由此可知,倅,古文故书作卒。孙诒让:"窃谓此倅当从故书为卒,而读为萃。"又曰:"此国子之萃,萃即聚集部队之名。"

通常，士庶子任官止于士，除非战功卓著，否则很难升到大夫。国子则不同，一旦有功即可任大夫。若战功卓著则可受爵赏。国子升为大夫的实例，可以参考狐偃和狐毛。二人皆大夫狐突的儿子，是晋国的国子，随重耳流亡前并无官职。若二人赴王国游学，就是《师氏职》所谓"国之贵游子弟"。重耳返国，狐偃是第一谋臣，功大。狐毛是庶子，年长。后来狐偃谦让狐毛出任上军将，位居晋六卿之一。可见，二人回国直接任大夫，跳过了士。同时也证明国子不分嫡庶，有功即可任大夫。

三、门子身份辨

门子，《逸周书·皇门篇》称为"大门宗子"①。门子是一种身份，非官职。《左传》襄公九年载：戏之盟，郑六卿及"大夫、门子皆从郑伯"。杜注："门子，卿之嫡子。"《左传》襄公十年又载：子孔当国，"以位序听政辟，大夫、诸司、门子弗顺，将诛之"。由这两条记载可知，诸司在大夫之下，相当于士官。门子在诸司之下，说明门子未任官职。但门子随郑伯与盟时，《传》文未提及诸司，说明门子的身份低于大夫，却不一定低于诸司。而且，在襄公十年《传》中，门子排在诸司之后是因为此次议政"以位序"。位序即官位的次序。门子无官职，他们的反对意见居然特别记载下来，恰恰说明身份不低。

《国语·晋语》"育门子"韦昭注："门子，大夫嫡子。"其义与杜预注相同。其实，他们说门子是卿大夫的嫡子，依据都在《周官》。《小宗伯职》："掌三族之别，以辨亲疏，其正室皆谓之门子，掌其政令。"郑注："正室，嫡子也，将代父当门者也。"门子必是嫡子。这是

① 孙诒让："盖详言之，曰大门宗子，省文则曰门子，其实一也。经凡云门子者，皆专指嫡子。云国子者，则通嫡庶言之，二者不同。"又曰，门子"则专指王族及公卿大夫之嫡子言之，此不兼庶子者也"。

不错的。汉晋经师的错误在于,认为门子是卿大夫的嫡子。他们没有注意到,小宗伯是春官的中大夫,春官的祝、宗、卜、史四官均是侍奉周王的官吏,卿大夫之事不与焉。所谓"掌三族之别",是指周王之三族,而非卿大夫之族。周王之族是以每位周王的嫡庶子为一族。而周王的嫡长子即王太子,是周王的继任者,不能当门子,故而只能由其他嫡子任门子。比如,平王死后,嫡长子继王位,是为桓王。其余的嫡子和庶子为一族,暂称平族。平王的平族的门子只能是平王的其他嫡子,也即桓王的同母弟。既然是王的嫡子,一定会获封男爵。但有爵位未必有功,故而门子的身份极尊贵,却不一定任官。相反,若某位王庶子能力强或战功卓著,任卿大夫,但他不一定是门子。诸侯国仿王制,门子也指某位国君的嫡子,绝非卿大夫的嫡子。但诸侯国君的嫡子,在国内的身份虽然尊贵,却不一定能获周王封赠爵位。何况郑国的本爵是男,嫡子更无可能封为男爵,若又不任官职,只能称门子。总之,门子是大门宗子的简称,跟王族或公族比起来,卿大夫的门户还算不上大。

身份与官位孰先,春秋时期仍是大麻烦。许多卿大夫不过是王族的族人,门子虽不任官,意见却极有分量。《左传》僖公二十七年(前 633 年)载,被庐之蒐,晋国创建"执秩之官",以官为本位,厘清国内的尊卑秩序。孔子评价说:"贵贱不愆,所谓度也。"晋文的改革在姬姜诸侯中算早的,能获得成功,主要原因是晋国公室此前遭到清洗,门子不再是改革的障碍。而前 563 年郑国子孔的改革,比晋国晚了 70 年,郑国的门子俱全。门子不同意,大夫、诸司也不敢同意,故而阻力极大。

四、小结

从门子、国子和士庶子等,可见西周时期是重身份的时代,主要体现在选官制度以身份为基准。选官的原则确实是选贤任能,不分嫡庶。但士官在士庶子中选,大夫官在国子中选。国子任官的起点几乎是士庶子终其一生不能达到的高度。门子就更不同了,他们即使不任官,尊贵的身份也非国子能比。春秋中期,官的地位已经明显在上升,但说要彻底突破出身,如士庶子可因战功屡迁至卿大夫,还要等到入战国以后。

第二节　"世官世禄"辨

一、专官

说到选贤任能和不分嫡庶,就牵扯到另一个问题:周大夫士究竟是世袭,还是选贤?一般认为,商周的治国传统依靠"旧人"。[①] 周初总结商纣亡国的教训之一,就是蔑弃旧人。至春秋晚期,仍能找到世官的实例。如《左传》哀公十三年载子服景伯说,本族自鲁襄公(前572—前542年)以来的近百年时间里,一直任鲁国的宗官。若如此,周的官职是家族世袭的,也即世官世禄。然而,《孟子·告子下》记载葵丘之会的盟辞:"四命曰:'士无世官。'"赵岐注:"仕为大臣,不得世官。"可见此"士"训为出仕。仕无世官,则需任用贤能。孟子敢于逐条复述盟辞,应该见过原文。从上一节可知,周的选官制度以选贤任能为原则,只不过局限于出身。那么,为什么还会出现世袭的现象?我以为,应从以下两方面理解。

第一是事实上的原因。有的事情必须由具备专业技能的熟手办理,外行不易入手。正如俗话说,熟能生巧。为王办事,光有专业技能不够,还要有多年的经验,才能办得漂亮。这就产生了专官的

---

① 《尚书·盘庚》:"古我先后,亦惟图任旧人共政。"

概念，在宗祝、史录、勘丈、营造、计帐、牧马等领域，都需要专官办理。这些专官的子弟在年轻时进入官署，多年随侍父祖身边，等到父祖去世后，已经在该领域具有丰富经验，不找他们接任都不行。所以，专官多是世官，其地位在事实上难以撼动。也可以说，他们继任父祖的官职完全符合选贤任能的原则，故而有"举贤不避亲"之说。

二、职与族

第二是制度上的原因。某种程度上，世官世禄由周的选官制度决定。这要从官的早期观念谈起。按周人的观念，官为王服职。职，又称"职司""职位""职官"等。[1] 国家常设的官位，叫"常职"。官员按大小站立，叫"职秩"。上任称为"践职"，履行职务即"修职"，复命称为"述职"，贡赋称为"职贡"。[2] 无能或有过错称为"失职"，失职有刑，甚至死刑。[3] 不但官吏有职，诸侯也有职。[4]《左传》定公四年载封建卫康叔："取于有阎之土，以共王职。"王职是周王册命的职位，同样有相应的职责。城濮之战后，晋文公与诸侯约"各复旧职"[5]，此旧职也指"共王职"。平丘之会的盟辞有"无或失职"，也

---

① 《左传》成公二年："未有职司于王室。"成公十七年："其复职位。"成公九年："公曰：能乐乎？对曰：先父之职官也。"昭公七年："事序不类，官职不则。"哀公元年："以收夏众，抚其官职。"

② 《左传》文公六年："本秩礼，续常职。"昭公二十二年："王子朝因旧官百工之丧职秩者。"僖公十二年："往践乃职，无违朕命。"昭公二十六年："亦克能修其职。"昭公五年："小有述职，大有巡功。"僖公五年："（晋侯）而修虞祀，且归其职贡于王。"襄公二十八年："共其职贡，从其时命。"襄公二十九年："鲁之于晋也，职贡不乏。"昭公三十年："以郳邑居大国之间，共其职贡。"哀公十三年："故郳邑之职贡于吴"，"郳邑将改职贡"。

③ 《左传》昭公十九年："平丘之会，君寻旧盟，曰：无或失职。"昭公二十八年："余子之不失职，能守业者也。"昭公二十五年："臣之失职，常刑不赦。"昭公二十九年："官修其方，朝夕思之，一日失职，则死及之。"

④ 《左传》昭公四年："子产曰：小国共职，敢不荐守。"昭公二十六年："诸侯服享，二世共职。"

⑤ 《左传》襄公二十五年。又见定公元年："晋文公为践土之盟，曰：凡我同盟，各复旧职。"

是要求诸侯不失王职。实际上，理解职官有两个角度，一是权力的角度，故《尔雅》训职为主。二是事与责的角度，故《说文》训事为职。这两个角度都不错，关键是看面对何人。若是对下级，那就有权命令和指挥。若是对周王，任何人都是小办事员。从服事周王的角度，职与"役"更接近。《左传》定公元年载，宋大夫指出薛是宋的附庸，曰"为宋役，亦其职也"，就是把职等于役。

既然王官是为王服职，世代为官最初不过是指全族服事周王。平王与伯舆七姓的盟誓就是一例。《左传》襄公十年载其盟辞有"世世无失职"。这个盟誓订立在平王初年，到鲁襄公十年（前 563 年）已经两百余年，中经十代周王。从七姓的角度看，这句誓辞意味着要世世代代侍奉周王，出任官职的人不过是七姓的代表，与七姓一荣俱荣，一损俱损。任官者一旦死亡，七姓必须再出一人替补。一旦失职，既可能由任官者负责，也可能由七姓负责。除非七姓族人全部死光，这项职责才由其他姓族代替。就像明代的军户，一人死亡，须从原籍户内抽一人顶替应役。军户内的男子不死绝，应役就永无停止。王制如此，诸侯官制也如此。《左传》定公四年载，周王封建鲁侯，拨给殷民六族，曰"是使之职事于鲁"，也就是让六族之人在鲁国任官。又载，封建晋侯时，拨怀姓九宗侍奉晋侯，谓之"职官五正"。五正是五个官署的主事，代表怀姓九宗世代服事晋侯。后世以为官职是获利丰厚的美差，则五个官署还不够九宗平分。

总之，"世官世禄"就是"世世无失职"。世官指某些姓族誓言效忠周王，周王策命其族的贤能者，由他率领全族世世代代侍奉周王。世禄则是周王赏赐土地，土地的产出既是俸禄，又是支撑全族人服事周王的物质基础。其中要点有二，一是周王的职官，强调的是职事固定和事责相应，起初并不重视职权。可说是职重于官，或说事重于权。二是官吏从效忠周王的姓族中产生，先由姓族与周王盟誓，再从姓族中举任某官，官职又称"宗职"。① 大夫士代表全族服王职，故而是族重于官。在这一意义上说，世官世禄的世，并非指某个大夫官的子孙有资格出任王官，而是某个姓族世代服职。说成族官族禄，更易理解。

三、官与爵

后来，事情发生大变化。很多迹象表明，西周时期的官民对立迹象还不明显。比如，大夫士并无单独立社的资格，只能与邻里共立一社。② 说明大夫士的宅第与庶民相邻。再如，乡饮酒时，大夫士依其命位与乡里父族叙齿。③ 说明大夫士与庶民聚族而居。而且，大夫士的子孙若不能任官，就在家中务农，久之也与庶民一样。由此可说，官吏与庶民之间虽然尊卑有别，但并非泾渭分明。而从春秋时期的情况看，官权已经越来越重，不再是全族支撑大夫士服职，而是反过来，大夫士凌驾于全族之上，成了庇护姓族的有力屏障。④ 原先任官是为周王办事，谁办事漂亮就由谁出任，不能胜任者避之唯恐不及。后来发现官职可以保卫身家，甚至可以牟取私利，官职就成了争夺对象。再加上数百年的发展，姓族的人口日益庞大，大夫士与族人之间的血缘关系愈加疏远，于是转而重视家庭或小家族的利益，忽略姓族的利益。把官职尽量留在家庭内的做法也

① 《左传》成公三年："而使嗣宗职。"杜注："嗣祖宗之位职。"洪亮吉以为"父职"。皆误。
② 《礼记·祭法》："大夫以下成群立社，曰置社。"注云："大夫不得特立社，与民族居百家以上，则共立一社。"《荀子·礼论》："社至于诸侯，道及士大夫。"
③ 《党正职》："一命齿于乡里，再命齿于父族，三命而不齿。"郑注："齿于乡里者，以年与众宾相次也。齿于父族者，父族有为宾者，以年与之相次也。异姓虽有老者，居于其上。不齿者，席于尊东，所谓遵。"《荀子·大略》："三命，族人虽七十，不敢先。"
④ 《左传》文公十六年，公孙寿辞司城，请使意诸为之。既而告人曰："弃官，则族无所庇。子，身之贰也，姑纾死焉。虽亡子，犹不亡族。"襄公三十一年载北宫文子曰："故能守其官职，保族宜家。"

普遍起来，族官族禄渐渐变成大夫士家庭累世把持官职。后世根据周制崩坏后的现象，把"世官"理解成职官世袭，又因为爵位是世袭的，以为西周时的官与爵没有区别。这是把违制现象误认成常制。

同样是颁给土地，给诸侯的土地是赏功，随爵位一起世袭，原则上由嫡长子继承。给官吏的土地是俸禄，不适用世袭制，也就无所谓嫡长子继承。这是官制与爵制的最大区别。春秋末期，知氏、赵氏等立后，皆以选贤为原则，不采嫡长子继承制，也是这个原因。另外，王官是周王的直属力量，各自向周王发誓效忠，被派出京城外则代表王权。诸侯的大夫士仿王官制度，在策命之前也向诸侯发誓效忠，导致他们不会听命于周王。这看上去像是封臣的封臣不是我的封臣，其实这种现象是由盟誓制度决定的，不应与封建制混淆。

第三节　周官的等级

一、《大宰职》与官等

《小宰职》："以官府之六叙正群吏。"又说："一曰以叙正其位。"叙即秩序的序。小宰是大宰官署内的中大夫，"六叙"职权就是正官秩之权。"六叙"制度建于何时已不可考。考虑到晋国的执秩之官在春秋早期还是新制度，若说西周初年就有"六叙"制度，让人稍感不安。但是，它一旦建立起来，就意味着官吏等级制度已趋完备。周官的等级制度可参考大宰的职文。大宰为六卿之长，且是"治官之属"，也就是创建和管理官吏的官署。按《大宰职》，大宰掌三种治官之法：六典、八法和八则。分别对应邦国、官府和都鄙。如下，三者各有一套官吏体系。

1."乃施典于邦国，而建其牧，立其监，设其参，傅其伍，陈其殷，置其辅。"

2. "乃施则于都鄙,而建其长,立其两,设其伍,陈其殷,置其辅。"

3. "乃施法于官府,而建其正,立其贰,设其考,陈其殷,置其辅。"

所谓"施典""施则""施法",也就是施行"六典""八法""八则"的简称,以下简称"三施"。三施指大宰依据治官之法,创建中央、诸侯和地方的各级职官。毫不夸张地说,读懂三施就算了解了周官制的大体。乍一看,最上层的职官应该是牧、长、正。但是,邦国有六等职官,都鄙和官府却只有五等。通观王朝的职官层级,最上层究竟是哪些职官?要回答这个问题,可以从下层官吏往上捋。如,邦国与都鄙皆有伍,当为一等。又如,三者中最下两层皆为"殷"和"辅"。郑注:"殷,众也,谓众士也。"又说:"辅,府、史,庶人在官者。"也即殷与士相当,辅与吏相当。这两级下无可下。由此确定,邦国之监与都鄙之长、官府之正平级,则邦国之牧是高于都鄙之长和官府之正的(表10-1)。

表 10-1 《大宰职》的职官层级表

	邦国	都鄙	官府
一级	牧	—	—
二级	监	长	正
三级	参	两	贰
四级	伍	伍	考
五级	殷	殷	殷
六级	辅	辅	辅

二、篡改痕迹与复原

显然,"三施"是窜入《周官》的注文。但它的参考价值较大。为什么呢?因为发现汉儒篡改的痕迹,证明它的形成时间至少早于汉儒看到它的时间。篡改处的具体表现是,在邦国的官制中,把"立其参"改成"立其监",使得邦国的五级职官多出一级。再把"参"字下移,把"设其伍"改为"设其参"。以下保持不变。

篡加"监"字的目的,是要提高牧的等级。郑玄注:"监,谓公侯伯子男,各监一国。"监等同于诸侯国君。又曰:"以侯伯有功德者,加命作州长,谓之牧。"若如此,牧相当于汉代的州牧。这样,周官制就与汉官制衔接起来。然而,周诸侯不称为监。通常,监是大子监国的省称。① 国君出京,大子代守,故监国又称守国。唯有《礼记·王制》说诸侯国的大夫可以称为监:"天子使其大夫为三监,监于方伯之国,国三人。"孙希旦怀疑是汉儒仿周初设三监之事,并认为诸侯国大夫绝不会负有监视国君的职责。② 甚是。周初三监是监视武庚,并非监视本国国君。至于周王策命诸侯国的大夫,这种情况是有的,如鲁国以三桓为三卿。孙诒让另有详考。③ 但三卿就是大夫官,未闻三卿为监,更别说监视鲁君。可见,用"监"字泛指诸侯国君,本无义例。

何况,从《周官》现存的五篇《叙官》,可知官府之正已至最高官等。通常,官署的正职均称为正,官署的等级不同,正职的官等也不同。《左传》有"车正""卜正""侯正""牧正"等,皆是泛指,不一定是大夫官。《左传》襄公二十五年载,鲁侯谢晋,"自六正五吏三十帅,三军之大夫,百官之正、长、师、旅,及处守者,皆有赂"。此句中的

---

① 《左传》闵公二年,里克谏大子申生:"故曰冢子。君行则守,有守则从。从曰抚军,守曰监国,古之制也。"

② [清]孙希旦:"愚谓方伯之国设三监,经、传皆无其事,而惟见于此篇。岂其闻周初有三监监殷之事,故欲放而设之与?"又曰:"后世失其说,谓三监乃监于武庚之国者,而汉人遂欲于方伯之国皆设三监,亦异于先王之制矣。"(《礼记集解》,中华书局,1989年,第322页。)

③ [清]孙诒让:《周礼正义》,第127—128页。

"六正"指晋三军将佐,俱为晋卿,用法与《大宰职》最近,是特指。后面"百官之正、长",正和长代表不同官署的正官,是泛指。而《大宰职》所谓官府之正,是特指六官之卿。六官之卿即周的上大夫。大夫官至此而止。在周官制中,真正外放到地方的官员,最高至中大夫,如六乡的州长和六遂的遂大夫。所谓都鄙之长,特指乡大夫,虽然也是上大夫,但由六官之卿兼任。而牧是地方官,居然凌驾于卿之上,也是不通周官制的妄改。

从都鄙之两和官府之贰,也可证明监为篡加。两和贰表示第二等级的官职是二人。贰,既表示数字,还可训为副。周的中央官制,上大夫一人,配备中大夫二人。若有独立的中大夫官署,则由两位中大夫主事。可见,官府之贰就指中大夫。诸侯国的大夫曰参,参即三,既表示数字,又可训为参谋的参。参与贰虽有别,仍然明显高于伍,当与贰为一级。既然参是第二等级,依照都鄙和官府的建官句例,可判断"设其参"原是"立其参"。参表示天子策命的侯国之卿,相当于王官的中大夫。

综上,试着摒弃篡加之字,恢复"施典"一段的原句如下:"乃施典于邦国,而建其牧,立其参,傅其伍,陈其殷,置其辅。"需要提醒的是,设置邦国第三级职官的动词为"傅"字,与官府、都鄙称"设"不同。按《左传》桓公二年:"封桓叔于曲沃,靖侯之孙栾宾傅之。"此处的"傅"字正是作动词。须知,鲁是边侯,有资格设立三卿。此三卿即《大宰职》的参。但当时的晋为甸侯,没有资格设立三卿。曲沃是从晋国分出来的附庸,经周王封为男国,也没有资格设立侯国之参。栾宾就是曲沃伯之下唯一由周王正式策命的大夫官,即《大宰职》的伍,相当于王官的下大夫。

辨明三施的篡改处之后,重新制表(表 10-2),可见周的职官等级就是五层。

表 10-2　复原的职官层级表

	邦国	都鄙	官府
一级	牧	长	正
二级	参	两	贰
三级	伍	伍	考
四级	殷	殷	殷
五级	辅	辅	辅

上表中的每个字都表示等级,而非职官名。第一等,牧泛指所有封国国君。国君的爵位虽有高低,从职官的角度说一定是封国的最高长官。第二等,参、两和贰对应中大夫。第三等,伍和考对应下大夫。第四等,殷对应士。第五等,辅对应史或士庶子。五等职官中,上、中、下大夫各占一等,大夫官共占三等,可见大夫的地位极高。把周官制分为五等,虽不一定是《周官》原文,但必定是深谙周官制的先秦大夫士的观点,而且已经体系化,是长期提炼的结论,迄今看来,对于认识周官的等级体系最有参考价值。

三、余论

我疑"牧"字也经汉儒篡改,苦无证据,原字如何不敢悬揣。《王制》"三监"郑注:"使(三监)佐方伯领诸侯。"此注显然用《大宰职》注《礼记》,表明郑玄深信封国官职分为牧和监两级,不知有篡改。但审视《大宰职》"施典"郑玄注,只引用了郑司农关于殷、辅的注文,绝口不提牧、监、参三职的前人注释。相信杜子春、大郑、先郑等人在如此重大的地方必定出注,很可能他们的注不符合郑玄的心意,或与郑玄所学相悖,遭郑玄隐去。

总之,郑玄见到的《周官》版本已被篡改。如果是传抄者无法分辨注文,把注文抄成职文,这是无心之过,可称误抄。篡改是故意为之,目的是混淆事实,为我所用,与误抄不可相提并论。从"施典"一句看,篡改者并非肆无忌惮,改动的字是极个别的,并试图照应前后文,也唯有如此才有迷惑性。只要熟知周的官制体系,再加研读时谨慎,篡改终会露出马脚。若因该书有篡改,就斥《周官》为不可信或无需读,无异于因噎废食。

第四节 "九仪之命"辨

一、策命制度

周的策命制度与官爵制度是两码事。我们已经再三说明,在周制中,官与爵是区分的。这里再说一个证据,《周官》原书不载爵制,今本《周官》中所有关于五等爵制的内容都是窜成职文的注疏。由此可见,至《周官》编撰时,周的官制与爵制仍旧殊途。但是,周王任命官吏和封爵均可采用策命仪式,这不但载在《周官》的职文中①,也可验之于周金文。如《宜侯夨簋》记载封建宜侯的仪式,铭文中有"王令虞侯"一句。令即命。命是书写诰命于简牍之上,既是命令,也是凭据。因简牍联编为册,又称册命。诸侯用册命仪式,表示诸侯也负有王职。不过,《左传》定公四年载周初分封鲁侯事,先用"分"字,所分者有器物、民人、土田、官司、鼎彝等。也即在王国的土地、财物中分出一部分给诸侯,以示周王与诸侯共享。其次才说"命以《伯禽》,而封于少皞之虚"。命即册命,《伯禽》即册籍所载的命文。封,是选定城址,丈量封疆。称封建诸侯为策命固然不错,但策

---

① 《内史职》:"凡命诸侯及孤卿大夫,则策命之。"《大宗伯职》:"王命诸侯,则傧。"

命大夫士不分土地，所以，虽然官与爵均采用册命仪式，并不意味着官与爵可以混为一谈。

（一）命服

《左传》成公二年载，鞌之战以后，"（鲁侯）赐三帅先路三命之服。司马、司空、舆帅、候正、亚旅皆受一命之服"。襄公十九年《传》载，平阴之战后，"公享晋六卿于蒲圃，赐之三命之服。军尉、司马、司空、舆尉、候奄皆受一命之服"，并说："贿荀偃束锦、加璧、乘马，先吴寿梦之鼎。"贿即赠贿，锦、璧、马、鼎均非策命官爵的标识，而是赐赠的财物。两处《传》文都说"命之服"，可见命服是策命职官的核心标识。晋侯策命士会将中军以黻冕，黻冕也是服。襄王策命晋侯为侯伯，先说"大辂之服、戎辂之服"，当是策命之服的最高等级。以下所赐弓矢、秬鬯、虎贲等，皆属赐赠。

鲁侯命晋六卿的仪式，当与周王策命卿大夫相同。因为荀偃是晋的正卿，也是周王正式策命的王卿。可见边侯的地位尚在王卿之上。旧说，侯的地位低于三公，因为三公之服为衮服，侯无衮服。[1] 但据《左传》，鲁侯、晋侯均是衮服。[2] 《左传》僖公四年载许穆公死于王事，葬之以侯，礼也，又说"加二等，于是有以衮敛"。许是男爵，加二等就是边侯。衮是边侯的礼服，应无疑义。由此可知，周制中的三公与侯相当。认定三公高于侯，大约是春秋中晚期以来，自称公的秦、宋等国君不甘心在边侯之下，于是创出的新说。然而，他们也知道命服是区别身份的标志，才出此说。

---

[1] 《司服职》："公之服，自衮冕而下如王之服。侯伯之服，自鷩冕而下如公之服。"

[2] 《左传》桓公二年，臧哀伯谏鲁侯曰："衮、冕、黻、珽、带、裳、幅、舄、衡、纮、紞、綖，昭其度也。"《左传》宣公二年，士季谏晋灵公曰："君能补过，衮不废矣。"

(二)三命

涉及封建而策命的西周金文,如《大盂鼎》《宜侯夨簋》等,均不载策命等数。《左传》中有一命和三命的记载,未闻四命至九命的说法。鲁侯的三命,对应的就是三级大夫官。一命的"候正"或"候奄",即《周官》的侯人,上士。"舆尉"即《左传》襄公三十年的"舆帅",负责军事后勤。管理舆人的官吏按县为单位,县正是下大夫,则舆帅无疑是士。"亚旅"的旅,郑玄认为旅是下士。① 未必。他的依据大概是《周官》中载有"旅下士"。但是,旅下士的"旅"训为众,并非旅等于下士。《左传》襄公二十五年:齐侯赂晋国官吏,叙述晋官的排序是"正长、师旅"。其他地方也称周、晋的中下级官吏为"师旅"。② 大概可以说,旅是下级官吏,相当于士,不确指某一级。所谓舆帅、候正、亚旅等受一命之服,是鲁侯按策命下大夫之礼策命晋士。所谓赐晋六卿三命之服,指鲁侯按策命王卿之礼策命晋卿。当时士与大夫的界限较严,而大多数诸侯国大夫也没有升至王卿的机会,二者均算厚赏。不过,这种策命只具礼仪性质,受赐之人若终身未任所赐之官,入殓时可着鲁侯所赐之服。就像周王赐赠穆叔的大路(《左传》襄公二十四年),生前不敢用,随葬则可。

总之,春秋时,周的命官制度仍以一命起算,至三命为止。一命对应下大夫,二命对应中大夫,三命对应上大夫。若策命三公或侯伯,另有加命仪式。但加命是特例,三命为常格。凡王士,并无命数的说法。《大雅·文王》说:"凡周之士,不显亦世。"世即世禄。王士皆载在臣籍,无需单独策命。有大功勋而跃迁至大夫,才会用一命

---

① 《宰夫职》"八职",前四职是正、司、师、旅。郑注以为正是上大夫,司是中、下大夫,师是上士和中士。

② 《左传》襄公十年:"官之师旅,不胜其富。"《左传》襄公十四年:"今官之师旅,无乃实有所阙。"

的仪式。同理,若原是徒庸,如造父等,有大功而策命为士,也会有赐给命士之服的仪式。

二、"九仪之命"疏解

"九仪"一词见《大宗伯职》《小行人职》《司仪职》。① 估计西汉末年诸臣看到的《周官》秘府本的《大宗伯职》中就有"九仪之命"四字。汉臣提到策命上公的仪式由"宗臣"主持②,宗臣即周的大宗伯。据此,汉臣改九仪之命为"九命之锡"③,这就是九锡制度的渊源。锡,赐也。九锡不是以命服为策命等数的标识,而是以不同的赐赠之物。仅此一点,已非周制。鉴于周的九仪之命对后世产生巨大的影响,特辟本节,对其略作说明。

《大宗伯职》原本只有"九仪之命"四字。后来有人添了一条注释:

> 壹命受职,再命受服,三命受位,四命受器,五命赐则,六命赐官,七命赐国,八命作牧,九命作伯。

这条注释在今本《周官》中窜成职文。观察它的修辞特点,已属战国时期,但表述的准确性非汉儒所能。如果单独研究先秦策命制度,这条注释在传世文献中最具参考价值。二郑的注释又有小异,

---

① 《大宗伯职》"以九仪之命,正邦国之位"。《小行人职》"协九仪宾客之礼"。《司仪职》"掌九仪之宾客摈相之礼"。

② 《汉书·王莽传》,元始五年(5年),群臣皆曰:"故宗臣有九命上公之尊,则有九锡登等之宠。"张晏曰:"《周礼》'上公九命'。九命,九赐也。"又,《汉书·武帝纪》载有司奏议:"三适谓之有功,乃加九锡。"张晏曰:"九锡,经本无文。《周礼》以为九命。《春秋说》有之。"

③ 《汉书·王莽传》"九命之锡",师古引《礼含文嘉》:"九锡者,车马、衣服、乐悬、朱户、纳陛、武贲、铁钺、弓矢、秬鬯也。"又见《汉书·武帝纪》"乃加九锡"应劭注。

如郑玄说一命为下士。郑司农认为二命为上士，则他认为一命是中士和下士。二郑注也有完全相同的，这就是五命和六命。他们认为五命对应"子男"，六命对应卿。其中，六命赐官的官，据《周官》可知是指六官。六官之长即六卿。所以六命为卿是没有争议的，这就为九仪之命找到一个可靠的支点。依靠这个支点，再加上我们知道周爵制只有三等，则五命上下的官爵可以猜出大概。比如，七命赐国，郑玄解释国即成国。周制中的成国与成军相同，不成军则不成国，甸侯有一军，故是成国。由此可知，七命对应周制中的甸侯，而五命对应的"子男"显然是不成国的男爵。以此类推，八命作牧，郑玄解释为"专征伐"，说明甸侯有一军尚不能专征伐。边侯有三军，三公在名义上可领王师的二军，则八命相当于边侯或三公。至于九命作伯，此伯即侯伯。前文详细解释过，不赘。

五命以下，也有一个可靠的支点，即"三命受位"。先郑认为三命为下大夫。甚是。位，即大夫站立朝庭之位[1]，又称陪位。庭有堂阶，陪位在堂阶之上。周王视朝，站位在屏风前，面向大门，所谓"门屏之间谓之宁"。陪位则在左右。大夫的陪位又称"茅蕝表位"，茅蕝即茅旌[2]，是凸显大夫位的标识。《朝士职》说"左九棘，孤卿大夫位焉，群士在其后"，可见士在庭上无位，皆立于堂阶以下。宗庙也有庭，助祭周王的身份至少是大夫，士在宗庙的庭上仍无位，只在堂下奔走。既然三命是下大夫，六命为卿也是确定的，则四命为中大夫。最后看一命和二命，根据本章对士庶子的论述，我认为一命指有吏职而未成命士的庶子。又据《大宰职》的职官层级表，二命应该包括上、中、下三等命士。依上疏解，现将《大宗伯职》"九仪之命"对

---

① 位即立。《小宗伯职》郑注："古者，立、位同字。"
② 《尔雅·释言》："陪，朝也。"郭注："陪位为朝。"《释言》又曰："茅，明也。"《左传》宣公十二年："前茅无虑。"杜预注："茅，明也。"茅旌取显明之义。

应的官爵排列如下：

　　1.壹命受职：士庶子

　　2.再命受服：命士

　　3.三命受位：下大夫

　　4.四命受器：中大夫

　　5.五命赐则：男爵

　　6.六命赐官：上大夫（卿）

　　7.七命赐国：甸侯

　　8.八命作牧：边侯或三公

　　9.九命作伯：侯伯

三、小结

　　《周官》的多篇职文中提及"九仪"，不可视为毫无依据。但需注意的是，九命之仪只是九种策命仪式，并不意味着依次递增的九种等级。这是因为，首先，周的男爵是王子弟专封，并非以功可封。三命和四命的大夫虽有大功，但若是异姓，仍不能封男爵。其次，大夫与士存在极大的鸿沟，轻易不能打通升迁。最后，官与爵也是分离的，轻易无法打通。

　　实际上，九锡制度是在九仪之命上嫁接《典命职》而成。典命是主持周王策命仪式的职官。真正的《典命职》早已佚失，现存文字与《大戴礼记·朝事篇》相同，推测先是有人将《朝事篇》截引到《典命职》中作为注文，后来职文丢失，于是注文窜成职文。汉臣也知道这一点。《典命职》说"诸侯之五仪，诸臣之五等之命"，主张策命制度分为十等，如果汉臣相信它，那么九锡就该是"十锡"。汉臣虽不信十锡，却服膺于《典命职》所谓"及其出封，皆加一等"八字。"及其出封"指有功就可封爵。"皆加一等"则指打通官爵而分出等级。这八字代表一种全新的制度,也即彻底的论功行赏。周王虽然赏功,但赏功之前存在身份隔离,赏功时又有官与爵的隔离,并不是彻底的以功论。秦的军功爵制才是彻底的论功行赏。由此可见,用《典命职》解释九仪之命,实质是用秦制解释周制。然而,人的习惯是眼见为实,相信自己看到的,而不信看不见的。汉晋以来,周的官制与爵制颠倒混淆,且歧义纷呈,正因为汉晋大儒皆用《典命职》解释九仪之命。以郑玄注为例,他讲的周官爵制度就存在两种不同的学说①,二者相互矛盾,不可为训。郑玄的学说当然不是他自己发明的,而是受了先秦某些诸侯国经师的误导。

---

① 《大宰职》郑注:"爵谓公、侯、伯、子、男、卿、大夫、士也。"此说不分官与爵。《大行人职》"以九仪辨诸侯之命,等诸臣之爵"郑注:"九仪,谓命者五:公、侯、伯、子、男也。爵者四:孤、卿、大夫、士也。"此说以大夫士为爵,以五等诸侯为官。

第十一章 中央官制(中):公卿

　　《周官》只载王国官制,我们也只阐述王官。凡诸侯国官制,暂付阙如。王官的官阶越高,职事越广,权责越重。本章讨论三公与上大夫,也即俗称的公、卿。下一章是中大夫和下大夫。两章合起来就是公卿大夫。士官过于枝节,无暇细述。两章均不涉及大夫官的具体职事,每个大夫官的职事可做独立的研究,非本书能尽。

第一节　三公

一、乡老与师、保

　　《史记·齐太公世家》载,武王伐纣,齐太公称"师尚父"。师为中大夫,并非三公中的太师。《左传》僖公二十六年载成王赐周公旦和齐太公盟,称"大师职之"。大师则是三公官。师尚父变成大师,应在武王至成王之间。按《地官·叙官》《师氏职》《保氏职》,师氏为中大夫,保氏为下大夫,主要职责是守卫王宫的门闱,谏王美诏。二官原是近侍官,本该在天官中。师,春秋时期仍是乐官名,春官有大师、小师等,《师氏职》也说"以教国子弟"。推测师氏曾是成均的最高长官,相当于后来的大司乐。若师氏和保氏归在天官或春官,都不奇怪,若从大宰中分出去,置于地官中,也算正常。真正让人生疑的是,二官皆在地官中的乡大夫之下,乡大夫是都鄙之长,隶于其下的皆是地方官。这就奇怪了!

《周官》记载的官制体系,已非周初旧制,甚至与春秋时期单襄公称引的《秩官》一书也大不同。但是,分类体例虽有变化,旧官的一些属性还基本保留。通过师、保二官的职事,结合其他经史之书,可知二官在西周早期发生以下变化。武王伐纣之前,师、保二官名皆无"氏"字。那时的大夫不分上中下,但有位序之别。师是大夫官之首,由姜尚担任,位次在保之前。武王伐纣之后,师尚父之国就封。师和保由周、召二人兼任。

成王时期,开国重臣皆资深望重,无不是大夫官。于是有了周公制礼,重订官制。此后,大夫官区分上中下,周、召二人均为上大夫。然而,开国重臣中也有任上大夫的,不能让周、召二人与之等侪,于是升二人为乡老。乡老只有三个名额,每一乡老领两乡,位在乡大夫之上。故凡任乡老的,又称三公。按《地官·叙官》,乡老排在乡大夫之上,是名义上的乡官之首。《周官》的体例,凡《叙官》中有官名,职文部分就单独设篇,然而乡老无职文,说明是虚职。成王时期只有三个乡老:齐太公、周公旦和召公奭。又分实任和虚任。虚任就是只挂乡老的虚衔,不兼乡大夫的实职,在三年大比时参加礼仪性的事务,代表六乡把"贤能之书"献给周王。齐太公就是虚任,太公即大公,意思是三乡老之首。由于乡老是官职,齐太公有乡老的采邑。齐太公死后,历代齐侯皆兼乡老职,也就保留了齐太公的采邑,这是《齐太公世家》记载历代齐侯皆称公的原因。西周早期官制甚严,三公极尊荣,齐侯称公与宋、陈等国君尊称为公,完全不是一码事。后来平王东迁,凡是辅佐平王的诸侯皆赐赠三公衔,三公才成滥格。

实任的乡老仍兼着乡大夫,乡大夫是实职,管一乡。乡老兼乡大夫,一是可以监督另一乡的乡大夫,二是在乡大夫中的排名靠前。终成王一朝,实任的乡老只有周、召二人。当时没有太师和太保之说,师和保二官独立存在。《尚书·顾命》载成王临终前诸臣的排序,此时周公旦已死,太保奭排第一。其后是芮伯、彤伯,再后是毕公、卫侯、毛公、师氏。所谓"毕公""毛公",是因为二人后来任乡老,追称公,成王薨时二人尚未任乡老,故在芮伯、彤伯之后。此时仅有召公奭一人任乡老,可见乡老不必凑满三人。周公旦生前兼领的师,由一人独任,这就是排在毛公之后的"师氏",说明师至少在成、康二朝未废。

太师、太保这两个称谓,是乡老兼任师、保二官时的尊称。乡老和乡大夫是地方官之首,而师、保是周王近侍官。周、召二人任乡老时,若卸任师、保二官,则失去随时近王备询的资格,等于远离中枢,是明升暗降。成王让二人以乡老再领师、保二官,兼顾了位尊与实权。这以后形成惯例,任乡老之人若兼任师或保,就称此人为大师或大保,渐渐成了三公之二的代名词,至于师、保这两个大夫官,反而不显。又因为周公旦和召公奭任师、保时,周官制中尚无六官的分类,也就无所谓师、保二官应归入天官还是地官的问题。到《周官》编纂之前,定下六官的编辑体例。此时师、保二官早废,二官的旧档在乡老和乡大夫之后,编纂者不敢擅改,就把二官的职文放入《地官》,且放入都鄙之官的序列。只有理解了乡老与师、保的关系,才能理解现在这种排序现象。可以说,师、保二官在乡大夫之下,正是周、召二人出任乡老的遗迹,也是周初确有三公制度的证据。

二、周三公无太傅辨

王官中并无名为"傅"的官,更别说太傅是三公之一。把太傅与太师、太保并列为三公，著于古文《尚书·周官篇》中，是有人受诸侯国官制的启发，附会于王官。后来《大戴礼记·保傅篇》演绎出成王襁褓时设三公："召公为太保，周公为太傅，太公为太师。"又附会出周公旦先任太傅，继任太师。三人成虎，连孙诒让也信了。①

《左传》桓公二年载，前745年，"晋始乱，故封桓叔于曲沃，靖侯之孙栾宾傅之"。"傅之"的傅，即《大宰职》的"傅其伍"，训为副，是副于参的意思。参即诸侯国之卿，所以说副于诸侯国之卿也对。② 参相当于王官的中大夫，伍相当于下大夫。但三个中大夫和五个下大夫是边侯官制，甸侯尚不及此，曲沃伯是男爵，且是晋侯的附庸，没有资格设中大夫，下大夫也不满额，栾宾是唯一受周王策命的大夫官，故不称伍，而称傅。策命栾宾时曾通报列国，于是在《左传》中留下线索。《左传》襄公二十一年，前552年，栾盈奔楚，此时他不过是晋下卿，却对周王一再自称"天子陪臣盈"，正因其祖栾宾是周王册命的大夫。

曲沃伯诱杀晋小子侯之后，被周王策命为侯，此后晋国官制几经变迁。《左传》宣公十六年载，前593年，"晋侯请于王。戊申，以黻冕命士会将中军，且为太傅"。说明曲沃伯时期的傅已改名为太傅，代表晋国官制中的最高官职。所谓"请于王"，指晋侯请周王策命士会为中军将，这个官职相当于王官的上大夫。《左传》庄公十六年载："王使虢公命曲沃伯以一军为晋侯。"由此可知，晋侯仍是甸侯。自那以后，晋国无论扩充成三军还是六军，周王始终只策命一军之将，这一军在晋国扩成三军之后就是中军。本来，中军将由晋侯自任，后来分给大夫，为晋大夫提供了一个升为上大夫的机会。

---

① 《地官·叙官》"乡老"孙疏："《尚书·周官》云'大师、大傅、大保，兹惟三公'。此汉时所传真《周官》佚文，为东晋伪古文所本。其所说三公，亦同古《周礼》说，当可依据。"

② 孙诒让疏引胡匡衷云："经云傅其伍，盖指副于卿者言之。"

中军佐以下的各军将和军佐,在晋国官制中分为上卿、中卿和下卿,但在王官中仍只相当于中、下大夫,与中军将没法比。晋的中军将称为正卿,根本原因在于它是周王册命的上大夫,与王卿相当。至于太傅,非王官名,是曲沃伯以来的传统,相当于私设了一个三公。诸侯国本来没有三公,但此时晋是侯伯,设一个三公也说得过去,只是并未受周王的承认。因士会有功于王室,周定王高看一眼,用宴请三公的享礼招待士会,等于承认他的太傅衔为三公,这是殊荣,估计从没有诸侯国大夫享受过。实际上,周王用享礼抬高士会,并不是册命士会为太傅。《左传》描述士会见定王用享礼,错愕不已,受宠若惊,也说明他知道远超常格。汉儒不明这段记载中的制度含义,又见三公中有太师和太保,还缺一个衔名,于是用太傅一名填这个缺。《保傅篇》又说"傅,傅其德义",连傅作为诸侯国官职的原义也篡改了。

值得注意的是,虽不知师、保二官废于何时,但二官遭废意味着朝中发生过重大事情。周、召二人兼师、保,意味着各领一支近卫军。因此,传说周公旦失去成王信任,主动避位,成王悔悟等,皆属无稽之谈。之后是否有三公遭猜忌,导致师、保二官遭废,可以讨论。在召公奭去世后的一段时间里,师、保二官尚且未废。因为,大师和大保非周、召二人生前尊称,而是后人见师、保的官阶虽卑,实权却重于乡老,才冠以"大"字作为尊称。这说明三公与师、保二官并存过很长一段时间。

三、小结

其一,三公是乡老的尊称。乡老共三位,每位兼领两乡,虚职,秩位在六卿之上。周初三乡老即齐大公和周公旦、召公奭。齐大公就封,虚衔乡老而已,职事是三年赴京一次完成大比之仪。三公不必满,视资历和功绩而定。

其二,师是中大夫,保是下大夫,皆领近卫军,守王宫大门和闱门。乡老兼师或保,位尊而权实,故尊称大师和大保。周、召二公死后,师、保二官由他人担任,废除时间不详。废除后,王宫近卫的职责转给宫正,宫正为上士,属天官大宰。

其三,周王官中无傅。太傅为周三公之一,纯为谬说。傅训为副,代表诸侯国的第二等大夫官,相当于王官的下大夫。曲沃伯初封时,只有一个周王册命的大夫官,故称"傅之",地位独尊。后晋侯官制屡变,此官成为荣誉职,称大傅。周定王曾将任大傅的士会视同周三公。秦为周附庸,秦官制的底子是周诸侯官制,故而有傅。汉因秦制。汉儒不明太傅的来历。太傅为周三公的谬说,就一直传下来。

第二节　六卿

一、周卿止六人辨

卿是上大夫的尊称。六官由六位上大夫职掌,又称六官之卿。[1] 汉承秦制,夹杂六国改制的杂说,对周卿颇有误解。本节需要明确周卿的身份,澄清一些误会。

周官制中只有六个上大夫,并无十二个上大夫。《地官·叙官》说:"乡大夫,每乡卿一人。"意思很明确,就是六乡大夫均由六官之卿兼领。原因也很简单,六乡的建制在地官之内,隶属于大司徒,若六乡大夫另有六人,等于有六个上大夫是大司徒的属官,岂非大司徒高于其他五官之卿?! 然而,这句话引发后世无谓的争论,以为在

---

[1] 《说文》:卿,"章也。六卿:天官冢宰,地官司徒、春官宗伯、夏官司马,秋官司寇,冬官司空"。

六官之卿外，又有六个乡大夫也是卿，于是产生周有十二卿之说。① 对周官制误解之大，莫过于此。又，《夏官·叙官》说：王六军，"军将皆命卿"。还好郑玄明确指出："言军将皆命卿，则凡军帅不特置，选于六官、六乡之吏。"②这才没人主张另有六人专任六军之将，否则要生出十八卿的说法。即使如此，孙诒让还是说："六军出于六乡，其军将以下，即六乡之吏也。"③意思是六军由六个乡大夫兼任，而不是由六官之卿兼任。这都加深了对周官制的误解。实际上，郑玄说军帅选于六官和六乡，主要是说军将以下的军官从六官或六乡之内选任。

三公与六卿的关系，可以周公旦为例。周公的周，是采邑名。周公的公，是官名，也即乡老。他是实任的乡老，必定兼着一个乡大夫之职。又因为乡大夫由六官之卿兼任，所以，在他升至乡老之前已是六官之卿，也即大宰。同时，在升至乡老之前，战时他是领一军的军将。换言之，称公，就知道他身兼六官之卿、六乡大夫和六军之将共三种身份。实任的三公是在以上三种身份上再加一个荣誉衔，表示他的位秩在六卿之上。汉代以大师、大保和大傅为三公，实际为虚衔，不兼实职。周公旦以乡老领大宰和乡大夫，兼近卫军首领，有极大的实权。

二、六卿与周官制

周官制的最大特征就是六卿之权极重。一提到周六卿，容易让人想到明清的六部尚书。实际上，六部尚书远不及周六卿，六部之

---

① 《地官·叙官》孙诒让疏，以及引贾公彦、沈彤等说。
② 又见《诗·大雅·棫朴》及《曲礼》孔疏引郑玄《书注》："六卿者，六军之将。《周礼》六军将皆命卿。"孙诒让认为："郑说确不可易。"
③ ［清］孙诒让：《周礼正义》，第 2239 页。

权也远不及周六官。须知，六部职权不涉及宫内，而周六官代表王朝的全部官署，不分宫内或宫外，仅此已非六部所能比。如果非要比，就宫外的职权而言，六部尚书勉强相当于周六官里的一些中大夫，比如，吏部尚书相当于大宰官署内的小宰，户部尚书相当于大宰之下的司会。但是，小宰还掌有考核宫内各官的职权，司会掌着宫内财务，二者之权明显大于吏部和户部。何况，六部尚书只代表中央文官系统的最高官吏，周六卿还是六大地方区域的主政，又是战时六军之将。所以，六卿的最大特征就权力至重，可以说，纵观秦以来中央官署，未有权重如周六官的。而秦以来的官吏，除了宰相，未有权重如周六卿的。从这一角度说，凡后世号称模仿周官制，又不能赋予周六卿之权的，皆不过是叶公好龙。

从六卿兼领地方官与军将，又延伸出周官制的两大特征。第一，周六卿领六乡大夫，意味着中央官制与地方官制尚未彻底分离。考虑到周从一个诸侯国迅速膨胀为"王有天下"，且当时人口较少，政清事简，不允许人浮于事，是可以理解的。处在秦行郡县制之后的学者，往往很不理解，这也是一直有人支持十二卿之说的缘由。第二，周六卿战时领一军，意味着文官与武官并未分离。从当时的情况看，二者也无需分离。事实上，直到春秋中期，战争规模都很有限，作战半径不大，后勤能力要求不高，无需保留规模庞大的常备军。而周大夫士皆自幼习武，军事素养远高于后世的农民兵，随时可以投入战斗，也就无需文武官分离。并且当时人口少，为保证兵源充足，也不宜采取文武分离的官制。

从《周官》看，地方官制和武官制度均有相当规模。但是，地方官统于地官之下的体例极生硬，尤其是乡老的地位高于大司徒，而乡大夫与大司徒平级，足以说明他们之间并无隶属关系。很可能的情况是，地方官系统原本系于周王之下，《周官》编撰时为照顾体例才改系于地官之下。也就是说，直到《周官》编撰时，地方官制的定性尚不明确，只因司徒和地方官皆有管理土地的职事，平时的行政事务交集较多，编纂者才把他们拢在一起。

再以武官制度为例，大部分武官统于夏官司马之下，但所有的大司马属官平时均为周王的近侍。比如，仆官为周王驭车。周王的马车有多种，戎车只是其一，大驭、大仆等官其实是不分文武的。又如，校人是夏官的中大夫官署，专门负责牧马和养马。校人管辖的马场遍布全国，但官署就在王宫附近，王宫内外皆有他们管理的马厩。战时，校人是提供战马的军事后勤官署。平时，上至周王用马，下至全国的驿马，皆由他们提供。所以，不能说校人是军官，也不能说他不是，准确地说，是文武不分。职方氏也是系于夏官的中大夫官署，管理全国地图和职贡，传达周王旨意。从后世的眼光看他是文官，恰恰说明周人并不把夏官当作单纯的武官系统。

实际上，用武官和文官的概念无法定义周官制。用中央和地方也不能。凡以这些分类眼光看周官制，都是把后世的观念强加在周官上。依当时的观念，只有一种概念足以说明其性质，那就是"王官"，也即周王的官。在现存的五篇《叙官》之前，有一段相同的叙言，第一句话都是"惟王建国"，然后才说"乃立天官冢宰"，或说"乃立地官司徒"，等等。换言之，所有的官署依附于周王之下，为周王提供便利。官吏本无权，所有的官吏都是为周王服职，代周王行使权力。例如，《秋官·叙官》说："乃立秋官司寇，使帅其属而掌邦禁，以佐王刑邦国。"是王有权"刑邦国"，不是秋官有刑杀之权。秋官之下也有武官，比如士师，既掌军中刑罚，也掌民间狱讼。又如掌戮，负责斩杀军旅中违反军令者，又负责分派受刑之人服役。他们都是代周王行使权力，王权没有界限，官吏不过是替王办事，也没有设限的必要。同理，地方官也直属周王，听从王命，没必要区别中央与地方。

官署分权的观念,一开始也是没有的。周人关于官吏的最早观念,是为王服职。职主要指职事和职责,与后世的役接近。为王服职就是为王服役。官,原指官署。服职之人集中在一所建筑物中处理公务,这座建筑物就是官。到编撰《周官》的时代,官署各有职权,但官署之权仍是王权的衍生,王可以赋予,也可以收回,还可以根据王的需要调整。官署的权力本不固定,也就无所谓相互分权。

第三节　子非周官爵辨

在五等爵说中,第四等爵为子。《典命职》郑注:"大夫为子、男,卿为侯、伯。"意思是若大夫有功则赐男国或子国,卿有功则赐伯国或侯国。我们已经知道五等爵非周爵,但《左传》频繁提到子,又经汉晋经师渲染,已到三人成虎的地步。故专辟本节澄清。

《春秋经》称为子的情形有三。一是姬姓王官,如单子、刘子等。二是异姓王官,如苏子。三是异姓国君,如楚子、莒子、邾子、顿子、胡子、滕子、沈子等。异姓国君的情况比较复杂。我们知道附庸也称子,如须句子。附庸称子的原因很可能是兼任了大夫官,如秦国国君称为秦子,可能是因为身兼西垂大夫。所以,异姓国君为何称子,需要先确定他们是否为周王的大夫官,又需确定他们是不是附庸,这些均非本书能详考,暂付阙如。本节只讨论姬姓王官和异姓王官称子的情况。

一、异姓王官称子

先以苏子为例,来看异姓王官称子的情况。旧说,周王以一座小都为卿的采邑。① 凡称都的城邑，规模较大。苏忿生任司寇的采邑是温，据《左传》可知是一座规模不小的城，与旧说相符。又据《左传》隐公十一年载："王取邬、刘、蒍、邘之田于郑，而与郑人苏忿生之田：温、原、絺、樊、隰郕、攒茅、向、盟、州、陉、隤、怀。"注意，周王夺走的是田，不是温。这些田邑分散在十二座城外，故而城名包括温。由此可见，苏子的采邑由一座大城和许多分散的田邑组成。这些分散的田邑，推测是苏忿生任中、下大夫时得到的。

《左传》评价周王夺苏忿生之田："己弗能有，而以与人。"显示周王不能实际控制。为什么周王把不是自己的田当成自己的？按周制，采邑原本不允许世袭，卿大夫去世，周王可收回采邑。若周王不收回，其子孙也该主动退还。但是，苏忿生死后，周王未收回，其子孙也未返还。当时的情况已不可考，总之这种情况延续一二百年，形成了事实上的世袭。到了春秋早期，周王试图按照采邑制度收回此地，用来与郑国交换，这时已经"己弗能有"。

异姓王官的采邑规模还可参考邻子。《国语·郑语》载史伯语："子男之国，虢、邻为大，虢叔恃势，邻仲恃险。"虢叔是王子弟，无疑是"子男之国"中的男。那么，子男之国中的子就是指邻。邻，旧说以为妘姓。偪阳也是妘姓，晋灭之如夷狄，并携偪阳之君回国，杀之以祭先公，可见妘姓在周人心中没有地位。若邻真是妘姓，采邑却在成周郊内，其先祖必官至上大夫。邻在今新密，三面环山，一面出入，地理位置封闭，故曰"恃险"，其疆域合周制不会超过方五十里。可见，邻子也是以一座大城为采邑。

---

① 《载师职》"以小都之田任县地"郑注："小都，卿之采地。"《大宰职》郑注："都鄙，公卿大夫之采邑，王子弟所食邑。"或曰小都方五十里。详孙诒让疏，见《周礼正义》，第68—70页，第736页，第939页。

二、姬姓王官称子

姬姓王官的采邑则不同。以单子为例，自前 693 年（周庄王四年）至前 612 年（周匡王元年），《春秋经》一直称"单伯"。自前 574 年（周简王十二年）至前 520 年（周景王二十五年），《春秋经》称"单子"。《左传》则自前 580 年（周简王六年）至前 502 年（周敬王十八年），一直称其为"单子"。比《经》的跨度稍长。又，前 590 年（周定王十七年）至前 574 年（周简王十二年），《左传》称"单襄公"。又据《左传》昭公十一年（前 531 年），单子此时已是"王官伯"。伯者，长也。王官伯就是王官之长。

按照五等爵说，伯在子之上。但是，春秋晚期的单子，地位显然高于春秋早中期的单伯。可见五等爵制说的谬误。第一代出任三公的单子，名朝，又称单襄公。他任三公的时间大约与《左传》记载的时期相同，即前 590 年—前 574 年的 16 年间。其子、孙分别是单顷公和单靖公，此一时期单氏在王国中权势极盛。前 516 年（周敬王四年），单子、刘子等逐王子朝，王子朝称"单旗、刘狄剥乱天下"，可知这一代单子名旗。但《左传》《国语》同时称他为子和公，毫无违和。说明子不见得低于公。而且，王官伯与宰周公相当，一人之下，百官之上，但《春秋经》只称他为单子。若非他人转述，不知此时的单子已至人臣之极。其实，单氏称伯的时期，是以男国国君的身份入朝任大夫官。既然单国是男国，国君当然是王子弟。《国语·周语》载，叔向吹捧单靖公："吾闻之曰：一姓不再兴。今周其兴乎？其有单子也。"也说明单氏是姬姓。姬姓诸侯任王官，在西周时已成惯例。郑桓公是男爵，后官至卿士，是一例。《左传》昭公十六年载，子产说先公之子孔张的官职是嗣大夫。郑国有上大夫、亚大夫和嬖大夫等，嗣大夫并非大夫官名，而是指父祖与己皆任同一大夫官。郑国是西周晚期才封建,官制近王制,不乏参考价值。单伯不称子的时期,另一身份就是嗣大夫。

不仅男国国君,侯国国君也有在朝任官的情况。有"相侯"的铜器,一是《相侯簋》①,西周早期器,是相侯赐殳丝帛和金,有"殳扬侯休"一句,显示相侯简称侯。二是《作册折尊》《作册折觥》《折方彝》等三器②,同出于扶风县庄白村窖藏,同铭。铭文记载周王赏赐相侯。铭文有"王在庠"一句。"庠"的广字头下是"羊"字笔画的简体。因为羊角下只有一点,《集成》将此字释作"庠"。同属西周早期的《遣卣》和《遣尊》也有"王在庠"一句③,《集成》均未识出。若此字明白,则文义大畅。铭文大义是,周王亲到庠去视察,赞扬相侯的工作。王命令作册折,在祭祀"圣土"(社)时为相侯祝祈,并赐数量不详的金和臣。西周的庠,又称虞庠,有大学和小学之分。《礼记·文王世子》"书在上庠",指大学,在王宫附近。小学也称庠,在四郊。虞庠基址宽阔,房舍众多,从来就有挪作他用的传统。《王制》:"有虞氏养国老于上庠,养庶老于下庠。"据说夏、商二朝因之。又说"周人养国老于东胶,养庶老于虞庠。虞庠在国之四郊"。郑玄认为东郊是周之大学。相侯办公的庠,应该是紧挨王宫的上庠。既然铭文仍称庠,说明是临时挪用,没有为相侯建造办公的官署。相是辅助、襄赞之义。侯是侯国之君,却在京城处理政务,当有周王之命。相侯在王官中的等级、存废等问题,还需斟酌。可以肯定的是,以侯爵任王官,起点比男爵高。

单氏初任王官时称伯,后来称子,说明子就是卿的尊称。又可

---

① 《相侯簋》,《集成》3·4136,第 2311 页。
② 《作册折尊》,《集成》5·6002,第 3692 页。《作册折觥》,《集成》6·9303,第 4905 页。《折方彝》,《集成》6·9895,第 5202 页。
③ 《遣卣》,《集成》4·5402,第 3372 页。《遣尊》,《集成》5·5992,第 3685 页。

参考九仪之命,其中,四命为中大夫,五命为男爵,六命是卿。可见男国国君的地位高于中大夫。单氏任嗣大夫时,男国国君的身份高于王官的身份,故从国君的身份,尊称为伯。升任卿之后,卿的地位高于男国国君,故尊称为子。以后单子虽升任三公和王官伯,《春秋经》却始终称为子,是因为春秋时期三公之格已滥,称公不显尊荣。正如《春秋经》尊称齐国国君为齐侯,而不称齐公。至于王官伯,并非官名,而指单子在三公中的位秩列首位。

三、小结

总之,王官中所谓子,既非官位,又非爵位,而是卿的尊称。前517年,鲁昭公出奔,子家羁在随从臣僚中官位最高,《左传》昭公二十五年开始称他为"子家子",就是把他视为此时鲁国的卿,也暗示季孙的卿位不正。

后世说子是周爵,原因有二。一是异姓王官死后,得到周王优容,免其子孙退回卿的采邑,形成事实上的世袭。于是在世人眼中,子就像是爵位。二是王子弟以男国国君的身份出任王官,升至卿时,名下至少有两座大城。第一座是男国的国都,第二座是卿的采邑。后来以为子国略大于男国,应是这个原因。五等爵说更晚,窜入《大司徒职》和《职方氏职》的旧注,均说子国封疆方二百里。方二百里可容4个方百里或16个方五十里,这已经与周制无关,大概是七国的制度。

实际上,周的官制与爵制各自独立,本无混淆之虞。官与爵失去界限,很大程度上是春秋以来诸侯国兼并战争的结果。以晋国为例,晋是甸侯,随着兼并战争不断获胜,晋国的土地急剧扩张。若按功勋制度,晋卿们都该封侯。然而,晋侯尊周,不敢称王,可以拿出采邑赏赐晋卿们,却拿不出与之匹配的爵位。采邑无法世袭,受赏者去世，子孙若不继任卿大夫，就有收回采邑之虞。要保住采邑就得创新制度，于是产生一种不成文制度，即各卿族轮流出一个子孙任卿，以保住既得的赏邑。新制度的实质就是官职世袭，官职世袭使得政治权力迅速集中在几个卿族手中，随即架空晋侯。后世把周官制中的公卿二等说成公和子两等封国，其实是官职世袭的副作用。

第十二章　中央官制(下):大夫

第一节　六官之贰: 中大夫

《大宰职》说:"建其正,立其贰。"汉晋以来的经师均认为,贰仅指上大夫官署内的六个中大夫,即小宰、小司徒、小宗伯、小司马、小司空,共十二名。[①]

中大夫分为两种,一种有独立的官署,另一种配备给上大夫。衡量一个官署是否独立,要看有无府、史、贾、胥、徒等吏员。府收藏财物,史记录文书,贾为官府估价和买卖,胥徒职在搬运、传令等庶务。以天官为例,司会官署在大宰官署之外,由两名中大夫主政,有府4人,史8人,胥5人,徒50人。说明司会配有独立的府库、文书室等。大宰官署内也有两名中大夫,即小宰,没有直属小宰的吏员,但大宰署内的下大夫、士和吏员均归小宰调遣。郑玄的意思是,小宰算大宰之贰,司会不算。实误。

---

① 《大宰职》郑注:"贰谓小宰、小司徒、小宗伯、小司马、小司空也。"孙诒让疏:"经惟大宰、小宰、宰夫云职者,以正、贰、考,其官特尊。"

一、典、法、则有无副本辨

"贰",有副手、副本、增加等义。① 在中大夫的职文中,"贰"字反复出现,用来表示中大夫的性质。这就不得不充分重视。同一"贰"字,在同一篇的职文中,却有不同解释。下面分析《小宰职》中涉及小宰性质的两句话:

1."掌邦之六典、八法、八则之贰。"郑玄引郑司农注:"贰,副也。"训为副职。这是对的。

2."执邦之九贡、九赋、九式之贰。"此"贰"字无郑注。郑玄不出注,通常意味着与上一句的解释相同,无需出注。则此"贰"字当从郑司农注,解释为副职。这就错了。应从孙诒让,此"贰"字指副本。② 但是,孙诒让把第一句中的"贰"也解释为副本,即"治法之副贰"。在他看来,典、法、则、贡、赋、式等,均是成文法,正本由大宰保存,副本由小宰保存。

按《周官》的用例,王命、奏书、盟誓皆有"贰"。③ 这三种文书是独一无二的,必须誊写副本,以防正本丢失而无法查验。它们的"贰"即副本。《小宰职》的"贰"字能否训为副本?首先需要辨析典、法、则的性质。按《大宰职》郑玄注,典、法、则均为"制度"。郑玄

---

① "贰"字在《周官》中的用例。一是贰车为副车。《大行人职》"贰车九乘"郑注:"贰,副也。"二是增添。《酒正职》"大祭三贰,中祭再贰,小祭壹贰"郑司农注:"三贰,三益副之也。"郑玄注:"三贰、再贰、一贰者,谓就三酒之尊而益之也。"第一次敬酒为正敬,以后都是添加。"壹贰"即增加一次,"再贰"是增加两次,"三贰"是增加三次。

② [清]孙诒让:"此亦治法之副贰,大宰修其正本,小宰执其副本。"见《周礼正义》,第159页。

③ 《内史职》"内史掌书王命,遂贰之"郑注:"副写藏之。"《乡大夫职》"内史贰之"郑注:"内史副写其书者。"《大司寇职》:"凡邦之大盟约,莅其盟书,而登之于天府,大史、内史、司会及六官皆受其贰而藏之。"郑注:"贰,副也。"《司盟职》"既盟则贰之"郑注:"贰之者,写副,当以授六官。"

所谓制度就是成文法。只是当时还没有"成文法"之名。又依郑注："典，常也、经也、法也。"典，高于法、则。古人用此字概指恒久不变的文献。经典，需经时间的锤炼，证明其中包含永恒的价值。"法典"也不例外。今人把法典等同于普通的法律，令人深感不安。就像速朽的文学作品不配称为经典，速朽的法律也不配称为法典，速朽的宪法照样不配。

象魏的典故，则可证明成文法无副本。《大宰职》说，"正月之吉"，"乃悬治象之法于象魏，使万民观治象"。《大司徒职》也说，"正月之吉"，"乃悬教象之法于象魏"。按周人的修辞习惯，"九仪之命"即九命之仪。"治象之法"即治法之象。"教象之法"即教法之象。治法即治官之法。教法即教民之法。"象"字，多误解为图画。① 其实，象为类，可以是图像，也可以是符号或文字。② 许慎的《说文叙》："《书》曰：'予欲观古人之象。'言必遵修旧文而不穿凿。"意思是，上古文字精简，当循其大意，不应穿凿附会。"旧文"，即"古人之象"最贴切的解释。皮锡瑞谓之"正文字"③。事实上，西周时期早已脱离了图像表意的时代，治法或教法也非行刑的图像可以表达。把治法或教法之象解释为图像，甚属无谓。正确的解释是，治法之象指治官之法的纲领或大要，而治官之法就是六典、八法和八则的总和。又，《小宰职》说："正岁，帅治官之属而观治象之法。"治官之属，指天官的所有属官，这说明小宰在日常事务方面可以代表

① 《尚书·皋陶谟》："予欲观古人之象。"又说："日、月、星、辰、山龙、华虫作会，宗彝、藻、火、粉米、黼、黻绣绣。"十二种服饰图案称"十二章"，通常认为"古人之象"是与十二章相近的绘画图案。

② 《说文叙》疱牺氏"仰则观象于天"，此"象"为图像。始作八卦"以垂宪象"，此"象"为符号。仓颉作书，"依类象形"，"象形者，画成其物，随体诘诎，日月是也"。此"象"无疑指文字。

③ ［清］皮锡瑞："许氏《说文叙》引《书》曰：'予欲观古人之象，为正文字之义。'是'观象'所包甚广，不止服章。"（《尚书大传疏证》，中华书局，2015年，第83页。）

大宰。这两段职文结合起来理解,正月之吉,大宰官署"悬治象之法"于象魏,使万民观看,小宰也择日率天官的属官们前去观看。我们说过,小宰没有独立的官署,又是代行大宰治官之职的中大夫,治官之法就在大宰官署,小宰可以随时调取,何需另存副本?!明白大宰与小宰的关系,就知道大宰悬治象之法与小宰率天官属官往观,这两事为一事。更重要的是,法律在有效期内始终有效,不像奏书、诰令或盟誓等,出自个人或少数当事人之口,一旦正本消失,若无副本就无从查考。法律无论保存在何处,都不影响其有效性,无所谓正本和副本。《周官》虽写于两千年以前,却不能说编纂者不明此理。

历代注疏把悬象和观象分为两事[1],还因为有正朔之辨,要体现微言大义。按郑玄的说法,悬象和观象有时间差,但"治象之法"一直挂在那里,等小宰率属官前来观看。这样说勉强还算一件事。后来彻底变成两件事。首先,是分割成两个时间。《大宰职》的"正月之吉",说成是周正建子之月,《小宰职》的"正岁"说成是夏正建寅之月,前者较后者早两个月。其次,是分成两件事。悬拄治象的时间不至于那么久,所以说先悬一次,等万民看够了,取下来收好。等到小宰率属官们观象时,再取出来悬一次。最后,是分成两个地点。《大宰职》说悬象在"象魏",不能改。于是说第二次"疑当悬于治朝旁大宰治事之舍",总之"与大宰正月悬治象使万民观者为二事"。[2] 依此解释,大司徒悬教法之象,小司徒率其属观教法之象,也

---

[1] 《小宰职》"正岁"郑注:"夏之正月。"《大宰职》"正月之吉"郑注:"正月,周之正月。吉,为朔日。大宰以正月朔日,布王治之事于天下。至正岁,又书而悬于象魏,振木铎以徇之,使民观焉。小宰亦帅其属而往。"

[2] 《小宰职》孙疏:"全经凡言'正岁'者,并为夏正建寅之月,别于凡言'正月'者,为周正建子之月。"

是两件事。大司寇悬刑象，小司寇率其属观刑象，均为两件事。①

　　大多数时候，异字异训是合理的。历代经师的思路是，"正岁"和"正月之吉"是两个词，就一定是两个时间。再加上，《尔雅·释天》有"夏曰岁，商曰祀，周曰年"一句。所以，"正岁"是夏历的正月，"正月之吉"是周历的正月。殊不知，"正月之吉"并未用"年"字或"岁"字，不确定是要与"正岁"区别。虽然《周官》和《尔雅》都是古文经，毕竟纂者、用词习惯、成书时间都不同，没有任何证据证明，《周官》的用字之例必须符合《尔雅》。制度是系统的，前后有连贯的照应。若前后矛盾，则必有一误。把《大宰职》的"悬象"解释成由大宰主持，而把《小宰职》的"观象"解释成由小宰主持，等于是赋予小宰享有独立于大宰之外的职权，正犯穿凿的毛病。章太炎在《国学概论》结尾时说："若清代的考订训诂，又仅求一字的妥当，一句的讲明，一制的考明，襞绩补苴，不甚得大体。我们生在清后，那经典上的疑难，已由前人剖析明白，可让我们融会贯通，再讲大体了。"此话透着大胆，于今看来有启发。

　　总之，六典、八法、八则等俱为成文法，无所谓正本与副本。按周人的修辞习惯，所谓"治象之法"就是治法之象，即治官之法的纲要，平时一起藏在大宰官署。其建立、修订、颁布、监督、实施等是大宰的职事，由小宰具体负责。《小宰职》"掌邦之六典、八法、八则之贰"，此"贰"无疑训为副职，即辅助大宰实施治官之法的副职。

二、贡、赋、式有无副本辨

　　《大宰职》中记载的九贡、九赋、九式等并非成文法，也无所谓正本与副本可言。

---

① ［清］孙诒让：《周礼正义》，第815页、第2780页。

大宰有两项法定的职事，一是管理朝寝与六官，辅助周王祭祀、会同、宾客等。在这些事务中，大宰是王的副手。二是"小治"之权。《大宰职》："凡邦之小治，则冢宰听之。"小治即治百官之权。"小"是相对于王权而言，其实一点也不小。它分为六典、八法、八则、八柄、八统、九职、九赋、九式、九贡、九两等十项。六典、八法、八则指实施治官之法的权力。九职、九赋、九贡等，是大宰管理诸侯、都鄙与万民的职贡，相当于财政收入。九式，相当于财政预算与支出。合起来，指大宰有权按年催督贡赋，编列预算，调度、审核和监督财政收支。八柄、八统和九两又不同，指大宰向周王汇报人事考核的结果，并提出任免赏黜的建议，相当于人事任免和赏罚权。这十项又分三大类，一是人事考核与监察，二是人事任免与赏罚，三是财政。《小宰职》所谓"掌邦之六典、八法、八则之贰"，指小宰是大宰行使人事考核与监察权的副手。

　　但《小宰职》又有"执邦之九贡、九赋、九式之贰"一句。如果此"贰"字释为副职，意味着小宰是大宰行使财政权的副手。实际上，财政权主要由司会掌管，小宰考核百官政绩，财政是考核的一部分，用以衡量百官的业绩，以及有无贪腐问题。根据司会、大府、内府、职岁、职币等官的职文，在缴纳税赋和财政支出的过程中，会产生各种与之配套的官府文书。如《司会职》："以参互考日成，以月要考月成，以岁会考岁成。"参互、月要、岁会就是三种不同阶段的会计簿书。又如《司书职》："凡税敛，掌事者受法焉。及事成，则入要贰焉。"郑玄说，要贰的要是约，贰就是副本。征税完毕，须将登记簿册誊抄副本，上缴司书，以凭核对。司书的簿籍有账无实物，相当于会计。而大府、内府等掌握着实物的收入账目，相当于出纳。小宰只要调取府库和会计的簿册副本，核对二者的账目，就可以发现其中是否存在贪污、漏隐、挪用等情况。部分簿册正本也要向大宰官署呈报,尤其是年终之会和三年大计,是大宰考核百官的法定权力,相关簿册的提要必须呈报大宰,而向大宰呈报就是由小宰审查。可见,《小宰职》"执邦之九贡、九赋、九式之贰",此"贰"字指府库和会计簿册的副本。所谓"执",指执管文书。

由上可知,郑玄把《小宰职》"掌邦之六典、八法、八则之贰"中的"贰"解释为副职,是正确的。孙诒让把《小宰职》"执邦之九贡、九赋、九式之贰"的贰解释为副本,也是正确的。区别办法在于,第一,看谓词是"掌"还是"执"。掌是职掌,后面的"贰"指职事。执是执管,后面的"贰"是簿册副本。第二,结合职事具体分析。贰训为副职或副本,断读截然不同。仍以《小宰职》中包含"贰"的两句话为例。

1.贰训为副职。"掌邦之六典、八法、八则之贰"一句,断读为:掌[邦之六典、八法、八则]之贰。译意是:小宰是(大宰)掌管六典、八法、八则的副职。

2.贰训为副本。"执邦之九贡、九赋、九式之贰"一句,断读为:执[邦之九贡、九赋、九式之贰]。译意是:小宰执管着九贡、九赋、九式的副本。

断读不同,全句的宾语也不同。按副职断读,宾语是"贰"。按副本断读,宾语是"某之贰",某代表簿册的正本。

三、司会为贰职辨

"掌邦之某之贰"是《周官》的一种固定句式,凡遇到这类句式,表示某官作为上司的副职,辅助行使某项职权。据此,看《司会职》首句"掌邦之六典、八法、八则之贰",与《小宰职》的首句一字不差!郑玄对此句之"贰"不出注,而把司会排除在贰职之外。孙诒让则将其解为副本。① 二人俱误。

司会有资格作为大宰的副职吗？当然有资格。司会是天官之下唯一独立的中大夫官署，除了规格低于大宰，规模一点不小，其下的独立官署共九个，依次为：1.大府；2.玉府；3.内府；4.外府；5.司会；6.司书；7.职内；8.职岁；9.职币。这九个官署皆隶属于司会。② 又分为两个小序列，一是府库序列，即大府、玉府、内府和外府。二是会计序列，即司书、职内、职岁、职币。司会的位置恰在九官的中间。我怀疑在《周官》祖本中，"司会"二字抬高一二格，且两旁有细斜线，表示左右各四官受其辖制。辗转传抄之后，稿本的这些细微特征消失了。实际上，说小宰和司会是大宰治官之权的副职，就是说二官皆可代替大宰行使治官权。前面说大宰的十项小治之权，除去九职、九赋、九式、九贡等四项财政权，其余六项大别为考核官吏之权和任免赏罚官吏的建议权，可统称为治官权。大宰居六卿之首，隐隐统领其余五卿，正因他是治官之卿。财政权与治官权相辅相成，司会掌财政，但《司会职》偏偏说他"掌邦之六典、八法、八则之贰"，明示司会与小宰的职权相同，也是辅助大宰治官。为什么呢？因为《司会职》最末一句说："以诏王及冢宰废置。"据此，司会考核财政的结果，直接导致官员任免赏罚的建议，这是司会是大宰之贰的主要原因。

四、近侍官

天官以外的中大夫，唯有春官内史的职文采用"掌某职之贰"的

---

① ［清］孙诒让云："此执国典之副。"又云："凡治官官法之大者，并大宰掌其正本，此官掌其副本，其职盖亚于六卿。"

② 《天官·叙官》"大府"孙疏："以下至职币九职，并掌府藏、会计之官。"又引《汉书·食货志》云："太公为周立九府圜法。"又引刘迎、王与之谓"九府"即此大府至职币九官。见《周礼正义》，第39—40页。

相同句式。这从一个侧面说明,天官的撰写体例与其他各官不同,至少编纂天官所依据的官档底册不同于其他各官。又值得注意的是,天官是治官之属,天官的编纂者也是最懂治官之权的,他们在天官的上大夫和中大夫职文中阐述的官制,当然是关于周官制最权威的表述方式。因此,尽管其余各官的中大夫职文未用"贰"字,但中大夫为贰的判断可以贯通适用于六官。

我们将在本节末尾列举《周官》中的贰,在此之前,需把近侍官的中大夫及其属官排除在外。近侍官也即周王的近卫或侍从。从各种迹象看,上古的中央朝廷主要是以王的近侍官群体为核心发展而来。比如,大宰曾经是王的管家,负责管理王宫内的人财物。祝、宗、卜、史四官在王宫内服事周王。鉴于此,近侍官的定义不能过于宽泛,必须限定在《周官》撰写时仍然视为周王的近侍官。他们具备两大特征,一是尚未发展出独立的官署,二是他们的职责是须臾不离周王左右。从现存的五篇《叙官》看,符合以上两个条件的是仆官和戎右两大系统。仆官,职事是平时驾王车迎送周王,战时驭王之戎车。戎右,本职是在战车上持长兵器站立于主将的右侧,平时充周王的近身护卫。二者的职事符合须臾不离周王的特征。按《夏官·叙官》,戎右系统和仆官系统均以中大夫为首,其下不设吏员,没有独立官署,可见平时以王宫某处作为聚所。不过,官职与官员不同,实际情况很可能这些近侍官由某位大夫兼领。韩献子将新中军,且为仆大夫,可为旁证。

五、小结

排除了近侍官之后,暂列六卿之贰如下:

天官之贰:小宰、司会

地官之贰:小司徒、师氏、遂人

春官之贰：小宗伯、大司乐、内史

夏官之贰：小司马、校人、职方氏

秋官之贰：小司寇、大行人

冬官之贰：小司空、[?]

需要注意的是，第一，照现存《叙官》排序，六卿之贰共 15 职，员额 30 名。第二，《冬官》已佚，除小司空以外，冬官其他中大夫不详，暂设一空备考。第三，《春官·叙官》："世妇，每宫卿二人。"贾公彦认为春官世妇是中大夫，可称小卿。但有争议。① 暂不算入。

第二节　六官之考：下大夫

《大宰职》"三施"称下大夫为考。我们说过，"三施"是注文。"三施"称中大夫为贰有职文为据，但称下大夫为考，则需另论。

按郑玄的意思，六官之考仅指上大夫官署内的六个下大夫官职：宰夫、乡师、肆师、军司马、士师、匠师。② 员额皆是四名，共二十四名。郑玄又说，考的职事是"考成"。考指考察，成指成绩。若如此，很多大宰属官都有考成之职。中大夫小宰和司会自不必说，司书负责核对财赋的数量，职岁考核官府的支出，他们的职文里都有"考"字。③ 但二官不过是上士。其实，考是以宰夫为标准，宰夫是大宰官署内的下大夫。《宰夫职》两次出现"考"字，是讲考核百官的财用时发现官吏违法，则向大宰报告如何惩罚。如果官吏有功绩，也

---

① 　[清]孙诒让：《周礼正义》，第 1262—1263 页。

② 　《大宰职》郑注："考，成也。佐成事者，谓宰夫、乡师、肆师、军司马、士师。《司空》亡，未闻其考。"《地官·乡师职》："及葬，执纛，以与匠师御柩而治役。"郑注："匠师，事官之属，其于司空若乡师之于司徒也。乡师主役，匠师主众匠，共主葬引。"贾公彦疏："此经乡师是司徒考，明匠师亦是司空考。"孙诒让疏："以匠师为司空之考，当亦以下大夫四人为之。"

③ 　《司书职》："及事成，则入要贰焉。凡邦治，考焉。"《职岁职》："以待会计而考之。"

要奖赏。① 可见宰夫最重要的职事是行诛赏。再看其他上大夫官署内的下大夫职文，无不有奖惩或诛戮之职，士师和乡师还有受理和决断争讼之权。② 而肆师和士师的职文中不含"考"字。换言之，考的重点在于有诛赏之权。下面用这一标准，以大府和大史为例，详析下大夫与考的关系。

一、大府与考

大府属天官，是独立的下大夫官署。《大府职》首句："大府，掌九贡、九赋、九功之贰，以受其货贿之入。"九赋即多种财赋。九贡即多种贡物。九功，郑注为"九职"。孙诒让解释说："有民则有职，有职则有功。"功是献功的简称。有职事就要定期向周王献功，职与功是因果关系，故"九职"和"九功"可以互换。九贡、九赋、九功均以入藏为主。大府掌财物实际进出的总数据。《大府职》又说："凡颁材，以式法授之。"郑注："此九赋之财给九式者。"式法即九式之法。府库是财物入藏之地，也是支取财物之所。一进一出，大府皆有登记。进是贡赋，出则按九式。

大府是天官的考吗？答案是否定的。郑玄说考是考成，大府不能考，只能会。大府掌握天下府库的进出资料，司会掌握应出应入之数，必须二者会计，才能最终确定百官府之考成。《大府》的末句

---

① 《宰夫职》：一是"掌治法以考百官府、群都县鄙之治，乘其财用之出入。凡失财用、物辟名者，以官刑诏冢宰而诛之。其足用、长财、善物者，赏之"。二是"岁终，……而以考其治。治不以时举者，以告而诛之。正岁，则以法警戒群吏，令修宫中之职事。书其能者与其良者，而以告于上"。

② 《乡师职》："辨乡邑，而治其政令刑禁。巡其前后之屯，而戮其犯命者，断其争禽之讼。""若国大比，则考教察辞，稽器展事，以诏诛赏。"《肆师职》："相治小礼，诛其慢息者。""禁外内命男女之衰不中法者，且授之杖。"《士师职》："以比追胥之事，以施刑罚庆赏。掌官中之政令，察狱讼之辞，以诏司寇断狱弊讼，致邦令。""大师，帅其属而禁逆军旅者与犯师禁者而戮之。"

云:"岁终,则以货贿之入出会之。"就是说大府向司会提供府库的数据。郑玄只认宰夫为天官之考,不承认大府为考,也是这个原因。再说大府也没有诛赏之权,确实不符考的标准。那么,该如何看待大府的性质?其实,在《天官》的编纂者心中,大府就是大宰之贰,这已明确表述在职文首句。大府是天下出纳之总,负责收纳全国的财货,向全国调拨财物,大宰的财政权由司会和大府分割。从这一意义上,大府作为大宰之贰无不妥。不过我认为,称大府为贰的真正原因,是《大府职》形成时间较早,而中大夫和下大夫截然分为两等是较晚的事。早期的中大夫和下大夫一概视为大夫官,二者界限并不明显。有很多下大夫的职事极重,如保氏虽为下大夫,由召公奭兼任。又如,春官中的大卜、大祝、大史为下大夫,但《左传》定公四年称周初的排序是"祝、宗、卜、史"。彼时祝官在四官之首,若中大夫与下大夫在周初已分为两个等级,排序应是宗(大宗伯)、史(内史)、祝、卜才对。把官吏划分为正、贰、考、殷、辅五等,显然是晚出的学说。大府的职文早已写成,载在官档底册中,《周官》的编纂者以底册为准,不采私说。

二、大史与考

大史属春官,是独立的下大夫官署。但《大史职》显示,大史原是天官之考。《大史职》首句:"掌建邦之六典以逆邦国之治,掌法以逆官府之治,掌则以逆都鄙之治。"六典、八法和八则由大宰职掌,非大宗伯所能置喙。从这段话中已可概见大史原是天官属官。只是不能认定大史是否为大宰之考。按《大史职》,大史有权解决官署之间的争议①,这属于治官之权,只有宰夫的职权与之相近。大史还有

---

① 《大史职》:"凡辩法者考焉,不信者刑之。"郑注:"谓邦国、官府、都鄙以法争讼来正之者。"

一项职事:"若约剂乱,则辟法,不信者刑之。"若不注意,会以为这是管理百姓之间的私约,其实前文是"凡邦国、都鄙及万民之有约剂者,藏焉"。也就是管理诸侯国、都鄙和卿大夫之间的约剂,此职事又与小宰衔接。① 据此,大史有刑诛之权,且有受理和决断官府争讼之权,无疑曾是大宰之考。

周的史官隶属于大宗伯应该是很晚的事。祝、宗、卜没有治官权,在这三官的现存职文中看不出与大宰的联系。史官的职文虽有删改,却无法掩饰曾是大宰的属官,最明显的证据是《御史职》:"掌邦国、都鄙及万民之治令,以赞冢宰。"明示御史的职责是襄赞大宰。再看《内史职》首句:"掌王之八枋之法,以诏王治。"郑注:"大宰既以诏王,内史又居中贰之。"挑明了内史是大宰之贰。何况,八枋之法指爵、禄、废、置、杀、生、予、夺,而《大宰职》的八柄指爵、禄、予、置、生、夺、废、诛(杀)。对照二者,内容相同,只是次序稍异。说明八枋之法就是大宰的八柄。八枋的枋即方形木版,也即《内史职》所谓"以方出之"的方。可见内史是在专用的方形木版上书写赏罚、生杀等王命。前面说过,大宰的小治权有十项,赏罚官吏的建议权包括八柄、八统和九两等三项,不见于小宰和司会的职文中,既然出现在《内史职》,毋庸置疑,内史原是大宰之贰。《内史职》中还有"执国法及国令之贰"一句,与《小宰职》"执邦之九贡、九赋、九式之贰"

---

① 《小宰职》:"以官府之八成经邦治""四曰听称责以傅别""六曰听取予以书契,七曰听卖买以质剂,八曰听出入以要会。"此四者,皆包含在"官府之八成"中,傅别、书契、质剂等三种看似私人契约,其实都是官文书,乃私人向官府借贷、取予和买卖而订立的契约,又或私人之间订立的契约在官府登记的文书。"要会"则是财物在官府之间流通的凭证,或财物在官府和私人之间出入的凭证。《大史》的"约剂"当统以上四种文书而言。

的句式相同。"国法"即八枋之法。① "国令"即依据八枋之法而下达的八种王命。"贰"指副本。

史官序列共六官,依次是大史、小史、冯相氏、保章氏、内史、外史、御史等。大史在首,御史在尾,二者是大宰属官,说明史六官是从天官中整体移过来。再加上史六官以内史为正长,大史辅之,二者曾是大宰之贰和大宰之考,史六官当然曾属大宰。

史六官职文也是春官较晚从天官中分出的证据。按《周本纪》,周考王(前440年—前426年在位)"封其弟于河南","以续周公之官职",是为周恒公。所谓"续周公之官职",就是任大宰。周显王二年(前367年),"乃封其(指周惠公)少子于巩以奉王,号东周惠公"。从此,以河南为采邑的周公称为西周公,以巩为采邑的称东周公。"奉王"即侍奉或服事周王。东周公的官职只能从大宰的属官中分出来。分出之后,东周公的官职升为卿,才有资格称公,则东周公的官职应是大宗伯。

三、小结

郑玄把上大夫官署内的下大夫认定为考,是较为妥当的。又不尽然。大史虽非上大夫官署的下大夫,却有刑诛之权。排除近侍官,下面以职事中有无诛罚之权为准,逐一列出六官中可称为考的下大夫。

---

① 《内史职》"国法"郑注:"国法,六典、八法、八则。"误。依我之见,此"国法"特指"八枋之法"。一是,若依郑玄,即使"法"代表"八法",也不能包含六典、八则在内。二是六典、八法、八则用于考核百官吏,三者为一体,已由大宰官署职掌,由小宰负责执行,不能单独抽取八法交内史执掌。

1.天官。宰夫和内宰①是考。大府非考。司会官署内的下大夫非考。

2.地官。乡师、司市②、司门③、遂师④是考。保氏、廪人非考。

3.春官。肆师、大史是考。世妇官署内的下大夫是考。⑤ 冢人、墓大夫、乐师、大师、大卜、大祝、巾车非考。内史官署内的下大夫非考。

4.夏官。军司马阙,推定是考。射人⑥、司士⑦、诸子⑧是考。职方氏官署内的下大夫是考。虎贲氏、大仆、司弓矢非考。司甲阙,不详。⑨

5.秋官。士师是考。小行人非考。

6.冬官。匠师阙,推定是考。其余不详。

综上,六官可知的下大夫共 33 职,14 职为考,16 职非考。职文已阙,推定为考的 2 职,不详的 1 职。

本章小结

公元前 11 世纪至公元前 3 世纪之间,周官制一直处于变动中。

---

① 《内宰职》:"佐后而受献功者,比其大小与其粗良,而赏罚之。""宪禁令于王之北宫,而纠其守。"
② 《司市职》:"而听小治小讼,凡万民之期于市者、辟布者、量度者、刑戮者,各于其地之叙。""凡市伪饰之禁……市刑。"
③ 《司门职》:"几出入不物者,正其货贿。凡财物犯禁者举之。"
④ 《遂师职》:"作役事,则听其治讼。""军旅田猎,平野民,掌其禁令,比叙其事而赏罚。"
⑤ 《世妇职》:"大丧,比外内命妇之朝莫哭,不敬者而苛罚之。"
⑥ 《射人职》:"以射法治射仪。""大丧,……比其庐,不敬者苛罚之。"
⑦ 《司士职》:"凡邦国,三岁则稽士任,而进退其爵禄。"
⑧ 《诸子职》:"若有兵甲之事,则授之车甲,合其卒伍,置其有司,以军法治之。"
⑨ 《职方氏职》:"王将巡守,则戒于四方,曰:'各修平乃守,考乃职事,无敢不敬戒,国有大刑!'及王之所行,先道,帅其属而巡戒令。"

最后一次大变动是公元前 5 世纪中期，宗伯升为卿，与祝、宗（含乐官）、卜等独立为一官。此前应只有五官五卿。史六官是否也在此时划出大宰，归入大宗伯，尚存疑。史六官的职文很可能是为了照顾《周官》的体例，才从天官调到春官。除公元前 5 世纪这次大变动之外，周官制还经历过数次大变动，可惜周史已亡，详情不可知。

西周时期，官吏究竟分为几等？按《大宰职》的旧注分为五等，但应该是晚出的学说。西周时期不严格，可能只有三等。第一等即上大夫。兼乡老时，合称公卿。第二等是中大夫与下大夫。第三等是士庶子。从现存的职文看，曾有一个时期，全部中大夫称为贰，另有一部分下大夫也称为贰，如大府。同时，一些有诛赏之权的下大夫称为考，但不是所有的下大夫都有诛赏权。入战国，产生一种私说，把中大夫统称为贰，把下大夫统称为考，且把中大夫和下大夫分为截然不同的两个等级，再把周官吏分为五等，即正、贰、考、殷、辅。其说可部分地与职文相印证，却不严谨，把下大夫统称为考就是凭印象。《周官》编纂者只服从官档底册，不理会这类私说。五等说对后世官制产生了深远影响，比如，把官和吏分为两等，就很受汉儒的欢迎。东汉时期的士族子弟已瞧不起吏，不愿以吏的身份出仕。

周官制中还保留了许多官制起源期的特征，最具代表性的是近侍官尚未从王宫内独立出来。很多迹象表明，西周春秋时期的官等、官名较清简，官制体系不如《周官》那样严整。《周官》尽量保留一些已废的职官，也是要体现官制的繁密化。五等说尚未混淆官与爵，再发展就是官爵合一的九等说，往后则是秦的二十等军功爵制。秦制中，官与爵彻底混淆，无复可辨。由此可以看到官制演变的一条总规律，即从清简走向繁密，说明官府自诞生以来一直在不停地自我扩张。

第十三章　乡遂与都鄙(上):遂制

导　言

周人有两套地方行政地理概念,均以郊关为界。一是郊内称为国,郊外称曰野。这套概念很可能在商朝就有。二是郊内称为乡,郊外称为遂。这套概念是正式的官制概念。郊是周王非常重要的行礼处,迎接宾客有郊劳,祭天称为郊天。还有说天子亲耕于南郊①,则藉礼也在郊。但是,西周时期的郊关在哪里?史籍缺载。通说,郊关距离京师百里,另有一种近郊,距京师五十里。还有"四郊"的说法,若鄗京和雒京各有四个郊关,则郊关应当有八个。周人的"四"是四方的简称。四方不只代表四个方向,也可以是八方。所以,郊关的数量究竟是多少?仍需存疑。

郊内的区域分为六乡,乡之内有若干城,称为州。郊外的区域划分成六遂,遂之内有若干城,称为县。六乡以内人口繁密,六遂则地广人稀。乡大夫由六卿兼任,下面的州长是中大夫。而六遂大夫

---

① 《礼记·祭统》:"天子亲耕于南郊,以共齐盛。"一说藉田在近郊,孙诒让从之。见《周礼正义》,第293页。

才是中大夫,可见州城一定是大城。州以下为党,党正为下大夫,而县正也是下大夫(详见表13-1)。党相当于县,也有城,但党、县均是小城。

表13-1　乡遂职官表

官阶	乡	遂
公	乡老	—
上大夫(卿)	乡大夫	—
中大夫	州长	遂大夫
下大夫	党正	县正
上士	族师	鄙师
中士	闾胥	酂长
下士	比长	里宰
庶子	—	邻长

通常,中央官署的中大夫员额是 2 名,下大夫是 4 名。但《地官·叙官》只说"每州中大夫一人",以下党、族、闾三级也是如此,分别对应下大夫、上士、中士三等。最低一级是比,五家为比,比长是下士。我们不知道一乡之内有多少州,就不知道一乡之内有多少个大夫士。不过,就算一乡有两州,按一州两党计,则一乡至少有两个中大夫和四个下大夫。由此可见,周的六乡大夫是非常庞大的官僚系统,甚至有可能大于中央的六官,这还没算六遂。《周官》编纂者把这么大的地方官系统置于大司徒之下,显然是刻意照顾《周官》的编纂体例。当然,管理地方事务的乡师和遂人隶属于大司徒,地方公务确实与大司徒的联系最紧密,放在地官之下也是编纂时的最优选择。

按《左传》昭公九年,周王命宾滑执甘大夫襄。可见春秋晚期的城大夫仍直接效命于周王。所以,本书不遵《周官》的体例,不把地方官视为地官的一部分。但这并不代表《周官》记载的乡遂和州县制度是虚构的。本书把周的地方制度分为两章,本章专论乡遂的渊源,目的是解释周的区域划分制度。下一章讨论都鄙,而以州与县为主,目的是解释周的城大夫制度。周的都鄙与乡遂就像点和面的关系,后世的郡县制、省府制,无不渊源于此。

第一节　乡遂异制

一、遂民与"无征役"

(一)从《史密簋》说起

1986 年出土于安康的《史密簋》铭文,出现了一个极为重要的概念:遂人。它在铭文中两次出现,开始并未识出,铜器除锈后得以确认。此处只引用包含"遂人"的段落:

> 齐师、族土(徒)、述(遂)人乃执鄙宽亚。师俗率齐师、述(遂)人左,□伐长必。史密右,率族人、莱伯、僰、眉,周伐长必。获百人。①

张懋镕指出,齐师、族徒和遂人是三支不同归属的军事组织。齐师由齐国的正卒组成,族徒是大夫采邑所出兵卒,而遂人就是《周官》所载遂人掌管的野邑兵卒。② 他根据《地官·遂人职》及郑玄以

---

① 释文与断读参考张懋镕文。又参考《陕西金文集成》第四卷,编号 1784,第 251 页;又参考《商周金文摹释总集》,编号 489,第 1916 页。
② 张懋镕:《史密簋与西周乡遂制度:附论"周礼在齐"》,《文物》1991 年 1 期。

来的注疏，指出遂的居民平时也要演练军阵，战时服徒役，是配合正卒的副卒。这些定性是准确的。齐师和族徒无疑是军事组织，"遂人"排在二者之后，但与二者并列，而非从属，表明他们是一支独立的军事力量。如果遂人仅仅是参与城防，尚可辩称是征发来修筑工事的徒役。但铭文显示，遂人在师俗的率领下随齐师出击，参与了野战或攻城战，其地位与后文的"莱伯、𣄸、眉"等相当，证明遂人确实独立成军。

《史密簋》中又有"鄙"和"亚"两个重要的都鄙概念，与本章和下章有密切关系，在此稍作解释。执，李学勤训为守。① 张懋镕认为："所谓'执鄙'就是加紧、加强边境防守的意思。"②皆是。执即执事、值事。"执事"是周的职官统称，泛指各种中低级官吏。③《尚书·盘庚》："邦伯、师、长、百执事之人。"可见执事在师、长等官之下，等级较低。说自己愿意追随对方的执事，是一种谦抑的外交辞令。④ 鄙，西周时多指都鄙制度中的一都四鄙，四个鄙围绕都，构成边境防御体系，故而也有边邑的意思。此处的鄙和下文的"亚"联系，主要指一都四鄙的鄙。宽，缓也。⑤ 宽政即缓征赋役⑥，此处指缓解危局。亚即亚旅⑦，是相当于士的下级军官。这里指守卫鄙的

---

① 李学勤：《史密簋铭所记西周重要史实考》，《中国社会科学院研究生院学报》1991 年 2 期。
② 张懋镕：《史密簋与西周乡遂制度：附论"周礼在齐"》，《文物》1991 年 1 期。
③ 《大宰职》："帅执事而卜日。"《诗·商颂·那》："执事有恪。"
④ 《左传》僖公二十六年："使下臣犒执事。"《左传》僖公三十年："敢以烦执事。"《左传》昭公二十五年："寡人将帅敝赋以从执事。"
⑤ 《尔雅·释言》："宽，绰也。"又，"宣，缓也。"郭璞注："谓宽缓。"《左传》昭公十三年："施舍宽民，宥罪举职。"《左传》昭公十四年，"以宽卫国""以宽鲁国"。
⑥ 《左传》昭公十八年："宽其征。"《左传》昭公二十年："使有司宽政，毁关去禁，薄敛已责。"又引孔子语："政宽则民慢。""宽以济猛，猛以济宽，政是以和。"
⑦ 《尚书·牧誓》："司徒、司马、司空、亚旅。"又见《立政》。又见《左传》文公十五年，宋华耦曰："请承命于亚旅。"成公二年《传》："舆帅、候正。亚旅皆受一命之服。"

军队级别。连起来,"执鄙"就是《左传》昭公三年所谓"今执事攌然授兵登埤",指齐师、族徒、遂人等赶赴前线的某个鄙,登城防卫。"宽亚",指原先驻防在此的亚旅有极大的压力,现在得到了缓解。

《史密簋》是西周中晚期器,它为标定遂制的相对年代提供了锚点。

(二)"使无征役"

《史密簋》透露出最重要的讯息是,遂在西周中晚期已可征发士卒。如此重要的讯息,在很多学者看来是理所当然的。为什么呢?因为《遂人职》和《遂师职》提到将遂民组成军队,使其负担兵役和田役。[1] 旧说一直认为,战争爆发时,向六乡之民征发士卒,组成六军,是为正军。同时可以向六遂之民征发副卒,配合六军的行动。[2] 若如此,《史密簋》的价值仅仅是印证了旧说。但若遂民原本不服兵役呢?《史密簋》的价值就会大不同。

遂民不服役,载在《旅师职》:"凡新氓之治皆听之,使无征役,以地之美恶为之等。"旅师的主要职责是任民和征发赋役。任民是向农人颁发土地并登记人口与财产,这项职事相当于六乡的闾师。[3] 征发赋役的职事则相当于六乡的载师和县师,载师征赋,县师征役[4],可见在六乡之内征发赋役之事极其繁重,而六遂之事简略,三项职责只有旅师一人。氓即民,新氓即新民,特指新迁到各遂的人。《旅师职》又说"以质剂致民",意思是用契约招徕人民,也印证

---

① 《遂人职》:"凡事,致野役,而师田作野民,帅而至,掌其政治禁令。"《遂师职》:"军旅、田猎,平野民,掌其禁令,比叙其事而赏罚。"
② [清]孙诒让:《周礼正义》,第2238页。
③ 《闾师职》:"掌国中及四郊之人民、六畜之数,以任其力,以待其政令,以时征其赋。凡任民。"
④ 《载师职》:"以时征其赋。"《县师职》:"若将有军旅、会同、田役之戒,则受法于司马,以作其众庶及马牛、车辇,会其车人之卒伍,使皆备旗鼓兵器,以帅而至。"

了遂是亟待开垦且人口稀少的区域。

遂民不服兵役,在《周官》以外也有证据。据《尚书·费誓》,征伐淮夷、徐戎之前,鲁公征调"鲁人三郊三遂",命令他们准备筑具(桢干)与草料(刍茭),并未命令他们准备干粮(糗粮),也没有命令他们准备弓矢和戈矛。鲁公命令的对象分为两批人,一批是兵卒,他们需要自备干粮和兵器。而郊遂之民只缴纳一些物品,不必准备兵器。《费誓》反映的正是遂民尚不能成军的情况。《费誓》中的鲁公究竟是谁,一直有两说,一说是周初的伯禽,另一说是穆王时的鲁公。须知,伯禽从不称公,因其父为三公。周人大举讨伐淮夷,只有周初和穆王两个时代,《费誓》中的鲁公无疑在穆王朝。

《费誓》是标定遂制的第二个重要的锚点。它提供一个相对时间,即周穆王之前的遂民尚不能成军。这证明《旅师职》"使无征役"的说法是可靠的,遂民曾经长期不服徒卒之役,但需缴赋。这也是旅师可以身兼三职的缘故。

二、治野八政

为什么遂民可以不服徒役?可以从《遂人职》及其旧注中得到答案。遂人是大司徒之下的中大夫官署,负责推行人口迁徙政策。《遂人职》:

> 凡治野。以下剂致甿,以田里安甿,以乐昏扰甿,以土宜教甿稼穑,以兴锄利甿,以时器劝甿,以强予任甿,以土均平政。

从"以下剂致甿"一句开始,原是为职文"凡治野"三字出注,后来窜成职文。这段注文用词古雅,不讲对仗,非汉儒所为。透露的讯息,又非深谙周制者不办,当是出注者看到更早的文献而牵引于此，原著时间极可能早于《周官》。下面重点分析关键的两句。

（一）"以下剂致氓"

氓，民也。① 致，集合、聚集。② 致氓，就是召集民人。关键是何谓"以下剂"？郑注："以下剂为率。"此注本不误。问题是没有解释"下剂"。后世不知"下剂"为何物，也就不知道郑玄究竟在讲什么。其实，"以下剂致氓"就是《旅师职》说的"以质剂致民"，旅师也是具体执行招徕农人的官吏。质和剂，都是写于竹木简上的书契，区别在长短大小。质长大，剂短小。③ 二者形式相同，皆一式两简，用于抄写相同内容。抄写完毕后，在两支简上各自签名画押，再将两支简合拢，在中缝刻出齿痕。此后分开，由当事人双方各执一简，作为凭证。将来要辨别契文的真伪，只需合券检验齿痕是否吻合。后世弃竹木简而用纸，不再称"质剂"，改称"合同"。

"下剂"，也称"左券"或"左契"。通常，刻齿之后，两券就有左右之分，右券之齿在左，左券之齿在右。上古尚右，分右券给责人的一方，而分左券给受责之人。④ 秦汉时期仍用简牍文书，郑玄去古不远，对他来说"下剂"为左券是个常识，所以不为"下剂"出注。"以下剂为率"，意思是授给遂民田地，并一律发给左券，官府则以右券存档，以凭后验。后来的经师不明"下剂"之义，生造出"上剂"一说，

---

① 《遂人职》郑注："变民言氓，异内外也。"意思是说在郊内称"民"，在野称"氓"，以示区别。

② 《遂人职》郑注："致，犹会也。"《小司徒》"致民"，先郑注："征召会聚百姓。"

③ 《质人职》："凡卖儥者，质剂焉。大市以质，小市以剂。"先郑云："质大贾，剂小贾。"后郑云："大市，人民、牛马之属，用长券；小市，兵器、珍异之物，用短券也。"又，《小宰职》云："听卖买以质剂。"郑注："两书一札，同而别之。"故所谓"剂"，就是短券。先郑所谓"小贾"，后郑所谓"小市"，是指短券专门用于价格较低的买卖。

④ 《礼记·曲礼》："献粟者执右契。"郑注："契，券要也。右为尊。"《战国策·韩策》："操右券而为公责德于秦、魏之主。"又，《史记·田敬仲完世家》："公常执左券以责于秦、韩。"《史记正义》："左券下，右券上也。"

以为招徕遂民用"下剂",而授田给六乡之民用"上剂"。孙诒让亦从之。① 大失经旨。实际上,无论乡遂,受田之家皆登记于"土地之图"。土地之图登载王国全境内的授田关系,总图藏于大司徒官署,是具有法律效力的簿籍。自周初建政以来,授田土予郊内之民,并登记于土地之图,乡内的受田不必发给券书。而发给前往六遂之人的下剂,一是登载新授的田土细目,以便将来与藏在官府中的右券核验,二是让迁去六遂的新民有土地凭证。这正是遂制兴起较晚,且其土地制度不同于郊内的明证。

又,西周时遂人官署制作的券书格式,文献失载,已无从考订。但《商君书·定分》中记载战国时期秦官府收藏"右券"的办法,可以参考。曰:

> 主法令之吏,不告及[吏民][所问]之罪而法令之所谓也,皆以吏民之所问法令之罪,各罪主法令之吏。即以左券予吏[民]之问法令者。主法令之吏,谨藏其右券,木押(枅)以室藏之,封以法令之长印。即后有物故,以券书从事。

以上括号[ ]内的字,是参考蒋礼鸿先生《商君书锥指》增补的文字。"木押"疑"木枅"之误。这一段多有错、漏字,但大意尚且清楚。既然秦官府收藏右券,就必有发给民人的左券。这种制度当是借鉴周制,而非商鞅首创。总之,周时招徕民人垦荒,绝不会发给"上剂"(右券),因为上剂等于法律文书的正本,保存于官府。也绝不会以下剂(左券)存案,因为下剂相当于副本,发给民人。

---

① 《遂人》孙疏引惠士奇云:"六乡役民以上剂,六遂役民以下剂。剂者,州里之役要,而司空之辟也。"孙诒让:"惠说是也。剂,即徒役之凡要,以所任之多少为上下,故《乡师》谓之役要。"

(二)"以强予任甿"

"任甿"即任民。甿也可以理解为有力垦荒的成年男子。"任甿"可与孔子说的"籍田以力"的"以力"互训,也即以有力垦荒者"任土"。所谓"以强予任甿",郑注:"强予,谓民有余力,复予之田,若余夫然。"意思是,如果招徕之民有能力的话,可以多授予田亩。此郑注不确,然而接近原义。后来的经师又产生"佐助而耕""庸赁"等说①,更是增义解释,尚不如郑玄。根据《遂人职》的原义,"强予"指强制授予余夫的田亩与正夫相同,令其开垦。《遂人职》说:

> 上地,夫一廛,田百亩,莱五十亩,余夫亦如之。中地,夫一廛,田百亩,莱百亩,余夫亦如之。下地,夫一廛,田百亩,莱二百亩,余夫亦如之。

这段话原本也是早期的一段注文,后来在传抄中窜成职文。但它的权威性当然高于东汉末年的郑玄。所谓"夫一廛",就是授予每个成年男子一处宅基地,令其自建房屋。② 是郊外授田制度中的一项鼓励政策。遂民的房屋既然是自建,则样式必然不同,形成的聚落风格也参差不齐,这与郊内的邑居就有很大区别。邑居的事,后文再详,此处不赘。郊内外制度的最大区别在于授田的对象。《小司徒职》记载的六乡授田制,是以"夫家"或"家"为单位。而遂的授

---

① 《遂人职》孙疏引《诗·周颂·载芟》"侯强侯以"孔疏:"强有余力,谓其人强壮,治一夫之田仍有余力,使佐助他事者也。"马瑞辰亦主此说:"予,即《诗》之'侯以'。予、以古通用。予即与也,与犹以也。强、予二字平列。"(《毛诗传笺通释》,第1102页。)

② 《遂人职》先郑注:"廛,居也。"后郑以《孟子》"五亩之宅"释"廛"。这些都是对的。郑注又引杨子云曰:"有田一廛,谓百亩之居也。"这是错的。杨子云把"夫"误解成百亩一夫。其实,"夫一廛"紧接的下面是每夫受田与莱,指正夫或余夫。

田制以"夫"为单位,并且再三强调"余夫亦如之"。以夫为授田单位,意味着只要男子长到成年,就授予与正夫相同面积的田亩,这就是所谓"强予"。历代经师们误解,他们假定《小司徒职》与《遂人职》的内容必须一致,导致《遂人职》中明明有"余夫亦如之"五字,却仍然用六乡的授田制去解释。

郊内外授田的多少也不同。在遂,不分上、中、下地,每一夫只授百亩,再分别搭配莱地五十亩、百亩和二百亩。莱,郑注:"谓休不耕者。"也即耕种一年之后需要休耕一年的田地,其实就是未垦熟的生地。而乡内授田是按上、中、下地,分别授予百亩、二百亩、三百亩。通常,周人在营造田亩时,先期派匠人踏勘地面,根据地形规划田亩形状,再根据规划的大样营造垄亩与沟洫。营造完成后,又有辨别土地等级的官吏,郊内名叫均人,郊外名为土均。由这些官吏去确定土地等级,再据土地等级确定贡赋比率。这些工作完成并登记在簿籍中,才会授田。郊内按等级授田,没有搭配莱地,说明郊内的可耕地皆已垦熟,垄亩皆已营造妥当,无生地可供分配。郊外搭配莱地,说明营造妥当的垄亩较少,生地较多。

乡民与遂民的区别,还体现在男子成年的认定标准。按《乡师职》"可任者"的标准,"国中自七尺以及六十,野自六尺以及六十五,皆征之"。换言之,认定乡民成年的标准为身高七尺,而遂民是身高六尺,遂民的成年标准比乡民低。综合这些记载,说明周的郊内外制度区别非常大,是绝不能划一解释的。让郊内外制度保持一致,等于抹杀了遂制。

三、小结

(一)遂民不服役的原因

《大司徒职》《小司徒职》《遂人职》中各窜入一条记载田亩制度

的注文,以前的经师误以为它们都是《周官》的职文,必须划一解释,若有相互抵牾之处,需予以弥缝。实在无法调和的,只好无视其中的矛盾。由此强行把遂制与乡制划一,相当于抹杀了遂制。《遂人职》的珍贵处在于保留了同一古制的两个阶段。其中,审成职文的旧注阐述了兴起阶段的遂制,是出注者尚能看到的早期遂制的材料。主要内容包括:1.鼓励人口向郊外迁徙和垦荒;2.向成年男子授百亩之田、莱地和宅基地;3.身高六尺的余夫视为成年;4.免征徒卒之役。遂的授田制不同于乡,乡内受田以夫家为单位,而遂以一夫为单位。赋役也随之不同,在开发初期,遂民不服徒役,因为百亩田和莱地均只有一夫耕种,负担徒役会荒废田亩,与强予任氓的初衷相违背。乡内则不同,夫家之内的成年男子不止一人,徒役不影响耕种田亩。后来经过百年以上的发展,遂的夫家之内也有多个成年男子,遂民也可以服役。

(二)遂制的分期

由《周官》的多篇职文可知,西周时期推行过遂制,且遂民不服徒役,但无法分期。由《费誓》可知,穆王朝的遂民不服徒卒之役。结合《史密簋》铭文,西周中晚期的遂民已经服役。把以上三个文献衔接起来,遂制的全貌基本上展现出来。有把握说,遂制是贯穿西周时期的一种地方区划制度,大约以西周中期为界,可以分为前后两个阶段。分期依据主要看遂民是否服徒役。

(三)周遂制与秦制的异同

言秦制而不明周制,不可谓知中国史。秦国商鞅变法中推行的政策,多习周遂制。《商君书·徕民篇》说,招徕"秦之所与邻者,三晋也"。而周遂招徕的是日益增长的六乡人口。秦分异令以"倍其赋"为惩罚,驱使成年男丁另立户籍,受田务农。周的强予任氓则是六尺以上男子受宅基地和田地,并不强制分家,名为强,实为鼓励。因此,周制对宗族制度的影响甚微,分异令却标志着宗族制度的瓦解和小家庭的兴起。分异令发生在前4世纪中期,强予任氓在周初,比秦制早了五百年,当然是分异令借鉴了周制。

第二节 遂与大田制

一、《匠人》与井田制

遂又是一种沟洫的名称,沟洫是田亩中的必备建筑物。郊外得名为遂,与沟洫的遂密切相关。为了搞清楚二者关系,需先了解田亩营造制度。

田亩营造制度本该记录在《冬官》。若《冬官》传世,内当有一篇《匠师职》,载有田亩营造制度。现在《考工记·匠人》所载"为沟洫"肯定与已佚的《匠师职》不同。幸好,《地官》的《大司徒职》《小司徒职》《遂人职》也阐述了田亩营造制度。经过对照,发现《匠人》中记载的沟洫制,部分符合《遂人职》的记载,可信度较高。营造田亩,古称"为田"。为,指建造、筑造、修造等。但《匠人》不说为田,而说为沟洫。营造一处大型田亩,同时也要在其间建造四通八达的沟洫。为田与为沟洫是同一件事的两方面。按《匠人》,田亩的等级依照沟洫的等级区分,沟洫分五级,田亩也分五级。

第一级沟洫是畖。畖即畖。[1] 畖是亩与亩之间的沟洫。亩是种植谷物的高平处,也称垄,或称垄亩。畖和亩分别代表最小等级的沟洫与田亩,合称畖亩。一亩是极狭的长方形,宽一步,长百步(1步

---

[1] 《匠人》郑注:"畖,畖也。"又云:"其垄中曰畖。"

×100 步）。百亩,是一百个亩连续排列,理论上是长宽各百步的正方形。也称一夫。夫是计量单位。① 但在每亩之间夹着畎,共 99 畎。每畎宽、深各一尺,长百步,按一步六尺计,占地约合周制 0.167 周亩。所谓百亩为正方形,是不计亩间的畎,《匠人》不称"为田",而称"为沟洫",说明必须预留畎的占地。加上这 99 畎,则长一百步另 99 尺。99 尺即 16.5 步。故百亩实际宽 100 步,长 116.5 步,是近似正方的长方形。

第二级沟洫是遂。三个百亩（三夫）并列称为一屋。周制,三百步为一里,一屋是宽百步,长三百步,所以一屋也称一里。② 遂在三个百亩之首,承接畎流出来的水,三个屋并列为一井,故一井之中有二遂,陈桥枨称为"三夫而共一遂"。估算遂的长度和面积。三百亩之间共 299 畎,也即多出 299 尺（约 50 步）,一遂的长度约 350 步。遂的宽、深均为二尺,一遂的面积约为 116 平方步（350 步×1/3 步）,按一亩百平方步计,合周制的一亩余。注意,《匠人》记载的沟洫制就是通常的井田制,井田制最重要的特点就是只需营造田亩和沟洫,不必营造道路。

第三级是沟。一井九百亩,理论上,一井指纵横各一里的正方形,也称方一里。沟是井与井之间的沟洫,宽、深均四尺,承接遂中流出的水。《小司徒职》郑注:"沟洫,为除水害。"为什么不说沟洫是引水灌溉,而要说除水害? 因为大田选址在河边,随时可取水灌溉。《孟子·离娄下》说:"七八月之间雨集,沟浍皆盈。"此时最怕排水不畅,积水烂根。所以,畎、遂、沟三级逐渐加深,垄亩一旦积水能迅速排走。一沟实际长度是一里加四尺（四尺是二遂的宽度）,面积合周

① 《小司徒职》郑注引《司马法》佚文:"六尺为步,步百为亩,亩百为夫,夫三为屋,屋三为井。"
② 《榖梁传》宣公十五年:"古者三百步为里。"《韩诗外传》:"广三步,长三百步为一里。"一步约1.33 米,三百约 400 米,比今里少 100 米左右。

制的 2 亩余。为田一井,有畛 897 条(约合周制 15 亩),遂 2 条(2 亩余),沟 1 条(2 亩余),沟洫占地面积约合周制 19 亩(参考图 13-1)。① 沟洫面积与田亩的比值约为2∶100。

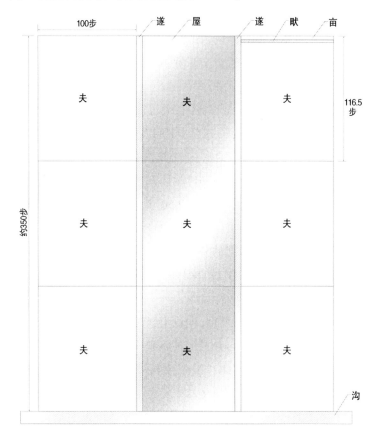

图 13-1　井田示意图

①　感谢余娜如博士协助绘制此图! 此图比例与实际比例有较大差距,仅供示意。夫的宽度与沟、遂、畛等宽度的实际比值≈600∶4∶2∶1。若按实际比例制图将无法显现小型沟洫等。

第四级为洫,是方十里之中的沟洫,宽、深各八尺,承接沟中流出之水。方十里即纵横并列 10 井,共 100 井,为田九万亩,也称一成。从这里开始,《匠人》与《小司徒职》相互抵牾,使这一级沟洫制度显得可疑。实际上,要连续营造一成的井田,无异于营造一座大型水利工程。方十里的区域不免有山川隔阻,后面会谈到,能整齐并排 10 个百亩成一个千亩,已属难能。别说纵横各 10 井,就算单独并列 10 井(9000 亩)也不可能。显然,一成不是实际存在的建筑物,而是税赋计量单位,推算一成的沟洫面积已经没有意义。但我们假设存在过一成的井田,则其中有畎 89700 条(约 1500 亩),遂 200 条(约 200 亩),沟 100 条(约 200 亩),洫 10 条(约 400 亩),占地高达2300 亩,沟洫与田亩的比例约 2.5∶100。这意味着,沟洫占地比不是固定的。连续营造的井田规模越大,沟洫占地比随之提升,等于是沟洫会占用更多的可耕田,既不经济也无效率。由此帮助我们判断,一成的沟洫制度是虚构的,洫是自然河流的代名词。换言之,井田制的沟洫制度到三级的沟为止。连续数个井田是可能的,但连续十个井田只需利用自然河流,不必设立制度。

第五级为浍,是方百里之中的沟洫,承接洫中流出之水。浍宽二寻,深二仞,也即宽、深皆十六尺。[1] 方百里即纵横各百井,共万井,为田九百万亩,也称一同。西周初,一同相当于边侯国的疆域,必有大山大川的阻隔。如果硬要兴造纵横连续一同的井田,即使按2.5∶100 的比例,沟洫面积将达到周亩 22.5 万以上,合今亩近 4 万。古人不至于傻到如此地步。所以,万井必定是分散井田的加总数据,不必管它的沟洫实际占地面积。

---

① 寻、仞皆八尺。《匠人》孙疏:"《说文》云'仞,伸臂一寻八尺',盖释从人之义,许说正确。但仞与寻稍有不同,寻用以度广,故取两臂之伸;仞用以度深,故取于一身之长。"

营造沟洫的工程难度不大，只需利用挖深的余土，在沟洫两边筑造规整的拦水陂堰即可。最难的是选址与规划，二者均需专官。选址是地官县师的职事，同时评估地块的开发价值。早期井田的选址有两个条件，一是土壤深厚，二是就近取水，最符合的就是河流及其支流交汇处的冲积平原，如洛邑建于涧、瀍、伊等水的入洛口附近。规划则是夏官量人的职事，通过踏勘地形，确定与自然河流的对接和疏通口。又需丈量和设计，做到层级清晰，四通八达，与邑居或城市相协调。在当时的技术条件下，非眼光老练和经验丰富者不办。最后才派冬官匠人，按制度一一营造。营造时需征发附近的力役，又需地官和乡遂官的配合。

有一种误解，以为上古国家屡兴大型水坝工程，故而动辄征发全国夫役。这是一成和一同这两级井田单位引起的想象。若上古国家要四处兴建大坝，《考工记》中不能不留下痕迹。其实，采用分散的陂堰而弃用截断水流的高坝，正是古人治水的大智慧。陂堰简易，大坝难。筑陂堰省时、省工、省物料，还能避免溃坝惨剧。这是古人弃用高坝截流的缘故。《尚书大传》："沟渎壅遏，水为民害，田广不垦，则责之司空。"《韩诗外传》："五谷不植，草木不茂，则责之司空。"均证明治水一直是司空的职事，而《尚书·尧典》说舜命伯禹为司空。所以，治水与为沟洫是一回事，大禹治水的原型就是为沟洫。为沟洫越广，田亩和粮食越多。为沟洫是上古农耕文明的基础，其中有巨大的经济利益。然而传说突出治水，隐去营造田亩。如果我们能透过传说看到大禹治水的实质，那么便更理解大禹为何受人崇敬。

二、《遂人职》与千亩制

《遂人职》也讲为田①,但与《匠人》有很大的差别。《匠人》的田亩是三三制,标准形状是正方形。《遂人职》是十进制,标准形状是长方形。其实长方形还不准确,准确地说是没有边界的无限延展型。二者的对照,详见下表(表13-2)。

表13-2   大田制对照表

井田制(《考工记·匠人》)		千亩制(《遂人职》)		
沟洫	亩	沟洫	亩	道路
畎	亩	—	—	
—	—	遂	夫 = 百亩	径
遂	屋 = 三百亩	—	—	—
沟	井 = 九百亩	—	—	—
—	—	沟	十夫 = 千亩	畛
—	—	洫	百夫 = 万亩	涂
洫	百井 = 九万亩	—	—	—
—	—	浍	千夫 = 十万亩	道
—	—	川	万夫 = 百万亩	路
浍	万井 = 九百万亩	—	—	—
川	—	—	—	

观察上表,各级田亩计量单位和对应的沟洫毫无共同处。且《遂人制》的大田配有道路,《匠人》所载井田无道路,显然是两种不

---

① 《遂人职》:"凡治野,夫间有遂,遂上有径;十夫为沟,沟上有畛;百夫有洫,洫上有涂;千夫有浍,浍上有道;万夫有川,川上有路,以达于畿。"

同的大田制度。历代经师也非常清楚,贾公彦说:"此虽沟洫法,与井田异制。"孙诒让则说:"凡十夫,为田千亩,不成方。"①所谓"不成方",指不像一井那样成正方形。其实,岂止不成正方,就连长方也未必。我们说过,正方形大田与自然地貌冲突,连续营造十个正方形井田非常困难。《遂人职》所载的新式大田是以百亩为基本单位,相当于把九百亩的井田化整为零。百亩之间用沟洫隔开,然后向四方尽量拓展,可以并列或重叠。这种大田在视觉效果上,一方面阡陌纵横,井井有条;另一方面随地貌变化而变化,地狭则田狭,地宽则田宽,做到连绵舒展,无边无际。若只隔着些小溪流,没有山谷的阻挡,别说千亩,就算万亩(百夫),视觉效果仍然是连续的。《周颂·噫嘻》:"骏发尔私,终三十里。"表现的正是这种大田延展于广袤平原上的景象,可见三十里的大田在当时是极为壮观。三夫为一里,三十里就是 90 个并列的百亩,也即九千亩,已经接近万亩。总之,这种连续营造的大田已经不能称为井田,参照《大田》一诗,可称为新式大田。其营造制度可参考它的标准形态,可称为千亩制。

说上古大田而局限于井田,是只知《考工记》。说上古大田而不知千亩制,是抹杀了《遂人职》。我们以千亩为标准,绘制新式大田与沟洫、道路的示意图(图 13-2)。②对照井田示意图,两种大田的结构差异一目了然。

---

① [清]孙诒让:《周礼正义》,第 1133 页。孙疏又引程瑶田曰:"《遂人》之不为井田,确有可证。(下略)"

② 感谢余娜如博士协助绘制此图!此图不是实际比例。夫的宽度与沟、遂宽度比≈300∶2∶1。若在图中用实际比例,沟洫和道路无法显现。余博士绘制了四张不同比例的稿图,我选择了一张,仅供示意用。

图 13-2　标准千亩示意图

第三节　大田制的断代

两种大田制,孰先孰后? 当然井田是旧制,千亩是新制。有说井田制起于黄帝时代①,我认为大禹治水就是营造井田,井田制的起源期至少可上溯至有虞氏。到了传世经籍记录的时代,已盛行千亩制。以下详析之。

一、遂: 新旧大田的沟洫

先要解释的是,井田不见于"六经"。现在见到最早说井田制的是孟子,但战国晚期也看不见方形大田,孟子是追忆。孟子论井田又仅见于《滕文公上》。起因是滕文公使毕战问井地,说明此时的人皆不明井田为何物。孟子答:"方里而井,井九百亩。其中为公田,八家皆私百亩,同养公田。"所谓"井九百亩",就是《匠人》的"为沟洫",不同的是《匠人》只讲营造制度,孟子重视的是田亩归属和产出分配。孟子还引用《小雅·大田》的"雨我公田,遂及我私"。这让很多研究者意识到,孟子是从诗篇中得知井田制的大概。然而,《大田》说的是新式大田,而非井田。"遂及我私"的遂,就是同时出现在《匠人》和《遂人职》中的沟洫。② 遂同隧,《说文》无隧字,可见古文只有遂字。"遂及我私"是说,雨下到公田中,由沟洫导入到私田。后来此字不明,毛《传》不训。郑玄训为"因"。虽然因有循的意思,毕竟失了制度的原义,不可谓达诂。

---

① 焦循引钱塘的《溉亭述古录》:"井田始于黄帝。洪水之后,禹修而复之。孔子所谓尽力乎沟洫也。沟洫既定,不可复变,殷、周遵而用之耳。"见《孟子正义》,第 1112 页。
② 《考工记·匠人》:"匠人为沟洫,耜广五寸,二耜为耦。一耦之伐,广尺、深尺,谓之畖。田首倍之,广二尺,深二尺,谓之遂。"《地官·遂人职》:"夫间有遂,遂上有径。"

关键是,《匠人》和《遂人职》都记载了名为遂的沟洫,但二者的级别不同,凭什么说《大田》的"遂"字是千亩制的夫间之遂,而非井田制的屋间之遂? 原因有二。

　　第一,千亩之遂是并行而发散的。《小司徒职》说"九夫为井,四井为邑",一邑与四井构成居住和耕种的基层单元,两个基层单元之间隔着很远的距离。这种分布特点是由井田的形状决定的,方形井田只能营造于平直宽阔处,一遇地势或水文的阻碍,就得另起炉灶,故而井田都是分散在平原上的方块,井田中的两条遂也是孤立的。新制则不同,百亩随地势连续营造,夫间的遂与田首的大沟相连接,四通八达。《大田》说遂能把雨水引向远方,当然是夫间互通之遂,而非井田的隔断之遂。

　　第二,新旧沟洫的功能不同。井田的沟洫制度是畎比遂高一尺,遂比沟高两尺,这一至二尺的落差是为了保证积水迅速排走。而《遂人职》不讲沟洫深度,暗示沟洫的深度是持平的。沟洫落差制度也是井田盛行在先的证据。由于井田营造在先,得以占据河道边的膏腴之地,平时率先受水,大雨时节则利用沟洫的落差迅速排涝。新垦田亩排列在井田的周围,远离河道,平时缺水,沟洫以引水灌溉为主。"雨我公田,遂及我私"反映了受水的先后关系,也反映了沟洫在功能上的差异。

　　《大田》展现了新旧田亩紧密相连的景象,也的确隐含了田亩归属。"公田"代表王族或公族的田,也即甸人耕种的田,地理位置最好,邻近河流,平时受水在先。"私"即大夫士的田,绵延分布在公田周围,承接分流之水。大田中当有部分更早时期营造的井田,只是淹没在新造田亩之中。从这一意义上说,新式大田不是替代井田,而是井田隐没于新式大田中,以此完成了新旧制度的自然过渡。因此,若说《大田》也描述了井田,我并不反对。我反对的是只知井田,不知新式大田早已站在了历史舞台的中心。

二、阡陌：新式大田的道路

阡陌，是新式大田盛行于西周春秋时期的直接证据。西周时，周王的都邑由并行四辆马车的大道贯通起来，西起岐周，向东经宗周至成周，再到成周以东的大都，号为"周道"。阡陌纵横于大田中，部分与周道连通。值得注意的是，"六经"中不见"阡陌"，这个词首见于《史记·秦本纪》。秦孝公十二年（前 350 年），商鞅主持秦法，"为田，开阡陌"。可见，阡陌是新式大田创建很久以后才流行的俗称。阡是横于数个百亩田首的路，《遂人职》称为畛。陌，是夹在一夫之间的道路，《遂人职》称为径。径旁的沟洫就是遂，《月令》说："审端径术。""术"即遂。① 径与遂并举，说的正是新式大田中沟洫与道路相伴的景象。

《匠人》根本不提井田中的道路。这不是疏忽，井田本就没必要规划道路。井田不连续，井田与井田之间有很多空地，道路可以绕过井出向远方延伸。匠人在规划井田时，道路视为与井田不同的建筑物。新式大田中，道路是必备建筑物。新式大田的特点是利用一切地面，连续营造田亩，这就必须在田中留出道路，否则行人只好"行不由径"。周有专门巡视道路的官吏，名为野庐氏和修闾氏。又有禁止横穿田亩的法令，谓之"道禁"。② 都是为了保护农田。我们说过，《周官》中凡官名为"某氏"的是废官，这两个官名足以说明推行道禁的时间很早，很可能早至先周时期，也即周是一个小国的时候。

----

① 李家浩：《齐国文字中的"遂"》，《湖北大学学报（哲学社会科学版）》1992 年 3 期。
② 《野庐氏职》："禁野之横行径逾者。""掌凡道禁。"《修闾氏职》："禁径逾者。"

新式大田及其道路没有固定方向。在东西长而南北窄的区域,就在南北方向规划百亩,而在东西方向连续排列,也就是陌和遂为南北方向,而阡和沟为东西方向。若地形为东西窄而南北长,则反其道而行之。《小雅·信南山》说:"我疆我理,南东其亩。"《毛传》:"或南或东。"反映的正是这种没有固定方向的大田。《信南山》据说是讥讽幽王的。按《左传》成公二年,鞌之战(前 589 年)后,晋国要求齐国"尽东其亩"。只有在新式大田中,垄亩、沟洫和道路是一体的,改亩为东西向,就等于改阡的方向为东西向。齐侯根据《信南山》驳斥这种要求:"先王疆理天下,物土之宜而布其利。"又说:"惟吾子戎车是利,无顾土宜,其无乃非先王之命也乎?反先王则不义,何以为盟主。"一段话三次提到"先王"!此先王只能是周先王,否则对晋侯没有约束力。

综上,新式大田很可能在先周时期已经流行。西周时,王国与诸侯国无不采用新式大田,一直延续到春秋时期。前 6 世纪早期,尚无衰微的迹象。

三、千亩:新式大田的形状

千亩,指标准规格的新式大田。关于千亩,有两条文献为学界所熟悉。一是《国语·周语》"宣王即位,不籍千亩",说明宗周南郊的王藉规划成十个连续的百亩。从虢文公的谏辞看,千亩王藉早已设立。二是《左传》桓公二年载,晋穆侯次子成师出生之年,战于"千亩"。此千亩为地名,旧说以为在介休。① 把"千亩"作为地名,说明标准的千亩大田比较少见。可以说,千亩就像示范田,其中垄亩、道

---

① 《国语·周语》:"(宣王)三十九年,战于千亩。"《史记正义》引《括地志》:"千亩,原在晋州岳阳县北九十里。"

路和沟洫的尺寸均是新式大田的标准。千亩之少见也很好理解,自然地形中不会恰好有十里余的平地,既不多也不少。若有多余的地面,不能弃之不用。若有山川阻断,也不能强行营造。所以,在新式大田中,陌是有实际对应的田间道路,而阡则是理想,大多数田首大道不会恰恰是千步。明白这个原理,也就知道何以"阡陌"一词不随新式大田一同产生。新式大田流行很久以后,才会产生千亩示范田的想法,有了示范田,才会用"阡"称呼田首的大道。

史籍所载的盛行于西周春秋时期的大田,就是以百亩为单位连续营造的新式大田。称它为"新式大田",是相对于正方形的井田而言。实际上,新制的起源时间至少在先周时期,甚至更早,西周时已进入全盛期,往后几乎覆盖了整个春秋时期。春秋晚期,晋国各卿族竞相推行大亩制,以招徕人口,大田稍稍打破。战国早期,秦"开阡陌",西周以来在关中平原上规划严整的大田尽遭破坏。但三晋、秦改的是亩制,如把百步一亩改为二百四十步的大亩。只要田亩仍然连续营造,三晋和秦的田亩制仍然可以统称为大田制度。总的看来,大田制度的延续时间至少七百年之久,几与两周相始终。

第四节　遂的得名

农耕以田亩为本。田亩营造制度是古代国家与社会的基本制度,可谓牵一发而动全身。一个时代有一个时代的田亩制,每个时代都被田亩制打下深刻烙印。井田制与千亩制分属不同的时代,那么,千亩制为时代打下何种烙印?遂,就是千亩制打下的烙印。

一、郊的位置

前面说过,周的行政地理以郊为界,郊外为野,又称遂。下面探讨为什么称郊外为遂？这需要简略地考察一下西周时的郊。

旧说，京师的四方各设一座郊关，又名"四郊"。① "郊"的篆体，写成左高右邑，说明郊关有高大建筑。祭天称郊天，又称"郊祀"，说明郊关附近设有祭祀天帝的坛庙。国、郊、野分别代表三个不同的行政地理单位。② 国代表京师，也即宗周与成周。国与郊之间的区域称为乡。郊外称为野。武王伐纣，战于牧野。牧即郊内紧邻郊关的牧地，这个传说显示，商朝的郊外称野。为什么要用遂称郊外？

若依旧说，宗周和成周各有四郊，王国共八个郊关。这八个郊关已无遗址可考，而且是否八个也存疑。但是，郊有四个的说法也非毫无依据，这主要是就宗周而言。从防御与祭祀两方面可以推知，宗周必定有四郊。从宗周的形势推算，其南、北二郊当在距鄗京百里处。周里相当于今里的3/4。若以今咸阳为起点，往南百里恰落在入秦岭的山口，也即今西安市鄠邑区（原鄠县、户县）附近。鄠是门户之义。③ 往北约百里，则在今泾阳县附近。泾水从渭北黄土高原流入关中平原，此处就是出口。换言之，从宗周往南北百里，恰好到达关中平原的南北边缘，在这两处设郊以卫京师，同时祭祀南北的山岳，正符合郊的含义。宗周的东西二郊则不在百里之内。关中平原是东西长而南北狭，近似椭圆或长方形，东郊当在今潼关附近，西郊在岐山以西的六盘山附近，前者祭祀华岳，后者祭祀吴岳。岐又是祖宗发祥地，祭天的同时祭先王。而二地距宗周皆在三百里以上。

再看成周的四郊。成周的东郊当在今登封附近，距洛阳直线距

---

① 《天官·夏采职》《地官·小司徒职》《阆师职》《秋官·遂士职》。

① 《天官·夏采职》《地官·小司徒职》《阆师职》《秋官·遂士职》。

② 《士师职》："正岁，帅其属而宪禁令于国及郊、野。"《司民职》："辨其国中与其都鄙，及其郊、野。"《野庐氏职》："比国、郊及野之道路、宿息、井、树。"

③ 《史记·夏本纪》"有扈氏"，《史记正义》引《训纂》："户、扈、鄠三字，一也，古今字不同耳。"

离约百里,刚好把嵩山圈在郊内。嵩山是著名的祭天之所,有郊天之坛。选址成周的主要原因就是靠近嵩山,周王每年往返两京,赴嵩山郊天是主要理由。我怀疑成周是没有西郊的。成周往西经殽函道至宗周,中途有宗周的东郊,是祭岳的所在,无需重复建设。成周的南北二郊也无考。成周往北百里就到太行山南麓,今济源附近,此处的轵关镇后来是太行八陉第一陉轵关陉的入口。往南百里,在今临汝镇附近,此处南临汝河,又在两山之间,再往南出谷口,通道中有郏县、襄城等。这两处是否设有郊关,存疑。又,孟津在洛阳北面五十里左右,为著名的关隘,是否成周的近郊,也存疑。

西周时郊关的名称与位置俱已失传。以上是结合旧说与地理形势推测,有待将来考古发现的验证。其实,我们的目的是了解郊外的环境,所以,只需大致掌握四郊的位置作为参考。

二、郊外称遂

以宗周南北郊外的地理环境为例。往北进入黄土高原,一直到毛乌素沙地,中间尽是纵横绵延的山梁,史前人类遗址往往分布在这些山梁上。西周时期,为了农耕与取水,人们定居于山梁之间的河谷地带。这些河谷中稍大一点的平整区域称为"原"。宣王料民的"大原",就在今甘肃庆阳附近。原,这个地理称谓也一直延续下来。1228年,蒙、金爆发大昌原之战,完颜陈和尚以四百精骑,由南向北击破蒙古八千铁骑。大昌原,即今甘肃宁县的太昌原乡。原是难得的宜居宜耕之地,然而山梁分割其间,狭长不整,很难规划出九百亩的正方形井田。但按照新式大田法,化整为零,并列或重叠百亩,可尽地利。

再看宗周南郊以南的秦岭山区。汉水蜿蜒曲折地穿行于大山中,在进入南阳盆地之前,分别流经汉中、安康、郧阳等地。这些汉水上游的城市,无不依托汉水支流入汉口的小型冲积平原。其地形有两个特点,一是夹河而建,二是局限于山地之间。这样的地形,若按正方形规划田亩,必会浪费大量的狭长平地,而平地对山区农耕极为珍贵,必须尽量利用。

对郊外的地形有所了解,有助于认识郊外称遂的缘由。我认为,郊外称遂源于千亩制。须知,遂在新旧大田中的地位非常不同。在井田制中,遂不是主角,而在千亩制中一跃成为中心。井田制中,垄亩间密布着百步之畎,数百条畎在井田中最醒目。千亩制中,《遂人职》却不载畎,而把百亩之间的遂作为最低一级的沟洫。这是因为遂在千亩中实在耀眼,从远处看千亩大田,最深刻的印象就是贯通百亩之间的平直沟洫。遂也是千亩制中最实在的一级沟洫。沟、洫、浍等大渠均可利用天然河流改造,通过逐级疏通,把水引入田间。川,宽深达到三丈二,恐非人工营造,而是离田亩最近的大河。《遂人职》称"万夫有川",意思是营造百万亩规模的大田,必须有大河保障灌溉。实际的沟已不能完全的平直,更不要说平行排列。只有遂是直而平行地排列,给人直观的视觉冲击。

遂在千亩制的意义,还不止是外形醒目。百亩是授田的基本单位。但是,因为郊内区分上、中、下田,分别授予百亩、二百亩和三百亩,所以,百亩在郊内只是数量单位,没有特别的含义。但新开发的郊外田亩,不区分田土等级,无论正夫或余夫一律授田百亩。这样,在郊外的田亩中,遂不但是一种沟洫,而且是产权的界限。《广雅》把遂字与疆、界等字并列①,大约就是这个原因。其他等级的沟洫只有引水和排涝等功能,遂是田产的边界,它在遂民心中的地位远在其他沟洫之上。

---

① 《广雅·释诂》:遂、畺、畍,"竟也"。畺同疆,畍同界。

综上，郊外称野又称遂，是因为两种称谓兴起于不同时期，野先而遂后。野，对应的是郊外缺乏开发的时期。遂，对应着郊外广造新式大田的时期。

本章小结

今本《周官》的职文和旧注中保存了大量珍贵的上古制度，田亩制和地域区划制度是其中的代表。遗憾的是，它们被挤压在一个平面中，失去了对应的年代和先后关系，所以我才把《周官》比成拍扁为一层的多层蛋糕。我们的任务是，先分析这些制度的先后关系。如果运气不错，比如在金文或考古发现中找到它们的相对年代，就能大致复述这些制度从兴起到发展的时间线。上古史料从来就是一堆碎片，若无系统的方法论，很难把碎片拼凑成一个整体，就算拼出来也难以服人。制度的特点是稳定性，往往绵延数百上千年。在足够长的时间里，总会残存一些史料，据此可以判断制度与时代的联系。制度的演变脉络也具有相对稳定的特征，一旦抓住制度的某个阶段特征，前后阶段可迎刃而解。比如，发现制度的起源现象，或发现新旧制度的过渡现象，就可以判断在此之前经历过旧制度兴起到崩坏的过程。

井田制与千亩制的先后关系，是通过分析《考工记》与《遂人职》而锁定的。又通过分析《大田》一诗，确认井田向千亩过渡的现象。据此，千亩制的全盛期与《大田》的写作时代相当，则井田制的起源与全盛期肯定发生在《大田》的写作年代之前。同时，《周官》记录的遂制，是千亩制留下的时代烙印，与大田制相互印证。《史密簋》则揭示了遂制在西周晚期进入全盛阶段。反观《费誓》，恰好处在遂制向全盛期过渡时。由此可以肯定，遂制的兴起阶段，对应的相对年代在西周早期,更早不会超过商晚期或先周时期。井田制、千亩制和遂制的相对年代略示于下表(表 13-3)。仅供参考。

表 13-3　井田制、千亩制与遂制的年代关系

先后关系	井田制	早期	中期	晚期	—	—
	千亩制	—	起源期	推广期	全盛期	转型期
	遂制	—	—	早期	晚期	
相对年代		商早中	商晚	西周早中	西周中晚	春秋时期

第十四章　乡遂与都鄙（中）：县制

　　《周官》概括城邑有两个词，一是"都鄙"，二是"都邑"。又见于春秋中晚期的齐国铜器。一是《齐侯镈》有"民人都啚（鄙）"①。二是《洹子孟姜壶》有"人民都邑"。②

　　二者的基本差别是，都鄙偏向地方行政。按《大宰职》，都鄙之长指乡大夫，都鄙代表乡大夫以下各级地方官吏的驻地。其中，乡大夫驻扎的城为大城。州代表中城，州长为中大夫。党和县代表小城，党正和县正为下大夫。鄙，是县的下级，鄙师是上士。

　　都邑则侧重营造制度。都即城，邑代表城外的聚居区。《周官》中的"都邑"二字，见于《封人职》《县师职》《量人职》《掌固职》等四篇职文，均夹在"造都邑"一句中。相关官吏的职事以营造城邑为主，如掌固建造城墙及防御工事；量人丈量和规划城池、街道、沟渠等；封人封界；县师征发夫役。

　　本章解释两个问题，一是县鄙制，二是州制。都鄙制与营造制度紧密联系，不从营造制度入手，无以明都鄙制度。故从邑的制度说起。

---

① 《齐侯镈》，《集成》1·271，第 320 页。
② 《洹子孟姜壶》，《集成》6·9729，第 5119 页。

第一节　邑制

上古交通不便，一城所需的粮食必须就地解决。若遇凶荒，应尽快遣散人口，使其四处就谷①，后世俗称逃荒。逃荒的重点在于快逃。步行逃离比从外地运粮快很多，待在原地等粮援无异于等死。中古尚且如此，上古更不必说。城与田亩相互依存，无田则城不立，无城则田不守。狭义的邑仅指聚居区。广义的邑是聚居区与田亩、自然地形的总和。都邑也有两层含义，一是城与周边聚居区，二是城与周边的粮食产地。

一、早期邑制

最早的邑，仅指在四个井田中间营造的大房屋。保存在《小司徒职》的旧注说："九夫为井，四井为邑，四邑为丘，四丘为甸，四甸为县，四县为都。"

判断井田是正方形也是根据这条旧注。一井九百亩，方一里。四井三千六百亩，方二里。四井的中间建造一邑，供农人居住，出邑门往四面走，到达田亩的距离几乎相等。一邑代表聚居区，四井代表耕种区，一邑四井构成一个基本的聚居与产粮单元，也代表一种古老的营造制度。又按《大司徒职》，井田的分配方案是：上地（不易之地），一家分给百亩；中地（一易之地），一家二百亩；下地（再易之地），一家三百亩。假设一井九百亩全是下地，只够分给三家。全是上地则可分给九家。全是上地或下地的可能性较小，郑玄说，一邑之内大约住二十家人，平均五家耕种一井之田。这是平摊下来的约

---

① 《廪人职》："若食不能人二鬴，则令邦移民就谷。"

估数,可作邑居人口的参考。

一邑四井营造完毕,匠人再到附近地区勘察,选择合适的地方重复营造。四邑十六井营造完毕,把它们登记为一丘,田亩总数为一万四千四百亩,方四里。丘是赋税单位,而非聚落单位。四丘(六十四邑)营造完毕,登记为一甸,田亩总数为五万七千六百亩,方八里。甸既是赋税单位,也是较大型的聚居区,筑有小城,有防御小规模战争的功能。在四甸(二百五十六邑)的中心区域择地筑造县城,县城周边的田亩共二十三万零四百亩,方十六里。更高等级的都城,建在四个县的中间,周边田亩共九十二万一千六百亩,方三十二里。以上凡称方某里,仅指营造田亩的里数。田亩与田亩之间一定有广大的隙地、道路、沟洫、山川等,所以,一都的封界之内不止方三十二里,一县的封界之内也不止方十六里。都和县,我们下节再说,这里只谈邑。

邑是一种可供数十家人共同居住,有着坚墙厚壁,能够防御普通盗匪的大型房屋。商周时期的庶民,大多还居住在半地穴的房屋里。邑里面住的什么人就颇值得玩味。孟子说他们"乡田同井,出入相友,守望相助,疾病相扶持"。很多人以为这是孟子在谈理想社会,但孟子所说与"四井为邑"的营造制度相印证。孟子还说:"井九百亩,其中为公田,八家皆私百亩,同养公田。公事毕,然后敢治私事,所以别野人也。"意思是耕种井田是公事,而且耕种井田的农人与"野人"的身份不同。暂且称他们为"公事农人"。耕种公田就能享受"公家人"的待遇吗?当然不是。《礼记·少仪》说:"问士之子长幼,长则曰能耕矣,幼则曰能负薪、未能负薪。"可见,士之子是从事农耕的。按照《地官·叙官》的记载,五家为一比,比长为下士。一邑之内不止住五家,也就不止一个下士。因此,邑的居民身份很清楚了,他们就是《周官》中常提到的"士庶子",也即士与他们的家人。他们的"公事"不只是耕种,还要在战时自备甲胄、兵器和军粮等,负担甲士之役。他们的田就在城郭之外,又称"士田"。早期都邑选址于中小型河流的冲积平原上,距城较近的土壤深厚肥沃,灌溉方便。把这样的美地分配给士,让他们附郭居住,正是为了战事爆发时能迅速集结。

《小司徒职》这条旧注反映的已是井田制进入标准化营造的时代,也就过了起源与摸索时期,是井田制全盛期的景象。在商周考古遗址中,这样的邑居还未见报告。也可能是我阅读考古报告有限,没有注意到。但邑在后世留有遗迹,就是坞。两汉的坞或坞壁,有屯兵和防卫功能。① 大坞可称小城②,如董卓的郿坞、孙权的濡须坞等,足以抵御大军。西周、春秋时,县城周边的甸也筑有这种小城,甸师率甸人驻扎在这种小城中。还有一种小坞,汉代也称"营居",供多人聚居,有一定的防卫功能,对付不了大军。如西汉末年豪右大姓屯聚的"坞壁"③;以及分散在城郭之外的田间,作为屯田居所的"坞候"④;还有吴国在江边驻军的"屯坞"⑤。这些小型的坞就是邑的后代,是从多个夫家聚居的大房屋演变而来。今天见于赣南、闽南等土著居民的围屋,又是周邑和汉坞的遗制。

上面阐述营造的次序是从最低层级的井田和邑说起,实际上,应该是先确定都邑的选址,接着完成丈量,确定当地究竟能容纳一

---

① 《后汉书·顺帝纪》"令扶风、汉阳筑陇道坞三百所,置屯兵"。《后汉书·西羌传》:"元初元年春,遣兵屯河内,通谷冲要三十三所,皆作坞壁。"

② 《后汉书·孝献帝纪》李催迎帝幸北坞,注引服虔《通俗文》:"营居曰坞,一曰库城。"《后汉书·马援列传》"坞候"注引《字林》曰:"坞,小障也,一曰小城。"

③ 《后汉书·酷吏传·李章》:光武即位,"清河大姓赵纲遂于县界起坞壁"。

④ 《后汉书·马援传》:"缮城郭,起坞候,开导水田,劝以耕牧。"《后汉书·邓(训)寇传》:"分以屯田,为贫人耕种,修理城郭、坞壁而已。"

⑤ 《三国志·魏书·张(郃)乐于张徐传》:"郃别督诸军渡江,取洲上屯坞。"《三国志·吴书·周鲂传》:"江边空旷,屯坞虚损。"

个都,还是仅能容纳一县或一个甸。丈量完成后再整体规划,最后才营造。无论如何,都邑营造制度按四进位制递进,其中贯彻了崇尚方正和平衡对称的审美情趣。从各种迹象看,四井之中的邑与井田制相适应,是殷商时期盛行的都邑营造法式,并且很可能就是商人把这种营造制度带到了东亚。

二、邑制演变之一:"五邑"

随着新式大田的普及,邑也发生了变化。一方面,邑从原先的一级分裂为两级或多级,证据是《里宰职》和《邻长职》均称本级为邑。① 另外,《周官》中出现了"乡邑"这种泛称,与"都家"并列。② 都家,是都、县和卿大夫家的合称。这些迹象显示,邑这个称呼已与井田制脱钩,不再特指最基层的邑居,而是泛指城外各级单元。另一方面,基层行政单元也改为以五进位制为主。其中,最基层的邑是邻或比,以五家为一个单元。邻以上是里(闾),代表二十五家。这两级均为五进位制。往上杂入一个四进位制,即一族(酂)四闾(里)。再往上的三级又是五进位制,即五族(酂)一党(鄙),五党(鄙)一州(县),五州(县)一乡(遂)。

五进位编制法在西周金文中得到证实。1960 年出土于扶风齐家村窖藏的《柞钟》铭文里,有名为"司五邑佃人事"的官吏,说明周王按"五邑"为单元设置官吏。此外,还有《殳簋盖》的"五邑守堰";《元年师兑簋》的"五邑趣马";《鄩簋盖》的"五邑祝"。③《殳簋盖》

① 《里宰职》:"掌比其邑之众寡。"《邻长职》:"凡邑中之政相赞。徙于他邑,则从而授之。"
② 《乡师职》:"辨乡邑,而治其政令刑禁。"《大宗伯职》:"乃颁祀于邦国、都家、乡邑。"《朝士职》:"凡盗贼军乡邑及家人,杀之无罪。"
③ 《柞钟》,《殷周金文集成》1·133,第 140 页。《殳簋盖》,《集成》3·4243,第 2459 页。《元年师兑簋》,《集成》4·4274,第 2605 页。《鄩簋盖》,《集成》4·4297,第 2643 页。

可定为西周中期器，其余三件为西周晚期器，说明按五进位制编邑应不晚于西周中期。金文里的"五邑"代表多大的单位？最有帮助的是"五邑趣马"一官。按《夏官·叙官》，趣马是下士。《校人职》中保留的一条旧注说，若是乘马，则三乘设置一名趣马。乘马，即牵引战车的良马。一乘四匹，三乘十二匹。五邑设置一名趣马，是为了管理和放牧这些良马。战事来临时，五邑出三乘战车和十二匹良马，同时出与之配套的甲士和徒卒。那么，三乘战车对应何种贡赋单位呢？有一个数据可以参考，在四进位制全盛的时代，一甸出一乘四马、甲士三人等。[1] 也就是说，"五邑"相当于三个甸。一甸之田为 57600 亩，三甸即 172800 亩，换算过来，五邑中的一邑之田为 34560 亩。按五家分给 900 亩田，一邑约 192 家。当然，还有其他估算办法。这里只想说明，周金文中的"五邑"之邑远大于《周官》中的里（闾）、比（邻）两级。从"五邑守堰"的官名也不难想到，若非田亩数量极大，无需设置守堰的专官，五邑之田至少以万亩为单位。

我们无需为西周时的邑设定固定的家数，因为聚居区与田亩相对应，而新式大田的特点是没有定数，因此，聚居区中的夫家也无定数。这一时期的特点是，早期的邑居和井田仍然存在，但官府鼓励垦荒和外迁，在迁居地按照一夫一廛的标准拨给宅基地，由耕种者自建住房。拨给的宅基地必须相对集中，且高敞平整，能容纳数十或数百家人，周围或许建有环濠等简易工事。《周官》中，对应百家的行政单元称为"族"或"酂"。族即簇，酂即攒，均为聚拢之义。新的都邑编制法以五进位制为主，唯有族（酂）是四进位制，估计金文中的一邑大致与族（酂）相当，对应数十至百余家的聚居区。

---

[1] 《左传》成公元年服虔注引已佚《司马法》："四丘为甸，甸六十四井，出长毂一乘，马四匹，牛十二头、甲士三人、步卒七十二人、戈楯具备，谓之乘马。"

西周时期也有"为邑"制度。① 此时,"邑"包含两种意思,一种对应实体的聚居区,包括旧式的邑和新式的聚居区。为邑指营造田亩、沟洫、疆界、陂塘等建筑物。另一种指簿册上的登记和编制法,是把百家或数百家的聚居区分解为小单元,方便计算和征缴赋役,是造册的意思,主要是编造"夫家、人民之数"和"土地之图",也即登记人口和田亩的簿籍。既然是编制法,也就可以打乱重编,比如,郑玄听闻有一种编制法,把二邻作为基层单元②,也就是把十夫(千亩)作为田亩登记的第一级,反映了五进制正在向十进制过渡。

三、邑制演变之二:"十室之邑"

邑是随着井田制而兴起的,它兴起之后,"野人"的聚落仍然遍布四处,并未消失。只不过邑代表基层聚落的高级形态,又是赋税的基本单元,会在官方文书中经常提到,久而成俗,邑就成了基层聚落的代名词。当新的聚落形态出现之后,名称沿袭不改,也称为邑。邑从大型房屋到数十百家的聚居区,是为一变。再到春秋晚期,孔子看到当时有一种"十室之邑"(《论语·公冶长》),这已是邑的形态再次发生变化。十室之邑就是仅有十个小房屋的自然村落。这种自然村落的兴起年代已不可知,但肯定远早于孔子的年代。它的兴起并不表示以前的邑消失了,而是代表基层聚落的发展方向。

十室之邑大约是随着人口进一步滋生而形成的。当登记在册的新式大田不再满足需求,人们开始四处寻找可耕地,先是把熟地周边的莱地垦熟,接着开垦更远的荒原。垦熟的田地离原先营造好的田亩越来越远,为了方便耕种,垦荒者搬到新垦田亩较近之处居

---

① 《遂大夫职》:"令为邑者,岁终则会政致事。""凡为邑者,以四达戒其功事,而诛赏废兴之。"
② 《遂人职》郑注:"十夫,二邻之田。百夫,一酂之田。千夫,二鄙之田。万夫,四县之田。"

住,久而久之形成自然村落,这就是十室之邑。数百年积累下来,私垦田亩越来越多。各国君主看着眼红,于是承认这些私垦田亩,并要求缴纳税赋,即"履亩而税"。前594年,鲁国"初税亩",就包含向私垦田亩的征税。初税亩意味着庶民享有土地产权的时代不远了,不过,那毕竟还要等两三百年,不是本书的重点。这里想说的是,推行初税亩在前6世纪初,十室之邑的兴起至少早于此时,也即至少在前7世纪已经出现。

四、邑制分期

早期的邑是大房屋。对应文献中的"四井为邑"和"乡田同井,出入相友,守望相助"。方形井田的全盛期为殷商时期,下限在西周。中古坞堡可追溯至此期的邑居。

中期,邑的代表是数十百家自建房屋而组成的聚居区,宅基地由官府拨给,聚居区的范围也由官府划定。这种邑对应新式大田,年代大约为西周春秋时期。旧的大房屋与新式聚居区并存,均可称为邑。为了便于计算和征发赋役,很可能打通新旧之邑,按五进位制统一造册,登记家数和田亩数。簿册中的五家、二十五家、百家等分级单元也可泛称为邑。中古的里甲、保甲等基层单元可追溯至此。

晚期,出现分散的自然小村落,对应文献中的"十室之邑"。小村落是莱地和私垦田亩的伴生物,也是人口增长并溢出的后果。兴起时间大约在公元前7世纪或再早一些。"十室之邑"是中古以来自然村落的源头之一。但自然村落的源头不止一个,另一个源头是商代以来一直存在的"野人"聚落。

第二节　县与鄙

一、一县四鄙

史前时代已经出现大城。县鄙制代表一种全新的都邑营造制度。

县鄙制起于何时,已不可考。它的标准形态是在大城的四方筑造四座小城,大城称为县,小城称为鄙。平原上无险可守,筑造四鄙是为防守大城争取时间。四鄙与大城形成掎角之势,相为奥援。一都四鄙代表完备的防御系统,也称一县四鄙。[①] 方正为上、平直为美的审美观,一直影响到西周春秋时期的规划建筑,西周时的韩侯都城,春秋时楚国的著名边邑,皆称为"方城",均以标准的正方形为傲。方正审美观在大型建筑体上的终极体现就是一县四鄙。把一县四鄙封给某个诸侯,这个封国的疆域就是正方形,称为一国四鄙。与之不同的是,不允许卿大夫完整地占据一县四鄙。采邑称作"稍地"或"家稍"。稍即削[②],表示方形有缺。家削的不完美是相对于县鄙、封国的方正而言。

县与鄙是相对而言的。《小司徒职》:"四甸为县,四县为都。"讲的仍是县鄙制。大县就是都,都的四鄙就是小县。小县的四鄙称为甸。都鄙的鄙就是甸。《逸周书·作雒篇》说"县有四郡,郡有四鄙"[③]。讲的仍然是一县四鄙,只不过称大县之鄙为郡。通常,异名

---

① 《墨子·尚贤篇》:"国中之众,四鄙之萌人。"《国语·周语》"立鄙食以守路"韦注:"鄙,四鄙也。"

② 《载师职》:"以家邑之田任稍地。"郑注:"稍或作削。"

③ 《逸周书·作雒篇》:"制郊、甸,因西土为方千里,分以百县,县有四郡,郡有四鄙。"《说文·邑部》:"周制,天子地方千里,分为百县,县有四郡。"

异制,但非一概如此。由于文献形成时间不同,也可能形成于不同区域,因此会造成异名同制的现象。要辨别其中异同,关键在于考察名称背后的制度。

最初,鄙只是大城的属城或附城,就像汉代大型的坞,是大城的四面屏障。四鄙居民与大城居民的身份相同。《礼记·月令》"五谷不滋,四鄙入保",意思是允许四鄙居民灾年入县就谷,反映的正是全盛时的县鄙制。直到春秋时期,大多数四鄙仍然没有独立地位,也没有城名,只用四个方位称呼它们,也即东鄙、西鄙、南鄙、北鄙。鲁国如此①,其他按旧制建造的国都或大都也如此。如齐、卫、宋、邓等,又如卫国的戚、郑国的京等。②《左传》襄公二十一年载:"栾盈奔楚,过于周。周西鄙掠之。"说明成周有西鄙。有西鄙,就有东、南、北三鄙。成周建于西周初年,显然按一都四鄙的制度营造。

早期的"县"字,本就是一县四鄙的象形。1987年,李家浩释金文中的"瞏"字为"县",并指出"瞏"字从环绕之义。③ 又过了三十年,西周时已有县制才成为学界共识。④ 不过,对于为何用"瞏"字作"县"字,还有一些争议。其实,"瞏"通"寰"⑤,读为"旋",表示四鄙环绕中心大城的建筑形态,是"县"的本字。而"县"字象丝悬或悬

---

① 《春秋经》襄公八年:"莒人伐我东鄙。"庄公十九年《经》:"齐人、宋人、陈人伐我西鄙。"文公十四年《经》:"邾人伐我南鄙。"僖公二十六年《经》:"齐人伐我北鄙。"
② 《左传》襄公二十六年:"卫人侵戚东鄙。"《左传》隐公元年:"既而大叔命西鄙、北鄙贰于己。"《左传》桓公九年:"邓南鄙鄾人。"《左传》哀公十年:"公会吴子、邾子、郯子伐南鄙。"《左传》襄公十年:"子耳侵宋北鄙。"《左传》襄公十一年:"卫孙林父侵其(卫)北鄙。"
③ 李家浩:《先秦文字中的"县"》,《文史》(第28辑),第49—58页。此文后来辑入李家浩:《著名中年语言学家自选集·李家浩卷》,安徽教育出版社,2002年,第15—34页。
④ 王晖:《西周春秋"瞏"(县)制性质研究——从"县"的本义说到一种久被误解的政区组织》,《史学集刊》2017年1期;黄锦前:《申论西周金文的"县"——兼谈古文字资料对相关研究的重要性》,《文史哲》2017年6期;王进锋:《西周时期的县》,《学术月刊》2018年7期。
⑤ 《穀梁传》隐公元年:"寰内诸侯。"陆德明《释文》:"寰,音县,古县字。一音环,又音患。寰内,圻内也。"杨士勋疏:"寰内者,王都在中,诸侯四面绕之,故曰寰内也。"

系,表示从属或隶属关系,反而是后起的形体和义象。

县鄙称"都鄙"是更晚的叫法。① 大城分级有两类,第一类是分为大小两级,《逸周书·作雒篇》:"大县,城方王城三之一。小县,城方王城九之一。"这是把县分为大县和小县,规模分别是王城的三分之一和九分之一。第二种是大、中、小三级,《左传》隐公元年载祭仲之言:"先王之制,大都不过参国之一,中五之一,小九之一。"其中,大、小都与《作雒篇》的大、小县相同,但多出中都一级,规模为王城的五分之一。下一节再解释"中都"的含义。这里只想强调,两级制与"四甸为县,四县为都"相符,早于三级制。祭仲是郑大夫,凡姬姜诸侯国大夫称"先王",均指周先王,不能是商王。祭仲说三级都邑是"先王之制",暗示三级制是西周以来的分级制度。所以,大城称都起源于何时虽不明确,但可知西周时已经如此,则两级县(遷)鄙制的起源时间必定早于西周。

春秋时期,县鄙制还在运行,但已接近尾声。这可以从两方面看出。一方面,有的鄙逐渐发展成大城,有脱离县的趋势。《左传》襄公三十年(前543年)载,"子产使都鄙有章"。章即秩序。郑国重申都与鄙的附属关系,恰说明此时的县鄙秩序已形涣散。把鄙赐给卿大夫也加速了县鄙制的涣散。卿大夫在小城的基础上加高增厚,使其成为家邑的中心,其规模和实力皆与原来的县并肩。另一方面,新兴的大国不再采用县鄙制。鄙的含义一变而成"边鄙",也即国界附近的边城。再变而成"草鄙",泛指远离政治文化中心的偏僻地区。② 这种变化实非偶然。《管子·宙合篇》说:"千里之路不可

---

① 《国语·楚语》说:"国有都鄙,古之制也。"
② 《左传》襄公四年:"边鄙不耸。"《国语·吴语》:"夫吴之边鄙远者,罢而未至。"又曰:"草鄙之人,敢忘天王之大德,而思边垂之小怨。"韦注:"远邑称鄙。"又,"都鄙荐饥"韦注:"鄙,边邑也。"

扶以绳,万家之都不可平以准。"大型疆域国家及其城池很难规划为方正平直的形状。早期国家规划一国四鄙,不但因为疆域较小,还因平原开阔处难以防守。疆域辽阔的国家则不然,它们依托大山大河构筑屏障,国内的平地尽量用于耕种。楚、吴等后起大国,都城原就未按一国四鄙规划,后来疆域骤张,更无所谓县鄙制。在这些大国,凡远离国都的地区均可称为鄙。如陈、蔡遭楚国吞并,处方城以外,远离国都,相对而言,就成了楚国的鄙。此时的鄙,近于更早的"野"。

二、赏邑制度

一县四鄙制直接影响到赏邑制度。赏赐卿大夫的城邑不完整,像在县鄙上削出了一个大缺口,所以,家称为削。来看一些实例。《左传》襄公二十六年载,晋赵武率联军,"取卫西鄙懿氏六十以与孙氏"。其中,"六十"的服虔注为"六十邑"。懿氏本是卫国都城的四鄙之一。鄙居然有城名,可见规模很大。注意这句话的意思不是给六十鄙,而是给一座鄙再加周边的六十邑。再看《左传》襄公二十八年,齐侯赏邑,"与晏子邶殿其鄙六十","与北郭佐邑六十"。邶殿,县名。"邶殿其鄙六十"的意思是,赏给晏子邶殿的四鄙之一,再加附属的六十邑。而赏北郭佐没有鄙,仅有六十邑。再看《左传》襄公二十七年,卫侯赏公孙免余"邑六十"。免余辞曰:"唯卿备百邑,臣六十矣。"意思是自己已经有六十邑,若再受赏则超过百邑。可见,赏邑制度的惯例是赏给大夫六十邑。《左传》昭公五年载:"竖牛取东鄙三十邑以与南遗。"这是比照六十邑的赏格,以半数贿赠的例子。

赏邑六十的惯例形成于一县四鄙的时代。那时,四邑一丘,四丘一甸,四甸一县。一县共六十四邑。赏邑六十就是赏不成县之田,留四邑(一丘)不赏。未赏的邑转赏给其他大夫士,意味着不让某个大夫受赐一座完整的县,他必须与其他大夫士同处一地,或者说,让其他大夫士的田邑插入到某个大夫的采邑中。拿苏子的采邑验证,按《左传》隐公十一年,在"苏忿生之田"之下,共有十二个城名。《传》文说得很清楚,周王转赐的是附属十二城之田,而非十二城。所以,苏子的采邑包括三部分,一是温,是县城;二是附属于温的田邑(不全);三是附属其他十一县的田邑。第三部分就是周王赏其他大夫而余留的田邑,转赏给苏子。再看一个例子,《左传》隐公元年载,郑庄公把名为京的大都赐给段大叔。"既而大叔命西鄙、北鄙贰于己",也就是说,京的西鄙和北鄙并未赐予,段大叔得到的是不全之都。

赏邑制度的基本原理就是赏邑不全。不知道赏邑不全,就无法理解《左传》中记载的诸多田邑纷争。比如,《左传》成公十一年(前580年)载,晋郤至与周争鄇田。鄇田是温的一处田邑。郤至认为温是自己的采邑,鄇田一定是他的。周王派刘康公和单襄公赴晋,二人说:"若治其故,则王官之邑也。"似乎凭这句话解决了纷争。其实,造成纷争的真正原因是赏邑不全。前675年,苏氏与五大夫作乱。温回到周襄王手中,再赐给晋文公,晋侯又转赐予郤氏。若知赏县不全的道理,就知道周襄王赐晋文公温县时,留有温的部分田邑未赐,这就是一百年后周晋所争的鄇田。相近的例子还有,甘是大县,颍是四小县之一,而阎是颍县的四鄙之一。[1] 周王赐给晋侯的是阎,晋侯又转赐大夫阎氏。只要知道赏邑不全的道理,就知道周王留下阎的部分田邑未赐。阎嘉以邑为氏名,显然是新兴的晋大夫,他以为自己拥有阎的全部田邑,由此引发战争。

---

[1] 《左传》昭公九年:"周甘人与晋阎嘉争阎田,晋梁丙、张趯率阴戎伐颍。"

自西周以来,都、县、鄙、邑、田等,各级均有造册登记。每一级田土营造时,皆筑有醒目的疆界。筑造完毕,在土地之图中登载疆界的位置。分封或赏赐时,按制度更改疆界的登记,再把城邑、田土拨给受赐之人。周王官吏根据更改后的登记,可以清楚地指明各处城邑的归属,绝不淆乱。春秋时期发生冲突的主要缘由,在于田邑转赐之后,受赐家族不明赏邑不全的制度。当然,也有可能是明知故犯,借机侵吞。总之,这类纷争不能诿责于周王,也不是制度不完备或登记不周全的缘故。

三、亚正与亚旅

一县四鄙制的全盛期在何时?可以参考殷周金文中的亚字符。《遍簋》铭文说"王饮多亚"[1]。《尚书》中,"多正"和"多士"均代表同样身份的一群人[2],则"多亚"也是相同身份的一群人。《尚书·酒诰》说:"越在内服:百僚、庶尹、惟亚、惟服、宗工。"其中,尹是正职。亚训为次,指副职。服是服事者,相当于各官署的史、府等。亚在服之上,相当于士官。然而,为什么士官中有个特殊群体一定要称为亚?《牧誓》又说:"我友邦冢君,御事:司徒、司马、司空,亚旅。师氏、千夫长、百夫长。"[3]司徒、司马和司空为三司,其正官皆大夫官,"亚旅"泛指三司中的副职,当是士官。但是,旅是军职名,为什么官府中的副职称为亚旅?亚旅与"惟亚"的亚又是什么关系?

---

[1] 《遍簋》,《集成》3·3975,第 2159 页。
[2] "多正"又见西周早期《作册魅卣》铭文,《集成》4·5432,第 3412 页。
[3] 此句的断句自来有误。王先谦、孙星衍等人皆认为"亚旅"是大夫官,且在师氏之上,甚至误以为亚旅是上大夫。实际上,亚旅属于三有司的序列,所以才排在师氏之前。如《尚书·立政》的"亚旅"排在司徒、司马、司空之下,其下并无"师氏"。说明亚旅作为三有司的属官是当时的习惯用法。显然,《牧誓》的"亚旅"和"师氏"之间必须点断,分属前后两句。

(一)亚正与田

要解开亚的身份之秘,关键在《史密簋》的"执鄙宽亚"四字。执通值、直,西周中期有官职名"司直鄙"①,可与互训。"执鄙宽亚"的意思是援军到达鄙,缓解了亚的压力。可见,此亚就是鄙的长官。然而,一地的长官通常称为正、长、师等,为什么鄙的长官称为亚?这得从亚字的早期形象说起。

在殷金文和西周早期金文中,常见一种图像化或徽章化的亚字符。② 这种亚字符是从亚的本字演变而来。亚的本字是十字架形(图14-1,第1图),是四条大道连通县城与四鄙的象形。《国语·周语》引已佚的《周制》说:"列树以表道,立鄙食以守路。"可见,县与四鄙之间建有大道,道路两边种树以为标志。后来,商朝的一些官吏把自己的姓氏放在亚字中,表示他是一县四鄙的长官,这就产生了嵌套文字的亚字符。还有一些侯国国君,把姓氏名和爵名放进去,这种标志就像家族徽章一样长期沿用,如"亚矣侯"的标识(图14-1,第2图),就从商朝一直用到西周。亚字符还有一种变化,即外缘的四条边出头(图14-1,第3图),这已经接近后世的"亚"字。出头的四边不是误写,而是表示县鄙或侯国的疆界。如果四条疆界合拢,恰是一个方形。实际上,亚字符的四边出头之后,渐渐出现四边封口的倾向。③ 当亚字的四边全部封口时,也可看成"田"字。

---

① 《恒簋盖》,《集成》3·4199—3·4200,第2396—2397页。
② 陈梦家:"亚是一种称号的图像化。"见《殷墟卜辞综述》,中华书局,1992年,第481页。
③ 出头的四边也有封口的,但观察过渡期的"亚"字,封口与不封口并无区别。如《亚隘鼎》有两件,其一亚字符四边不封口,另一件左下边已经封口,《集成》2·1421—2·1422,第927页。

1. "告亚",《告亚卣》　2. "亚戛侯",《都卣》　3. "亚卯",《亚卯方鼎》
殷,《集成》·44820　　殷,《集成》4·5377　殷,《集成》2·1413

图 14-1　殷金文的亚字符

　　前文说过,商朝的侯爵分两等:第一等为边侯,第二等为田。上文也说过,把一县四鄙用来封建,封国的形体是一国四鄙。其实,凡亚字符嵌套"某侯"的,本爵一定是田,一国四鄙是指田的疆域。现存商周铜器中有不少自铭"亚某侯",如果明白它们代表田,就不能埋怨田的资料太少。把这些铜器及其铭文汇集起来,结合出土地和延续时间等,应当可以在田的研究上取得实质进展。但这种专、精、细的研究,只有等待来者了。

　　值得注意的是,入西周,商朝的田侯虽然沿用"亚某侯"的旧称,却未获得周王的册封。西周早期的《亚戛侯父乙盂》铭文说,"亚戛侯"作此铜器,是纪念"燕侯赐亚贝"一事。[1] 显然,此戛侯的地位远低于燕侯。这个商朝的田侯在周初归顺周王以后,很可能沦为了燕侯的附庸,"亚戛侯"只是在自铸铜器上沿用的旧称。西周中期,这类附庸不敢再自称侯,"亚某侯"的符号也渐渐消失。

　　还需要注意的是,田是侯爵名,亚是王官名。只有田侯兼王官时,才会采用亚字符。以《父乙告田卣》和《告亚卣》为例[2],二器均

<hr />

[1]　《亚戛侯父乙盂》,《集成》6·9439,第 4959 页。
[2]　《父乙告田卣》,《集成》4·5347,第 3335 页。《告亚卣》,《集成》4·4820,第 3100 页。

属告侯。告田即田国的国君,有权调动告国的军队。告亚,殷金文中的正式官名是"告亚正"。① 亚正是王官名,指以告城为中心的一县四鄙之长,有权调动驻扎一县四鄙的王师。亚正的官位当与县正相当,至少是下大夫。

(二)亚旅

亚旅与亚正不同。亚旅是驻守四鄙的军官,服从亚正的调遣,所率军队的建制为一旅,故称亚旅。亚旅的官位大约与鄙师相当,也即上士。"多亚""惟亚""执鄙宽亚"的亚,均是亚旅的简称。按《左传》成公二年,鲁侯赐"舆帅、候正、亚旅皆受一命之服"。说明春秋时期仍然采用"亚旅"这一称谓。舆帅、候正皆士官,也可证明亚旅是士官。

但是,《夏官·叙官》载:"二千五百人为师,师帅皆中大夫。五百人为旅,旅帅皆下大夫。"为何"旅帅"是下大夫? 答案是,亚旅是旧军制的官职。《夏官》所载是新军制。实际上,周的军制与田亩制、都邑制、徒役制等密切相关,军队编制不可能孤立于田制和都邑制之外。一旦田亩和都邑制度变化,徒役制和军制也随之变化。按《小司徒职》,旧的井田制中,一井之田平均由五家人耕种,四井为邑,一邑大约二十家。以此类推,一丘八十家,一甸三百二十家。我们说过,此甸就是一县四鄙的鄙。征发徒役以每家一人为限②,尽征一鄙可得 320 人,这是旧制一旅的徒卒数。五旅为一师,一县四鄙共征 1600 人,这是旧制一师的徒卒数,可编成 40×40 人的步兵方阵。五师为一军,布阵时,军将以一师为本阵,居中指挥,四师偏居四方,

---

① 《告亚正爵》,殷,出土于安阳。《集成》6·8788,第 4723 页。
② 《小司徒职》:"凡起徒役,毋过家一人。"

故称偏师。① 虽称偏师,但一师可以单独行动,亚旅的人数过少,不能单独行动。所以,亚旅在旧军制下特指附于师之下的副职。后来产生新式大田,出现州城,徒役制和军制均发生重大改革。在新制中,尽征一州徒卒为一师,2500人,可编成50×50人的大方阵。战时由州长领军,州长是中大夫。一旅改为500人,不必出自一鄙,旅帅也升格为下大夫,此旅帅已非亚旅。西周时期,州与县鄙并存,称亚旅是为了避免与旅帅、亚正等称谓混淆。

综上,亚字符盛行的时代是商中晚期,这也是一县四鄙的全盛期。西周早期金文中还可见到亚字符,但数量锐减,中期已消退殆尽。商代田侯把姓氏和爵名放进亚字符,是以一国四鄙为荣。西周中期渐渐不见,除了商的田侯意识到这种符号有僭越之嫌,还有一个重要原因是州的兴起。州就是《左传》隐公元年里提到的中都,是介于大县与小县之间的大城。在只分大县与小县两级时,田侯国以一座小县为国都,原本是值得骄傲的。随着中都的兴起,田侯国的规模就显得小了。下章就重点讨论周的州城。

---

① 《左传》宣公十二年:"以偏师陷。"《左传》成公三年:"帅偏师以修封疆。"

第十五章　乡遂与都鄙(下):州制

导言: 制度史的方法

　　经籍中记载的制度,只要在制度体系内得到验证,就足以认定为真。这可视为关于上古制度的证明原则。例如,西周时有完备的土地登记制度,《周官》称登记簿籍为"土地之图",见于《大司徒职》《司书职》等,郑玄将其比作汉代的"司空郡国舆地图",这是第一重证据,也即在经注中有据。第二重证据是,没有土地登记制度就无法推行赏邑制度,尤其是卿大夫家邑的边界是犬牙交错的,必须依靠醒目的实体标志和明确的书面登记才能避免争端。土地登记是基础制度,要建立赏邑制度,必须依赖土地登记制,二者相互证明,这是通过关联制度相互验证。第三重证据是,清中期发现《散氏盘》,完整记录了丈量和封树两处土地边界的过程。这是从出土文献中得来的实例。但不能说,西周的土地登记制度必须等到《散氏盘》发现之后才证明是真的,在它发现以前不允许谈论这种制度。

　　制度的基本原理是,每一种制度都不会孤立存在,而是与其他制度相互依存,构成一个体系。不同文献记载的两种制度和谐依存,这已是强有力的证据。制度史最需要的是足够的传世文献,否则无从深入探讨制度的体系。幸运的是,中国有大量上古文献传世,上古制度研究原本可以充分利用这一优势。近代以来则不然,随着质疑经籍的风气兴起,前提一变为,必须在甲金文或考古学上有了证据,才敢确认经籍记载的真实性。举两个周史研究中的相近案例。第一例是遂制。《周官》记载有遂,并可在《尚书·费誓》《左传》中找到旁证,历代经师也从不怀疑,无须依赖金文的发现。但因为不信经籍,只能等到 1986 年《史密簋》出土,史家才敢大胆讨论。并在金文和古玺印文中释出多个"遂"字之后①,学界才承认。第二例是县制。据《周官》,遂下有县,县正为下大夫,以"县"为名的职官还有县师、县士等。然而近代学说坚称周无县,一口咬定县制自楚国方兴。李家浩、唐兰等人释金文中的"𤳯"字为"县",已是 1987 年前后,即使如此仍不能取信于当时的主流学界。这两个例子充分说明,经籍不是不可信,而是信不信。

　　质疑经籍当然是允许的。经籍可疑者有二:一是发生过亡佚、篡乱、错排等,又因学统断绝或学派之争,遭误读、误注,这些麻烦可利用版本研究、校勘等手段,部分予以解决;二是经籍所载之事,往往年代不详。比如,作者阐述当前之事,但作者是何时何地之人不详。又如,作者阐述以前之事,而"以前"为何时何地不详。有的作者引前人之作,而"前人"作于何时何地又不详。这类麻烦是因上古文法和注引体例较为简略,非版本、校勘等办法能够解决,同样,通过出土器物也难解决这类问题。制度无形,器物不言。上古的出土器物本就少,对制度而言,有铭文的才有用,而涉及制度的铭文更少。何况,制度可以稳定地延续数百上千年,即使有幸发现一二可

---

① 李家浩:《齐国文字中的"遂"》,《湖北大学学报(哲学社会科学版)》1992 年 3 期。

资印证的文字,对于制度的断代仍只有相对价值。换言之,靠出土器物和文字来研究制度史,即使有功,也属侥幸,无法作为方法论。

孤立地想象一种制度是很难的。制度不像故事,可以凭空编造。所以,看到经籍中记载的制度,首先应该想的是,它与哪些制度构成一种体系?其次,这种体系存在于何时何地?近代以来却不然,只凭一句话,《周官》是伪书,就直接无视其中记载的制度。这不是科学的态度!科学的态度是,我们可以去证成,也可以去否证。若不能达成共识,可以争论,也可以存疑。唯独不能无视。无视的实质是不信。但历史研究与信仰无关,信或不信并不重要,重要的是验证。把经籍中简略记载的制度放回它真正存在的时空中,再把它还原到原本的制度体系中,这才是史家的任务。在这一意义上,本书所做的一切工作,都在验证《周官》中的制度对应哪一个时期。这些工作必有失误或疏漏,我诚恳地希望得到贤智的赐教。

第一节　周州有无辨

从各种迹象看,春秋时期仍然流行"县鄙"一词。[①] 编纂《周官》时,《天官》的职文基本统一用"都鄙"。[②] 而"县鄙"一词多见于《天官》以外的职文。[③] 天官是治官之官,若《周官》中的名称不一致,当以《天官》为准,所以,都鄙可以算《周官》的标准称谓。也有例外,《宰夫职》有一个奇怪的称谓:"都县鄙"。[④] 宰夫是大宰官署的下大

[①] 《左传》昭公十九年:"是晋之县鄙也。"《左传》昭公二十年:"县鄙之人,入从其政。"
[②] 《大宰职》:"以八法治官府,以八则治都鄙。""正月之吉,始和布治于邦国、都鄙。"《小宰职》:"以逆邦国、都鄙、官府之治。"《大府职》:"凡官府、都鄙之吏及执事者,受财用焉。"
[③] 《地官·遂人职》:"造县鄙形体之法。"《秋官·司士职》:"周知邦国、都家、县鄙之数。"
[④] 《宰夫职》:"掌治法,以考百官府,群都县鄙之治。"

夫,职文中的机构称谓必有来历。从《秋官》的一些职文可知,曾有一种表达方式叫"都家、县鄙"。① "都家"也可以单独使用。② 由此推测,"都县鄙"是"都家、县鄙"的省称,进一步省称就是"都鄙"。据此勾勒出县鄙到都鄙的演变过程,最早的大城称作"還",代表一县四鄙。接着是"都"的兴起,"都家、县鄙"成为地方单元的总称,对应年代为西周时期。再经过"都县鄙"的过渡期,最后"县"渐渐边缘化,标准称谓定型为"都鄙",这已到了战国时期。

词语演变史反映了州的兴起,然而我们必须先确认周有州城的事实。

一、周州的证据

西周时,乡是不是一级实在的政区? 容后再叙。在乡以下的五级单位中,最关键是州。周州原是一种都邑。然而,随着"九州"概念的兴起,历代经师选择相信《禹贡》,又编造出子虚乌有的"州伯",以此排斥《周官》所载的州长。即使如此,这种学说尚且承认周时有州,只不过说州是一种大政区。后来,汉代的刺史制度深入人心,更加无视周州的记载。比如,东汉末年刘熙的《释名》,专设《释州、国》一节,依次解释九州之名、诸侯国名、郡名等。最后解释各种区域概念,如邦、都、井、邑、丘、甸、鄙、县、郡、伍、里、党、乡等,偏偏不设"州"的专条,显然不是疏忽,而是视《周官》中的州为虚构。

让我们看看周州在经籍中的证据。其一,大城为州,在《春秋经》中不乏记载。《春秋经》昭公二十五年载,前517年,鲁昭公奔齐,"次于阳州"。阳州在齐鲁边界上,本是鲁国的州城。前542年,

---

① 《秋官·司士职》:"周知邦国、都家、县鄙之数。"《朝士职》:"则令邦国、都家、县鄙虑刑贬。"
② 《大宗伯职》:"乃颁祀于邦国、都家、乡邑。"《方士职》:"掌都家。""凡都家之大事聚众庶,则各掌其方之禁令。""凡都家之士所上治,则主之。"《朝大夫职》:"掌都家之国治。"

齐国夺之,事见《左传》襄公三十一年。又,《春秋经》哀公十四年载,前481年,陈恒执其君,置于"舒州"。《史记》作"徐州"。徐是嬴姓,徐州原属于周王。前512年,吴灭徐。此时又归齐,仍为州。又,《春秋经》宣公元年载,前608年,鲁公与齐侯会于"平州",平州就是周州。诸侯国君选择周王的都邑会盟,又见秦晋王城之会。

其二,《管子·小匡篇》说到士、农、工、商时,连用四次"群萃而州处"。"州处"是成语,本指聚居城内。后来的经师不承认州是城邑,强行把此"州"解释为副词。《管子》晚出,战汉之际一直有添加,故各篇行文风格不一,作者容有多人。但不同篇里均提到,里是州的次级单元。① 证之《周官》,也有多篇职文采用"州里"一词。② 尤其是《乡师职》,分别在徒役和田役中提到"州里"。③ 可见,在城内征役时,州里是各级行政单元的统称。不同书籍的作者,或许碰巧虚构出同一个名称,但要虚构内容相同的制度,不是用巧合能解释的。《管子·问篇》:"问州之大夫也,何里之士也?"如此发问,把州为大夫官和里为士官设为前提,符合《地官·叙官》记载的周官制,难用巧合来解释。

其三,在西周金文中也发现"州"字,只不过学界囿于旧说,只作地名,不敢认作地方行政单元。我认为,在已发现的西周金文中,至少有两例表示州是地方行政单元。一是丰镐遗址出土的《州子卣》,

---

① 《管子·巨乘马篇》:"币之在子者,以为谷而廪之州里。"《轻重甲篇》:"请使州有一掌,里有积五窌。"《山至数篇》:"于是县州里受公钱。"

② 《州长职》:"三年大比,则大考州里。"《司常职》载"州里建旟""州里各象其名"。《大司寇职》载"而害于州里者""使州里任之"。《蜡氏职》:"令州里除不蠲。"

③ 《乡师职》:"既役,则受州里之要役,以考司空之辟,以逆其役事。""凡四时之田,前期出田法于州里,简其鼓铎、旗物、兵器,修其卒伍。"

又称《仆麻卣》,西周早期器。① 记载"州子"赏赐仆麻帛贝等事。铭文中的"州子"就是《周官》所载中大夫州长的尊称。二是《师訇簋》,西周晚期器,记载周王赏师訇之事,铭文中有"用作州宫宝"。② "州宫",即州师之宫。师的官署里有"大室",可以称"宫"。金文中常见周王在某师之宫的大室册命官吏。③ 师自州出,师帅与州长皆中大夫,区别只在战时还是平时。另外,《散氏盘》铭文叙述官吏在履勘田邑界线时,有"陟州刚(岗)"④,通常认为此"州岗"是地名,我怀疑是一州封界的山岗。

二、州名

荆,原本也是周王的州。《春秋经》庄公十年载:"荆败蔡师于莘。"自此年往后,《春秋经》庄公十四年、庄公十六年、庄公二十八年,也即前 684 年至前 666 年,皆称"荆"。庄公二十三年《经》,又称"荆人"一次。为什么春秋早中期的鲁史官称楚地为荆?《公羊传》庄公十年解释得很清楚:"荆者何? 州名也。"明确指出"荆"是州名。但后来的公羊经师肆意曲解。他们在"州名也"三字之后添加大段文字,大意是鲁史官用作州名是为了贬低楚人。董仲舒又据此演绎

---

① 《州子卣》,《商周金文摹释总集》,编号 604,第 1938 页。《仆麻卣》,《陕西金文集成》第三卷,编号 1351,第 71 页。
② 《师訇簋》,《集成》4·4342,第 2747 页。
③ 例见:①"周师量宫",《大师虘簋》,《集成》3·4251,第 2471 页。②"师戏大室",《豆闭簋》,《集成》4·4276,第 2609 页。③"周师司马宫",《师瘨簋盖》,《集成》4·4283,第 2622 页。④"周师录宫",《谏簋》,《集成》4·4285,第 2624 页。⑤"师汜父宫",《牧簋》,《集成》4·4343,第 2748 页。
④ 《散氏盘》,《集成》7·10176,第 5487 页。

说,州的级别比附庸还低。① 其实,不明"州名也"三字的唯一原因就是不懂周州。

《公羊传》所谓"州",当然不会是九州之州,而是都邑之州。荆本是周王的州,全称就是荆州。鲁史官记载州名,本意是正名,表示不承认荆为国。凡周王的州,对外一概称其地之名,这本身就是一种制度。按《司常职》,司常是掌管军旗及"旗之物名"的王官,其中保留的旧注说,王师集结时,诸侯、卿大夫和各州的军队,旌旗上画写的名号各不相同。诸侯之旗画交龙。卿大夫家之旗画熊虎,写家号。各州之旟画鸟隼,写州名。② 可见,各州之师集结时,以本州之名为旗号。若楚人未叛周,鲁史官用"荆"称楚人,不过是依照西周以来旧制,既不褒又不贬。《春秋经》首次称"楚人"是鲁僖公元年(前659年)。"楚"是自命的国名,鲁史官称"楚人"等于承认荆州回归无望,从此以国看待楚。《春秋经》首次称"楚子"则晚至前639年的盂之会。据《州子卣》,西周早期已敬称州长为"子"。"楚子"是敬称,周王未必正式册命过。

第二节　周州非蛮夷国辨

一、何谓"九州之戎"？

按《周官》阐述的地方制度,王国分为乡和遂,州属于乡。依汉

---

① 《公羊传》庄公十年:"荆者何？州名也。州不若国,国不若氏,氏不若人,名不若字,字不如子。"自"州不若国"以下,是战汉经师在"州名也"三字之后添加。《春秋繁露·爵国》:"公侯百里,伯七十里,子男五十里。附庸,字者方三十里,名者方二十里,人、氏者方十五里。"董仲舒说字、名、人、氏是附庸的四个等级,既然州不如国,国不如氏,则州比附庸更低。说明《公羊传》"州不若国"以下出在董仲舒之前,董仲舒又曲为辩解。
② 《司常职》:"州里各象其名,家各象其号。""熊虎为旗,鸟隼为旟。""师都建旗,州里建旟。"

晋经师的注释，六乡在郊内，六遂在郊外。现在看来也有误解。若乡遂以郊为限，则与旧的"郊野"无别，《周官》非要用乡遂而弃用郊野，一定有不能用郊野的原因。这个原因就是新制与旧制的区别。简言之，旧制是与井田相适应的四进位编制法，也即一县四鄙制。新制则采用新的编制法，乡称州党，而遂称县鄙，反映的是新旧制度之间的界限。乡与遂的真正区别在于，新建之州归为一类，旧的县鄙归入另一类。州不见得在郊内，县鄙也不见得在郊外。来看实例。

《左传》僖公十五年："晋于是乎作州兵。"说明晋国曾以州为单元征发兵役。《左传》昭公二十二年，前520年冬，"晋籍谈、荀跞帅九州之戎，及焦、瑕、温、原之师"，纳周敬王于王城。这个"九州"的州是"州兵"的州吗？旧说以为，此"九州"为地名，"九州之戎"是寄居于名叫九州之地的戎人。须知，焦、瑕、温、原等均是位于"南阳"的县。南阳是太行山南麓以南与黄河以北夹出的地区，此地距成周百里，原是京畿重地，后将此地的一些都邑赐给晋文公，为侯伯的采邑。温本是苏忿生的家邑，筑城时间在西周初年，甚或更早，当是按县鄙制筑造，由此可知这四城称为县的原因。"九州之戎"若是戎人，地位不可能在县鄙之上，旧说显然可疑。

按《国语·郑语》，西周末年，郑桓公试图把郑国迁至"谢西之九州"。谢，在今南阳市境内。谢西，指今南阳盆地以西的秦岭山区。这一带在宗周南郊以南。若说州在郊内，则谢西地区的城池不应该称为州。但是，郑桓公是王朝的大司徒，主要职事是征缴各地赋役，他用"谢西之九州"来指称秦岭山区，必有当时的依据。从后来的眼光看，秦岭山区地方偏僻，但对周王而言却是战略要地。首先，它是关中平原的南部屏障。其次，山中的商洛古道连通南阳盆地，是周王南巡的道路，若袭取此道，则镐京震荡。后来刘邦就是夺了道中的武关,先入关中。西周时,此道畅通无阻,不设关隘,因为它在王畿腹内,南面尽是周王直属城邑,并无安全隐患。近代以来,商洛道以南的山区,也即安康至十堰一线,长期不出西周铜器,是因为此处在西周时并不用于封建诸侯,不会有西周诸侯的大墓。1986 年,在安康县城东出土了《史密簋》,出土地位置在汉江河道北面 300 米左右。张懋镕等认为是厉王以后宣王时器,也即西周晚期器。① 铭文中的"师俗""史密"二人皆是王官。"师俗"之师,就是州庸之师,也就是州长。史密是他的副手。《史密簋》在安康出土,正是谢西地区到西周晚期仍为周州的旁证。

若按井田营造制度,秦岭山脉中是无法筑城的。主要原因是没有营筑井田的规整地形,城池没有粮食为依托,也就无法维持。州城则不然,它有三方面的优势,一是无需营筑正方形大田,只需找到有水灌溉的地方,随地形灵活排列大田即可。二是无需为农人营筑邑居,只需将聚居区的户数编制起来即可。三是无需修筑四鄙作为防卫工事,只需依托山川险要处设防即可。以上条件,秦岭山区都具备。山中原有土著聚居,可作为农耕的人力。汉水从山中蜿蜒穿过,在支流汇入处形成一些小型冲积平原,可依地形营造新式大田。商末以来,山中土著皆归附周王,秦岭山区早已纳入周的版图。周初,择汉水沿岸宽敞处修建城池,因为形制与县鄙不同,故称为州。金文的"州"字象城池在中心,周围环绕河流;也象新式大田的遂,整齐排列在城池周围。许慎解释"州"字,也引用了两说,一说是河流环绕处为州②,另一说曰:"畴也。各畴其土而生之。"畴,《说文·田部》曰:"耕治之田也,从田,象耕屈之形。"说明"州"字也是垄亩与

---

① 张懋镕、赵荣、邹东涛:《安康出土的史密簋及其意义》,《文物》1989 年 7 期。
② 《说文·川部》:"水中可居曰州。""昔尧遭洪水,民居水中高土,或曰九州。《诗》曰:'在河之州。'"

沟洫的象形。

二、州师与土著

现已不能全部指出谢西九州,但其中必有庸、麇、绞三城。《左传》桓公十一年载,前701年,"郧人军于蒲骚,将与随、绞、州、蓼伐楚师"。随是侯国,是此次伐楚联军之首。郧、绞、州、蓼等均是州师,《传》文后来说楚人击败"郧师",就是明证。此次伐楚显然是听从周王的命令,随侯大约出一军即五个师,郧、绞、州、蓼等四州各出一师。一师徒卒2500人,四师一万人。联军的徒卒共两万多人,这还不算车上甲士的人数,在春秋早期是不小的规模。旧说以为"师"是泛称,又误以为郧是国名,其实它们与"荆"相同,皆是周王设立的州。依旧说,郧在今安陆市,蓼在今唐河县(原唐县)。州,在今监利市东有州陵城。不过我怀疑"州"字是传抄误写,原州名已失。若从旧说,绞、蓼等州均不在秦岭山区,唯有绞在今十堰市郧阳区(原郧县),是汉水上游沿岸城池,也即谢西九州之一。

按《左传》文公十六年,前611年,"庸人帅群蛮以叛楚,麇人率百濮聚于选,将伐楚"。庸州,在今十堰市竹山县,依托汉水支流堵河而建。《传》文所谓"群蛮",指居住在庸州当地的土著,也称庸蛮,是《尚书·牧誓》所载随武王伐殷的八蛮之首。庸州即周王设在庸蛮聚居区的州。麇州,在今安康市白河县,依托汉口支流白河的入河口而建。百濮,即《牧誓》中的濮人,也是周初八蛮之一。麇州是周王设在百濮聚居区的州。《传》文所谓"庸人"或"麇人",指周王策命的州长及随从的周人,相当于《史密簋》里的"师俗"和"史密"。出军时,州长所率的周人组成战车部队。

按《禹鼎》显示的配置,徒卒一旅500人,战车50乘。五旅一师,州庸之师的徒卒2500人,战车250乘。每乘备甲士3人,共计

750 人,一师总战斗人数达到 3250 人。"群蛮"或"百濮"就是俗称的戎狄或蛮夷,不会驾驭战车,战时被授长矛充作徒卒。对阵时,徒卒列成 50×50 人的步兵方阵。周人的战车排在方阵之前,也可以变换其他阵法。为了便于理解,可参考《左传》桓公十三年的记载。前 699 年,楚伐罗。"罗与卢戎两军之",大败楚师,莫敖自缢。所谓"卢戎",就是《牧誓》中的"微、卢、彭、濮"的卢,也是周初八蛮之一。罗是周王设在卢戎聚居地的州名,性质与麇、庸二州相同。"两军之",指车兵与步兵分别成阵,从两个方向夹击楚师。罗州之师如此强悍,并不是蛮夷军队厉害。州师就是王师!春秋早期的罗州之师仍然保留着王师的战斗力,是王师强悍的表现。

旧说之误有二。一是误认为庸、麇州等是蛮夷所立之国。其实,《传》文说得很清楚,"百濮离居"。也就是说,前 7 世纪,濮人仍分散居住在山中,不会营筑城邑,更无所谓濮子国。二是误以为周人是周人,蛮夷是蛮夷,二者不是一回事。这是不谙州制和徒庸制而造成的。大多数州就设在蛮夷之中,归附的蛮夷就是周的徒庸,是徒卒的重要来源。蛮夷的精锐则入选虎臣,组成王宫的近卫部队。文献中称他们为"群蛮""卢戎"或"百濮",只因他们保留着本民族特征,与诸夏不同。但他们还有另一个共同身份,就是周王的庸。

值得一提的是,巴也是谢西九州之一。巴是设在大巴山中巴蛮聚居地的州。《左传》桓公九年(前 703 年)称"巴子"。依照旧说,既然称子,那就是蛮夷国。但是,《左传》昭公十三年载,楚共王之妃名为"巴姬",说明巴子是姬姓。后世不明所以,有说"巴姬"的"姬"指姬妾。这种说法违背鲁史官称引姓氏的惯例。也有说巴是姬姓诸侯,常璩《华阳国志·巴志》就说武王克殷以后,"以其宗姬封于巴,爵之以子"。然而断不可信。且不说周无子爵,即使武王要封建王子弟于某地,必要先灭此地的旧国。巴人是随武王伐殷的蛮族,那时巴地无国,未闻灭巴国,何来封建?! 其实,巴是姬姓,不过因为西周末年的巴州州长是周人。平王东迁后,巴州偏在西部山区,渐渐坐大,又与楚国结盟,鲁史官遂称其为子。

实际上,汉晋经师只把部分周州称为国①,并未一概如此。如麇、郧、绞等州,未见称为国的。还有的存在争议,比如蓼。《汉书·地理志》说"湖阳,故廖国",而《后汉书·郡国志》则说"棘阳,有湖阳邑",不提有国。大约到了唐代,才渐渐统称为国。② 延至清代,周的城邑一概称国③,成为牢不可破的学说。不识州制,视周州为蛮夷国,等于割裂周王的版图。我说过,周史中存在两个系统性的错误,一个是把周王的附庸或裔民所居之地视为诸侯国。另一个就是把周州视为蛮夷国。

再回头看晋国的"九州之戎"。晋国的"九州"就是周王原先设立在北方戎人聚居地的九个州。"九州之戎"的军队规模即九个师的徒卒,俱由戎人之庸组成,共22500人。

三、州的意义

前面章节对《左传》中称"子"的情况未下定论,因为那时条件尚不成熟。

从《左传》称楚子、巴子时开始,子成了诸多身份的总称,既有蛮

---

① 《说文·邑部》:"鄘,南夷。"《后汉书·郡国志》"汉中郡":"上庸,本庸国。"《汉书·地理志》"南郡":"枝江,故罗国。"

② [唐]陆淳的《春秋集传纂例》卷十《国名谱·春秋时国大数总一百二十四国》载,罗州在"有姓无爵者一十八国",麇州在"有爵无姓者一十七国",郧、绞、蓼、庸等州在"姓爵俱无者三十三国"中。

③ [清]姚彦渠:《春秋会要》卷一《诸小国》,中华书局,1955年,第32—41页。[清]顾栋高:《春秋大事表》卷五《春秋列国爵姓及存灭表》,第563—608页。

夷国君,又有原先的州长、附庸、裔民等。州长称子的如巴子。附庸如须句子。嬴姓裔民如徐子。鲁史官记载周王的都邑,通常不会在城名之下加"州"或"县"字。比如,绝不会称"庸"为"庸州",也不会称"荆"为"荆州"。所以,《左传》中记载的地名,哪些是州名?哪些是附庸国名?哪些是裔民?另需详订,此处不赘。有一点可以肯定,绝不能仅凭《左传》称为子,就断定其为蛮夷国。春秋早期,东部王畿的州基本完好。春秋晚期,《左传》称子泛滥,意味着周州要么遭攻灭,要么独立。周州不存,"九州"概念方能兴起!由此可推测,《职方氏职》或《禹贡》中的九州体系最早要到春秋晚期才会产生。事实上,金文中出现"咸有九州,处禹之都"的《叔尸钟(镈)》,正是春秋晚期器。

不识州、附庸和裔民等,对周史以至于中国史,其大害有四。第一,低估周的疆域。比如,不识荆是州,就不知道周全盛时的南界已至长江中游。不识徐嬴为裔民,就不知道穆王之后已全有淮河流域。总之,抹去州、附庸和裔民,等于抹去了周的大片疆域。第二,低估周王对疆域的控制力。汉晋以来,周王无州渐成定论,四疆以内不是诸侯就是蛮夷,若知周州和裔民,就知道周王通过直属城邑牢牢控制着王国全境。第三,误判周王与诸侯的关系。用封建制不能全部概括周的国家体制。周王固然封建了不少诸侯,诸侯们的身份固然高贵,但周王不是弱势君主。平王东迁以前,诸侯们在周王面前俯首帖耳。第四,误解华夏与蛮夷的关系。州城选址于蛮夷聚居地。裔民也是蛮夷。王畿以内,蛮夷就是周王的徒庸,平时服徒役,战时是徒卒和虎臣的来源。他们在人口中比例不小,至少不少于周人,实际上,戎狄蛮夷只表示他们的族属,他们在政治上是不受歧视的。

第三节　州的徒役编制

一、《周官》与徒役编制

今本《周官》留下五条都邑或军队编制法。其中只有一条是四进位制,保存在《小司徒职》中,也即"九夫为井,四井为邑"那条。另有四条均为五进位制,其中三条在《地官》,《大司徒职》和《遂人职》各一条,阐述都邑编制法。①《小司徒职》一条,阐述军队编制法。② 另一条在《夏官·叙官》,阐述军队编制法。四条中只有《夏官·叙官》是《周官》的原文,其余三条皆是窜入的注文。注文的原出处不同,称谓也就有差别,但不影响它们阐述同一制度。排除注文的干扰,《周官》记载的编制法只有一种,即《夏官·叙官》记载的五进位制。五进位制是《周官》编纂者看到的唯一的编制法,《地官》各篇职文一概默认此法。也就是说,在某个我们不知道的时候,周的都邑一律重新编制,全部换成了五进位制,四进位制早已废弃,《周官》编纂者记录的是重编后的景象。

但是,郑玄等汉晋经师不辨经注,见到《遂人职》条中有"县""鄙"二字,误以为遂以下县鄙采用五进位制。又根据《小司徒职》那条四进位制的旧注,判断乡以下州党采用四进位制。贻误甚远。其实,五进位制也可用"县""鄙"二字。③ 用"县""鄙"二字只能说具有过渡期的特征。两种编制法属于完全不同的时代。"四井为邑"

---

① 《大司徒职》:"令五家为比,使之相保。五比为闾,使之相受。四闾为族,使之相葬。五族为党,使之相救。五党为州,使之相赒。五州为乡,使之相宾。"《遂人职》:"五家为邻,五邻为里,四里为酂,五酂为鄙,五鄙为县,五县为遂。"

② 《小司徒职》:"五人为伍,五伍为两,四两为卒,五卒为旅,五旅为师,五师为军。"

③ 如《吕氏春秋·孟夏》:"巡行县鄙。"高诱注:"县,畿内之县。县,二千五百家也。鄙,五百家也。"

以田为基本单元,属旧制。"五家为邻"以家为基本单元,是新法。

无论新旧制度,最终目标均是编成步兵方阵,二者的差异也主要反映在方阵人数上。旧制采用四进位,很容易组成方阵。前面说过,亚旅是 324 人,已可编成 18×18 人的小方阵。只是亚旅人数太少,需要五个亚旅组成千人以上的大方阵。新制则不然,都邑各级分别编成 5 家、25 家、100 家、500 家、2500 家、12500 家。每家征发一名徒卒,各级军事单元编制成:伍 5 人,两 25 人,卒 100 人,旅 500人,师 2500 人,军 12500 人。其中,一旅 500 人不成方阵,要五旅编成一师才成 50×50 人的大方阵。显然,按新制编成的阵型更大,对付的战争规模也更大,这是渐渐抛弃四进位制的原因之一。

值得注意的是,《小司徒职》那条四进位制的注文,是传世经籍中唯一系统阐述一县四鄙制的材料,格外珍贵。若无此条,后世至多了解存在过一县四鄙,对编制规律毫无头绪。由此例可见,我们对经籍中相互抵牾的记载应当非常谨慎。抵牾可能源于文献流传中发生了无法想象的事情,明智的态度本该是两存之,不急于下定论,等到有一天理解了矛盾的缘由,它们自会变成熠熠生辉的珍宝。如今却不然,一旦发现经籍之间存在抵牾,斥为晚出,斥为伪作。又动辄以未见于甲金文或出土简牍为由,断定不可信。这都是以今律古,失在苛责。

二、徒役制的断代

五进位编制法对应的相对年代为何,可参考金文。按《禹鼎》铭文:"戎车百乘,厮驭二百,徒千。"所谓"徒千",即按新制征发的两旅徒卒。铭文虽不称"旅",但我们分析过旧的四进位制,征发一鄙所得的亚旅是 320 人,无论如何不能与"徒千"之数吻合。所以,铭文是否称为"旅"不是关键,关键是徒役编制与旧制不能相容。《禹鼎》

是西周晚期器,西周晚期的军队编制已采五进位制,此为明证。

　　齐灵公(前581年—前554年)的《叔夷钟》和《叔夷镈》,是春秋晚期铜器,又可作为都邑编制的参考。铭文载:"余赐汝莱都密胶其县三百。"所谓"莱都密胶其县三百",句例与《左传》的"邶殿其鄙六十""取卫西鄙懿氏六十"等相同,指赏赐莱都的密胶县及其周围的三百邑。若按旧制,一鄙十六邑,四鄙为一小县,一小县六十四邑。四小县为一大县,一大县二百五十六邑。显然,在旧制下无法理解铭文中的"其县三百(邑)"。但按照五进位制,一闾相当于一邑,往上一级是四进位制,也即一族四邑。再往上均是五进位制,党是20邑,州是100邑,乡是500邑,分别对应旧制的鄙、县、大县三级。赏三百邑就是赏一大城,并留200邑不赏,规格与郑庄公赏段大叔一座大都缺两鄙是相当的。

　　《周官》的五进位制,尚且夹杂了一级四进位制,这仍是特定时代的编制法。可用《管子》中的两套编制法比较。第一套载于《管子·立政》,以什伍为基层组织单元,伍即五家,什即十家。往上的游、里、州三级皆以十进位制递增,再以五州为一乡。① 这是十进位制夹杂五进位制,与《周官》稍异,但有继承的痕迹。第二套载于《管子·度地》,以百家一里为基层组织单元,以十进位制逐级递增,至万家为一州,十万家为一都。② 全用十进位制,彻底抛弃五进位制,显然更晚,应付的战争规模更大,可能是战国晚期的编制法。

　　总之,徒役编制不是孤立的,而是与都邑、人口、粮食、方阵、战争规模等紧密联系。若不出现人口非正常大幅减少的情况,通常而言,进位制越小,年代越早;进位制越大,年代越晚。《周官》的五进

---

① 《管子·立政》:"分国以为五乡,乡为之师。分乡以为五州,州为之长。分州以为十里,里为之尉。分里以为十游,游为之宗。十家为什,五家为伍,什伍皆有长。"

② 《管子·度地》:"州者谓之术,不满术者谓之里。故百家为里,里十为术,术十为州,州十为都。"

位制,对应的相对年代在西周时期,但一直沿用到战国时期,说明西周至战国时期的周军制再未改革。与《管子》记载的十进位军制相比,战国时期的周军制已远远落后于当时的战争形势。

第四节　"州庸之师"补论

一、"殷八𠂤"来源辨

从"殷八𠂤"的编制,可推知西周时期征发王师的来源。"西六𠂤"和"殷八𠂤"是征发于乡遂,还是采取屯田制?杨宽和于省吾二位先生曾有精彩的争论。① 其中还涉及如何看待《周官》的真实性,至今读来仍令人深受启发。殷八师,于省吾认为是征发殷遗民而组成的军队。② 至今仍为一说。

周初,迁殷人充实成周。但是,若说把迁去的殷遗民独立成军,再把成周及东部王畿的卫戍任务一概交给殷人,还以"殷"命名军队,周王似乎过于神经大条。按周的兵役制,一家征发一夫,若王师两大主力的·半由殷遗民组成,岂非说全国·半的大家是殷遗民?恐怕过高估计了殷遗民占全国成年男性人口的比例。何况,《禹鼎》铭文中仍有"西六𠂤"和"殷八𠂤",此时已入西周晚期,就算周初不得不依靠殷遗民成军,经过百余年的休养生息,东部王畿的军事主力仍以殷遗民为主,等于说周人自建国以来一直有意将殷遗民作为独立的军事力量,实难取信。并且,"殷八𠂤"又称"成周八𠂤"或"成

---

① 于省吾:《略论西周金文中的"六𠂤"和"八𠂤"及其屯田制》,《考古》1964 年 3 期。杨宽:《论西周金文中的"六𠂤""八𠂤"和乡遂制度的关系》,《考古》1964 年 8 期。于省吾:《关于〈论西周金文中的六𠂤八𠂤和乡遂制度的关系〉一文的意见》,《考古》1965 年 3 期。杨宽:《再论西周金文中"六𠂤""八𠂤"的性质》,《考古》1965 年 10 期。

② 于省吾认为:"其中的'八𠂤',则系周人克殷之后,将殷人的投降军队改编而成。"(《略论西周金文中的"六𠂤"和"八𠂤"及其屯田制》,《考古》1964 年 3 期。)

𦣞”，若说它是征发的成周之民，相当于说西六师也由宗周及其四郊之民组成。那就意味着，周的两大军事主力没有从京师以外征发来的徒卒，或者说，两京以外的州民和县民不服兵役，这与“州庸之师”的说法明显违背，也与《周官》所载的徒役制相悖。所以，殷八师的徒卒来源，既涉及如何理解周的役制，又涉及都鄙制，不可不辨。

殷，除了作为地名，通常训为众。《大宰职》“陈其殷”郑注：“殷，众也。谓众士也。”此殷代表士官层次，殷的上一层是伍，相当于下大夫，表示诸侯国的下大夫人数最多限于五人。士官人数不限，所以称为殷。另外，上古有殷同或殷见制度。① 殷见，指诸侯们相互访问。殷同，指王与诸侯们会同。殷字皆从《大宰职》郑玄注，训为众。又有殷国制度。殷国与巡守的区别，历来有两说。巡守即巡狩，是王亲率王师讨伐不庭。殷国，是诸侯们入京朝觐王。《职方氏职》郑玄注：“殷犹众也。十二岁，王若不巡守，则六服尽朝，谓之殷国。”但此注与《职方氏职》抵牾。《职方氏职》说，无论王巡守还是殷国，职方氏必须先行开道，“戒于四方”。这说明殷国时，王也要出京。《大行人职》和《掌客职》也是此意。② 综合看来，上古曾有一种制度，王每隔十二年率王师出征一次，无战事也要巡视诸侯。从各种迹象看，这种制度起源甚早，所涉的王不限于周王，大约还是王国周边有许多藩国的时代。无论如何，殷国的殷也训为众。殷八师的殷若训为众，意为众八师，表示徒卒的征发地不止一处。而把殷八师理解为征发成周的殷遗民，恰与殷字的旧义相反。

于省吾认为：“凡金文中地名之称‘某𠂤’者，‘𠂤’的上一字为原

---

① 《大宗伯职》：“殷见曰同。”“殷眺曰视。”《大行人职》：“殷同以施天下之政。”“殷眺以除邦国之慝。”“凡诸侯之邦交，岁相问也，殷相聘也，世相朝也。”《掌客职》：“殷膳大牢。”
② 《大行人职》：“十有二岁，王巡守、殷国。”也即殷国与巡守均每隔十二年举行一次。《掌客职》：“王巡守、殷国，则国君膳以牲犊，令百官百牲皆具。”则殷国时，王到达了诸侯国境内。

有地名,'㠯'字则由于时常为师旅驻扎而得名。"①甚是。我们虽不能确知西六师和殷八师的驻扎地,但可以断定西六师并不全部驻扎在宗周,殷八师也并不全部驻扎于成周。1971 年丰镐遗址马王镇车马坑发现两件当庐,背面铸"丰师"二字。② 丰,曾是文王所居,也称丰京。武王迁镐,丰仍是西周时的大都。"丰师"意味着丰地曾驻扎了一师,但这一师是否全部征发自丰地之民,也有疑问。西周以前已经有驻防边疆扼守山川险要的常备军,即虞人。虞人在西周时虽已民事化,但边疆防卫只可能加强,不可能削弱。周的疆域北至幽燕,南到江淮,西至六盘山以外,东到大海,驻扎边疆的军队尽从京师征发,恐两京之民疲于奔命,无一宁日。由此也可断定王师不会一概从两京征发。在我们引用过的铭文中,也不乏证据。比如《史密簋》的长必之战发生在齐国边境,"遂人"与齐师先期到达,再等待师俗等人率王师前来。显然,师俗所率之师距齐国较近,不必从成周赶赴。又如,《訇簋》记载的军队组成部分有邑人(国人)、庸和田侯,庸就是各州征发的徒卒,是对殷八师之殷的极佳注脚。

总之,殷八师的殷当从旧注,训为众。表示八师的征发来源众多,既有成周的国人,又有从东部的州、县和田侯国征发来的徒卒。大约每个师下的五个旅均从不同地区征发,没有一个师纯由一州之庸组成,才称作"殷八师"。换言之,平常不会尽征一州或一县的徒卒,而是从各州县轮流征发。以此例彼,西六师也不会尽征宗周之民。

---

① 于省吾:《略论西周金文中的"六㠯"和"八㠯"及其屯田制》,《考古》1964 年 3 期。
② 王长启:《西安丰镐遗址发现的车马坑及青铜器》,《文物》2002 年 12 期。

二、乡军有无辨

《周官》说周王有六乡,一乡出一军,共编成六军。然而,迄今为止,在周金文中见到的王师最大单元为"师",未见"乡"作为政区单元。乡即向,表示方向。金文中常见在策命仪式上,周王北乡而立。当然,未见于金文只作参考,不是定论的依据,我们仍需结合经籍加以验证。按照上节确定的徒役编制法,《周官》中的一乡是包含五个以上州城的大政区,而《左传》中看到的"乡"都是小地方。① 按《左传》宣公十一年,楚国从陈国的每乡抽一人,凑成一州,称为"夏州"。若按周制,2500 家为一州,则陈国原有 2500 乡。楚州的编制法不明,但总不至于太少,显然,陈国的乡是极小的地理单元。又,《左传》襄公九年说郑国有"四乡",大约是国都以外四个方向分为四区。周有两京,若四郊各一乡,应该有八乡,《周官》却说六乡,实在不知该如何划分。《尚书·费誓》说:"鲁人三郊三遂。"旧说以为这是说鲁有三乡。其实,《费誓》只说了"郊",没提"乡",不应改字解经。总之,《周官》的乡制不能不让人疑惑。

我认为,西周时的乡并非地方行政单元,但有东、西二乡(方向)之说,也即陕以东为一乡,陕以西为一乡。按《燕召公世家》,召公为三公,与周公分陕而治,巡视乡邑,有甘棠,"决狱政事其下"。这与《周官》记载的乡老一职相对应。三公即乡老,周初的三公是齐太公、周公和召公。太公虽称公,但只是虚衔,朝中实只二公。既然当时只有两个乡老主持乡务,当然只有两乡,并无六乡。事实上,西周时的地方行政层级是五级,这是沿袭先周以来的制度。按《周本

---

① 《左传》僖公二十八年:"(郑国)乡役之三月。"《左传》襄公十五年:"(宋国)小人怀璧,不可以越乡。"《左传》襄公三十一年:"郑人游于乡校。"

纪》，古公至岐下，营筑城郭室屋，"而邑别居之，作五官有司"。这是周人营国的最初记载。所谓"五官有司"，是以城邑为中心的官吏建制。又按《诗·大雅·绵》载古公亶父迁居周原，筑城为邑，曰："乃召司空，乃召司徒，俾立室家。"既然用"召"字，表明二官在此前就已设立，《周本纪》却说"五官有司"是此时初创。而且，司空负责营造，司徒负责徒役，二官垂直系于周王之下，以专门职事为区别，在《周官》中属于"官府"，也即后世所谓中央官署，在金文中则称"三有司"，显然不是"五官有司"。可见，"五官有司"就是《周官》的都鄙系统，也即后世所谓地方官。古公亶父只有一城，也只有一套"五官有司"。以后，周每占领一座城，就把这套地方官分级制度适用到新城。直到成周营造完毕，才有周、召二公分治两乡。乡老的职事是不定期巡视各地，了解民间疾苦，处理冤狱等。甘棠决狱的传说，说明召公在乡内并无常设官署。日常地方行政事务如治安、赋役、夫家登记等，自有都鄙官吏处理，无需乡老亲为。也就是说，乡老虽尊，并非地方行政体系中的一层，而是代王巡视地方的中央大吏。

西周时期的军制也是没有六乡的有力旁证。有一个基本事实，常备军分为西六师和殷八师，两支军队分别负责东西两大区域的戍卫，逢大战时才合并出征。据此，至少可以肯定：第一，常备军以"师"为基本编制，十四个师各有驻地；第二，王师对应两大防卫区，没有细分为六大区的痕迹。综合这两点，可知西周时没有六乡，也没有按一乡征一军的制度。何况，按《夏官·叙官》所载六卿分任六军之将的制度，等于瓜分了周王的领军之权。按《左传》桓公五年，前 707 年，周桓王以诸侯伐郑，"王为中军"。"为"即编制。"为中军"就是在大战对阵前，把州师、族徒、诸侯之师等混编为一军。按周的军制，领中军等于领全军，而此时仍保持周王自领中军的传统。显然，春秋早期尚无六卿分将六军之说。须知，三桓坐大，鲁侯无军。晋六卿各将一军,则晋侯无军。周王不领中军,标志着王权旁落,在西周时期不可想象。因此,《夏官·叙官》所载的六卿各将一军,应当是很晚才出现的制度,至少晚于前707年。实际上,西周时的上大夫也没有六个。我们说过,《周官》所载的春官系统(祝、宗、卜、史四官)在西周春秋时仍属大宰,那时的宗伯至多是中大夫,在朝廷上的站位尚在祝官之下。既然没有六官,也就没有六卿分任六乡大夫,又何来六乡?!宗伯升为卿,当是东周公服事周王时的事。若如此,六乡分设乡大夫,至少是战国时的事,此时早已失了陕以西,大约是把成周及其附近都邑分成六乡吧。

本章小结

一、县鄙制的分期

早期只有县鄙,并无"都鄙"的称谓。县鄙即一县四鄙,四鄙是为了强化县城的防守。县鄙的物理层级有田、邑、鄙和县,每级按四进位制营造,标准形体为正方,多建于平原地区。早期的邑居是矗立在四井之中的大房屋,入住多个夫家,能防御小股盗匪的侵扰,全盛期对应商代,西周早期已形衰微。随着垦种技术提高和人口滋生,兴起一种因地制宜的大田营造法,这就是把百亩一夫并排重叠起来的连续营造法。旧式井田渐渐淹没于新式大田中,再也看不出正方的形状。伴随新式大田的普及,又兴起了规模达百家以上的聚居区,由官方拨给宅基地,居民自建房屋,也称为邑。新旧之邑并存了很长时间。

西周初年,州城依托新式大田兴起。州城建在蛮夷聚居区,优点是不择地形,只要有灌溉水源,山地、丘陵或沼泽地皆可利用。防守只需在险要处建置关隘,无需在大城四方筑附城。县鄙制只有大县、小县两级,小县的夫家数是 1600 家,大县 8000 家。州城的夫家数是 2500 家,介于大小县之间。都鄙制分为大、中、小都,共三级,中都对应州城。州城的兴起,标志着大量荒地变成农田,道路从平原延伸进山地或丘陵,贸易范围更广,贸易也更方便。可以想象,随着州城的兴起,西周早中期的人口和财富迎来一波繁荣期。

州制与县鄙制几乎同时在春秋晚期终结,但原因不同。州制的终结,是因为边远的州要么独立,要么遭大国吞并,终于导致周王无州。周州虽然退出历史舞台,但因地制宜的都邑营造技术影响深远。州制还启发了后世的徒役编制,战国时期的大城按十进位制,编制数万家至十万家,就是从州的五进位制发展而来。县鄙制的终结,是因为新兴大国的疆域以大山大川为限,可依托险要处设关防守,无需在国内的大城四周筑四鄙。但汉末战乱时期,筑小城以卫大城的做法,仍是县鄙遗制。

我们把都鄙制分为三期(详表 15-1)。前期是一县四鄙,相对年代在商中期至西周初年。中期是州制与县鄙制并行,大约从西周初至春秋中期。后期,二者同时崩解,大约在春秋晚期至战国。

表 15-1　都鄙制的分期简表

	前期	县鄙制	—	—
分期	中期	—	州与县鄙并存	—
	晚期	—	—	州与县鄙崩解
相对年代		商中期至西周初	西周初至春秋中	春秋晚至战国

二、周天子的天下

本书关于周制的研究分为三部分,一是中央官制,二是地方官制,三是庶民。现在基本完成了前两部分,其中当然还有许多问题需要深入,但已非本书所及。结合上编关于诸侯国的研究,可以大致判断出周天子的天下是何格局。前文难免有芜杂枝蔓处,可能引起不必要的误会。今仿周时的天下结构图(图15-1),以清思路,供读者参考。

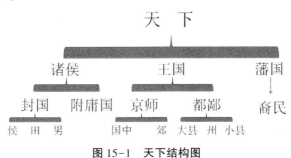

图15-1　天下结构图

说明一,《周官》虽然把王国分为六乡和六遂,然而此图中暂不采乡和遂的名称。西周时是否有六乡的建制,颇值得怀疑,已如前述。至于六遂的遂,我怀疑就是一座州城,遂大夫即州长。总之,用京师和都鄙表示王国的全体,可能与西周时的结构更接近。

说明二,此图把附庸国置于诸侯之下,表示周王的附庸与封国之君相当。为免混淆,周王赏赐封国的附庸,不入此图。需要注意的是,此图显示的是附庸的地位,并非附庸国的地理位置。附庸国遍及天下,可能在京师与四郊之间,也可能与州县、封国接壤,不能一概而论。

说明三,裔民与藩国的性质有相同之处,暂将裔民附于藩国之下。在周王的眼中,裔民就是不够藩国资格的族群。边疆以外的蛮夷,若不愿意归附,与魑魅魍魉差不多。若愿意归附,大者是藩国,小者就是裔民。周王的边疆,尚有许多值得研究的地方,本书不及。

说明四,周王在边疆设关,关城是一座州城或县鄙,城大夫至少是下大夫。关城与边侯呈掎角之势,共御外敌。王国有一个确切的实体边界,那就是关城的边界,也是狭义的边界。若要在此图中反映关城,应该在都鄙之下另设一"边关"的名目,但其又与州、县有重复之嫌,暂阙。关城与裔民的关系如何,存疑。周王将愿意归附的裔民隶于边关,但有些裔民的活动区域远在关城的边界以外,等于为王国建立了广大的缓冲区。名义上,这个缓冲区也属于边关,因此,广义的王国边界是一个模糊而不断变化的区域。

第十六章　庶民(一):民本思想

第一节　"万民"非"庶民"辨

一、"万民"与"庶民"

《周官》中既用"万民"一词,又用"庶民"一词。万民等于庶民吗?下文先厘清万民之义,则庶民之义自明。

《大宰职》:"乃县治象之法于象魏,使万民观治象。"难道全国的庶民齐聚王宫前观看悬象之法?《小司寇职》:"掌外朝之政,以致万民而询焉。"难道让全国庶民都到王宫附近备询?《司谏职》:"掌纠万民之德而劝之朋友,正其行而强之道艺。"若如此,则"万民"有德,而且身怀"道艺"。孔子说:"君子之德,风也。小人之德,草也。"若万民等于庶民,庶民就是小人,小人如何有德?

《大史职》:"凡邦国、都鄙及万民之有约剂者藏焉,以贰六官。"周王居然与万民订立盟誓,万民的地位与邦国、都鄙相当,其地位绝非庶民可及。相同用例不止一处。《御史职》:"掌邦国、都鄙及万民之治令。"也是万民与邦国、都鄙相当。《撢人职》:"以巡天下邦国而语之,使万民和说而正王面。"万民与邦国相当。查今本《周官》,"万民"一词出现六十余处,用例较多,内涵复杂。而"庶民"一词只出现六处①,多由于庶民的狱讼,内涵清晰。万民与庶民不同,已可概见。

二、万民约

关于人群的研究,脱离他们当时所处的制度环境是没有意义的。理解一种人群,既要看他们处于何种制度中,又要看制度对人群的影响,还要看制度与人群的互动效果。

按《司约职》,西周时的约,分为邦国约与万民约。万民约又称治民之约。郑玄认为,订约一方是周王或诸侯,另一方"诸侯以下至于民皆有焉"。既然说"至于民",当然不只庶民,而是包含了大夫士。郑玄又说,治民之约是诸侯与万民之间关于重大事务的约定,内容多是"征税、迁移、仇雠既和",也即贡赋、国都迁移、平息争斗等事。注意郑玄的举例:"若怀宗九姓在晋,殷民六族、七族在鲁、卫,皆是也。"怀宗九姓占据晋国五个大夫官的位置,春秋早期已是晋国强宗,拥有左右国政的实力。殷民六族,是封建鲁国时赏赐的殷遗民,分别是条氏、徐氏、萧氏、索氏、长勺氏、尾勺氏等,其下又有小宗或分族,是人数非常庞大的姓族。殷民七族,是封建卫国时赏赐的殷遗民,分别是陶氏、施氏、繁氏、锜氏、樊氏、饥氏、终葵氏等。从春秋时期的情况看,殷遗民七族、六族不像怀姓九宗一样出任大夫官,但可能担任百工一类职事。总之,由郑玄注可知,万民,指某些人口众多的大姓或殷遗民的大族。万民约,是周王或诸侯国君与大姓大族之间订立的效忠之约。

郑玄的理解是否准确?可以用《左传》记载的其他事例验证。

---

① 《闾师职》:"凡庶民不畜者祭无牲。"《御仆职》:"掌群吏之逆及庶民之复。"《大司寇职》:"凡庶民之狱讼,以邦成弊之。"《小司寇职》:"以三刺断庶民狱讼之中。"《朝士职》:"大者公之,小者庶民私之。"《禁暴氏职》:"掌禁庶民之乱暴力正者。"

《左传》昭公十六年载，子产对韩宣子说，郑国的商人是从周人中拨出的。自郑桓公以后，历代国君与商人皆订有盟约，叫做"世有盟誓，以相信也"。直到子产的时代，还能随口背诵这些盟誓的原文。① 正因为郑国商人与国君有约，前627年，秦人偷袭郑国，商人弦高一边用十二头牛犒劳秦师，一边通知郑穆公，使郑国躲过一劫。封建郑国已到西周末年，可见在整个西周时期，万民约对诸侯国始终具有奠基作用。又，《左传》襄公十年载，伯舆的大夫瑕禽说："（平王）而赐之騂旄之盟，曰：'世世无失职。'"这是周王订立万民约的例子。春秋时期，伯舆七姓深受周王的信赖，依仗的就是万民约。

明白了上古时"万民"的含义，就知道《司约职》说的"万民之约剂"是非常重要的国家制度，绝非普通民人的交易契约可比拟。《说文》："契，大约也。"表明汉代的契约观是契大而约小，这与《周官》记载的万民约制度格格不入。

三、"六十四民"

大姓或遗民大族统称为"民"，这不是偶然的。上古称失国之君为民。② 据说"六十四民"是仅次于三皇五帝的远古国君。③ 贾公彦说，《史记》中载有"六十四民"，指那些"上古无名号之君，绝世无后"。④ 但查今本《史记》，并无所引文字，不知贾公彦是否误引。

---

① 《左传》昭公十六年载誓辞："尔无我叛，我无强贾，毋或匄夺。尔有利市宝贿，我勿与知。"
② 《礼记·坊记》"先民有言"郑注："先民，上古之君也。"《春秋繁露·三代改制质文》："故圣王生则称天子，崩迁则存为三王，绌灭则为五帝，下至附庸，绌为九皇，下极其为民。"
③ 《小宗伯职》"四类"郑司农注："四类：三皇、五帝、九皇、六十四民，咸祀之。"《都宗人职》"都祭祀之礼"郑玄注："都或有山川，及因国无主、九皇、六十四民之祀。"
④ 《小宗伯职》贾疏："按《史记》云：'九皇氏没，六十四民兴。六十四民没，三皇兴。'"《都宗人职》贾疏："按《史记》，伏羲已前九皇六十四民，并是上古无名号之君，绝世无后，今宜主祭之也。"

总之，"六十四民"指史前曾经建立过的国家，虽然失国，他们的先君仍被当作地方神灵，受到隆重的祭祀。新的王朝建立之后，又把他们纳入祀典。直到汉代的国家祀典中仍有部分遗存。可想而知，这些上古国家的规模在当时不算小，有人怀疑就是传说中的无怀氏、容成氏、大庭氏等，可以称为"六十四氏"。也有人怀疑《封禅书》中所说的"古者封泰山，禅梁父者七十二家"，就是六十四民加上五帝三王，一共七十二代。① 这些猜测都有道理，只是史料不足征。商周时期，关于"先民"的史籍可能已经不全，但口耳相传，大致还知道上古某国曾定都于某地，比如《左传》定公四年说鲁国封于"少皞之虚"，卫国境内包含了"有阎之土"，等等。

　　春秋时期称失国之人为"氏"的习惯，当与称失国之君为"民"有关。"六十四民"的民，代表某个国族的先君，就像后来说失国之君废为家人或庶民。同时，灭国的国族已遭灭姓，只好统称"六十四民"。西周初期，凡称某姓或某氏的，或是某个古国的遗民，或曾任夏、商两朝的诸侯和大夫士，是包含众多人口的大族，都有失国或失地的背景。但宗族人口并未散亡，仍聚在一个宗子或几个分族之下。否则，那时的庶民没有姓氏，不可能有怀姓、陶氏等姓氏名。他们以宗族为单位归顺周王，有的世代服事周王，如伯舆七姓；有的则转赐诸侯，如怀姓九宗、殷民七族等。郑国商人又不同，《左传》说得很清楚，他们就是周人，是周人的一支分族，与郑国国君同姓，也就是姬姓，所以提到郑国商人时不用说姓。

四、小结

　　《周官》中有"民""庶民""人民""万民"。看似通用，实则有别。

---

① ［清］孙诒让：《周礼正义》，第 1431 页。

单独使用"民"或"万民"时,可以指王和诸侯以外的任何群体。又分两种情况;一是以某个姓氏为中心的族群,可称其为族民;二指上古曾经立国,西周时已经失国的人群,可以称为遗民。

万民是集合概念,绝不能用来指称个体。万民不是一万多个庶民,而是以万计数的大小姓族。每个姓族之下的人口以千或百为单位,万民就是数百万人至数千万之众,故而也是全国人民的代称。后来与万民最接近的概念是"百姓"。庶民,相当于后世的编户齐民,可以是集合概念,也可以用来指称某个人。后来与庶民接近的概念是小民、草民、蚁民等。庶民与万民的国家地位大不同,庶民不过是役夫,而怀姓九宗、伯舆七姓、殷民七族等,那是王国或诸侯国的大夫士家族,按郑玄的话说,其地位仅在诸侯之下。又如郑国商人,未出任大夫官,但有士庶子的身份,受万民约保障,郑国大夫不敢轻视。

第二节　"民本"起源

一、民本思想概述

周人的"万民"概念,对于理解早期民本思想有着决定性的意义。

民本思想是影响中国历史的重大思想命题。然而,民本思想源于何时,却长期存在分歧。以郭沫若为代表的主流观点认为,民本思想在春秋时期兴起,孟子将其完善化和体系化。这一观点认为商周时期不会有民本思想,因为甲金文中找不到痕迹,所以,传世文献的记载都不可信,如《高宗肜日》有"王司敬民,罔非天胤",那么《高宗肜日》就是伪作了。另一派坚决反对这种观点,常金仓认为"民本思想根本不是春秋时才产生的新思想",他抨击道:"如果坚持金甲文外无信史,那种貌似科学的态度,历史的天平将在此严重地失衡。"并指出:"专以出土材料否定文献,考古学成了历史学的异己力量,不值得深思吗?"①

我赞成常金仓的观点。拙著就是支撑其观点的有力证据,本书涉及十余种周制,能以金文作为主要材料,与传世文献形成印证关系的,十之二三而已。可以明确地说,制度史必须依赖经史,离开经史不可能对周制进行体系化的研究。当然,依赖并不是盲从,制度史有独立的方法论和辨别真伪的办法,简单地说,就是系统内部必须自洽的方法。实际上,无论对秦以前还是以后的制度,如果必须以"二重证据法"为制度史研究的基本方法,只要没有考古材料印证的传世文献皆判定为不可信,那么,制度史将不复成形,也不必谈制度史了。制度是国家与社会的骨架,不明制度史,也谈不上深入理解国家史与社会史。其实,老一辈学者无不有良好的经学功底,他们利用出土文献批判旧观点,并不代表他们轻视经籍,而是因为缺乏系统的眼光,在某些问题上产生了过激之语。但"文革"以后成长起来的学者,像我们这一辈,大多没有扎实的经史功底,动辄称某经不可信或某经是伪作,是不是知识结构的缺陷所导致?这是应当反思的。

常金仓还认为,历史进化论影响了对民本思想的理解,这一看法也颇有见地。在进化论者的眼中,任何事物都要经历从无到有的过程,又必须经历从萌芽到发展,再到成熟和衰微。民本思想也必须经历从无到有的阶段,因此,春秋以前是无,春秋时期才有。进而发展出春秋时期萌芽,战国晚期成熟这一套路。我认为,历史进化论并非全无道理,但要避免生搬硬套。比如,把有机物的发展阶段

① 常金仓:《重新认识殷周天命与民本思想的关系》,《文史哲》2000 年 3 期。

机械地套用在思想观念上,可能就不合适。下文以今文《尚书》为例,论证中国进入有史记载的时代后,民本思想已经成熟。若这一思想有萌芽期,那么或许在史前时代吧?

在进入今文《尚书》之前,让我们用战国以来的文献,看看民本思想的概貌。正如《礼记·缁衣》的精练概括"民以君为心,君以民为体",民本思想分为两个主要方面。

一方面,君以民为本。[①] 本的意思是树木的根,本固则邦宁。君主要多做培固根本的事,不要做松动根本的事。也就是多做利民之事,至少不要害民。使民以时、慎用民力等,都是民本思想之下的具体措施。以民为本在学说上的发展,就产生了"民贵君轻""爱民如子"等提法,在君主制国家里,这些是很难做到的,只可视为譬喻或理想。通说把孟子的"民贵君轻"作为民本思想的代表学说或成熟阶段,这是把学说当成了现实,是对民本思想基本内涵的误判。这种误判的根本原因,是研究者们以为民本思想从来就是一种理想,从来就只是嘴上说说而已,怎么说都无所谓,甚至越偏激越有代表意义。实际上,以民为本在商周时期绝不是口头上的漂亮话,它是统治阶层的共识,在长期的治国理政中具体实践过,是事实而非理想。孟子的"民贵君轻"则是过头话,是从未在上古政治中实践过一天的学说。这就涉及史实与虚构的界限,是不得不辨的。

另一方面,是民以君为师。[②] 或称君为民之主。[③] 强调君要教民有方,使民知礼义法度。这方面往往遭人忽略,其实它与前者构

---

① 《穀梁传》僖公二十六年:"民者,君之本也。使民以其死,非其正也。"

② 《穀梁传》僖公二十三年:"为人君而弃其师,其民孰以为君哉?"

③ 周人所谓"民主"或"民之主",主要指卿大夫,但也可以指君主。君为民之主,是因为君主祭神,是社稷之主。例如《左传》襄公十四年:"夫君,神之主,而民之望也。若困民之主,匮神之祀,百姓绝望,社稷无主,将安用之?弗去何为?天生民而立之君,使司牧之,勿使失性。"

成民本思想的正背两面,缺一不可。孔子说"富之教之"(《论语·子路》),也暗含了民本思想的两个方面,"富之"就是君要做利民之事,"教之"则是君为民之师。孔子的论述不是孤立的,子思也提倡先利民再教民。① 利民是民为邦本的自然延伸,教民则是君为民师的自然延伸,"富之教之"均为民本思想的具体体现,不能说"教之"就是尊君的思想,唯有"富之"才体现了民本思想。若如此说,就脱离了君主制国家的历史背景。

实际上,民本是规范君民关系的基本伦理,是超越成文法的不成文原则。它要解决两个方面的问题,一是君应该如何对待民,二是民应该如何对待君。由此细化出两项具体原则。第一,君主必须善待民。该原则在相反方向延伸出一项推论,当君主不善待人民时,人民可以厌弃之。据此,孟子的暴君放伐论,"诛一独夫"论是服膺于民本思想而有所发明,但不能说成孟子发明民本思想。第二,在不违背前项原则的范围内,既然君为民之师,国家大权均掌握在君主手中,人民对君主的决定必须服从。《左传》僖公二十七年载,晋文公入国"而教其民"。两年后,子犯谏曰"民未知义",再谏曰"民未知信",三谏曰"民未知礼"。于是有被庐之蒐。《传》称其"一战而霸,文之教也"。所谓"教民"的权力,其实就是治民之权,是综合性的统治权力。但"教"字还包含了道德的正当性,比"治"的层次更高,或者说,治民易而教民难。所以,称君主为民之师,既是承认君主享有统治权,也是要求君主的统治必须具备道德正当性。

二、《盘庚》与民本思想

来看民本思想最早在经籍中的记载。今文《尚书》二十九篇中,

---

① 《孔丛子·杂训》:"孟轲问牧民何先?子思曰:'先利之。'曰:'君子之所以教民,亦仁义。固所以利之乎。'"傅亚庶:《孔丛子校释》,中华书局,2011 年,第 114 页。

《盘庚》居其一,其中包含三篇诰命。《左传》哀公十一年引作《盘庚之诰》,说明战国时的史官见过此篇。太史迁又记载于《殷本纪》,以为是小辛时代的人民怀念盘庚,追记盘庚迁居时申诫群臣之事。我认为,《盘庚》中的三篇诰命在用词、叙述风格等方面,存在前后不一致的痕迹,比如,既用"万民",又用"百姓"。又如,既称"先后",又称"先王"。这些都是明显的证据,说明该篇可能出自两人以上,也可能写于两个以上不同的时代。推测在商周之间有人润色、删改和添加。但是,即使考虑到这些因素,《盘庚》仍然忠实地反映了商周时期的统治思想,可以作为研究商周政治思想的基本文献。而民本思想在《盘庚》中已有全面展现,若说商周时期没有民本思想,或说商周时期民本思想不成熟,都必须越过《盘庚》这道坎。常金仓说,如果为了否定商周时期有民本思想,连今文《尚书》也否定了,代价是否太大了些?! 甚是。以下简略地看看《盘庚》如何体现民本思想。

先来看民为邦本的方面。开篇说,盘庚决定率民迁于殷,但是,"民不适有居",于是推选人向盘庚吁告。吁告辞提道:"重我民,无尽刘。不能胥匡以生。"王先谦认为"重我民"是"以民命为重",孙星衍则认为是"重违民情"。无论如何,以民生困苦为由向君主吁告是正当的,君主必须以民生和民情为重,这已是商王和众臣的共识。接着,盘庚说了第一句话:"毋或敢伏小人之攸箴。"王先谦的解释是:"无有故伏绝小人之所欲箴规上者。"这句话同样体现了盘庚重视民情民意,不敢听闻人民的箴谏而不作答。关于重视万民利益的句子,《盘庚》中还有很多,如"古我先后,罔不惟民之承保",又如"视民利用迁",再如"朕及笃敬,恭承民命","鞠人谋人之保居",等等。总之,虽然没有"以民为本"等字眼,但重视民生的思想弥漫于《盘庚》中,这是毫无疑问的。

再来看君为民之师的方面。以前往往忽视了《盘庚》的思想基础就是君为民之师。在发布第一次诰命前,《盘庚》说:"盘庚敩于民,由乃在位,以常旧服,正法度。""敩"字即教训的教,今古文皆同。《殷本纪》说"盘庚乃诰谕诸侯、大臣"。诰、谕都有命令的意思,可作参考。然而,命令毕竟不是教,从《盘庚之诰》的内容看,也是劝诫、勉励、威胁等口吻,不是简单地下达命令。盘庚还以神灵的主祭者身份,宣布自己有"作福作灾"的权力,但他承诺要看万民的表现,不会轻易动用这些权力("予亦不敢动用非德")。特别是说:"王播告之,修不匿厥指。王用丕钦,罔有逸言,民用丕变。"意思是,王命必须让远近周知,而且王应诚恳而详细地解释,无有遗漏,使人民清楚其要旨,而人民则必须遵从王命,改变自己原有的行为。这句话不是解释迁居的原因,而是解释王者有权发布良善的命令。这种观念在当时已是理所当然的前提,只是尚未提炼出"民以君为师"的说法而已。可以明确地说,民本思想在《盘庚》中已经成型。今人研究民本思想,不从《盘庚》入手,却到古文《尚书》中去找,比如,最著名的是引用《皋陶谟》的"天聪明,自我民聪明。天明畏,自我民明威"一句,接着就说《皋陶谟》是古文尚书,此句晚出,进而得出民本思想产生较晚的结论。在我看来,这个结论是次要的,有害的是它的前提。它的前提是,民本思想只有民为邦本的一方面,这是以偏概全,是对复杂的思想体系一刀切。要知道,割裂整体是思想史研究中的大忌,研究思想观念而拘囿于文字,无异于刻舟求剑。

尤值一提的是,《盘庚》中也使用"民"和"万民",与《周官》相印证。以第二篇诰命为例,它先说"盘庚乃登进厥民",说明盘庚诰命的对象是"民"。又说"汝万民乃不生生,暨予一人猷同心,先后丕降与汝罪疾",说明这些"民"是"万民"中的一部分。接着说"古我先后,既劳乃祖乃父,汝共作我畜民",所谓"畜民",就是牧民、养民的意思,说明训话对象的祖先们曾追随、辅佐商王,死后陪祀商王,地位相当尊贵,他们当然不是庶民。最后说:"今予将试以汝迁,永建乃家。"显然,这些"民"能代表他们的家族。这里所谓"家",与卿大夫家相通,理解为姓族也是合适的。因为在第一篇诰命中曾提到"世选尔劳,予不掩尔善。兹予大享于先王,尔祖其从与享之",明示了这些"民"不但任官,且世代为官,他们的历代祖先有陪祀商王的资格。再回头看那句"盘庚敆于民,由乃在位",孙星衍认为"在位,谓有位诸臣,由在位以晓谕众民",并引《小司寇职》"掌外朝之政,以致万民而询焉"。可谓深得经旨。

商王或周王召见万民,根本不用把全国的庶民召集进京,只需把平时分散在各官署的大夫士,召集到外朝训话即可。这些大夫士足以代表万民。特别重大的事,也可能召集庶民备询。《洪范》曰:"汝则有大疑,谋及乃心,谋及卿士,谋及庶人,谋及卜筮。"召庶民备询是在有"大疑"的情况下才发生。按《小司寇职》,有三种情况,一是"国危",二是"国迁",三是"立君"。按《乡大夫职》:"国大询于众庶,则各帅其乡之众寡而致于朝。"意思是根据本乡人口数,按比例召集一些庶人上朝。具体情况虽已不详,但肯定只选一些代表,不是让全乡庶民入朝。我猜就是选一些耆老,也就是退仕的大夫士,至少也是士庶子[1],而非普通的庶民。总之,不必在询万民与民主制度之间产生过多联想。

事情很清楚,《盘庚》中的"万民"是效忠商王的姓族。他们与先王有盟约,承诺效忠和服事王室,故而在商王朝世代任官。"盘庚乃登进厥民"的"民",就指这些在朝任官的姓族之长,此时,民也训为

---

[1]　周礼,周王定期与耆老、士庶子飨燕。《天官·外饔职》:"邦飨耆老、孤子。"《酒正职》:"凡飨士庶子,飨耆老、孤子。"《地官·槁人职》:"若飨耆老、孤子、士庶子。"耆老又称国老,《夏官·罗氏职》:"献鸠以养国老。"据说又有国老和庶老的区别,见《礼记·内则》《王制》。

人。探讨商周时期的民本思想，关键在于理解万民不是庶民。大夫士有官有职，又与族长、姓族首领的身份重合，是万民利益在朝堂上的代言人。今古文《尚书》中多有记载，商王或周王重视万民的呼声，保护万民的利益，时时召见万民，听取他们的意见，解释政策意图。很多人以为是后世美化，这种误解正源于不理解商周时的"民"和"万民"。简单地说，王国就是王与万民的总和。诸侯国的结构仿照王国，是公室与万民的总和。万民在三代王政中的重要性，是秦以后无权无势的庶民无法比拟的。商周时期正统的统治思想就是以民为本，除此之外没有替代品。民本思想在商周政治实践中得到贯彻，是由当时的政治格局所决定，并由当时的政治势力保障，是一种事实而非理想。

三、民本与儒、法思想

民本思想的重要性是毋庸置疑的，表现在两个方面，一方面，它是君主统治正当性的来源，具体地说，如果君主依照该原则统治国家，则统治具有正当性。反之则失去正当性，也就意味着"造反有理"。另一方面，确立国家的基本结构，又可分解为两个层次，第一层是必须有独揽统治大权的君主，第二层是万民必须服从君主的合理统治。无论秦以前或以后的王朝，无不服膺于该原则，在这一意义上，古代的国家体制、国家统治理论等问题，都需要重新审视。限于篇幅，此处仅讨论与其起源有关的问题。

通常认为，民本思想是儒家的专利。法家是反民本的。依我浅见，这两句话都不通。首先，民本思想绝非儒家的专利！民本思想是商周大夫士的共识。至少，周的每一个大夫士自幼诵读《盘庚》时，就已经明白其中的道理。一个公认的事实是，孔子之前无儒家！孔子本人是周的大夫官，这是他始终自我认同的身份。孔子又是王制时代最后一批周礼大师,他的言行代表着周大夫们最后一次复兴周制的努力。战国儒家是以庶民为主体的学术流派,兴起于孔子死后,奉孔子为祖师爷则是更晚的事。战国晚期的儒家人物,对周制已不求甚解,这是孟子自己承认的。此时,国家结构和社会结构发生巨大变化,回到周制已无希望,孟、荀等人只是试图护住周制的一些重要原则。他们理解的民本,是以庶民为本,与以万民为本的商周民本思想相比,已有深刻变化。也可以说,改造后的民本思想进入一个新时期。但若说民本思想是儒家的专利,等于否定了儒家产生以前悠久的商周制度传统。

其次,说法家反民本是把复杂问题简单化!战国法家不重视庶民,也不刻意站在民本思想的对立面。以韩非为例,他主张利民,只是"利于民者必出于君"(《八奸》)。他主张少徭役,使"民安",不使"民苦",目的是尊君,因为"民苦则权势起","民安则下无重权"(《备内》)。韩非甚至主张"惠民",他用师旷劝齐景公惠民的故事告诉君主,用惠民的办法可以打败政治敌手(《外储说右上》)。实际上,他把惠民当成权力斗争中的一种武器。在他看来,庶民是君主拉拢或争取的对象,或者说,是一种必须掌控在手的资源。他把民为邦本工具化或手段化,却谈不上要反对。在君为民之师的方面,韩非的理论更是与之相通。君为民之师是一种温和的尊君论调,而韩非说"冠虽贱,头必戴之"(《外储说左下》),是一种绝对尊君论,二者在尊君立场上是相同的。真正不同在于,民本思想认为君与民同等重要,若削弱一方,必会削弱国家力量,这是民本思想的高明处。韩非却把尊君发展到极端,认为唯有君主才能代表国家,强国的唯一办法就是尊君,同时必须抑制或消除一切威胁君主权威的隐患,甚至不惜采取弱民、愚民等手段。这就等于用部分代替了整体,一旦付诸实践,会带来灾难性的后果。实际上,弱民必定严重削弱一个国家,并且是物质和精神力量上的双重削弱。韩非的本意是想强国,尊君弱民却只能得到一个疲弱之国。弱国命不长,要么亡于外敌,要么亡于内战,这是秦二世而亡的根本原因,也是秦以后皇权帝制的宿命。凡是说韩非高明的人,都是看到了他的智商,没有看到他的理论缺乏周全和韧性。实际上,他的理论是片面和幼稚的,自秦朝被韩非的理论忽悠死之后,没有任何君主敢于再次实践他的理论,而是不得不重回民本思想中。反观孟子的"民贵君轻"论,也有在民为邦本的方向走极端的倾向,当时君权过重,已见皇权帝制的雏形,在这种背景下反向地提出"民贵君轻",具有防止偏畸的作用。在这一意义上,战国儒家可谓商周民本思想的继承人。

在君为民之师的方面,儒法之间共识大于分歧,这既源于他们对君和民的基本预设,也由于他们都主张法自君出。《左传》昭公二十九年载,孔子赞成晋文公的"被庐之法",反对赵鞅铸刑鼎,主要原因就是立法权应当出自君主,他说:"夫晋国将守唐叔之所受法度,以经纬其民。"如果卿大夫有权制定刑书,则"失其度也"。《传》载蔡史墨曰:"中行寅为下卿而干上令,擅作刑器,以为国法,是法奸也。"孔子和蔡史墨的观点,为后世儒家所继承,如《周易·讼卦》象辞曰:"君子以作事谋始。"对此,战国法家不但举双手赞成,而且提出"民可以乐成,不可与虑始"[1],在人性论上强有力地应和法自君出。这一提法也在汉以后广为援用。可见,民以君为师虽只是民本思想的一方面,但它不是孤立的,有知识论、人性论、价值观的坚实支撑。

---

[1] 《商君书·更法篇》。又见《管子·法法篇》。据《史记·滑稽列传》载,西门豹治水利,也说此话,似是战国初期的流行语。汉以后,学者多援用之,如影响较大的《周易·革卦》注:"夫民可与习常,难与适变。可与乐成,难与虑始。"([魏]王弼:《周易注》,中华书局,2011年,第266页。)

需要补充的是，《韩非子》中，真正论述君与庶民的笔墨不多。韩非在骨子里轻视庶民。他不反对民本的深层原因，是他从不把君主与庶民的矛盾看成国家的主要矛盾。在他看来，君主与庶民不过是单向的统治关系，要么收买拉拢，要么愚弄打压，较容易处理。他真正重视的是君臣关系，在他所处的时代，商周时期的"万民"概念已经瓦解，原来的万民分化成两个相对独立的阶层，即官吏和庶民。此时七国竞争，"任贤"之风大兴，国君也想趁机摆脱"旧人"的约束。于是设立新式官署，从庶民中选拔干才。进入官吏系统的庶民，有的来自异国，与本国的旧族没有联系；或者虽有联系，但唯君命是从，并不代表旧族的利益。新官署和庶民出身的官吏们在国家中的地位越是重要，那些世官世职的"旧人"就越不受重视。从庶民中选拔官吏并不意味着庶民地位的上升，反而加剧了庶民地位的下沉。同时，大国攻城略地，吸收大量外族人口为本国庶民，国君只要善加利用，就足以稀释或打击旧族势力，这也加速促成了庶民阶层的形成。这个庶民阶层就是秦汉以后在政治上毫无权势，为国家缴纳赋役，求口温饱饭的"黔首"或"编户齐民"。随着世官制度的衰落和旧族势力的瓦解，新型的君主制国家，也即后来的皇权帝国，在战国晚期已见雏形。与世官制度相比，新型君主制国家的最大特点就是依靠庶民出身的官吏。它的优势是服从命令。而它的最大缺陷是，只有君主是世袭的，每个官吏的长远利益或家族利益在体系中缺乏保障，必须在任期内将自己的利益最大化，否则过期作废。发展到极端，则表现为异姓权臣均有篡位企图，以使自己的利益最大化和永久化。因此，新式官吏体系形成之后，君主在享受它的好处和便利的同时，国家的主要矛盾也转变成君主与官吏集团的矛盾，尤其突出的是君主与权臣的矛盾。韩非敏锐地觉察到这一点，绝对尊君论正是要解决君主与权臣之间的关系，他说："冠虽贱，头必戴之。屦虽贵,足必履之。"所谓"屦",指大臣,而非庶民。庶民无贵可言。在韩非眼中,庶民散沙一盘,不配在权力角逐中作为一方。后世庶民阶层逼急了便造反,爆发出的惊人威力,在韩非的时代是想象不出的。

总之,商周时期的王国,主要的政治关系是王与万民。万民的主体是姓族,包括归顺的戎狄部落和前朝遗族,也包括各个附庸国的国族。他们与王室订立盟约,承诺世代效忠王室,由此受到信任和重用。万民与王国牢牢地捆绑在一起,一荣俱荣、一损俱损,若无特殊情况发生,商王或周王无需担心官吏反叛。可以说,是世官制保证了盟约的稳定性,而不是反过来。明白商周时期的国家结构,就知道万民为邦国之本是一种事实,而非理论或空想。又由于万民的利益在朝中有代言人,这一事实得到政治势力的长期保护,形成一种超稳定的政治结构。民本思想弥漫于商周时期并非偶然,而是与国家制度、政治结构等相互配合。秦汉以后,庶民成为官吏的主要来源,官吏阶层依附于皇权,是皇权压制功勋贵族、皇亲国戚的重要力量。他们一旦选任为官,就与庶民分离,成为独立的利益集团。就算他们为庶民的穷困呐喊,也是站在维护皇权的角度。民本思想依然受到皇权重视,在虚无缥缈的天命之外,民本思想是皇权合法性和正当性的来源,皇帝以庶民利益的最高代言人自居,借此有效压制权贵集团和官吏集团,让服膺于儒家意识形态的整个官吏集团在皇权面前丧失话语权。这与本书关系较远,不赘述。

第十七章　庶民(二)：籍田制
——兼论籍田非藉田

前面章节涉及过大夫士的登记制度，宫伯掌宫中士庶子之版，司士掌群臣之版，诸子掌国子。另外，《小史职》说："奠世系，辨昭穆。"孙诒让认为，大夫士家族的谱牒由小史掌管。《国语·晋语》载，智果预判智氏将亡，"别族于大史，为辅氏"。智氏亡，辅氏独存。可见，直到春秋晚期，士族的谱牒仍由史官掌管。本章讨论庶民的登记制度，大夫士从略。

"庶民"在《周官》职文中出现过三次。① 周的庶民，原指庶子的子孙。庶子是一种过渡身份，他们胜任吏职和车上甲士，可以升为命士。若未获策命，其子孙不再接受"六艺"的教育，渐渐降为庶民。庶民平时耕种大田，农闲参与蒐田，战时则持矛为徒卒。

与庶民最接近的概念是"夫家"。夫家以一对成年夫妇为中心，是授田和赋役的基本单元。夫家一词密集出现在地官职文中，很可能是周制中的固定概念。需要注意的是，夫家之内包含士庶子和庶民两种身份，版籍上登记的夫家名可以是家名，而非人名。所以，不

---

① 《御仆职》："掌群吏之逆及庶民之复。"《小司寇职》："以三刺断庶民狱讼之中。"《禁暴氏职》："掌禁庶民之乱暴力正者。"

能说夫家就是庶民，但从夫家中征发的徒役或徒卒以庶民为主。

与庶民相近的概念还有"丘民"。井田制中的赋役单元也叫丘，四井为一丘。若丘民的丘源于井田制，则这个称谓在商周时期就该有。但现在看到使用"丘民"的例子是《孟子·尽心下》："得乎丘民而为天子。"这太晚了。丘民的丘很可能取义于丘墟。亡国为丘墟。究竟如何，存疑。《周官》中没有使用"丘民"的例子，本书尽量不用。

以下先考察两种西周时的夫家登记簿册，一是土地之图，二是人民之数。

第一节　图籍制

《周官》中表示官府登记簿册的有"图""版""数""籍""书"等字。未见"图籍"二字。本节以图籍为名，是遵后世的约定俗成，其实用版籍、版图等也可。① 版字训为图籍②，是没有争议的。版图一词尤优。《小宰职》《司会职》《内宰职》均有"版图"，表示具有法定效力的册籍。③《司书职》又有"邦中之版，土地之图"，合起来就是版图。但今天用版图表示国家的法定疆域，为免混淆视听，故而弃用。至于版籍一词，《史记》《汉书》中尚未见用，而图籍在战汉时期已常用来表示法定册籍④，与版籍相比，图籍一词更优。

一、土地之图

按《大司徒职》，大司徒"掌邦之土地之图与其人民之数"。紧接

① 《大胥职》"学士之版"郑注："版，籍也。今时乡户籍，世谓之户版。"
② 《论语·乡党》"式负版者"孔疏："持邦国之图籍。"
③ 《小宰职》郑注："版，户籍。图，地图也。听人讼地者，以版图决之。"
④ 《韩非子·难三篇》："法者，编著之图籍。"《史记·张仪列传》："据九鼎，案图籍，挟天子以令于天下。"《龟策列传》："为之图籍，别其名族。"

着讲土地之图的内容，说它记载了全国的地名和里程，标注了山川、湖泊、丘陵、平原等地形，还记载了都鄙与诸侯国的边界，标注了各地的社稷坛壝名等。再往后，建立诸侯国、营造都鄙、授田等事，都是围绕着土地之图。一直到职文完，未再提及"人民之数"。那么，谁掌管人民之数呢？人民之数就是登记夫家及其人口详情的版籍。《小司徒职》："稽国中及四郊、都鄙之夫家九比之数。"所谓"夫家九比之数"，就是人民之数的别称。简单地说，土地之图和人民之数均藏于大司徒官署，但人民之数由小司徒分管。土地之图的法定地位高于人民之数。大司徒序列称为地官，正因其负有"治地"的责任，治地权的象征就是掌管土地之图。

土地之图，郑玄注为"山川舆地图"。不确。《司会职》"书契版图"郑注："图，土地形象，田地广狭。"综合这两个郑注，土地之图的底层是田亩图，登载田亩数和边界等，注明田亩归属的夫家。再按都鄙为单元归纳田亩图，注明田亩与都鄙的关系。汇总之后就是全国的山川舆地图。田亩图与汇总图一旦造毕，大司徒官署中藏一套，代表王国掌握的山川、都鄙和田亩，又称"天下土地之图"。

土地之图是征发赋役的基础依据。《大司徒职》："凡造都鄙，以其室数制之，以为地法而待政令。"待政令的政，通征。"政令"就是征发赋役之令。所谓"造都鄙"，不仅是营造城池，还要把夫家按赋役单位编制起来。同时，无田亩则无夫家，要保证每个都鄙的食粮和徒役够用，就要分配给足够的夫家数和田亩数。以都鄙为单元编制土地之图称为地法，编制完成，地图藏入各都鄙的官署中。称"法"而不称"图"，可能是因为土地之图中并没有每份田亩的详图，但注明了田亩的关键信息，如四至、夫家名等，这些信息一旦编入图中，就成了征发赋役的法定依据，轻易不得更改。《遂人职》又说："以土地之图经田野，造县鄙形体之法。"这说明，在土地之图上描摹了县鄙的形状与界线,可能还标注了田亩与山川的界线。但是否实地勘测绘制,存疑。

土地之图还是官府断讼时的重要证据。《小司徒职》:"凡民讼,以地、比正之。地讼,以图正之。"民讼,专指庶民之间的争讼,包括后世所谓户、婚、赋、田等纠纷。"以地、比正之",就是依靠"地法"和"比法"断讼。这段话的断句从来有误。先郑不明"地"和"比"指两种图籍的简称,未将"地比"二字点断。后世从之,皆误。孔广森以管仲治齐的"户籍"释"比","田结"释"图"①,甚是。可惜仍未明确"地"与"比"是两种不同的图籍制度。下一句中的"地讼",专指诸侯或大夫士关于土地的争讼,与庶民无关。"以图正之",则指土地之图中的山川舆地部分。

二、人民之数

(一) 调查与登记

《司书职》郑注:"法,犹数也。"今人熟悉"法",而不熟悉"数"。这句话可以改成:数,犹法也。数,指用来登载数据的官府册籍,数据一旦固定,具有法定拘束力。数又分两种。一是先例,也称"法数",属于"式法"的一种。发放财物时遵照这个数字②,不许多,也不许少。二是每次调查得到的实际资料。③ "人民之数"就属于这种,是记录夫家数和人口数的册籍。汉代的户籍仍称"名数"。④ 并

---

① [清]孙诒让:《周礼正义》,第814页。
② 《典妇功职》"妇式之法"郑注:"法,其用财旧数。"贾疏:"此即典丝、典枲所授丝枲多少,并有旧数,依而授之。"
③ 《司会职》孙疏:"故《职内》有官府都鄙财入之数,《职岁》有官府都鄙财出赐之数,凡此财用出入之数,则在书契。官禄民赋之数,则在版。田野地产之数,则在图。"
④ 《汉书·高帝纪》:"民前或相保聚山泽,不书名数。"师古注:"名数,谓户籍也。"

有"脱亡名数"的罪名。① 户籍称为数又有两个原因。一是记录了夫家数和人口数。② 二是它的登记格式按户伍、闾里等逐层归纳,并对归纳的资料作出提要。提要称为凡、要或目。而凡、要、目皆训为计或数。③

按《小司徒职》,小司徒每年向都鄙官吏颁发调查格式,这种格式称为"比法"。比法的主要项目是固定的,地方官也一向熟知。所以,比法的颁发仪式象征着王国启动当年的户口调查。《小司徒职》列举四个调查事项:1.众寡;2.六畜;3.车辇;4.财物。根据地官的其他职文可补足为七项:1.夫家,包括家内人口的多少、性别、身高等;2.贵贱;3.贤能;4.服公事者;5.老幼;6.废疾;7.财物,主要是牛马、六畜、车辇等。按式调查和填写比法,叫做"登"。登完后,汇总上交叫做"入其数"。数即人民之数。

按《族师职》和《闾胥职》,乡以内,族师和闾胥是具体负责调查的官吏,由族师领着闾胥四处点数夫家的丁口。推测调查数据先以闾为基本单元,凑成一族,再把族并列起来,汇成一党上报。一族百家,平均每家以六口计,族师率闾胥的工作量大约是调查和登记百家或六百余人。遂与乡相当,大约以里为基本单元,按酂并列,按县汇总上报。人民之数的最终呈报形式已不可考。

(二)校比

校比和调查不同。校比,是根据当年得到的调查资料,算出下

---

① 《汉书·王子侯表》:"坐知人脱亡名数。"师古注:"脱亡名数,谓不占户籍也。"
② 《小司寇职》:"献民数于王。"贾疏:"此则据年年民数皆有增减。"
③ 《庖人职》郑注:"凡,计数也。"《职金职》郑注:"要,凡数也。"《说文·二部》:"凡,最括而言也。"《宰夫职》郑注:"治要,若岁计也。""治凡,若月计也。""治目,若今日计也。"孙疏引惠士奇:"要、凡、目三者,皆数也。数分为目,目最为凡,凡合为要,皆谓之数。"

一年的"可任者"与"舍者"的人数。可任者,是有能力受职和服役的丁男和丁女。丁男可任农事,也可任徒役和徒卒等。丁女可任织事。《大宰职》"九职"曰:"七曰嫔妇,化治丝枲。"丝枲之物是赋税的一种,而丝枲出自丁女。舍,即弛舍。舍者,指豁免当年力役之人。主要包括:1."贵者",即有爵位者;2."服公事者",即官吏;3.老幼废疾者;4."贤者"与"能者"。每年的校比又称小比,符合前三项条件的舍者在小比时必须算出。第四项则在三年大比时选出,届时单独制作"贤能之书"呈献周王。

乡以内,主要由各党正完成校比工作,呈乡大夫官署统校。① 各乡的校比之书又转呈大司徒官署,由下大夫乡师统校,供小司徒征发来年徒役时参考。② 遂之内,鄷长和里宰一边调查,一边校比。汇总之后呈报遂大夫官署统校。③ 又转呈遂人官署,由官署内的下大夫遂师统校,供遂人征发来年野役时参考。④ 最终,校比之书交大司寇官署,经小司寇扣除当年的死刑人数,制作成归纳全国人口总数的简要册籍,称为"民数"。年终祭祀时,由小司寇献民数给周王,周王将其摆放在祭祀用的几案上。三年大比后的民数,周王会命人藏入天府。天府在祖庙内,是收藏玉镇、大宝器的府库,可见慎重。

综上,人民之数与校比的联系极为紧密,调查是为了得到校比

---

① 《党正职》:"以岁时莅校比。及大比,亦如之。"《乡大夫职》:"以岁时登其夫家之众寡,辨其可任者,其舍者,入其书。"
② 《乡师职》:"以国比之法,以时稽其夫家众寡,辨其老幼、贵贱、废疾、马牛之物,辨其可任者与其施舍者。"《小司徒职》:"以稽国中及四郊、都鄙之夫家九比之数,以辨其贵贱、老幼、废疾,凡征役之施舍与其祭祀、饮食、丧纪之禁令。"
③ 《鄷长职》:"以时校登其夫家,比其众寡。"《里宰职》:"掌比其邑之众寡与其六畜、兵器。"《遂大夫职》:"以岁时稽其夫家之众寡、六畜、田野,辨其可任者与其可施舍者。"
④ 《遂师职》:"以时登其夫家之众寡、六畜、车辇,辨其施舍与其可任者。"《遂人职》:"以岁时登其夫家之众寡及其六畜、车辇,辨其老幼、废疾与其施舍者,以颁职作事,以令贡赋,以令师田,以起政役。若起野役,则令各帅其所治之民而至。"

的资料，所以，颁发格式、开展调查、登记、上报、校比等一整套程序称为"国比之法"（《乡师职》），或称"邦比之法"（《族师职》），简称比法。而校比的数据又是征发徒役的基础，故而贾公彦把人民之数比作唐代的"白役簿"。其实，人民之数是户口数，其中包含了不服役的人口资料。校比之后，登载可任者的册籍才近似白役簿。

土地之图和人民之数对于王国有奠基作用。二者的不同，首先体现在实施办法。土地之图一旦造毕，可以维持很长一段时间，人民之数的登记则每年举行。其次是内容，土地之图的主要内容是土地，虽然也要填写"室数"，但重在室，不重室中的人财物。而人民之数主要登记夫家及其人财物。

二者的形成与变迁更不同。周初，大规模营造和整理田亩，编制土地之图。此后，凡新造都鄙均造土地之图。同时推行土地还受制度，每份土地对应的夫家名每年均有可能调换，这是"为地法"的主要内容。后来，"为地法"逐渐废弛，土地之图仍是疆界的法定依据，在夫家争讼时作为凭证。也是在周初，遂人以"下剂"招徕人民去开发荒地，承诺垦熟后永久耕种，所以，六遂的土地之图从一开始就不用更换夫家名。至于人民之数，要等到周宣王时才推行，此时已入西周晚期。《国语·周语》载，仲山父认为"民不可料也"，又说"古者不料民而知其少多"。料民就是调查和登记夫家内的人口详情。由此可见，宣王料民之前，周制中并无比法，那时所谓"习民数"，是从不同官府的日常册籍中综合估算，不是精确数，也不能精确到每年。

第二节　籍田与授田

一、田土还受标准

授田制载在《大司徒职》:"五比为间,使之相受。"这句话的解释历来有误。"受"字,故书为"授",原为"使之相授"。杜子春改为"受"字。授、受二字通,改字本不错。但杜子春把经义也改了。他认为,"相受"指夫家迁走时,把故宅送给邻里。其实,大司徒是地官之长,他的职文只会阐述地官中最重要的职事,夫家送宅舍给邻居不过是民间琐事,怎可能载入上大夫的职文中?!何况,还有不少地官的职文载有此事,如《族师职》:"八间为联,使之相保相受。"又如《比长职》:"五家相受,相和亲。"若依杜子春,岂非上至地官的上大夫,下至下士,均以搬家退还宅舍为主要职事?产生误解的主要原因是,汉代实行土地私有制,汉儒对周的王田制度隔膜甚深。后来的经师落入汉儒的陷阱,遂不能自拔。如,孙诒让引《鹖冠子·王铁篇》证《比长职》说:"是民移徙有相之法也。"其实《鹖冠子》晚出,多为汉儒所撰写。

授田制又载在《小司徒职》和《乡师职》。小司徒和乡师是大司徒官署内的大夫官,负责监督地方官吏执行授田与土地还受。而地方官的主要职责是察稽人口、土地还受和征收赋役。察稽人口又与土地还受相互配合,掌握了夫家人口,才能确定耕种土地和服劳役的人数。《小司徒职》:"乃均土地,以稽其人民而周知其数。"意思是只有掌握了夫家的情况,才能均平分配土地。其下有一段窜成职文的早期注文,可资参考:"上地家七人,可任也者家三人;中地家六人,可任也者二家五人;下地家五人,可任也者家二人。"也就是说,授田的标准分为三等:第一等,夫家人口7人以上,丁男3人以上;第二等,人口 6 人,男丁 2.5 人("二家五人");第三等,人口 5 人,男丁 2 人。夫家三等分别对应上地、中地和下地。上地又称"不易之地",即肥沃的熟地,无需休耕。中地即"再易之地",是垦种一年就需休耕一年的半熟地。下地即"再易之地",是垦种一年需要休耕两年的生地。它们之间的比例关系为:上地 100 亩 = 中地 200 亩 = 下地 300 亩。

夫家的三等指三种基线。后世细分出九等,恐是画蛇添足。孙诒让曾引《上农篇》中的秦制。① 秦推行授田制,基线与周制不同,但也是三等,即九人以上授上田,五人以下授下田。五人至九人的家庭,没有明文规定,当授中田。周、秦授田制的相同处,是达到某种基准就实施还受,不达则否。孙诒让说:"据《吕览》说,是十人与九人,数虽有益,而田不逾上等,足明三等授田,制约而无不赅,固不必求之过密矣。"②意思是周的授田标准疏而不密,不能再析分更细密的标准。秦制与周制如此接近,当是继承了周制。

回头再看《比长职》的"五家相受"。意思是,随着夫家人口的变动,一井之田在五家之内还受。周的基层单元为一比五家,与一井的授田数暗合。③ 比长是实施土地还受制度的关键。他与五家共同生活,熟悉比内各家的人口变动情况,在授田制兴盛时,唯比长有能力执行频繁的田土还受事务。比长下士、闾胥中士、族师上士,三者皆县以下官吏,各有职司,周制通过三级士官锥入县以下,直达五家之间。估算六乡的比长,人数约 1.5 万人,遍及田邑之间。从这一角度看,周王已经利用官吏控制基层社会。所谓"王权不下县"的说法

---

① 《吕氏春秋·上农篇》:"上田,夫食九人。下田,夫食五人,可以益,不可以损。一人治之,十人食之,六畜皆在其中矣。此大任地之道也。"
② 《小司徒职》孙疏,见《周礼正义》,第 781 页。
③ 贾公彦以为一井授三家。不确。孙诒让考其说袭自新莽,见《周礼正义》,第 792 页。

是不适合的。循此,周以后各朝如秦、唐等,凡实施授田制的都不适合"王权不下县"的说法。汉、宋、明、清等朝,虽承认私人田产,也不能说"王权不下县"。汉有乡、亭、里老人,宋有里长和保甲,明代又在里、保之外增加了乡约,这些基层组织都属于国家政权组织,只是称为职役,而不算入职官。但职役就是吏,与官一样为国家服职,属于国家政权组织一部分,而非民间自治组织。应当承认,三代以来,中国一直有基层政权组织,只是不同朝代掌控民间有松有紧,则另当别论。

二、停止还受

以上略述《大司徒职》和《小司徒职》记载的授田制,大致反映的是西周初期营造大田和授田的情况。《遂人职》记载的新式大田,已在第十四章讨论。营造新式大田仍在王官的指导下,区别之一是不再统一营造邑居。更重要的是,旧制每隔几年根据夫家人口变动情况,有还有受,夫家与田亩不是永久关系。新式田亩"以下剂致氓",受田之家可以永久耕种,不适用田亩还受制度,可算庶民拥有部分私有产权的田土。

那么,还受制度何时停止呢?史籍中有蛛丝马迹可寻。普查人地关系的成本极高,但它涉及王国的基本秩序,又涉及每个夫家的利益,若无重大缘故,断无停止的道理。结合《大司徒职》《小司徒职》和《遂人职》,我推测周的还受制度从未正式废止过,只是事实上陷入无法推行的境地。郑玄听说,井田与夫家的关系大约是"通率二而当一"。所谓"通率",只是一种估算办法,也即通括一邑、一甸或一县计算,平均每家受田 200 亩,这是不分上、中、下地的。如果郑玄听到的情况是真的,至少说明大田始终按百亩为单位,百亩之间的界线自营造之初就固定不变,不会分割为细碎的小田。通常,人口在和平年代只需七十年左右就会翻倍,周初受田的下等夫家,到宣王朝以前,保守估计已有 10 人以上,成丁则在 4 人以上,已经超过了上等夫家(人口 7 人,男丁 3 人)的授田标准。这还没算周初的上等和中等夫家。这就导致无地可退,当然也就无地可授。有土地还受,官府才有必要"为地法"。若土地还受实际停止,"为地法"自然也就废弛。这也是宣王"料民"的背景和意图。以前登记在土地之图上的夫家,名下已包含数十数百年来滋生的人口,这些人口究竟是什么成分,数量多少,均不为周王所掌握。宣王要征发徒役,只好越过早期登记的夫家("室数"),直接调查其中的实际男丁数,比法也由是而兴。

第三节　籍田与赋役

按《国语·鲁语》,周人称登记田亩的图籍为"籍田"。籍田是周初就有的制度,所以又称"周公之籍"。籍田的主要目的是征发赋役。鲁哀公十一年(前 484 年),季康子欲用田赋,孔子对冉有论及周公之籍,详细阐述了籍田与赋役的关系。要了解西周春秋时期的赋役体系,必须依赖这段记载。曰:

> 先王制土,籍田以力,而砥其远迩。赋里以入,而量其有无。任力以夫,而议其老幼,于是乎有鳏寡孤疾。有军旅之出则征之,无则已。其岁,收田一井出稷禾、秉刍、缶米,不是过也。先王以为足。若子季孙欲其法也,则有周公之籍矣。若欲犯法,则苟而赋,又何访焉!

除了《鲁语》的记载,鲁国作田赋一事又见《左传》哀公十一年,还见于《论语·颜渊》有若与鲁哀公的对话。三处相互印证，史实清楚。《鲁语》所载，当是战国时的经师据传闻而述。像"犯法"一词，显是晚出的词。但在传世文献中，只有《周官》比较全面地记载了周的赋役制度，而《周官》的记载散在多篇职文中，比较零碎，不如这段话系统。所以，这段话对于认识周的赋役制度来说相当珍贵，有必要逐句与《周官》对校。

一、贡赋与力役

第一句"先王制土，籍田以力，而砥其远迩"，是讲地法。"制土"的制，就是《大司徒职》"制其畿疆而沟封之"的制，制土的结果就是"为地法"。"籍田"的籍就是登于图籍。韦昭说："籍田，谓税也。以力，谓三十者受田百亩，二十者五十亩，六十还田也。"甚是。"以力"就是受田，《小司徒职》称为"可任"，《载师职》称为"任土"。郑玄注："任土者，任其力。"用授田制解释"以力"二字，说明韦昭知道周有田亩还受制度。他又用"税"解释"籍田"，摒弃"籍田"是"王籍"的旧说，也是对的。但他未提及登记土地的图籍，仍有隔膜。至于"砥其远迩"，韦注引《载师职》"近郊十一"以下各种征敛比率解释。误。"砥其远迩"是掌握远近情况的意思。孔子阐述的是职贡制度，那时还没有比例税制。这个问题比较复杂，后文再详。结合韦昭的注释，第一句是讲田土营造、登记和授田制。周王派官吏营造田亩与沟洫，编造土地之图，再按标准授予夫家田土，在图籍上登记授田情况，这样就能掌握远近的田土耕种情况。

第二句"赋里以入，而量其有无"，讲职贡制度。职贡制度详下文。这里只澄清一些容易误解的概念。里，韦注："廛也，谓商贾所居之区域也。"误。韦昭以为此"里"是城市中的里坊。其实，周制以三百步为一里。一井即方一里。此"里"与下文"收田一井"的井是同义词。"量其有无"韦注："量其财业有无,以为差也。"亦误。"量其有无"是职贡制度的重要原则。职贡制度的一大特征是缴纳当地土产,这有两个好处,一是本地盛产之物在本地价贱,二是无需到外地采买,减少纳贡人的负担。"量其有无"的意思是,以当地的土产作为贡品,当地不产则不贡。

第三句"任力以夫,而议其老幼,于是乎有鳏寡孤疾",讲力役制。"任力以夫",指征发成年男子服力役。"老幼"和"鳏寡孤疾"就是《小司徒职》的"老幼、废疾",这些人一概豁免力役。

以上三句话阐述籍田制与平时的职贡、力役,用语极简。若只看韦昭等人的旧注,不熟治《周官》,尤其是不熟《地官》的职文,无法正确理解这三句话。

二、军赋

第四句"有军旅之出则征之,无则已。其岁,收田一井出稷禾、秉刍、缶米,不是过也"。这句话历代争议较大。先看韦注:"征,征鳏寡孤疾之赋也。已,止也。无军旅之出,则止不赋也。"误。"有军旅"即"师田"中的"师"。这句话的意思是,有战争则向夫家征发徒卒之役。同时,在战争之年可以多征粮秣,但多征是有限度的,最多不超过"1 稷禾 + 1 秉刍 + 1 缶米"。(具体是多少,详见下章第四节"军赋制")争议在于,第一,孔子说的是不是周制?这种分类征收物资的制度在其他经籍中缺乏记载,所以,郑玄怀疑《国语》的记载不实。他认为周的征收制度当依《载师职》,是按固定比例征收。① 第

---

① 《载师职》贾疏引郑玄《异议》第五《田税》:"故《周礼》国中园廛之赋,二十而税一,近郊十而税一,远郊二十而税三。有军旅之岁,一井九夫百亩之赋,出禾二百四十斛,刍秉二百四十斛,釜米十六斗。"又曰:"又《周礼》六篇,无云'军旅之岁',一井九夫百亩之税,出禾刍秉釜米之事,何以得此言?"

二,孔子说的"赋",究竟是每年征收的田税,还是战时的军赋?[①] 第一个争议好回答,《载师职》与《鲁语》并不冲突。实际上,《载师职》的职文中不载征敛率,现存于《载师职》的征敛率均为注文,无需用《载师职》中的注文去质疑《鲁语》的这段话。而且,周的征敛制度有两个以上分期,《鲁语》和《载师职》反映了不同时期的制度,二者不是非此即彼的关系,孔子所说的籍田制度在先,《载师制》所载比例税制在后。

第二个争议涉及如何认识西周时期征敛制度的分类体系。孔子这段话中没有出现特定称谓,他提到的"赋"是动词,表示征收,不是后世说的田赋或军赋。这恰恰符合早期表述的特征。早期制度不像今天的成文法,没有统一规定的法定概念。以职贡制度为例,"职"和"贡"是同一制度的两种称谓,表现的是制度的两个方向,职是由上至下的委任,贡是自下而上的献功,两个词在《周官》中常常混用。由此推测,在春秋晚期,周的征敛制度尚无固定称谓,要理解孔子的话,只需忠实于这段话的上下文关系。"其岁",在上下文关系中,特指有军旅之岁,而非每年,这一点是没争议的。那么,"收田一井出稯禾、秉刍、缶米"只能是战争之年加征的粮秣,后世称为军赋。

三、小结

本节利用孔子说的"周公之籍",明确周的征敛体系,为研究职贡与赋役作准备。西周时期的征敛制度只剩下一些零星的记载,欲

---

① 《载师职》孙疏:"《异议》云'故周礼',当作'古周礼说'。此经为古文家说也。'有军旅'以下,自是旧师参合《鲁语》及《聘记》,补此经义之义,郑驳盖偶失考。依旧师说,则此职(指载师)为任地正税之法,《鲁语》所云别为军赋之法,故韦注及《家语·正论篇》王注并谓'其岁收'为'有军旅之岁',明其非正税,无军旅则不征也。"详见《周礼正义》,第964页。

知其体系如何,一是依靠《周官》,二就是孔子的这段话。二者相互验证,对全貌的判断应无大谬,但细节难免遗漏或失真。先用下图(图17-1)把体系的全貌固定下来。只要大框架不错,细节有误,尚可调整。

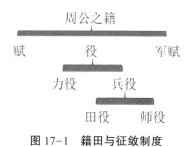

图 17-1　籍田与征敛制度

这个体系分为三部分。第一是职贡,孔子的原话是"赋里以入,而量其有无"。职贡指夫家每年缴纳的财物。数量多少,现已没有确切数据。第二是役,又分力役和徒卒之役。二者的具体内容,下文再详。第三是军赋,是战争之年需缴纳的财物。

第四节　藉田制

《国语·周语》:"王治农于籍。"如果知道周的图籍制度,就知道这个"籍"指土地之图。但是,历代经师误以为此籍通藉田的藉,导致两种不同的制度长期混淆。以下单辟两节,解释"藉田"与"籍田"的区别。本节先解释什么是藉田制。

一、藉田与甸师

《载师职》:"以公邑之田任甸地,以家邑之田任稍地,以小都之田任县地,以大都之田任畺地。"这段话不讲载师的职事,显然不是职文,而是为职文出注。但它的写作时间较早,忠实地反映了王国的地方政治结构,具有较高的参考价值。可惜,郑玄把甸地、稍地、县地、畺地等误解为逐层往外的同心圆,甸地在距离京师百里以外,相当于六遂的范围。家邑更远,在二三百里。小都则三四百里,大都在五百里以外。这个调子定下来之后,后世经师对王畿的想象均深陷其中,无法自拔。

其实,大都即大县,周王以大县封边侯,以卫边疆,大都周边的供役田地称为畺地。边疆以内的王畿,交错存在着三种不同的城邑,分别是公邑、家邑和小都。先看家邑,卿大夫曰家,采邑即家邑,又称家稍,故家邑周边的供役地为稍地。再看小都,小都即小县,县鄙周边的供役地为县地。用小县来封建,就是甸侯。关键是怎样理解"公邑"和"甸地"。王无私财,按周人的用语习惯,凡周王的财物皆可称为"公"物,如《酒正职》的"公酒"是进贡周王的酒。《阍人职》查验入宫的"公器",指王用之器。《牛人职》掌养的"国之公牛"就是周王的牛群。《冢人职》所掌"公墓"是王有的墓地。《巾车职》掌"公车"指王车。《驭夫职》所谓"公马"是王的马。不仅如此,王的官署,《职丧职》称为"公有司"。王的下级官吏,《乡大夫职》称为"服公事者"。庶民为王服役的期限,《均人职》称为"公旬"。等等。公邑就是王的城邑,也就是王的都鄙。在旧的县鄙制中,四丘为甸,四甸为县,甸相当于县鄙的鄙,代表县城周边的附城,甸地即都鄙四周的供役地。

但是,在所有冠以"公"名的财物中,有一种特殊的财物,它们是王室和王族专有的,这就是藉田。藉田和公邑的关系是,公邑虽然是周王的,但首先是王国的,所以周王支配公邑必须服从公共利益。藉田则不同,藉田是公邑的一部分,但它首先是王族的,周王支配藉田必须服从王族的利益。甸地是理解藉田的重要线索。耕种"王藉"的职官称为甸师或甸人。《甸师职》:"掌帅其属而耕耨王藉,以时入之,以共齍盛。"此"王藉"即藉田。"以时入之",甸师属大宰,指农作物在收获时节缴入王宫。齍盛,字面含义是周王祭祀所用物,实际指王宫的一切用度依赖藉田的产出。按《天官·叙官》,甸师,下士二人,率领胥三十人,徒三百人。自来误以为,甸师带人精耕一块面积仅千亩的王藉。有说这份千亩王藉在南郊,有说在东郊,歧义纷陈。① 其实,若藉田只有千亩,绝不足以供应王宫用度。周制以百亩为夫。一夫耕种百亩是一种制度,指分配给一个夫家的田亩必须达到上地百亩的标准。徒,本指服徒役的成年男子,服役时间是农闲时节,但甸师的徒要耕种王藉,没时间耕种自家的田,其真实身份就是王族的夫家。若徒三百人止耕千亩,产出还要供应王宫,岂不要饿死 290 家人?! 因此,甸师的三百徒意味着至少耕种三万亩上地。在井田制中,一井包含不同等级的田亩,平均由五夫耕种。四井为邑,一邑为田 3600 亩,约需 20 夫。四邑为丘,一丘 10800 亩,约 80 夫。四丘为甸,一甸 43200 亩,约需 320 夫。换言之,在井田制中,甸师率三百徒相当于耕种一甸之田,这才是甸师以甸为名的缘故。

甸师有多少?《天官·叙官》没有说,也不可能说清楚。凡营造好的都鄙及其大田均是公邑,公邑可以看成京师以外田土的初始状态。公邑又分为大、小县和州,州由周王委派中大夫治理,不用于封建和赏赐,以保证州师的完整性。边疆设立大县,用于封建边侯。边疆与京师的远郊之间设立小县,用于封建甸侯,未用于封建的小县由周王派下大夫治理。一县四鄙,在这些小县中,均可能有一鄙之田是王藉,驻有甸师。有的小县赏赐给卿作为采邑,不过,"惟卿

---

① 《天官·叙官》"甸师"孙疏,见《周礼正义》,第 34—36 页。

备百邑"，一鄙 64 邑，卿的采邑至多是一县加一、二鄙，另有二鄙不赏，不赏的鄙也可能驻有甸师。所以，虽不知道甸师的具体数目，但有一点肯定，甸师与王藉遍及京师之外。《史记·周本纪》载"宣王不修籍于千亩"，《正义》引《括地志》说此"千亩"在"晋州岳阳县北九十里也"。唐晋州岳阳县在霍山以南。又载"（宣王）三十九年，战于千亩"，《索隐》说此"千亩"在介休，也即霍山以北。两个"千亩"分在两地，相隔一座大山，人多不信。然而，若知道王藉遍天下的道理，霍山南北皆有千亩是很正常的事。

藉田是理解周史与周制的另一条重要线索。对藉田的误读，导致低估周王的实力，变相地放大了诸侯和卿大夫的实力。要知道，甸师在大宰之下，绝对听命王室，其他人没法调动。他们遍布京师以外的县鄙，是监视诸侯、采邑和都鄙的眼线，也是周王掌控全国的布局之一。他们的实力如何？《左传》文公十六年载，前 611 年，宋昭公在去孟诸田猎的途中，"夫人王姬使帅甸攻而杀之"。帅甸即甸师之帅。王姬是周襄王之姐，调动甸师犹如私家军队。甸师攻击诸侯的近卫军，且顺利完成袭杀国君的任务。由此可见，看似不起眼的甸师，到春秋中期的战力依然强悍。

二、藉田与兴锄

《孟子·滕文公篇》曰："助者，藉也。"此说并没有错。但他进一步把"助"说成是助耕公田，带给后世极大的误解。实际上，藉田原写成"耤田"，耤是本字，藉是借字。耤字的偏旁是耒，耤即锄，锄即助。后来耤写成藉，耤、藉通，所以汉代经师就直接说锄即藉、助。如，《里宰职》"以岁时合耦于锄"。郑司农注："锄读为藉。"杜子春注："锄读为助。"说某字"读为"某字，意思是二字的音义俱同。又，"合耦于锄"郑注："《考工记》曰：'耜广五寸，二耜为耦。'此言两人相助,耦而耕也。"所谓"两人相助",就是两人相锄,又名耦耕。① 郑玄的意思是,一耜的刃部宽度是五寸,两耜合在一起为一尺,合耜即合耦。垄亩之间的宽度也是一尺。合耦的宽度与亩宽相符,用来翻耕正好合适。这种翻耕方式就是耦耕。又,《遂人职》载治野八政,其一曰:"以兴锄利氓。"郑玄注引郑大夫、杜子春,以锄为藉,或以锄为助②,均与《里宰职》注义同。总之,耤(藉)、锄、助三字音义俱同,在《周官》的旧注中非常清楚。耤(藉)训为助,助是锄的原字,本义是锄田。后来为了区别帮助的助,才加耒旁为锄。当然,耦耕是两人共锄,藉字衍生出帮助的意思,也说得过去。

结合《里宰职》《遂人职》和《月令》,复述兴锄制如下。冬末时,让农夫携自家的农具耜,集中到里宰治所,由里宰合耜,形成耦耕之具。接着由里宰安排耦耕的次序。春耕时,农人们按里宰预先安排的次序,轮流完成翻耕。耦耕的背景是,早期尚未发明犁具,需二人在后扶耜,一、二人在前拉耜。这就需要借助其他多个夫家。兴锄制是为各家合耜,并合理安排耕种次序,以便有条不紊地推进大田的春耕,这在丁少田多又不得不耦耕的时代,尤为必要。到了牛耕时代,由一人驱牛,另一人扶犁,一夫一妇即可完成翻耕。极熟练者可以一手驱牛,另一只手扶犁。但牛耕是很晚的事情,且养牛费高。汉初,在官府推广下才在关中普及。战国时期,可能有些地方仍沿用兴锄制。

周制中没有一井包含八家私田和百亩公田的痕迹。更久远的时代有吗?不得而知。我怀疑,孟子听说的八家助耕百亩公田,指每家耕种"公田"百亩,需要八家前来相助。此"公田"即《载师职》

---

① 《里宰职》郑注:"合人耦,则牛耦亦可知也。秩叙,受耦相佐助之次第。"郑玄又引《礼记·月令》"季冬"曰:"命农计耦耕事,修耒耜,具田器。"

② 《遂人职》郑注:"郑大夫读锄为藉。杜子春读锄为助。谓起民人令相佐助。"

的"公邑之田",也即"甸地"。如此则与已知的周制符合。那么,孟子也没错,只是后世经师理解有偏差。

三、小结

周王在早春时到千亩藉田中举行藉礼,宣布启动今年的春耕。藉礼并不调查夫家人口,耕种藉田的是王族,掌握他们的总数也不会知道全国的夫家数和人口数。调查和登记夫家人口另有籍田制度。

兴锄与耦耕只在统一营造的大田中才能实施。王藉无疑是精心规划与营造的大田。但不只王藉,都鄙内的田亩均是统一整理过的大田。赏赐卿大夫的采邑和赏赐士的田亩,原是都鄙的一部分,当然也是整理过的大田。周王封建诸侯是在"为邑"以后,也就是统一营造好城邑与大田之后,所以,侯、田、男三等封国,国内的田亩也是统一整理过的大田。换言之,藉田、都鄙、封国、采邑、士田等五大类均适用兴锄与耦耕。但是,天下田土都经过统一整理吗?存疑。因为附庸国和安置裔民的边疆城邑是否整理过,还不敢断言。以《载师职》自"以廛里任国中之地"至"以大都之田任畺地"一段为底本,绘制周时的田土结构图(图 17-2),供参考。

图 17-2　天下田土结构图(据《载师职》补)

说明一,《载师职》这段不是职文,而是注文。推测是战国时期的文献。特点是把周的田土说成由京师逐层向外规划的同心圆结构,稍有失真。但它保存了较为完整的田土品类,目前看最有参考价值。另参考《大宰职》"九赋"的品类。

说明二,《载师职》大致按赋役标准分类,没有王藉,今补足。诸侯国仿王制,国内设有藉田,此图不赘。

说明三,京师之地,《载师职》分为国中、园地、近郊和远郊。国中代表城内,园地代表城与郭之间,此图从之。宅田、士田和贾田在近郊,官田、牛田、赏田和牧田在远郊。此图合并远郊和近郊为郊,田名不赘。

说明四,《载师职》称"公邑之田"为甸地,称"家邑之田"为稍地。今略。取"公邑"代表州、县及其周边田亩,取"家邑"代表卿大夫的采邑及其周边田亩。

说明五,《载师职》说"以小都之田任县地"。今略。取"县地"代表田、男二等诸侯的国都及其周边田亩。周王的附庸大约也有小县的规模。诸侯的附庸规模较小,且不规整。今略,待详考。

说明六,《载师职》说"以大都之田任畺地"。"大都"是在边疆规划的大县,用于封建边侯。畺地是大都周边的县鄙及其田亩。今改"畺地"为"边疆",把裔民暂附此。

第五节　籍田非藉田辨

一、"籍""藉"二字辨

在传世的古文经中,"籍"和"藉"各是一个字,虽然读音相同,意思绝无相同之处。

《周官》用"籍"字共四处,均表示典籍。① 用"藉"字表示藉田的一处,即《甸师职》的"王藉"。另外,《典瑞职》《大行人职》有"缫藉"一词。缫藉是指用木板垫在玉器下面,再用丝线反复缠裹和扎结,以免玉器在放置或转运时损伤。②

再看《左传》。《左传》成公二年:"非礼也,勿籍。"籍是指史官的记录。《左传》昭公十五年载,周王说籍谈的高祖"司晋之典籍,以为大政,故曰籍氏"。这是成语"数典忘祖"的由来。籍字训为典籍,是毫无疑义的。而"藉"字在《左传》中常用作借助、凭借,如《左传》宣公十二年"敢藉君灵,以济楚师"。又如《左传》文公十二年"所以藉寡君之命,结二国之好"。我们说过,藉字通粡,在《左传》中也有用例,即《左传》昭公十八年的"郳人藉稻",此"藉"表示耕种。但最能说明问题,也最著名的,是《左传》宣公十五年讲"初税亩":"谷出不过藉。"此"藉"表示藉田。遍查《左传》,绝无藉、籍二字混淆的情况。

再来看许慎的观点。许慎指出,藉原是祭祀时垫在祭品下的草垫。③ 封建诸侯时,周王赐以社土,用来垫社土的茅草叫茅藉。④ 对此,汉代经师没有异议,郑玄也是承认的。⑤ 藉原指垫子,才生出"缫藉"一词。藉引申为凭借或借力,也是这个缘由。许慎又说,藉、粡通。帝藉,原本写作"帝粡"。《说文·耒部》:"粡,帝粡千亩也。古者使民如借,谓之粡。"用"如借"字,就是不承认粡字训为借。而"谓之粡"的粡则应写作"藉"。许慎的原意是,粡田,指用作举行粡礼的

---

① 《大司马职》:"九畿之籍。"《小行人职》:"掌邦国、宾客之礼籍。""各以其国之籍礼之。"《掌讶职》:"掌邦国之等籍。"

② 《典瑞职》孙疏,见《周礼正义》,第 1574—1576 页。

③ 《说文·艸部》:藉,"祭藉也。一曰艸不编,狼藉。从艸,粡声"。

④ 《说文·艸部》:菹,"茅藉也。从艸,租声。《礼》曰:'封诸侯以土,菹以白茅'"。

⑤ 《乡师职》"共茅菹"郑注:"郑大夫读菹为藉。谓祭前藉也。"

千亩帝耤。古时驱使庶民像是借民力，所以称为藉。至于"籍"字，《说文·竹部》：籍，"薄书也。从竹，耤声"。表示籍和耤同音而不同义。

二、籍田非藉田

既然藉、籍二字不通，藉田和籍田就断无相同的道理。造成"籍田"和"藉田"混淆不清，主要原因有二：一是《国语》和《载芟》毛传中出现了误写，二是郑玄和韦昭的附会。"籍田"一词出自《国语·鲁语》，这个籍字，韦昭解释为税。不确。但他知道不是藉田。所谓"砥其远迩"，指周王掌握着无论远近的田土，能做到这一点，正因为天下田土均已登记在册。如果了解土地之图，结合上下文，这个"籍田"指田亩调查和登记制度。"籍田"的说法，可能是春秋时期晚出的，也可能是鲁国的地方说法。

造成混淆的是《国语》中的其他两处"籍"字，均在《周语》。一处是仲山父反对宣王料民，提到以前掌握民数的方法有"王治农于籍"和"耕获亦于籍"。这两个"籍"字均不误，就是孔子所谓"籍田"。"王治农于籍"的意思是，周王用土地之图治理农事。"耕获亦于籍"的意思是，征发赋税也依据土地之图。但是，另一处讲宣王"不籍千亩"，结合下文虢文公的谏辞，知道此"籍"表示藉田礼，是藉字误写作"籍"。藉、籍二字皆含"耤"字，传抄时容易误写。下文说"廪于籍东南"。这个"籍"字也是藉田的误写，它特指举行藉礼的千亩大田。意思是御廪在千亩的东南方。藉、籍二字传写失误大约发生在战国晚期，证据是《吕氏春秋》。在《孟春纪》和《季秋纪》中有"帝藉田"，用的"藉"字。而《上农篇》"天子率诸侯耕帝籍田"，用的"籍"字。同书不同字。本来是《上农篇》写了错字，不料以讹传讹，后来居然成了籍、藉二字通的证据之一。

《诗·载芟》毛传也把藉田误写成"籍田"，贻误深远。《载芟》写藉田礼，诗中未明说，也没有"藉"字。毛传："《载芟》，春籍田而祈社稷也。"毛苌或毛亨已是西汉人，受战国和秦文献的影响，误把藉田写成了"籍田"。郑玄不敢怀疑毛传，提出"籍"字可以训为借。[①] 这实在是误注。因为郑玄此注牵引的是《甸师职》，而《甸师职》的"王藉"明明是"藉"字，没有道理允许改字出注。郑玄又在《甸师职》出注："藉之言借也。"这样，就用"借"字为藉和籍搭建了相通的桥梁。上文说过，借是藉的衍生之义，许慎只敢说藉字"如借"。退一步说，就算借是藉的本义，仍然无法解释书籍的籍何以训为借。郑玄之后，韦昭要为《国语》出注，又碰到《周语》中的"不籍千亩"，也不敢怀疑这个"籍"字错了，采纳了籍训为借的观点。[②] 郑玄、韦昭二人就成了汉晋经师中主张藉、籍通的代表人物。

综上，藉田原作耤田。耤即鉏，鉏即助。助是耕鉏之鉏，非借助之助。籍是典籍、图籍，与藉字无通假之理！藉不训借助，籍也不训为借力之借。籍训为借，纯属无稽的附会。

三、二者的差异

其实，只要知道藉田与籍田代表全然不同的制度，二者绝无混淆的可能。藉田代表王族田产，而籍田代表天下田亩的登记制度，故称为周公之籍。登记田土是为了公平地征敛赋役，所以，籍田制与赋役制挂钩。藉田和籍田，名与实皆不同，可谓异名异制。古人不是不知道名实之辨的重要，然而擅于考察器物之实，一碰到制度

---

① 《载芟》郑笺："籍田，甸师氏所掌。""天子千亩，诸侯百亩。籍之言借也，借民力治之，故谓之籍田。"
② 《周语》韦注："籍，借也，借民力以为之。天子籍田千亩，诸侯百亩。自厉王之流，籍田礼废，宣王即位，不复遵古也。"

之实就不得要领。不能考制度之实，于是不得不以名代实，此为一例。

天下田土名义上皆是王土。为了与之区别，王田中最核心的部分不称王田，而称王藉，可以理解为周王亲耕之田。王藉的不同首先体现在归属上。王藉的耕种者是姬姓族人，产出归王室与族人共享。诸侯国仿王制，国君也有藉田。《小雅·甫田》"我取其陈，食我农人"，写的就是王藉或国君的藉田，"曾孙"代指元嗣或宗子。"农夫"与曾孙同族。《甫田》说新谷入藏"曾孙之庾"。王藉产出的新谷则入藏御廪，御廪或名神仓①，是专供王宫的仓廪，归天官大宰。夫家缴纳的赋谷则另有仓廪储存，由廪人管理，廪人归地官司徒。王藉之谷与贡赋之谷的归属不同，说明田亩的产权不同。

王藉的不同还体现在分配上。《甫田》说："粟稷稻粱，农夫之庆。"若"曾孙之庾"所藏之谷与农夫没有关系，农夫何庆之有？！又说新谷"以时入之"，陈谷则"时布之"，说明农夫吃的就是"曾孙之庾"所藏的陈谷。可见，王藉及其产出是王室与王族共享的。实际上，王族与其他宗族没什么区别，王室是王族的大宗，是王族的核心部分，未另立氏的姬姓族人与王室共财，王藉的收获在王室与王族之间分配，一部分归王室，另一部分用于族人的生活。如果用今天的财产关系解释，王藉是私产，是王族的土田，非诸侯和卿大夫可以染指。夫家耕种的大田则不同，耕种者需缴纳赋谷，还要承担服徒役的费用，此外的收获一概归夫家。赋谷藏在公共仓廪中，用于官吏的禄谷、公食和赏赐，又用于宾客的食宿，以及大祭祀上的祭品

---

① 《周语》"廪于籍东南"韦注："廪，御廪也，一名神仓。"《月令》"季冬"："乃命冢宰，农事备收，举五谷之要，藏帝籍之收于神仓。"神仓或是秦制名。《吕氏春秋》亦称"帝籍"，《月令》与之同，而与《周官》不同。但帝籍的收入与神仓皆为冢宰的职事，这一点与《周官》相通。

等。① 总之用在公共事务,不供应王宫日用。

四、界限的消弭

周王和王族也是人,也要吃穿用度,有私财无可厚非。用王藉供应王宫,这就与天下田土及其贡赋划清界限,原是保护公共税收的最佳办法。然而,当时的理想观念是"王者无私"。② 天子要做到"王道荡荡""无偏无党",就必须无私。无私本来是好的,但要做到绝对,就意味着不可以有丝毫私财。没有必要,也不可能。然而,观念如此,是没法辩论的。历代文献无不对王室的私财讳莫如深,原因就在于不但无私,而且要绝对。《周官》把王藉藏在毫不起眼的下士甸师的职文中,是要掩饰周王有私财。后世经师异口同声,说王藉止有千亩,仅供祭祀先公先王,也是曲为回护。当然,不排除有的人真不懂。

事实上,隐藏王藉的做法,恰恰导致公私界限不明。证据就是地官最末的舍人、舂人、饎人三官,他们的职事是供应宫内粮食。舍人和饎人是用地官仓廪中的赋谷供应宫内③,即以贡赋的谷米供应宫内。舂人排在舍人和饎人之间,负责把谷舂成米,故舂人也可算是供应王宫之米的官吏。又,舂人和饎人无爵,各以奄二人领之。阉人是宫内之吏,本该在天官中,若非长期调取地官仓廪的谷米,也不会列于地官中。这三官,突兀地出现在《地官》末尾,不成体制,颇疑不是周初就有。但可以想象,没有某位周王的命令,藏于公共仓

---

① 《廪人职》:"掌九谷之数,以待国之匪颁、赒赐、稍食。"又曰:"大祭祀,则共其接盛。"
② 《汉书·文帝纪》:"宋昌曰:所言公,公言之。所言私,王者无私。"
③ 《舍人职》:"掌平宫中之政","掌米谷之出入"。《饎人职》说:"共王及后之六食。"

廪中的谷物不可能随便调入宫中。说他以公济私,当不为过。无论如何,这三官建立之日,就是王藉与籍田失去界限之时,也是"王者无私"的神话破灭之时。

第十八章　庶民(三):赋役

第一节　职与赋

一、职非职业辨

本章讨论庶民的赋役,先明确职的概念。大夫和士庶子服职等于服役。大夫士受过正式策命,由周王委派职事,也称职官。职官是全职,平时任官,战时杀敌。庶子虽非职官,仍然有职。比如,商人家的庶子在官府中任贾职,具体工作是买卖官物和评估货物价格。贾是一种吏职而非官职,也做"服公事",凭此免除其他力役。

庶民的职和役则是分开的,服职的成果是赋,赋以外还有役。以六遂的庶民为例,其居民称为"野民"。野民耕种国家授予的田亩,叫做"野职",上缴收成叫"野赋"。劳役和兵役在其外,叫"野役"。①

---

① 《遂人职》:"凡事,致野役。而师田,作野民。""凡国祭祀,共野牲,令野职。"《遂师职》:"军旅、田猎,平野民。""入野职、野赋于玉府。"《县正职》:"若将用野民师田、行役。"

庶民的职事以"地职"为主。① 地职不仅指农夫耕种,其他如虞衡守山川、牧人畜牧等,凡是从土地、山脉与河流中获取财物,均称为地职,其从事的工作又叫"地事"或"地守"。地职之外,另外两大类职事是百工和商贾,百工的职事是利用各种材料制作器物②,商贾是流通货物。③ 地职、百工和商贾,再加士庶子,就是后世所谓士、农、工、商等"四民"。四民之外,还有专门由成年妇女承担的织事,又称"妇功"。④ 再加上"王、公",即天子和诸侯,就是《考工记·总叙》说的"六职"。换言之,除非老幼残疾,上自周王,下至庶民,无人不服职,无人不劳作。服职或服役的成果统称为功。⑤ 功从力,不出力则无功。《司勋职》说:"民功曰庸,事功曰劳,治功曰力,战功曰多。"耕牧、渔猎、纺织或治器是夫家服职,其收获即事功,上缴的一部分就是赋。夫家服力役为庸,营造的宫殿、城池、大田等又称"土功"。夫家服兵役,再加上诸侯与大夫士用命,一起打了胜仗,称为"战功"。

　　后世的职,又分公职和职业。公职是官职和职役的总和,是公共概念。职业则是私人谋生的事业。周人的职不分公私,一概是公职。把周人的职局限于官职,绝对是一种误解。实际上,土地、田亩、山林、湖川一概是王国的,产出自然也是王国的。农夫耕种就是为国服职,而非自谋职业,上缴的赋,不过是物归原主! 自留部分则

① 《载师职》:"以物地事,授地职,而待其政令。"《均人职》:"掌均地政,均地守,均地职。""凶札则无力政,无财赋,不收地守、地职,不均地政。"
② 《考工记·总叙》:"国有六职,百工与居一焉。""审曲面势,以饬五材,以辨民器,谓之百工。"《大宰职》:"五曰百工,饬化八材。"
③ 《司市职》:"以商贾阜货而行布。"《大宰职》:"六曰商贾,阜通货贿。"
④ 《考工记·总叙》:"治丝麻以成之,谓之妇功。"《大宰职》:"七曰嫔妇,化治丝枲。"
⑤ [清]黄以周:"九职者,任夫力也。任夫力以兴功,故九职亦谓之九功。"(《礼书通故》,中华书局,2007,第1571页。)

是服职应得的薪资。

汉代实行田土私有制,不能理解周人的服职观。今本《周官》中,《考工记·总叙》的"六职"是对周人服职观的最佳解释,因为他知道周王、诸侯和大夫士无不服职。而窜入《大宰职》"九职"之下的注文,是把周人的职比作私人职业的典型例子。《大宰职》说:"以九职任万民。"我们解释过,周人所称的万民,是自大夫士以至庶民,所以,虽然不知道万民承担的九职是哪九种职事,但它们肯定不是私人职业。然而现在看到的注文,列举了三农、园圃、虞衡、薮牧、百工、商贾、嫔妇、臣妾、闲民等,都是庶民的营生,此注的作者显然不懂周人的职是公职。

二、贡赋非税辨

赋,原是动词。先秦时期,第一种用法是采择、引用。如《皋陶谟》的"赋纳以言",意思是采择谏言。凡《左传》说"赋某诗",均指吟咏《诗经》里的某首诗,而非创作新诗。汉代,赋成为一种抒发和铺陈文义的文体。[1] 已非先秦原义。第二个用法是征敛,又分两种,一是平时征敛财物,如孔子说的"赋里以入"。又如《春秋经》哀公十二年"用田赋"。二是战时征兵,早期的兵役包含了战争物资,赋是兵员和物资的总和。[2] "悉敝赋"则是尽搜国内的兵力和作战物资。通常,出国征伐总要留部分军力守国,"悉敝赋"表示事态极严重。

《说文》:贡,"献功也"。贡和赋的区别,首先反映在方向上,自下而上献功为贡,自上而下征敛为赋。其次,向夫家征缴的财物,既

---

[1] 《释名·释典艺》:"兴物而作谓之兴,敷布其义谓之赋。"
[2] 《左传》隐公四年:"敝邑以赋与陈、蔡从。"服虔注:"赋,兵也。以田赋出,故谓之赋。"《左传》昭公二十五年:"寡人将帅敝赋以从执事。"《左传》文公十七年:"将悉敝赋以待于儵。"

可称为贡,也可称为赋。① 而诸侯上缴的财物通常不称为赋,只称贡或职贡。换言之,贡赋是按出处分类,王国境内征收的是赋,而诸侯国上缴的是贡。须知,所有的贡赋均来自夫家。诸侯国上缴王国的财物虽然称为贡,但在诸侯国内征收财物仍然称为赋,贡只是把诸侯国的赋转运一部分到王国。

职贡,表示诸侯也是一种职位,向周王纳贡是诸侯履职的表现。其实,《周官》不用"职贡"一词,《尚书》也没有,主要是《左传》用,凡五见。② 后儒误以为有爵有职之人才纳贡,庶人无爵无职也就无贡。又混淆贡和税的概念,说贡法与税法并存,各自实施于不同的地区③,这就等于新创一种制度。后世所谓田税,是向私有田亩征收一定比例的产出,前提是田亩与产出均为私有。"税"字的原义是舍弃。④ 私人舍弃一部分自己所有的财物,是谓税。后来引申为田租。⑤ 然而,把舍弃的部分视为田租,前提是把田亩及其产出视为自己应得。可见,没有土地私有制就没有田税制。周人没有田税观念,他们认为土地是王国的,如果非要说归属哪个人,那也是周王。说周的土地是王有制或国有制,都是允许的。唯独不能说土地属于周王以外的哪个人。周人耕种田亩是为国尽职,上缴的贡赋原本就

---

① 《闾师职》:"凡任民,任农以耕事,贡九谷。"《掌葛职》:"征草贡之材于泽农。"《大府职》:"凡万民之贡以充府库"《小司徒职》:"以任地事而令贡赋。"《县师职》:"以岁时征野之赋贡。"

② 《左传》僖公五年:"而修虞祀,且归其职贡于王。"襄公二十八年《传》"共其职贡"。襄公二十九年《传》"职贡不乏"。昭公三十年《传》"共其职贡"。哀公十三年《传》"故敝邑之职贡于吴""敝邑将改职贡"。

③ 《考工记·匠人》郑注:"贡者,自治其所受田,贡其税谷。莇者,借民之力以治公田,又使收敛焉。畿内用贡法者,乡遂及公邑之吏,旦夕从民事,为其促之以公,使不得恤其私。邦国用莇法者,诸侯专一国之政,为其贪暴,税民无艺。周之畿内,税有轻重。诸侯谓之彻者,通其率以什一为正。孟子云:'野九夫而税一,国中什一。'是邦国亦异外内之法耳。"

④ 《尔雅·释诂》:"废、税、赦,舍也。"

⑤ 《说文·禾部》:税,"租也"。

是国家的,谈不上舍弃了什么。战国末期,周人依然没有"税"的说法。"税敛"一词,《周官》中凡两见①,作动词。另有一处"税"字②,包含在一段审成职文的注文中。此外再未见过"税"字。

贡和赋还用来区别不同种类的贡品。按《尚书·禹贡》,冀州无贡,只出赋,其赋"惟上上错"。郑玄注:"此州入谷,不贡。"说明《禹贡》所谓"赋",特指农田产出的谷物。也说明冀州的土地全部营造成农田,且登记完毕,授与农夫。③ 其余八州则不然,既有赋又有贡。以兖州为例,赋为中下错,依郑玄注,中下赋乃一并出四夫之税。④ 此外,"厥贡漆丝,厥篚织文",说明此地的土产是漆木、竹(篚)和蚕桑,均作为贡品缴纳。可见,赋是谷,贡是当地的土特产。不妨拿《禹贡》与《周官》比较。若依《周官》,养护山林是虞衡之职,漆、篚是虞衡的赋;栽培桑树是场圃之职,桑叶是场人的赋;纺织是嫔妇之职,丝织品是嫔妇的赋。谷物和土特产通称为赋。若由诸侯转运上缴,则称为贡。又可统称为贡赋。后世统一用谷物为征敛物,并以田税为正税。因此,《禹贡》与后世的赋税观相近,但保留了贡赋的名称,这是过渡期的特征。至于郑玄把《禹贡》的"赋"说成税,则是以汉制解周制。

---

① 《司书职》:"凡税敛,掌事者受法焉。"《小司徒职》:"以任地事而令贡赋,凡税敛之事。"
② 《掌交职》:"以谕九税之利、九礼之亲、九牧之维、九禁之难、九戎之威。"
③ 《禹贡》"冀州既载" 马融注:"载,载于书也。"郑玄曰:"载之言事,事谓作徒役也。禹知所当治水,又知用徒之数,则书于策以告帝,征役而治之。"
④ 《禹贡》郑注:"赋之差,一井,上上出九夫税,上中出八夫税,上下出七夫税,中上出六夫税,中中出五夫税,中下出四夫税,下上出三夫税,下中出二夫税,下下出一夫税。通率九州,一井税五夫。"

三、赋制

(一)分类

周赋制的一大特点是只缴本地的产品,而且任何产品皆可。据说连韭、葱等调味品也可以抵充。① 后世以为这是为了减少贡赋的成本。其实,减少成本尚在其次。要求缴纳本地不产的物品是不公正的,因为这超出了原定的职责范围。农夫的职责是耕田,没有义务去栽培林木或打渔。反之,虞衡也没有义务去耕田。实际上,大宗货物的远程贸易是商贾的专职,农夫、虞衡等也没有能力去换回自己不生产的大宗货物。

那么,贡赋究竟有哪些品类?《大宰职》"九赋"之下窜入了一条旧注,列举了九种名目,可以参考。第一至六项以区域为征敛单元,分别代表京城、郊内、郊外、采邑、县鄙、州城等,贡赋以谷物为主。第七至九项是关市、山泽和"币余"②,分别代表商贾、虞衡和百工,贡赋即贸易品、山川的土产、百工制作的器物,品类不一而足。

(二)征敛之官

从官吏职事中也可看出贡赋的品类。负有征敛职责的官吏详载于《地官》,大别为两类。

第一类,征赋之职包含在综合职事中。中央主要由两个中大夫总揽,其中,小司徒负责六乡之赋。遂人负责六遂之赋,即野赋。乡遂的各级官吏皆有配合征敛的职责。

---

① 《穀梁传》宣公十五年:"古者公田为居,井灶葱韭尽取焉。"
② 《大宰职》郑玄注:"关市、山泽,谓占会百物。"郑司农注:"币余,百工之余。"

第二类,征赋的专官。又分两种。

一是征敛谷物的专官。1.载师;2.闾师;3.县师。三者各有侧重,载师的主要职责是为田土划分等级,根据不同等级制定征敛比率。闾师负责征敛京师(含国中、四郊)的谷赋。县师征缴京外的谷赋,即野赋。

二是征敛各种有用之物的专官。1.场人。京师的城与郭之间设有场圃,栽种瓜果,此官敛而藏之。2.牧人。京城的远郊设有牧地,此官职在监督放牧,上缴祭祀用的六牲,如牛、马、羊、猪、犬、鸡等。3.牛人。京城的远郊设有专门的牛场,由此官监督。牛的用途很大,除祭祀以外,凡宾客的牢礼、飨食、宾射的膳羞,军事的犒赏,丧事的祭奠,拖拽大车等,均要用到牛。此官职在应付各种征牛之令。4.廛人。在市场上抽征"市布",包括牲畜的皮、角、筋、骨等。5.司关。职在"关门之征",即从出入关口的贸易品中抽征。6.泽虞。征缴"泽物",如蒲苇等。7.角人。向山泽之农征缴兽齿、牛角等。8.羽人。向山泽之农征敛羽翮,用于制作箭翎等。9.掌葛。向山泽之农征敛葛、麻等植物,用于制作绤绤等纺织品。10.掌染草。征敛制作染料的植物。11.掌炭。征敛柴炭。12.掌荼。征敛茅草、柴薪等。13.掌蜃。征敛贝蛤等。

(三)征敛比率

有专官评估各种征敛物的价值。[1] 但是,如何换算成谷物的价值,以及征敛的比率是多少,俱已失考。

旧说认为,《载师职》的"国宅无征"至"凡民无职事者出夫家之

---

[1] 《均人职》:"均地政,均地守,均地职,均人民、牛马、车辇之力政。"《贾师职》:"各掌其次之货贿之治。辨其物而均平之,展其成而奠其贾,然后令市。"

征"，就是西周时期的谷物征敛标准。其实也是窜入的注文。但其中田土的分类，以及"职事""夫家"等词，皆符周制，大约是可信的。其主要特征，是按区域划分不同的征敛比率。首先，京城内的宅地，一律免征。其次，城与郭之间的园圃、市廛等，征敛比率最低，为5%。再次，京城的近郊10%，远郊15%。最后，京外的甸、稍、县、都等，一概为20%。

为什么离京城近而税率轻，远反而重？郑玄注："近者多役也。"即近则役重，远则役轻。赋与役需要综合评估，若税率相等，反而不均。近轻远重是赋役公平的表现。①

第二节　力役制

庶民在服职之外尚需服役，统称为徒役。平时的徒役，徒即胥徒之徒，也称力役或劳役。相关记载见《地官》。战时的徒役，徒即徒卒之徒，也即兵役。相关记载见《夏官》。

孔子讲的周公之籍，和平时期分为两部分，一部分是"赋里以入"，赋即财赋，相当于《小司徒职》说："以任地事而令贡赋。"另一部分是"任力以夫"，即力役。战时也分为两部，一部分是徒役，也即"有军旅之出，则征之"。另一部分是军赋，也即"稷禾、秉刍、缶米"。《周官》是按照职官的顺序阐述，呈现出来的职贡体系与孔子之言稍有不同。其中所载徒役较详，主要是记载了役的各种名目，分散在不同职文里，可以相互印证，并推断出基本内容，本章就依靠这些记载，略述徒役的内容。至于职贡与军赋，不见于现存的职文，孔子所

---

① 　江永引《鲁语》孔子"砥其远迩"一句，曰："若通融远近，以立均平之法，乃王政也，非横敛也。"孙诒让引《齐语》和《荀子·王制》"相地而衰征"，认为与《鲁语》互证。

言的一部分,已如上章。另一部分现存于窜入《周官》的注文,后文再详。

一、应役与荒政弛力

(一)应役与免役

力役,或称劳役。凡修筑城邑、道路、田亩、沟洫等,皆需力役。若有宾客来访,修整道路,搬运物资等;以及举办丧事,牵引棺车,搬运陪葬物等,均需力役。运输贡品到京师也是一种力役。力役之事记载于地官的职文中,不过只是提及,并无役制的详情。而窜入的注文中有一些细节,需要区别对待。以《乡大夫职》为例:"以岁时登其夫家之众寡,辨其可任者,国中自七尺以及六十,野自六尺以及六十有五,皆征之。其舍者。国中贵者、贤者、能者、服公事者、老者、疾者,皆舍。以岁时入其书。"上引文字中的小号字是后来窜入的注文。职文原句只有"辨其可任者,其舍者"八个字而已。意思是乡大夫管理的夫家登记簿中,区别登记应役人和免役人。我们说过,区别职文与注文要看是否阐述本官的职事。"掌""辨"等词是表示职事的常用词,从"辨"字可知,后文"其可任者"是职文。"其舍者"与前句构成完整句义,也可断定为职文。小字的两句是阐述应役条件和免役条件,相当于法律,不是乡大夫的职事,可断定不是职文。另外,"国中"与"野"相对,野指郊外,则"国中"指京城至远郊之间。野是遂大夫的管辖范围,不属乡大夫。乡大夫职文中出现野的征发条件,也证明此句是注文而非职文。

通过《乡大夫职》,我们知道征役制度区分应役者和免役者,相同的内容还见于其他的地官职文①,而且各自的记载有细微差别,如《小司徒职》的免役条件是"贵贱、老幼、废疾",而《乡大夫职》多出"贤者、能者、服公事者"。可以断言,区分应役和免役是周制的固有内容。但需注意有一些条件出自注文,不一定是周制,只可参考。

(二)荒政弛力

《大司徒职》两次提到荒政,一是"以荒政十有二聚万民"。二是"大荒、大札,则令邦国移民通财,舍禁弛力,薄征缓刑"。十二条荒政的第四条是"弛力",意思是荒年停止征役。它与"舍禁弛力"四字相印证,说明大荒停止征役确为周制。

荒政是一种独立的制度。荒年到来时,周王必须节省用度、散财救灾、求神祈福等。"弛力"与免役不同。免役,指符合免役条件的人,在正常年份免除力役。弛力则是荒年免除一切力役,这意味着当年不举行任何不必要的工程。判断荒年的条件非常重要,《均人职》说:"凡均力政,以岁上下。"上岁或下岁指当年收成的好坏。下岁,是收成普通之年,而非荒年。下岁有具体的判断标准,但已不详,据郑玄注:"人食二鬴为无岁。"无岁相当于下岁,二鬴约为后世的一石二斗八升。② 若如此,每人食粮不足二鬴时是荒年。

从荒年弛力,再结合其他职文③,可得到周制中的一条重要原

---

① 如《小司徒职》:"以辨其贵贱、老幼、废疾,凡征役之施舍。"《乡师职》:"以国比之法,以时稽其夫家众寡,辨其老幼、贵贱、废疾、马牛之物,辨其可任者与其施舍者。"《族师职》:"登其族之夫家众寡,辨其贵贱、老幼、废疾、可任者。"《遂人职》:"以岁时登其夫家之众寡及其六畜、车辇,辨其老幼、废疾与其施舍者,以颁职作事。"《遂师职》:"以时登其夫家之众寡、六畜、车辇,辨其施舍与其可任者。"《遂大夫职》:"以岁时稽其夫家之众寡、六畜、田野,辨其可任者与其可施舍者。"

② 鬴(fǔ):通釜。量制,一鬴为六斗四升。《考工记》郑注:"四升为豆,四豆曰区,四区曰鬴。"

③ 《大司徒职》:"以为地法而待政令。"《乡大夫职》:"国有大故,则令民各守其闾,以待政令。"

则,即非征不役。也即,不管是每年常设的役,还是临时征发,均需周王正式签发征役令之后,方能启动。

二、征役的簿册

夫家登记簿(人民之数)每年修改,是征役的重要根据,各级地方官掌握着辖区内的登记簿,以备核查。

役事完毕,都鄙上报已服役者的名籍,是一种专门记载此次征役详情的簿册,叫做"役要"。[①] 根据役要,乡师才能排定服役次序,以免重复征发。役要的形制已不可考,大约以夫家为基本单位。每家只需出一夫,一夫服役,家中男丁皆可免当年之役,没必要按丁排序。六乡是七万五千家,能征发的役夫数是固定的,即七万五千人。

据说役要中的计量单位之一是"公旬"。公旬是每人应役的日期。年份不同,日期也不同,大约丰年服役时间长,下岁服役时间短,但最长不过三日。[②]《礼记·王制》:"用民之力,岁不过三日。"也是旁证。工程需要的总时间叫做"程日",又分十日、二十日、三十日等三种。三十日是最大程日。前509年,晋国合诸侯之力营成周,是极大的土木工程,也只需三十日告毕。程日一旦限定,就要求事先有缜密计算,做到这一点绝非易事。西周时一定有计算工程量和程日、夫数的技术专官,而且不止一种。计算工程量的专官当在失传的《冬官》中[③],他会算出工程量,开出所需人数、日期、钱粮等清单,交与地官。《地官》中的均人是负责计算均派夫役的专官,根据程日和公旬,计算出必须征发的役夫数。

《左传》昭公三十二年载,士弥牟营成周,"量事期,计徒庸,虑财

---

① 《乡师职》:"既役,则受州里之役要。"
② 《均人职》:"丰年则公旬用三日焉,中年则公旬用二日焉,无年则公旬用一日焉。"
③ 《乡师职》:"以考司空之辟,以逆其役事。"

用,书糇粮,以令役于诸侯",这就是发布征役令。可见征役令的内容非常具体,其中写明征发日期、役夫数、财物数、食粮数等。《传》文又说士弥牟"属役赋丈,书以授帅"。即把筑城的长度与夫数搭配好,发给监督工程的官吏。征役令和"属役赋丈"之书,也属于广义的征役簿册。

三、小结

役的轻重深刻影响庶民的生活成本与生活方式。力役的负担仅次于兵役,其成本约分为三部分。一是公旬,也即服役时间。二是往返耗时。服役地越远则耗时越长。按《遂人职》《遂师职》,为大丧牵棺下葬,野民需从百里外赶到京师。当时的交通条件,师行三十里为一舍,按百里至三百里计,来回需时7—20日不等。三是旅费与服役期间的费用均需自备,也是不小的开支。此外还有一项隐性成本,若服役耽搁农时,会造成全年收成受损。不过,郊内的周人聚族而居,服役所需钱粮可由族人分摊,耽搁的农活可由族人帮忙。新迁的遂民,家中只有一个成年男子,这是六遂曾经免役的缘故。

周制不但有"公旬用三日"的规定,还有相当完善的配套制度,如工程量计算方法、统筹调度法,等等。正是这些细节代表着文明的高度。力役制贯穿中国的历史,至清雍正初"摊丁入亩"才算基本完成了向雇役制的转变。两千多年中,不少大兴工程之事,劳民伤财,至于亡国。主要原因固然是君王好大喜功,但管理粗疏,细节失控,无疑放大了人祸。在这一背景下,"公旬用三日"在后世几乎成了王者仁政的代表。李觏曰:"古者使民岁不过三日,而秦法月为更卒,已复为正,一岁屯戍,一岁力役,三十倍于古,何不仁之甚也!天下畔之晚矣。"①马端临将此说辑入《文献通考》②,不过没说秦法"不仁之甚",只说汉从秦法。秦以后的役制再也回不到"公旬用三日",是不争的事实。

"今不如古"是中古士大夫挥散不去的愁绪。后世缅怀周朝不是偶然的,因为周制用心良善且行之有效,"公旬用三日"就是代表。在周制的全盛时代,周王和官吏们关注的是如何严格地实现"公旬用三日"。后世动辄说周礼中有仁爱思想,殊不知,若无实现仁爱的制度与方法,仁爱不过是虚伪的口头表态。可以说,制度的细节及其实现程度,决定着制度的高度。而文明的高度则是由制度的高度决定的。三代文明代表华夏文明的巅峰状态,不是中古士大夫的想象,而是由周制的高度决定的。

第三节　兵役制

一、概述

庶民的兵役称为徒卒之役,徒卒即步兵。徒卒与车兵同样重要。周人的战阵分为两部分,一是车兵之阵,二是徒卒之阵。二者可以结为一阵,也可分别布阵。车兵在平原上充当主力,徒卒处于辅兵地位。但在山地、丘陵或沼泽地,车兵皆弃车,全员步战。《大司马职》说:"险野人为主,易野车为主。"反映的正是车步并重。车兵由大夫士组成,他们是专业武士,从小接受军事训练,熟习驭马、弓箭、长短兵器等军事技能,战时担任车上甲士。戎车常备三甲士,以射为主将,御和戎右为辅。若其中之一战死,其他二人接替。

---

① ［宋］李觏:《李觏集》卷八《国用》,中华书局,2011 年,第 89 页。
② ［元］马端临:"秦用商鞅之法,月为更卒,已复为正,一岁屯戍,一岁力役,三十倍于古。汉兴,循而未改。"见《文献通考》卷十《户口考一·历代户口丁中赋役》。

兵役又分师役和田役,合称"师田"。师役在战争爆发后征发。周王与诸侯会同也要征兵,其兵役视同师役。田役相当于预备役,每年举行蒐田礼时征发。蒐田即狩猎,上古时视为军事演习,可以明等级、习战阵、知进退。蒐田礼每年举行不超过四次,每次更换狩猎地,征发狩猎地附近之民。轮替一周,则人人习战阵。一旦有战事,可立即成军。师役,每家征一人,只要是成年男子即可。征发时,以应役者为正卒,余者为羡卒。若大败丧师,则征发羡卒。田役则不分正羡,尽征一家所有的成年男子,为的就是训练全国男子熟习战阵。另外,若本地有盗匪,需当地的成年男子追捕时,也可尽征一家。

征发田役和师役的版籍不同。《乡师职》:"凡四时之田,前期,出田法于州里。"孙诒让以为此"田法"是"战法"。误。其实田法与"比法""地法"同例,是记载应役人的簿册,内有夫家数、丁男数、程日、地域等,以及应携带的武器装备等。① 征发田役的特点是尽征所有的丁男,但不会尽征所有州县。所谓"四时之田",指每季一次田猎,地点在周王的苑囿。苑囿又分"囿游"和"野囿"。囿游分设于京师各郊②,若周王在囿游狩猎,由乡师征发附近的夫家。野囿设在京师以外③,若周王在野囿狩猎,由遂师征发附近的夫家。总之,每次只征发苑囿附近之民,绝非尽征六乡或尽征六遂,更不可能全国尽征。田法的主要特征,就是排定各地服役次序,以免连续或重复征

---

① 《乡师职》郑注:"田法,人徒及所当有。"贾疏:"'人徒'者,即经'卒伍'是也。'及所当有'者,则经'鼓铎、旗物、兵器'是也。"

② 《囿人职》:"掌囿游之兽禁。"郑司农注:"囿游之兽,游牧之兽。"又见《天官·叙官》"阍人"云:"王宫每门四人,囿游亦如之。"郑注:"囿,御苑也。游,离宫也。"

③ 《地官·委人职》:"共野委兵器,与其野囿财用。"孙诒让以为野囿是委人掌管,不属于囿游。误。委人供藩篱之材,不掌苑囿。所有苑囿均归囿人职掌。囿游设在山林川泽中,故囿人之官在虞衡之后。

发。周王也应服从田法排定的次序，不在同一苑囿连续狩猎，以免附近夫家在一年之内两次服田役。由此推测，田法的内容当以苑囿为主线，排定附近都鄙的征发次序。因为每次都是尽征一家之夫，故而田法中必定登记夫家中的全部丁男数。师役的版籍则不同，师役是实战征发，不用考虑苑囿，只需按实际需要征调，大约以邻近战事的地方为主，不足才从更远的都鄙征发，且征调时以夫家为单位，只要每家出一徒卒即可，不问家内有几个夫男。

兵役的花费，大夫士远多于庶民。车兵需自携多种高等级兵器，如角弓、戈、戟、铩、剑等，这些兵器无不费工费料，价值高昂，非庶民家庭所能置备。至于长短不同的矛，对于车兵来说只是备用兵器，车上通常会准备多支。而徒卒只需制备长矛，携带自足的口粮、小型工具等，即可投入战斗。特种军用物或大型军器，如鼓铎、军旗、车革、大盾等，不必自备，修造费出自贡赋，平时由工匠陆续修造，存放于府库，打仗时由各级官吏取出。[1] 最主要的战争物资，如戎车、马、牛、战甲等，下节再详。

二、大田礼

《夏官·大司马职》是一篇上大夫的职文，在《周官》中的地位本就很高。尤值重视的是，有一段阐述周王大田礼的文字，自第一处"鼓人皆三鼓"起，至"遂以狩田"止，百余字，是唯一忠实记录大田礼的传世文献。其行文特征近似《仪礼》，写作时间应在春秋中晚期至战国早期。这段文字原是注文，后来在传抄中窜成职文。推测它出

---

[1] 《乡师职》："鼓铎、旗物、兵器。"《族师职》："简其兵器，以鼓铎、旗物帅而至。"《鄂长职》"旗、鼓、兵、革"孙疏，引《齐语》"定三革"韦注："甲、胄、盾也。"《司马法》佚文，一甸供甲士三人，"戈楯具备"。甲士必备甲、胄。早期的盾是木制，而非革制。颇疑"革"指革车之革和战甲之甲。

自某种阐述王礼或大夫礼的著作,也可能是《仪礼》的删余部分,原文献在经籍中的地位不亚于《周官》。

西周时,礼就是仪,二者本无区别。任何仪轨都需要环境或道具,比如祭仪,一定在宗庙或坛场中举行,一定有专门的祭服、祭器、祭品等,这些环境和道具都有专门的规定,属于礼制的范畴。祭仪上一定会区别祭祀对象的等级、参与者资格等,这些也属于礼制,对于祭仪来说是不可或缺的。所以,礼制和仪轨是一体的,无法强行分开。若硬要区别,只能说仪式上的仪轨是礼制中最核心的部分。大约春秋中晚期,出现的区分礼和仪的新思潮①,恰是礼乐崩坏的表现。《左传》昭公五年载,鲁侯自郊劳以至于赠贿,皆如仪。晋侯感叹"鲁侯不亦善于礼乎!"晋侯对礼的理解正是西周以来的观念,也即举止如仪就是"善于礼"。女叔齐则说鲁侯不能守国,政令在家,只能算习于仪,不能算知礼。这就等于说礼和仪是两回事。这话放在春秋中晚期是不错的,但在西周时,政令在君,大夫守职,尊卑有序,秩序井然,行仪就是知礼,没有知仪而不知礼的矛盾。总之,思想界开始出现两种现象,一是厌弃僵化而繁复的仪,二是总结和提炼礼的精神。针对这些现象,又产生一股反对的思潮,也即孔子的"尔爱其羊,我爱其礼"(《八佾》)。一些大夫士视旧礼如珍宝,开始记录各种仪轨,试图把旧礼保留和传递下去,于是出现了《仪礼》这类著作。它们的最大特点就是亦步亦趋,忠实记录仪轨的细节,包括器物的陈设位置,行走的姿态、举止的次数,等等。事无巨细,罗列完整,唯恐稍有违反。只要是这类上古文献,必是周大夫士的遗作,因为非周的大夫士不至于如此虔诚,又非周的大夫士不至于如

---

① 《左传》昭公五年:"(女叔齐)对曰:是仪也,不可谓礼。"《左传》昭公二十五年:"简子问揖让周旋之礼,(子大叔)对曰:是仪也,非礼也。"

此熟知周礼。这里所谓周大夫士,不只是成周的大夫士,也包括姬姜诸侯国中仍以周大夫士自居的,比如叔向、师旷、子产、孔子等。更重要的是,这类记录是为了教学所用。当时,周礼在人们心目中尚且保有崇高的地位,不懂周礼的人被视为没有教养者,也很难应付各种正式场面。有需求就有供给,《仪礼》这类忠实记录仪轨的著述正是这段时期的产物。过了这段时期,思潮过去了,周礼成了陈腐无用的代名词,珍视和捍卫周礼的人少了。再往后,诸侯相继称王,周礼局限于成周范围内,已非全国有效的礼制,学习周礼的人大幅减少,仪轨教学也失去了重要性。

保留在《大司马职》中的这段文字,正是忠实记录仪轨的文字。职文原是叙述大司马在大田礼中的职事,主要是训练车兵与徒卒在阵法中的协同配合。通过训练,车徒要熟知旗鼓发出的命令,按照命令,或坐阵或立阵,或进攻或后退,或疾驰或缓步等,也即"以教坐作、进退、疾徐、疏数之节"。但自第一处"鼓人皆三鼓"开始,转而叙述车徒在旗鼓指挥下的进退细节,这不是大司马的职事,可断定是窜入的注文。现复述这段仪轨如下:按照旗语和鼓声的命令,车徒到达后表,坐阵;听令起立,前进至中表,再坐阵;随后起立,车徒冲刺到前表;按照鼓声的节奏,发起三次冲锋;然后退却,再坐阵。这段注文发挥了补充职文的作用。职文过于简略,根据职文,我们知道有进退,但不知道何时进退;知道有快慢,但不知何时快慢。职文中还提到虞人"为表",又说"司马建旗于后表之中"。由此可知,在演习场地上树立的木柱不止一个,但究竟有几个?分别有何用途?职文不详。有了这段文字,才知道木表有三个,分别代表攻击到达的目的地。

和《仪礼》中的大多数篇章一样,这段注文的特点是"述而不作"。记录者就像不理解仪式中每个动作的含义,不解释,只当一个旁观者,把观察到的过程如实记录下来,堪称没有摄影机时代的写实报导。这种记录方式,本身证明文献出自亲历者之手。他可能是为了履行某种职责才记录,比如作为周王的史官,或大司马的属吏。众所周知,在"三礼"中,《仪礼》是写实的,《礼记》是解释性的。《仪礼》属于"五经",在经学中的地位远高于《礼记》,原因固然在于《仪礼》的写作年代早于《礼记》,但更重要的是,《仪礼》是亲历者的实录。《礼记》诸篇则是后生小子阐释周礼,他们究竟见过周王行礼否? 未可知。所以,仍然要强调的是,经籍的权威性,不在于著作的年代,而在于著作者的身份!

幸好这一佚篇保留在了《大司马职》中,让两千年后的我们知道大田礼的细节,知道周王每年征发田役真的不是为了狩猎。周人尚武,跟全民兵役制有极大的关系。每个成年男子都参加大田礼,常习兵事,随时备战。这样的国民兼有士兵和平民两种身份,荣誉感较强,在国家中的地位也较高。又个个兼有士兵的身份,周人是尚勇的国族。勇与智、仁并列为"三达德"。[1] 孔子说,勇是成年人必备的素质之一。[2] 秦以后,勇不再是中国人尊崇的美德,这是两千年来国民性发生的最大变化。

第四节 兵役制的变迁

孔子说"周公之籍"时提到,战时物资是按"田一井"收取。但是,《司马法》佚文详载了另外两种制度,它们与"周公之籍"是何种

---

[1] 《论语·子罕》:"子曰:知者不惑,仁者不忧,勇者不惧。"《礼记·中庸》:"知、仁、勇三者,天下之达德也,所以行之者一也。"

[2] 《论语·宪问》:"若臧武仲之知,公绰之不欲,卞庄子之勇,冉求之艺,文之以礼乐,亦可以为成人矣。"

关系? 是下文讨论的重点。

一、匹马丘牛

井田是县鄙制下的基本田亩单位,县鄙的编制法采用四进位制。四井为邑,四邑为丘,四丘为甸,四甸为县,四县为都(大县)。与县鄙制配套的征敛办法保存在《诗经》孔颖达疏中,孔疏又是转引《左传》服虔注(以下简称"服虔注")。[1] 按服虔注,以一丘为起征基数,一丘即田 10800 亩,征一匹乘马和三头牛。故曰"赋法起于丘"。[2] 该征敛办法也简称为"匹马丘牛"。需要注意的是,丘只用于计算征敛的物资,不用于征兵,甸才是征发士卒的单元。一甸 64井(田 57600 亩),这是第二级的征敛基数,征一乘战车(包含 1 辆革车、4 匹乘马和 3 甲士),12 头牛,72 徒卒。士卒的甲具、戈楯均要齐备。甲士和徒卒的比例是 1∶24,以一甲士率领 24 徒卒,共 25 人,可组成一个 5×5 的步兵小方阵,称为"两"。依此类推,第三级征敛基数为一县(四甸,田 230400 亩),可征 4 乘战车(含 16 匹乘马),48 头牛,士卒 300 名(甲士 12+徒卒 288)。第四级征敛基数为一都(四县,田 921600 亩),可征 16 乘战车(含 64 匹乘马),192 头牛,士卒1200 名(甲士 48+徒卒 1152)。服虔注中列举的戎车、马牛、戈盾等是当时价值较高的战争物资。价值低的未罗列,但均在征发范围内,比如大车。大车即牛车。征发的牛是用来牵引大车[3],到前线后

---

[1] 《小雅·信南山》孔疏引《左传》成公元年"作丘甲"服虔注:"四邑为丘,有戎马一匹、牛三头,是曰匹马丘牛。四丘为甸,甸六十四井,出长毂一乘,马四匹,牛十二头,甲士三人、步卒七十二人,戈楯具备,谓之乘马。"

[2] [清]钟文烝:"不言井邑,言丘者,赋法起于丘也。"《春秋穀梁经传补注》成公元年"作丘甲"补注。

[3] 《考工记·辀人》郑注:"大车,牛车也。"《诗·小雅·大车》毛传:"大车,小人之所将也。"《车人职》郑注:"大车,平地载任之车。"

也可用来犒军。大车又用来装载自备的粮秣、军器等,还装载筑营挖沟的工具,这些工具又称"任器"①,所以大车又称"载任之车"。牛车、任器的价值很低,服虔注均不列举。

显然,"匹马丘牛"与早期兵役制相匹配。很长一段时间里,三驾牛车构成一组战时运输单位。"匹马丘牛"中的马牛比例是 1∶3,正是"兵车之牛"与两边"牵傍"的数量。② 下面会看到,更晚的征敛制度中不再提到牛,也不说自备戈楯。这说明"匹马丘牛"还处于自备兵器和分散运输军器的时代,当时的兵器制式应不统一。但《周官》记载的已是统一授兵制,主要的军事装备也统一运输。③

二、通为匹马

《司马法》记载了另一种军赋制,保存在《小司徒职》"四邑为丘"的郑玄注。④ 这种赋制的起征基数为通,一通等于十井(9000亩),由夫家 30 家耕种,可征士卒 3 名(甲士 1+徒卒 2)和马 1 匹。故此制简称"通为匹马"。通为匹马的第二级为成,一成百井(90000亩),夫家 300 家,可征士卒 30 人(甲士 10+徒卒 20)和革车 1 乘(含马 4 匹)。以上征敛阶梯依次类推,分别是终(千井)和同(万井),均

---

① 《乡师职》郑注引《司马法》:"夏后氏谓辇曰余车,殷曰胡奴车,周曰辎辇。辇,一斧,一斤,一凿,一梩,一锄。周辇加二版二筑。"又引《司马法》:"夏后氏二十人而辇,殷十八人而辇,周十五人而辇。"孙疏:"周军制,二十五人为两,兵车、重车各一乘。重车即牛人所共驾牛之车。此辇辇虽亦通称重车,然实与彼小异。"又,《稍人职》:"作其同徒、辇辇。"《乡师职》"辇辇"郑注:"辇,驾车。辇,人挽行。所以载任器也,止以为蓄营。"

② 《牛人职》曰:"共其兵车之牛与其牵傍,以载公任器。"《罪隶职》"牛助,为牵傍"郑注:"牛助,国以牛助转徙也。罪隶牵傍之,在前曰牵,在旁曰傍。"

③ 《司兵职》:"及授兵,从司马之法以颁之。及其受兵输,亦如之。"

④ 《小司徒职》"四邑为丘"郑注:"六尺为步,步百为亩,亩百为夫,夫三为屋,屋三为井,井十为通。通为匹马,三十家,士一人,徒二人。通十为成,成百井,三百家,革车一乘,士十人,徒二十人。十成为终,终千井,三千家,革车十乘,士百人,徒二百人。十终为同,同方百里,万井,三万家,革车百乘,士千人,徒二千人。"

按十进位制递增。通为匹马不再征发牛和戈盾,意味着士卒自备物资大为减少,显然是一种更为简易,也更容易计算的兵役制。它与匹马丘牛的详细区别见下表(表18-1)。

表 18-1　两种兵役制对照简表

	匹马丘牛	征敛项	通为匹马	征敛项
起征基数	丘 = 16 井 = 1.44万亩	马 1 匹、牛 3 头	通 = 十井 = 9 千亩,夫家 30 家	马 1 匹、甲士 1、步卒 2
第二阶梯	甸 = 64 井 = 5.76万亩	车 1 乘(战车 1+马 4+甲士 3),牛 12,步卒 72。戈楯。	成 = 百井 = 9 万亩,夫家 300 家	车 1、甲士 10、步卒 20
第三阶梯	县 = 256 井 = 23.04 万亩	车 4 乘(战车 4+马 16 + 甲士 12),牛 48,步卒 288,戈楯	终 = 千井 = 90 万 亩, 夫 家 3000 家	车 10、士 100、徒 200
第四阶梯	都 = 1024 井 = 92.16 万亩	车 16 乘(战车 16+马 64+甲士 48),牛 192, 步卒 1152。戈楯自备。	同 = 万井 = 900 万亩, 夫 家 30000 家	车 100、士 1000、徒 2000

《小司徒职》的“四井为邑”是基于井田制和县鄙制,也即四进位的营造制度。通为匹马是十进位制,郑玄引通为匹马为“四井为邑”出注,未审。若把服虔注作为“四井为邑”的注释,倒是恰当。我们说过,十进位制的大田与成片连接的定居点相匹配,是新辟定居点的特征。通为匹马的起征基数则设定为一井三家,如果了解授田制,就知道这是把大田一律定为下田,每个夫家受下田 300 亩,故而900 亩授给 3 家,9000 亩即 30 家。显然,通为匹马与遂制相匹配,必是六遂的兵役制。遂制一章曾详细论证过,为了保证垦荒,六遂的野民在西周早中期是免兵役的,征发野民服兵役是西周中晚期的

事。所以,推行通为匹马的时间不会贯穿整个西周时期。

三、军赋制

俗话说:"兵马未动,粮草先行。"匹马丘牛的时代,粮秣包含在兵役中,兵与粮是不分的。而在通为匹马中看不到粮草,这正是周公之籍的特点,粮秣已经从兵役中独立出去,成为单独的征敛项目,也即后世所谓军赋。

西周时期的军赋是多少?答案就是孔子说的:"收田一井出稯禾、秉刍、缶米。"孔子阐述的周公之籍,没有提到征发士卒和马匹的数量,因为这部分属于兵役,无需详述。孔子用"有军旅之出则征之"一句带过。究竟多少不详。幸好通为匹马保留下来,可以参考。当时,鲁国为备战而加征田赋,田赋是年年征收的常制。而孔子要强调周的军赋制,即在备战之年加征的粮秣数,故而讲得特别细。

那么,"稯禾、秉刍、缶米"究竟是多少?韦昭引《聘礼》证之①,与其他文献略有出入②,但目前看来,韦说最有参考价值。秉刍,是240斤(觔)饲养牛马的草料。③几乎可以忽略不计。缶米,一说16斗,另一说6斗。据说缶即釜,若如此,一釜为六斗四升。即使按16斗计,对九百亩田来说都是小数目。稯禾,即240石(斛)禾。唯有这一项看似大数目。其实,禾非粟(谷),粟非米。④ 禾、粟、米的关系

---

① 《国语》韦注:"缶,庾也。"引《聘礼》曰:"六斗曰庾,十庾曰秉。秉,二百四十斤也。四秉曰筥,十筥曰稯。稯,二百四十斛也。"

② 《说文·禾部》"秅"引《周礼》:"二百四十斤为秉,四秉曰筥,十筥曰稯,十稯曰秅,四百秉为一秅。"《载师职》孙疏引陈寿祺:"此《聘礼记》文,惟彼斤字作斗,疑许所见本异。又疑此出《周礼说》,故《异义》据之。《说文》称《周礼》,皆属《周礼说》,非《周礼》六篇文。"

③ 《大宰职》:"七曰刍秣之式。"《充人职》注:"养牛羊马曰刍。"《小尔雅·广物》:"稾谓之秆,秆谓之刍。"

④ 《舍人职》:"车米,筥米、刍禾。"《大行人职》:"掌客委积中有牲牢、米禾、薪刍之属。"《委人职》郑注:"军旅又有疏材以助禾粟。"

是:禾实曰粟,粟实曰米。① 详言之,禾经过处理为粟,一石稻禾可得20升稻谷,一石粟禾约得16.6升粟谷,240石禾约出稻谷48石或粟谷40石。② 粟即谷,粟谷再脱皮才是米,米是粟谷原重的60%。故而缶米(米6斗或16斗)相当于粟1石或禾2.6石。不过,那时多不脱粒而食,通以粟为单位。战国时期的中田产量,百亩每年收粟150石③,一井九百亩,按中田产量估算,收粟约1350石,稷禾约占3%—3.5%,缶米占0.19%,再加草料,周公之籍的军赋部分不到一井产量的5%。

已佚的郑玄《周礼说》,把禾240石误认为是粟240石。粟240石约为上田百亩的产量,所以郑玄说"井赋百亩"。征敛比率超过10%,明显高估。再加上《载师职》记载每年常赋为5%—20%,二者相加,出军之年的负担过重,难怪郑玄觉得"难通"!也是这个缘故,历代经师均以为军赋不至于如此重,多不信。④ 其实都是估算有误导致。

四、定性与分期

《司马法》以记录上古军制著称。《汉书·艺文志》收《礼》十三家,五百五十五篇。《军礼司马法》一百五十五篇,占到四分之一强,无疑是鸿篇巨帙。其收录的上古军制极庞杂,如何理解以上匹马丘

---

① 《仓人职》孙疏引程瑶田语,见《周礼正义》,第1234页。
② 《说文·禾部》:秅,"百二十斤也。稻一秅为粟二十升,禾黍则一秅为粟十六升大半升"。
③ 李悝尽地力之教:"治田百亩,岁收亩一石半,为粟百五十石。"见《汉书·食货志》,第1125页。
④ 《载师职》孙疏:"又《鲁语》云一井所出,而《周礼说》则云百亩之赋,似据侯国都鄙公田九一之法。若畿内都鄙无公田,则当以一井九百亩通计,而为赋法,不当井赋百亩也。此其尤难通者矣。"

牛和通为匹马，一直是个难题。以前，要么作为不同区域的周制①，要么说是周王的两种军队编制法②，总之把二者视为同一时期的制度。

三代已知的大田营造法有三种。一是保留在《小司徒职》的四进位制，也即井田制。二是窜入《遂人职》中的十进位制。三是《考工记·匠人》中糅杂了以上两种的沟洫制度。显然，四进位制较早，十进位制晚出。《匠人》则兼取二者。井田制的兴盛期在商代，入周，又与新兴的大田制并存。有田才有粮，有粮才有兵。兵役制绝不能孤立于大田和都鄙营造法之外，也不可能在同一区域实施两种兵役制。我认为，匹马丘牛和通为匹马是分属于两个时代的兵役制，匹马丘牛在先，通为匹马在后。匹马丘牛的全盛期在商代。周初，随着"周公之籍"的推行，匹马丘牛随即废止。

必须明确的是，传世文献中已经没有周兵役制的全貌，而且缺环非常大。下面试着推测和补足缺失的部分。首先缺的是京师地区的兵役制。其次，京师地区的兵役根据不同图籍制分为两期。第一期相当于周初至宣王朝，是根据土地之图征发兵役，特点是以田亩为征发基数。不同区域又分两种征兵基数。一是在县鄙的征兵，仍以井、丘、甸、县等为基数。二是在州城的征兵，当以千亩或千亩的十倍为基数。

第二期在宣王朝以后，是结合土地之图和人民之数征发兵役。征发基数既参考田亩数，又参考夫家数或丁男数。通为匹马应属于这一期的兵役制，其折算办法原本以京师地区为准，所以，从通为匹

---

① 《小司徒职》贾疏："郑注《小司徒》引《司马法》士十人，徒二十人，谓天子畿内采地法。注《论语》'道千乘之国'，亦引《司马法》，彼是畿外邦国法。彼甲士少，徒卒多。此比畿外甲士多，步卒少，外有异故也。"

② ［清］黄以周：《礼书通故》，第 1618—1621 页。

马反推回去,可以得知京师地区的办法,也分两种。一是县鄙,大约以一井和一比五家为准,起征阶梯仍是丘、甸、县等,但每一级征发的士卒数和马匹数,已失考。二是州城,与通为匹马接近,大约以上田百亩对应夫家一家为准,起征阶梯即上田 3000 亩和夫家 30 家,征士卒 3 人和马 1 匹。

虽有缺环,仍可肯定,从匹马丘牛到通为匹马之间发生过兵役制改革。改革的最大意义就在于兵粮初步分离。没有粮草,本事再大的军将也没法打仗。文官统一征收粮秣,又能制约武将。而文官手无兵权,只能服从王权,也就保证了文武官吏无不服从王权。

第五节　周赋制的崩坏

春秋时期的周赋制已失考。从鲁国的情况看,大趋势是重敛。封国的制度是周制的一部分,鲁国尤以遵周礼著称,所以,鲁国重敛是周制崩坏的表现之一。以下以鲁国为例,管窥周赋制在这一时期的崩坏现象。

一、"初税亩"的性质

前 594 年,鲁国"初税亩"。又称"履亩而税"。征敛比率为什一。为什么是什一?其实,什一是藉田的分配比例。以前,周王的宫内花销出自王藉。诸侯仿此。初税亩是向国内一切田亩按什一征税,所得供宫内花销,故《左传》的评价是"非礼也,谷出不过藉"。

理解初税亩的关键是"谷出不过藉"五字。在这一点上,"春秋三传"的宗旨是相同的。后世的误解主要源于《公羊》一脉经师的误导。先秦经师批评初税亩,重点不在征税比率,而在于用途。初税亩的实质是宫内花销太大,鲁公越出藉田向国内田亩收税。须知,宫是周王或诸侯的家,宫内的花销是王或诸侯的家事。藉田为王族或公族所私有,以藉田的产出供应宫内就是"谷出不过藉",也是公私分明。初税亩则是公私不分,以私废公。

《穀梁传》的宗旨与《左传》完全一致。但需注意的是,《穀梁传》有时用"藉"字表示藉田,有时用"公田"表示藉田。[1] 我们知道,《载师职》用"公邑之田"表示都鄙的田亩,与《穀梁传》的"公田"正好相反,不能混淆。《穀梁传》说:"非公之去公田。而履亩,十取一也,以公之与民已悉也。"此"公田"即藉田。所谓"非公之去公田",意思是鲁侯并未取消藉田。所谓"公之与民已悉也",指把鲁国所有的田亩当成鲁公的藉田,这与"谷出不过藉"的意思相同。

《公羊传》一开始也与《左传》相同。《公羊传》说"讥始履亩而税",重点是"始"字,批评鲁侯自此时起越出藉田征税。但是,自"古者什一而藉"一句往下,《公羊传》发出一句设问:"古者曷为什一而藉?"其后大谈什一制如何"中正"。[2] 让人以为税亩的征敛比率超过什一,而把批评的主旨误导到征敛比率上。我的判断是,这句设问以下是《公羊》的晚辈经师所写,与之前的经师不是同一人。加这一段,并不是他不懂前辈经师的意思,而是因为税亩的比率叠加在贡赋比率上,合并的征敛比超过什一。他认为这也是要批评的。殊不知,后世要理解这段话,前提是知道西周的赋制和藉田制,否则就会误解。

我们知道,周的赋制要区分国中、郊内和郊外,并不一概是十分

---

[1] 《穀梁传》哀公十二年:"古者公田什一。"[清]钟文烝:"公田即藉也。"见《春秋穀梁经传补注》,第 737 页。

[2] 《公羊传》宣公十五年,"初税亩何以书? 讥。何讥尔? 讥始履亩而税也。何讥乎履亩而税? 古者什一而藉。古者曷为什一而藉? 什一者,天下之中正也。多乎什一,大桀小桀。寡乎什一,大貉小貉。什一者,天下之中正也,什一行而颂声作。"

之一。西周以来,鲁国的赋率是多少?史载不明,但可推知。诸侯国仿周制。《载师职》说:"近郊十一,远郊二十而三。"近郊指国都周边五十里以内的区域,远郊则指五十里至百里。鲁是边侯,初封疆域约方百里,也即国都距四疆各五十里。若仿周制,应采"近郊十一"。另外有一个旁证,"春秋三传"的学问均可追溯到鲁国大夫士。《公羊》一口咬定什一是天下至公至正的税率,说明不知周制并非一概是什一,则他们可能是以鲁国的赋制为理想制度。

二、丘甲与田赋

(一)丘甲非重敛辨

前590年,也即初税亩后4年,鲁国为了应付战争,于是"作丘甲"①,历代经师多以为是重敛。作丘甲的征敛额究竟是多少?旧说主要分为两种。一是杜预注,认为以一丘征一甸之税,也即每一丘征3甲士、72徒卒②,则每一甸征12甲士,288徒卒。《汉书》颜师古注从之,杜佑《通典》亦从。③ 后世多不从。④ 二是马端临的《文献通考》主张,每一甸加征一丘的数额。⑤ 一甸四丘,原先一甸只征3甲士和72徒卒,相当于只征三丘,每丘征1甲士和24名徒卒,剩下一

---

① 《春秋经》成公元年:"三月,作丘甲。"《左传》成公元年:"冬,臧宣叔令修赋,缮完、具守备。"
② 《春秋经》成公元年杜注引《司马法》,又曰:"此甸所赋。今鲁使丘出之,讥重赋,故书。"
③ 学界多误以为马端临《文献通考》从之,实是误把杜佑《通典》当作《文献通考》。例如,[清]王鸣盛:《周礼军赋说》卷四《鲁制》,中华书局,2010年,第1561页。
④ 黄以周:"当不至此,不可从。"(《礼书通故》,第1628页。)又见顾栋高《春秋田赋军旅表》引刘敞、孙觉、程端学等人评语,以及《丘甲田赋论》引李廉语,见《春秋大事表》,第1425页,第1431页。
⑤ 马端临:"宣公奢泰,初税亩,什二而税,既益民税,及成公谋伐齐,元年,作丘甲,丘各一甲,又益民赋,率一甸加步卒二十四人,甲士一人,三甸而加一乘,兵车之赋非复《司马法》之旧矣。"见《文献通考》卷一百四十九《兵考一·兵制·鲁兵制》。

丘空闲不征。马端临认为，"作丘甲"即每丘征1甲士和24徒卒，一甸共征4甲士和96徒卒。马说对明清学界影响较大。二说的相同点都是把"作丘甲"解为"以丘作甲"。这不是偶然的。因为《穀梁传》有"丘作甲，非正也"一句，可以解释为一丘出一甸之甲，也可以是一丘出一甲。杜预采前一种解释，后世学者渐察不经，于是改主后一种。

但是，洪亮吉《春秋左传诂》对二说皆不取，在《春秋经》成三年"作丘甲"和《左传》昭公四年郑国子产"作丘赋"二处，俱援引服虔注引《司马法》佚文，认为"丘甲"与"丘赋"就是匹马丘牛，是恢复周的旧制，不算重敛。这是第三种说法。我认为洪亮吉是对的。

证据之一，前484年，鲁国"用田赋"，初衷是防备齐国之军来犯。《左传》哀公十一年载，仲尼私于冉有曰："以丘亦足矣。"所谓"丘"，就是丘甲的简称。孔子的意思，既然是备战，那么按周制作丘甲即可。孔子以尊周制著称，说话时距离作丘甲已106年。若作丘甲是重敛，是乱制，孔子必不许。

证据之二，《地官·稍人职》称丘甲为"丘乘"。[1] 丘乘之乘，代表以甸为单位的征敛内容。按服虔注，丘的征敛内容主要是牛和马，不能征甲士或乘车。征敛兵车、士卒只能以甸为单位。"丘甲"和"丘乘"中的"甲""乘"代表一甸所征。"丘甲""丘乘""丘赋""丘"，与匹马丘牛是同制而异名。既然直呼其名，则征敛内容也照原制。

我们说过，匹马丘牛表示兵役制，赋代表贡赋制。西周春秋时期，周的贡赋制、兵役制和军赋制并无固定的统称，称"丘"或"丘甲"

---

[1] 《小司徒职》郑注："四丘为甸，甸之言乘也，读如衷甸之甸。"孙疏引段玉裁："此注甸之言乘，即其训曰乘也。"又引《释名·释州国》："四丘为甸。甸，乘也。出兵车一乘。"孙疏："《左》哀十七年传，卫浑良夫乘衷甸两牡。杜注，'衷甸，一辕，卿车'。"

代表战时征敛制度,同时意味着平时不征。《左传》成公元年说"为齐难故",可见"作丘甲"是备战,符合周制。后世认为"作丘甲"是重敛,主要依据是《穀梁传》成公元年:"丘为甲也。丘甲,国之事也。丘作甲,非正也。夫甲,非人人之所能为也"。所谓"国之事",指国有兵戎之事,说明《穀梁传》承认战时征丘甲符合周制。《穀梁传》批评的重点是"夫甲,非人人之所能为也"。周制是按照一甸征收三甲士,意味着三副战甲在甸打造。甸代表拱卫县城的小城。而丘是征敛单位,并无实体城邑对应。周时,打造皮甲的工匠名为函人,工匠不可能居住在城外。《穀梁传》所谓"丘作甲",是指不该让丘民缴纳战甲。生产战甲非农夫之职,丘民只能购买,这就增加了负担。《穀梁传》评价某事,有"非正也"和"非礼也"的区别。[1] "非正"弱于"非礼"。说"丘作甲,非正也",而没有说丘甲"非礼也",正是《穀梁传》拿捏分寸的表现。

(二)"用田赋"

丘甲不是重敛,前484年的"用田赋"却是。关于"用田赋",在《论语·颜渊》还有一段记载。鲁哀公问:"年饥,用不足,如之何?"有若对曰:"盍彻乎!"哀公说:"二,吾犹不足,如之何其彻也?"要搞清"用田赋",必须清楚"彻"的意思。

郑玄认为,这个"彻"是《大雅·公刘》的"度其隰原,彻田为粮",指田税。并以《孟子》为凭,孟子说贡、助、彻各是夏、商、周三代的税制。[2] 自那以后,历代经师均认为三种税制是先后替代关系。再加上公刘是周先公,等于说田税制在商晚期就已经推行。朱熹于

---

[1]　《穀梁传》隐公五年:如棠观鱼,"公观之,非正也"。《穀梁传》桓公三年:"(齐侯)送女逾境,非礼也。"
[2]　《孟子·滕文公篇》:"夏后氏五十而贡,殷人七十而助,周人百亩而彻,其实皆什一也。"

脆说什一税自公刘始,西周初年周公旦续修。① 其实,《公刘》的"彻"字,《毛传》训为"治",表示整治垄亩与疆界②,跟贡赋之彻是两回事。贡赋之彻训为通。③ 也即"通为匹马"的通。贡、助、彻分别代表西周时期的三种征敛制度。贡即贡赋制,助即籍田制,彻代表兵役制和军赋制。它们分别起源于夏、商、周三个时代,虽然是征敛实物,但曾经仔细计算过,征敛比率大致可换算成什一,故孟子有此说。

我们说过,周的贡赋制和兵役制并无统一的固定称谓。《国语·鲁语》中,孔子称"周公之籍",指各项征敛必须以图籍为依据。《左传》哀公十一年,孔子称其为"周公之典",这就更笼统,若非知道是在讨论赋役,周公旦制定的礼典甚多,不知具体何指了。但是,说"彻"和"丘"就不同了,因为丘或彻均指周的兵役制,是与贡赋制配套的,那就意味着不战则不征,平时必须遵守贡赋制。而贡赋的征敛比率是什一。这一点,当时的人都能听懂,鲁哀公也听懂了。他惊呼什二尚且不足,"二"即贡赋的什一和初税亩的什一。鲁哀公觉得不足,是站在他的立场。孔子和有若觉得重敛,是站在夫家的立场。实际上,夫家最重的负担是徒役,重敛指徒役再加什二的赋税。当然,在讲力不讲理的时代,鲁哀公赢。

综上,前590年至前484年,鲁国形成了赋(贡赋)税(税亩)体系,合并税率为什二。其中,贡赋仍是什一,是周制。税亩也是什

---

① [宋]朱熹:"周之彻法自此始,其后周公盖因而修之耳。"(《诗集传》,中华书局,2017年,第301页。)
② 《豳风·鸱鸮》"彻彼桑土"。《大雅·崧高》"王命召伯,彻申伯土田""王命召伯,彻申伯土疆"等句。《大雅·江汉》"式辟四方,彻我疆土"。《诗经》的"彻",均指整理土地疆界和田亩。
③ 《论语·颜渊》郑玄注:"周法,什一而税,谓之彻。彻,通也,为天下之通法。"皇疏:"彻字训通。"又曰:"三代虽异,同十分彻一,故彻一为通法也。"

一,是加征的乱制。备战时征丘甲,是周制。前 484 年,又以备战为借口,修改贡赋为田赋,征敛比率超过什一,是重敛的乱制。从此,鲁国的"赋"与周的贡赋制无关,而是"田赋"之赋,与税亩合并之后就是后世的田税。

三、初税亩的评价

回头来看,鲁国破坏周的贡赋制自初税亩起。初税亩既然是乱制,为何没有受到反对?对后世带来了何种变化?又该如何评价?这需要从私田的性质说起。

(一)私田

初税亩的最大特点是尽征国内一切田亩。在鲁公的藉田之外,国内田亩由都鄙之田和"私田"组成。初税亩能在鲁国顺利推行,最主要的原因竟是向私田征税。

1.私家之田

当时的私田无非两种。一是大夫采邑和士田,这是合法的。大夫称家,士不能称家,故大夫士合称"私家"。① 私家之田是采邑和士田的总和,简称"私田"。也可用"私"泛指,《小雅·大田》"雨我公田,遂及我私",正是泛指采邑和士田。私家之田仍由国家派出专门的官吏监督农耕。② 旧说以为私田一概非法。③ 误。不许营造"私田"指不许在营造好的大田之外私自营造田亩。《大田》中的"私"

---

① 《礼记·礼运》:"冕弁兵革藏于私家,非礼也。"孔颖达《正义》:"私家,大夫以下。"《郊特牲》:"而公庙之设于私家,非礼也。由三桓始也。"
② 《穀梁传》宣公十五年:"私田稼不善则非吏。"
③ [清]钟文烝:"言吏急民,使不得营私田。"《春秋穀梁经传补注》,第 459 页。又见柯劭忞:"责吏扰民,不得营私田。"(《春秋穀梁传注》,中华书局,2020 年,第 284 页。)

当然是周王允许的,否则,雅乐要在王礼上唱舞,怎能把非法田产写进《小雅》?!传说《大田》作于周幽王时①,若如此,直到西周末年,私田的定义仍是清晰的。

私田的性质是大夫士的俸禄,但产出的一部分仍要缴纳贡赋,剩下的才视为大夫士的薪资。周王接待宾客和颁赐等,就从私田的贡赋内支出。②采邑距京师较远,贡赋不必全部运往京师,而是就近储存,专供来往宾客。至于征敛比率,依《载师职》,士田在近郊,征敛比率为10%。采邑处远郊以外,当在15%—20%之间。

初税亩是越出藉田向大夫士加征,鲁国大夫士却不认为侵害了他们的利益。原因很简单,大夫士家族经营这些田邑数百年之久,视之为他们的家,他们的根基。然而,它们的产权具有多重属性,名义上,这些田邑是官员的俸禄,大夫士一死,族中无人接替其官职,鲁侯可以收回。鲁侯已经很久没有实际收回这些田邑,但那是恩赐,不是不行。初税亩承认这些田邑归大夫士家族,多缴的什一税相当于田亩产权的赎买费。

2.私垦之田

另一种私田是私自开垦的田亩。这种私田没有合法地位,税亩之后才受国家承认。

非法的私田又分两类。一类是私垦田亩,是利用大田周边的地块改造和开辟的。私垦田亩在全国田亩总数里占多大比例,现已不详。将其一概纳入征收范围,肯定会增加国家的收入,但不见得像后世想象的那么多。更可能的是,由于初税亩承认这些私垦田亩的产权,变相地鼓励了垦荒,新垦田亩从此大量增加。

---

① 《毛诗序》:"《大田》,刺幽王也。言矜寡不能自存焉。"郑《笺》:"幽王之时,政烦赋重,而不务农事,虫灾害谷,风雨不时,万民饥馑,矜寡无所取活,故时臣思古以刺之。"
② 《大府职》说:"家削之赋以待匪颁。"《委人职》:"以稍聚待宾客。"

另一类是私自占有的田亩。指营造好的大田,被庶民家庭分割占有。西周初年,全国推行授田制,鲁国也不例外。有些夫家经数百年繁衍生息,发展为人口众多的庶民家族,原先的大田已经分割成少于百亩的小块地面,由其支族分别耕种。而在土地之图中,仍然按百亩为单位登记夫家名。这种名实不符的现象持续多年,若继续按登记的夫家名征敛,很难征齐原定赋额。若按原额强行向登记在籍的夫家征敛,则一些家庭负担过重,另一些家庭漏税,引发不公的抱怨。这些麻烦积重难返,导致旧制窒碍难行。初税亩以实际耕种者为准,重新丈量,重新登记,向实际耕种者收税,等于是承认了分割占有者的合法性。

(二)后果

在评价初税亩之前,先看它带来的改变。首先是土地私有化。大夫士的田邑不再被视为俸禄,而是私有地产。夫家耕种田地,在以前是履职,上缴产出是献功,自留部分是薪资。田地私有化之后,大夫士更愿增加土地投资,如兴修陂堰、鼓励垦荒等。农夫更愿意精耕细作。其次,贡赋制终结和赋税观兴起。贡赋制的终结不必多说。鲁国的赋税,其实是私人向国家赎买土地产权的赎金。复次,终结了统一营造田亩的制度,也终结了授田制。大田制和授田制的根基是土地国有,它们的崩解也意味着土地国有制的崩解。在人少地多的时期,土地国有制有力地推动了国土开发,带来了经济繁荣和人口增长。但在人多地少的时代却成了束缚。因为,大田制包含了前置审批程序。荒地能否开垦? 如何开垦? 如何分配水源等? 均须等待官吏巡察后才能决定,这些导致荒地不能及时垦辟。履亩而税鼓励人们自行决定如何经营土地,清除了审批制的障碍。到战国末期,北方平原尽得垦辟。以前认为这是铁农具普及的结果,其实不然。殷人已掌握了高超的大田营造术,垦辟小块荒地不在话下。普及铁农具是为了方便小家庭耕种,它是大田制衰落的结果。换言之,工具改良是制度变革的后果,而非原因。只看到有形的工具,看不到无形的制度,是方法论的落后,也是历史观的局限。

(三)评价

通常,评价历史事件最重视的是事件对后世的影响。从对后世的影响看,初税亩引发了税制、田制、产权制度等的一系列变革,可谓社会大变革的前奏。但是,这种超越当事人利益的评价,越出了本书的任务。本书只关注如何在周制背景下评价它。

一般来说,在重大的历史事件中,当事人一定有利益受损的,也有受益的。如果有人说,没有任何人在某次制度大变革中利益受损,他要么是骗子,要么是不懂自己在说什么。乍一看,初税亩是个例外,当时的鲁国人无不从中得到好处。鲁侯拿到了更多赋谷,大夫士和庶民拿到了土地产权,人人获益。没有利益受损人吗?当然不是。说没有受损者,是因为没人把周王作为当事人。周王是初税亩的当事人吗?当然是!普天之下,莫非王土。当时的鲁侯和鲁国的大夫士,还不敢否认这句话吧?!未经周王允许的土地私有化,等于攫取王国的土地以自肥。须知,鲁侯的职事是为王国镇守边疆,只有履行职责,鲁侯及其大夫士才有资格从侯国赋谷中领取俸禄。现在瓜分侯国土地,等于监守自盗。如何能说没人受损?!又有进焉,土地及其产出不过是物质利益,周制才是王国的根本,周制上附着的巨大的政治利益,是无法用物质利益估量的。破坏周制,也就破坏了人们长期坚守的价值观。比如,在周人的观念中,夫家耕种的是公共田亩,缴纳贡赋是供应各种公共支出,故而贡赋不得挪作私人花销,否则就是以私废公。周王把都鄙的赋谷挪入宫内,是公私不分。鲁侯则是挪用贡赋,瓜分王土,何尝不是以私废公?!王与诸侯利用权力营私,天下失望,不亡何待?!

水源污秽,水流必不清洁。唯有合法的改变才叫改革。真正的改革无不出自当事人的谅解或协商,用契约赋予正当性,以保证成果的长久。用非法手段攫取利益,那叫偷盗或抢劫。合法收益只能出自合法行为。非法手段能带来巨大利益,但不能带来合法收益。站在周王的立场评价初税亩,那是一场小型政变,与抢窃无异。很多人认为,干大事者不择手段。我不敢否认。但我们谈的是改革的定义。如果不清楚改革是什么,也无所谓成功的改革。

结语　七十子丧大义乖

《汉书·艺文志》首句:"七十子丧大义乖。"后世多不信。班固何出此言?

第一节　王国与王权

一、称王的资格

《周官》分为《叙官》和职文。我们一直在谈职文,但不意味着《叙官》不重要。

五篇《叙官》存世,各附一篇叙言。前五句完全相同。前四句描述严整的王国。第一句,"惟王建国",讲先有王,后有王国。第二句,"辨方正位",按正确的方位修建王的宫庙。第三句,"体国经野",讲国野关系,本书已详述。再归纳一下。其一,按"为邑"制度营造京城,在周边"为田",以保证粮食供应。其二,以京师为中心,整理周边县鄙,使大小县均系于王。第四句,"设官分职",讲官制。读了《周官》就知道,不赘。王国像同心圆,圆心是王与宫庙,向外是城郭,再外是拱卫的城池(都或县),基层是提供粮食的人力与田亩。第五句,"以为民极"。最关键! 极,训为中,中正的中。耗费巨大人力和物力营造的国家,不是为了"王",也不是为了"民",而是实现中。中是三代的立国之道。自命为"中国",原义是要打造中正的国度。把"中国"的"中"解释成地理位置的中间,是相关史实残缺而导致的误读。兹事体大,本书不及,以后有机会再详考。

三代王制和秦以后帝制的不同,主要体现在王与诸侯的关系上。诸侯,原指异姓国族。上古时期,诸侯林立,不能尽灭,必须取得大多数诸侯的拥戴才能称王。王国尊重异姓国族的风俗、信仰和祭仪等,允许他们自治。周王治理王国和统治天下是两回事。治理王国依赖的是官吏体系,统治天下则有赖于盟誓、婚姻和宗法。姬姓诸侯是周人之国,王国是他们的宗主国,周王可以大宗身份发号施令。对待异姓诸侯则不同,少数以婚姻维持,大多数只能以盟誓约束,待以中正之道。按《周本纪》,杜伯无辜,宣王冤杀之,失天下之望,诸侯从此不再朝觐。诸侯不朝,谓之失天下。只有理解这一历史环境,才能理解王政与禅让。传说中的唐、虞禅让,继位者全凭诸侯推举,这是完美的称王资格。武王有资格称王,则凭"吊民伐罪"。吊民是民意,伐罪是武力。民意的表示办法,是八百多异姓诸侯的追随与推举。有大多数诸侯的推举不够,还要凭武力,这是现实的称王资格。在东亚大陆,称王的资格从未改变。秦始皇知道,以后的皇帝们也知道,否则就不会屡屡地伪造禅让仪式。由于没有异姓诸侯,因此只能生造"皇帝"的名号,掩盖他们均是僭主的事实。

王制和帝制的不同,还体现在如何对待万民。万民是王国的重要组成部分,国家的管理与建设均依赖万民。万民分为三个阶层,一是大夫,二是士庶子,三是庶民。官和民没有界限,都是为王国服职。庶民无论男女,成年即受职,成为一名士卒、农人、猎人、渔夫、织妇、养蚕人、看林人,等等。只要受职与守职,就是为王国做贡献。大夫士的受职等级更高,责任更大,必须贤能居之。大夫士家族的宗子未必任官职。如果把王国比作一个人的身体，王是心脏，朝堂是头脑，官吏是颈项，诸侯是手脚，万民就是躯干。头脑和心脏固然重要，躯干的肉也不能随便砍一块！这是王国与万民的基本关系。

秦开启皇权帝国模式，王国成为过去，这是上古与中古的基本区别。帝国是极其自私的结构，集中体现在国家为一姓所占有，利益总归于一姓。韩非说："臣之所不弑其君者，党与不具也。"这是站在君主的立场，没有解释为何君臣猜忌如此深刻，以至于一日百战。国家为一姓所私有，我的是我的，你的也是我的。汉晋士大夫主张回到封建制，谈的其实不是封建，而是王政。柳宗元不懂，在《封建论》中说昏话："公天下之端自秦始。"天下即苍天之下。天下不止一姓之国，而是王国与异姓诸侯国共存。天下曾经是实实在在的，不是虚拟的。天下为众姓所共享谓之公。秦始皇以一姓独擅天下，居然谓之公天下，岂非指鹿为马，颠倒黑白?! "七十子丧大义乖"，此为一例。

所谓秦并六国，混一天下，换个角度理解，就是实体的天下已经崩溃。自此以后，土地和人口被视为无主的资源，谁能靠武力抢夺并占有之，就是谁的。皇权帝国以内没有众国之姓，只有庶民之姓。实际只有皇室一姓，改朝也称改姓。清亡以来，批判皇权，已有定论，无需赘述。要强调的是，传统中本就有批判皇权的文化资源，即以王道或王政为代表的三代文明。黄宗羲说："三代以上有法，三代以下无法。"又说："三代之法，藏天下于天下者也。"帝制则是"一家之法，而非天下之法也"。皇帝们"视天下为莫大之产业""屠毒天下之肝脑，离散天下之子女，以博我一人之产业"。无不切中弊害。黄宗羲深知天下与王政并存，高举天下的大旗批判帝制。今人大多不能深切体会天下曾是实在的，看到黄宗羲的话，觉得是讲理，不觉得是讲历史，还以为故意抬高三代以贬抑秦政而已。历史观也在作崇。近代以来,社会达尔文主义甚嚣尘上,以为后出的国家一定是高级形态,先出现的一定是低级形态,不知文明可以下降或倒退。至于今,居然把帝制当作王政的进化形态。"七十子丧大义乖",此又一例。

二、中央集权制

那么,王政与帝制毫无沟通之处吗? 有。它们都是中央集权制。

通说认为,商周国家推行封建制,再配合宗法制,构成等级森严的身份体系,社会是典型的金字塔结构。我认同金字塔结构,但不认为王国的政体是封建制! 不错,周王凌驾于诸侯之上,诸侯再分等级,"王—诸侯"是一种金字塔结构,但这是天下的结构,不是王国的结构。王国之内,官吏服从王命,这是另一种金字塔结构。在官吏群体之内,士庶子很难上升到大夫阶层,这同样是森严的等级!不要说金文中的证据,整部《周官》只讲一件事,那就是完备的官吏体系。岂能装作看不见?!

周六官是中央集权制的重要证据。西周初年,已经初步确立了层级明晰的官僚体系,按国家类型学说,中央集权制的主要特征之一是官僚制。官僚制意味着赏罚和任免官吏的权力掌握在上级手中,保证最高统治者牢牢掌控着国家。君主集权制则是中央集权制的古老模式,其自身有难以克服的弊病。一方面,整个国家受君主个人的影响太大,君主残忍则走向专制暴政,君主无能则会带来灾难。另一方面,君主毕竟是人,有弱点,容易受控制或被暗杀,王权不稳又会导致全国性的混乱。即使如此,仍不得不承认,君主集权制是适合古代大型疆域国家的统治模式。君主集权制很难与封建制混为一谈,封建制的特征是统治权分散。也有难以克服的弊病,如政令不一、地域隔绝、战争频仍等。封建割据同样非人民之福。

贡赋制也是中央集权制的证据。"匹马丘牛"是已知的上古兵役制中最早的一种。这种兵役制充分体现了早期国家的特征,也即兵民同构。王通过官吏牢牢地控制着基层的人财物,王国是一个巨大的后备兵营,是随时可以发动的战争机器。平时,城邑和乡村是生活劳作的单元,秩序井然。每个人、每块田、每份资源都整理得规规矩矩,像有条理的主人收拾整齐的家。一旦发动战争,则转为军事后勤体系,利用丘甸征敛士卒和军事物资,高效地调度和汇聚资源。《管子·小匡》说:"作内政而寓军令。"后世以为是管仲的发明,或者以为是先秦法家的杰作。实则不然。先秦诸家都是三代文明的后人,侧重点不同而已。贡赋制要能无碍运行,全赖官僚制和国有土地制度。土地完全掌握在国家手中,才能统一营造田亩。全国的财物每年按时征收入库,必须有一套有效的官吏系统。贡赋制还必须放到大型疆域国家的背景中,王国的疆域广大,只有直接控制的田亩数和夫家数足够多,才能快速编成庞大的王师,且保证后勤无虞。也就无需等待诸侯军队,独立地发动战争。显然,官僚制强化了大型疆域国家的王权,使诸侯更加依赖王权,而非反过来。

都鄙制是中央集权制的另一证据。汉代仍然称天子为"县官",天下只有一个"县官"。有学者注意到,这个称谓源于称县为"䢘"的时期。① 甚是。我愿意换一种说法,天子称为县官的历史源远流长,最早可以追溯到商朝的县鄙制。自那时起,县鄙一直是王权的代

---

① 王晖:"显然这里所见秦木牍文字中的'县官'不是郡县之'县'的意思,而应是西周春秋时期'县'字王室、公室直辖之义的用法。""秦汉时这种'县'的用法是不能用郡县的'县'来解释,而是继承了西周春秋时'县'的本义,是指直隶于周王室或诸侯公室的某一城邑或地区。"(《西周春秋"䢘"(县)制性质研究:从"县"的本义说到一种久被误解的政区组织》,《史学集刊》2017 年 1 期。)

表,各县官吏均是王官,各县府库均是王的府库,县的疆界延伸到哪里,哪里就是王国的疆域。王驻扎的县就是京师。西周初期,州城兴起,于是县鄙与州合称都鄙。总之,王国只有两层:京师与都鄙。京师是王的,都鄙也是王的。城大夫是王官,由王册命,只服从王令,这一点尤其体现集权制的特点。从当时的格局看,州、县的规模较小,城大夫绝无可能挑战周王权威。前533年,周景王派一使臣就把甘大夫抓去晋国赔罪。此时已是春秋晚期,甘是当时有名的大都。可以说,分散孤立的都鄙与王权相得益彰。像荆州那样以一州之力独立,最终居然成功的,毕竟是个例。

不明都鄙,不足以明周的政治地理。汉儒把周王的疆域限于两京之间,其余地方视为诸侯或蛮夷。唐代以来,又把周州一概视为蛮夷国。这就等于把周的内地当成了边疆,在地图上抹掉了周王的大片疆域。实际上,西周时的边侯很少能独挡外敌的大举入侵,若无王师驻扎于边疆都邑,与边侯相为犄角,边侯动辄有灭国之忧。还需明确的是,周王封建王子弟以县鄙为限。封边侯以大县,疆域方百里左右。这与西汉封王动辄以数县或数郡,有着根本的不同。在周王面前,边侯不过是弹丸小国,实力悬殊不可以道理计。平王东迁,王国只剩半壁江山,但若仅以疆域和人口计,实力仍在任何诸侯国之上。周王能继续维持五百余年王室名分,不全靠姬姜诸侯的拥戴,而是实力使然,而这实力的来源,正在于周王的都鄙。

秦的郡县制不是横空出世,而是从都鄙制发展而来。二者的主要区别在于,都鄙代表点,王国是无数个点的集合。郡县制,新在郡而不在县,县是点,郡是面,全国成了多个面的总汇。然而,二者都是中央集权制下的地方行政制度,不同的分级并不影响地方服从中央。

第二节　服职与公私

一、为国服职

　　万民必须为国服务,谓之服职。有职才献功,职和功是因果关系。战争年代,功就是战功,战功是万民服兵役的成果。和平年代,功是土功和劳动所得,平时的劳动所得就是贡赋,土功则是服力役的成果。更早的时候,人力和财物是不分的,匹马丘牛是服兵役者自带粮秣。军制改革之后,徒卒和粮秣分开征收,才有兵役和军赋的区别。

　　服职观的重点是职,而非官。职未必是官。后世很难理解商人弦高何以有公职人员的自觉性。很简单,弦高是庶子,每个庶子都是公职人员,他外出贸易就是履职。犒劳秦师的牛,全部或部分是郑国官署的公产。庶子不一定任官,官署中有一种吏职为贾,地位相当于府史,高于胥徒。后世以为相当于里甲、保长一类的职役。实则不然。后世的职役是无公职的庶民为国服役,而周的庶子和庶民就是周的公职人员。何况,郑国商人与郑国先君定有盟誓,是“万民约”的一方当事人。

　　本书不设专章讨论盟誓制度。此处就职事与盟誓的关系多说两句。通常,职事建立在盟誓的基础上,盟誓的一方是周王或诸侯,另一方则是大夫士。封建郑国的时间较晚,大夫们对誓辞记忆犹新。王国的大多数盟誓在周初已经举行,史料失载。我们看到的是盟誓之后的秩序。盟誓是世代有效的①,某一代周王的誓言对后代周王皆有约束。春秋时期,伯舆七姓权势熏天,正因为先祖与平王

---

① 《左传》哀公十二年:“若犹可改,日盟何益。今吾子曰‘必寻盟’。若可寻也,亦可寒也。”

有盟誓。反过来,大夫士的盟誓是代表家族效忠周王,服职是全族的事,族内一人不死,服职就永无止尽。大夫士与其族人一荣俱荣、一损俱损。一旦有错,可以是大夫士个人负责,也可能由全族负责。比如,晋国的"五正"是五个大夫,但他们是怀姓九宗的代表。所谓"世官世禄",是五个大夫率领怀姓族人侍奉晋侯。就像明代的军户,一人死亡,须从原籍户内抽一人顶替。明朝不亡,军户之役永无停止。后来官权越重,当官可以牟取巨利,大夫士不在族内选拔贤能,而是让子孙出任官职,公权力私有化,这才遭世人指摘。又因此,有人误以为官与爵没有区别。其实,爵位是赏个人之功,赏赐可由子孙世袭。而官吏是服职,是全族供役。

不但万民要服职,王与诸侯何尝不是?!周王和诸侯祭祀,敬献谷肉、酒浆、民籍等,是向神灵献功。既然有献功,也就有服职。他们为谁服职?同样是为国服职。神灵与先祖代表一种更高级的抽象实体,它凌驾于王与诸侯之上,也凌驾于一切现世的人之上。王、诸侯和万民都要服从它,受它约束,为它牺牲。这种抽象实体就是国家。

周人已经有抽象的、整体的国家观。不承认这一点,有些事就无法理解。今天的企业,工人在装配流水线上工作,工头负责厂房和机械工具,经理负责组织和奖惩等,如果说他们的头脑中没有"企业"或"工厂"这类整体概念,是不可想象的。周人也如此。以营造田邑为例,先由工官勘察和丈量土地,制定工程量。再由司徒配合征发劳役,在工官指导下营建。再由司徒安排夫家迁居,登记人口,确定赋役。每个环节都是国家建设的一部分,每个人都在为国服职,如果说他们的头脑中没有国家这一整体概念,也是不可想象的。只是周人不一定用"国家"这个词,而更愿意把周王想象成国家的总代表,把服职说成是为周王服职。

上古服职观对后世产生了深刻影响,其中也不乏误解。《白虎通》说:"庶人职在耕桑,勠力劳役,饥即食,饱即作。"这是服职观的余音。意思是,耕桑是为国服职,已尽本分,其余无需多想。这段话明确庶民对于国家的责任,同时承认庶民享有正常生活的权利。后世不懂服职观,以为这是说庶民无需关心国事,只要像动物有吃有喝就行。误解颇深。须知,职与国紧密联系,没有国,哪来的职。

二、官民之别

西汉推行土地私有制,田亩是私产,财物为私财。新的公职观随之兴起。郑玄为"公牛"和"公车"注:"公犹官也。"周人所谓"公"物,等同于国家财物。郑玄把公等同于官,一字之别,差之千里。若只有官署代表公,则官署的财物才是公物,在官署内担任职务才算公职,执行官署的命令才算公事。后世把服役于官府称作职役,又可称为"公人"或"公差",外出办事叫做"公干"。庶民不在官署,不再是公职人员,生产劳动不再是履职,而是谋生的私事。职,区分为公职与职业,官吏之职为公职,庶民的营生为职业。职役成了公私的分界线。

本来,民与官相比,身份、权力、财力等均处劣势。再加上公显然比私更具道德优越性,所以,官在道德上也占据了制高点。后世的官与民分道扬镳,地位悬殊,与公私之辨的转换有极大关系。从此,官威日益重,民日益卑。庶民渐渐称为小民,又称草民。清代的诉状中,终于自称蚁民。财产争讼要写"有产才有税",方能引起官府重视。因为赋税是公事,公事重要,私产不受官府待见。这样的结果,根子就在以官为公,贬民为私。蚁民只是一种资源,劳动力和赋税出自其中。根据资源稀缺原理,稀少的物品价格较高,多则价贱。明清时期,蚁民往往过亿,甚至两三亿,最终突破四亿,当然就越来越不值钱。

中古官僚制的特征是官民悬隔。周虽有严格的等级制,毕竟官民皆服公职,且大夫士与庶民聚族而居,打仗时共进退,有身份高低,而无悬隔之弊。秦以后,官吏虽然拔擢于庶民,然而一旦任官,则官民悬隔。最重要的缘故是,官吏代表公,庶民代表私。官民之间不仅身份有高低,而且存在着不可调和的价值冲突。追根溯源,官民悬隔始于庶民无职。

三、公私与土地

上文已经涉及公私之辨,但周人的公私观远不止于此。在周人看来,公与私是泾渭分明的。秦焚周史,混淆视听。汉儒已大多不解周制,用汉制解释周制,还美其名曰"六经注我"。周的公私界限于是泯灭,然而责任不在周。周人的公私之辨分为两层,一是利益层次,二是义理层次。要理解义理,须先搞清楚利益。那时,利益又集中体现在土地上,说清楚土地上的公与私,利益上的公与私也就大致清楚了。

首先是国家的领土,当时称为"王土"。国家领土是政权宣示的统治范围,强调的是政治利益。领土以内接受周王的统治,它当然是完整而不可分割的。今天,私人享有土地所有权,没人认为是分割国家领土。同样,周朝的私人土地与王土丝毫不冲突。

其次是国有土地,又称"公邑之田"。国家的财物,周人一概冠以"公"字,如公牛、公车、公酒等。公邑或公田,原指一切未赏赐出去的山川、都鄙和田亩,也就是国有土地。王国和诸侯国境内均有大量的国有土地,一部分修建城池、道途、邑居等。另一部分的平原地区,由专官营造田亩,授予农人耕种,产出谷物的 5%—20% 是贡赋,或藏入府库,或委积,以应公共支出。贡赋以外的部分是夫家服职的报酬,劳役和兵役的花销也含在其中。山川湖沼则交虞衡照料。虞衡的贡赋比率不详。

再次是私有地产,第一大宗是藉田。周王和诸侯都有藉田。周王的藉田又称王藉。王藉遍布王国境内,通常以一座小城为中心,由甸师率王族驻扎和耕种。王藉产出的谷物,10%归入御廪,剩余部分归王族均分。御廪的谷物,以及王藉产出的果蔬、柴薪等,专供王宫内的祭祀和其他花销。王族的夫家也服力役,主要是为王宫输送物资。有事组成军队,唯有周王可以调动。

私有地产的第二大宗是私家田邑,包括大夫采邑和士的赏田。士的赏田与禄田不同,禄田就在都城的近郊,也称士田。禄田是国有田亩,产出的一部分用于发放士的俸禄。赏田则在远郊以外,规模视士的功劳大小而定,小的只有一邑(四井),大的有小城。赵氏先祖受赏的"赵城"就是赏田。大夫的采邑,小的大约一鄙,大的一县。虽赏一鄙,不会尽赏四丘。虽赏一县,不会尽赏四鄙。且最多不超过百邑。私家田邑仍然由夫家耕种,由王官监督,贡赋的比率不超过20%。在这些贡赋中,据说大夫士食三分之二,三分之一上缴周王,又称食租制。此外,出任官职就是服职,所以,大夫士一概免劳役。战时则服兵役,任车上甲士。

以上是天下土地的公私之别。国有土地是公,藉田和私家土地为私。土地的归属不同,当然就有公益与私利的冲突。以私废公,直接体现为混淆公私土地及其收入。比如,贡赋出自国有土地,是公。只能用于公共支出,不能用于私人花销。王宫是周王的家,是私。王宫的花销是私人花销,所以由王藉供应,不得动用贡赋之谷。然而我们知道,某位周王任命阉人任公共仓廪的官吏,把贡赋的谷米调入宫内,这就是假公济私。周王既然如此,如何约束诸侯?!初税亩,是鲁侯把宫内花销直接摊派到国有土地上,当然也是假公济私。

若说三代有公私之别，公私土地是最实在的界限。不明公私土地，不足以论周人的公私之辨。周王以天下之田授万民之职，原是与天下之人共天下的意思。把周王说成全国最大的地主，把夫家说成雇农，纯属不经之想象。按此想象，夫家受田变成向周王讨生活，周王授田变成雇佣剥削。这是以秦制例周制。秦王才是如此看待境内田土，一旦以武力取国，就以占领者自居，天下的土地成了我的私人田产，人民变成任我驱使的农奴。

四、公私与王道

利益层面的公私已经阐明，下面看义理层面的公私。

设问：私家之田是公还是私？采邑和士田是大夫士的俸禄，是对贤能的酬劳。封国和赏田则是赏赐功勋，是对将士用命的奖励。俸禄和赏功均属周制。符合周制的就是公，不是私。所以，义理层面的公私之辨，集中体现在周制上。守护制度就是公，破坏制度才是私。

庶民不掌握国家权力，不具备破坏制度的资格，只会遵守制度或受制度惩罚。必须掌握国家权力，才有能力破坏国家制度。有能力破坏国家制度的，只有王、诸侯和大夫士。其中，周王又是周制存废的关键。周王的职事是什么？有人说，周王与三公负责"坐而论道"。这话说对了一半。周王不但要论道，还有守护道的职责。周王要守护的道就是王道。王道荡荡、无偏无党。王道就是中！《叙官》说，周王建立的国家要实现中。为什么不说"公"？因为周人的"公"指财物的归属，中才是超越财物的义理。汉儒说"王者无私"，这话也是从王道发挥而来，无私就是公，公就是中。

周人认为，周制是周公率领开国先贤们制定的，是彻底贯彻王道的制度。所谓守职，就是守护周制，淆乱周制即废职。周人还相信，周王最在乎王国，也最在乎周制。这个逻辑是对的。因为周制体现了王国的最大利益，破坏制度对其他人或许有利，唯独对周王绝对不利。周人又认为，王权无所不能，既然有王权的守护，周制必定无虞。这就未必了。只要是人，就不能无私，周王也有私利，否则就不必区分王藉与公邑，也不必区分两套仓廪体系了。王者无私不过是信仰，并非事实。王权固然无所不能，若站在私利的一边，恰足以摧毁周制。现在知道，对周制最沉重的打击的恰恰来自周王。鲁武公朝觐，宣王废长立幼，诸侯不朝。宣王又冤杀杜伯，天下人以为，天弃周，周将亡。最终，幽王废后立爱，天下大乱。

周失天下，礼教制度荡然无存。然而其中的教训，不能说后世已经知道，更不能说已经汲取。其中，公私之辨应该算是最大端。世人皆知孔子提倡"克己复礼"，不知克己复礼就是要明公私之辨。复礼，就是复兴周制。克己，就是服从制度。周人经过礼乐的驯化，早已褪去粗野的性格，他们既是尚武的民族，又乐于服从。但服从的不是某个人，而是先王定下的制度。服从人的是奴隶，服从制度的是国民。服从制度是公，毁礼坏制是私。周王也不例外。命令无不源于周王，一旦周王不服从制度，一切命令都丧失了公正性，所有的人不得不在沦为奴隶和继续做国民之间做出选择。世人只知孔子是圣贤，忘了孔子的第一身份是周大夫，克己复礼是他尽职而已，不服从制度或不能阻止毁礼则是他失职。孔子敢于坚定地维护周制，因为深信周制为先王与先贤所定，是中道的化身，恪守周制就是实现公义。孔子的再传弟子已不明此理，故《中庸》所讲已非中道。孟子犹辨公私，然而疏于周制，无所依傍。自秦以后，儒生多知秦制不足恃，故而对制度全无信心，于是改讲伦常与心性，不知守护制度和服从制度有独立的价值。以此观之，虽自命为孔子门生，却未必得孔子之精髓。

第三节　三代文明

一、"文明"释义

国史上公认的文明,唯有三代。[1] 未闻"汉文明""唐文明""宋文明"的说法。事实上,正因汉、唐、宋、明各朝服膺于三代文明,以继承者自居,所以确立了华夏文明系于三代。

夏、商不可追,周的典籍一直是观摩三代文明的窗口。秦毁之后,大夫士的惶惑心情屡见于正史。《汉书·礼仪志》说,河间献王全力收集经籍,仅得《周官》《士礼》二书。沉痛之意跃然纸上。《旧唐书·礼仪志》说:"仲尼之世,礼教已亡。遭秦燔炀,遗文殆尽。汉兴,叔孙通草定,止习朝仪。"西汉早期的读书人,前路茫然,身后漆黑,急欲搜集周之典籍,稍稍有所恢复。至今,我们仍是凭借汉儒搜集的典籍去遥想三代。

现在,"文明"二字已经混合了各种后出的说法。比如,现代考古学上所谓文明,大约与城邦国家相当,只要有文字、青铜器、石头城等物质指标,就可以称为文明。又或者把一切人类活动痕迹定义为文明,这与中古士大夫的文明定义完全不同。我没有狂妄到认为自己有资格说,考古学上的文明概念是错误的。众所周知,文明的概念是比较的、相对的。某个时代可以称为文明,是相对于更野蛮的时代而言。没有文字,结绳记事就是文明。没有青铜器,石器就是文明。没有国家,部落联盟就是文明。考古学的文明概念建立在

---

[1]　御制《日讲四书讲义序》:"诚因此编之大义,究先圣之微言,则以此为化民成俗之方,用期夫一道同风之治,庶几进于唐、虞三代文明之盛也夫!"(《康熙起居注》,康熙十六年十二月初八日庚戌,中国第一历史档案馆整理,中华书局,1984 年,第 340 页。)

相对性上。但是，为何中古士大夫只承认三代文明？这是因为，至少从商代中晚期以来，也即最迟在前 14 世纪，东亚已经进入到大型疆域国家主导的时代。这种国家的主要特点是地域辽阔，国内生息着众多的国族或民族。摆在汉晋士大夫面前的，不是如何评价部落联盟，也不是如何评价小国寡民，而是文明的大型疆域国家该如何？在他们眼前，有两种形态的大型疆域国家，一种是商、周的王国，另一种是秦始皇建立的帝国。这样，问题就很清楚了，中古士大夫口中的三代文明，其实是在两种大型疆域国家中选一种的产物。近代以来，社会达尔文主义大行其道，国史的评价标准随之变化，仿佛时间离我们越近的越进步，越远则越落后。如此则无法理解三代文明。

评价国史的态度，应该尽量忠实地还原史实，还应该站在文明史的立场。汉语的"文明"二字，表示文章华美、大放光明。喻意礼乐昌盛、公义昭彰。"文明"二字不是随便用的，《周易》彖辞含有"文明"二字的，只有五个卦：同人、大有、贲、明夷、革。① 这五卦有一个共同点，上卦或下卦有一个是象征火的离卦。但并不是有离卦，彖辞就许以"文明"。离、睽、丰、旅等四卦，彖辞中只有"明"，未见"文"字。既济和未济，彖辞中连"明"字也不许。

值得注意的是，文明绝非软弱无力。《大有》彖辞说："其德刚健而文明。"无疑，文明是刚健有为的，软弱无力不是文明。刚健有为又不等于野蛮，《同人》彖辞说："文明以健，中正而应。"《革》彖辞说："文明以说，大亨以正。"又说"天地革而四时成，汤武革命，顺乎

---

① 《同人》彖辞："文明以健，中正而应，君主正也。唯君子未能通天下之志。"《大有》彖辞："其德刚健而文明，应乎天而时行，是以元亨。"《贲》彖辞："天文也。文明以止，人文也。观乎天文，以察时变。观乎人文，以化成天下。"《明夷》彖辞："内文明而外柔顺，以蒙大难，文王以之。"《革》彖辞："文明以说，大亨以正。"

天而应乎人"。显然,文明的力量足以荡涤污秽,革故鼎新,但靠的不是欺骗、恐吓与杀人,而是凭着坦荡的公义。总结古人心中的文明,大约是外谦逊而内刚正吧。

文明之义大矣!基于"文明"二字的历史观,当然不会轻许某个时期为文明。

二、礼仪之邦

《周易》象辞所谓文明,核心标准是礼义。[①] 礼义,是礼仪与公义的合称,前者是表观,后者是内涵。观察一个社会是否文明,首先看它是否普遍遵从礼仪。至于礼仪的内容、仪节的繁简等,可以再议。

古人也真的按照礼仪的有无,把国家分为三等。第一等即礼仪之邦。礼仪之邦的特点是,人们举止从容、相待以礼。相待以礼,说明社会中洋溢着平和宽容的气氛。能做到这一点,人与人必须充分信任,也就意味着无不平之虞。礼仪之邦相当于治世,但比治世的等级高。治世已经难得了!治世的治,是治理得很好的意思,侧重于秩序。一个时代称为治世,但牢狱中仍然关押着罪犯,说明尚未做到人人相待以礼,只能说接近礼仪之邦。

第二等是正常国家。《汉书·刑法志》称为"平邦"。也称"平国"。[②] 正常国家能维持和平与繁荣,但做不到公正地对待人民。人与人之间相互猜忌,频频冲突,无法以礼相待。不过,各方尚能忍耐,存在退让空间,可以用调解解决纠纷。不至于非得你死我活。古人认为,治理正常国家必须依靠刑法,而且必须做到罪与刑相当,

---

① 象辞中的"文明"与"礼义"相当。([魏]王弼:《周易注》,楼宇烈校释,中华书局,2011年,第80、124、269页。)若只讨论人世间的文明,此说差可。但《贲》象辞还区别了天文与人文,天文有天垂象的含义,四季变化属于天文的范畴,说明文明不拘泥于人间的礼义。

② 《大司寇职》"刑平国用中典"郑玄注:"平国,承平守成之国也。"

功与赏相当①,且刑赏的轻重要适中。刑罪相当是中古律学或刑名之学的基本原则,其实原本是周制的精髓。

第三等是乱邦或乱国。《大司寇职》郑注:乱国即"篡弑叛逆之国",也即自乱之国。此时,国家外部并无外敌威胁,但国内已经丧失和平。乱国又分"叔世"和"季世"。据说叔世比季世好些,叔世能用重刑治理,季世用重刑也没用。② 在乱国中,制度不公,执法不公,贿赂横行,贪腐当道。一旦起冲突,各方没有退让余地,论力不论理。人们胸中塞满仇恨,相互攻杀,与丛林世界无异。韩非讲轻罪重罚,以乱国为背景,貌似新颖,不过是采用周人成说。韩非的谬误,就在于把人类社会一概想象为乱世,把治乱世的手段用到一切时代。

古人的历史观并非循环的,也不承认历史是简单的往复运动。如果用一个恰当的比喻,就像推动巨石到达了山顶,一旦松动,巨石从山顶滚落到谷底,再要推上山则千难万难。大多数时候,刚刚推到山腰又滚回谷底,只好从头再来。中古的历史就是如此,勉强回到平邦状态,又不可挽回地跌落。世间再次充满丑恶与不公,再次出现大的荡涤。经过努力恢复,勉强回到平邦,接着又滑落。所谓"分久必合,合久必分",只是小说家言,供百姓娱乐消遣。士大夫的头脑不是真的如此简单。

三、时间与文明

考察史实,会发现汉、唐颇似三代。周有成康之治,汉有文景之

---

① 《荀子·君子》:"故刑当罪则威,不当罪则侮辱。爵当贤则贵,不当贤则贱。""刑罚不怒罪,爵赏不逾德。"
② 《左传》昭公六年《正义》引服虔云:"政衰为叔世。叔世逾于季世。季世不能作辟也。"

治,唐有贞观之治,周、汉、唐的前期均出现过治世。又无不渐渐出现奢靡之风,接着法度松弛,终至于衰败。既然如此,为什么国史上只承认三代文明?对此,当然允许从各方面讨论。比如,上古民风淳朴。又如,上古之人笃信神明,以盟誓取信,等等。但我认为最重要的是"三代"二字。

三代文明的重点,既在"文明"二字,又在"三代"二字。古人所谓三代,上迄传说的尧、舜、禹的史前传说时代,下至西周。保守估计,时间长达 1500 年。故老相传,这 1500 年可以算一个完整的时代,中间发生过一些改朝换代的战争,总的来说没有长达数十上百年的持续战争,更没有人口灭绝式的大屠杀或大战乱。改朝换代的战争是一战而定,对前朝的清算集中在桀、纣二王身上,精英阶层基本完整地保存下来。制度史的考察也印证了这一点,世官、附庸、委质、盟誓等均是延续文化的重要制度。那时的人类还是幼年期,蹒跚学步,每一步都缓慢而细碎。唯有珍惜每一步,才能积沙成塔。如果把上一朝的大夫士一概视为异己,尽皆屠灭,上一代的积累也随之湮灭。没有足够时间沉淀和发酵,何谈升华为文明?!归根结底,三代文明是时间的作品。1500 年的文化与经验积累,最终开出灿烂的文明之花。三代如此,古希腊罗马也是如此。放眼已知的人类史,凡有资格称为文明的,无不如此。

雅斯贝斯在《历史的起源与目标》中说,公元前 800 年至前 200 年是多个人类文明的轴心时代,是人类文明精神的重大突破时期。在轴心时代,中国出现了孔子、老子等伟大的思想家,他们的思想塑造了中国的文化传统。显然,雅斯贝斯存在严重的误判。在他的学说传入之前,中国学者至多认为三代史籍亡失过甚,不可详稽。康南海只说:"三代文明,皆藉孔子发扬之。"①孔子可以称为三代文明的最终阐释者或发扬者,绝不敢说孔子是华夏文明的发明者或塑造者。更何况,公元前 800 年至前 200 年对应的几乎就是春秋战国时期。春秋无义战,以礼崩乐坏而著名。无论孔子或老子,在周大夫士眼中,春秋时期是不折不扣的叔世或季世。战国,更不足道焉!孔子明确表示"述而不作",承认自己只是三代文明的继述者。至于老子,无疑是周王史官的传人。中国若有道统,一定是系于周之礼乐,怎可能系于孔和老。把二人说成文明的创造者,等于是把三代视为蒙昧时代,仿佛文、武、周公都是传说人物。的确,现在看到最早的史书是《春秋》,那是焚书的后果。焚书,就是想伪造文明自秦而始的假象。把三代视为蒙昧时代,恰遂了伪造者的心愿。中国有没有轴心时代并不重要。若有,只能是文质彬彬的周。雅斯贝斯要中国以春秋战国为轴心时代,其实是以时代较晚的古希腊罗马文明为标准,是典型的削足适履。我想问,若依他的标准,后世向春秋战国学什么?是杀人盈野还是刻薄寡恩?是权谋诈术还是阴谋诡辩?对死亡已麻木,把战争当生活。奉诈欺为智慧,以逃避为高明。这些虽然也有人专攻,却是末世的学术。

文明是正大光明,是坦坦荡荡。文明是和平与宽容,是漫长的积累与最终的超越。通往文明之路,没有邪径,也没有弯道超车。三代文明虽远,但中国人从未忘记过周天子的骏马。自周至秦,中国文化发生了巨大的转向。理解这次转向,并不在于知道多少秦以后的史实,而在于知道三代文明。否则,我们失去什么?又是从什么转来?俱是一笔糊涂账。此书梳理周制之大概,无非是想研究这

---

① [清]康有为:《孔子改制考》,中华书局,2012 年,第 6 页。

次大转向。最终结论是,这次大转向标志着,周制及其精神随着天下的崩溃而丧亡,其实质是文明的崩塌。

"七十子丧大义乖",班固诚不欺!

参考书目

《殷周金文集成》(修订增补本,八册),中国社科院考古研究所,中华书局,2007 年 4 月。

《商周金文摹释总集》,张桂光主编,秦晓华副主编,中华书局,2010 年 3 月。

《陕西金文集成》,张天恩主编,三秦出版社,2016 年 6 月。

《十三经注疏》(清嘉庆刊本),[清]阮元校刻,中华书局 2009 年 10 月。

[清]孙诒让:《周礼正义》,王文锦、陈玉霞点校,中华书局,2013 年 1 月。

[清]王先谦:《诗三家义集疏》,吴格点校,中华书局,1987 年 2 月。

[清]马瑞辰:《毛诗传笺通释》,陈金生点校,中华书局,1989 年 3 月。

[汉]韩婴:《韩诗外传笺疏》,屈守元笺疏,巴蜀书社,2012 年 4 月。

[清]王先谦:《尚书孔传参正》,何晋点校,中华书局,2011 年 9 月。

[清]阎若璩:《尚书古文疏证》,钱文忠整理,上海书店,2012 年7 月。

[清]皮锡瑞:《尚书大传疏证》,中华书局,2015 年9 月。

[魏]王弼:《周易注》,楼宇烈校释,中华书局 2011 年6 月。

[清]洪亮吉:《春秋左传诂》,李解民点校,中华书局,1987 年10 月。

杨伯峻:《春秋左传注》,中华书局,1990 年5 月。

刘尚慈:《春秋公羊传译注》,中华书局,2010 年5 月。

[清]钟文烝:《春秋穀梁经传补注》,骈宇骞、郝淑慧点校,中华书局,2009 年5 月。

柯劭忞:《春秋穀梁传注》,张鸿鸣点校,中华书局,2020 年7 月。

[清]顾栋高:《春秋大事表》,吴树平、李解民点校,中华书局,1993 年6 月。

[清]孙希旦:《礼记集解》,沈啸寰、王星贤点校,中华书局,1989 年2 月。

[清]郝懿行:《郑氏礼记笺》,管谨切点校,齐鲁书社,2010 年4 月。

[清]皮锡瑞:《郑志疏证》,中华书局,2015 年9 月。

[清]胡匡衷:《仪礼释官》,陈功文点校,中华书局,2020 年8 月。

[清]王聘珍:《大戴礼记解诂》,王文锦点校,中华书局,1983 年3 月。

[清]郝懿行:《尔雅义疏》,吴庆峰、张金霞、丛培卿、王其和点校,齐鲁书社,2010 年4 月。

王平、李建廷编著:《说文解字　标点整理本》,上海书店出版社,2016 年4 月。

［汉］刘熙：《释名疏证补》，［清］毕沅疏证，［清］王先谦补，祝敏彻、孙玉文点校，中华书局，2008 年 6 月。

［清］钱大昭：《广雅疏义》，黄建中、李发舜点校，中华书局，2016 年 3 月。

［清］王念孙：《广雅疏证》，张其昀点校，中华书局，2019 年 6 月。

［清］钱绎：《方言笺疏》，李发舜、黄建中点校，中华书局，1991 年 11 月。

黄怀信：《逸周书校补注译》，三秦出版社，2006 年 9 月。

徐元诰集解：《国语集解》，王树民、沈长云点校，中华书局，2002 年 6 月。

程树德：《论语集释》，中华书局，1990 年 8 月。

［清］康有为：《论语注》，楼宇烈整理，中华书局，1984 年 1 月。

［清］焦循：《孟子正义》，沈文倬点校，中华书局，1987 年 10 月。

［清］黎翔凤：《管子校注》，梁运华整理，中华书局，2004 年 6 月。

马非百：《管子轻重篇新诠》，中华书局，1979 年 12 月。

［清］王先慎：《韩非子集解》，钟哲点校，中华书局，1998 年 7 月。

［清］苏舆：《春秋繁露义证》，钟哲点校，中华书局，1992 年 12 月。

［清］陈立：《白虎通疏证》，吴则虞点校，中华书局，1994 年 8 月。

刘文典：《淮南鸿烈集解》，冯逸、乔华点校，中华书局，2013 年 5 月。

何宁：《淮南子集释》，中华书局，1998 年 10 月。

[汉]司马迁:《史记》,[南朝宋]裴骃集解,[唐]司马贞索隐,[唐]张守节正义,中华书局,1982 年 11 月。

王叔岷:《史记斠证》,中华书局,2007 年 7 月。

[汉]班固:《汉书》,[唐]颜师古注,中华书局,1962 年 6 月。

[南朝宋]范晔:《后汉书》,[唐]李贤等注,中华书局,1965 年 5 月。

[晋]陈寿:《三国志》,[南朝宋]裴松之注,中华书局,1928 年 7 月。

[北魏]郦道元:《水经注校证》,陈桥驿校证,中华书局,2007 年 7 月。

《世本八种》,[汉]宋衷注,[清]秦嘉谟等辑,中华书局,2008 年 8 月。

[宋]罗泌撰,[宋]罗苹注,[明]乔可传校:《路史》,《四部备要·史部》第 44 册,中华书局,1935 年 3 月。

[清]马骕:《绎史》,王利器整理,中华书局,2002 年 1 月。

[清]郝懿行:《竹书纪年校证》,李念孔点校,齐鲁书社,2010 年 4 月。

[清]黄以周:《礼书通故》,王文锦点校,中华书局,2007 年 4 月。

[清]王引之:《经义述闻》,钱文忠等整理,上海书店出版社,2012 年 7 月。

[唐]林宝:《元和姓纂》,岑仲勉校记,中华书局,1994 年 5 月。

[唐]杜佑:《通典》,王文锦等点校,中华书局,1988 年 12 月。

[元]马端临:《文献通考》,上海师范大学古籍所,华东师范大学古籍所点校,中华书局,2011 年 9 月。

陶敏:《元和姓纂新校证》,李德辉整理,辽海出版社,2015 年

12 月。

[宋]王安石:《周官新义》,吴人整理,上海古籍出版社,2012 年
7 月。

[宋]王安石:《周官新义》,杨小召校点,四川大学出版社,2016
年 1 月。

[宋]王与之:《周礼订义》,吉林出版集团,2005 年 5 月。

[清]刘沅:《十三经恒解 周官恒解》,谭继和、祁和晖笺解,巴
蜀书社,2016 年 1 月。

[清]王鸣盛:《嘉定王鸣盛全集 周礼军赋说》,中华书局,2010
年 8 月。

[清]李文炤:《李文炤集 周礼集传》,赵载光校点,岳麓书社,
2012 年 7 月。

[清]程瑶田:《程瑶田全集 周礼札记》,吕友仁等校点,黄山书
社,2008 年 12 月。

[清]李光坡:《周礼述注》,陈忠义点校,商务印书馆,2019 年
1 月。

[清]孙诒让:《孙诒让全集 周礼政要》,雪克点校,中华书局,
2010 年 4 月。

[清]万斯大:《万斯大集 周官辨非》,曾攀点校,浙江古籍出版
社,2016 年 3 月。

陈衍:《周礼疑义辩证》,潘林校,华夏出版社,2011 年 7 月。

[日]加藤虎之亮:《周礼经注疏音义校勘记》,中西书局,2016
年 9 月。

颜春峰、汪少华:《〈周礼正义〉点校考订》,中华书局,2017 年
3 月。

徐复观:《中国经学史的基础 〈周官〉成立之时代及其思想性

格》,九州出版社,2014 年 6 月。

郑绍昌、朱小平:《解〈周官〉:读熊十力给毛泽东的一封长信》,三联书店,2014 年 10 月。

彭林:《〈周礼〉主体思想与成书年代研究》,中国社会科学出版社,1991 年 9 月。

丁进:《周礼考论:周礼与中国文学》,上海人民出版社,2008 年 7 月。

郭伟川:《〈周礼〉制度渊源与成书年代新考》,国家图书馆出版社,2015 年 3 月。

夏微:《宋代〈周礼〉学史》,中国人民大学出版社,2018 年 7 月。

杨世文编,廖平:《六译先生选集》,巴蜀书社,2019 年 1 月。

陈梦家:《殷墟卜辞综述》,中华书局,1988 年 1 月。

张金光:《秦制研究》,上海古籍出版社,2004 年 1 月。

全书图表名

附录 《周官》职文复原

凡 例

1.復原的僅是今本《周官》的五官職文。五篇《敍官》不在其内。《考工記》亦不在内。本附录尚非定論,僅供學術探討。

2.凡推定爲《周官》原經,一律用大號字。推定爲注文的,不区分出注的时代,一概用同一字体的小號字。

3.凡校出錯簡的,在錯簡處加下劃綫,以便對照。另出校按,并恢復職文與注文的原序。

4.凡校出漏佚的,出校按。能推測出原文的,用□框定,在其中填寫推測的字,如囡。不能推測原文的,暫以□符號提示。

5.爲保證還原準確,本部分采用繁體字。

一、《天官》職文復原

大宰之職,掌建邦之六典,以佐王治邦國。一曰治典,以經邦國,以治官府,以紀萬民。二曰教典,以安邦國,以教官府,以擾萬民。三曰禮典,以和邦國,以統百官,以諧萬民。四曰政典,以平邦國,以正百官,以均萬民。

五曰刑典，以詰邦國，以刑百官，以糾萬民。六曰事典，以富邦國，以任百官，以生萬民。**以八灋治官府**。一曰官屬，以舉邦治。二曰官職，以辨邦治。三曰官聯，以會官治。四曰官常，以聽官治。五曰官成，以經邦治。六曰官灋，以正邦治。七曰官刑，以糾邦治。八曰官計，以弊邦治。**以八則治都鄙**。一曰祭祀，以馭其神。二曰灋則，以馭其官。三曰廢置，以馭其吏。四曰禄位，以馭其士。五曰賦貢，以馭其用。六曰禮俗，以馭其民。七曰刑賞，以馭其威。八曰田役，以馭其衆。**以八柄詔王馭羣臣**。一曰爵，以馭其貴。二曰禄，以馭其富。三曰予，以馭其幸。四曰置，以馭其行。五曰生，以馭其福。六曰奪，以馭其貧。七曰廢，以馭其罪。八曰誅，以馭其過。**以八統詔王馭萬民**。一曰親親，二曰敬故，三曰進賢，四曰使能，五曰保庸，六曰尊貴，七曰達吏，八曰禮賓。**以九職任萬民**。一曰三農，生九穀。二曰園圃，毓草木。三曰虞衡，作山澤之材。四曰藪牧，養蕃鳥獸。五曰百工，飭化八材。六曰商賈，阜通貨賄。七曰嬪婦，化治絲枲。八曰臣妾，聚斂疏材。九曰閒民，無常職，轉移執事。**以九賦斂財賄**。一曰邦中之賦，二曰四郊之賦，三曰邦甸之賦，四曰家削之賦，五曰邦縣之賦，六曰邦都之賦，七曰關市之賦，八曰山澤之賦，九曰幣餘之賦。**以九式均節財用**。一曰祭祀之式，二曰賓客之式，三曰喪荒之式，四曰羞服之式，五曰工事之式，六曰幣帛之式，七曰芻秣之式，八曰匪頒之式，九曰好用之式。**以九貢致邦國之用**。一曰祀貢，二曰嬪貢，三曰器貢，四曰幣貢，五曰材貢，六曰貨貢，七曰服貢，八曰斿貢，九曰物貢。**以九兩繫邦國之民**。一曰牧，以地得民。二曰長，以貴得民。三曰師，以賢得民。四曰儒，以道得民。五曰宗，以族得民。六曰主，以利得民。七曰吏，以治得民。八曰友，以任得民。九曰藪，以富得民。**正月之吉，始和布治于邦國、都鄙**。乃縣治象之灋于象魏，使萬民觀治象，挾日而斂之。乃施典于邦國，而建其牧，立其監，設其參，傅其伍，陳其殷，置其輔。乃施則于都鄙，而建其長，立其兩，設其伍，陳其殷，置其輔。乃施灋于官府，而建其正，立其貳，設其攷，陳其殷，置其輔。凡治，以典待邦國之治，以則待都鄙之治，以灋待官府之治，以官成待萬民之治，以禮待賓客之治。**祀五帝，則掌百官之誓戒**。與其具脩。前期十日，帥執事而卜日，遂戒。及執事，眂滌濯。及納亨，贊王牲事。及祀之日，贊玉幣爵之事。**祀大神示亦如之**。享先王亦如之。贊玉几、玉爵。**大朝覲，會同**。**贊玉幣**。玉獻、玉几、玉爵。**大喪，贊贈玉**。含玉。作大事，則戒于百官，贊王命。**王眂治朝，則贊聽治**。眂四方之聽朝，亦如之。凡邦之小治，則冢宰聽之。待四方之賓客之小治。**歲終，則令百官府各正其治，受其會**。聽其致事，而詔王廢置。**三歲，則大計羣吏之治**。而誅賞之。

　　小宰之職，掌建邦之宮刑，以治王宮之政令。凡宮之糾禁。**掌邦之六典、八灋、八則之貳，以逆邦國、都鄙、官府之治**。**執邦之九貢、九賦、九式之貳，以均財節邦用**。**以官府之六敍正羣吏**。一曰以敍正其位，二曰以敍進其治，三曰以敍作其事，四曰以敍制其食，五曰以敍受其會，六曰以敍聽其情。**以官府之六屬舉邦治**。一曰天官，其屬六十，掌邦治，大事則從其長，小事則專達。二曰地官，其屬六十，掌邦教，大事則從其長，小事則專達。三曰春官，其屬六十，掌邦禮，大事則從其長，小事則專達。四曰夏官，其屬六十，掌邦政，大事則從其長，小事則專達。五曰秋官，其屬六十，掌邦刑，大事則從其長，小事則專達。六曰冬官，其屬六十，掌邦事，大事則從其長，小事則專達。**以官府之六職辨邦治**。一曰治職，以平邦國，以均萬民，以節財用。二曰教職，以安邦國，以寧萬民，以懷賓客。三曰禮職，以和邦國，以諧萬民，以事鬼神。四曰政職，以服邦國，以正萬民，以聚百物。五曰刑職，以詰邦國，以糾萬民，以除盜賊。六曰事職，以富邦國，以養萬民，以生百物。**以官府之六聯合邦治**。一曰祭祀之聯事，二曰賓客之聯事，三曰喪荒之聯事，四曰軍旅之聯事，五曰田役之聯事，六曰斂弛之聯事。凡小事皆有聯。**以官府之八成經邦治**。一曰聽政役以比居，二曰聽師田以簡稽，三曰聽閭里以版圖，四曰聽稱責以傅別，五曰聽禄位以禮命，六曰聽取予以書契，七曰聽賣買以質劑，八曰聽出入以要會。**以聽官府之六計**，弊羣吏之治。一曰廉善，二曰廉能，三曰廉敬，四曰廉正，五曰廉灋，六曰廉辨。**以灋掌祭祀、朝覲、會同、賓客之戒具，軍旅、田役、喪荒亦如之。**七事者，令百官府共其財用，治其施舍，聽其治訟。**凡祭祀，贊玉幣爵之事。**祼將之事。**凡賓客，贊祼。**凡受爵之事，凡受幣之事。**喪荒，受其含襚。**幣玉之事。**月終，則以官府之敘受羣吏之要。**贊冢宰受歲會。**歲終，則令羣吏致事。**正歲，帥治官之屬而觀治象之灋，徇以木鐸曰："不用灋者，國有常刑！"乃退。**以宮刑憲。**禁于王宮。令于百官府曰："各脩乃職，攷乃灋，待乃事，以聽王命。其有不共，則國有大刑！"

　　宰夫之職，**掌治朝之灋以正**王及三公、六卿、大夫、羣吏**之位，掌其禁令。敘羣吏之治。**以待賓客之令、諸臣之復、萬民之逆。**掌百官府之徵令，辨其八職。**一曰正，掌官灋以治要。二曰師，掌官成以治凡。三曰司，掌官灋以治目。四曰旅，掌官常以治數。五曰府，掌官契以治藏。六曰史，掌官書以贊治。七曰胥，掌官敘以治敘。八曰徒，掌官令以徵令。**掌治灋以攷百官府**羣都縣鄙**之治，乘其財用之出入。**凡失財用、物辟名者，以官刑詔冢宰而誅之。其足用、長財、善物者，賞之。**以式灋掌祭祀之戒具，**與其薦羞。從大宰而眡滌濯。**凡禮事。**贊小宰比官府之具。凡朝覲、會同、賓客，以牢禮之灋，掌其牢禮、委積、膳獻、飲食、賓賜之飧牽，與其陳數。凡邦之弔事，掌其戒令，與其幣器財用，凡所共者。**大喪，**小喪，掌小官之戒令。**帥執事而治之。**三公、六卿之喪，與職喪帥官有司而治之。凡諸大夫之喪，使其旅帥有司而治之。**歲終，則令羣吏正歲會，**月終，則令正月要。旬終，則令正日成。**而以攷其治。**治不以時舉者，以告而誅之。**正歲，則以灋警戒羣吏，令脩宮中之職事。**書其能者與其良者，而以告于上。

　　宮正，**掌王宮之戒令，**糾禁。以時比宮中之官府、次舍之眾寡，**爲之版以待。**夕擊柝而比之。國有故，則令宿，其比亦如之。辨外內而時禁，稽其功緒，糾其德行，幾其出入，均其稍食。去其淫怠與其奇衺之民，會其什伍而教之道藝。月終則會其稍食，歲終則會其行事。凡邦之大事，令于王宮之官府、次舍無去守，而聽政令。春秋以木鐸脩火禁。**凡邦之事，蹕宮中**。廟中則執燭。**大喪**，則授廬舍。**辨其親疏貴賤之居**。

宮伯，**掌王宮之士庶子**。凡在版者。掌其政令，行其秩敍，作其徒役之事。**授八次八舍之職事**，若邦有大事，作宮衆，則令之。月終則均秩，歲終則均敍，以時頒其衣裘。**掌其誅賞**。

膳夫，**掌王之食飲**。膳羞。以養王及后、世子。凡王之饋，食用六穀，膳用六牲，飲用六清，羞用百有二十品，珍用八物，醬用百有二十罋。王日一舉，鼎十有二，物皆有俎。以樂侑食。膳夫授祭，品嘗食，王乃食。卒食，以樂徹于造。王齊，日三舉。大喪則不舉，大荒則不舉，大札則不舉，天地有災則不舉，邦有大故則不舉。王燕食，則奉膳贊祭。凡王祭祀、賓客食，則徹王之胙俎。凡王之稍事，設薦脯醢。王燕飲酒，則爲獻主。掌后及世子之膳羞。**凡肉脩之頒賜皆掌之**。凡祭祀之致福者，受而膳之。以摯見者，亦如之。**歲終則會**。唯王及后、世子之膳不會。

庖人，**掌共六畜**，六獸、六禽。**辨其名物**。凡其死生、鱻薧之物，以共王之膳與其薦羞之物，及后、世子之膳羞。共祭祀之好羞，共喪紀之庶羞、賓客之禽獻。**凡令禽獻，以灋授之**。其出入亦如之。凡用禽獻，春行羔豚，膳膏香；夏行腒鱐，膳膏臊；秋行犢麛，膳膏腥；冬行鱻羽，膳膏膻。**歲終則會**。唯王及后之膳禽不會。

内饔，**掌王及后、世子膳羞**，之割亨、煎和之事。**辨體名肉物**。辨百品味之物。王舉，則陳其鼎俎，以牲體實之。選百羞、醬物、珍物以俟饋，共后及世子之膳羞。辨腥臊羶香之不可食者：牛夜鳴則庮。羊泠毛而毳，羶。犬赤股而躁，臊。鳥䏡色而沙鳴，貍。豕盲眂而交睫，腥。馬黑脊而般臂，螻。**凡宗廟之祭祀，掌割亨之事**，凡燕飲食亦如之。凡掌共羞、脩、刑、膴、胖、骨、鱐，以待共膳。凡王之好賜肉脩，則饔人共之。

外饔，**掌外祭祀之割亨**，共其脯、脩、刑、膴。**陳其鼎俎**。實之牲體、魚、腊。**凡賓客之飧饔、饗食之事，亦如之**。邦饗耆老、孤子，則掌其割亨之事。饗士庶子亦如之。師役,則掌共其獻賜脯肉之事。凡小喪紀,陳其鼎俎而實之。

亨人,掌共鼎鑊,以給水火之齊。職外、内饔之爨亨煮。**辨膳羞之物**。祭祀,共大羹、鉶**羹**。賓客亦如之。

甸師,掌帥其屬而耕耨王藉。以時入之,以共齍盛。**祭祀,共蕭茅**。共野果蓏之薦。**喪事,代王受眚烖。王之同姓有辠,則死刑焉**。帥其徒以薪蒸役外、内饔之事。

獸人,掌罟田獸,辨其名物。冬獻狼,夏獻麋,春秋獻獸物。時田,則守罟。及弊田,令禽注于虞中。**凡祭祀、喪紀、賓客,共其死獸、生獸**。凡獸入于腊人,皮毛筋角入于玉府。**凡田獸者,掌其政令**。

獻人,掌以時獻。爲梁,春獻王鮪。**辨魚物**。爲鱻薧,以共王膳羞。**凡祭祀、賓客、喪紀,共其魚**。之鱻薧。**凡獻者,掌其政令**。凡獻征,入于玉府。

龞人,掌取互物。以時籍魚龞、龜蜃,凡貍物。春獻龞蜃,秋獻龜魚。祭祀,共廲、蠃、蚳,以授醢人。**掌凡邦之籍事**。

腊人,掌乾肉。凡田獸之脯腊膴胖之事。**凡祭祀,共豆脯**。薦脯、膴、胖,凡腊物。**賓客、喪紀,共其脯腊**。凡乾肉之事。

醫師,掌醫之政令。聚毒藥以共醫事。凡邦之有疾病者,有疕瘍者造焉。則使醫分而治之。**歲終,則稽其醫事**。以制其食:十全爲上,十失一次之,十失二次之,十失三次之,十失四爲下。

食醫,掌和王之六食六飲、六膳。百羞、百醬、八珍**之齊**。凡食齊眡春時,羹齊眡夏時,醬齊眡秋時,飲齊眡冬時。凡和,春多酸,夏多苦,秋多辛,冬多鹹,調以滑甘。**凡會膳食之宜**。牛宜稌,羊宜黍,豕宜稷,犬宜粱,鴈宜麥,魚宜苽。凡君子之食恒放焉。

疾醫,掌養萬民之疾病。四時皆有癘疾:春時有痟、首疾。夏時有痒、疥疾。秋時有瘧、寒疾。冬時有嗽,上氣疾。以五味、五穀、五藥養其病。

以五氣、五聲、五色眂其死生。兩之以九竅之變，參之以九藏之動。凡民之有疾病者，分而治之。**死終則各書其所以**。而入于醫師。

瘍醫，掌腫、瘍潰瘍、金瘍、折瘍**之祝藥**。劀殺之齊。凡療瘍，以五毒攻之，以五氣養之，以五藥療之，以五味節之。凡藥，以酸養骨，以辛養筋，以鹹養脈，以苦養氣，以甘養肉，以滑養竅。**凡有瘍者，受其藥焉**。

獸醫，掌療獸病，療獸瘍。凡療獸病，灌而行之以節之，以動其氣，觀其所發而養之。凡療獸瘍，灌而劀之，以發其惡，然後藥之、養之、食之。凡獸之有病者、有瘍者，使療之。**死則計其數**。以進退之。

酒正，掌酒之政令，以式法授酒材。凡爲公酒者，亦如之。辨五齊之名：一曰泛齊，二曰醴齊，三曰盎齊，四曰緹齊，五曰沈齊。辨三酒之物：一曰事酒，二曰昔酒，三曰清酒。辨四飲之物：一曰清，二曰醫，三曰漿，四曰酏，掌其厚薄之齊，以共王之四飲三酒之饌，及后、世子之飲與其酒。凡祭祀，以法共五齊三酒。以實八尊。大祭三貳，中祭再貳，小祭壹貳，皆有酌數。唯齊酒不貳，皆有器量。**共賓客之禮酒**。共后之致飲于賓客之禮。醫、酏、糟，皆使其士奉之。凡王之燕飲酒，共其計。酒正奉之。凡饗士庶子，饗耆老、孤子，皆共其酒。無酌數。**掌酒之賜頒**，皆有法以行之。凡有秩酒者，以書契授之。酒正之出，日入其成，月入其要，小宰聽之。**歲終則會**。唯王及后之飲酒不會。以酒式誅賞。

酒人，掌爲五齊、三酒。祭祀則共奉之，以役世婦。共賓客之禮酒、飲酒而奉之。**凡事，共酒**。而入于酒府。凡祭祀，共酒以往。賓客之陳酒亦如之。

漿人，掌共王之六飲。水、漿、醴、涼、醫、酏，入于酒府。**共賓客之稍禮**。共夫人致飲于賓客之禮：清、醴、醫、酏、糟，而奉之。**凡飲，共之**。

凌人，掌冰正。歲十有二月，令斬冰，三其凌。春始治鑑。凡外內饔之膳羞，鑑焉。凡酒漿之酒醴亦如之。**祭祀，共冰鑑。賓客，共冰。大喪，共夷槃冰**。夏頒冰，掌事。秋，刷。

籩人，掌四籩之實。朝事之籩，其實麷、蕡、白、黑、形鹽、膴、鮑魚、鱐。饋食之籩，其實棗、栗、桃、乾䕩、榛實。加籩之實，菱、芡、栗、脯；菱、芡、栗、脯。羞籩之實，糗餌、粉餈。**凡祭祀，共其籩**。薦羞之實。喪事及賓客之事，共其薦籩、羞籩。爲王及后、世子共其內羞。**凡籩事，掌之**。

　　醢人，掌四豆之實。朝事之豆，其實韭菹、醓醢，昌本、麋臡，菁菹、鹿臡，茆菹、麇臡。饋食之豆，其實葵菹、蠃醢，脾析、蠯醢，蜃、蚳醢，豚拍、魚醢。加豆之實，芹菹、兔醢，深蒲、醓醢，箈菹、雁醢，筍菹、魚醢。羞豆之食，酏食、糝食。**凡祭祀，共薦羞之豆實**。賓客、喪紀亦如之。爲王及后、世子共其內羞。王舉，則共醢六十罋，以五齊、七醢、七菹、三臡實之。賓客之禮，共醢五十罋。**凡事，共醢**。

　　醯人，掌共五齊、七菹，凡醯物。**以共祭祀**。之齊菹，凡醯醬之物。**賓客亦如之**。王舉，則共齊菹醯物。六十罋。共后及世子之醬。齊菹。賓客之禮，共醯。五十罋。**凡事，共醯**。

　　鹽人，掌鹽之政令。以共百事之鹽。祭祀，共其苦鹽、散鹽。賓客，共其形鹽、散鹽。王之膳羞，共飴鹽。后及世子亦如之。**凡齊事，鬻鹽以待戒令**。

　　冪人，掌共巾冪。祭祀，以疏布巾冪八尊，以畫布巾冪六彝。**凡王巾，皆黼**。

　　宮人，掌王之六寢之脩，爲其井匽，除其不蠲，去其惡臭。**共王之沐浴，凡寢中之事**。埽除、執燭、共鑪炭，凡勞事。**四方之舍事亦如之**。

　　掌舍，掌王之會同之舍。設梐枑，再重。設車宮，轅門。爲壇壝宮，棘門。爲帷宮，設旌門。無宮，則共人門。**凡舍事，則掌之**。

　　幕人，掌帷幕幄帟綬之事。凡朝覲、會同、軍旅、田役、祭祀，共其帷幕幄帟綬。**大喪，共帷幕**。幄帟綬。三公及卿大夫之喪，共其帟。

　　掌次，掌王次之灋，以待張事。王大旅上帝，則張氈案，設皇邸。朝日、祀五帝，則張大次、小次，設重帟重案。合諸侯亦如之。師田，則張幕，設重帟重案。諸侯朝覲會同，則張大次、小次。師田，則張幕設案。孤卿有邦事，則張幕設案。**凡喪，**王則**張帟**。三重，諸侯再重，孤卿大夫不重。**凡祭祀，張其旅幕**。張尸次。射則張耦次。**掌凡邦之張事。**

大府，掌九貢九賦、九功**之貳，以受其貨賄之入**。頒其貨于受藏之府，頒其賄于受用之府。**凡官府、都鄙之吏，**及執事者，**受財用焉。凡頒財，以式灋授之**。關市之賦以待王之膳服，邦中之賦以待賓客，四郊之賦以待稍秣，家削之賦以待匪頒，邦甸之賦以待工事，邦縣之賦以待幣帛，邦都之賦以待祭祀，山澤之賦以待喪紀，幣餘之賦以待賜予。凡邦國之貢以待弔用，凡萬民之貢以充府庫，凡式貢之餘財以共玩好之用。**凡邦之賦用，取具焉。歲終，則**以貨賄之入出**會之**。

玉府，掌王之**金玉，**玩好、兵器。**凡良貨賄之藏。**共王之服玉。佩玉、珠玉。王齊，則共食玉。大喪，共含玉、復衣裳、角枕、角柶。掌王之燕衣服、衽席、牀第，凡褻器。若合諸侯，則共珠槃、玉敦。**凡王之獻金玉，**兵器、文織、良貨賄之物。**受而藏之。凡王之好賜，共其貨賄。**

內府，掌受九貢九賦、九功**之貨賄，**良兵、良器。**以待邦之大用。凡四方之幣獻，**之金玉、齒革、兵器，凡良貨賄，**入焉**。凡適四方使者，共其所受之物而奉之。**凡王及冢宰之好賜予，則共之。**

外府，掌邦布之入出，以共百物。而待邦之用，凡有灋者。<u>共王及后、世子之衣服之用。凡祭祀、賓客、喪紀、會同、軍旅，共其財用之幣齎、賜予之財用</u>。**凡邦之小用，皆受焉。歲終，則會**。唯王及后之服不會。

校按：錯簡一。"共王及后、世子之衣服之用。凡祭祀、賓客、喪紀、會同、軍旅，共其財用之幣齎、賜予之財用"一句，原是"邦之小用"的注文，誤竄在其上。

司會，掌邦之六典、八灋、八則之貳，以逆邦國、都鄙、官府之治。以九貢之灋致邦國之財用，以九賦之灋令田野之財用，以九功之灋令民職之財用，以九式之灋均節邦之財用。**掌國之**官府、郊野、縣都之**百物財用，**凡在書契、版圖者之貳。**以逆羣吏之治而聽其會計**,以參互攷日成,以月要攷月成,以歲會攷歲成,**以周知四國之治**,**以詔王及冢宰廢置**。

　　司書,**掌邦之六典**、八灋、八則、九職、九正、九事**邦中之版**,土地之圖。**以周知入出百物**,**以敍其財**。受其幣,使入于職幣。凡上之用財用,必攷于司會。**三歲則大計**,羣吏之治。以知民之財器械之數,以知田野、夫家、六畜之數,以知山林川澤之數。**以逆羣吏之徵令**,**凡稅斂**。掌事者受灋焉。及事成,則入要貳焉。**凡邦治**,**攷焉**。

　　校按:錯簡二。一是"受其幣,使入于職幣。凡上之用財用,必攷于司會"一句原屬《職內職》,詳見該職文的校按。二是"以知民之財用器械之數"等句,原是"掌邦中之版,以周知入出百物"的注文。所謂"邦中之版",據舊注可知是指"土地之圖"。由土地之圖可以掌握"民之財用"等。恢復原序如下:

　　"司書,掌邦之六典、八灋、八則、九職、九正、九事邦中之版,土地之圖。以周知入出百物,以知民之財用器械之數,以知田野、夫家、六畜之數,以知山林川澤之數。以敍其財。三歲則大計,羣吏之治。以逆羣吏之徵令,凡稅斂。掌事者受灋焉。及事成,則入要貳焉。凡邦治,攷焉。"

　　職內,**掌邦之賦入**,**辨其財用之物而執其總**,以貳官府、都鄙之財入之數。**以逆邦國之賦用**。凡受財者,受其貳令而書之。及會,以逆職歲與官府財用之出,而敍其財以待邦之移用。

　　校按:錯簡二。一是《司書職》的"受其幣,使入于職幣。凡上之用財,必攷于司會"一句,原是此職文的兩段注文。竄入《司書職》,合成一段。二是"凡受財者,受其貳令而書之"一句,原是《職歲職》的注文,詳見該職文的校按。恢復原序如下:

　　"職內,掌邦之賦入,受其幣,使入于職幣。辨其財用之物而執其總,以貳官府、都鄙之財入之數。以逆邦國之賦用。凡上之用財,必攷于司會。及會,以逆職歲與官府財用之出,而敍其財以待邦之移用。"

職歲,掌邦之賦出,以貳官府、都鄙之財。出賜之數。以待會計而攷之。凡官府、都鄙羣吏之出財用,受式灋于職歲。凡上之賜予,以敘與職幣授之。及會,以式灋贊逆會。

校按:錯簡一。《職內職》的"凡受財者,受其貳令而書之"一句,原是此職文"以貳官府、都鄙之財"的注文。今恢復原序如下:

"職歲,掌邦之賦出,以貳官府、都鄙之財。出賜之數。凡受財者,受其貳令而書之,以待會計而攷之。凡官府、都鄙羣吏之出財用,受式灋于職歲。凡上之賜予,以敘與職幣授之。及會,以式灋贊逆會。"

職幣,掌式灋以斂官府、都鄙與凡用邦財者之**幣**,振掌事者之餘財,皆辨其物而奠其録,以書楬之。**以詔上之小用**。賜予。**歲終,則會其出**。凡邦之會事,以式灋贊之。

司裘,掌爲大裘。以共王祀天之服。中秋,獻良裘,王乃行羽物。季秋,獻功裘,以待頒賜。王**大射,則共**虎侯、熊侯、豹**侯**。設其鵠。諸侯則共熊侯、豹侯,卿大夫則共麋侯。皆設其鵠。**大喪,廞裘**。飾皮車。**凡邦之皮事,掌之**。**歲終則會**。唯王之裘與其皮事不會。

掌皮,掌秋斂皮,冬斂革,春獻之。**遂以式灋頒皮革**。于百工。共其毳毛爲氈,以待邦事。**歲終,則會其財齎**。

内宰,掌書版圖之灋,以治王内之政令。均其稍食,分其人民以居之。以陰禮教六宮,以陰禮教九嬪。以婦職之灋教九御,使各有屬,以作二事。正其服,禁其奇衺,展其功緒。**大祭祀,后裸獻,則贊**。瑶爵亦如之。正后之服位,而詔其禮樂之儀。贊九嬪之禮事。**凡賓客**,之裸獻、瑶爵。**皆贊**。致后之賓客之禮,凡喪事,佐后使治外内命婦,正其服位。**凡建國,佐后立市**。設其次,置其敘,正其肆,陳其貨賄,出其度量淳制。祭之以陰禮。中春,詔后帥外内命婦始蠶于北郊,以爲祭服。**歲終,則會**。内人之稍食,稽其功事,佐后而受獻功者,比其小大與其麤良而賞罰之。會内宮之財用。**正歲**,均其稍食,施其功事。**憲禁令**于王之北宮。**而糾其守**。上春,詔王后帥六宮之人而生穜稑之種,而獻之于王。

內小臣,掌王后之命。正其服位。后出入,則前驅。若有祭祀、賓客、喪紀,則擯。詔后之禮事,相九嬪之禮事,正內人之禮事,徹后之俎。后有好事于四方,則使往。有好令於卿大夫,則亦如之。掌王之陰事陰令。

閽人,掌守王宮之中門之禁,喪服、凶器不入宮。潛服、賊器不入宮。奇服怪民不入宮。凡內人、公器、賓客,無帥則幾其出入,以時啟閉。凡外內命夫命婦出入,則爲之闔。掌埽門庭。大祭祀,喪紀之事。設門燎。蹕宮門。廟門。凡賓客,亦如之。

寺人,掌王之內人及女宮之戒令。相道其出入之事而糾之。若有喪紀、賓客、祭祀之事,則帥女宮而致於有司,佐世婦治禮事。掌內人之禁令。凡內人弔臨於外,則帥而往,立于其前而詔相之。

內豎,掌內外之通令,凡小事。若有祭祀、賓客、喪紀之事,則爲內人蹕。王后之喪,遷于宮中,則前蹕。及葬,執褻器以從遣車。

九嬪,掌婦學之灋。以教九御婦德、婦言、婦容、婦功,各帥其屬而以時御,敘于王所。凡祭祀,贊玉齍。贊后薦。徹豆籩。若有賓客,則從后。大喪,帥敘哭者亦如之。

世婦,掌祭祀、賓客、喪紀之事。帥女宮而濯摡,爲齍盛。及祭之日,泲陳女宮之具,凡內羞之物。掌弔臨于卿大夫之喪。

女御,掌御敘于王之燕寢,以歲時獻功事。凡祭祀,贊世婦。大喪,掌沐浴。后之喪,持翣。從世婦而弔于卿大夫之喪。

女祝,掌王后之內祭祀,凡內禱祠之事。掌以時招梗、檜禳之事以除疾殃。

校按:抄誤一。"招梗、檜禳之事以"的"以"字,原在此注之前。即:"以招梗、檜禳之事。"

女史,掌王后之禮職,掌內治之貳。以詔后治內政,逆內宮,書內令。凡后之事,以禮從。

典婦功，掌婦式之灋，以授嬪婦及內人**女功之事齎**。凡授嬪婦功，及秋獻功，辨其苦良、比其小大而賈之，物書而楬之。以共王及后之用。頒之于內府。

典絲，掌絲入而辨其物，以其賈楬之。**掌其藏與其出**。以待興功之時，頒絲于外內工。皆以物授之。凡上之賜予亦如之。及獻功，則受良功而藏之。辨其物而書其數，以待有司之政令、上之賜予。凡祭祀，共黼畫組就之物。喪紀，共其絲纊組文之物。凡飾邦器者，受文織絲組焉。**歲終，則各以其物會之**。

典枲，掌布緦縷紵之**麻草之物**，以待時頒功而授齎。**及獻功**，受苦功，以其賈揭而藏之。**以待時頒**。頒衣服。授之。賜予亦如之。**歲終，則各以其物會之**。

內司服，掌王后之六服，褘衣、揄狄、闕狄、鞠衣、展衣、緣衣、素沙。**辨外內命婦之服**。鞠衣、展衣、緣衣、素沙。**凡祭祀、賓客，共后之衣服**。及九嬪、世婦，凡命婦，共其衣服。**共喪衰，亦如之**。后之喪，共其衣服，凡內具之物。

縫人，掌王宮之縫線之事。以役女御，以縫王及后之衣服。**喪，縫棺飾焉**。衣翣柳之材。**掌凡內之縫事**。

染人，掌染絲帛。凡染，春暴練，夏纁玄，秋染夏，冬獻功。**掌凡染事**。

追師，掌王后之首服，爲副、編、次、追衡、笄。爲九嬪及外內命婦之首服。**以待祭祀、賓客**。喪紀共笄絰，亦如之。

屨人，掌王及后之服屨，爲赤舄、黑舄、赤繶、黃繶、青句、素屨、葛屨。**辨外內**命夫命婦**之命屨**。功屨、散屨。凡四時之祭祀，以宜服之。

夏采，掌大喪以冕服**復于大祖，以乘車**建綏**復于四郊**。

二、《地官》職文復原

大司徒之職，掌建邦之土地之圖，與其人民之數，以佐王安擾邦國。以天下土地之圖，周知九州之地域、廣輪之數，辨其山林、川澤、丘陵、墳衍、原隰之名物，而辨其邦國、都鄙之數。制其畿疆而溝封之。設其社稷之壇，而樹之田主。各以其野之所宜木，遂以名其社與其野。**以土會之濩，辨五地之物生。**一曰山林，其動物宜毛物，其植物宜阜物，其民毛而方。二曰川澤，其動物宜鱗物，其植物宜膏物，其民黑而津。三曰丘陵，其動物宜羽物，其植物宜覈物，其民專而長。四曰墳衍，其動物宜介物，其植物宜莢物，其民皙而瘠。五曰原隰，其動物宜臝物，其植物宜叢物，其民豐肉而庳。**因此五物者民之常，而施十有二教焉。**一曰以祀禮教敬，則民不苟。二曰以陽禮教讓，則民不爭。三曰以陰禮教親，則民不怨。四曰以樂禮教和，則民不乖。五曰以儀辨等，則民不越。六曰以俗教安，則民不愉。七曰以刑教中，則民不虣。八曰以誓教恤，則民不怠。九曰以度教節，則民知足。十曰以世事教能，則民不失職。十有一曰以賢制爵，則民慎德。十有二曰以庸制祿，則民興功。以土宜之濩，辨十有二土之名物。以相民宅，而知其利害，以阜人民，以蕃鳥獸，以毓草木。以任土事。辨十有二壤之物。而知其種，以教稼穡樹藝。以土均之濩，辨五物九等。制天下之地征，以作民職，以令地貢，以斂財賦，以均齊天下之政。**以土圭之濩，**測土深。**正日景。**以求地中。日南則景短，多暑。日北則景長，多寒。日東則景夕，多風。日西則景朝，多陰。日至之景尺有五寸，謂之地中。天地之所合也，四時之所交也，風雨之所會也，陰陽之所和也，然則百物阜安，乃建王國焉。制其畿，方千里而封樹之。凡建邦國，以土圭土其地而制其域。諸公之地，封疆方五百里，其食者半。諸侯之地，封疆方四百里，其食者參之一。諸伯之地，封疆方三百里，其食者參之一。諸子之地，封疆方二百里，其食者四之一。諸男之地，封疆方百里，其食者四之一。凡造都鄙，制其地域而封溝之，以其室數制之，不易之地家百畮，一易之地家二百畮，再易之地家三百畮。乃分地職、奠地守、制地貢，而頒職事焉，以為地濩而待政令。**以荒政十有二聚萬民。**一曰散利，二曰薄征，三曰緩刑，四曰弛力，五曰舍禁，六曰去幾，七曰眚禮，八曰殺哀，九曰蕃樂，十曰多昏，十有一曰索鬼神，十有二曰除盜賊。**以保息六養**

萬民。一曰慈幼，二曰養老，三曰振窮，四曰恤貧，五曰寬疾，六曰安富。**以本俗六安萬民**。一曰媺宮室，二曰族墳墓，三曰聯兄弟，四曰聯師儒，五曰聯朋友，六曰同衣服。**正月之吉，始和布敎于邦國、都鄙**。乃縣敎象之灋于象魏，使萬民觀敎象，挾日而斂之，乃施敎灋于邦國、都鄙，使之各以敎其所治民。令五家爲比，使之相保。五比爲閭，使之相受。四閭爲族，使之相葬。五族爲黨，使之相救。五黨爲州，使之相賙。五州爲鄉，使之相賓。**頒職事十有二于邦國、都鄙，使以登萬民**。一曰稼穡，二曰樹蓺，三曰作材，四曰阜蕃，五曰飭材，六曰通財，七曰化材，八曰斂材，九曰生材，十曰學藝，十有一曰世事，十有二曰服事。**以鄉三物敎萬民而賓興之**。一曰六德，知、仁、聖、義、忠、和；二曰六行，孝、友、睦、婣、任、恤；三曰六藝，禮、樂、射、御、書、數。**以鄉八刑糾萬民**。一曰不孝之刑，二曰不睦之刑，三曰不婣之刑，四曰不弟之刑，五曰不任之刑，六曰不恤之刑，七曰造言之刑，八曰亂民之刑。以五禮防萬民之偽而敎之中，以六樂防萬民之情而敎之和。凡萬民之不服敎而有獄訟者，與有地治者聽而斷之。其附于刑者，歸于士。**祀五帝，奉牛牲**。羞其肆。**享先王亦如之。大賓客，令野脩道委積。大喪，**帥六鄉之衆庶，**屬其六引，而治其政令。大軍旅，**大田役。**以旗致萬民**。而治其徒庶之政令。若國有大故，則致萬民於王門，令無節者不行於天下。**大荒，**大札。**則令邦國移民通財**。舍禁弛力，薄征緩刑。**歲終，則令敎官正治而致事。正歲，令于敎官**。曰："各共爾職，脩乃事，以聽王命。其有不正，則國有常刑！"

小司徒之職，**掌建邦之敎灋，以稽**國中及四郊、都鄙之**夫家**九比之**數，**以辨其貴賤、老幼、癈疾。凡征役之施舍，與其祭祀、飲食、喪紀之禁令。乃頒比灋于六鄉之大夫，使各登其鄉之衆寡、六畜、車輦，辨其物，以歲時入其數，**以施政敎，行徵令。及三年，則大比，**大比則受邦國之比要。**乃會萬民**之卒伍**而用之**。五人爲伍，五伍爲兩，四兩爲卒，五卒爲旅，五旅爲師，五師爲軍。以起軍旅，以作田役，以比追胥，以令貢賦。乃均土地，以稽其人民而周知其數。上地家七人,可任也者家三人;中地家六人,可任也者二家五人;下地家五人,可任也者家二人。凡起徒役,毋過家一人,以其餘爲羨。唯田與追胥,竭作。凡用眾庶,則掌其政教與其戒禁,聽其辭訟,施其賞罰,誅其犯命者。凡國之大事,致民。大故,致餘子。乃經土地而井牧其田野。九夫爲井,四井爲邑,四邑爲丘,四丘爲甸,四甸爲縣,四縣爲都,以任地事而令貢賦,凡稅斂之事。乃分地域而辨其守,施其職而平其政。**凡小祭祀,奉牛牲**。羞其肆。**小賓客,令野脩道、委積。大軍旅,帥其眾庶**。小軍旅,巡役,治其政令。**大喪,帥邦役,治其政教。凡建邦國,立其社稷,正其畿疆之封**。凡民訟,以地、比正之。地訟,以圖正之。**歲終,則攷其屬官之治成而誅賞**。令羣吏正要會而致事。**正歲**,則帥其屬而觀教灋之象,徇以木鐸,曰:"不用灋者,國有常刑!"**令羣吏憲禁令**。脩灋糾職,以待邦治。及大比六鄉四郊之吏,平教治,正政事,攷夫屋及其眾寡、六畜、兵器,以待政令。

校按:錯簡一。"乃均土地"至"施其職而平其政"一段,原是"以施政教,行徵令"的注文。

鄉師之職,各掌其所治鄉之教,而聽其治。以國比之灋,以時稽其夫家眾寡。辨其老幼、貴賤、癈疾、牛馬之物,辨其可任者與其施舍者,掌其戒令糾禁,聽其獄訟。**大役,則帥民徒而至,治其政令**。既役,則受州里之役要,以攷司空之辟,以逆其役事。**凡邦事,令作秩敍。大祭祀,羞牛牲**。共茅蒩。**大軍旅,**會同。**正治其徒役**。與其輂輦。戮其犯命者。**大喪,**用役。**則帥其民而至**。遂治之。及葬,執纛以與匠師御匶而治役。及窆,執斧以涖匠師。**凡四時之田**,前期,出田灋于州里,簡其鼓鐸、旗物、兵器,脩其卒伍。及期,以司徒之大旗致眾庶,而陳之以旗物。**辨鄉邑,而治其政令刑禁**,巡其前後之屯,而戮其犯命者,斷其爭禽之訟。**凡四時之徵令有常者**。以木鐸徇於市朝,以歲時巡國及野。而賙萬民之囏阨,以王命施惠。**歲終,則攷六鄉之治,以詔廢置。正歲,稽其鄉器**。比共吉凶二服,閭共祭器,族共喪器,黨共射器,州共賓器,鄉共吉凶禮樂之器。若國大比,則攷教察辭,稽器展事。以詔誅賞。

鄉大夫之職,各掌其鄉之政教。禁令。正月之吉,受教灋于司徒,退而頒之于其鄉吏,使各以教其所治。以攷其德行,察其道藝。**以歲時登其夫家**,之眾寡。**辨其可任者**。國中自七尺以及六十,野自六尺以及六十有五,皆征之。其舍者,國中貴者、賢者、能者、服公事者、老者、疾者,皆舍。以歲時入其書。**三年則大比**。攷其德行道藝,而興賢者、能者。鄉老及鄉大夫帥其吏與其眾寡,以禮禮賓之。厥明,鄉老及鄉大夫、羣吏獻賢能之書于王。王再拜。受之,登于天府。内史貳之。**退而以鄉射之禮五物詢衆庶**。一曰和,二曰容,三曰主皮,四曰和容,五曰興舞。此謂使民興賢,出使長之。使民興能,入使治之。**歲終,則令六鄉之吏皆會政致事。正歲,令羣吏攷灋**。于司徒以退。各憲之於其所治。**國大詢**,于衆庶。**則各帥其鄉之眾寡而致於朝**。國有大故,則令民各守其閭,以待政令。以旌節輔令,則達之。

州長,各掌其州之教治。政令之灋。正月之吉,各屬其州之民而讀灋,以攷其德行道藝而勸之,以糾其過惡而戒之。若以歲時祭祀州社,則屬其民而讀灋,亦如之。春秋,以禮會民而射于州序。**凡州之大祭祀**,大喪。**皆涖其事**。若國作民而,**師田**,行役之事。**則帥而致之,掌其戒令**。與其賞罰。**歲終,則會其州之政令。正歲,則讀教灋如初。三年大比,則大攷州里**。以贊鄉大夫廢興。

黨正,各掌其黨之政令。教治。及四時之孟月吉日,則屬民而讀邦灋。以糾戒之。春秋祭禜,亦如之。國索鬼神而祭祀,則以禮屬民而飲酒于序,以正齒位。壹命齒于鄉里,再命齒于父族,三命而不齒。**凡其黨之祭祀**,喪紀、婚冠、飲酒。**教其禮事,掌其戒禁。凡作民**,而師田、行役。**則以其灋治其政事。歲終**,則會其黨政。**帥其吏而致事。正歲,屬民讀灋**。而書其德行道藝。**以歲時涖校比**。及大比,亦如之。

族師，各掌其族之戒令。政事。月吉，則屬民而讀邦灋，書其孝弟、睦婣、有學者。春秋祭醻，亦如之。以邦比之灋，帥四閭之吏，以時屬民而校。**登其族之夫家**，衆寡。辨其貴賤、老幼、廢疾、可任者，及其六畜、車輦。五家爲比，十家爲聯。五人爲伍，十人爲聯。四閭爲族，八閭爲聯。使之相保相受。刑罰慶賞，相及相共。**以受邦職，**以役國事，以相葬埋。若作民而師田、行役，則合其卒伍，簡其兵器，以鼓鐸、旗物帥而至。**掌其治令**。戒禁、刑罰。**歲終，則會政致事。**

閭胥，各掌其閭之徵令。**以歲時各數其閭，**之衆寡。**辨其施舍**。凡春秋之祭祀、役政、喪紀之數，聚衆庶。**既比，則讀灋**。書其敬敏任恤者。凡事，掌其比觵、撻罰之事。

比長，各掌其比之治。五家相受，相和親。**有辠，**奇衺。**則相及**。徙于國中及郊，則從而授之。若徙于他，則爲之旌節而行之。若無授無節，則唯圜土內之。

封人，掌設王**之社壝**。爲畿，封而樹之。凡封國，設其社稷之壝，封其四疆。**造都邑之封域者，亦如之**。令社稷之職。凡祭祀，飾其牛牲，設其楅衡，置其絻，共其水稾。歌舞牲，及毛炮之豚。凡喪紀、賓客、軍旅、大盟，則飾其牛牲。

校按："凡祭祀"至"則飾其牛牲"是錯簡，原是《充人職》的職文及注文。詳見《充人職》按語。

鼓人，掌教六鼓四金之音聲，以節聲樂，以和軍旅，以正田役。**教爲鼓而辨其聲用**。以雷鼓鼓神祀，以靈鼓鼓社祭，以路鼓鼓鬼享，以鼖鼓鼓軍事，以鼛鼓鼓役事，以晉鼓鼓金奏。以金錞和鼓，以金鐲節鼓，以金鐃止鼓，以金鐸通鼓。**凡祭祀，**百物之神。**鼓兵舞、帗舞者**。**凡軍旅，**夜鼓鼜。軍動，**則鼓其衆**。**田役亦如之**。救日月，則詔王鼓。大喪，則詔大僕鼓。

舞師，掌教兵舞，帥而舞山川之祭祀。**教帗舞，**帥而舞社稷之祭祀。**教羽舞，**帥而舞四方之祭祀。**教皇舞**。帥而舞旱暵之事。**凡野舞，則皆**

教之。凡小祭祀,則不興舞。

牧人,掌牧六牲而阜蕃其物,以共祭祀之牲牷。凡陽祀,用騂牲毛之;陰祀,用黝牲毛之;望祀,各以其方之色牲毛之。凡時祀之牲,必用牷物。凡外祭毀事,用尨可也。凡祭祀,共其犧牲,以授充人繫之。**凡牲,不繫者,共奉之**。

牛人,掌養國之公牛。以待國之政令。凡祭祀,共其享牛、求牛,以授職人而芻之。凡賓客之事,共其牢禮積膳之牛;饗食、賓射,共其膳羞之牛;軍事,共其犒牛;喪事,共其奠牛。凡會同、軍旅、行役,共其兵車之牛與其牽徬,以載公任器。**凡祭祀,共其牛牲**。之互與其盆簝。以待事。

充人,掌繫祭祀之牲牷。祀五帝,則繫于牢,芻之三月。享先王亦如之。凡散祭祀之牲,繫于國門,使養之。展牲,則告牷。硯牲,則贊。

校按:《封人職》"凡祭祀"至"則飾其牛牲"一句,原是《充人職》的職文與注文。原序在"展牲則告牷"之前。其中,"凡祭祀,飾其牛牲"一句是職文。"設其楅衡"至"則飾其牛牲",是"飾其牛牲"的原注或纂者注。復原《充人職》至纂定時的狀態:

"充人,掌繫祭祀之牲牷。祀五帝,則繫于牢,芻之三月。享先王亦如之。凡散祭祀之牲,繫于國門,使養之。<u>凡祭祀,飾其牛牲。設其楅衡,置其絼,共其水槀。歌舞牲,及毛炮之豚。凡喪紀、賓客、軍旅、大盟,則飾其牛牲</u>。展牲,則告牷。硯牲,則贊。"

載師,掌任土之灋。以物地事,授地職,而待其政令。以廛里任國中之地,以場圃任園地,以宅田、士田、賈田任近郊之地,以官田、牛田、賞田、牧田任遠郊之地,以公邑之田任甸地,以家邑之田任稍地,以小都之田任縣地,以大都之田任畺地。**凡任地**,國宅無征。園廛二十而一。近郊十一。遠郊二十而三。甸、稍、縣、都,皆無過十二。唯其漆林之征,二十而五。凡宅不毛者,有里布。凡田不耕者,出屋粟。凡民無職事者,出夫家之征。**以時徵其賦**。

閭師，掌國中及四郊之**人民**六畜**之數，以任其力，**以待其政令。**以時徵其賦**。凡任民：任農以耕事，貢九穀。任圃以樹事，貢草木。任工以飭材事，貢器物。任商以市事，貢貨賄。任牧以畜事，貢鳥獸。任嬪以女事，貢布帛。任衡以山事，貢其物。任虞以澤事，貢其物。凡無職者，出夫布。凡庶民，不畜者祭無牲，不耕者祭無盛，不樹者無椁，不蠶者不帛，不績者不衰。

縣師，掌邦國、都鄙稍甸、郊里。**之地域**，而辨其夫家人民、田萊之數，及其六畜、車輦之稽。<u>**三年大比，則以攷羣吏，而以詔廢置。**若將有軍旅、會同、田役之戒，則受灋于司馬，以作其衆庶及馬牛、車輦。會其車人之卒伍，使皆備旗鼓、兵器，以帥而至。</u>凡造都邑，量其地，辨其物，而制其域。**以歲時徵野之賦貢。**

校按：錯簡一。"三年大比"至"以帥而至"一句，不屬于此職文。疑是《大司徒職》或《乡師职》的職文與注文，誤竄至此。存疑。

遺人，掌邦之委積，以待施惠。鄉里之委積，以恤民之囏阨；門關之委積，以養老孤；郊里之委積，以待賓客；野鄙之委積，以待羈旅；縣都之委積，以待凶荒。凡賓客、會同、師役。**掌其道路之委積，**凡國野之道，十里有廬，廬有飲食。三十里有宿，宿有路室，路室有委。五十里有市，市有候館，候館有積。凡委積之事。**巡而比之，以時頒之。**

均人，掌均地政。均地守，均地職，均人民、牛馬、車輦之力政。凡均力政，以歲上下。豐年則公旬用三日焉，中年則公旬用二日焉，無年則公旬用一日焉。凶札則無力政，無財賦，不收地守、地職，不均地政。**三年大比，則大均。**

師氏，掌以媺詔王。以三德教國子。一曰至德，以爲道本；二曰敏德，以爲行本；三曰孝德，以知逆惡。教三行，一曰孝行，以親父母；二曰友行，以尊賢良；三曰順行，以事師長。居虎門之左，司王朝。**掌國中失之事。**以教國子弟，凡國之貴游子弟學焉。凡祭祀、賓客、會同、喪紀、軍旅，**王舉則從，聽治亦如之。使其屬**帥四夷之隸，各以其兵服。**守王之門外**。且蹕。朝在野外,則守内列。

保氏,掌諫王惡,而養國子以道,乃教之六藝。一曰五禮,二曰六樂,三曰五射,四曰五馭,五曰六書,六曰九數。乃教之六儀,一曰祭祀之容,二曰賓客之容,三曰朝廷之容,四曰喪紀之容,五曰軍旅之容,六曰車馬之容。凡祭祀、賓客、會同、喪紀、軍旅,**王舉則從,聽治亦如之。使其屬守王闈**。

司諫,掌糾萬民之德。而勸之朋友,正其行而強之道藝,巡問而觀察之,以時書其德行道藝。辨其能而可任于國事者。**以攷鄉里之治,以詔廢置,以行赦宥**。

司救,掌萬民之衺惡、過失而誅讓之,以禮防禁而救之。凡民之有衺惡者,三讓而罰,三罰而士加明刑,恥諸嘉石,役諸司空。其有過失者,三讓而罰,三罰而歸于圜土。凡歲時有天患民病,則以節巡國中及郊野,而以王命施惠。

調人,掌司萬民之難而諧和之。凡過而殺傷人者,以民成之。鳥獸亦如之。凡和難,父之讎辟諸海外,兄弟之讎辟諸千里之外,從父兄弟之讎不同國。君之讎眡父,師長之讎眡兄弟,主友之讎眡從父兄弟。弗辟,則與之瑞節而以執之。凡殺人有反殺者,使邦國交讎之。凡殺人而義者,不同國,令勿讎,讎之則死。凡有鬭怒者,成之。不可成者,則書之。先動者誅之。

媒氏,掌萬民之判。凡男女,自成名以上,皆書年月日名焉。令男三十而娶,女二十而嫁。**凡娶判妻入子者,皆書之**。中春之月,令會男女。於是時也,奔者不禁。若無故而不用令者,罰之。司男女之無夫家者而會之。凡嫁子娶妻,入幣,純帛無過五兩。禁遷葬者與嫁殤者。凡男女之陰訟,聽之于勝國之社。其附于刑者,歸之于士。

司市,掌市之治教。政刑、量度、禁令。以次敍分地而經市,以陳肆辨物而平市,以政令禁物靡而均市,以商賈阜貨而行布,以量度成賈而徵價,以質劑結信而止訟,以賈民禁偽而除詐,以刑罰禁虣而去盜,以泉府同貨而斂賒。大市，日昃而市，百族爲主。朝市，朝時而市，商賈爲主。夕市，夕時而市，販夫販婦爲主。**凡市入**，則胥執鞭度守門，市之羣吏平肆、展成、奠賈，上旌于思次以令市，市師涖焉，而聽大治大訟。胥師、賈師涖于介次。而聽小治小訟。凡萬民之期于市者，辟布者、量度者、刑戮者，各于其地之敍。凡得貨賄六畜者亦如之，三日而舉之。凡治市之貨賄、六畜、珍異，亡者使有，利者使阜，害者使亡，靡者使微。**凡通貨賄，以璽節出入之**，國凶荒札喪，則市無征。**而作布。凡市僞飾之禁**，在民者十有二，在商者十有二，在賈者十有二，在工者十有二。**市刑**，小刑憲罰，中刑徇罰，大刑扑罰。其附于刑者，歸于士。國君過市則刑人赦，夫人過市罰一幕，世子過市罰一帟，命夫過市罰一蓋，命婦過市罰一帷。**凡會同**，師役。市司帥賈師而從，**治其市政**。掌其賣儥之事。

質人，掌成市之貨賄，人民、牛馬、兵器、珍異，**凡賣儥者**。**質劑焉**。大市以質，小市以劑。<u>掌稽市之書契，同其度量，壹其淳制，巡而攷之。</u>**犯禁者舉而罰之**。<u>凡治質劑者，國中一旬，郊二旬，野三旬，都三月，邦國朞。期內聽，期外不聽。</u>

校按：錯簡二。一是"掌稽市之書契"一句，原是"犯禁者"的注文，錯至其上。二是"凡治質劑者"一句，原是"質劑焉"的注文，錯至文末。恢復原序如下：

"**質人，掌成市之貨賄**，人民、牛馬、兵器、珍異，**凡賣儥者**。**質劑焉**。大市以質，小市以劑。<u>凡治質劑者，國中一旬，郊二旬，野三旬，都三月，邦國朞。期內聽，期外不聽。</u>**犯禁者舉而罰之**。<u>掌稽市之書契，同其度量，壹其淳制，巡而攷之。</u>"

廛人，掌斂市絘布、總布、質布、罰布、廛**布**。而入于泉府。**凡屠者，斂其皮角筋骨**。入于玉府。凡珍異之有滯者，斂而入于膳府。

胥師，各掌其次之政令，而平其貨賄，憲刑禁焉。察其詐僞、飾行、儥慝者，而誅罰之。聽其小治小訟而斷之。

賈師，各掌其次之**貨賄之治**。辨其物而均平之，展其成而奠其賈，然後令市。凡天患，禁貴價者，使有恒賈。四時之珍異亦如之。**凡國之賣儥，各帥其屬而嗣掌其月**。凡師役、會同亦如之。

司虣，掌憲市之禁令。禁其鬬囂者與其虣亂者、出入相陵犯者、以屬遊飲食于市者。若不可禁，則搏而戮之。

司稽，掌巡市。而察其犯禁者與其不物者，而搏之。**掌執市之盜賊，以徇**。且刑之。

胥，各掌其所治之政。執鞭度而巡其前。**掌其坐作、出入之禁令**。襲其不正者。凡有罪者，撻戮而罰之。

肆長，各掌其肆之政令。陳其貨賄，名相近者，相遠也。實相近者，相爾也。**而平正之**。**斂其總布，掌其戒禁**。

泉府，掌，以市之征布，斂市之不售，貨之滯於民用者，以其賈買之，物楬而書之，以待不時而買者。買者各從其抵，都鄙從其主，國人、郊人從其有司，然後予之。凡賒者，祭祀無過旬日，喪紀無過三月。凡民之貸者，與其有司辨而授之，以國服爲之息。凡國事之財用，取具焉。**歲終，則會其出入而納其餘**。

校按：《泉府職》首句有漏佚。"以市之征布"至"以待不時而買者"一段是注文。推測佚文有"以市布"等字。試恢復首句如："泉府，掌 以市布 □□。"

司門，掌授管鍵，以啟閉國門。幾出入，不物者。**正其貨賄。凡財物犯禁者舉之**。以其財養死政之老與其孤。**祭祀之牛牲繫焉**。監門養之。**凡歲時之門，受其餘。凡四方之賓客造焉，則以告**。

司關，掌國貨之節，以聯門市。司貨賄之出入者，掌其治禁。與其征廛。凡貨不出於關者，舉其貨，罰其人。凡所達貨賄者，則以節傳出之。**國凶札，則無關門之征，猶幾。凡四方之賓客敂關，則爲之告**。有外內之送令，則以節傳出內之。

掌節，掌守邦節而辨其用，**以輔王命**。守邦國者用玉節，守都鄙者用角節。**凡邦國之使節**，山國用虎節，土國用人節，澤國用龍節，皆金也，以英蕩輔之。門關用符節，貨賄用璽節，道路用旌節。**皆有期**。以反節。凡通達於天下者必有節，以傳輔之。無節者有幾則不達。

遂人，掌邦之野。**以土地之圖經田野，造縣鄙形體之灋**。五家爲鄰，五鄰爲里，四里爲酇，五酇爲鄙，五鄙爲縣，五縣爲遂。皆有地域，溝樹之，**使各掌其政令**。刑禁。以歲時稽其人民，而授之田野，簡其兵器，教之稼穡。**凡治野**，以下劑致甿，以田里安甿，以樂昏擾甿，以土宜教甿稼穡，以興鋤利甿，以時器勸甿，以彊予任甿，以土均平政。**辨其野之土**，上地、中地、下地。**以頒田里**。上地，夫一廛，田百畮，萊五十畮，餘夫亦如之。中地，夫一廛，田百畮，萊百畮，餘夫亦如之。下地，夫一廛，田百畮，萊二百畮，餘夫亦如之。凡治野，夫閒有遂，遂上有徑；十夫有溝，溝上有畛；百夫有洫，洫上有涂；千夫有澮，澮上有道；萬夫有川，川上有路，以達于畿。**以歲時登其夫家**，之眾寡，及其六畜、車輦。辨其老幼、癈疾與其施舍者，**以頒職作事**。以令貢賦，以令師田，以起政役。若起野役，則令各帥其所治之民而至。以遂之大旗致之，其不用命者誅之。**凡國祭祀，共野牲**。令野職。**凡賓客，令脩野道而委積**。大喪，**帥六遂之役而致之，掌其政令**。及葬，帥而屬六綍。及窆，陳役。**凡事**，致野役而師田，**作野民**，帥而至。**掌其政治**。禁令。

遂師，各掌其遂之政令。戒禁。**以時登其夫家**，之眾寡、六畜、車輦。**辨其施舍**。與其可任者。**經牧其田野**，辨其可食者。**周知其數而任之以徵**。財征。**作役事，則聽其治訟**。巡其稼穡，而移用其民，**以救其時事**。**凡國祭祀**，審其誓戒。**共其野牲**。入野職、野賦于玉府。**賓客，則巡其道脩**。庀其委積。**大喪**，使帥其屬以幄帟先，**道野役**。及窆，抱磨。共丘籠及蜃車之役。**軍旅**，田獵。**平野民，掌其禁令**。比敍其事而賞罰。

遂大夫，各掌其遂。之政令。**以歲時稽其夫家**，之衆寡、六畜、田野。辨其可任者，與其可施舍者。以教稼穡，以稽功事。**掌其政令**。戒禁。聽其治訟。**令爲邑者，歲終則會政致事**。**正歲**，簡稼器。**脩稼政**。三歲**大比**，則帥其吏而興甿，**明其有功者**。屬其地治者。凡爲邑者，以四達戒其功事，而誅賞廢興之。

縣正，各掌其縣之政令。**徵比**，**以頒田里**，**以分職事**。**掌其治訟**，**趨其稼事而賞罰之**。若將用野民，師田，行役。移執事。**則帥而至，治其政令**。**既役，則稽功會事**。而誅賞。

鄙師，各掌其鄙之政令。祭祀。**凡作民，則掌其戒令**。以時數其衆庶，而察其媺惡而誅賞。**歲終，則會其鄙之政而致事**。

鄼長，各掌其鄼。之政令。**以時校登其夫家**，比其衆寡，**以治其喪紀、祭祀之事**。若作其民而用之，則以旗鼓、兵革帥而至。若歲時簡器，與有司數之。**凡歲時之戒令皆聽之**。趨其耕耨，稽其女功。

里宰，掌比其邑。之衆寡，與其六畜、兵器。治其政令。**以歲時合耦于鋤**，以治稼穡，趨其耕耨，行其秩敘，以待有司之政令。**而徵斂其財賦**。

鄰長，掌相糾相受，凡邑中之政相贊。徙于他邑，則從而授之。

旅師，掌聚野之鋤粟、屋粟、閒粟而用之。**以質劑致民，平頒其興積**。施其惠，散其利，而均其政令。凡用粟。春頒而秋斂之。**凡新甿之治皆聽之**，使無征役。**以地之媺惡爲之等**。

稍人，掌令丘乘之政令。若有會同、師田、行役之事，則以縣師之瀍，作其同徒、輂輦。帥而以至，治其政令，以聽於司馬。**大喪，帥蜃車與其役以至，掌其政令**。以聽於司徒。

委人，掌斂野之賦，斂薪芻，**凡疏材**。木材。凡畜聚之物，以稍聚待賓客，以甸聚待羇旅，凡其余聚以待頒賜。**以式灋共祭祀**。之薪蒸木材。賓客，共其芻薪。喪紀，共其薪蒸木材。軍旅，共其委積薪芻，凡疏材。**共野委兵器**。與其野圃財用。**凡軍旅之賓客，館焉**。

土均，掌平土地之政，以均地守，以均地事，以均地貢，以和邦國、都鄙之政令、刑禁與其施舍。禮俗、喪紀、祭祀，皆以地媺惡，爲輕重之灋而行之。掌其禁令。

草人，掌土化之灋以物地，相其宜而爲之種。凡糞種，騂剛用牛，赤緹用羊，墳壤用麋，渴澤用鹿，鹹潟用貆，勃壤用狐，埴壚用豕，彊㯺用蕡，輕㼤用犬。

稻人，掌稼下地，以瀦畜水，以防止水，以溝蕩水，以遂均水，以列舍水，以澮寫水，以涉揚其芟。作田。凡稼澤，夏以水殄草而芟夷之。澤草所生，種之芒種。旱暵，共其雩斂。喪紀，共其葦事。

土訓，掌道地圖，以詔地事，道地慝。以辨地物而原其生。以詔地求。王巡守，則夾王車。

誦訓，掌道方志，以詔觀事。掌道方慝，以詔辟忌，以知地俗。王巡守，則夾王車。

山虞，掌山林之政令，物爲之屬，而爲之守禁。仲冬斬陽木，仲夏斬陰木。凡服耕，斬季材，以時入之。令萬民時斬材，有期日。凡邦工入山林而掄材，不禁。春秋之斬木不入禁，凡竊木者，有刑罰。若祭山林，則爲主。而脩除且蹕。若大田獵，則萊山田之野。及弊田，植虞旗于中，致禽而珥焉。

林衡，掌巡林麓之禁令。而平其守。以時計林麓而賞罰之。若斬木材，則受灋于山虞，而掌其政令。

川衡，掌巡川澤之禁令。而平其守。以時舍其守。犯禁者執而誅罰之。祭祀，賓客。共川奠。

澤虞，掌國澤之政令，爲之屬禁。使其地之人守其財物，以時入之于玉府，頒其餘于萬民。凡祭祀，賓客，共澤物之奠。喪紀，共其葦蒲之事。若大田獵，則萊澤野。及弊田，植虞旌以屬禽。

迹人，掌邦田之地政，爲之屬禁而守之。凡田獵者受令焉。禁麛卵者與其毒矢射者。

丱人，**掌金玉錫石之地，**而爲之屬禁以守之。若以時取之，則物其地，圖而授之。**巡其禁令。**

角人，**掌以時徵齒角，**凡骨物。于山澤之農。**以當邦賦之政令。**以度量受之，以共財用。

羽人，**掌以時徵羽翮之政，**于山澤之農。**以當邦賦之政令。**凡受羽，十羽爲審，百羽爲摶，十摶爲縳。

掌葛，**掌以時徵絺綌之材，**于山農，凡葛征。**徵草貢之材，**于澤農。**以當邦賦之政令。**以權度受之。

掌染草，**掌以春秋斂染草之物，**以權量受之。**以待時而頒之。**

掌炭，**掌灰物**炭物。**之徵令，以時入之，**以權量受之。**以共邦之用。凡炭灰之事。**

掌荼，**掌以時聚荼，以共喪事。**徵野疏材之物，以待邦事。**凡畜聚之物。**

掌蜃，**掌斂互物。**蜃物。以共闉壙之蜃。**祭祀，共蜃器之蜃。**共白盛之蜃。

囿人，**掌囿游之獸禁。**牧百獸。**祭祀，**喪紀、賓客。**共其生獸、死獸之物。**

場人，**掌國之場圃。**而樹之果蓏珍異之物。以時斂而藏之。**凡祭祀，**賓客。**共其果蓏。**享亦如之。

廩人，**掌九穀之數，以待國之匪頒。**賙賜、稍食。**以歲之上下數邦用，**以知足否。**以詔穀用。**以治年之凶豐。凡萬民之食食者，人四鬴，上也；人三鬴，中也；人二鬴，下也。若食不能人二鬴，則令邦移民就穀，詔王殺邦用。**凡邦有會同**師役**之事，則治其糧。**與其食。**大祭祀，則共其接盛。**

舍人，**掌平宮中之政。**分其財守，以灋掌其出入。**凡祭祀，共簠簋。**

實之,陳之。賓客,亦如之。共其禮,車米、筥米、芻禾。喪紀,共飯米、熬穀。以歲時縣種稑之種,以共王后之春獻種。**掌米粟之出入,辨其物。歲終,則會計其政。**

　　倉人,掌粟入之藏。辨九穀之物,以待邦用。若穀不足,則止餘灋用。有餘,則藏之,以待凶而頒之。**凡國之大事,共道路之**穀積、食飲之具。

　　司祿。闕。

　　司稼,掌巡邦野之稼,而辨種稑之種,周知其名與其所宜地。以爲灋,而縣于邑閭。巡野觀稼。**以年之上下出斂灋。**掌均萬民之食,而賙其急,而平其興。

　　舂人,掌共米物。祭祀,共其齍盛之米。賓客,共其牢禮之米。**凡饗食,共其食米。**掌凡米事。

　　饎人,掌凡祭祀共盛。共王及后之六食。**凡賓客,共其簠簋之實。**饗食亦如之。

　　槁人,掌共外內朝冗食者。**之食。**若饗耆老、孤子、士庶子,共其食。**掌豢祭祀之犬。**

三、《春官》職文復原

　　大宗伯之職,掌建邦之天神、人鬼、地示。**之禮,以佐王建保邦國。**以吉禮事邦國之鬼神示。以禋祀祀昊天上帝,以實柴祀日月星辰,以槱燎祀司中、司命、飌師、雨師。以血祭祭社稷、五祀、五嶽,以貍沈祭山林川澤,以疈辜祭四方百物。以肆獻祼享先王,以饋食享先王,以祠春享先王,以禴夏享先王,以嘗秋享先王,以烝冬享先王。以凶禮哀邦國之憂,以喪禮哀死亡,以荒禮哀凶札,以弔禮哀禍烖,以禬禮哀圍敗,以恤禮哀寇亂,以賓禮親邦國。春見曰朝,夏見曰宗,秋見曰覲,冬見曰遇,時見曰會,殷見曰同,時聘曰問,殷覜曰視。以軍禮同邦國,大師之禮,用衆也;大均之禮,恤衆也;大田之禮,簡衆也;大役之禮,任衆也;大封之禮,合衆也。以嘉禮親萬民,以飲食之禮親宗族兄弟，以昏冠之禮親成男女，以賓射之禮親故舊朋友，以饗燕之禮親四方之賓客，以脹膰之禮親兄弟之國，以賀慶之禮親異姓之國。**以九儀之命，正邦國之位**。壹命受職，再命受服，三命受位，四命受器，五命賜則，六命賜官，七命賜國，八命作牧，九命作伯。**以玉作六瑞，以等邦國**。王執鎮圭，公執桓圭，侯執信圭，伯執躬圭，子執穀璧，男執蒲璧。**以禽作六摯，以等諸臣**。孤執皮帛，卿執羔，大夫執鴈，士執雉，庶人執鶩，工商執雞。**以玉作六器，以禮天地四方**。以蒼璧禮天，以黃琮禮地，以青圭禮東方，以赤璋禮南方，以白琥禮西方，以玄璜禮北方。皆有牲幣，各放其器之色。以天產作陰德，以中禮防之。以地產作陽德，以和樂防之。以禮樂合天地之化、百物之產，以事鬼神，以諧萬民，以致百物。**凡祀大神**，享大鬼，祭大示。**帥執事而卜日**，宿，眡滌濯，涖玉鬯，省牲鑊，奉玉齍，詔大號。**治其大禮**。詔相王之大禮。若王不與祭祀，則攝位。凡大祭祀，王后不與，則攝而薦豆籩。徹。大賓客，則攝而載果。**朝覲，會同，則爲上相**。大喪亦如之。王哭諸侯亦如之。**王命諸侯，則儐**。**國有大故，則旅上帝及四望**。王大封，則先告后土。乃頒祀于邦國、都家、鄉邑。

　　小宗伯之職，掌建國之神位，右社稷，左宗廟。兆五帝於四郊。四望、四類亦如之。兆山川、丘陵、墳衍，各因其方。**掌五禮之禁令**。與其用等。辨廟祧之昭穆，辨吉凶之五服、車旗、宮室之禁。**掌三族之別，以辨親疏**。其正室，皆謂之門子。掌其政令。<u>毛六牲，辨其名物，而頒之于五官，使共奉之。</u><u>辨六齍之名物與其用，使六宮之人共奉之。</u><u>辨六彝之名物，以待果將。</u><u>辨六尊之名物，以待祭祀、賓客。</u>**掌衣服、車旗、宮室之賞賜**。**掌四時祭祀之序事**。與其禮。若國大貞，則奉玉帛以詔號。**大祭祀，省牲**。眡滌濯。祭之日，逆齍，省鑊，告時于王，告備于王。凡祭祀、賓客，以時將瓚果，**詔相祭祀之小禮**。凡大禮，佐大宗伯。賜卿大夫士爵，則儐。小祭祀，掌事，如大宗伯之禮。**大賓客，受其將幣之齎**。若大師，則帥有司而立軍社，奉主車。若軍將有事，則與祭有司將事於四望。若大甸，則帥有司而饁獸于郊。遂頒禽。大裁，及執事禱祠于上下神示。**王崩，大肆**。以秬鬯渳。及執事涖大斂、小斂，帥異族而佐。縣衰冠之式于路門之外。及執事眂葬獻器，遂哭之。**卜葬兆**，甫竁，亦如之。既葬，詔相喪祭之禮。成葬而祭墓。**爲位**。凡王之會同、軍旅、甸役之禱祠，肆儀爲位。國有禍裁，則亦如之。凡天地之大裁，類社稷、宗廟，則爲位。凡國之大禮，佐大宗伯。**凡小禮，掌事**。如大宗伯之儀。

校按：錯簡一。"毛六牲"以下，原是"省牲"的注文。恢復原序如下：

"（上略）大祭祀，省牲。眂滌濯。<u>毛六牲，辨其名物，而頒之于五官，使共奉之。辨六齍之名物與其用，使六宮之人共奉之。辨六彝之名物，以待果將。辨六尊之名物，以待祭祀、賓客</u>。祭之日，逆齍，省鑊，告時于王，告備于王。凡祭祀、賓客，以時將瓚果，**詔相祭祀之小禮**。（下略）"

肆師之職，掌立國祀之禮。以佐大宗伯。立大祀，用玉帛牲牷。立次祀，用牲幣。立小祀，用牲。以歲時序其祭祀及其祈珥。**大祭祀**，展犧牲，繫于牢，頒于職人。凡祭祀之卜日、宿，**爲期**，詔相其禮。眂滌濯亦如之。祭之日，表齍盛，告絜。展器陳，告備。及果，築鬻，相治小禮。**誅其慢怠者**。**掌兆中**廟中**之禁令**。凡祭祀禮成，則告事畢。**大賓客，涖筵几**。築鬻。贊果將。**大朝覲，佐儐**。共設匪罋之禮。**饗食，授祭**。<u>與祝侯禳于畺及郊</u>。**大喪**，大渳以鬯，則築鬻。**令外内命婦序哭**。禁外内命男女之衰不中灋者，且授之杖。**凡師甸**，用牲于社宗。**則爲位**。類造上帝，封于大神，祭兵于山川，亦如之。凡師不功，則助牽主車。凡四時之大甸獵，祭表貉，則爲位。嘗之日，涖卜來歲之芟。獮之日，涖卜來歲之戒。社之日，涖卜來歲之稼。若國有大故，則令國人祭。歲時之祭祀亦如之。凡卿大夫之喪，相其禮。**凡國之大事，治其禮儀**。以佐宗伯。凡國之小事，治其禮儀而掌其事，如宗伯之禮。

校按：錯簡一。"與祝侯禳于畺及郊"一句，原是"凡師甸"的注文。恢復原序如下：

"（上略）凡師甸，用牲于社宗。則爲位。<u>與祝侯禳于疆及郊</u>。類造上帝，封于大神，祭兵于山川，亦如之。（下略）"

鬱人，掌祼器，凡祭祀、賓客之祼事。**和鬱鬯，**以實彝而陳之。凡祼玉，濯之，陳之。**以贊祼事。**詔祼將之儀與其節。凡祼事，沃盥。大喪之渳，共其肆器。及葬，共其祼器，遂貍之。大祭祀，與量人受舉斝之卒爵而飲之。

鬯人，掌共秬鬯而飾之。凡祭祀，社壝用大罍，禜門用瓢齎，廟用脩，凡山川四方用蜃，凡祼事用概，凡疈事用散。**大喪，**之大渳，設斗。**共其釁鬯。**凡王之齊事，共其秬鬯。凡王弔臨，共介鬯。

雞人，掌共雞牲。辨其物。大祭祀，夜嘑旦以嘂百官。凡國之大賓客、會同、軍旅、喪紀，亦如之。**凡國事，爲期。**則告之時。凡祭祀，面禳釁，共其雞牲。

司尊彝，掌六尊六彝之位，詔其酌。辨其用與其實。春祠夏禴，祼用雞彝、鳥彝，皆有舟。其朝踐用兩獻尊，其再獻用兩象尊，皆有罍。諸臣之所昨也。秋嘗冬烝，祼用斝彝、黃彝，皆有舟。其朝獻用兩著尊，其饋獻用兩壺尊，皆有罍。諸臣之所昨也。凡四時之閒祀、追享、朝享，祼用虎彝、蜼彝，皆有舟。其朝踐用兩大尊，其再獻用兩山尊，皆有罍，諸臣之所昨也。凡六彝六尊之酌，鬱齊獻酌，醴齊縮酌，盎齊涗酌，凡酒脩酌。**大喪，存奠彝。**大旅亦如之。

司几筵，掌五几五席。之名物。辨其用與其位。凡大朝覲、大饗射，凡封國、命諸侯，王位設黼依，依前南鄉，設莞筵紛純，加繅席畫純，加次席黼純，左右玉几。祀先王，昨席亦如之。諸侯祭祀席，蒲筵繢純，加莞席紛純，右彤几。昨席，莞筵紛純，加繅席畫純。筵國賓于牖前，亦如之，左彤几。甸役，則設熊席，右漆几。凡喪事，設葦席，右素几。其柏席用萑，黼純。諸侯則紛純，每敦一几。**凡吉事，變几。**凶事仍几。

天府,**掌祖廟之守藏**。與其禁令。凡國之玉鎮、大寶器,藏焉。若有大祭、大喪,則出而陳之。既事,藏之。凡官府、鄉州及都鄙之治中,受而藏之,以詔王察羣吏之治。上春,釁寶鎮及寶器。凡吉凶之事,祖廟之中沃盥,執燭。季冬,陳玉以貞來歲之媺惡。**若遷寶,則奉之**。若祭天之司民、司禄,而獻民數、穀數,則受而藏之。

典瑞,掌玉瑞玉器。**之藏**。辨其名物與其用事,設其服飾。王晉大圭,執鎮圭,繅藉五采五就,以朝日。公執桓圭,侯執信圭,伯執躬圭,繅皆三采三就。子執穀璧,男執蒲璧,繅皆二采再就。以朝覲、宗遇、會同于王。諸侯相見亦如之。瑑圭璋璧琮,繅皆二采一就,以覜聘。四圭有邸,以祀天、旅上帝。兩圭有邸,以祀地、旅四望。祼圭有瓚,以肆先王,以祼賓客。圭璧以祀日月星辰。璋邸射以祀山川,以造贈賓客。土圭以致四時日月,封國則以土地。珍圭以徵守,以恤凶荒。牙璋以起軍旅,以治兵守。璧羨以起度。駔圭璋璧琮琥璜之渠眉。疏璧琮以斂尸。穀圭以和難,以聘女。琬圭以治德,以結好。琰圭以易行,以除慝。**大祭祀**,大旅。凡賓客之事,**共其玉器**。而奉之。**大喪,共飯玉**。含玉。贈玉。**凡玉器出,則共奉之**。

典命。掌諸侯之五儀,諸臣之五等之命。上公,九命爲伯,其國家、宮室、車旗、衣服、禮儀,皆以九爲節。侯、伯七命,其國家、宮室、車旗、衣服、禮儀,皆以七爲節。子、男五命,其國家、宮室、車旗、衣服、禮儀,皆以五爲節。王之三公八命,其卿六命,其大夫四命。及其出封,皆加一等。其國家、宮室、車旗、衣服、禮儀亦如之。凡諸侯之適子誓於天子,攝其君,則下其君之禮一等。未誓,則以皮帛繼子男。公之孤四命,以皮帛眂小國之君。其卿三命,其大夫再命,其士壹命。其宮室、車旗、衣服、禮儀,各眂其命之數。侯、伯之卿大夫士亦如之。子、男之卿再命,其大夫壹命,其士不命。其宮室、車旗、衣服、禮儀,各眂其命之數。

校按:《典命職》只剩官名,職文全佚,所存文字俱是注文。

司服,掌王之吉凶衣服。辨其名物與其用事。王之吉服:祀昊天、上帝,則服大裘而冕。祀五帝亦如之。享先王則袞冕,享先公、饗、射則鷩冕。

祀四望、山川則毳冕。祭社稷、五祀則希冕。祭羣小祀則玄冕。凡兵事，韋弁服。眡朝，則皮弁服。凡甸，冠弁服。凡凶事，服弁服。凡弔事，弁経服。凡喪，爲天王斬衰，爲王后齊衰。王爲三公六卿錫衰，爲諸侯緦衰，爲大夫士疑衰，其首服皆弁経。大札、大荒、大裁，素服。公之服，自袞冕而下如王之服。侯伯之服，自鷩冕而下如公之服。子男之服，自毳冕而下如侯伯之服。孤之服，自希冕而下如子男之服。卿大夫之服，自玄冕而下如孤之服。其凶服，加以大功小功。士之服，自皮弁而下如大夫之服，其凶服亦如之，其齊服有玄端、素端。**凡大祭祀，**大賓客。**共其衣服。**而奉之。**大喪，共其復衣服。**斂衣服、奠衣服、廞衣服，皆掌其陳序。

典祀，**掌外祀之兆守，**皆有域，掌其禁令。若以時祭祀，則帥其屬而脩除。徵役于司隷而役之。**及祭，帥其屬而守其厲禁。**而蹕之。

守祧，**掌守先王、先公之廟祧。**其遺衣服藏焉。若將祭祀，則各以其服授尸。其廟，則有司脩除之。其祧，則守祧黝堊之。**既祭，則藏。**其隋與其服。

世婦，**掌女宮之**宿戒及**祭祀，**比其具。**詔王后之禮事。**帥六宮之人共齍盛。相外内宗之禮事。大賓客之饗食亦如之。**大喪，比外内命婦之朝莫哭。**不敬者而苛罰之。**凡王后有擯事於婦人，則詔相。**凡内事有達於外官者，世婦掌之。

内宗，**掌宗廟之祭祀。**薦加豆籩。及以樂徹，則佐傳豆籩。賓客之饗食亦如之。**王后有事則從。大喪，序哭者。**哭諸侯亦如之。**凡卿大夫之喪，掌其弔臨。**

外宗，**掌宗廟之祭祀。**佐王后薦玉豆，眡豆籩。及以樂徹亦如之。**王后以樂羞齍，則贊。**凡王后之獻亦如之。王后不與，則贊宗伯。**小祭祀，掌事。**賓客之事亦如之。**大喪，則敍外内朝莫哭者。**哭諸侯亦如之。

冢人，**掌公墓之地，辨其兆域而爲之圖。**先王之葬居中，以昭穆爲左右。凡諸侯，居左右以前，卿大夫士居後，各以其族。凡死於兵者，不入兆域。凡有功者居前。**以爵等爲丘封之度**。與其樹數。**大喪**，既有日，請度甫竁，遂爲之尸。及竁，以度爲丘隧，共喪之窆器。及葬，言鸞車象人。及窆，執斧以涖。遂入，藏凶器。**正墓位**。躐墓域，守墓禁。**凡祭墓，爲尸**。凡諸侯及諸臣葬於墓者，授之兆，爲之躐，均其禁。

墓大夫，掌凡邦墓之地域。爲之圖。令國民族葬，而掌其禁令。正其位，掌其度數，使皆有私地域。**凡爭墓地者，聽其獄訟**。**帥其屬而巡墓厲**。居其中之室以守之。

職喪，掌諸侯之喪。及卿大夫士，凡有爵者之喪。以國之喪禮涖其禁令，序其事。凡國有司以王命有事焉，則詔贊主人。**凡其喪祭，詔其號，治其禮**。凡公有司之所共，職喪令之，趣其事。

大司樂，掌成均之灋，以治建國之學政，而合國之子弟焉。凡有道有德者，使教焉。死則以爲樂祖，祭於瞽宗。以樂德教國子，中和、祗庸、孝友。以樂語教國子，興道、諷誦、言語。以樂舞教國子，舞《雲門》《大卷》《大咸》《大磬》《大夏》《大濩》《大武》。以六律、六同、五聲、八音、六舞大合樂，以致鬼神示，以和邦國，以諧萬民，以安賓客，以說遠人，以作動物。乃分樂而序之，以祭，以享，以祀。乃奏黃鍾，歌大呂，舞《雲門》，以祀天神。乃奏大蔟，歌應鍾，舞《咸池》，以祭地示。乃奏姑洗，歌南呂，舞《大磬》，以祀四望。乃奏蕤賓，歌函鍾，舞《大夏》，以祭山川。乃奏夷則，歌小呂，舞《大濩》，以享先妣。乃奏無射，歌夾鍾，舞《大武》，以享先祖。凡六樂者，文之以五聲，播之以八音。凡六樂者，一變而致羽物及川澤之示，再變而致臝物及山林之示，三變而致鱗物及丘陵之示，四變而致毛物及墳衍之示，五變而致介物及土示，六變而致象物及天神。凡樂，圜鍾爲宮，黃鍾爲角，大蔟爲徵，姑洗爲羽，靁鼓靁鼗，孤竹之管，雲和之琴瑟，《雲門》之舞，冬日至，於地上之圜丘奏之，若樂六變，則天神皆降，可得而禮矣。凡樂，函鍾爲宮，大蔟爲角，姑洗爲徵，南呂爲羽，靈鼓靈鼗，孫竹之管，空桑之琴瑟，《咸池》之舞，夏日至，於澤中之方丘奏之，若樂八變，則地示皆出，可得而禮矣。凡樂，黃鍾爲宮，大呂爲角，大蔟爲徵，應鍾爲羽，路鼓路鼗，陰竹之管，龍門之琴瑟，《九德》之歌，

《九聲》之舞，於宗廟之中奏之，若樂九變，則人鬼可得而禮矣。凡樂事。**大祭祀**，宿縣。**遂以聲展之**，王出入則令奏《王夏》，尸出入則令奏《肆夏》，牲出入則令奏《昭夏》。**帥國子而舞**。大饗不入牲，其他皆如祭祀。**大射**，王出入，令奏《王夏》。及射，令奏《騶虞》。**詔諸侯以弓矢舞**。王大食，三宥，皆令奏鍾鼓。**王師大獻，則令奏愷樂**。凡日月食，四鎮五嶽崩，大傀異烖，諸侯薨，令去樂。大札、大凶、大烖、大臣死，**凡國之大憂，令弛縣**。凡建國，禁其淫聲、過聲、凶聲、慢聲。**大喪，涖廞樂器**。及葬，藏樂器亦如之。

樂師，掌國學之政，以教國子小舞。凡舞，有帗舞，有羽舞，有皇舞，有旄舞，有干舞，有人舞。教樂儀，行以《肆夏》，趨以《采薺》，車亦如之。環拜，以鍾鼓爲節。凡射，王以《騶虞》爲節，諸侯以《貍首》爲節，大夫以《采蘋》爲節，士以《采蘩》爲節。**凡樂，掌其序事，治其樂政**。凡國之小事用樂者，令奏鍾鼓。**凡樂成，則告備**。詔來瞽。**皋舞**，及徹，帥學士而歌徹。**令相**。**饗食**，諸侯，序其樂事。**令奏鍾鼓**。令相，如祭之儀。**燕射，帥射夫以弓矢舞**。樂出入，令奏鍾鼓。**凡軍大獻，教愷歌**。遂倡之。**凡喪，陳樂器**。則帥樂官。及序哭，亦如之。**凡樂官，掌其政令，聽其治訟**。

大胥，掌學士之版，以待致。**諸子**。春入學，舍采，合舞。秋頒學，合聲。**以六樂之會正舞位，以序出入**。**舞者**。**比樂官**，展樂器。凡祭祀之用樂者，以鼓徵學士。**序宮中之事**。

小胥，掌學士之徵令而比之。觵其不敬者，巡舞列而撻其怠慢者。**正樂縣之位**，王宮縣，諸侯軒縣，卿大夫判縣，士特縣。**辨其聲**。凡縣鍾磬，半爲堵，全爲肆。

大師，掌六律六同。以合陰陽之聲。陽聲：黃鍾、大蔟、姑洗、蕤賓、夷則、無射。陰聲：大呂、應鍾、南呂、函鍾、小呂、夾鍾。皆文之以五聲，宮、商、角、徵、羽。皆播之以八音，金、石、土、革、絲、木、匏、竹。**教六詩**。曰風，曰賦，曰比，曰興，曰雅，曰頌，以六德爲之本，以六律爲之音。**大祭祀，帥瞽登歌，令奏**。擊拊。下管，播樂器。令奏鼓棘。**大饗亦如之**。**大射，帥瞽而**

歌射節。大師，執同律以聽軍聲，而詔吉凶。**大喪**，帥瞽而廞。作匶謚。凡國之瞽矇正焉。

小師，**掌教鼓鼗**、柷、敔、塤、簫、管、弦。**歌**。大祭祀，**登歌**。擊拊，下管，擊應鼓。徹，歌。**大饗亦如之**。大喪，與廞。凡小祭祀，小樂事。鼓，棟。**掌六樂聲音之節**。與其和。

瞽矇，**掌播鼗**、柷、敔、塤、簫、**管、弦、歌**。諷誦詩，世奠繫。鼓琴瑟。掌《九德》《六詩》之歌，**以役大師**。

眡瞭，**掌凡樂事**。播鼗，擊頌磬、笙磬。掌大師之縣。凡樂事，相瞽。**大喪，廞樂器**。大旅亦如之。賓射，皆奏其鍾、鼓、鼗。愷獻亦如之。

典同，**掌六律六同之和**，以辨天地四方陰陽之聲，**以爲樂器**。凡聲，高聲䃂，正聲緩，下聲肆，陂聲散，險聲斂，達聲贏，微聲韽，回聲衍，侈聲筰，弇聲鬱，薄聲甄，厚聲石。凡爲樂器，以十有二律爲之數度，以十有二聲爲之齊量。**凡和樂亦如之**。

磬師，**掌教擊磬**。擊編鍾。教縵樂、燕樂之鍾磬。**凡祭祀，奏縵樂**。

鍾師，**掌金奏**。凡樂事，以鍾鼓奏《九夏》：《王夏》《肆夏》《昭夏》《納夏》《章夏》《齊夏》《族夏》《祴夏》《驁夏》。**凡祭祀**，饗食。**奏燕樂**。**凡射**，王奏《騶虞》，諸侯奏《貍首》，卿大夫《采蘋》；士奏《采蘩》。**掌鼙**。鼓縵樂。

笙師，**掌教龡**，竽、笙、塤、龠、簫、篪、篴、管，舂牘、應、雅。**以教祴樂**。凡祭祀，饗射。共其鍾笙之樂。燕樂亦如之。**大喪，廞其樂器**。及葬，奉而藏之。大旅，則陳之。

鎛師，**掌金奏之鼓**。凡祭祀，鼓其金奏之樂，饗食、賓射亦如之。**軍大獻，則鼓其愷樂**。凡軍之夜三鼜，皆鼓之，守鼜亦如之。**大喪，廞其樂器**。奉而藏之。

韎師，**掌教韎樂**。祭祀，**則帥其屬而舞之**。大饗亦如之。

旄人，**掌教舞散樂**。舞夷樂。凡四方之以舞仕者，屬焉。**凡祭祀、賓**

客，舞其燕樂。

籥師，**掌教國子舞羽龡籥**。祭祀，則鼓羽籥之舞。賓客饗食，則亦如之。**大喪，廞其樂器**。奉而藏之。

籥章，**掌土鼓豳籥**。中春，晝擊土鼓，龡《豳詩》以逆暑。中秋，夜迎寒亦如之。凡國祈年于田祖，龡《豳雅》，擊土鼓，以樂田畯。國祭蜡，則龡《豳頌》，擊土鼓，以息老物。

鞮鞻氏，**掌四夷之樂**。與其聲歌。祭祀，則龡而歌之，燕亦如之。

典庸器，**掌藏樂器**，庸器。及祭祀，帥其屬而設筍虡，**陳庸器**。饗食、賓射亦如之。**大喪，廞筍虡**。

司干，**掌舞器**。祭祀，舞者既陳，**則授舞器**。既舞則受之。賓饗亦如之。**大喪，廞舞器**。及葬，奉而藏之。

大卜，**掌《三兆》之灋**，一曰《玉兆》，二曰《瓦兆》，三曰《原兆》，其經兆之體，皆百有二十，其頌皆千有二百。掌《三易》之灋，一曰《連山》，二曰《歸藏》，三曰《周易》，其經卦皆八，其別皆六十有四。掌《三夢》之灋，一曰《致夢》，二曰《觭夢》，三曰《咸陟》，其經運十，其別九十。**以邦事作龜之八命**。一曰征，二曰象，三曰與，四曰謀，五曰果，六曰至，七曰雨，八曰瘳。以八命者贊三兆、三易、三夢之占，以觀國家之吉凶，以詔救政。**凡國大貞**，卜立君，卜大封，則眂高。**作龜**。**大祭祀**，則眂高。**命龜**。**凡小事，涖卜**。國大遷、大師。則貞龜。凡旅，陳龜。凡喪事，命龜。

卜師，**掌開龜之四兆**，一曰方兆，二曰功兆，三曰義兆，四曰弓兆。凡卜事，眂高，揚火以作龜，致其墨。凡卜，辨龜之上下、左右、陰陽。**以授命龜者而詔相之**。

龜人，**掌六龜之屬**。各有名物，天龜曰靈屬，地龜曰繹屬，東龜曰果屬，西龜曰靁屬，南龜曰獵屬，北龜曰若屬。各以其方之色與其體辨之。凡取龜，用秋時。攻龜，用春時。各以其物入于龜室。上春釁龜，祭祀先卜。**若有祭事，則奉龜以往**。旅亦如之，喪亦如之。

菙氏，掌共燋契，以待卜事。凡卜，以明火爇燋，遂龡其焌契，以授卜師，遂役之。

占人，掌占龜。以八簭占八頌，以八卦占簭之八故，以眂吉凶。凡卜簭，君占體，大夫占色，史占墨，卜人占坼。凡卜簭既事，則繫幣以比其命。歲終，則計其占之中否。

簭人，掌《三易》，以辨九簭之名。一曰《連山》，二曰《歸藏》，三曰《周易》。九簭之名：一曰巫更，二曰巫咸，三曰巫式，四曰巫目，五曰巫易，六曰巫比，七曰巫祠，八曰巫參，九曰巫環。**以辨吉凶**。凡國之大事，先簭而後卜。上春，相簭。**凡國事，共簭**。

占夢，掌其歲時觀天地之會，辨陰陽之氣，以日月星辰**占六夢之吉凶，**一曰正夢，二曰噩夢，三曰思夢，四曰寤夢，五曰喜夢，六曰懼夢。季冬，聘王夢。獻吉夢于王，王拜而受之。乃舍萌于四方，以贈惡夢，遂令始難歐疫。

校按：《占夢職》有闕佚，字數不詳。錯簡一。"其歲時觀天地之會"一句，是《眂祲職》的注文，竄入《占夢職》。恢復原序如下：

"占夢，掌占六夢之吉凶。一曰正夢，二曰噩夢，三曰思夢，四曰寤夢，五曰喜夢，六曰懼夢。□□□□□□。季冬，聘王夢。獻吉夢于王，王拜而受之。乃舍萌于四方，以贈惡夢，遂令始難歐疫。"

眂祲，掌十煇之灋，以觀妖祥。**辨吉凶**。一曰祲，二曰象，三曰鑴，四曰監，五曰闇，六曰瞢，七曰彌，八曰敘，九曰隮，十曰想。**掌安宅敘降**。正歲則行事，歲終則弊其事。

校按：錯簡二。一是"其歲時觀天地之會，辨陰陽之氣，以日月星辰"，竄入《占夢職》。二是"觀妖祥"三字原本接"以日月星辰"之下。今恢復原序：

"眂祲，掌十煇之法，以辨吉凶。其歲時觀天地之會，辨陰陽之氣，以日月星辰觀妖祥。一曰祲，二曰象，三曰鑴，四曰監，五曰闇，六曰瞢，七曰彌,八曰敍,九曰隋,十曰想。掌安宅敍降。正歲則行事,歲終則弊其事。"

大祝,掌六祝之辭,以事鬼神示。祈福祥,求永貞。一曰順祝,二曰年祝,三曰吉祝,四曰化祝,五曰瑞祝,六曰筴祝。**掌六祈**。以同鬼神示。一曰類,二曰造,三曰禬,四曰禜,五曰攻,六曰説。**作六辭**。以通上下、親疏、遠近。一曰祠,二曰命,三曰誥,四曰會,五曰禱,六曰誄。**辨六號**。一曰神號,二曰鬼號,三曰示號,四曰牲號,五曰齍號,六曰幣號。**辨九祭**。一曰命祭,二曰衍祭,三曰炮祭,四曰周祭,五曰振祭,六曰擩祭,七曰絕祭,八曰繚祭,九曰共祭。**辨九擽**。一曰稽首,二曰頓首,三曰空首,四曰振動,五曰吉擽,六曰凶擽,七曰奇擽,八曰襃擽,九曰肅擽。**以享右祭祀**。凡大禋祀,肆享、祭示,**則執明水火而號祝**。隋釁,逆牲、逆尸,令鍾鼓。右亦如之。來瞽,令皋舞,相尸禮。既祭,令徹。**大喪**,始崩,以肆鬯淴尸,相飯,贊斂,徹奠,言甸人讀禱。付、練、祥。**掌國事**。**國有大故,**天裁。**彌祀社稷**。禱祠。**大師**,宜于社,造于祖,**設軍社**。**類上帝**,國將有事于四望,及軍歸獻于社。**則前祝**。大會同,造于廟,宜于社。過大山川,則用事焉。反行,舍奠。**建邦國,**先告后土。**用牲幣,**禁督逆祀命者。**頒祭號**。于邦國、都鄙。

小祝,掌小祭祀將事、侯禳、禱祠。**之祝號,以祈福祥**。順豐年,逆時雨,寧風旱,彌裁兵,遠辠疾。大祭祀,逆齍盛,送逆尸,沃尸盥,贊隋,贊徹,贊奠。凡事,佐大祝。大喪,贊淴,設熬,置銘。及葬,設道齎之奠,分禱五祀。**大師,掌釁祈**。號祝。有寇戎之事,則保郊,祀于社。**凡外內小祭祀,**小喪紀、小會同、小軍旅。**掌事焉**。

喪祝,掌大喪勸防之事。及辟,令啓。及朝,御匶,乃奠。及祖,飾棺,乃載,遂御。及葬,御匶,出宮乃代。及壙,説載,除飾。小喪亦如之。**掌喪祭祝號**。王弔,則與巫前。掌勝國邑之社稷之祝號,以祭祀禱祠焉。**凡卿大夫之喪,掌事**。而斂飾棺焉。

甸祝,掌四時之田。**表貉之祝號**。舍奠于祖廟,禰亦如之。師甸,致禽于虞中，乃屬禽。及郊，饁獸，舍奠于祖禰，乃斂禽。禂牲、禂馬，皆掌其祝號。

詛祝，掌盟、詛、類、造、攻、說、禬、禜。**之祝號，作**盟詛之**載辭**。以敘國之信用，以質邦國之劑信。

司巫，掌羣巫之政令。若國大旱，則帥巫而舞雩。國有大裁，則帥巫而造巫恒。祭祀，則共匰主，及道布，及蒩館。凡祭事，守瘞。**凡喪事，掌巫降之禮。**

男巫，掌望祀望衍。**授號**。旁招以茅。冬堂贈，無方，無算。春招弭，以除疾病。王弔，則與祝前。

女巫，掌歲時祓除。釁浴。旱暵，則舞雩。若王后弔，則與祝前。凡邦之大裁，歌哭而請。

大史，掌建邦之六典以逆邦國之治，掌灋以逆官府之治，掌則以逆都鄙之治。凡辯灋者攷焉，不信者刑之。凡邦國、都鄙及萬民之**有約劑者，藏焉，以貳六官**。六官之所登。若約劑亂，則辟灋，不信者刑之。**正歲**，年以序事，頒之于官府及都鄙。**頒告朔于邦國**。閏月，詔王居門終月。**大祭祀**，與執事卜日。戒及宿之日，與羣執事讀禮書而協事。祭之日，**執書以次位常**。辯事者攷焉，不信者誅之。**大會同**，朝覲，**以書協禮事**。及將幣之日，執書以詔王。大師，抱天時，與大師同車。大遷國，抱灋以前。大喪，執灋以涖勸防。遣之日，讀誄。**凡喪事，攷焉**。小喪，賜謚。**凡射事**，飾中，舍筭。**執其禮事。**

小史，掌邦國之志。奠繫世，辨昭穆。若有事，則詔王之忌諱。大祭祀，讀禮灋，史以書敘昭穆之俎簋。大喪、大賓客、大會同、大軍旅，佐大史。**凡國事之用禮灋者，掌其小事**。卿大夫之喪，賜謚讀誄。

馮相氏，掌十有二歲、十有二月、十有二辰、十日、二十有八**星之位，辨其敘事**。以會天位。冬夏致日，春秋致月，以辨四時之敘。

保章氏，掌天星，以志星辰日月之變動，以觀天下之遷，辨其吉凶。以星土辨九州之地，所封封域，皆有分星，以觀妖祥。以十有二歲之相，觀天下之妖祥。以五雲之物，辨吉凶，水旱降豐荒之祲象。以十有二風，察天地之和，命乖別之妖祥。凡此五物者，**以詔救政**。訪序事。

内史，掌王之八枋之濾，**以詔王治**。一曰爵，二曰禄，三曰廢，四曰置，五曰殺，六曰生，七曰予，八曰奪。**執國濾及國令之貳，以攷政事**。以逆會計。**掌敍事之濾**，受納訪以詔王聽治。凡命諸侯及孤卿大夫，則策命之。凡四方之事書，内史讀之。王制禄，則贊爲之，以方出之。賞賜亦如之。内史掌書王命，**遂貳之**。

外史，掌書外令，掌四方之志。掌三皇五帝之書，掌達書名于四方。若以書使于四方，則書其令。

御史，掌邦國、都鄙及萬民之治令。以贊冢宰。凡治者受濾令焉。**掌贊書、數**。凡從政者。

校按：今本《御史職》從鄭玄讀，末句爲"掌贊書，凡數從政者"。鄭司農、《釋文》皆作"掌贊書數"。鄭玄不知經注之別，誤改。數，即《大司寇職》的"人民之數"和《廩人職》的"九穀之數"。

巾車，掌公車之政令，辨其用與其旗物，而等敍之，**以治其出入**。王之五路：一曰玉路，錫，樊纓，十有再就，建大常，十有二斿，以祀。金路，鉤，樊纓九就，建大旂，以賓，同姓以封。象路，朱，樊纓七就，建大赤，以朝，異姓以封。革路，龍勒，條纓五就，建大白，以即戎，以封四衛。木路，前樊鵠纓，建大麾，以田，以封蕃國。王后之五路：重翟，錫面朱總。厭翟，勒面繢總。安車，彫面鷖總。皆有容蓋。翟車，貝面組總，有握。輦車，組輓，有翣，羽蓋。王之喪車五乘：木車，蒲蔽，犬裖，尾囊，疏飾，小服皆疏。素車，棼蔽，犬裖，素飾，小服皆素。藻車，藻蔽，鹿淺裖，革飾。**駹車**，萑蔽，然裖，髹飾。漆車，藩蔽，豻裖，雀飾。服車五乘：孤乘夏篆，卿乘夏縵，大夫乘墨車，士乘棧車，庶人乘役車。凡良車、散車不在等者，其用無常。凡車之出入，歲終則會之。凡賜，闋之。毀折入齎于職幣。**大喪，**飾遣車，遂廞之，行之。及葬，執蓋從車,持旌。及墓,嘑啓關,**陳車**。**小喪,共匶路**。與其飾。**歲時更續,共其弊車**。**大祭祀,鳴鈴**。以應雞人。

　　典路,掌王及后之**五路**,辨其名物與其用說。若有大祭祀,則出路,贊駕說。大喪、大賓客,亦如之。**凡會同**,軍旅、弔于四方。**以路從**。

　　車僕,掌戎路之萃。廣車之萃、闕車之萃、苹車之萃、輕車之萃。**凡師,共革車**。各以其萃。會同亦如之。**大喪,廞革車**。大射,共三乏。

　　司常,掌九旗之物名,各有屬,以待國事。日月爲常,交龍爲旂,通帛爲旜,雜帛爲物,熊虎爲旗,鳥隼爲旟,龜蛇爲旐,全羽爲旞,析羽爲旌。及國之大閱,贊司馬頒旗物:王建大常,諸侯建旂,孤卿建旜,大夫士建物,師都建旗,州里建旟,縣鄙建旐,道車載旞,斿車載旌。**皆畫其象焉**。官府各象其事,州里各象其名,家各象其號。**凡祭祀,各建其旗**,會同、賓客亦如之,**置旌門**。**大喪,共銘旌**。建廞車之旌。及葬,亦如之。**凡軍事,建旌旗**。及致民,置旗,弊之。甸亦如之。**凡射,共獲旌**。**歲時共更旌**。

　　都宗人,掌都祭祀之禮。凡都祭祀,致福于國。正都禮與其服。若有寇戎之事,則保羣神之壇。國有大故,則令禱祠。既祭,反命于國。

　　家宗人,掌家祭祀之禮。凡祭祀,致福。國有大故,則令禱祠,反命。祭亦如之。掌家禮與其衣服、宮室、車旗之禁令。

　　凡以神仕者,掌三辰之灋。以猶鬼神示之居,辨其名物。以冬日至致天神人鬼,以夏日至致地示物魖,以禬國之凶荒,民之札喪。

四、《夏官》職文復原

　　大司馬之職,掌建邦國之九灋,以佐王平邦國。制畿封國以正邦國,設儀辨位以等邦國,進賢興功以作邦國,建牧立監以維邦國,制軍詰禁以糾邦國,施貢分職以任邦國,簡稽鄉民以用邦國,均守平則以安邦國,比小事大以和邦國。**以九伐之灋正邦國**。馮弱犯寡則眚之,賊賢害民則伐之,暴內陵外則壇之,野荒民散則削之,負固不服則侵之,賊殺其親則正之,放弒其君則殘之，犯令陵政則杜之，外內亂，鳥獸行，則滅之。**正月之吉，始和布政于邦國、都鄙**。乃縣政象之灋于象魏，使萬民觀政象，挾日而斂之。乃以九畿之籍，施邦國之政職。方千里曰國畿，其外方五百里曰侯畿，又其外方五百里曰甸畿，又其外方五百里曰男畿，又其外方五百里曰采畿，又其外方五百里曰衛畿，又其外方五百里曰蠻畿，又其外方五百里曰夷畿，又其外方五百里曰鎮畿，又其外方五百里曰蕃畿。凡令賦，以地與民制之。上地食者參之二，其民可用者家三人。中地食者半，其民可用者二家五人。下地食者參之一，其民可用者家二人。**中春，教振旅**。司馬以旗致民，平列陳，如戰之陳。**辨鼓鐸鐲鐃**之用，王執路鼓，諸侯執賁鼓，軍將執晉鼓，師帥執提，旅帥執鼙，卒長執鐃，兩司馬執鐸，公司馬執鐲，**以教坐作、進退**疾徐、疏數。**之節，遂以蒐田**。有司表貉，誓民，鼓，遂圍禁，火弊，獻禽以祭社。中夏，教茇舍，如振旅之陳。羣吏撰車徒，讀書契。**辨號名之用，**帥以門名，縣鄙各以其名，家以號名，鄉以州名，野以邑名，百官各象其事，**以辨軍之夜事**。其他皆如振旅。遂以苗田。如蒐之灋，車弊，獻禽以享礿。中秋，教治兵，如振旅之陳。**辨旗物之用，**王載大常，諸侯載旂，軍吏載旗，師都載旜，鄉家載物，郊野載旐，百官載旟，**各書其事**。與其號焉。其他皆如振旅。遂以獮田，如蒐之灋。羅弊，致禽以祀祊。**中冬，教大閱**。前期，羣吏戒衆庶，脩戰灋。虞人萊所田之野，爲表。百步則一，爲三表，又五十步爲一表。田之日，司馬建旗於于表之中，羣吏以旗物鼓鐸鐲鐃，各帥其民而致。質明，弊旗，誅後至者。乃陳車徒如戰之陳。皆坐。羣吏聽誓于陳前，斬牲以左右徇陳，曰："不用命者斬之！"中軍以鼙令鼓。鼓人皆三鼓，司馬振鐸，羣吏作旗，車徒皆作。鼓行，鳴鐲，車徒皆行，及表乃止。三鼓，摝鐸，羣吏弊旗，車徒皆坐。又三鼓，振鐸，作旗，車徒皆作。鼓進，鳴鐲，車驟徒趨，及表乃止，坐作如初。乃鼓，車馳徒走，及表乃止。鼓戒三闋，車三發，徒三刺。乃鼓退，鳴鐃且卻，及表乃止，坐作如初。遂以狩田。以旌爲左右和之門，羣吏各帥其車徒以敘和出，左右陳車徒，有司平之。旗居卒閒以分地，前後有屯百步，有司巡其前後，險野人爲主，易野車爲主。既陳，乃設驅逆之車，有司表貉于陳前。中軍以鼙令鼓,鼓人皆三鼓,羣司馬振鐸,車徒皆作。遂鼓行,徒銜枚而進。大獸公之,小禽私之,獲者取左耳。及所弊,鼓皆駴,車徒皆譟。徒乃弊,致禽。餘獸于郊,入獻禽以享烝。**及師,大合軍**。以行禁令,以救無辜,伐有罪。若大師,則掌其戒令,涖大卜。帥執事涖釁主及軍器。及致,建大常,比軍衆,誅後至者。**及戰,巡陳**。眡事而賞罰。若師有功,則左執律,右秉鉞,以先愷樂獻于社。若師不功,則厭而奉主車。王弔勞士庶子,則相。**大役**,與慮事屬其植。**受其要**。以待攷而賞誅。大會同,則帥士庶子而掌其政令。若大射,則合諸侯之六耦。**大祭祀,饗食**。**羞牲魚**。授其祭。**大喪,平士大夫**。喪祭,奉詔馬牲。

　　小司馬之職,掌。**凡小祭祀**,會同、饗射、師田、喪紀。**掌其事**。如大司馬之灋。

　　軍司馬。闕。

　　輿司馬。闕。

　　行司馬。闕。

　　司勳,掌六鄉賞地之灋,以等其功。王功曰勳,國功曰功,民功曰庸,事功曰勞,治功曰力,戰功曰多。凡有功者,銘書於王之大常,祭於大烝,司勳詔之。大功,司勳藏其貳。掌賞地之政令。凡賞無常,輕重眡功。凡頒賞地,參之一食。唯加田無國正。

　　馬質,掌質馬。馬量三物,一曰戎馬,二曰田馬,三曰駑馬,皆有物賈。綱惡馬。凡受馬於有司者,書其齒毛與其賈。馬死,則旬之內更,旬之外入馬耳,以其物更、其外否。馬及行,則以任齊其行。**若有馬訟,則聽之**。禁原蠶者。

　　量人,掌建國之灋,以分國為九州。營國城郭,營后宮。**量市朝**。道巷、門渠。造都邑亦如之。營軍之壘舍。量其市朝、州涂、軍社之所里。邦國之地與天下之涂數,皆書而藏之。**凡祭祀,饗賓**。**制其**從獻、脯燔之**數量**。**掌喪祭**奠竁。**之俎實**。凡宰祭,與鬱人受斝,歷而皆飲之。

小子，**掌祭祀羞羊**。肆羊殽、肉豆。而掌珥于社稷，祈于五祀。凡沈辜、侯禳，飾其牲，釁邦器及軍器。**凡師田，斬牲**。以左右徇陳。祭祀，贊羞，受徹焉。

羊人，**掌羊牲**。凡祭祀，飾羔。祭祀，割羊牲，登其首，凡祈珥，共其羊牲。**賓客，共其膳羊**。凡沈辜、侯禳、釁積，共其羊牲。若牧人無牲，則受布于司馬，使其賈買牲而共之。

司爟，**掌行火之政令**。四時變國火，以救時疾。季春，出火，民咸從之。季秋，內火，民亦如之。時則施火令。**凡祭祀，則祭爟**。凡國失火，野焚萊，則有刑罰焉。

掌固，**掌脩城郭**溝池、樹渠。**之固**。頒其士庶子及其眾庶之守，設其飾器，分其財用，均其稍食，任其萬民，用其材器。**凡守者，受灋焉**。以通守政。有移甲與其役財用，唯是得通，與國有司帥之，以贊其不足者。晝三巡之，夜亦如之。夜三鼜以號戒。若造都邑，則治其固與其守灋。凡國都之竟有溝樹之固，郊亦如之。民皆有職焉。若有山川，則因之。

司險，**掌**九州之圖，以周知其山林川澤之阻，而達其道路。**設國之五溝五涂，而樹之林，以為阻固**。皆有守禁，而達其道路。**國有故，則藩塞阻路**。而止行者，以其屬守之。唯有節者達之。

掌疆。闕。

候人，**各掌其方之道治**。與其禁令。以設候人。若有方治，則帥而致于朝。及歸，送之于竟。

環人，**掌致師**，察軍慝。**環四方之故**。巡邦國，搏諜賊。訟敵國，揚軍旅，降圍邑。

挈壺氏，**掌挈壺以令軍井**。挈轡以令舍，挈畚以令糧。凡軍事，縣壺以序聚樏。凡喪，縣壺以代哭者。皆以水火守之，分以日夜。及冬，則以火爨鼎水而沸之。而沃之。

射人，**掌**國之三公、孤、卿、大夫之位，三公北面，孤東面，卿、大夫西面。

其摯：三公執璧，孤執皮帛，卿執羔，大夫執雁。諸侯在朝，則皆北面。詔相其灋。若有國事，則掌其戒令，詔相其事。掌其治達。**以射灋治射儀**。王以六耦射三侯，三獲三容，樂以《騶虞》，九節五正。諸侯以四耦射二侯，二獲二容，樂以《貍首》，七節三正。孤卿大夫以三耦射一侯，一獲一容，樂以《采蘋》，五節二正。士以三耦射豻侯，一獲一容，樂以《采蘩》，五節二正。若王大射，則以狸步張三侯。王射，則令去侯。立于後，以矢行告，卒，令取矢。**祭侯，則爲位**。與大史數射中。佐司馬治射正。祭祀，則贊射牲。相孤卿大夫之灋儀。會同朝覲，作大夫介，凡有爵者。大師，令有爵者乘王之倅車。有大賓客，則作卿大夫從。戒大史及大夫介。大喪，與僕人遷尸。作卿大夫掌事，比其廬，不敬者苛罰之。

校按：《射人職》有大量漏佚。今存之文，多是《司士職》的經文與注文。原屬《司士職》的簡文有二：一是"國之三公、孤、卿、大夫之位"以下，二是"相孤卿大夫之灋儀"以下。詳見《司士職》校按。另有兩處錯簡，一是"則令去侯"，原在"卒，令取矢"之下。二是"與大史數射中"，原在"王射，立于後"之下。三是"佐司馬治射正"，原是"掌以射灋治射儀"的注文。今刪除竄入文字，恢復《射人職》現存經注的原序。如下：

"射人，掌以射灋治射儀。佐司馬治射正。王以六耦射三侯，三獲三容，樂以《騶虞》，九節五正。諸侯以四耦射二侯，二獲二容，樂以《貍首》，七節三正。孤卿大夫以三耦射一侯，一獲一容，樂以《采蘋》，五節二正。士以三耦射豻侯，一獲一容，樂以《采蘩》，五節二正。若王大射，則以狸步張三侯。王射，立于後，與大史數射中，以矢行告。卒，令取矢，則令去侯。**祭侯，則爲位**。祭祀，則贊射牲。"

服不氏，掌養猛獸。而教擾之。**凡祭祀，共猛獸**。賓客之事則抗皮。**射則贊張侯**。以旌居乏而待獲。

射鳥氏，掌射鳥。祭祀，以弓矢敺烏鳶。凡賓客、會同、軍旅，亦如之。

射則取矢。矢在侯高，則以弓夾取之。

羅氏，掌羅烏鳥。蜡，則作羅襦。中春，羅春鳥，獻鳩以養國老，行羽物。

掌畜，掌養鳥。而阜蕃教擾之。**祭祀**，其卵鳥。歲時貢鳥物。**共膳獻之鳥**。

司士，掌羣臣之版，以治其政令，歲登下其損益之數，辨其年歲與其貴賤，周知邦國、都家、縣鄙之數，卿大夫、士庶子之數。**以詔王治**。以德詔爵，以功詔祿，以能詔事，以久奠食。唯賜無常。**正朝儀之位**，辨其貴賤之等：王南鄉，三公北面東上，孤東面北上，卿大夫西面北上。王族故士、虎士在路門之右，南面東上。大僕、大右、大僕從者在路門之左，南面西上。司士擯，孤卿特揖，大夫以其等旅揖，士旁三揖，王還揖門左，揖門右。大僕前。王入，內朝皆退。掌國中之士治，凡其戒令。**掌擯士［者］**。膳其摯。**凡祭祀，掌士之戒令，詔相其濯事**。及賜爵，呼昭穆而進之。帥其屬而割牲。羞俎豆。**凡會同，作士從**。賓客亦如之。**作士適四方使，爲介**。**大喪，作士掌事**。作六軍之士執披。凡士之有守者，令哭，無去守。**國有故，則致士**。而頒其守。凡邦國，**三歲則稽士任**。而進退其爵祿。

校按：《司士職》的經注竄入《射人職》時，原來數段文字合並為兩段。分合情況見下。第一段原為五截："①國之三公、孤、卿、大夫之位，三公北面，孤東面，卿、大夫西面。②其摯：三公執璧，孤執皮帛，卿執羔，大夫執雁。③諸侯在朝，則皆北面。④詔相其濯。若有國事，則掌其戒令，詔相其事。⑤掌其治達"。第二段原為兩截："①相孤卿大夫之濯儀。會同朝覲，作大夫介，凡有爵者。大師，令有爵者乘王之倅車。有大賓客，則作卿大夫從，戒大史及大夫介。②大喪，與僕人遷尸。作卿大夫掌事，比其盧，不敬者苛罰之"。原序詳見下文：

"司士，掌羣臣之版，以治其政令。歲登下其損益之數，辨其年歲與其貴賤,周知邦國、都家、縣鄙之數,卿大夫、士庶子之數。<u>掌其治達</u>,以詔王治。以德詔爵,以功詔禄,以能詔事,以久奠食,唯賜無常。正朝儀之位,<u>國之三公、孤、卿、大夫之位,三公北面,孤東面,卿、大夫西面</u>。辨其貴賤之等:王南鄉,三公北面東上,孤東面北上,卿大夫西面北上。王族故士、虎士在路門之右,南面東上。大僕、大右、大僕從者在路門之左,南面西上。<u>諸侯在朝,則皆北面</u>。司士擯,孤卿特揖,大夫以其等旅揖,士旁三揖,王還揖門左,揖門右。大僕前。王入,内朝皆退。掌國中之士治,凡其戒令。掌擯士者。膳其摯。<u>其摯:三公執璧,孤執皮帛,卿執羔,大夫執雁</u>。凡祭祀,掌士之戒令,詔相其灋事。<u>詔相其灋</u>。若有國事,則掌其戒令,詔相其事。及賜爵,呼昭穆而進之。帥其屬而割牲。羞俎豆。凡會同,作士從。賓客亦如之。作士適四方使,爲介。<u>相孤卿大夫之灋儀。會同、朝覲,作大夫介,凡有爵者。大師,令有爵者乘王之倅車。有大賓客,則作卿大夫從,戒大史及大夫介</u>。大喪,作士掌事。<u>大喪,與僕人遷尸。作卿大夫掌事,比其廬,不敬者苛罰之</u>。作六軍之士執披。凡士之有守者,令哭,無去守。國有故,則致士。而頒其守。凡邦國,三歲則稽士任。而進退其爵禄。"

諸子,掌國子之倅。**掌其戒令**,與其教治。**辨其等**。正其位。國有大事,則帥國子而致於大子,唯所用之。若有兵甲之事,則授之車甲,合其卒伍,置其有司,以軍灋治之。司馬弗正。凡國正弗及,**大祭祀,正六牲之體**。**凡樂事,正舞位**。授舞器。**大喪,正羣子之服位**。**會同,賓客**。**作羣子從**。凡國之政事,國子存游倅,使之脩德學道,春合諸學,秋合諸射,以攷其藝而進退之。

司右,掌羣右之政令。**凡軍旅**,會同。合其車之卒伍,而比其乘。**屬其右**。凡國之勇力之士,能用五兵者,屬焉。掌其政令。

虎賁氏,掌先後王。而趨以卒伍。軍旅、會同,亦如之。**舍則守王閑**。王在國,則守王宮。國有大故,則守王門。**大喪亦如之**。及葬,從遣車而哭。**適四方使,則從**。士大夫。若道路不通有徵事,則奉書以使於四方。

旅賁氏，掌執戈盾，夾王車而趨。左八人，右八人。車止，則持輪。凡祭祀、會同、賓客，則服而趨。喪紀，則衰葛執戈盾。軍旅，則介而趨。

節服氏，掌祭祀朝覲。袞冕。六人維王之大常。諸侯則四人，其服亦如之。郊祀裘冕，二人執戈。送逆尸，從車。

方相氏，掌蒙熊皮，黃金四目，玄衣朱裳，執戈揚盾，帥百隸而時難，以索室。歐疫。大喪，先匶。及墓，入壙。以戈擊四隅，歐方良。

大僕，掌正王之服位，出入王之大命。掌諸侯之復逆。王眡朝，則前。正位而退。入亦如之。建路鼓于大寢之門外，而掌其政。以待達窮者與遽令。聞鼓聲，則速逆御僕與御庶子。祭祀，賓客、喪紀。正王之服位。詔濼儀。贊王牲事。王出入，則自左馭而前驅。凡軍旅，田役。贊王鼓。救日月亦如之。大喪，始崩，戒鼓，傳達于四方。窆亦如之。縣喪首服之濼于宮門。掌三公、孤卿之弔勞。王燕飲，則相其濼。王射，則贊弓矢。王眡燕朝，則正位，掌擯相。王不眡朝，則辭于三公及孤卿。

小臣，掌王之小命，詔相王之小濼儀。掌三公及孤卿之復逆。正王之燕服位。王之燕出入，則前驅。大祭祀，朝覲。沃王盥。小祭祀，賓客、饗食、賓射，掌事。如大僕之濼。掌士大夫之弔勞。凡大事，佐大僕。

祭僕，掌受命于王以眡祭祀。而警戒祭祀有司，糾百官之戒具。既祭，帥羣有司而反命。以王命勞之，誅其不敬者。大喪，復于小廟。凡祭祀，王之所不與，則賜之禽。都家亦如之。凡祭祀致福者，展而受之。

御僕，掌羣吏之逆及庶民之復。與其弔勞。大祭祀，相盥而登。大喪，持翣。掌王之燕令。以序守路鼓。

隸僕，掌五寢之埽除、糞洒。之事。祭祀，脩寢。王行，洗乘石。掌蹕宮中之事。大喪，復于小寢、大寢。

弁師，掌王之五冕。皆玄冕。朱裏，延、紐。五采繅，十有二就。皆五采玉十有二。玉笄，朱紘。諸侯之繅斿九就，瑉玉三采，其餘如王之事。繅斿皆就，玉瑱，玉笄。王之皮弁，會五采玉璂，象邸，玉笄。王之弁絰，弁而加環絰。諸侯及孤卿大夫之冕、韋弁、皮弁、弁絰，各以其等爲之，而掌其禁令。

司甲。闕。

司兵，掌五兵，五盾。**各辨其物與其等**。以待軍事。及授兵，從司馬之灋以頒之。及其受兵輸，亦如之。及其用兵，亦如之。**祭祀，授舞者兵。大喪，廞五兵**。軍事，建車之五兵，會同亦如之。

司戈盾，掌戈盾之物而頒之。祭祀，授旅賁殳、故士戈盾。授舞者兵，亦如之。**軍旅，會同**。授貳車戈盾。**建乘車之戈盾**。授旅賁及虎士戈盾。**及舍，設藩盾**。行則斂之。

司弓矢，掌六弓四弩。**八矢之灋，辨其名物而掌其守藏**。與其出入。中春獻弓弩，中秋獻矢箙。及其頒之，王弓、弧弓以授射甲革、椹質者。夾弓、庾弓以授射豻侯、鳥獸者。唐弓、大弓以授學射者、使者、勞者。**其矢箙皆從其弓**。凡弩：夾、庾利攻守。唐、大利車戰、野戰。凡矢：枉矢、絜矢利火射，用諸守城、車戰。殺矢、鍭矢用諸近射、田獵。矰矢、茀矢用諸弋射。恒矢、庳矢用諸散射。天子之弓合九而成規，諸侯合七而成規，大夫合五而成規，士合三而成規。句者謂之弊弓。凡祭祀，共射牲之弓矢。澤，共射椹質之弓矢。大射、燕射，共弓矢如數并夾。大喪，共明弓矢。凡師役、會同，頒弓弩，各以其物，從授兵甲之儀。田弋，充籠箙矢。共矰矢。凡亡矢者，弗用則更。

校按：錯簡三。一是《槁人職》的“乘其事，試其弓弩，以下上其食而誅賞”一句，原是“辨其名物而掌其守藏”的注文。二是《槁人職》的“弓六物爲三等”至“箙亦如之”一句，原在“其矢箙皆從其弓”的注文。三是《圉師職》末句“射則充椹質，茨牆則翦闔”，本在“共射椹質之弓矢”之下。其原序略如下：

1.“辨其名物而掌其守藏。與其出入。<u>乘其事，試其弓弩，以下上其食而誅賞</u>。”

2.“其矢箙皆從其弓。<u>弓六物爲三等，弩四物亦如之。矢八物皆三</u>

等,箙亦如之。"

3."澤,共射椹質之弓矢。<u>射則充椹質,茨牆則翦闔</u>。"

繕人,**掌王之用弓弩**、**矢箙**。矰弋、抉拾。**掌詔王射**。贊王弓矢之事。凡乘車,充其籠箙,載其弓弩。既射,則斂之。無會計。

稾人,**掌受財**于職金。**以齎其工**。<u>弓六物爲三等,弩四物亦如之。矢八物皆三等,箙亦如之</u>。春獻素,秋獻成。書其等以饗工。<u>乘其事,試其弓弩,以下上其食而誅賞</u>。乃入功于司弓矢及繕人。凡齎財與其出入,皆在稾人,以待會而攷之。亡者闕之。

校按:錯簡二。"弓六物爲三等,弩四物亦如之。矢八物皆三等,箙亦如之"一句,與"乘其事,試其弓弩,以下上其食而誅賞"一句,原是《司弓矢職》的注文,錯入此職文。詳見該職文校按。恢復《稾人職》的經注如下:

"稾人,掌受財于職金。以齎其工。春獻素,秋獻成。書其等以饗工。乃入功于司弓矢及繕人。凡齎財與其出入,皆在稾人,以待會而攷之。亡者闕之。"

戎右,**掌戎車之兵革使**。詔贊王鼓。傳王命于陳中。**會同**,**充革車**。**盟,則**以玉敦辟盟,遂役之。**贊牛耳**。桃茢。

齊右,**掌**祭祀、會同、賓客**前齊車**。**王乘則持馬**,**行則陪乘**。凡有牲事,則前馬。

道右,**掌前道車**。王出入,則持馬陪乘,如齊車之儀。自車上諭命于從車。**詔王之車儀**。王式則下,前馬。王下,則以蓋從。

大馭,**掌馭玉路**。以祀,及犯軷。王自左馭,馭下祝。登,受轡。犯軷,遂驅之。及祭,酌僕。僕左執轡,右祭兩軹,祭軓,乃飲。凡馭路,行以《肆夏》,趨於《采薺》,**凡馭路儀**。以鸞和爲節。

戎僕,**掌馭戎車**。掌王倅車之政,正其服。犯軷,如玉路之儀。凡巡守及兵車之會,亦如之。**掌凡戎車之儀**。

齊僕，**掌馭金路**。以賓。朝覲、宗遇、饗食，皆乘金路，其灋儀各以其等。**爲車送逆之節**。

道僕，**掌馭象路**。以朝夕燕出入，其灋儀如齊車。**掌貳車之政令**。

田僕，**掌馭田路**。以田、以鄙。**掌佐車之政，設驅逆之車**。令獲者植旌。及獻，比禽。凡田，王提馬而走，諸侯晉，大夫馳。

馭夫，掌馭貳車。從車、使車。分公馬而駕治之。

校人，掌王馬之政，辨六馬之屬。種馬一物，戎馬一物，齊馬一物，道馬一物，田馬一物，駑馬一物。**凡頒良馬而養乘之**。乘馬：一師四圉。三乘爲皁，皁一趣馬。三皁爲繫，繫一馭夫。六繫爲廐，廐一僕夫。六廐成校，校有左右。駑馬：三良馬之數。麗馬一圉，八麗一師。八師一趣馬，八趣馬一馭夫。天子十有二閑，馬六種。邦國六閑，馬四種。家四閑，馬二種。凡馬，特居四之一。春祭馬祖，執駒；夏祭先牧，頒馬，攻特；秋祭馬社，臧僕；冬祭馬步，獻馬，講馭夫。**凡大祭祀，朝覲、會同，毛馬而頒之**。飾幣馬，執扑而從之。**凡賓客，受其幣馬。大喪，飾遣車之馬**。及葬，埋之。田獵，則帥驅逆之車。凡將事于四海、山川，則飾黃駒。凡國之使者，共其幣馬。凡軍事，物馬而頒之。等馭夫之祿。宮中之稍食。

趣馬，掌贊正良馬。而齊其飲食，簡其六節。**掌駕說之頒**。辨四時之居治，以聽馭夫。

巫馬，掌養疾馬而乘治之。相醫而藥攻馬疾。受財于校人。馬死，則使其賈粥之。入其布于校人。

牧師，掌牧地。皆有厲禁而頒之。孟春焚牧，中春通淫，掌其政令。**凡田事，贊焚萊**。

廋人，掌十有二閑之政教。以阜馬、佚特、教駣、攻駒。及祭馬祖、祭閑之先牧，及執駒、散馬耳、圉馬。正校人員選。馬八尺以上爲龍，七尺以上爲騋，六尺以上爲馬。

圉師，掌教圉人**養馬**。春除蓐，釁廐，始牧。夏庌馬。冬獻馬。<u>射則</u>

充椹質,茨牆則翦闉。

校按:錯簡一。"射則充椹質,茨牆則翦闉"一句,原是《射人職》的注文。詳《射人職》校按。

圉人,掌養馬芻牧之事。以役圉師。**凡賓客**,喪紀。**牽馬而入陳。廞馬亦如之。**

職方氏,掌天下之圖,以掌天下之地。**辨其邦國、都鄙、四夷**八蠻、七閩、九貉、五戎、六狄**之人民,**與其財用、九穀、六畜之數要。**周知其利害**。乃辨九州之國,使同貫利。東南曰揚州,其山鎮曰會稽,其澤藪曰具區,其川三江,其浸五湖,其利金錫竹箭,其民二男五女,其畜宜鳥獸,其穀宜稻。正南曰荊州,其山鎮曰衡山,其澤藪曰雲瞢,其川江、漢,其浸潁、湛,其利丹銀齒革,其民一男二女,其畜宜鳥獸,其穀宜稻。河南曰豫州,其山鎮曰華山,其澤藪曰圃田,其川熒、雒,其浸波、溠,其利林漆絲枲,其民二男三女,其畜宜六擾,其穀宜五種。正東曰青州,其山鎮曰沂山,其澤藪曰望諸,其川淮、泗,其浸沂、沭,其利蒲魚,其民二男二女,其畜宜雞狗,其穀宜稻麥。河東曰袞州,其山鎮曰岱山,其澤藪曰大野,其川河、沛,其浸盧、維,其利蒲魚,其民二男三女,其畜宜六擾,其穀宜四種。正西曰雍州,其山鎮曰嶽山,其澤藪曰弦蒲,其川涇、汭,其浸渭、洛,其利玉石,其民三男二女,其畜宜牛馬,其穀宜黍稷。東北曰幽州,其山鎮曰醫無閭,其澤藪曰貕養,其川河、沛,其浸菑、時,其利魚鹽,其民一男三女,其畜宜四擾,其穀宜三種。河內曰冀州,其山鎮曰霍山,其澤藪曰楊紆,其川漳,其浸汾、潞,其利松柏,其民五男三女,其畜宜牛羊,其穀宜黍稷。正北曰并州,其山鎮曰恒山,其澤藪曰昭餘祁,其川虖池、嘔夷,其浸淶、易,其利布帛,其民二男三女,其畜宜五擾,其穀宜五種。乃辨九服之邦國,方千里曰王畿,其外方五百里曰侯服,又其外方五百里曰甸服,又其外方五百里曰男服,又其外方五百里曰采服,又其外方五百里曰衛服,又其外方五百里曰蠻服,又其外方五百里曰夷服,又其外方五百里曰鎮服,又其外方五百里曰藩服。凡邦國千里,封公以方五百里,則四公。方四百里則六侯。方三百里則七伯。方二百里則二十五子。方百里則百男。以周知天下。凡邦國，小大相維。王設其牧，制其職，各以其所能。制其貢，各以其所有。**王將巡守**，則戒于四方曰："各脩平乃守，攷乃職事，無敢不敬戒，國有大刑！"及王之所行，先道。**帥其屬而巡戒令**。王殷國亦如之。

土方氏，掌土圭之灋。以致日景，以土地相宅，而建邦國、都鄙。以辨土宜、土化之灋，而授任地者。王巡守，則樹王舍。

懷方氏，掌來遠方之民，致方貢，致遠物。**而送逆之**。達之以節。治其委積、館舍、飲食。

合方氏，掌達天下之道路。通其財利。同其數器，壹其度量。除其怨惡，同其好善。

訓方氏，掌道四方之政事。與其上下之志。誦四方之傳道。**正歲，則布而訓四方**。而觀新物。

形方氏，掌制邦國之地域。而正其封疆。無有華離之地。使小國事大國，大國比小國。

山師，掌山林之名。辨其物與其利害。而頒之于邦國，使致其珍異之物。

川師，掌川澤之名。辨其物與其利害，而頒之于邦國，使致其珍異之物。

邍師，掌四方之地名。辨其丘陵、墳衍、邍隰之名，物之可以封邑者。

匡人，掌達灋則。匡邦國。而觀其慝。使無敢反側，以聽王命。

撢人，掌誦王志。道國之政事，以巡天下之邦國而語之，使萬民和說而正王面。

都司馬，掌都之士庶子。及其衆庶、車馬、兵甲之戒令。以國灋掌其政學，以聽國司馬。**家司馬亦如之**。

校按：錯簡一。"家司馬亦如之"一句。當是《家司馬職》的佚文，錯至此。

家司馬，亦如之。各使其臣，以正于公司馬。

校按：《家司馬職》已佚。疑原文止"家司馬亦如之"五字，錯入《都司馬職》。另，《夏官·敍官》有"各使其臣，以正于公司馬"一句，當是已佚《家司馬職》的注文，錯入《夏官·敍官》。試恢復《家司馬職》如上。

五、《秋官》職文復原

大司寇之職，掌建邦之三典，以佐王刑邦國。詰四方。一曰刑新國用輕典，二曰刑平國用中典，三曰刑亂國用重典。**以五刑糾萬民**。一曰野刑，上功糾力。二曰軍刑，上命糾守。三曰鄉刑，上德糾孝。四曰官刑，上能糾職。五曰國刑，上愿糾暴。**以圜土聚教罷民**。凡害人者，寘之圜土而施職事焉，以明刑恥之。其能改者，反于中國，不齒三年。其不能改而出圜土者，殺。**以兩造禁民訟**。入束矢於朝，然後聽之。**以兩劑禁民獄**。入鈞金，三日乃致于朝，然後聽之。**以嘉石平罷民**。凡萬民之有罪過而未麗于灋，而害於州里者，桎梏而坐諸嘉石，役諸司空。重罪，旬有三日坐，朞役。其次，九日坐，九月役。其次，七日坐，七月役。其次，五日坐，五月役。其下罪，三日坐，三月役。使州里任之，則宥而舍之。**以肺石達窮民**。凡遠近惸獨老幼之欲有復於上而其長弗達者，立於肺石三日，士聽其辭，以告於上，而罪其長。**正月之吉，始和布刑于邦國、都鄙**。乃縣刑象之灋于象魏，使萬民觀刑象，挾日而斂之。**凡邦之大盟約，涖其盟書**。而登之于天府。大史、内史、司會及六官，皆受其貳而藏之。凡諸侯之獄訟，以邦典定之。凡卿大夫之獄訟，以邦灋斷之。凡庶民之獄訟，以邦成弊之。**大祭祀，奉犬牲**。若禋祀五帝，則戒之日，涖誓百官，戒于百族。及納亨，前王。祭之日亦如之。奉其明水火。**凡朝覲，會同**。前王。大喪亦如之。**大軍旅，涖戮于社**。**凡邦之大事，使其屬躋**。

小司寇之職，掌外朝之政，以致萬民而詢焉。一曰詢國危，二曰詢國遷,三曰詢立君。其位:王南鄉,三公及州長、百姓北面,羣臣西面,羣吏東面。小司寇擯,以敍進而問焉,以衆輔志而弊謀。**以五刑聽萬民之獄訟。**附于刑。用情訊之,至于旬,乃弊之。讀書則用灋。凡命夫命婦,不躬坐獄訟。凡王之同族有罪,不卽市。**以五聲聽獄訟,求民情。**一曰辭聽,二曰色聽,三曰氣聽,四曰耳聽,五曰目聽。**以八辟麗邦灋,附刑罰。**一曰議親之辟,二曰議故之辟,三曰議賢之辟,四曰議能之辟,五曰議功之辟,六曰議貴之辟,七曰議勤之辟,八曰議賓之辟。**以三刺斷庶民獄訟之中。**一曰訊羣臣,二曰訊羣吏,三曰訊萬民。聽民之所刺宥,以施上服下服之刑。**及大比,登民數。**自生齒以上,登于天府,內史、司會、冢宰貳之,以制國用。**小祭祀,奉犬牲。**凡禋祀五帝,實鑊水,納亨亦如之。大賓客,前王而辟。后、世子之喪,亦如之。**小師,涖戮。**凡國之大事,使其屬蹕。<u>孟冬祀司民,獻民數於王,王拜受之,以圖國用而進退之。</u>**歲終,則令羣士計獄弊訟。**登中于天府。**止歲,**帥其屬而觀刑象,令以木鐸曰:"不用灋者,國有常刑。"令羣士。乃宣布于四方,憲刑禁。**乃命其屬入會。**乃致事。

校按:錯簡一。"孟冬祀司民"一句,原是"登民數"的注文。恢復如下:

"及大比,登民數。自生齒以上,登于天府,內史、司會、冢宰貳之,以制國用。<u>孟冬祀司民,獻民數于王,王拜受之,以圖國用而進退之。</u>"

士師之職,掌國之五禁之灋。以左右刑罰,一曰宮禁,二曰官禁,三曰國禁,四曰野禁,五曰軍禁。皆以木鐸徇之于朝,書而縣于門閭。**以五戒先後刑罰。**毋使罪麗于民。一曰誓,用之于軍旅;二曰誥,用之于會同;三曰禁,用諸田役;四曰糾,用諸國中;五曰憲,用諸都鄙。**掌鄉**合州、黨、族、閭、比**之聯,**與其民人之什伍,使之相安相受。**以比追胥之事。**以施刑罰慶賞。**掌官中之政令,察獄訟之辭。**以詔司寇斷獄弊訟,致邦令。**掌士之八成。**一曰邦汋,二曰邦賊,三曰邦諜,四曰犯邦令,五曰撟邦令,六曰為邦盜,七曰為邦朋,八曰為邦誣。若邦凶荒,則以荒辯之灋治之。令移民、通財、糾守、緩刑。凡以財獄訟者,正之以傳別、約劑。若祭勝國之社稷,則爲之尸。王燕出入,則前驅而辟。祀五帝,則沃尸。及王盥,泊鑲水。凡刉珥,則奉犬牲。諸侯爲賓,則帥其屬而躍。于王宮。大喪亦如之。大師,帥其屬而禁逆軍旅者,與犯師禁者,而戮之。歲終,則令正要會。正歲,帥其屬而憲禁令于國。及郊、野。

校按:錯簡四:一是“凡以財獄訟者,正之以傳別、約劑”一句,原是“察獄訟之辭”的注文。二是“若祭勝國之社稷,則爲之尸”一句,原在“則奉犬牲”之下。三是“王燕出入,則前驅而辟”一句,四是“諸侯爲賓”一句,參攷《鄉士職》,可知均在“則帥其屬而躍于王宮”之下。恢復原序如下:

1.察獄訟之辭。以詔司寇斷獄弊訟,致邦令。凡以財獄訟者,正之以傳別、約劑。

2.祀五帝,則沃尸。及王盥,泊鑲水。凡刉珥,則奉犬牲。若祭勝國之社稷,則爲之尸。則帥其屬而躍。于王宮。王燕出入,諸侯爲賓,則前驅而辟。大喪亦如之。

鄉士,掌國中。各掌其鄉之民數,而糾戒之。**聽其獄訟。**察其辭,辨其獄訟,異其死刑之罪而要之。旬而職聽于朝。司寇聽之,斷其獄,弊其訟于朝。羣士司刑皆在,各麗其濾以議獄訟。獄訟成,士師受中。協日刑殺,肆之三日。若欲免之,則王會其期。**大祭祀,**大喪紀、大軍旅、大賓客。**則各掌其鄉之禁令。**帥其屬夾道而躍,三公若有邦事,則爲之前驅而辟。其喪亦如之。凡國有大事,則戮其犯命者。

遂士,掌四郊。各掌其遂之民數,而糾其戒令。**聽其獄訟。**察其辭,辨其獄訟。異其死刑之罪而要之。二旬而職聽于朝。司寇聽之,斷其獄,弊其訟于朝。羣士司刑皆在,各麗其濾以議獄訟。獄訟成,士師受中。協日就郊而刑殺,各於其遂,肆之三日。若欲免之,則王令三公會其期。若邦有大事,聚衆庶。則各掌其遂之禁令。帥其屬而躍。六卿若有邦事,則爲之前驅而辟。其喪亦如之。凡郊有大事，則戮其犯命者。

縣士，掌野。**各掌其縣之民數**，糾其戒令。**而聽其獄訟**。察其辭，辨其訟獄，異其死刑之罪而要之。三旬而職聽于朝。司寇聽之，斷其獄，弊其訟于朝。羣士、司刑皆在，各麗其灋以議獄訟。獄訟成，士師受中。協日刑殺，各就其縣，肆之三日。若欲免之，則王命六卿會其期。若邦有大役，聚衆庶。則各掌其縣之禁令。若大夫有邦事，則爲之前驅而辟。其喪亦如之。凡野有大事，則戮其犯命者。

方士，掌都家。**聽其獄訟之辭，辨其死刑之罪而要之**。三月而上獄訟于國。司寇聽其成于朝，羣士、司刑皆在，各麗其灋以議獄訟。獄訟成，士師受中，書其刑殺之成，與其聽獄訟者。凡都家之大事，聚衆庶。則各掌其方之禁令。**以時脩其縣灋**。若歲終，則省之而誅賞焉。凡都家之士所上治，則主之。

訝士，掌四方之獄訟。諭罪刑于邦國。**凡四方之有治於士者，造焉**。四方有亂獄，則往而成之。邦有賓客，則與行人送逆之。入於國，則爲之前驅而辟。野亦如之。居館，則帥其屬而爲之蹕。誅戮暴客者。客出入，則道之。有治則贊。**凡邦之大事，聚衆庶，則讀其誓禁**。

朝士，掌建邦外朝之灋。左九棘，孤卿大夫位焉，羣士在其後。右九棘，公侯伯子男位焉，羣吏在其後。面三槐，三公位焉，州長衆庶在其後。左嘉石，平罷民焉。右肺石，達窮民焉。帥其屬而以鞭呼趨且辟。禁慢朝、錯立、族談者。**凡得獲貨賄**人民、六畜**者，**委于朝，告于士。**旬而舉之**。大者公之，小者庶民私之。**凡士之治，有期日**。國中一旬，郊二旬，野三旬，都三月，邦國朞。期内之治聽，期外不聽。凡有責者，有判書以治，則聽。凡民同貨財者，令以國灋行之。犯令者，刑罰之。凡屬責者，以其地傅而聽其辭。凡盜賊軍鄉邑及家人，殺之無罪。凡報仇讎者，書於士，殺之無罪。若邦凶荒、札喪、寇戎之故，則令邦國、都家、縣鄙慮刑貶。

司民，掌登萬民之數。自生齒以上，皆書於版。**辨其國中與其都鄙**。及其郊、野。異其男女，歲登下其死生。及三年大比，以萬民之數詔司寇。司寇及孟冬祀司民之日，獻其數于王。王拜受之，登于天府。內史、司會、冢宰貳之，以贊王治。

司刑，**掌五刑之灋，以麗萬民之罪**。墨罪五百，劓罪五百，宮罪五百，刖罪五百，殺罪五百。若司寇斷獄弊訟，則以五刑之灋詔刑罰，而以辨罪之輕重。

司刺，**掌三刺**三宥、三赦。**之灋**。以贊司寇聽獄訟。壹刺曰訊羣臣，再刺曰訊羣吏，三刺曰訊萬民。壹宥曰不識，再宥曰過失，三宥曰遺忘。壹赦曰幼弱，再赦曰老旄，三赦曰惷愚。以此三灋者，求民情，斷民中，而施上服下服之罪，然後刑殺。

司約，**掌邦國及萬民之約劑**。治神之約爲上，治民之約次之，治地之約次之，治功之約次之，治器之約次之，治摯之約次之。凡大約劑，書於宗彝。小約劑，書於丹圖。若有訟者，則珥而辟藏，其不信者服墨刑。若大亂，則六官辟藏，其不信者殺。

司盟，**掌盟載之灋**。凡邦國有疑會同，則掌其盟約之載及其禮儀。北面詔明神。既盟，則貳之。盟萬民之犯命者，詛其不信者亦如之。凡民之有約劑者，其貳在司盟。**有獄訟者，則使之盟詛**。凡盟詛，各以其地域之衆庶，共其牲而致焉。既盟，則爲司盟共祈酒脯。

職金，**掌凡金玉錫石、丹青**、**之戒令**。受其入征者，辨其物之媺惡，與其數量。楬而璽之。入其金錫于爲兵器之府，入其玉石、丹青于守藏之府。入其要。**掌受士之金罰**。貨罰。入于司兵。**旅于上帝，則共其金版**。饗諸侯亦如之。凡國有大故而用金石，則掌其令。

司厲，**掌盜賊之任器**。貨賄。**辨其物**。皆有數量，賈而楬之，入于司兵。其奴，男子入于罪隸，女子入于舂槀。凡有爵者，與七十者，與未齔者，皆不爲奴。

校按：《司厲職》現存的後半段均是注文，其所注的職文已佚。但根據注文可知佚文是講罰爲奴之事。試補闕文如下。

"司厲，掌盜賊之任器，貨賄。辨其物。皆有數量，賈而楬之，入于司兵。掌□□□为奴。其奴，男子入于罪隸，女子入于舂稾。凡有爵者，與七十者，與未齓者，皆不爲奴。"

犬人，掌犬牲。凡祭祀，共犬牲，用牷物。伏、瘞亦如之。凡幾珥、沈辜，用駹可也。凡相犬、牽犬者，屬焉，掌其政治。

司圜，掌收教罷民。凡害人者，弗使冠飾而加明刑焉，任之以事而收教之。能改者，上罪三年而舍，中罪二年而舍，下罪一年而舍。其不能改而出圜土者，殺。雖出，三年不齒。凡圜土之刑人也，不虧體。其罰人也，不虧財。

掌囚，掌守盜賊。凡囚者。上罪梏拲而桎，中罪桎梏，下罪梏。王之同族拲，有爵者桎，以待弊罪。及刑殺，告刑于王，奉而適朝。士加明梏，以適市而刑殺之。凡有爵者與王之同族，奉而適甸師氏，以待刑殺。

掌戮，掌斬殺賊諜。而搏之。凡殺其親者，焚之。殺王之親者，辜之。凡殺人者，踣諸市，肆之三日。**刑盜于市**。凡罪之麗於灋者，亦如之。唯王之同族與有爵者，殺之于甸師氏。凡軍旅、田役，斬殺刑戮亦如之。墨者使守門，劓者使守關，宮者使守內，刖者使守囿，髡者使守積。

司隸，掌五隸之灋。辨其物而掌其政令。帥其民而搏盜賊，役國中之辱事，爲百官積任器，凡囚執人之事。邦有祭祀、賓客、喪紀之事，則役其煩辱之事。掌帥四翟之隸，使之皆服其邦之服，執其邦之兵，守王宮與野舍之厲禁。

罪隸，掌役百官府。與凡有守者。掌使令之小事。凡封國若家，牛助，爲牽傍。其守王宮與其厲禁者，如蠻隸之事。

蠻隸，掌役校人。養馬。其在王宮者，執其國之兵以守王宮。在野外，則守厲禁。

閩隸，掌役畜養鳥。而阜蕃、教擾之。掌子則取隸焉。

校按："掌子則取隸焉"六字，"掌"字當從王安石校，是"掌畜"之"掌"誤置。"隸"爲衍字。原句爲"子則取焉"。又，《夷隸職》"與

鳥言"乃錯簡,原属此職文。應從王引之,移至"教擾之"之下。試復原如下:

"閩隸,掌役畜養鳥。而卑蕃教擾之,<u>與鳥言</u>。子則取焉。"

夷隸,掌役牧人**養牛馬**。<u>與鳥言</u>。其守王宫者與其守屬禁者,如蠻隸之事。

校按:"與鳥言"三字,錯簡。詳见上。

貉隸,掌役服不氏而**養獸**。而教擾之。掌與獸言。其守王宫者與其守屬禁者,如蠻隸之事。

布憲,掌憲邦之刑禁。正月之吉,執旌節以宣布于四方,而憲邦之刑禁,以詰四方。邦國及其都鄙,達于四海。凡邦之大事,合衆庶,則以刑禁號令。

禁殺戮,掌司斬殺戮者。<u>凡傷人見血而不以告者,攘獄者,遏訟者,以告而誅之</u>。

校按:"凡傷人見血而不以告者"一句是錯簡,原属《禁暴氏職》。詳见下。

禁暴氏,掌禁庶民之**亂暴**力正。**者**。撟誣犯禁者、作言語而不信者,以告而誅之。凡國聚衆庶,則戮其犯禁者以徇。凡奚隸聚而出入者,則司牧之,戮其犯禁者。

校按:《禁殺戮職》的"凡傷人見血而不以告者"一句是錯簡,原属此職文,是"亂暴"的注文。試恢復如下:

禁暴氏,掌禁庶民之亂暴力正。者。<u>凡傷人見血而不以告者,攘獄者,遏訟者,以告而誅之</u>。撟誣犯禁者、作言語而不信者,以告而誅之。

野廬氏,掌達國道路。至于四畿。比國、郊及野之道路、宿息、井、樹。若有賓客,則令守涂地之人聚欒之,有相翔者則誅之。凡道路之舟車轚互者,敘而行之。凡有節者及有爵者至,則爲之辟。禁野之横行徑踰者。凡國之大事,比脩除道路者。**掌凡道禁**。邦之有大師,則令埽道路,且以幾禁行作不時者、不物者。

蜡氏，**掌除骴**。凡國之大祭祀,令州里除不蠲。禁刑者、任人及凶服者。以及郊野。大師、大賓客亦如之。若有死于道路者,則令埋而置楬焉,書其日月焉,縣其衣服、任器于有地之官,以待其人。**掌凡國之骴禁**。

雍氏，**掌溝瀆澮池**。**之禁**。凡害於國稼者,春令爲阱擭、溝瀆之利於民者,秋令塞阱杜擭。禁山之爲苑、澤之沈者。

萍氏，**掌國之水禁**。**幾酒**。謹酒。禁川游者。

司寤氏，**掌夜時**,以星分夜。**以詔**夜士。**夜禁**。禦晨行者,禁宵行者、夜游者。

司烜氏，**掌以夫遂取明火**。於日。以鑒取明水於月。以共祭祀之明齍、明燭。共明水。凡邦之大事,共墳燭庭燎。中春,以木鐸脩火禁于國中。**軍旅,脩火禁**。邦若屋誅,則爲明竁焉。

條狼氏，**掌執鞭以趨辟**。王出入,則八人夾道。公則六人,侯伯則四人,子男則二人。**凡誓,執鞭以趨於前**。且命之。誓僕右曰殺。誓馭曰車轘。誓大夫曰敢不關,鞭五百。誓師曰三百。誓邦之大史曰殺,誓小史曰墨。

脩閭氏，**掌比國中宿**互櫜。**者**。與其國粥。**而比其追胥者**。而賞罰之。禁徑踰者,與以兵革趨行者,與馳騁於國中者。邦有故,則令守其閭互。唯執節者不幾。

冥氏，**掌設弧張**。爲阱擭以攻猛獸,以靈鼓敺之。若得其獸,則獻其皮革、齒須、備。

庶氏，**掌除毒蠱**。以攻說禬之,以嘉草攻之。凡敺蠱,則令之比之。

穴氏，**掌攻蟄獸**。各以其物火之。**以時獻其珍異**。皮革。

翨氏，**掌攻猛鳥**。各以其物爲媒而掎之。**以時獻其羽翮**。

柞氏，**掌攻草木**。及林麓。夏日至,令刊陽木而火之。冬日至,令剥陰木而水之。若欲其化也,則春秋變其水火。凡攻木者,掌其政令。

薙氏，掌殺草。春始生而萌之，夏日至而夷之，秋繩而芟之，冬日至而耜之。若欲其化也，則以水火變之。掌凡殺草之政令。

翦蕿氏，掌覆夭鳥之巢。以方書十日之號、十有二辰之號、十有二月之號、十有二歲之號、二十有八星之號。縣其巢上，則去之。

蟈氏，掌除蠹物。以攻禜攻之，以莽草熏之。凡庶蠱之事。

赤犮氏，掌除牆屋。以蜃炭攻之，以灰洒毒之。凡隙屋，除其貍蟲。

蟈氏，掌去鼃黽。焚牡蘜，以灰洒之，則死。以其煙被之，則凡水蟲無聲。

壺涿氏，掌除水蟲。以炮土之鼓毆之，以焚石投之。若欲殺其神，則以牡櫏午貫象齒而沈之，則其神死，淵爲陵。

庭氏，掌射國中之夭鳥。若不見其鳥獸，則以救日之弓與救月之矢夜射之。若神也，則以大陰之弓與枉矢射之。

銜枚氏，掌司囂。國之大祭祀，令禁無囂。軍旅，田役。令銜枚。禁嘂呼歎鳴于國中者、行歌哭于國中之道者。

伊耆氏，掌國之大祭祀共其杖咸。軍旅，授有爵者杖。共王之齒杖。

大行人，掌大賓之禮及大客之儀，以親諸侯。春朝諸侯而圖天下之事，秋覲以比邦國之功，夏宗以陳天下之謨，冬遇以協諸侯之慮。時會以發四方之禁，殷同以施天下之政。時聘以結諸侯之好，殷覜以除邦國之慝。閒問以諭諸侯之志，歸脤以交諸侯之福，賀慶以贊諸侯之喜，致禬以補諸侯之烖。以九儀辨諸侯之命，等諸臣之爵，以同邦國之禮，而待其賓客。上公之禮，執桓圭九寸，繅藉九寸，冕服九章，建常九斿，樊纓九就，貳車九乘，介九人，禮九牢。其朝位，賓主之閒九十步，立當車軹，擯者五人，廟中將幣三享，王禮再祼而酢，饗禮九獻，食禮九舉，出入五積，三問三勞。諸侯之禮，執信圭七寸，繅藉七寸，冕服七章，建常七斿，樊纓七就，貳車七乘，介七人，禮七牢。朝位，賓主之閒七十步，立當前疾，擯者四人，廟中將幣三享，王禮壹祼而酢，饗禮七獻，食禮七舉，出入四積，再問再勞。諸伯執躬圭，其他皆如諸侯之禮。諸子執穀璧五寸，繅藉五寸，冕服五章，建常五斿，樊纓五就，貳車五乘，介五人，禮五牢。朝位，賓主之間五十步，立當車衡，擯者三人，廟中將幣三享。王禮壹祼不酢，饗禮五獻，食禮五舉，出入三積，壹問壹勞。諸男執蒲璧，其他皆如諸子之禮。凡大國之孤，執皮帛以繼小國之君，出入三積，不問，壹勞，朝位當車前，不交擯，廟中無相，以酒禮之。其他皆眡小國之君。凡諸侯之卿，其禮各下其君二等以下，及其大夫士皆如之。邦畿方千里，其外方五百里謂之侯服，歲壹見，其貢祀物。又其外方五百里謂之甸服，二歲壹見，其貢嬪物。又其外方五百里謂之男服，三歲壹見，其貢器物。又其外方五百里謂之采服，四歲壹見，其貢服物。又其外方五百里謂之衛服，五歲壹見，其貢材物。又其外方五百里謂之要服，六歲壹見，其貢貨物。九州之外謂之蕃國，世壹見，各以其所貴寶爲摯。王之所以撫邦國諸侯者，歲徧存，三歲徧覜，五歲徧省，七歲屬象胥，諭言語，協辭命。九歲屬瞽史，諭書名，聽聲音。十有一歲達瑞節，同度量，成牢禮，同數器，脩灋則。十有二歲，王巡守殷國。凡諸侯之王事，辨其位，正其等，協其禮，賓而見之。若有大喪，則詔相諸侯之禮。若有四方之大事，則受其幣，聽其辭。凡諸侯之邦交，歲相問也，殷相聘也，世相朝也。

校按：《大行人職》首句只剩"大行人，掌"四字。自"大賓之禮及大客之儀"至"王巡守殷國"，皆與《大戴禮記·朝事篇》同。從注釋推斷，首句或是："大行人，掌 賓客之禮 。"

小行人，掌邦國賓客**之禮籍**。以待四方之使者。令諸侯春入貢，秋獻功，王親受之，各以其國之籍禮之。凡諸侯入王，則逆勞于畿。及郊勞、眡館、將幣，爲承而擯。凡四方之使者，大客則擯。小客，則受其幣而聽其辭。**使適四方，協九儀**。賓客之禮：朝覲、宗遇、會同，君之禮也。存、覜、省、聘、問，臣之禮也。**達**天下之**六節**，山國用虎節，土國用人節，澤國用龍節，皆以金爲之。道路用旌節，門關用符節，都鄙用管節，皆以竹爲之。**成六瑞**，王用瑱圭，公用桓圭，侯用信圭，伯用躬圭，子用穀璧，男用蒲璧。**合六**

幣。圭以馬，璋以皮，璧以帛，琮以錦，琥以繡，璜以黼。此六物者，以和諸侯之好故。若國札喪，則令賻補之。若國凶荒，則令賙委之。若國師役，則令槁襘之。若國有福事，則令慶賀之。若國有禍烖，則令哀弔之。凡此五物者，治其事故。及其萬民之利害爲一書，其禮俗、政事、教治、刑禁之逆順爲一書，其悖逆、暴亂、作慝猶犯令者爲一書，其札喪、凶荒、厄貧爲一書，其康樂、和親、安平爲一書。凡此五物者，每國辨異之，以反命于王，以周知天下之故。

校按：小行人是下大夫，職文中應有禮儀職事，已佚。"若國札喪"至"以周知天下之故"，與《大戴禮記·朝事篇》略同。此段是爲已佚的禮儀職文出注。從注文推測已佚職文，或是"作五禮"與"爲五書"。試恢復如下：

"作五禮。若國札喪，則令賻補之。若國凶荒，則令賙委之。若國師役，則令槁襘之。若國有福事，則令慶賀之。若國有禍烖，則令哀弔之。凡此五物者，治其事故。爲五書。及其萬民之利害爲一書，其禮俗、政事、教治、刑禁之逆順爲一書，其悖逆、暴亂、作慝猶犯令者爲一書，其札喪、凶荒、厄貧爲一書，其康樂、和親、安平爲一書。凡此五物者，每國辨異之，以反命于王，以周知天下之故。"

司儀，掌九儀之賓客**擯相之禮，以詔儀容**辭令、揖讓**之節**。將合諸侯，則令爲壇三成，宮，旁一門。詔王儀，南鄉見諸侯，土揖庶姓，時揖異姓，天揖同姓。及其擯之，各以其禮，公于上等，侯伯于中等，子男于下等。其將幣亦如之。其禮亦如之。王燕，則諸侯毛。凡諸公相爲賓。主國五積，三問，皆三辭拜受，皆旅擯。再勞，三辭，三揖，登，拜受，拜送。主君郊勞，交擯，三辭，車逆，拜辱，三揖三辭，拜受，車送，三還，再拜。致館亦如之。致飧如致積之禮。及將幣，交擯，三辭，車逆，拜辱，賓車進，答拜，三揖三讓，每門止一相，及廟，唯上相入。賓三揖三讓，登，再拜，授幣，賓拜受幣。每事如初，賓亦如之。及出，車送，三請三進，再拜，賓三還三辭，告辟。致饗餼，還圭，饗食，致贈，郊送，皆如將幣之儀。賓之拜禮，拜饗餼，拜饗食。賓繼主君,皆如主國之禮。諸侯、諸伯、諸子、諸男之相爲賓也,各以其禮相待也,如諸公之儀。諸公之臣相爲國客,則三積,皆三辭拜受。及大夫郊勞,旅擯,三辭,拜辱,三讓,登,聽命,下拜,登受。賓使者如初之儀。及退,拜送。致館如初之儀。及將幣,旅擯,三辭,拜逆,客辟,三揖,每門止一相,及廟,唯君相入,三讓,客登,拜,客三辟,授幣,下,出。每事如初之儀。及禮,私面、私獻,皆再拜稽首,君苔拜。出,及中門之外,問君,客再拜對,君拜,客辟而對。君問大夫,客對,君勞客,客再拜稽首,君苔拜,客趨辟。致饗餼如勞之禮。饗食還圭如將幣之儀。君館客,客辟,介受命,遂送,客從,拜辱于朝。明日,客拜禮賜,遂行,如入之積。凡侯伯子男之臣,以其國之爵相爲客而相禮,其儀亦如之。凡四方之賓客禮儀,辭命、饋牢、賜獻,以二等從其爵而上下之。凡賓客,送逆同禮。凡諸侯之交,各稱其邦而爲之幣,以其幣爲之禮。凡行人之儀,不朝不夕,不正其主面,亦不背客。

行夫,**掌**邦國。**傳遽之小事**。媺惡而無禮者。凡其使也,必以旌節。雖道有難而不時,必達。居於其國,則掌行人之勞辱事焉。**使則介之**。

　　環人,**掌送逆**邦國之通。**賓客**。以路節達諸四方。舍則授館,令聚積。有任器,則令環之。凡門關無幾,送逆及疆。

　　象胥,**掌**蠻夷、閩貉、戎狄之**國使**。**掌傳王之言**。而諭説焉,以和親之。若以時入賓,則協其禮與其辭,言傳之。凡其出入送逆之禮節、幣帛、辭令,而賓相之。凡國之大喪,詔相國客之禮儀而正其位。凡軍旅、會同,受國客幣而賓禮之。<u>凡作事,王之大事諸侯,次事卿,次事大夫,次事上士,下事庶子</u>。

　　校按:"凡作事"以下是竄入此職的錯簡,原本或在《大行人職》,或在《小行人職》。存疑。

　　掌客,**掌四方賓客**之牢禮、饋獻、飲食**之等數**。與其政治。王合諸侯而饗禮,則具十有二牢,庶具百物備。諸侯長十有再獻。王巡守、殷國,則國君膳以牲犢,令百官百牲皆具。從者,三公眂上公之禮,卿眂侯伯之禮,大夫眂子男之禮,士眂諸侯之卿禮,庶子壹眂其大夫之禮。凡諸侯之禮,上公五積，皆眡飧、牽，三問皆脩，羣介、行人、宰、史皆有牢。飧五牢，食四十，簠十，豆四十，鉶四十有二，壺四十，鼎簋十有二，牲三十有六，皆陳。饔餼九牢，其死牢如飧之陳。牽四牢，米百有二十筥，醯醢百有二十罋，車皆陳。車米眡生牢，牢十車，車秉有五藪，車禾眡死牢，牢十車，車三秅，芻薪倍禾，皆陳。乘禽，日九十雙，殷膳大牢，以及歸，三饗、三食、三燕。若弗酌，則以幣致之。凡介、行人、宰、史，皆有飧。饔餼以其爵等爲之牢禮之陳數。唯上介有禽獻。夫人致禮，八壺，八豆，八籩，膳大牢，致饗大牢，食大牢。卿皆見以羔，膳大牢。侯伯四積，皆眡飧、牽，再問皆脩。飧四牢，食三十有二，簠八，豆三十有二，鉶二十有八，壺三十有二，鼎簋十有二，腥二十有七，皆陳。饔餼七牢，其死牢如飧之陳。牽三牢，米百筥，醯醢百罋，皆陳。米三十車，禾四十車，芻薪倍禾，皆陳。乘禽，日七十雙，殷膳大牢，三饗、再食、再燕。凡介、行人、宰、史，皆有飧。饔餼以其爵等爲之禮。唯上介有禽獻。夫人致禮，八壺，八豆，八籩，膳大牢，致饗大牢。卿皆見以羔，膳特牛。子男三積，皆眡飧、牽，壹問以脩。飧三牢，食二十有四，簠六，豆二十有四，鉶十有八，壺二十有四，鼎簋十有二，牲十有八，皆陳。饔餼五牢，其死牢如飧之陳。牽二牢，米八十筥，醯醢八十罋，皆陳。米二十車，禾三十車，芻薪倍禾，皆陳。乘禽，日五十雙，壹饗、壹食、壹燕。凡介、行人、宰、史，皆有飧。饔餼以其爵等爲之禮。唯上介有禽獻。夫人致禮，六壺，六豆，六籩，膳眡致饗。親見，卿皆膳特牛。凡諸侯之卿大夫士爲國客，則如其介之禮以待之。凡禮賓客，國新殺禮，凶荒殺禮，札喪殺禮，禍烖殺禮，在野在外殺禮。凡賓客死，致禮以喪用。賓客有喪，唯芻稍之受。遭主國之喪，不受饗食，受牲禮。

掌訝，掌邦國之等籍，以待賓客。若將有國賓客至，則戒官脩委積，與士逆賓于疆，爲前驅而入。及宿，則令聚欜。及委，則致積。至于國，賓入館，次于舍門外，待事于客。及將幣，爲前驅。至于朝，詔其位，入復。及退亦如之。凡賓客之治，令訝，訝治之。凡從者出，則使人道之。及歸，送亦如之。凡賓客，諸侯有卿訝，卿有大夫訝，大夫有士訝，士皆有訝。凡訝者，賓客至而往，詔相其事而掌其治令。

掌交，掌以節與幣。巡邦國之諸侯。及其萬民之所聚者。道王之德意、志慮，使咸知王之好惡，辟行之。使和諸侯之好，達萬民之說。掌邦國之通事。而結其交好，以諭九稅之利、九禮之親、九牧之維、九禁之難、九戎之威。

掌察。闕。

掌貨賄。闕。

朝大夫，掌都家之國治。日朝以聽國事故，以告其君長。國有政令，則令其朝大夫。凡都家之治於國者，必因其朝大夫，然後聽之。唯大事弗因。凡都家之治有不及者，則誅其朝大夫。在軍旅，則誅其有司。

都則。闕。

都士。闕。

家士。闕。

后　记

在《昨日的世界》，茨威格（Stefan Zweig）回忆到，斯特劳斯（Richard Georg Strauss, 1864—1949 年，写《唐璜》那个。不是"圆舞曲之王"的小约翰·斯特劳斯）曾说，能力即艺术！真正的作曲家能为菜单谱曲。对音乐家来说，天赋显然比能力重要，但天赋不是每个人都有。斯特劳斯不谈自己的天赋，这是一种教养。茨威格也是。

我是没有天赋的人。性愚鲁，认死理。少小时，除了喜读书，其余一概浑浑噩噩。弱冠之后，家严命读朱子的《四书集注》，又择大小戴《礼记》、《尚书》的注疏本，命读之。从此一发不可收拾，研读经史成日常功课。每年视难易不同，花上两三月至半年不等。然而无所依归，也没有打算以经学为业。2001 年前后，本师李贵连喜得沈家本《刑案汇览三编》稿本的复印本，命我们试着点校。原以为此事不难，殊不知刑档的语言风格与经史迥异，一校时大感窘迫。隔一年，又命二校。于是取沈家本的《历代刑法考》来读，希望有所帮助。

《清史稿》说沈家本"于《周官》多创获"。那时我只知道《周官》是古文经，其中有不少"故书"。《周官》的"故书"，加上《尔雅》和《说文》，是古文字学的三大源头。我又知道古文经学家以考订功夫见长,以为《清史稿》是说沈家本在小学方面的成就。读《历代刑法考》,才知不对。《历代刑法考》以考订制度源流为主,沈家本虽有按语,但字数不多,他的主要观点隐藏在考订工作中。简单说,这个观点是:中古制度的源头系于《周官》。在这个观点之下,还隐藏了另一个更重要的观点:凡现行制度与《周官》的精神相悖者,皆有非议与改革的必要。我对近代法律转型的研究,始于研读贵连师的《沈家本年谱长编》。后来亲炙其学,并受命校对《沈家本评传》书稿。当我发现《周官》对于沈家本治学的重要性,不禁大感兴趣。当时市面上找不到好的注疏本,只好借来中华书局的《十三经注疏》影印本,将《周官》部分复印下来看。那次看得比较匆促,然而一些想法已经形成,只是未成系统。沈家本对我最大的影响,是他以律学家的眼光为《周官》背书,让我相信《周官》记载的制度比秦制早。当时,《周官》是伪书几成定论。我不信,始终记着要为《周官》正名,原因就在读过《历代刑法考》。

四十岁以后,突然感觉到专治一经的必要。然而竟不可得!俗务以外,必须发论文,又需参加各种申报和评审,还有开不完的会。2018 年末,《清代的合同》一书杀青。我迫不及待地找来孙诒让的《周礼正义》。刚一开始读,就有人生苦短之感。此书犹如一座高不可及的雪峰,若按原定的计划,恐怕今生没有登顶的机会。2019 年 3 月,决心从此不再写那些半通不通的论文,全力攻读此书,于是递交了辞职报告。

根据《倚天屠龙记》的记载,张三丰闭关一年,太极拳剑初成。这说明,搞点科研是要闭关的。但是,武学宗师要一年,我等先天不足,后天待补,要多少年呢? 心里没谱。跟拙荆约好,她负责照顾家,我只管看书写笔记,做好持久战的准备。结果,进度比预想快很多,三年多读完《周礼正义》。三年中也不全读此书,碰到疑难处,查阅经史、金文和考古资料,也在其间。于是整理积累下来的笔记,成此书时,已近壬寅年尾,前后算来四年余。

以前,山在那里,翻过去,看见更高的山,内心惶恐不已。赶路的执念让人迷失。现在虽然在看书改稿,却是一路下山的轻松气氛。孔子说:"古之学者为己,今之学者为人。"多么超前啊!两千多年后,印象派画家才意识到创作是为了自己。为什么要读书?又为什么要读史?每个人的答案不一样。庄子说:"楚之南有冥灵者,以五百岁为春,五百岁为秋。上古有大椿者,以八千年为春,八千岁为秋。"我不想当大椿,但想当一株冥灵,看看千年一春秋的世界是怎样的。此书写完,方知从武王伐纣至今,的确只有三四个春秋。

或许有人嘲笑我,那又怎样?庄子说:"举世而誉之而不加劝,举世而非之而不加沮。定乎内外之分,辩乎荣辱之境。斯已矣。"斯已矣,就是如此而已,不过尔尔。庄子是瞧不起的。但我已经知足了。

此书正文用简体,附录用繁体,殊不易,多亏编辑细心校改!承蒙广西师范大学出版社的好意,愿意将拙著化身千百,一并感谢!

俞 江

二〇二三年元月十七日

大学问，广西师范大学出版社学术图书出版品牌，以"始于问而终于明"为理念，以"守望学术的视界"为宗旨，致力于以文史哲为主体的学术图书出版，倡导以问题意识为核心，弘扬学术情怀与人文精神。品牌名取自王阳明的作品《〈大学〉问》，亦以展现学术研究与大学出版社的初心使命。我们希望：以学术出版推进学术研究，关怀历史与现实；以营销宣传推广学术研究，沟通中国与世界。

截至目前，大学问品牌已推出《现代中国的形成（1600—1949）》《中华帝国晚期的性、法律与社会》等80多种图书，涵盖思想、文化、历史、政治、法学、社会、经济等人文社会科学领域的学术作品，力图在普及大众的同时，保证其文化内蕴。

"大学问"品牌书目

大学问·学术名家作品系列

朱孝远　《学史之道》
朱孝远　《宗教改革与德国近代化道路》
池田知久　《问道：〈老子〉思想细读》
赵冬梅　《大宋之变，1063—1086》
黄宗智　《中国的新型正义体系：实践与理论》
黄宗智　《中国的新型小农经济：实践与理论》
黄宗智　《中国的新型非正规经济：实践与理论》
夏明方　《文明的"双相"：灾害与历史的缠绕》
王向远　《宏观比较文学19讲》
张闻玉　《铜器历日研究》
张闻玉　《西周王年论稿》
谢天佑　《专制主义统治下的臣民心理》
王向远　《比较文学系谱学》
王向远　《比较文学构造论》
刘彦君　廖奔　《中外戏剧史（第三版）》
干春松　《儒学的近代转型》
王瑞来　《士人走向民间：宋元变革与社会转型》

大学问·国文名师课系列

龚鹏程　《文心雕龙讲记》

张闻玉　《古代天文历法讲座》
刘　强　《四书通讲》
刘　强　《论语新识》
王兆鹏　《唐宋词小讲》
徐晋如　《国文课:中国文脉十五讲》
胡大雷　《岁月忽已晚:古诗十九首里的东汉世情》
龚　斌　《魏晋清谈史》

大学问·明清以来文史研究系列

周绚隆　《易代:侯岐曾和他的亲友们(修订本)》
巫仁恕　《劫后"天堂":抗战沦陷后的苏州城市生活》
台静农　《亡明讲史》
张艺曦　《结社的艺术:16—18世纪东亚世界的文人社集》
何冠彪　《生与死:明季士大夫的抉择》
李孝悌　《恋恋红尘:明清江南的城市、欲望和生活》
李孝悌　《琐言赘语:明清以来的文化、城市与启蒙》
孙竞昊　《经营地方:明清时期济宁的士绅与社会》
范金民　《明清江南商业的发展》
方志远　《明代国家权力结构及运行机制》
严志雄　《钱谦益的诗文、生命与身后名》
严志雄　《钱谦益〈病榻消寒杂咏〉论释》

大学问·哲思系列

罗伯特·S.韦斯特曼　《哥白尼问题:占星预言、怀疑主义与天体秩序》
罗伯特·斯特恩　《黑格尔的〈精神现象学〉》
A. D.史密斯　《胡塞尔与〈笛卡尔式的沉思〉》
约翰·利皮特　《克尔凯郭尔的〈恐惧与颤栗〉》
迈克尔·莫里斯　《维特根斯坦与〈逻辑哲学论〉》
M.麦金　《维特根斯坦的〈哲学研究〉》
G·哈特费尔德　《笛卡尔的〈第一哲学的沉思〉》
罗杰·F.库克　《后电影视觉:运动影像媒介与观众的共同进化》
苏珊·沃尔夫　《生活中的意义》
王　浩　《从数学到哲学》
布鲁诺·拉图尔　尼古拉·张　《栖居于大地之上》

大学问·名人传记与思想系列

孙德鹏　《乡下人:沈从文与近代中国(1902—1947)》

黄克武　《笔醒山河:中国近代启蒙人严复》

黄克武　《文字奇功:梁启超与中国学术思想的现代诠释》

王　锐　《革命儒生:章太炎传》

保罗·约翰逊　《苏格拉底:我们的同时代人》

方志远　《何处不归鸿:苏轼传》

大学问·实践社会科学系列

胡宗绮　《意欲何为:清代以来刑事法律中的意图谱系》

黄宗智　《实践社会科学研究指南》

黄宗智　《国家与社会的二元合一》

黄宗智　《华北的小农经济与社会变迁》

黄宗智　《长江三角洲的小农家庭与乡村发展》

白德瑞　《爪牙:清代县衙的书吏与差役》

赵刘洋　《妇女、家庭与法律实践:清代以来的法律社会史》

李怀印　《现代中国的形成(1600—1949)》

苏成捷　《中华帝国晚期的性、法律与社会》

黄宗智　《实践社会科学的方法、理论与前瞻》

黄宗智　周黎安　《黄宗智对话周黎安:实践社会科学》

黄宗智　《实践与理论:中国社会经济史与法律史研究》

黄宗智　《经验与理论:中国社会经济与法律的实践历史研究》

黄宗智　《清代的法律、社会与文化:民法的表达与实践》

黄宗智　《法典、习俗与司法实践:清代与民国的比较》

白　凯　《中国的妇女与财产(960—1949)》

大学问·雅理系列

拉里·西登托普　《发明个体:人在古典时代与中世纪的地位》

玛吉·伯格等　《慢教授》

菲利普·范·帕里斯等　《全民基本收入:实现自由社会与健全经济的方案》

田　雷　《继往以为序章:中国宪法的制度展开》

寺田浩明　《清代传统法秩序》

大学问·桂子山史学丛书

张固也　《先秦诸子与简帛研究》

田　彤　《生产关系、社会结构与阶级：民国时期劳资关系研究》
承红磊　《"社会"的发现：晚清民初"社会"概念研究》

其他重点单品

郑荣华　《城市的兴衰：基于经济、社会、制度的逻辑》
郑荣华　《经济的兴衰：基于地缘经济、城市增长、产业转型的研究》
王　锐　《中国现代思想史十讲》
简·赫斯菲尔德　《十扇窗：伟大的诗歌如何改变世界》
北鬼三郎　《大清宪法案》
屈小玲　《晚清西南社会与近代变迁：法国人来华考察笔记研究(1892—1910)》
徐鼎鼎　《春秋时期齐、卫、晋、秦交通路线考论》
苏俊林　《身份与秩序：走马楼吴简中的孙吴基层社会》
周玉波　《庶民之声：近现代民歌与社会文化嬗递》
蔡万进等　《里耶秦简编年考证(第一卷)》
张　城　《文明与革命：中国道路的内生性逻辑》
蔡　斐　《1903：上海苏报案与清末司法转型》
洪朝辉　《适度经济学导论》
秦　涛　《洞穴公案：中华法系的思想实验》
李竞恒　《爱有差等：先秦儒家与华夏制度文明的构建》
傅　正　《从东方到中亚——19世纪的英俄"冷战"(1821—1907)》